Das Recht zur Qualität

Springer

Berlin
Heidelberg
New York
Barcelona
Budapest
Hongkong
London
Mailand
Paris
Santa Clara
Singapur
Tokio

Carl-Otto Bauer
Friedrich Graf von Westphalen (Hrsg.)

Das Recht zur Qualität

Die Rechtsgrundlagen der Qualitätsorganisation

Unter Mitarbeit von
Gerhard Otto, Heinz-Gerhard Weiss und Günter Heine

Mit 42 Abbildungen

Springer

Dr.-Ing. E.h. Dipl.-Ing. Carl-Otto Bauer
Solinger Straße 22, 42349 Wuppertal

Dr. jur. Friedrich Graf von Westphalen
Salierring 42, 50677 Köln

Dr. jur. Gerhard Otto
Zur Beeke 3, 29699 Bomlitz-Bommelsen

Dr. jur. Heinz-Gerhard Weiss
Nocken 7, 42329 Wuppertal

Prof. Dr. Günter Heine
Technische Universität Dresden
Institut für Umwelt- und Technikrecht, Strafrecht
Bergstraße 53, 01062 Dresden

Die Deutsche Bibliothek - Cip-Einheitsaufnahme
Das Recht zur Qualität: die Rechtsgrundlagen der Qualitätsorganisation / Carl-Otto Bauer ; Friedrich Graf von Westphalen (Hrsg.). Unter Mitarbeit von Gerhard Otto ... - Berlin ; Heidelberg ; New York ; Barcelona ; Budapest ; Hongkong ; London ; Mailand ; Paris ; Santa Clara ; Singapur ; Tokio : Springer, 1996

ISBN-13: 978-3-642-86079-9 e-ISBN-13: 978-3-642-86078-2
DOI: 10.1007/978-3-642-86078-2

NE: Bauer, Carl Otto [Hrsg.]

Satz: Datenkonvertierung durch Saladruck, Berlin
SPIN: 10473417 68/3020 - 5 4 3 2 1 0 - Gedruckt auf säurefreiem Papier

Vorwort

Maßnahmen der Qualitätsorganisation - wie immer diese Organisationseinheit in den Unternehmen auch bezeichnet sein mag - greifen mit ihren Maßnahmen sowohl inner- als auch außerbetrieblich oft in unterschiedliche Rechtsbeziehungen ein. Deren rechtliche Grundlagen sind den Führungskräften der Qualitätsorganisation meist unbekannt; sie werden bei der Aus- und Weiterbildung nicht ihrer Bedeutung entsprechend angemessen berücksichtigt. Im Qualitätsschrifttum fehlen beim Beschreiben von QS-Maßnahmen und ihren Wirkungen regelmäßig notwendige Hinweise zu ihrer rechtlichen Bewertung und deren angemessenes Einbauen in Planen und Durchführen.

Maßnahmen der Qualitätsorganisation betreffen das

- Arbeitsrecht
- Vertragsrecht
- Deliktsrecht (Produkthaftungsrecht)
- Strafrecht und
- Versicherungsrecht.

Viele Maßnahmen der Qualitätsorganisation lösen rechtlich verbindliche Wirkungen aus, die sowohl den Urhebern als auch den anderen Beteiligten oft unbekannt sind. Trotzdem sind sie wirksam nach dem alten Sprichwort:

▶ *„Unkenntnis schützt vor Strafe nicht."*

Im Streit-/Schadensfall ergeben sich daraus regelmäßig überraschende Folgen für (fast) alle Beteiligten, die Inhalt und Umfang dieser Maßnahmen andere Schwerpunkte und unterschiedliche Gewichte geben, als sie beabsichtigt waren.

Die rechtlichen Grundlagen sind in allgemeinen Rechtsnormen, Gesetzen und Verordnungen mit meist unbestimmten und daher auslegungsbedürftigen Rechtsbegriffen beschrieben und durch die höchstrichterliche Rechtsprechung konkretisiert, oft ergänzt und weitergeführt.

Die Vertragsfreiheit wird insbesondere durch die Bestimmungen des AGB-Gesetzes und durch die darauf aufbauende höchstrichterliche Rechtsprechung eingegrenzt und beschränkt. Zahlreiche in der unternehmerischen Praxis heute als üblich angesehene und häufig verwendete Methoden, Verfahren und sonstige Festlegungen beachten die vorgegebenen rechtlichen Grenzen nicht oder nicht in ausreichender Weise, so daß die entsprechenden Regelungen als rechtlich unwirksam eingestuft werden müssen.

Auf rechtlich unzureichender Grundlage aufbauende Entscheidungen, Abläufe und Verfahren sind für alle Beteiligten gefährlich. Die rechtlichen Folgen, z. B. dadurch erhöhte Risiken und oft in unbekanntem Umfang vergrößerte Haftungen bis hin zur persönlichen strafrechtlichen Verantwortung der für diese Maßnahmen Verantwortlichen, als auch daraus folgende wirtschaftliche Auswirkungen sind erheblich. Sie sollten bei wesentlichen Maßnahmen der Qualitätsorganisation stets bekannt sein, ausgewertet und mit ihren wirtschaftlichen und rechtlichen Folgen angemessen berücksichtigt werden.

Das Qualitätsschrifttum, das veröffentlichte Darstellen von Verfahren, Methoden und Vorgehen der Qualitätsorganisation, wird beherrscht von Autoren, deren Darstellungen mit ihren persönlichen wirtschaftlichen Interessen meist (zu) eng verbunden sind. Kritische Auseinandersetzungen und abwägende Bewertungen von Methoden und Verfahren, sowohl nach ihrer organisatorischen Zweckmäßigkeit, als auch ihrer oft fraglichen rechtlichen Zulässigkeit, sind seltene Ausnahmen. Auswertbare und übertragbare Ergebnisse der Prüfung ihrer rechtlichen Zulässigkeit oder Unzulässigkeit und Unwirksamkeit sind kaum bekanntgeworden. Soweit dies z. B. bei Qualitätssicherungs-Vereinbarungen gelegentlich geschehen ist, sind die meisten Aussagen interessengeschwängerte Rechtfertigungen eigener Verhaltensweisen, die einer unabhängigen interessenneutralen rechtlichen Prüfung selten standhalten. Auch Äußerungen von im Unternehmen oder für Wirtschaftsorganisationen tätige Juristen sind je nach Art und Umfang der persönlichen Bindung keine Erkenntnisse von Wahrheitsfanatikern.

Im wirtschaftlichen Alltag werden rechtliche Argumente selten dargestellt, noch weniger angemessen gewürdigt und meist in vielfältigen Formen des Ausübens wirtschaftlicher Macht als Nebensächlichkeiten übergangen.

Für naturwissenschaftlich-ingenieurmäßig ausgebildete Führungskräfte der Qualitätsorganisation will dieses Buch diese gefährliche Lücke zu schließen versuchen. Konzentriert, ohne alle denkbaren Variationen ausführlich zu erläutern, werden Rechtsgrundlagen in allgemeinen Rechtsnormen und deren Auslegung durch die höchstrichterliche Rechtsprechung dargestellt, soweit sie für übliche Maßnahmen der Qualitätsorganisation bedeutsam sind und ihre Handlungen oder Unterlassungen berühren. Um eine von (eigenen) wirtschaftlichen Interessen unbeeinflußte Darstellung zu erreichen, wurden alle Beiträge von Fachleuten verfaßt, die durch ihre berufliche Tätigkeit nicht an (eigen-)wirtschaftliche Interessen gebunden, trotzdem durch fachliche Kompetenz ausgewiesen sind.

Dabei folgen die Darstellungen der allgemeinen Vierteiligkeit der zu beachtenden

- rechtlichen Grundlagen
- technischen Grundlagen
- strafrechtlichen Grundlagen und
- versicherungsrechtlichen Grundlagen.

Den Darstellungen der einzelnen Grundlagen folgen Beispiele aus der unternehmerischen Praxis und deren Bewertung nach rechtlichen Maßstäben mit ihren wirksamen Grenzen und daraus abgeleiteten rechtskonformen Schlußfolgerungen.

Die Vielfalt von Maßnahmen der Qualitätsorganisation erlaubt keine vollständige Darstellung und Bewertung. Sie will Grundsätze und rechtlich gesicherte Auswirkungen mit praktischen Auswirkungen soweit darstellen, wie Übertragungen auf ähnliche Verfahrensweisen möglich sind. Soweit möglich, werden rechtskonforme Alternativen den rechtlich unwirksamen Handlungs- und Verhaltensweisen gegenübergestellt.

Das Ergebnis ist die Klassifizierung zahlreicher angeblich als modern und zukunftsträchtig geltender Handlungen als im eklatanten Widerspruch zu Gesetz und Recht. Auch noch so zahlreiche Verstöße gegen Rechtsgrundlagen und rechtliche Grenzen können diese Bewertung nicht ändern, in Zweifel ziehen oder als durch die Praxis zulässig legitimieren; sie sind, was sie waren und bleiben: rechtlich unzulässig, auch wenn ihre Ahndung hinter der Häufigkeit der Verstöße zurückbleibt – wie in manchen anderen Rechtsbereichen auch.

Vielfältige Interessenbindungen bestimmen Handeln und öffentliche Äußerungen von Führungskräften unterschiedlicher Hierarchien in Unternehmen aller Bereiche und Größen. Rechtlich mögliche Klärungen werden (nur zu) oft verhindert oder gar nicht erst versucht, weil das Ergebnis vorhersehbar die eigene Position und eigene Interessen beeinträchtigen oder nachteilig beeinflussen könnte. Dieser Gefahr wollen sich die meisten Betroffenen gar nicht erst aussetzen.

Dieses Buch will versuchen, zum größeren Beachten rechtlicher Grundlagen bei Maßnahmen der Qualitätsorganisation und damit zur größeren Rechtswirklichkeit im wirtschaftlichen Handeln beizutragen.

Wissen und Information sind die Grundlage wirkungsvollen Handelns. Informationen allein sind noch kein Handeln, erst durch das Umsetzen im Handeln des Alltages werden sie notwendige und erwünschte Wirklichkeit.

Dieses Buch begleiten die Erwartungen der Verfasser nach stärkerem rechtskonformen Handeln – im Regelfall zugunsten des wirtschaftlich Schwächeren.

Die Verfasser verantworten ihre Ausführungen in den gekennzeichneten Abschnitten als eigene Darstellungen. Für alle Vorschläge und Hinweise auf mögliche Unklarheiten, Verbesserungen oder Ergänzungen danken die Verfasser im voraus ebenso wie für ergänzende Beispiele des erfolgreichen Umsetzens wirksamer Lösungen – nicht zuletzt unter Beachten des stets notwendigen wirtschaftlichen Erfolges.

Wuppertal/Köln
im Frühjahr 1996

Die Herausgeber

Inhaltsverzeichnis

Teil A
Arbeitsrechtliche Fragen der Qualitätssicherung

Heinz-Gerhard Weiss

Teil B
Zivilrecht

Friedrich Graf von Westphalen

Teil C
Maßnahmen der Qualitätsorganisation unter Beachten rechtlicher Grundlagen

Carl-Otto Bauer

Teil D
Versicherungsrecht

Gerhard Otto

Teil E
Strafrecht und Qualitätssicherung

Günter Heine
unter Mitarbeit von Christoph Ringelmann

Abbildungs- und Tabellenverzeichnis

Teil A
Arbeitsrechtliche Fragen der Qualitätssicherung

Heinz-Gerhard Weiss

Teil C
Maßnahmen der Qualitätsorganisation unter Beachten rechtlicher Grundlagen

Carl-Otto Bauer

Teil D
Versicherungsrecht

Gerhard Otto

Teil E
Strafrecht und Qualitätssicherung

Günter Heine
unter Mitarbeit von Christoph Ringelmann

Teil A
Arbeitsrechtliche Fragen der Qualitätssicherung

Heinz-Gerhard Weiss

1
Vorbemerkung

Fragen des Arbeitsrechts haben für die betriebliche Praxis heute eine erheblich größere Bedeutung als früher. Unsere demokratisch verfaßte gesellschaftliche Grundordnung zeichnet sich durch eine stärkere Betonung partnerschaftlicher Prinzipien aus. Die Rechte der Arbeitnehmer sind im Laufe der Jahre beträchtlich erweitert worden. Dadurch, aber auch unabhängig von rechtlichen Vorgängen und Wertungen, hat das Miteinander in den Betrieben Veränderungen erfahren, ohne deren Beachtung zwangsläufig Probleme auftreten. Bemühungen um Verbesserungen im Qualitätswesen können nur im Zusammenwirken mit den Mitarbeitern und ihren Repräsentanten Erfolg haben.

Herausragende Bedeutung hat das Betriebsverfassungsrecht. Seine Normen bestimmen die Stellung des Arbeitnehmers im Betrieb, vor allem die Rechte der im Betrieb verbundenen Arbeitnehmerschaft gegenüber dem Arbeitgeber. Das Betriebsverfassungsgesetz vom 15. Januar 1972 (BetrVG) und die dazu vorliegende Rechtsprechung haben für diese Rechte einen weiten Rahmen gesteckt, insbesondere durch Mitwirkungs- und Mitbestimmungsrechte der Betriebsräte. Der Arbeitgeber kann heute viele Entscheidungen ohne Einschaltung des Betriebsrats nicht treffen; oft braucht er seine Zustimmung zu ihrer Wirksamkeit.

Für die betrieblichen Führungskräfte ist es von großer Wichtigkeit, arbeitsrechtliche Kenntnisse zu besitzen. Das notwendige Maß hierfür hängt von den jeweiligen Aufgaben im Unternehmen ab. Alle betrieblichen Führungskräfte haben – als Vorgesetzte oder in anderer Weise – mit Mitarbeitern zu tun. Allein dieser Umstand verbietet den Standpunkt, man brauche sich um „lästige" Personal- und Arbeitsrechtsprobleme nicht zu kümmern. Viele Überlegungen und Maßnahmen, die scheinbar nur andere Gebiete betreffen, können sich bei einem solchen Standpunkt als undurchführbar erweisen, zumindest aber vermeidbare Schwierigkeiten und Verzögerungen auslösen.

Auch Führungskräfte im Bereich des Qualitätswesens brauchen arbeitsrechtliche Kenntnisse, um imstande zu sein, ihre Aufgaben sachgerecht zu erfüllen. Sie müssen bei der Planung einer Qualitätsorganisation wie bei deren Realisierung übersehen können, was die Geschäftsleitung allein entscheiden kann, wann und in welcher Weise der Betriebsrat eingeschaltet werden muß, welche Rechte die betroffenen Mitarbeiter haben und was arbeitsrechtlich sonst wichtig sein könnte. Es geht nicht um ein perfektes Beherrschen der einschlägigen Rechtsmaterie, sondern darum, so viel zu wissen, daß Klarheit darüber besteht, welche Fragen – etwa durch die Personalabteilung – einer Klärung bedürfen, bevor Weiteres unternommen werden kann.

Die folgenden Darlegungen sollen in diesem Sinne Verantwortlichen im Bereich des Qualitätswesens als Orientierung dienen. Sie sind auf die betriebliche Praxis zugeschnitten und beschränken sich auf die erfahrungsgemäß wichtigen Komplexe.

Es entspricht dem Interesse aller am betrieblichen Geschehen Beteiligten, nach einvernehmlichen Lösungen zu suchen und bei strittigen Angelegenheiten Kompromisse einzugehen, wenn und soweit dies notwendig und vertretbar ist.

Wie weit dabei gegangen werden kann, muß nach den jeweiligen Einzelumständen entschieden werden. Vor „faulen Kompromissen" in rechtlichen Fragen von grundsätzlicher Bedeutung ist nachdrücklich zu warnen; sie schaffen bedenkliche Präjudizien für die Zukunft - oft über das Unternehmen hinaus. Insbesondere in Fragen der Mitbestimmung ist es auch unter diesem Aspekt unerläßlich, die rechtliche Situation zu übersehen und danach die Verhandlungen mit dem Betriebsrat auszurichten.

2
Systematik des Arbeitsrechts, Begriffe und Grundsätze

2.1
Rechtsnormen und ihre Rangfolge

Arbeitsrecht ist die *Summe der Rechtsregeln, die sich mit der in abhängiger Tätigkeit geleisteten Arbeit beschäftigen.* Es bezieht sich auf die Beziehungen zwischen Arbeitgeber und Arbeitnehmer, die im Arbeitsvertrag ihre Grundlage haben, darüber hinaus auf den Betrieb und seine Belegschaft zueinander, auf Arbeitgeberverbände und Gewerkschaften sowie auf das Verhältnis der Arbeitsvertragsparteien und ihrer Verbände zum Staat.

Unser Arbeitsrecht ist, entstanden im Zuge der Industrialisierung zum Schutze der Arbeitnehmer. Ein Arbeitsgesetzbuch, in dem die gesamte Materie kodifiziert ist, gibt es bis heute nicht. Mehrere Anläufe dazu sind schon im Vorfeld des Gesetzgebungsverfahrens steckengeblieben. Als Folge hiervon hat die höchstrichterliche Rechtsprechung im Arbeitsrechts zunehmend an Bedeutung gewonnen. Die Entscheidungen des Bundesarbeitsgerichts (BAG) bilden heute eine eigene Rechtsquelle (sog. Richterrecht), was verfassungsrechtlich und angesichts einer erkennbaren „arbeitnehmerfreundlichen" Tendenz als bedenklich erscheint.

Neben zahlreichen Gesetzen mit arbeitsrechtlichem Inhalt (z. B. Kündigungsschutzgesetz, Urlaubsgesetz, Betriebsverfassungsgesetz) steht das kollektive Arbeitsvertragsrecht: *Tarifverträge und Betriebsvereinbarungen.* Die durch das Grundgesetz garantierte Tarifautonomie und das Tarifvertragsgesetz geben den Tarifvertragsparteien das Recht, Arbeitsbedingungen mit normativer Wirkung festzulegen. Den Betriebsparteien – Arbeitgeber und Betriebsrat – ist durch das Betriebsverfassungsgesetz die Befugnis eingeräumt worden, durch vertragliche Vereinbarungen (Betriebsvereinbarungen) zusätzlich Rechtsnormen als „Betriebsgesetze" aufzustellen.

Den kollektivrechtlichen Quellen des Arbeitsrechts zur Seite tritt der *Arbeitsvertrag,* den der Arbeitgeber mit dem einzelnen Mitarbeiter abgeschlossen hat. Sein Inhalt bestimmt sich nach den jeweils - ausdrücklich oder stillschweigend – getroffenen Vereinbarungen. Er wird ergänzt durch das Weisungsrecht (Direktionsrecht) des Arbeitgebers. In diesen Zusammenhang gehört auch die „betriebliche Übung".

Für die Rechtsquellen untereinander besteht eine *Rangordnung:* Das höherrangige Recht geht dem niedrigerrangigen vor. Höchsten Rang hat das Verfassungsrecht (Grundgesetz). Es folgen die „einfachen" Arbeitsgesetze, das durch die Tarifvertragsparteien gesetzte Recht und die Bestimmungen in Betriebsvereinbarungen. Den Schluß bilden die Individualrechte aus dem Arbeitsvertrag.

Bild 1. Systematik des Arbeitsrechts. Rechtliche Normen und ihre Rangordnung

Diese Rangordnung gilt nach dem sog. *Günstigkeitsprinzip:* Von der höherrangigeren Norm darf nicht zuungunsten des Arbeitnehmers abgewichen werden, während für den Arbeitnehmer günstigere Regelungen zulässig sind. Vereinbarungen in einem Arbeitsvertrag, die zu Lasten des Arbeitnehmers von einem geltenden Tarifvertrag oder einer Betriebsvereinbarung abweichen, sind nicht rechtswirksam, es sei denn (was sehr selten vorkommt), daß der Tarifvertrag oder die Betriebsvereinbarung solche Vereinbarungen ausdrücklich erlauben. Ob ein Abweichen vom Gesetz zulässig ist, hängt davon ab, ob dessen Vorschriften zwingend oder dispositiv abdingbar sind; letzteres ist häufiger der Fall, meist im Sinne der Zulässigkeit abweichender - auch für den Arbeitnehmer ungünstigerer - tariflicher Regelungen.

Zum Verständnis des gesamten Arbeitsrechts ist es notwendig, sich mit der Systematik des Arbeitsrechts, dem Charakter der verschiedenen Rechtsquellen und ihrem Rangverhältnis untereinander vertraut zu machen. Wichtig ist vor allem, die unterschiedlichen Ebenen der Rechtsnormen zu erkennen und zu beachten.

Es empfiehlt sich, bei allen Maßnahmen, von denen Mitarbeiter betroffen werden, die notwendigen rechtlichen Prüfungen nach folgendem Katalog vorzunehmen:

- Welche Rechte und Pflichten hat der Arbeitnehmer nach dem Arbeitsvertrag? Was kann im Wege des Direktionsrechts einseitig angeordnet werden?
- Gibt es tarifvertragliche Bestimmungen oder Betriebsvereinbarungen, die beachtet werden müssen?
- Welche Beteiligungsrechte hat der Betriebsrat?

2.2 Arbeitsvertrag, betriebliche Übung und Direktionsrecht

Der *Arbeitsvertrag* begründet das Arbeitsverhältnis. Prinzipiell besteht Vertragsfreiheit, sowohl bezüglich des Vertragsabschlusses als auch seines Inhalts. Dieser Grundsatz wird eingeschränkt durch gesetzliche Regelungen, tarifliche Bestimmungen und Betriebsvereinbarungen, darüber hinaus durch allgemeine Rechtsgrundsätze und höchstrichterliche Entscheidungen.

Der Arbeitsvertrag bestimmt die Rechte und Pflichten seiner Partner. Im Vordergrund steht dabei die Arbeitspflicht des Arbeitnehmers und sein Anspruch auf Bezahlung der Arbeit. Der Arbeitgeber hat die Lohnzahlungspflicht und kann dafür die vom Arbeitnehmer geschuldete Arbeit fordern. Neben diesen Hauptrechten und -pflichten begründet der Arbeitsvertrag viele Nebenrechte und -pflichten, vor allem die Fürsorgepflicht des Arbeitgebers und die Treuepflicht des Mitarbeiters mit den daraus folgenden Rechten der anderen Vertragspartei.

Arbeitsverträge bedürfen, wenn nicht kollektivrechtliche Bestimmungen (Tarifvertrag oder Arbeitsordnung) dies vorschreiben, nicht der Schriftform. Aus naheliegenden Gründen ist diese jedoch zu empfehlen und in vielen Betrieben üblich. Arbeitsvertragliche Vereinbarungen können auch mündlich, ja sogar stillschweigend durch schlüssiges Verhalten getroffen werden.

Die sog. *betriebliche Übung* ist rechtsdogmatisch der einzelvertraglichen Ebene zuzuordnen, da durch sie der Inhalt des Arbeitsvertrages – bei dessen Zustandekommen oder auch später – beeinflußt wird. Eine „betriebliche Übung" entsteht durch ein tatsächliches Verhalten des Arbeitgebers, das aus der Sicht des Mitarbeiters den Schluß rechtfertigt, der Arbeitgeber habe den Willen, auch in der Zukunft so zu verfahren. Gewährt der Arbeitgeber über eine längere Zeit bestimmte Leistungen wie z. B. Gratifikationen, Essenszuschüsse, zusätzliche Urlaubstage oder bezahlte Arbeitsbefreiung, ohne dabei ausdrückliche Vorbehalte zu machen, erweckt er bei den Mitarbeitern das Vertrauen darauf, es werde auf Dauer hierbei bleiben. Sofern der Arbeitgeber bei solchen Leistungen nicht jeweils darauf hinweist, daß diese freiwillig sind und für die Zukunft daraus Ansprüche nicht hergeleitet werden können, wird ein Verpflichtungswille bei ihm unterstellt mit der Rechtsfolge, daß die Arbeitsverträge ohne ausdrückliche Abreden eine entsprechende Ergänzung oder Änderung erfahren.

Rechtsansprüche aus betrieblicher Übung lassen sich nur im gegenseitigen Einvernehmen oder durch Änderungskündigung beseitigen. Dafür gelten die Bestimmungen des Kündigungsschutzgesetzes (KSchG), was zu dem oft sehr schwierigen Nachweis zwingt, daß die angestrebte Änderung durch Gründe bedingt ist, die in der Person oder dem Verhalten der Mitarbeiter liegen oder in dringenden betrieblichen Erfordernissen. Strittig ist, ob eine betriebliche Übung durch eine Betriebvereinbarung abgelöst werden kann. Das Bundesarbeitsgericht vertritt die Auffassung, dies sei unter bestimmten Voraussetzungen möglich, jedoch nur mit der Maßgabe, daß die betroffenen Mitarbeiter dadurch insgesamt nicht schlechtergestellt werden dürften.

Besondere Bedeutung kommt im betrieblichen Geschehen dem *Direktionsrecht des Arbeitgebers* zu. Im Arbeitsvertrag wird die Arbeitspflicht des Arbeitnehmers üblicherweise nur allgemein festgelegt. Einzelheiten werden werden darin nicht beschrieben; meist ist dies auch nicht möglich. Die Konkretisierung der Arbeitspflicht erfolgt durch Weisungen des Arbeitgebers oder seiner Beauftragten. Die Verpflichtung, diesen Weisungen zu folgen, ist für Arbeiter ausdrücklich in § 121 der Gewerbeordnung festgelegt; für die anderen Mitarbeiter ergibt sich die Weisungsgebundenheit aus allgemeinen arbeitsrechtlichen Grundsätzen.

Umfang und Grenzen der Weisungsbefugnis des Arbeitgebers werden in erster Linie durch den Arbeitsvertrag bestimmt. Über die darin getroffenen Vereinbarungen kann sich der Arbeitgeber oder sein Beauftragter durch einseitige Anordnungen nicht hinwegsetzen. Hierbei kann eine betriebliche Übung wichtig sein. Weitere Schranken des Direktionsrechts ergeben sich aus gesetzlichen Vorschriften, insbesondere aus Arbeitsschutzgesetzen und aus dem Betriebsverfassungsgesetz. Durch Tarifverträge und Betriebsvereinbarungen kann das Weisungsrecht des Arbeitgebers eingeschränkt oder erweitert sein. In dem damit gegebenen Rahmen kann der Arbeitgeber die Arbeitsleistung nach Art, Ort und Zeit bestimmen und damit verbundene Weisungen erteilen, auch für das Verhalten im Betrieb. Er unterliegt dabei in allen Fällen der Billigkeitskontrolle gemäß § 315 BGB; er darf nicht nach freiem Belieben vorgehen, sondern muß die Interessen der Mitarbeiter immer angemessen berücksichtigen.

2.3 Tarifvertragsrecht

Bei der Ausgestaltung der Arbeitsbedingungen spielen Tarifverträge eine dominierende Rolle. Zwar haben nach dem Tarifvertragsgesetz unmittelbare Rechte hieraus nur die Mitglieder der tarifabschließenden Parteien; einzelvertragliche Abreden oder eine betriebliche Übung bilden aber allgemein die Rechtsgrundlage für die Anwendung von Tarifregelungen auch ohne Tarifgebundenheit auf beiden Seiten. Die Tarifverträge werden zwischen Arbeitgeberverbänden und Gewerkschaften für bestimmte Branchen und Regionen abgeschlossen; Firmentarifverträge sind selten, weil die meisten Unternehmen Mitglieder der Arbeitgeberverbände sind.

Von erheblicher rechtlicher und praktischer Bedeutung ist der den Tarifverträgen durch das Gesetz eingeräumte *Vorrang vor anderen kollektivrechtlichen Regelungen:* Wenn und soweit eine tarifliche Regelung besteht, sind Betriebsvereinbarungen nicht zulässig, falls nicht der Tarifvertrag den Abschluß ergänzender Betriebsvereinbarungen ausdrücklich zuläßt (§ 77 Abs. 3 und § 87 Abs. 1 BetrVG). Dieser Tarifvorrang sichert die Tarifautonomie und die durch den Abschluß von Tarifverträgen geschaffene Ordnung; eine Konkurrenz zwischen Tarifverträgen und betrieblichen Kollektivvereinbarungen wird hierdurch verhindert.

Die Erfahrung zeigt, daß diese für die betriebliche Praxis sehr bedeutsame Regelung – mit häufig sehr negativen Auswirkungen – oft übersehen wird. Ihr sollte mehr Beachtung geschenkt werden!

In Tarifverträgen werden Mindestarbeitsbedingungen festgelegt. Abweichungen durch übertarifliche Leistungen des Arbeitgebers sind auf arbeitsvertraglicher Grundlage ohne Einschränkung möglich und werden vielfach erbracht. Hier kommt das Günstigkeitsprinzip voll zur Geltung. Die Entscheidung darüber, was für den Arbeitnehmer „günstiger" ist, kann im Einzelfall Schwierigkeiten bereiten. Beurteilungsmaßstab ist ein Gesamt- oder Gruppenvergleich der jeweiligen Regelungen; zu vergleichen sind z. B. alle Urlaubsbestimmungen, nicht nur einzelner Teile davon.

2.4 Betriebsverfassungrecht

2.4.1 Begriff

Im praktischen Arbeitsleben haben Interessengegensätze zwischen Kapital und Arbeit geringere Bedeutung als die zwischen Management und Mitarbeiter. Aufgabe des Managements ist es, die betriebswirtschaftlichen Belange des Unternehmens zu vertreten, während die Mitarbeiter auf die Wahrung ihrer eigenen Interessen bedacht sind. Daraus ergibt sich ein natürliches Spannungsverhältnis.

Sinn und Zweck des Betriebsverfassungsgesetzes bestehen darin, hier einen sachgerechten Ausgleich zu schaffen und die Arbeitnehmer gegen einseitiges wirtschaftliches Handeln des Arbeitgebers zu schützen. Um die oft unterschiedlichen Interessen der einzelnen Arbeitnehmer zu koordinieren, gibt das Gesetz dem Betriebsrat als der von der Belegschaft gewählten Vertretung eine Fülle von Mitwirkungs- und Mitbestimmungsrechten in sozialen, personellen und wirtschaftlichen Angelegenheiten.

2.4.2 Beteiligungsrechte des Betriebsrats

Die im Betriebsverfassungsgesetz (BetrVG) festgelegten Beteiligungsrechte des Betriebrats unterscheiden sich nach dem Grade ihrer Intensität und werden unterteilt in Mitwirkungrechte und Mitbestimmungsrechte.

Zu den *Mitwirkungsrechten* zählen die Informationsrechte, die den Arbeitgeber zu einer umfassenden Unterrichtung des Betriebsrats und zur Vorlage der erforderlichen Unterlagen verpflichten, sowie die Anhörungs- und Beratungsrechte, nach denen der Arbeitgeber dem Betriebsrat die Möglichkeit zur Stellungnahme geben und sich – bei einer Beratungspflicht – gemeinsam mit dem Betriebsrat damit auseinandersetzen muß. Das Wesentliche bei den Mitwirkungsrechten ist, daß die letzte Entscheidung beim Arbeitgeber liegt; er kann die notwendigen Entscheidungen auch gegen den Widerspruch des Betriebsrats treffen und durchführen.

Bei *Mitbestimmungsrechten* hat der Betriebsrat wesentlich stärkeren Einfluß. Steht dem Betriebsrat ein Widerspruchs- oder Vetorecht zu, kann er individualrechtlich zulässige Maßnahmen des Arbeitgebers blockieren. Ein Zustimmungsverweigerungsrecht hat der Betriebsrat z. B. bei personellen Einzelmaßnahmen wie Einstellungen, Eingruppierungen, Umgruppierungen und Versetzungen (§ 90 BetrVG) sowie bei Kündigungen (§ 102 BetrVG). Die stärkste Form des Beteiligungsrechts ist in den Fällen gegeben, in denen der Arbeitgeber zwingend der Zustimmung des Betriebsrats bedarf. Der Betriebsrat kann hier im Nichteinigungsfalle eine betriebliche Einigungsstelle anrufen, deren Spruch die fehlende Einigung zwischen ihm und dem Arbeitgeber ersetzt. Schwerpunkt ist die Mitbestimmung in sozialen Angelegenheiten, die in § 87 BetrVG geregelt ist und den Kernbereich der Mitbestimmung bildet.

Eine Zwischenstellung nehmen *freiwillige Betriebsvereinbarungen* ein, die im sozialen Bereich neben den Fällen der obligatorischen Mitbestimmung zulässig sind. Das Gesetz (§ 88 BetrVG) nennt hierfür beispielhaft Regelungen auf den Gebieten

Unfallverhütung und Gesundheitsschutz, Errichtung von Sozialeinrichtungen und Förderung der Vermögensbildung. Auch andere Fragen können auf diese Weise geregelt werden unter der Voraussetzung, daß keine tariflichen Bestimmungen bestehen, die dies ausschließen. Ausschlaggebend ist, daß kein Betriebspartner dem anderen seine Meinung aufzwingen kann, auch nicht über ein Einigungstellenverfahren.

Tabelle 1. Beteiligungsrechte des Betriebsrats in sozialen, personellen und wirtschaftlichen Angelegenheiten

	Information	Information und Beratung	Anhörung	Vetorecht	Mitbestimmung
Soziale Angelegenheiten					§ 87
Personelle Angelegenheiten	§ 105	§ 92	§ 105	§ 99	§§ 93, 94 95, 103
Personalplanung		§ 92			
Ausschreibung von Arbeitsplätzen					§ 93
Personalfragebogen, Beurteilungsgrundsätze					§ 94
Auswahlrichtlinien					§ 95
Einstellung, Versetzung, Ein- und Umgruppierung				§ 99	
Kündigung			§ 102		
Kündigung betriebsverfassungsrechtlicher Funktionsträger				§ 103	
Personelle Maßnahmen bei leitenden Angestellten	§ 105				
Wirtschaftliche Angelegenheiten		§ 106 § 111			§§ 109, 112 Abs. 4
Wirtschaftsausschuß		§ 106			§ 109
Betriebsänderung		§ 111			
Interessenausgleich		§ 111			
Sozialplan		§ 111			§§ 112 Abs. 4, 112 a

2.4.3 Mitbestimmungsgrundsätze

Unsere Wirtschaftsordnung geht vom Prinzip der *wirtschaftlichen Betätigungsfreiheit des Unternehmers* aus mit den Einschränkungen, die sich aus dem Sozialstaatsprinzip ergeben. Im Bereich der wirtschaftlichen Entscheidungen des Unternehmens sind die Arbeitnehmerrechte auf Unterrichtungs- und Anhörungsrechte begrenzt. Mitbestimmung im Sinne einer Mitentscheidung setzt voraus, daß *soziale Belange* berührt werden.

Inhalt, Umfang und Grenzen der Mitbestimmung werden durch Grundsätze bestimmt, die in gesetzlichen Vorschriften ihren Niederschlag gefunden oder als ungeschriebenes Recht Geltung haben:

Mitbestimmen darf der Betriebsrat nur bei Kollektivmaßnahmen, d. h. *generellen Regelungen,* die den gesamten Betrieb, einzelne Abteilungen oder Arbeitnehmergruppen betreffen, die nach abstrakten Merkmalen umschrieben werden können. Im Grenzfall kann es sich um nur einen Mitarbeiter handeln, z. B. wenn es um die Arbeitsbedingungen des Pförtners (unabhängig von dessen Person) geht. Von den im BetrVG (§ 87 Abs. 1 Nr. 5 und 9) genannten Ausnahmen abgesehen, wird auch durch die Rechtsprechung des Bundesarbeitsgerichts bestätigt, daß in allen Fällen, bei denen es um die Gestaltung einzelner Arbeitsverhältnisse geht und besondere, nur den einzelnen Mitarbeiter betreffende Umstände den Ausschlag geben, nicht der Mitbestimmung unterliegen. Auf der anderen Seite dürften Einzelvereinbarungen des Arbeitgebers mit Mitarbeitern nicht zu einer Umgehung des Mitbestimmungsrechts führen.

Eine Mitbestimmung kann nur beim *Vorhandensein eines Ermessensspielraums* in Betracht kommen. Wenn ein solcher nicht besteht und – wie bei der gerichtlichen Urteilsfindung oder in der Mathematik – nur ein bestimmtes Ergebnis zutreffend sein kann und deshalb mehrere „richtige“ Lösungen nicht denkbar sind, kann ein „Aushandeln“ zwischen den Betriebsparteien nicht stattfinden. Dieser Aspekt hat z. B. große Bedeutung, wenn im Rahmen einer Akkordentlohnung für die Ermittlung der Vorgabezeiten eine arbeitwissenschaftliche Methode mit dem Betriebsrat vereinbart worden ist; für eine Mitbestimmung bei den einzelnen Akkordvorgaben ist in dann kein Raum mehr.

Wichtig ist ferner die *Unterscheidung zwischen formellen und materiellen Arbeitsbedingungen.* Die erzwingbaren Mitbestimmungsrechte des Betriebsrats sind grundsätzlich auf die formelle Seite der Arbeitsbedingungen beschränkt, während der materielle Bereich einzelvertraglichen und tarifvertraglichen Vereinbarungen vorbehalten ist. Von diesem Prinzip macht das Gesetz einige Ausnahmen, von denen die bedeutsamsten den Entlohnungsbereich betreffen. Nach § 87 Abs. 1 Nr. 10 und 11 BetrVG stehen dem Betriebsrat Mitbestimmungsrechte zu bei „Fragen der betrieblichen Lohngestaltung“ und bei der „Festsetzung der Akkord- und Prämiensätze und vergleichbarer leistungsbezogener Entgelte, einschließlich der Geldfaktoren“. Dem Betriebsrat sind damit weitreichende Einflußmöglichkeiten auf die betriebliche Lohngestaltung gegeben, zumal im Hinblick auf die dazu ergangene, z. T. bedenkliche BAG-Rechtsprechung.

Wegen des *Vorrangs gesetzlicher und tariflicher Regelungen* scheidet ein Mitbestimmungsrecht des Betriebsrats aus, wenn und soweit der Gesetzgeber oder die Tarifvertragsparteien eine Regelung getroffen haben (§ 87 Abs. 1 Eingangssatz BetrVG). Die Frage, ob und in welchem Umfang tarifliche Bestimmungen ein Mitbestimmungsrecht ausschließen, kann im Einzelfall zweifelhaft sein. Es kommt darauf an, ob die Tarifvertragsparteien erkennbar eine abschließende Regelung gewollt oder beabsichtigt haben, ihre nähere Ausgestaltung den Betriebsparteien zu überlassen.

In den meisten Bereichen sind die Arbeitsentgelte (Löhne, Gehälter) und sonstigen Arbeitsbedingungen materieller Art (Arbeitszeit, Urlaub etc.) in Tarifverträgen geregelt, so daß Betriebsvereinbarungen über diese Komplexe rechtsunwirksam sind. Lohnvereinbarungen mit dem Betriebsrat bei bestehendem Lohntarifvertrag, z. B. in Vorwegnahme einer Tariflohnerhöhung, sind demzufolge unzulässig. Dies wird in der betrieblichen Praxis häufig übersehen und nicht bedacht, daß in derartigen Fällen die höheren Löhne durch stillschweigende Vereinbarungen (durch Entgegennahme des Arbeitsentgelts) oder über die betriebliche Übung in die Arbeitsverträge der begünstigten Arbeitnehmer eingehen und später nur im Einvernehmen mit jedem Mitarbeiter oder durch Änderungskündigungen rückgängig gemacht werden können.

Auch in *Eil- und Notfällen* hat der Betriebsrat vom Grundsatz her mitzubestimmen. Bei Dringlichkeit im Interesse eines geordneten Betriebsablaufs wird dem Arbeitgeber das Recht einstweiliger einseitiger Anordnungen zugestanden, wenn er gleichzeitig die bis dahin ergebnislosen Verhandlungen mit dem Betriebsrat wieder aufnimmt oder die Einigungsstelle anruft. In Notfällen, d. h. in plötzlich auftretenden Situationen, die zu unaufschiebbaren schnellen Maßnahmen zwingen, um größere Schäden zu vermeiden (z. B. bei Brand und Explosionsgefahr), ist der Arbeitgeber in jedem Falle zu einseitigen Maßnahmen und Anordnungen berechtigt.

2.4.4
Verfahrensfragen

Hier ist zunächst das *Initiativrecht des Betriebrats* anzusprechen. Darunter versteht man, daß der Betriebsrat in den seiner Mitbestimmung unterliegenden Angelegenheiten ebenso die Initiative ergreifen kann wie der Arbeitgeber. Dieser Grundsatz gilt jedoch nicht uneingeschränkt. Wenn es um unternehmerische Entscheidungen geht, wird ein Initiativrecht des Betriebsrats verneint und als mit den Grundprinzipien des Betriebsverfassungsgesetzes nicht vereinbar angesehen, daß der Arbeitgeber über § 87 BetrVG vom Betriebsrat über die Einigungsstelle erzwungene – z. B. lohnpolitische – Maßnahmen zum Einsatz erhöhter materieller Mittel genötigt werden kann.

Für die *Ausübung des Mitbestimmungsrechts* ist keine bestimmte Form vorgeschrieben. Vereinbarungen zwischen Arbeitgeber und Betriebsrat über soziale Angelegenheiten sind auch wirksam, wenn sie nicht in einer förmlichen *Betriebsvereinbarung* festgehalten sind, sondern eine formlose Verständigung erzielt worden ist. Eine formlose Einigung – dafür ist die Bezeichnung *Regelungsabrede* gebräuchlich – kann auch dadurch zustande kommen, daß die Zustimmung des Betriebsrats durch schlüssiges Verhalten oder durch Schweigen auf einen Vorschlag des Arbeitgebers erkennbar wird. Da häufig über Maßnahmen von nur vorübergehender Bedeutung zu entscheiden ist, wird in der betrieblichen Praxis oft im letzteren Sinne verfahren. Daraus ergeben sich nicht selten Nachweisprobleme. Rechtlich schwerwiegender ist, daß nur eine formelle Betriebsvereinbarung, die nach § 77 BetrVG der Schriftform bedarf, normative Rechtswirkung auf die Arbeitsverhältnisse entfaltet, d. h. der einzelne Arbeitnehmer durch sie unmittelbar berechtigt und verpflichtet wird. Eine formlose Abrede mit dem Betriebsrat kann der Arbeitgeber nur durchsetzen, soweit ihm dies nach einzelvertraglichen Vereinbarungen oder aufgrund seines Weisungsrechts gestattet ist.

Aus diesem Grunde empfiehlt sich der Abschluß schriftlicher Betriebsvereinbarungen zumindest bei längerfristigen Regelungen und bei kurzfristigen Regelungen von einigem Gewicht.

Kommt in einer nach § 87 BetrVG mitbestimmungspflichtigen Angelegenheit eine Einigung zwischen Arbeitgeber und Betriebsrat nicht zustande, kann jede Seite die Einigungsstelle anrufen. Sie ist ad hoc zu bilden, wenn nicht eine ständige *Einigungsstelle* errichtet worden ist. Beide Seiten haben eine gleiche Anzahl von Beisitzern zu benennen und sich auf einen unparteiischen Vorsitzenden zu verständigen; sonst entscheidet das Arbeitsgericht. Das Einigungstellenverfahren ist in § 76 BetrVG geregelt; die Betriebspartner können dazu Vereinbarungen treffen. Die Einigungsstelle ist an die Grenzen gebunden, die der Mitbestimmung des Betriebsrats gesetzt sind. Nur in diesem Rahmen ist sie zuständig und befugt, durch einen Spruch die fehlende Einigung zwischen den Betriebsparteien mit verbindlicher Wirkung zu ersetzen. Jede Seite hat die Möglichkeit, die Rechtswirksamkeit der Einigungstellenentscheidung gerichtlich nachprüfen zu lassen, sowohl in formeller als auch in materieller Hinsicht. Hierbei können Ermessensfehler gerügt werden, insbesondere dann, wenn die Einigungsstelle gegen das in § 76 Abs. 5 Satz 3 BetrVG enthaltene Gebot, wonach sie „unter angemessener Berücksichtigung der Belange des Betriebs und der betroffenen Arbeitnehmer nach billigem Ermessen" entscheiden muß, verstoßen hat. Auch dem einzelnen Arbeitnehmer steht der Weg zum Arbeitsgericht offen, wenn er meint, durch die Entscheidung der Einigungsstelle in seinen Rechten verletzt zu sein. Das Gesetz (§ 76 Abs. 7 BetrVG) weist hierauf ausdrücklich hin und bestätigt damit, daß der Eingungsstelle keine richterliche Funktion zukommen soll.

Umstritten war und ist, ob dem Betriebsrat ein allgemeiner *Unterlassungsanspruch bei mitbestimmungswidrigem Verhalten des Arbeitgebers* zusteht. Nach § 23 Abs. 3 BetrVG kann der Betriebsrat oder eine im Betrieb vertretene Gewerkschaft bei groben Verstößen des Arbeitgebers gegen seine Verpflichtungen aus dem Betriebsverfassungsgesetz beim Arbeitsgericht beantragen, ihm aufzugeben, bestimmte Handlungen vorzunehmen, zu unterlassen oder zu dulden. Unter Aufgabe seiner früheren Rechtsprechung hat das BAG am 3. Mai 1994 entschieden, daß bei einer Verletzung von Mitbestimmungsrechten ein Unterlassungsanspruch gegen den Arbeitgeber auch ohne Vorliegen eines groben Pflichtverstoßes gegeben sein könne; ob dem Betriebsrat ein Unterlassungsanspruch zustehe, müsse für jeden Mitbestimmungstatbestand gesondert geprüft werden. Die praktischen Auswirkungen dieser neuen Rechtsprechung bleiben abzuwarten.

Eine vorsätzliche Mißachtung von Beteiligungsrechten des Betriebsrats kann *Sanktionen gegen den Arbeitgeber oder die von ihm Beauftragten* zur Folge haben. Die Verletzung bestimmter Informationspflichten wird nach § 121 BetrVG als Ordnungswidrigkeit mit Geldbußen bis zu 20.000 DM geahndet. Bei groben Pflichtverstößen kann es in einem arbeitsgerichtlichen Verfahren, das der Betriebsrat und jede im Betrieb vertretene Gewerkschaft in Gang setzen können, zur Verurteilung zu einem Ordnungs- und Zwangsgeldes mit gleichem Höchstmaß kommen (§ 23 Abs. 3 BetrVG). § 119 BetrVG bedroht darüber hinaus schwerwiegende Behinderungen und Störungen der Betriebsratstätigkeit mit Geld- und Freiheitsstrafen bis zu einem Jahr.

Die erheblichen Risiken, die mit Rechtsverstößen für den Arbeitgeber und die beteiligten betrieblichen Führungskräfte verbunden sind, bilden besonderen Anlaß dafür, bei allen betrieblichen Maßnahmen, die soziale Fragen berühren, die Kompetenzen des Betriebsrats zu prüfen und die gesetzlichen Vorschriften strikt zu befolgen.

3
Planung von Qualitätssicherungsmaßnahmen

3.1
Entscheidungskompetenz des Arbeitgebers

Für den Aufbau einer Qualitätsorganisation sind wirtschaftliche Überlegungen maßgebend, die in die verfassungsrechtlich garantierte unternehmerische *Entscheidungsautonomie des Arbeitgebers* fallen. Das Betriebsverfassungsgesetz will diese Entscheidungsfreiheit nicht einschränken, aber erreichen, daß die Belegschaft und ihre Vertretung über die wirtschaftlichen Verhältnisse des Unternehmens ständig und rechtzeitig informiert werden.

Diesem Zweck dienen weitreichende *Informations- und Beratungspflichten,* die dem Arbeitgeber schon bei der Planung von Maßnahmen der Qualitätssicherung auferlegt worden sind. Bei der Durchführung der vorgesehenen Maßnahmen verdichten sich die Mitwirkungsrechte des Betriebsrats zu *Mitbestimmungsrechten,* soweit es um die sozialen Auswirkungen auf die Mitarbeiter geht.

Eine sorgfältige Beachtung dieser Arbeitnehmerrechte durch den Arbeitgeber und seine Führungskräfte liegt im Interesse aller Beteiligten. Auch soweit die Entscheidungskompetenz beim Arbeitgeber verbleibt, ist es von der Sache her dringend geboten, alle Möglichkeiten auszuschöpfen, durch umfassende Informationen und Gespräche Aufgeschlossenheit und Zustimmung bei den Mitarbeitern und eine Verständigung mit dem Betriebsrat zu erreichen. Die erfolgreiche Realisierung der Ziele, die mit qualitätssichernden Maßnahmen angestrebt werden, ist in hohem Maße davon abhängig, ob es gelingt, Betriebsrat und Mitarbeiter von Sinn und Notwendigkeit der Planungen zu überzeugen und für ihre Durchführung zu motivieren.

3.2
Informations- und Beratungsrechte des Betriebsrats

Die Mitwirkungsrechte des Betriebsrats bei der Planung von Maßnahmen zur Qualitätssicherung erstrecken sich auf

- die Planung von Änderungen, welche die Betriebsräume, die technischen Anlagen, Arbeitsverfahren und Arbeitsabläufe sowie die Arbeitsplätze betreffen (§§ 90, 91 BetrVG),
- Maßnahmen der Personalplanung (§§ 92 ff. BetrVG),
- die Planung von Berufsbildungsmaßnahmen zur Qualifizierung der Mitarbeiter §§ 96 ff. BetrVG,
- geplante Betriebsänderungen, die bei grundlegenden Änderungen der Betriebsorganisation oder der Betriebsanlagen sowie bei der Einführung grundlegend

neuer Arbeitsmethoden und Fertigungsverfahren gegeben sein können (§§ 111 ff. BetrVG),

Für Unternehmen mit mehr als 100 ständig Beschäftigten besteht die Verpflichtung des Arbeitgebers, den *Wirtschaftausschuß* zu unterrichten, sofern die geplanten Maßnahmen als Rationalisierungsvorhaben gewertet werden können und/oder mit Änderungen der Betriebsorganisation, der Fabrikations- oder Arbeitsmethoden verbunden sind (§ 106 BetrVG).

3.2.1
§§ 90, 91 BetrVG (Gestaltung von Arbeitsplatz, Arbeitsablauf und Arbeitsumgebung)

Mit den §§ 90 und 91 BetrVG wollte der Gesetzgeber einen Beitrag zur Humanisierung der Arbeitswelt leisten. Bei den unternehmerischen Entscheidungen sollen deren Auswirkungen auf die Arbeit und die Anforderungen an die Mitarbeiter schon im Planungsstadium angemessen berücksichtigt werden. Maßstab sollen dabei gesicherte arbeitswissenschaftliche (ergonomische) Erkenntnisse sein.

Die heutige Fassung des § 90 BetrVG entspricht einer Gesetzesänderung, die vor dem Hintergrund der verstärkten Einführung neuer Arbeitstechniken in Produktion und Verwaltung Anfang 1989 in Kraft getreten ist. Die damit erfolgte Verschärfung der Pflichten des Arbeitgebers hat das Prinzip, daß er über die Durchführung der Maßnahmen zur Neugestaltung der arbeitstechnischen Organisation allein entscheiden kann, nicht beseitigt. Nur bei Änderungen der Arbeitsplätze, des Arbeitsablaufs und der Arbeitsumgebung, die offensichtlich gegen gesicherte arbeitswissenschaftliche Erkenntnisse über die menschengerechte Gestaltung der Arbeit verstoßen oder für die Mitarbeiter besondere Belastungen zur Folge haben, steht dem Betriebsrat ein Mitbestimmungsrecht zu, mit dessen Hilfe er angemessene Maßnahmen zur Abwendung, Abmilderung oder zum Ausgleich der Belastungen verlangen und über die Einigungsstelle durchsetzen kann (§ 91 BetrVG).

Bei der Planung von Maßnahmen der Qualitätssicherung kann sich aus § 90 BetrVG eine Unterrichtungs- und Beratungspflicht des Arbeitgebers in mehrfacher Hinsicht ergeben:

- Bauliche Veränderungen bei den *Betriebsräumen* (Nr. 1 des Katalogs) werden seltener in Betracht kommen. Zu beachten ist, daß auch Sozialräume (z. B. Aufenthalts- und Waschräume) erfaßt werden. Nicht dazu gehören Reparaturen, auch wenn damit kleinere Änderungen verbunden sind.
- Die Verwendung neuer *technischer Anlagen* (Nr. 2) wird häufiger praktisch werden. Erfaßt werden sämtliche Einrichtungen, die der technischen Verwirklichung des Betriebszwecks dienen, auch wenn damit nur Hilfszwecke erfüllt werden (z. B. EDV-Anlagen).
- Mit einer Umstellung der organisatorischen, zeitlichen und räumlichen Anordnung des Arbeitsprozesses, die bei Qualitätssicherungsmaßnahmen erfolgt, sind in aller Regel Änderungen der *Arbeitsverfahren und Arbeitsabläufe* (Nr. 3) verbunden. Unter „Arbeitsverfahren" – dieser Begriff ist weitgehend identisch mit dem der Fabrikationsmethoden in § 106 Abs. 3 BetrVG – werden Verfahren verstanden, nach denen produziert, d.h. der Herstellungsprozeß organisatorisch und technisch ausgerichtet wird. „Arbeitsablauf" ist die zeitliche und räumliche Anordnung der

Abeitsgänge, wobei das Zusammenwirken der Arbeitnehmer zur Erreichung arbeitstechnischer Ziele im Vordergrund steht.

- Änderungen der Arbeitsverfahren und Arbeitsabläufe führen meist auch zur Neugestaltung der *Arbeitsplätze* (Nr. 4). „Arbeitsplatz" ist räumlich und funktional zu verstehen. Nach Sinn und Zweck des § 90 BetrVG unterliegen nur generelle Änderungen der Arbeitsbedingungen und der Arbeitsumgebung dem Beratungsrecht des Betriebsrats, nicht schon jede Arbeitsanweisung, die Einfluß auf den Arbeitsablauf hat.

Entsprechend den gesetzlichen Auflagen ist mit dem Betriebsrat, nach einer umfassenden Information über die geplanten Maßnahmen unter Vorlage der erforderlichen Unterlagen darüber zu beraten, welche Auswirkungen auf die Art der Arbeit (z. B. Veränderung der Arbeitsaufgaben) und auf die Anforderungen an die Mitarbeiter (Kenntnisse, Geschicklichkeit, Verantwortung, geistige und körperliche Belastung, Umgebungseinflüsse) diese haben werden. Meist wird ein enger Zusammenhang mit einer notwendigen Mitarbeiter-Qualifizierung und den dafür gegebenen Beteiligungsrechten des Betriebsrats bestehen.

Der Arbeitgeber muß seiner Unterrichtungs- und Beratungspflicht so *rechtzeitig* nachkommen, daß vom Betriebsrat vorgetragene Bedenken und Vorschläge bei seinen Entscheidungen berücksicht werden können. Die Einschaltung des Betriebsrats kann erst zu einem Zeitpunkt gefordert werden, in dem die Vorüberlegungen der Geschäftsleitung abgeschlossen sind, wenn notwendige Untersuchungen stattgefunden haben, erforderliche Daten gesammelt worden sind und Konzepte für die arbeitstechnischen Änderungen vorliegen; erst dann können konkrete Aussagen über Folgewirkungen für die Arbeitnehmer gemacht werden. Andererseits darf der Arbeitgeber die Unterrichtung des Betriebsrats und seine Beratung mit ihm nicht so lange hinausschieben, daß eine Einflußnahme auf die Entscheidung nicht mehr möglich ist.

Eine Mißachtung der Verpflichtungen aus § 90 BetrVG führt nicht zur Rechtsunwirksamkeit der von ihm veranlaßten Maßnahmen. Der Arbeitgeber begeht jedoch damit eine Ordnungswidrigkeit, die gemäß § 121 BetrVG mit einer Geldbuße bis zu 20.000 DM geahndet werden kann. Die dafür zuständigen ordentlichen Gerichte legen hierbei strenge Maßstäbe an.

3.2.2
§§ 92 ff. BetrVG (Allgemeine personelle Angelegenheiten)

Mit der Ausdehnung der Beteiligungsrechte des Betriebsrats auf *allgemeine Personal- und Berufsbildungsmaßnahmen* und damit auf das Vorfeld der Einzelentscheidungen im gesamten Bereich der Personalplanung und Personalbeurteilung wird der Zweck verfolgt, dem Betriebsrat frühzeitig Einblick in die personelle Situation des Betriebes und ihre Entwicklung zu verschaffen, um ihn in die Lage zu versetzen, Anregungen vorzubringen und seine Mitwirkung bei Einzelmaßnahmen zu erleichtern.

- Gemäß § 92 BetrVG muß der Arbeitgeber den Betriebsrat über die *Personalplanung*, insbesondere über den gegenwärtigen und künftigen Personalbedarf sowie über die sich daraus ergebenden Personal- und Berufsbildungsmaßnahmen, „rechtzeitig und umfassend" unterrichten und mit ihm darüber beraten, welche Maßnahmen notwendig sind und wie dabei Härten vermieden werden können. Der Betriebsrat kann dazu Vorschläge machen, mit denen der Arbeitgeber sich auseinandersetzen, die er aber nicht befolgen muß. Ein Verstoß gegen diese Pflicht führt nicht zur Unwirksamkeit der späteren Einzelmaßnahmen; der Arbeitgeber handelt jedoch ordnungswidrig und muß mit einer Geldbuße bis zu 20.000 DM rechnen, wenn er seiner Pflicht nicht nachkommt oder sie wahrheitswidrig, unvollständig oder verspätet erfüllt (§ 121 BetrVG). Die Mitwirkungsrechte des Betriebsrats bei den personellen Einzelmaßnahmen bleiben unberührt.

- § 93 BetrVG bestimmt, daß der Betriebsrat eine *Ausschreibung neu zu besetzender Arbeitsplätze im Betrieb* verlangen kann. Nach der Vorstellung des Gesetzgebers sollen damit die im Betrieb vorhandenen Möglichkeiten eines rationellen Personaleinsatzes und zugleich das Interesse der schon im Betrieb tätigen Mitarbeiter an für sie geeigneten Arbeitsplätzen gefördert werden.
  Hat der Betriebsrat von diesem Recht Gebrauch gemacht, muß der Arbeitgeber – auch ohne eine Vereinbarung über die Stellenausschreibung – dies beachten, um Rechtsnachteile zu vermeiden. § 99 Abs. 2 Nr. 5 BetrVG schreibt vor, daß der Betriebsrat seine Zustimmung zur Einstellung eines neuen Mitarbeiters verweigern kann, wenn eine von ihm geforderte Stellenausschreibung im Betrieb unterblieben ist. Daraus ergibt sich die dringende Notwendigkeit einer innerbetrieblichen Ausschreibung, falls der Betriebsrat hierauf besteht. Die Form der Ausschreibung (z. B. Aushang am Schwarzen Brett) bestimmt der Arbeitgeber, ebenso ihren Inhalt, der Aufschluß über den zu besetzenden Arbeitsplatz und seine Anforderungen geben muß.
- § 94 Abs. 2 BetrVG räumt dem Betriebsrat ein erzwingbares Mitbestimmungsrecht bei der Aufstellung allgemeiner *Beurteilungsgrundsätze* (Regeln oder Systeme zur fachlichen und persönlichen Beurteilung von Stellenbewerbern oder bereits im Betrieb tätigen Arbeitnehmern) ein. Hierzu zählen psychologische Eignungstests, graphologische Gutachten und sonstige Grundsätze, nach denen die Leistung und das Verhalten systematisch bewertet werden. Die Bewertung muß sich auf die Person des Arbeitnehmers beziehen. Deshalb fallen analytische oder andere Arbeitsplatzbewertungen *nicht* unter diese Vorschrift; Mitbestimmungsrechte können sich hier jedoch aus § 87 BetrVG ergeben.
- Nach § 95 BetrVG bedürfen auch *Auswahlrichtlinien* (Richtlinien für die personelle Auswahl bei Einstellungen, Versetzungen, Umgruppierungen und Kündigungen) der Zustimmung des Betriebsrats. Hierbei wird nach der Größe des Betriebes (nicht des Unternehmens) unterschieden: In Betrieben bis zu 1000 Beschäftigten steht es dem Arbeitgeber frei, ob er Auswahlrichtlinien schaffen will; der Betriebsrat hat dort weder ein Initiativrecht noch ein erzwingbares Mitbestimmungsrecht. In Betrieben mit mehr als 1000 Beschäftigten kann der Betriebsrat dagegen die Aufstellung von Richtlinien dieser Art verlangen und im Nichteinigungsfalle die Einigungsstelle zur Entscheidung anrufen.
  Sind Auswahlrichtlinien verbindlich geregelt, muß sich der Arbeitgeber bei personellen Einzelmaßnahmen daran halten. Tut er dies nicht, steht dem Betriebsrat auch hier ein Widerspruchsrecht zu (§ 99 Abs. 2 Nr. 2 BetrVG). *Nicht* unter den Regelungsbereich von Auswahlrichtlinien fallen Stellen-, Arbeitsplatz- und Funktionsbeschreibungen sowie Anforderungsprofile (siehe 4.3.3.1).

3.2.3
§§ 96 ff. BetrVG (Berufsbildung)

§ 92 BetrVG bestimmt, daß im Rahmen der Personalplanung über notwendige Maßnahmen der Berufsbildung mit dem Betriebrat zu beraten ist. Die §§ 96 ff. geben dazu konkrete Anweisungen. Sie verpflichten die Betriebsparteien nicht nur allgemein zur Förderung der Berufsbildung, sondern räumen dem Betriebsrat Mitwirkungs- und Mitbestimmungsrechte sowohl in der Planungsphase als auch bei der Durchführung ein.

Hinsichtlich der *Einführung und Durchführung betrieblicher Berufsbildungsmaßnahmen* (einschließlich Fort- und Weiterbildung) stehen dem Betriebsrat z.T. Beratungsrechte, z. T. Mitbestimmungsrechte zu. Der Arbeitgeber muß

- mit ihm (nur) beraten, soweit es um betriebliche Einrichtungen zur Berufsbildung und die Einführung neuer Bildungsmaßnahmen im Betrieb geht (§ 97 BetrVG),
- seine Zustimmung einholen, wenn über die Durchführung betrieblicher Berufsbildungsmaßnahmen und über die Auswahl der Teilnehmer an außerbetrieblichen Bildungsveranstaltungen zu entscheiden ist; dazu enthält § 98 BetrVG spezifische Regelungen.

3.2.4
§§ 111 ff. BetrVG (Betriebsänderungen)

Die Bestimmungen über Betriebsänderungen in den §§ 111 ff. BetrVG sind für die betriebliche Praxis von besonders großer Bedeutung. Die dort bestimmten Rechte des Betriebsrats können mit denen aus den §§ 90, 91 BetrVG konkurrieren, da verschiedene Zwecke verfolgt werden. Während im letzteren Falle der Gesundheits- und Humanisierungsaspekt im Vordergrund steht, sollen die §§ 111 ff. BetrVG dem Betriebsrat angemessenen Einfluß auf die wirtschaftlichen Entscheidungen sichern.

Die Beteiligungsrechte des Betriebsrats sind mehrstufig aufgebaut: Hinsichtlich der *Planung* von Maßnahmen der in § 111 BetrVG aufgeführten Art hat er ein umfassendes Informations- und Beratungsrecht. Stärkere Rechte wachsen ihm bei der *Durchführung* der geplanten Betriebsänderungen zu, bis hin zum Erzwingen eines Sozialplans. In der Praxis erfolgen die Beratungen und die Bemühungen um eine einvernehmliche Regelung meist in einem einheitlichen Verfahren. Deshalb werden die hierzu notwendigen Hinweise nachstehend im Zusammenhang behandelt.

§ 111 BetrVG schreibt vor, daß in Betrieben mit in der Regel mehr als 20 wahlberechtigten (mindestens 18 Jahre alten) Arbeitnehmern der Betriebsrat von geplanten Betriebsänderungen, die wesentliche Nachteile für die Belegschaft oder erhebliche Teile der Belegschaft zur Folge haben können, rechtzeitig und umfassend zu unterrichten und mit ihm darüber zu beraten ist. Für Maßnahmen der Qualitätssicherung können von dem im Gesetz abschließend aufgeführten Katalog von Betriebsänderungen die Tatbestände *„grundlegende Änderungen der Betriebsorganisation, des Betriebszwecks oder der Betriebsanlagen"* (Nr. 4) und *„Einführung grundlegend neuer Arbeitsmethoden und Fertigungsverfahren"* (Nr. 5) von Bedeutung sein.

„Betriebsänderungen" i.S. des § 111 BetrVG sind Änderungen in der Gestaltung des Betriebes, seiner Struktur und Organisation, des Betriebszwecks, des Standorts etc.

Aus der Aufzählung im Gesetzestext ergibt sich, daß es sich um wesentliche und grundlegende Änderungen handeln muß. Eine Beteiligung des Betriebsrats – zunächst durch Unterrichtung und Beratung, später durch Mitbestimmung bei einem Interessenausgleich und einem Sozialplan – kommt nur in Betracht, wenn die geplanten Betriebsänderungen *wesentliche Nachteile für die Belegschaft oder erhebliche Teile der Belegschaft* haben können. Wichtig ist, daß es entscheidend darauf ankommt, ob solche Nachteile eintreten *können,* d. h. bei objektiver Beurteilung mit ihnen gerechnet werden muß, nicht darauf, ob sie tatsächlich eintreten. Nachteilig für Mitarbeiter sind vor allem Entlassungen, können aber auch in Lohneinbußen, Arbeitserschwernissen, längeren Anmarschwegen u. ä. bestehen. Bei der Frage, wann erhebliche Teile der Belegschaft betroffen werden, sieht das Bundesarbeitsgericht die in § 17 Abs. 1 des Kündigungsschutzgesetzes für die Anzeigepflicht des Arbeitgebers bei Massenentlassungen angegebenen Beschäftigtenzahlen als Richtschnur an mit folgender Maßgabe:

- in Betrieben mit in der Regel über 20 und weniger als 60 Beschäftigten mehr als 5 Arbeitnehmer,
- in Betrieben mit in der Regel mindestens 60 und weniger als 500 Beschäftigten 10% der Belegschaft oder mehr als 25 Arbeitnehmer,
- in Betrieben mit in der Regel 500 Beschäftigten mehr als 30 Arbeitnehmer,
- in Betrieben mit mehr als 1000 Beschäftigten mindestens 5% der Belegschaft.

Auch bei der Frage, ob eine geplante Betriebsänderung *grundlegend* ist, muß nach der Rechtsprechung des BAG wegen des sozialen Schutzgedankens des Gesetzes wesentlich auf das mögliche Ausmaß der Auswirkungen auf die Mitarbeiter abgestellt werden. Grundlegende Änderungen sind nur gegeben, wenn einschneidende Maßnahmen, die weitgehende Änderungen der betrieblichen Verhältnisse zum Ziel haben, zur Diskussion stehen; Maßnahmen, die lediglich der laufenden Verbesserung der Betriebsorganisation etc. dienen, erfüllen diese Voraussetzung nicht.

Zu den konkreten Tatbeständen des § 111 Nr. 4 und 5 BetrVG folgende Hinweise:

- Eine grundlegende Änderung der *Betriebsorganisation* ist anzunehmen, wenn eine weitreichende Änderung der Gliederung des Betriebes, ein neues Ordnungsgefüge für die Verbindung von Betriebszweck, arbeitenden Menschen und Betriebsanlagen mit dem Ziel einer optimalen Erfüllung der Arbeitsaufgaben, also eine tiefgreifende Umorganisation des Betriebes geplant ist, z. B. die Ausgliederung von Betriebsteilen, die Auflösung wichtiger Abteilungen, die Neueinführung einer Datenverarbeitung im Betrieb, der Übergang von zentralen zu dezentralen Strukturen, auch die Einführung eines Qualitätssicherungssystems.
- Mit *Betriebszweck* ist der arbeitstechnische Zweck eines Betriebes gemeint, nicht der wirtschaftliche. Zu den *Betriebsanlagen* gehören alle Einrichtungen, Maschinen, und Vorrichtungen, die für den arbeitstechnischen Produktions- und Leistungsprozeß eingesetzt werden. Erfaßt werden nur Änderungen, die in der Gesamtschau von erheblicher Bedeutung für den gesamten Betriebsablauf sind.
- Die in der Nr. 5 aufgeführten Tatbestände stehen in engem Zusammenhang mit den Betriebsänderungen nach der Nr. 4. *Arbeitsmethoden* betreffen die Gestaltung der menschlichen Arbeit, wobei nur die technische Seite der Arbeitsleistung angesprochen ist. Unter *Fertigungsverfahren* ist die Technologie zu verstehen, die bei

der Herstellung der Produkte angewandt wird. Beispiele sind die Umstellung auf Fließarbeit, der Übergang von Hand- auf Maschinenarbeit, die Einführung von Gruppenarbeit oder Fertigungsinseln. Auch Maßnahmen, die nur der Anpassung an den technischen Fortschritt dienen, gehören hierzu; ausschlaggebend ist, ob die geplante Einführung der neuen Arbeits- und Fertigungsmethoden für den Betrieb eine grundlegende Änderung bedeutet.

Bei allen geplanten Betriebsänderungen hat der Betriebsrat unter der Voraussetzung, daß hierdurch die Mitarbeiter wesentliche Nachteile erleiden können, über das Informations- und Beratungsrecht hinaus Mitbestimmungsrechte nach §§ 112, 112a BetrVG. Der Arbeitgeber muß versuchen, in Verhandlungen mit ihm einen *Interessenausgleich* herbeizuführen. Hierbei geht es um die wirtschaftliche Entscheidung als solche, d. h. um die Frage, ob, zu welchem Zeitpunkt und in welcher Weise die Betriebsänderungen durchgeführt werden sollen. Die Verhandlungen bleiben auf eine gütliche Einigung beschränkt, eine Entscheidung gegen den Willen des Arbeitgebers kann der Betriebsrat nicht erzwingen. Führt der Arbeitgeber Betriebsänderungen ohne den Versuch eines Interessenausgleichs durch, muß er sich so behandeln lassen, als ob er von einem vereinbarten Interessenausgleich ohne zwingenden Grund abgewichen wäre (§ 113 Abs. 2 BetrVG), was die Verpflichtung zu erheblichen Abfindungszahlungen nach sich ziehen kann.

Arbeitgeber und Betriebsrat haben ferner über einen *Sozialplan* zu verhandeln mit dem Ziel, einen Ausgleich oder eine Milderung der wirtschaftlichen Nachteile zu erreichen, die den Mitarbeitern infolge der geplanten Betriebsänderung entstehen. Anders als beim Interessenausgleich steht dem Betriebsrat hier ein erzwingbares Mitbestimmungsrecht zu, das er durch Anrufung der Einigungsstelle durchsetzen kann.

Kommt ein Interessenausgleich oder eine Einigung über den Sozialplan nicht zustande, kann, der Präsidenten des zuständigen Landesarbeitsamtes um Vermittlung ersucht werden. Von dieser Möglichkeit, die den Betriebspartnern freigestellt ist, wird in der Praxis selten Gebrauch gemacht. Beide Seiten können die Einigungsstelle anrufen, die sich weiter um eine Einigung zu bemühen hat und bei ergebnislosem Verlauf über einen Sozialplan verbindlich entscheidet.

In Anbetracht der Kompliziertheit und Vielschichtigkeit der Rechtsmaterie und der umfangreichen höchstrichterlichen Rechtsprechung, die zu den §§ 111 ff. BetrVG vorliegt, ist es nicht möglich, auf Einzelheiten näher einzugehen. Hervorzuheben ist nochmals, daß es für die Auslösung der Mitwirkungsrechte des Betriebsrats bei geplanten Betriebsänderungen ausreichend ist, daß dadurch wesentliche Nachteile für erhebliche Teile der Belegschaft entstehen können, es mithin genügt, daß mit solchen Nachteilen bei objektiver Betrachtung zu rechnen ist. Bei Streit über das Vorliegen der gesetzlichen Voraussetzungen ist wichtig, daß eine Klärung oft erst später – möglicherweise erst in einem gerichtlichen Verfahren – erfolgt, was große Risiken in sich birgt, weil wertvolle Zeit dadurch verloren geht und weil ein „Heilen" von Unterlassungen und Mängeln erfahrungsgemäß nur sehr schwer erreichbar und fast immer mit Schäden für den Betrieb verbunden ist.

Es ist aus diesen Gründen dringend zu empfehlen, beim Aufbau einer Qualitätsorganisation und deren wesentliche Änderungen auch in (vermeintlichen) Grenzfällen den Betriebsrat über die geplanten Maßnahmen frühzeitig zu informieren, mit ihm darüber zu beraten und nach Möglichkeit eine Verständigung zu erzielen.

3.3 Unterrichtung des Wirtschaftsausschusses (§ 106 BetrVG)

Besteht ein Wirtschaftsausschuß – er ist nach § 106 Abs. 1 BetrVG in Unternehmen (auch wenn dazu nur ein Betrieb gehört) mit mehr als 100 ständig beschäftigten Arbeitnehmern vom Betriebsrat oder Gesamtbetriebsrat zu errichten –, müssen zusätzlich auch dessen Informations- und Beratungerechte beachtet werden. Dem Wirtschaftsausschuß ist eine Doppelfunktion zugewiesen: Er hat die Aufgabe, wirtschaftliche Angelegenheiten mit dem Unternehmer zu beraten und dem Betriebsrat darüber zu berichten. Damit soll der Tatsache Rechnung getragen werden, daß in Unternehmen, die mehrere Betriebe umfassen, über wirtschaftliche Fragen von größerer Tragweite oft nicht auf der Ebene des einzelnen Betriebes, sondern auf Unternehmensebene entschieden wird.

Der Unternehmer ist verpflichtet, den Wirtschaftsausschuß über die wirtschaftlichen Angelegenheiten des Unternehmens unter Vorlage der erforderlichen Unterlagen rechtzeitig und umfassend zu informieren sowie die sich daraus ergebenden Auswirkungen auf die Personalplanung darzulegen. Ausdrücklich ausgenommen von der Informations- und Vorlagepflicht sind Fakten, Vorgänge und Vorhaben, die als Betriebs- und Geschäftsgeheimnisse zu werten sind und deren Offenlegung die Interessen des Unternehmens – z. B. die Wettbewerbsfähigkeit gegenüber der Konkurrenz – gefährden könnten (§ 106 Abs. 2 BetrVG). Hinsichtlich Umfang und Zeitpunkt der Unterrichtung des Wirtschaftsausschusses kann auf die Anmerkungen zu den Informations- und Beratungspflichten gegenüber dem Betriebsrat nach §§ 90 ff. und 111 ff. BetrVG verwiesen werden (siehe 3.2.2.1 und 3.2.2.4).

Die Aufzählung der Tatbestände wirtschaftlicher Angelegenheiten in § 106 Abs. 3 BetrVG ist nicht erschöpfend, sondern nur beispielhaft. Nr. 10 des Katalogs hat die Bedeutung einer Generalklausel, aus der herzuleiten ist, daß in allen Fällen nur Vorgänge und Vorhaben erfaßt werden, welche *die Interessen der Arbeitnehmer des Unternehmens wesentlich berühren können,* die mithin sozialpolitische Auswirkungen haben können.

Beim Aufbau einer Qualitätsorganistionkönnen können die gesetzlichen Tatbestände *Rationalisierungsvorhaben* (Nr. 4), *Fabrikations- und Arbeitsmethoden, insbesondere Einführung neuer Arbeitsmethoden* (Nr. 5) und *Änderung der Betriebsorganisation oder des Betriebszwecks* (Nr. 9) von Belang sein. Zur Auslegung der Begriffe wird auf die Hinweise unter 3.2.2.4 (Betriebsänderungen) Bezug genommen. Zu beachten ist, daß für die Beteiligung des Wirtschaftsausschusses - anders als bei der Mitwirkung des Betriebsrats nach §§ 111 ff. BetrVG – *nicht eine grundlegende Änderung* als Voraussetzung gegeben sein muß.

Der Wirtschaftsausschuß hat keine Mitbestimmungsbefugnisse. Ein Übergehen seiner Rechte hat für den Unternehmer jedoch erhebliche Nachteile: Die Verletzung seiner Auskunftspflicht ist eine Ordnungswirdrigkeit, die gemäß § 121 BetrVG mit einer Geldbuße bis zu 20.000 DM geahndet werden kann. Dem Betriebsrat (nicht dem Wirtschaftsausschuß) steht die Möglichkeit offen, ein Verfahren vor der Einigungsstelle einzuleiten, wenn der Unternehmer entgegen dem Verlangen des Wirtschaftsausschusses eine Auskunft nicht, nicht rechtzeitig oder nur unvollständig erteilt und eine Einigung nicht zustande kommt. Die Einigungsstelle kann diese durch einen Spruch ersetzen. Ihre Entscheidungskompetenz ist auf Streitigkeiten über Umfang und Zeitpunkt der dem Wirtschaftsausschuß zu erteilenden Auskünfte beschränkt; bei anderen Meinungsverschiedenheiten ist das Arbeitsgericht zuständig.

3.4 Individualrechte der Arbeitnehmer

Nach § 43 Abs. 2 BetrVG hat jeder Mitarbeiter Anspruch darauf, in den Betriebsversammlungen über das Personal- und Sozialwesen sowie die wirtschaftliche Lage des Betriebes unterrichtet zu werden. Dem einzelnen Mitarbeiter gibt das Gesetz bestimmte Rechte, die der Arbeitgeber beachten muß. Dazu gehören die Rechte auf Unterrichtung, Anhörung und Erörterung durch den Arbeitgeber nach den §§ 81 ff. BetrVG und das Recht auf Information in wirtschaftlichen Angelegenheiten gemäß § 110 BetrVG.

§ 81 BetrVG verpflichtet den Arbeitgeber, den Mitarbeiter über seine *Aufgaben*, die damit verbundene Verantwortung, die von ihm erwartete Tätigkeit *mit ihrer Einordnung in das betriebliche Geschehen* sowie die Unfall- und Gesundheitsgefahren aufzuklären. Der Mitarbeiter soll damit in die Lage versetzt werden, die Bedeutung seiner Arbeitsaufgabe im betrieblichen Ablauf zu erkennen, und ihm die Mitverantwortung für sich und seine Arbeitskollegen bei der Verhütung von Unfall- und Gesundheitsschäden deutlich machen. Die Absätze 2 und 3 konkretisieren die Unterrichtungspflicht des Arbeitgebers auf *betriebliche – insbesondere technische – Veränderungen im Arbeitsbereich des Mitarbeiters*, die Auswirkungen auf seinen Arbeitsplatz, die Arbeitsumgebung und die Art seiner Tätigkeit haben. Im Gesetz genannt wird die Planung neuer technischer Anlagen, Arbeitsverfahren, Arbeitsabläufe und Arbeitsplätze. Sobald feststeht, daß dadurch Änderungen der Tätigkeit des Arbeitnehmers eintreten und seine beruflichen Kenntnisse und Fähigkeiten hierfür nicht ausreichen, hat der Arbeitgeber mit ihm erforderliche Qualifizierungsmaßnahmen, soweit diese betrieblich möglich sind, zu erörtern (§ 81 Abs. 3 Satz 2 BetrVG).

§ 82 BetrVG ist als Ergänzung dieser Informationspflicht des Arbeitgebers anzusehen. Er gibt dem Mitarbeiter in betrieblichen Angelegenheiten, die seine Person betreffen, ein allgemeines Anhörungsrecht bei dem für ihn zuständigen Vorgesetzten und außerdem das Recht, Vorschläge für die Gestaltung seines Arbeitsplatzes und des Arbeitsablaufs zu machen.

Verstöße des Arbeitgebers gegen seine Pflichten aus den §§ 81, 82 BetrVG unterliegen *nicht* der gesetzlichen Bußgeldandrohung. Im allseitigen Interesse sollte dennoch auf die Einhaltung der gesetzlichen Bestimmungen stets Wert gelegt werden.

Nach § 110 BetrVG muß nicht nur der Wirtschaftsausschuß, sondern auch die gesamte Belegschaft regelmäßig über die *wirtschaftliche Lage und Entwicklung des Unternehmens* unterrichtet werden. Dabei wird nach der Größe des Unternehmens (nicht des Einzelbetriebs) unterschieden:

- In Unternehmen mit i.d.R. mehr als 1000 ständig Beschäftigten sind die Mitarbeiter mindestens einmal im Quartal – nach Abstimmung mit dem Wirtschaftsausschuß - schriftlich informiert werden. Eine mündliche Erläuterung der wirtschaftlichen Situation anläßlich einer Betriebsversammlung genügt nicht. Üblich ist die Unterrichtung durch Werkszeitschriften.

- In kleineren Unternehmen mit i. d. R. mehr als 20 ständig beschäftigten Arbeitnehmern kann die Unterrichtung der Belegschaft auch mündlich erfolgen, z. B. in Betriebsversammlungen.

Die Verletzung der Pflichten aus § 110 BetrVG gehört zu den Ordnungswidrigkeiten, die in § 121 BetrVG mit Bußgeld bis zu 20.000 DM bedroht sind.

4
Durchführung von Qualitätssicherungsmaßnahmen

4.1
Personelle Einzelmaßnahmen

4.1.1
Beteiligungsrechte des Betriebsrats

Bei der Realisierung von Qualitätssicherungsmaßnahmen spielen notwendige Veränderungen im personellen Bereich meist eine bedeutsame Rolle. Schon bei den allgemeinen Personalangelegenheiten stehen dem Betriebsrat umfangreiche Mitwirkungs- und Mitbestimmungsrechte zu (siehe 3.2.2). Noch weitergehende Rechte hat der Betriebsrat bei personellen Einzelmaßnahmen; nach dem Willen des Gesetzgebers sollen nicht nur die Interessen des einzelnen Arbeitnehmers, sondern auch die der Betriebsgemeinschaft gewahrt werden.

Nach § 99 BetrVG bedürfen – begrenzt auf Betriebe mit mindestens 20 wahlberechtigten Arbeitnehmern – *Einstellungen, Eingruppierungen, Umgruppierungen und Versetzungen* der Zustimmung des Betriebsrats, der allerdings seine Zustimmung nur aus den im Gesetz abschließend aufgeführten Gründen verweigern kann. Dem Arbeitgeber sind umfassende Informationspflichten auferlegt. Macht der Betriebsrat von seinem Verweigerungsrecht Gebrauch, hat der Arbeitgeber die Möglichkeit, das Arbeitsgericht anzurufen und eine Ersetzung der Zustimmung zu beantragen. Nur in dringenden Fällen kann er ohne Zustimmung des Betriebsrats vorläufige personelle Maßnahmen durchführen, muß diese aber unter bestimmten Voraussetzungen wieder aufheben (§ 100 BetrVG).

Gemäß § 102 BetrVG sind – wenn ein Betriebsrat besteht – *Kündigungen (auch Änderungskündigungen)* ohne Anhörung des Betriebsrats unwirksam. Der Betriebsrat kann unter bestimmten Voraussetzungen der Kündigung widersprechen mit der Folge, daß der betroffene Mitarbeiter, falls nicht einer der gesetzlichen Ausnahmetatbestände vorliegt, bis zur Beendigung eines von ihm angestrengten Kündigungsschutzprozesses bei unveränderten Arbeitsbedingungen weiterbeschäftigt werden muß.

Die Risiken bei fehlerhaftem Verhalten des Arbeitgebers auf diesem Gebiet sind von sehr erheblicher Tragweite. Deshalb muß gerade hier auf die Rechte des Betriebsrats sehr sorgfältig geachtet werden.

4.1.2 Einstellungen

Ob bei qualitätssichernden Maßnahmen Neueinstellungen notwendig werden, hängt von den Umständen des Einzelfalles ab. Häufig werden sich nur für die im Betrieb schon tätigen Arbeitnehmer veränderte Arbeitsbedingungen ergeben. Mit den Grundzügen dessen, was bei Neueinstellungen zu beachten ist, sollten sich verantwortliche Führungskräfte dennoch vertraut machen.

Der betriebsverfassungsrechtliche Begriff „Einstellung" umfaßt sowohl die vertragliche Begründung eines neuen Arbeitsverhältnisses als auch die mit der Arbeitsaufnahme erfolgende Eingliederung des Arbeitnehmers in den Betrieb. Der Kreis der mitbestimmungspflichtigen Einstellungen wird weit gezogen. Das BAG bewertet z. B. die Umwandlung eines befristeten Arbeitsverhältnisses in ein unbefristetes und die Versetzung eines Arbeitnehmers aus einem anderen Betrieb des Unternehmens oder Konzerns als Einstellungen.

Der Arbeitgeber hat den Betriebsrat gemäß § 99 Absatz 1 BetrVG *umfassend zu unterrichten.* Während sich seine Informationspflicht nach § 92 BetrVG auf die Personalplanung, insbesondere auf den gegenwärtigen und künftigen Personalbedarf, bezieht, geht es hier um die konkrete Einstellung. Ob er überhaupt Einstellungen vornehmen und welchen Bewerbern er den Vorzug geben will, entscheidet er Arbeitgeber allein. Das Informationsrecht des Betriebsrats besteht darin, daß der Arbeitgeber ihm vor jeder Einstellung die Bewerbungsunterlagen (ggf. auch von bereits im Betrieb Beschäftigten) vorzulegen und Auskünfte zur Person der Bewerber zu geben hat und der Betriebsrat unter Vorlage der erforderlichen Unterlagen über die Auswirkungen der Einstellung, insbesondere über den in Aussicht genommenen Arbeitsplatz und die vorgesehene Eingruppierung, zu unterrichten ist.

Einen genauen *Zeitpunkt der Unterrichtung* schreibt das Gesetz nicht vor. Da der Betriebsrat einen etwaigen Widerspruch gegen die geplante Einstellung dem Arbeitgeber unter Angabe der Gründe innerhalb einer Woche mitteilen muß (§ 99 Abs. 3 BetrVG), sollte der Betriebsrat frühzeitig informiert werden, spätestens aber eine Woche vor der endgültigen Entscheidung über die Einstellung. Für die betriebliche Praxis empfiehlt sich ferner, die Unterrichtung schriftlich vorzunehmen und den Empfang seitens des Betriebsrats in gleicher Form bestätigen zu lassen.

Neben seiner umfassenden Information muß der Arbeitgeber bei jeder geplanten Einstellung die *Zustimmung des Betriebsrats* einholen. Nach seiner Unterrichtung hat der Betriebsrat zwei Möglichkeiten: Er kann der Einstellung zustimmen (was er bei fehlenden Bedenken auch im Interesse des Bewerbers unverzüglich tun sollte), die Widerspruchsfrist verstreichen lassen (in diesem Falle gilt die Zustimmung als erteilt) oder nach einer entsprechenden Beschlußfassung innerhalb einer Woche mit Begründung schriftlich widersprechen. Der Betriebsrat hat folglich ein echtes Mitbestimmungsrecht, jedoch mit der Maßgabe, daß er seine Zustimmung nur aus einem der in § 99 Abs. 2 Nr.1 bis 6 BetrVG abschließend aufgeführten Gründe verweigern kann. Ein Verweigerungsgrund ist gegeben, wenn die vorgesehene Einstellung

- gegen ein Gesetz, eine Verordnung, eine Unfallverhütungsvorschrift, Bestimmungen in einem Tarifvertrag oder einer Betriebsvereinbarung oder gegen gerichtliche Entscheidungen und behördliche Anordnungen verstoßen würde (Nr. 1),

- nicht im Einklang mit nach § 95 BetrVG verbindlichen Auswahlrichtlinien steht (Nr. 2),
- Kündigungen oder sonstige Nachteile für im Betrieb tätige Arbeitnehmer ohne Vorliegen rechtfertigender betrieblicher oder persönlichern Gründe zu befürchten ist (Nr. 3),
- den Bewerber ungerechtfertigt benachteiligen würde (Nr. 4),
- eine nach § 93 BetrVG erforderliche Ausschreibung im Betrieb unterblieben ist (Nr. 5),
- die Besorgnis begründet, daß der in Aussicht genommene Bewerber den Betriebsfrieden stören würde (Nr. 6).

Die einzelnen Tatbestände sind sehr komplexer Natur. Der Betriebsrat muß die für seine Zustimmungsverweigerung maßgebenden Fakten darlegen, insbesondere in Fällen der vom Gesetzgeber in den Nr. 3 und 6 angesprochenen „Besorgnis". In der betrieblichen Praxis ist es oft schwierig zu entscheiden, ob die vom Betriebsrat vorgetragenen Gründe den gesetzlichen Tatbeständen zugeordnet werden müssen, zumal unter Berücksichtigung der dazu vorliegenden BAG-Rechtsprechung.

Verweigert der Betriebsrat form- und fristgerecht seine Zustimmung, steht der Arbeitgeber vor der Frage, ob er von der geplanten Einstellung absehen will oder nicht. Im letzteren Falle hat er die Befugnis zu einer *vorläufigen Einstellung*, die allerdings nur durchgeführt werden kann, „wenn dies aus sachlichen Gründen dringend erforderlich ist" (§ 100 BetrVG). Er kann mit oder ohne vorläufige Einstellung – beim zuständigen Arbeitsgericht beantragen, die verweigerte Zustimmung gerichtlich zu ersetzen (§ 99 Abs. 4 BetrVG). Dabei trägt der Arbeitgeber die Beweislast dafür, daß er den Betriebsrat im vorgeschriebenen Umfang unterrichtet hat. Der Betriebsrat muß beweisen, daß er bei seiner Zustimmungsverweigerung Form und Frist eingehalten hat. Die sachliche Begründung seines Widerspruchs muß er nur darlegen, und der Arbeitgeber dann diese zu widerlegen versuchen. Hat der Arbeitgeber sich zu einer vorläufigen Einstellung entschlossen und hält der Betriebsrat, der unverzüglich hierüber zu informieren ist, diese nicht für dringend erforderlich, darf der Arbeitgeber die vorläufige Maßnahme nur aufrechterhalten, wenn er binnen drei Tagen das Arbeitsgericht zur Entscheidung anruft. Mit Ablauf von zwei Wochen nach Rechtskraft einer für ihn negativen Entscheidung (möglicherweise ergeht diese erst in der dritten Instanz) ist die vorläufige Einstellung nicht mehr wirksam (§ 100 Absätze 2 und 3 BetrVG).

In diesen Verfahrensregeln, aber auch in den Sachfragen und in den Sanktionsvorschriften des Betriebsverfassungsgesetzes, liegen für den Arbeitgeber beträchtliche Risiken. Um diese zu vermindern und im Interesse einer baldigen Klärung empfiehlt sich, in Zweifelsfällen vorsorglich ein *arbeitsgerichtliches Beschlußverfahren* mit dem Antrag auf Ersetzung der Zustimmung des Betriebsrats schon zu einem frühen Zeitpunkt einzuleiten. Gegenstand des Beschlußverfahrens vor dem Arbeitsgericht sind nur die Zustimmungsverweigerung des Betriebsrats und seine ordnungsgemäße Beteiligung; das Arbeitsgericht kann nicht entscheiden, daß ein anderer Arbeitnehmer einzustellen ist. Einen seinen Antrag auf Ersetzung der Zustimmung ablehnenden Beschluß kann der Arbeitgeber mit der Beschwerde beim Landesarbeitsgericht anfechten.

Die Einstellung eines Arbeitnehmers ohne die gesetzlich vorgeschriebene Einschaltung des Betriebsrats macht den Arbeitsvertrag nicht rechtsunwirksam. Mit der in § 101 BetrVG enthaltenen *Sanktionsregelung* gibt das Gesetz jedoch dem Betriebsrat eine Handhabe dafür, den Arbeitgeber zur Einhaltung seiner Pflichten zu zwingen. Der Betriebsrat kann beim Arbeitsgericht die Aufhebung der personellen Maßnahme beantragen, wenn der Arbeitgeber sie ohne Zustimmung durchgeführt hat oder vorläufig aufrechterhält. Liegt ein rechtskräftiger Beschluß des Arbeitsgerichts vor, muß der Arbeitgeber die Einstellung rückgängig machen, d. h. den eingestellten Arbeitnehmer zum nächstmöglichen Kündigungstermin wieder entlassen; er kann sich dadurch dem Arbeitnehmer gegenüber schadensersatzpflichtig machen. Befolgt der Arbeitgeber die gegen ihn ergangene Gerichtsentscheidung nicht, kann das Arbeitsgericht ihn auf Antrag des Betriebsrats durch ein Zwangsgeld, das bis zu 500 DM für jeden Tag der Zuwiderhandlung betragen kann, dazu zwingen. Daneben kann die Verletzung der Informationspflichten aus § 99 Abs. 1 BetrVG mit einem Bußgeld bis zu 20.000 DM geahndet werden (§ 121 BetrVG).

4.1.3
Eingruppierungen

Die Begriffe „Eingruppierung" und „Umgruppierung" entstammen der Tarifpraxis und bedeuten die Einordnung in eine bestimmte Entgeltstruktur. Diese Entgeltstruktur findet sich in aller Regel in Tarifverträgen (Lohn-, Gehalts-, Entgelt- oder Rahmentarifverträgen), in denen die Tarifparteien die Arbeiten schematisch – meist nach ihrem Arbeitswert – in Lohn-, Gehalts- oder Entgeltgruppen unterteilt und ihnen bestimmte Arbeitsentgelte zugeordnet haben. Die Beteiligungsrechte des Betriebsrats gelten auch für betriebliche Lohn- oder Gehaltsgruppenregelungen. Fehlt es an einer tariflichen oder betrieblichen Entgeltordnung, kann eine Eingruppierung nicht stattfinden; für nicht kollektive, also individuelle Lohn- oder Gehaltsregelungen gibt es keine Mitbestimmung.

Da es bei Eingruppierungen und Umgruppierungen um die Einordnung in ein bestehendes Entgeltschema geht und hierfür die vom Arbeitnehmer ausgeübte Tätigkeit maßgebend ist, handelt es sich dabei um die richtige Anwendung tariflicher oder betrieblicher Rechtsvorschriften und somit um einen Normenvollzug ohne freien Ermessenspielraum. Das Beteiligungsrecht des Betriebsrats hat deshalb hier die Funktion einer „Richtigkeitskontrolle", nicht eines Mitbestimmungsrechts.

Die erstmalige *Eingruppierung* in ein Entgeltschema erfolgt bei der Einstellung. Sie kann später noch praktisch werden, wenn erst nach der Einstellung eine tarifliche oder betriebliche Entgeltgruppenregelung eingeführt wird. Dies ist auch beim Aufbau eines Qualitätssicherungssystems denkbar. Zu beachten ist, daß die Schaffung einer betrieblichen Entgeltgruppeneinteilung zwar im Prinzip dem Mitbestimmungsrecht nach § 87 Abs. 1 Nr. 10 BetrVG unterworfen ist, bei Bestehen einer tariflichen Entgeltstruktur eine Mitbestimmung jedoch wegen des Tarifvorrangs ausgeschlossen ist.

Der Arbeitgeber hat nach § 99 Abs. 1 BetrVG auch bei Eingruppierungen die Pflicht zur rechtzeitigen und umfassenden *Information des Betriebsrats und Einholung seiner Zustimmung*. Dazu wird auf die Ausführungen unter 4.1.2 verwiesen mit der Ergänzung, daß das Widerspruchsrecht des Betriebsrats bei einer Eingruppierung nicht nur durch die Aufzählung der Widerspruchsgründe in § 99 Abs. 2 BetrVG, sondern auch durch seine Bindung an die maßgebende Lohn- und Gehaltsgruppenordnung begrenzt ist.

Umstritten ist, ob der Arbeitgeber zu einer *vorläufigen Eingruppierung* berechtigt ist. § 100 BetrVG gilt auch für Ein- und Umgruppierungen. Praktische Fälle, in denen aus sachlichen Gründen ein so dringendes Bedürfnis besteht, daß die Entscheidung des Betriebsrats nicht abgewartet werden kann, sind selten. Richten sich die Bedenken des Betriebsrats nicht gegen die Einstellung eines neuen Mitarbeiters, sondern nur gegen die vom Arbeitgeber beabsichtigte sachgerechte Eingruppierung in das geltende Entgeltschema, kann eine vorläufige Eingruppierung als Basis der Arbeitsvergütung im Einzelfall gerechtfertigt sein.

4.1.4 Umgruppierungen

Umgruppierungen sind alle der Ersteingruppierung folgenden Änderungen der Stellung eines Arbeitnehmers in einer Lohn- oder Gehaltsstruktur, unabhängig davon, worauf sie beruhen und ob sie eine Verbesserung oder eine Verschlechterung für den Arbeitnehmer bewirken. Umgruppierungen sind gegeben bei Herauf- oder Herabstufungen; ob diese aufgrund einer (einvernehmlichen oder durch Änderungskündigung herbeigeführten) Änderung des Arbeitsvertrages oder aufgrund des Direktionsrechts des Arbeitgebers erfolgen, ist für die Mitbestimmung im Rahmen der §§ 99 ff. BetrVG ohne Bedeutung. Mitbestimmungspflichtige Umgruppierungen liegen auch vor, wenn bei einer Änderung der tariflichen oder betrieblichen Entgeltgruppenregelung eine Neueinstufung der gesamten Belegschaft oder von Arbeitnehmergruppen erfolgen muß; dies gilt unabhängig davon, ob sich der Arbeitsbereich oder die Tätigkeit des Arbeitnehmers geändert hat. Der Mitbestimmung unterliegt ferner die Korrektur einer fehlerhaften Eingruppierung.

Keine Umgruppierung ist das Aufsteigen in eine höhere Lohn- oder Gehaltsstufe innerhalb derselben Lohn- oder Gehaltsgruppe infolge höheren Lebensalters oder längerer Beschäftigungsdauer. Die Zuweisung eines anderen Aufgabenbereichs oder Arbeitsplatzes ist ebenfalls keine Umgruppierung, sondern nur eine damit verbundene Neueinstufung in eine andere Entgeltgruppe. Nicht als Umgruppierung angesehen werden Änderungen übertariflicher Bezüge des Arbeitnehmers, wenn dadurch seine Position in dem tariflichen oder betrieblichen Entgeltschema nicht berührt wird.

Zur Informationspflicht des Arbeitgebers bei Umgruppierungen ist auf die Anmerkungen zum Komplex „Einstellungen" (4.1.2)zu verweisen. Der Inhalt der Unterrichtung ist dem Sinn der gesetzlichen Vorschrift entsprechend auf die Tatsachen begrenzt, die für die „Richtigkeitskontrolle" von Bedeutung sind. Der Arbeitgeber muß dem Betriebsrat mitteilen, in welche Lohn- oder Gehaltsgruppe der Mitarbeiter nunmehr eingruppiert werden soll, welche Gründe dafür maßgebend sind und welche Auswirkungen die Umgruppierung hat.

Falls der Betriebsrat seine Zustimmung verweigert, kann der Arbeitgeber eine *vorläufige Umgruppierung* vornehmen. Voraussetzung hierfür ist ein dringendes Erfordernis aus sachlichen Gründen (§ 100 Abs. 1 BetrVG). Letzteres kann sich in der betrieblichen Praxis ergeben, wenn sich an das ablehnende Votum des Betriebsrats ein arbeitsgerichtliches Verfahren anschließt und ein dringendes Bedürfnis besteht, die Zuordnung zur maßgeblichen Lohn- oder Gehaltsstruktur an die geänderten Arbeitsbedingungen vorläufig anzupassen. Die Notwendigkeit einer vorläufigen Umgruppierung vor einer Stellungnahme des Betriebsrats wird angesichts der nur einwöchigen Äußerungsfrist, die ihm vom Gesetz eingeräumt ist, selten nachweisbar sein.

In verfahrensmäßiger Hinsicht ist bei der Unterrichtung des Betriebsrats und der Einholung seiner Zustimmung zu einer geplanten Umgruppierung im Vergleich zu einer Ersteingruppierung als Besonderheit zu beachten: Bedarf es zur Umgruppierung des Mitarbeiters einer *Änderungskündigung* (siehe 4.2.2.3), ist dazu gemäß § 102 Abs. 1 BetrVG der Betriebsrat anzuhören, wobei er etwaige Bedenken dem Arbeitgeber binnen einer Woche mitzuteilen hat. Mit der Unterrichtung des Betriebsrats über die geplante Umgruppierung wird dieses Anhörungsverfahren nicht ohne weiteres in Gang gesetzt; nach der Rechtsprechung des BAG gilt dies nur, wenn der Betriebsrat ausdrücklich darauf hingewiesen wird, daß in der Information über die Umgruppierung zugleich die Anhörung zur beabsichtigten Änderungskündigung liegen soll. In der betrieblichen Praxis sollte dies unbedingt beachtet werden, weil das BAG vom Arbeitgeber die strikte Einhaltung der Formvorschriften des § 99 BetrVG verlangt.

4.1.5
Versetzungen

Unter den personellen Einzelmaßnahmen nehmen Versetzungen eine dominierende Position ein. Jeder Betrieb wird bestrebt sein, eine geplante Neuordnung unter Verzicht auf Neueinstellungen mit den vorhandenen Mitarbeitern zu erreichen. Deshalb ist eine ausführlichere Darstellung der Fragen notwendig, die mit der Zuweisung neuer oder veränderter Tätigkeiten oder Arbeitsplätze im Zusammenhang stehen.

Die Differenzierung zwischen zwei Rechtsebenen, der *individualrechtlichen* (arbeitsvertraglichen) Ebene und der *kollektivrechtlichen* (betriebsverfassungsrechtlichen) Ebene ist hierbei von ganz besonderer Bedeutung. Vor Prüfung der Frage, ob Beteiligungsrechte des Betriebsrats zu beachten sind, muß die individualrechtliche Seite der Zuweisung eines anderen Arbeitsplatzes oder einer veränderten Arbeitsaufgabe untersucht werden. Nur wenn diese Untersuchung die arbeitsvertragsrechtliche Zulässigkeit der personellen Maßnahme ergibt, ist die betriebsverfassungsrechtliche Seite relevant und kann die erforderliche Zustimmung des Betriebsrats, die vor Durchführung der Maßnahme in die Wege zu leiten ist, zu ihrer Wirksamkeit führen. Beachtet werden muß, daß für beide Rechtsebenen unterschiedliche Versetzungsbegriffe gelten.

4.1.5.1
Arbeitsvertrag und Direktionsrecht

Als *Versetzung im arbeitsvertragsrechtlichen Sinne* – eine gesetzliche Definition gibt es dafür nicht – wird jede Änderung des vertraglich vereinbarten Tätigkeitsbereichs des Arbeitnehmers verstanden, und zwar in funktionaler (fachlicher) wie in räumlicher Hinsicht. In erster Linie kommt es auf die Umschreibung des Tätigkeitsbereichs im Arbeitsvertrag an. Meist erfolgt diese Umschreibung nur allgemein – im wesentlichen beschränkt auf die vorgesehene Tätigkeit, die Vergütung hierfür und die maßgebende Arbeitszeit – und erfolgt eine Konkretisierung der Leistungspflichten des Arbeitnehmers erst durch die Weisungen des Arbeitgebers und seiner Beauftragten.

Das *Direktionsrecht des Arbeitgebers* spielt im betrieblichen Alltag bei Versetzungen eine sehr wichtige Rolle. Ob der Arbeitgeber im Einzelfall kraft seines Direktionrechts zu einseitigen Änderungen bezüglich Art, Ort und Umfang der Tätigkeit berechtigt oder darauf angewiesen ist, daß der Arbeitnehmer seine Zustimmung gibt, und er bei deren Verweigerung zum Mittel der Änderungskündigung greifen muß, wird in erster Linie durch den Inhalt des Arbeitsvertrages bestimmt. Je konkreter darin die Arbeitsaufgaben festgelegt sind, umso weniger kann der Arbeitgeber die Arbeitnehmerpflichten durch Weisungen bestimmen. Auch aus betrieblichen Übungen können sich hierbei Rechtswirkungen ergeben.

Die in diesem Zusammenhang auftretende Frage, ob das Direktionsrecht bei einer nur rahmenmäßigen Beschreibung der Arbeitsbedingungen eingeschränkt ist, wenn ein Mitarbeiter über lange Zeit hinweg eine bestimmte Tätigkeit unter bestimmten Arbeitsbedingungen verrichtet hat, ist prinzipiell zu verneinen, weil die hierdurch erfolgte Konkretisierung der Arbeitspflicht nicht zum Inhalt des Arbeitsvertrages wird. Nur bei Vorliegen besonderer Umstände, die angenommen werden, wenn der Arbeitgeber durch bestimmte Handlungen oder Äußerungen Voraussetzungen für einen Vertrauensschutz zugunsten des Arbeitnehmers geschaffen hat, kann er sein ursprünglich weitgehendes Direktionsrecht verloren haben. Für die betriebliche Praxis ist dies von besonderem Interesse bei Mehrstellenarbeit, und zwar sowohl hinsichtlich der Zuweisung der Arbeit selbst als auch für die Bestimmung des Arbeitsplatzes im Rahmen der Arbeitsablauforganisation; der Arbeitgeber kann nach seinem Ermessen neue Maschinen – nach Art und Zahl – zuweisen und der Arbeitnehmer sich nicht auf eine langjährige Tätigkeit an einer bestimmten Maschine oder Maschinengruppe berufen.

Der Arbeitgeber kann sich im Arbeitsvertrag einseitige Änderungen ausdrücklich vorbehalten. In der betriebliche Praxis bewährt hat sich die Vereinbarung einer *Umsetzungsklausel,* wonach der Arbeitnehmer verpflichtet ist, im Rahmen der betrieblichen Erfordernisse auch andere Arbeiten als die ihm zunächst zugewiesenen zu verrichten. Was zumutbar ist, muß nach den Einzelumständen beurteilt werden. Hilfsarbeitern kann prinzipiell jede Art von Arbeit zugewiesen werden, sofern es sich nicht um wirklich „unzumutbare", in besonders schwerer Weise belastende Tätigkeiten handelt. Demgegenüber kann von Facharbeitern auf Dauer eine nichtfachliche Tätigkeit auch bei gleicher Lohnhöhe nicht verlangt werden, es sei denn, daß dies vertraglich ausdrücklich vereinbart worden ist; Tätigkeiten, die sich innerhalb des Berufsbildes halten, können grundsätzlich nicht abgelehnt werden. Wer als kaufmännischer Angestellter eingestellt wurde, ist zur Leistung aller im kaufmännischen und im Verwaltungsbereich vorkommenden, ihm zumutbaren Tätigkeiten verpflichtet, ein ausdrücklich als Sachbearbeiter für den Verkauf eingestellter Angestellter nur für die dazu zählenden Tätigkeiten. In Ausnahmesituationen – z. B. bei Naturkatastrophen, aber auch bei plötzlicher Erkrankung eines Mitarbeiters – muß jeder Arbeitnehmer auf Anweisung des Arbeitgebers vorübergehend auch Arbeiten verrichten, die er nach dem Arbeitsvertrag sonst nicht zu leisten braucht oder die für ihn im Normalfalle nicht zumutbar sind.

Grundsätzlich beschränkt sich das Weisungsrecht des Arbeitgebers auf die *Zuweisung gleichwertiger Arbeiten.* Neben der Höhe des Arbeitsentgelts hat dabei der soziale Status des Mitarbeiters in der betrieblichen Hierarchie Bedeutung mit der Folge, daß der Arbeitgeber eine geringerwertige Arbeit auch bei unverändertem Lohn nicht zuweisen kann. Die Entlohnung selbst bleibt von einer Versetzung oder Umsetzung unberührt. Dies gilt nur dann nicht, wenn im Arbeitsvertrag oder tarifrechtlich anderes vereinbart ist. Ohne Regelungen dieser Art kann eine Lohnminderung bei Zuweisung eines geringer bezahlten Arbeitsplatzes nur mit Zustimmung des Mitarbeiters oder durch eine rechtswirksame Änderungskündigung herbeigeführt werden. Im Einzelfall zu prüfen ist, was zum vertraglichen Arbeitsentgelt zählt. Lohnzulagen, die bisher für besondere, künftig wegfallende Erschwernisse gezahlt worden sind (z. B. Nachtarbeitzuschläge, Schmutz- oder Hitzezulagen), kann der Mitarbeiter nicht weiter beanspruchen. Anders verhält es sich mit Funktionszulagen, bei deren Wegfall meist eine rangmäßige Veränderung der Arbeitsleistung mit Konsequenzen für die Eingruppierung vorliegt.

Auch bei Versetzungen, die eine Veränderung des vertraglich vereinbarten *Arbeitsortes* bedeuten, bedarf es für einseitige Maßnahmen des Arbeitgebers einer ausdrücklichen Abrede. Fehlt es daran, ist davon auszugehen, daß die Arbeit in dem Betrieb zu leisten ist, für den der Mitarbeiter eingestellt worden ist. Wechsel zwischen mehreren Betrieben eines Unternehmens können im Regelfalle nicht einseitig angeordnet werden. Ausnahmen sind denkbar, wenn es sich um einen nicht weit entfernten Betrieb mit gleicher Produktion handelt und für den Mitarbeiter mit dem Wechsel keine erheblichen Erschwernisse (z. B. hinsichtlich des Anmarschweges) verbunden sind.

Wie weit das Direktionsrecht des Arbeitgebers konkret reicht, richtet sich nach den jeweiligen Gegebenheiten. Einzelanweisungen, die innerhalb des vereinbarten fachlichen und räumlichen Arbeitsbereichs liegen und deshalb keine Versetzung darstellen, muß der Mitarbeiter befolgen, wenn sie nicht gegen ein Gesetz oder kollektivrechtliche Bestimmungen verstoßen (z. B. gegen Arbeitszeitvorschriften). Das Direktionsrecht kann durch Tarifvertrag oder Betriebsvereinbarung sowohl erweitert als auch eingeschränkt sein. Nach den Bestimmungen des Bürgerlichen Gesetzbuches (§ 315 BGB) darf der Arbeitgeber in allen Fällen sein Weisungsrecht nur nach billigem Ermessen, d. h. unter Abwägung der beiderseitigen Interessen ausüben.

Bei einer *Überschreitung des Direktionsrechts* ist der Mitarbeiter berechtigt, die zugewiesene Arbeit zu verweigern. Dies ergibt sich aus §§ 611, 315, 305 BGB. Befolgt der Mitarbeiter die Anweisung und verrichtet die ihm aufgegebene Arbeit eine gewisse Zeit, kann daraus eine stillschweigende Änderung des Arbeitsvertrages hergeleitet werden. Weigert sich ein Mitarbeiter, einer rechtmäßigen Weisung nachzukommen, kann er dadurch seinen Lohnanspruch ganz oder teilweise verlieren (§§ 614, 320 BGB) oder sich schadensersatzpflichtig machen (§§ 280, 286, 326 BGB). Darüber hinaus kann sein Verhalten eine Kündigung – bei nachhaltiger Weigerung eine außerordentliche Kündigung – rechtfertigen.

4.1.5.2
Mitbestimmung des Betriebsrats

Bei Versetzungen hat der Betriebsrat die gleichen Mitwirkungs- und Mitbestimmungsrechte wie bei Einstellungen, Eingruppierungen und Umgruppierungen. Der Arbeitgeber muß ihn rechtzeitig und umfassend informieren und seine Zustimmung einholen, die nur bei Vorliegen bestimmter Umstände verweigert werden kann (siehe 4.1.2).

Was unter *Versetzung im betriebsverfassungsrechtlichen Sinne* zu verstehen ist, hat der Gesetzgeber eigenständig in § 95 Abs. 3 BetrVG festgelegt. Die dortige Begriffsbestimmung stellt allein auf die tatsächlichen Gegebenheiten ab; sie macht die Beteiligungsrechte des Betriebsrats nicht von den arbeitsvertraglichen Vereinbarungen abhängig. Auch im Falle der Zustimmung des Arbeitnehmers oder einer nach dem Arbeitsvertrag oder tarifvertraglich zulässigen Versetzung (Umsetzung) bestehen Mitbestimmungsrechte, soweit der gesetzliche Versetzungsbegriff zum Tragen kommt. Andererseits kann sich der betroffene Arbeitnehmer gegen eine Versetzung individualrechtlich wehren, auch wenn der Betriebsrat ihr zugestimmt hat.

Nach der Definition in § 95 Abs. 3 BetrVG ist Versetzung „die Zuweisung eines anderen Arbeitsbereichs, die voraussichtlich die Dauer von einem Monat überschreitet, *oder* die mit einer erheblichen Änderung der Umstände verbunden ist, unter denen die Arbeit zu leisten ist". *Keine* Versetzung liegt bei der Bestimmung des jeweiligen Arbeitsplatzes von Arbeitnehmern vor, die nach der Eigenart ihres Arbeitsverhältnisses üblicherweise nicht ständig an einem festen Arbeitsplatz beschäftigt werden.

Voraussetzung für die notwendige Einschaltung des Betriebsrats ist hiernach die *Zuweisung eines anderen Arbeitsbereichs.* Das Gesetz definiert diesen Begriff nicht. Er ist - wie auf der arbeitsvertraglichen Ebene - räumlich und fachlich (funktional) zu sehen, d. h. er umfaßt den Arbeitsplatz und den Aufgabenbereich des Mitarbeiters inerhalb der betrieblichen Organisation. Nach Auffassung des BAG genügt es, wenn sich der bisherige Arbeitsbereich in einer der beiden Beziehungen - räumlich oder funktional - ändert. Liegt eine derartige Änderung vor, muß kumulativ eines der in § 95 Abs. 3 BetrVG genannten weiteren Merkmale gegeben sein, um die Annahme einer mitbestimmungspflichtigen Versetzung zu begründen.

Nicht jede *funktionale* Veränderung ist als Versetzung anzusehen. Die Zuweisung eines anderen Arbeitsbereichs liegt nach der BAG-Rechtsprechung vor, wenn der Gegenstand der vom Arbeitnehmer geschuldeten Arbeitsleistung und der Inhalt seiner Arbeitsaufgabe so verändert werden, daß sich ein neues Gesamtbild der Tätigkeit ergibt; es komme darauf an, ob sich die Tätigkeiten des Arbeitnehmers vor und nach der Arbeitszuweisung so voneinander unterscheiden, daß die neue Tätigkeit insgesamt in den Augen eines mit den betrieblichen Verhältnissen vertrauten Beobachters als eine andere beurteilt werden könne. *Keine* Versetzung liegt nach BAG-Auffassung z. B. dann vor, wenn der bisherige Arbeitsbereich im Zuge organsatorisch-technischer Änderungen durch Zuweisung neuer oder die Wegnahme bisheriger Teilfunktionen nur erweitert oder verkleinert wird, ohne daß dadurch ein neuer Aufgabenbereich entsteht.

In *räumlicher* Hinsicht ist Voraussetzung für die Annahme einer Versetzung, daß der Arbeitnehmer aus einer organisatorischen Einheit in eine andere Betriebseinheit überwechselt. In kleineren Betrieben lassen sich häufig nur Produktion und Verwaltung in diesem Sinne unterscheiden. In größeren Betrieben kommt es bei einem Wechsel von einer in eine andere organisatorisch abgegrenzte Abteilung darauf an, ob damit eine Veränderung hinsichtlich des Berufsbildes verbunden ist oder die zugewiesene neue Tätigkeit insoweit im vereinbarten Tätigkeitsbereich bleibt. Nach Auffassung des BAG ist eine Versetzung i. S. des § 95 Abs. 3 BetrVG auch dann gegeben, wenn einem Mitarbeiter ein neuer Arbeitsplatz in einem *anderen Betrieb* desselben Unternehmens zugewiesen wird, ohne daß sich seine Arbeitsaufgabe ändert.

Ist die Zuweisung eines anderen Arbeitsbereichs zu bejahen, kommt es für die Rechte des Betriebsrats darauf an, ob die Versetzung *voraussichtlich länger als einen Monat* dauert oder ob mit ihr eine *erhebliche Änderung der bisherigen Arbeitsumstände* verbunden ist. „Voraussichtlich" bedeutet, daß die Versetzung im Zeitpunkt ihrer Anordnung nach sachlicher Beurteilung über einen Monat andauern wird. Stellt sich später heraus, daß die kurzfristig geplante Versetzung länger als einen Monat dauern wird, läuft die Monatsfrist vom Tag der Kenntnis an. Bei kurzzeitigen Zuweisungen anderer Arbeitsbereiche braucht der Betriebsrat nicht eingeschaltet zu werden, sofern sie nicht eine erhebliche Änderung der Umstände zur Folge haben, unter denen die Arbeit zu leisten ist. Gemeint ist damit eine Verschlechterung der äußeren Umstände wie Arbeitsumgebung, Arbeitsablauf und Arbeitszeit. Ob die Änderungen „erheblich" sind, ist objektiv festzustellen; auf die subjektive Ansicht des Mitarbeiters kommt es dabei nicht an. Es muß sich um den Mitarbeiter wirklich belastende Umstände handeln; der bloße Wechsel des Arbeitsortes, des Vorgesetzten und der Arbeitskollegen stellt keine erhebliche Änderung der Arbeitsumstände dar.

Die *Durchführung der Einschaltung des Betriebsrats bei Versetzungen* hat in gleicher Weise zu erfolgen wie bei den anderen personellen Maßnahmen. Der Arbeitgeber muß vor jeder von ihm beabsichtigten Versetzung den Betriebsrat unter Vorlage von Unterlagen rechtzeitig – mindestens eine Woche vorher – informieren, und zwar über die Person des Mitarbeiters, den in Aussicht genommenen neuen Arbeitsbereich und die Auswirkungen dieser Maßnahme. Für den Fall, daß damit eine Umgruppierung einhergeht, ist der Betriebsrat auch hiervon zu unterrichten. Der Arbeitgeber muß ferner die Zustimmung des Betriebsrats zu der Versetzung einholen. Erfolgt diese durch eine Änderungskündigung, ist darauf zu achten, daß das Zustimmungsverfahren nach § 99 und das Anhörungsverfahren nach § 102 BetrVG unmißverständlich gekoppelt werden. Vorläufige Versetzungen sind nach § 100 BetrVG unter den gleichen Voraussetzungen zulässig wie bei Einstellungen; eine dringende Notwendigkeit im gesetzlichen Sinne kann sich bei mitbestimmungspflichtigen Versetzungen und Umsetzungen häufig ergeben, z. B. bei krankheitsbedingten Ausfällen anderer Mitarbeiter oder sonstigen unvorhersehbaren Ereignissen. Im einzelnen wird auf die Ausführungen unter 4.1.2 und 4.1.4 Bezug genommen, insbesondere auch hinsichtlich des Vorgehens bei Zustimmungsverweigerung seitens des Betriebsrats.

Zu den *rechtlichen Folgen* einer nicht ordnungsgemäßen Beteiligung des Betriebsrats soll noch einmal herausgestellt werden, daß damit auch die Rechtswirksamkeit einer arbeitsvertraglich zulässigen Versetzung oder Umsetzung vereitelt wird, wenn es sich um eine Versetzung im betriebsverfassungsrechtlichen Sinne handelt. Dies gilt allerdings nur für Betriebe mit i. d. R. mehr als 100 wahlberechtigten Arbeitnehmern, in denen ein Betriebsrat besteht.

4.2 Kündigungen/Änderungskündigungen

Beim Aufbau eines Qualitätssicherungssystems ist die Entlassung von Mitarbeitern öfters unvermeidbar, auch außerhalb von Betriebsänderungen, die einen Sozialplan erforderlich machen. Falls es nicht möglich ist, mit den einzelnen Mitarbeitern, die davon betroffen sind, zu einvernehmlichen Regelungen (Aufhebungsverträgen) zu kommen, muß der Arbeitgeber kündigen, um die Beendigung der Arbeitsverhältnisse zu erreichen. Auch zur Durchsetzung notwendiger arbeitvertraglicher Änderungen, zu denen er einseitig nicht befugt ist, muß der Arbeitgeber bei Ablehnung der Änderungen zu diesem Rechtsmittel – hier zur Änderungskündigung – greifen.

Eine umfassende Darstellung des gesamten Kündigungsrechts ist im Rahmen der nachstehenden Ausführungen nicht möglich. Sie beschränken sich auf eine Darstellung der Grundzüge des Kündigungsschutzrechts und befassen sich anschließend mit dem Komplex „Änderungskündigungen", wobei schwerpunktmäßig die Mitwirkungs- und Mitbestimmungsrechte des Betriebsrats behandelt werden.

4.2.1 Grundzüge des Kündigungsschutzrechts

Zu den Kernbereichen des Arbeitsrechts gehört der Schutz des Arbeitnehmers vor Kündigungen, d.h. der einseitigen Auflösung des Arbeitsverhältnisses durch den Arbeitgeber. Es gibt dazu eine Vielzahl gesetzlicher Vorschriften, die z.T. nur für bestimmte Arbeitnehmergruppen (z. B. Schwerbehinderte und Betriebsratsmitglieder) gelten. Am bedeutsamsten ist das *Kündigungsschutzgesetz* (KSchG). Nach § 1 dieses Gesetzes ist in Betrieben mit i. d. R. mehr als fünf Beschäftigten die ordentliche Kündigung eines länger als sechs Monate bestehenden Arbeitsverhältnisses durch den Arbeitgeber rechtsunwirksam, wenn sie *sozial ungerechtfertigt* ist. Sozial ungerechtfertigt ist eine Kündigung, wenn sie nicht bedingt ist

- durch Gründe, die in der *Person des Arbeitnehmers* liegen, oder
- durch Gründe, die im *Verhalten des Arbeitnehmers* liegen, oder
- durch *dringende betriebliche Erfordernisse,* die einer Weiterbeschäftigung entgegenstehen, und der Arbeitgeber bei der Auswahl des Arbeitnehmers *soziale Gesichtspunkte* nicht in ausreichendem Maße berücksichtigt hat.

Das Gesetz nennt darüber hinaus zwei Tatbestände, die eine Kündigung sozialwidrig und damit unwirksam machen: den Verstoß gegen eine Auswahlrichtline nach § 95 BetrVG und die Möglichkeit der Weiterbeschäftigung des Arbeitnehmers auf einem anderen Arbeitsplatz des Betriebes oder in einem anderen Betrieb desselben Unternehmens.

Eine *personenbedingte Kündigung* ist nicht sozialwidrig, wenn sich Gründe in der Person des Arbeitnehmers ergeben haben, die unter Berücksichtigung der tatsächlichen Umstände und nach Abwägung der betrieblichen Bedürfnisse einerseits sowie der Interessen des Arbeitnehmers andererseits so gewichtig sind, daß sie eine Beendigung des Arbeitsverhältnisses rechtfertigen. In Betracht kommen insbesondere mangelnde körperliche oder geistige Eignung sowie das Fehlen der für die Arbeit notwendigen fachlichen Qualifikationen. Auch wiederholte und längere Erkrankungen können eine Kündigung rechtfertigen. In allen Fällen stellt die Rechtsprechung hohe Anforderungen an die Darlegungs- und Beweispflicht des Arbeitgebers bezüglich des Vorliegens der für eine Kündigung ausreichenden Fakten. Da es immer auf die Umstände des Einzelfalles ankommt, sind allgemein gültige Richtlinien dazu – auch nach Auffassung des BAG – nicht möglich.

Dies gilt gleichermaßen bei *verhaltensbedingten Kündigungen.* Zu den Gründen hierfür rechnen vor allem Verletzungen arbeitsvertraglicher Pflichten durch den Arbeitnehmer. Diese brauchen nicht so schwerwiegend sein, daß sie eine Fortsetzung des Arbeitsverhältnisses für den Arbeitgeber unzumutbar machen; andererseits genügt nicht jede Pflichtwidrigkeit. Das BAG verlangt auch hier ein Abwägen der beiderseitigen Interessen unter Beachtung der Einzelumstände. Soweit es um eine vom Arbeitgeber gerügte mangelhafte Arbeitsleistung geht, muß nach seiner Auffassung dem Ausspruch der Kündigung eine mindestens einmalige Abmahnung vorangegangen sein. Im Einzelfall kann sich auch bei anderen Vertragspflichtverletzungen die Notwendigkeit einer Abmahnung vor dem letzten Mittel der Kündigung ergeben, z. B. bei Alkoholmißbrauch. Bei schweren Verstößen – vor allem im Vertrauensbereich – können eine Kündigung einmalige Vorgänge auch ohne Abmahnung rechtfertigen.

Zur Begründung dafür, daß dringende betriebliche Erfordernisse einer Weiterbeschäftigung des Arbeitnehmers entgegenstehen und somit eine *betriebsbedingte Kündigung* rechtfertigen, genügt nicht der alleinige Hinweis auf außerbetriebliche oder innerbetriebliche Vorgänge, die dem zugrunde liegen. Nach der BAG-Rechtsprechung muß der Arbeitgeber im einzelnen darlegen, wie sich die außerbetrieblichen oder und innerbetrieblichen Umstände (z. B. Rationalisierungsmaßnahmen, Änderungen der Betriebsorganisation, Einführung neuer Techniken etc.) auf das konkrete Arbeitsverhältnis des Mitarbeiters auswirken. Er muß die Notwendigkeit der Kündigung konkret darlegen und nachweisen. Besteht die Möglichkeit, den Mitarbeiter auf einem anderen Arbeitsplatz zu beschäftigen, muß der Arbeitgeber ihm diesen anbieten, ggf. auch einen geringerwertigen Arbeitsplatz.

Auch wenn betriebsbedingte Gründe vorliegen, ist die Kündigung sozial ungerechtfertigt, wenn keine oder eine nicht ausreichende Sozialauswahl stattgefunden hat. Nach der Rechtsprechung des BAG ist von mehreren Arbeitnehmern, die ihrer Tätigkeit nach miteinander verglichen werden können, derjenige für die Kündigung auszuwählen, den es „am wenigsten hart trifft". Als soziale Aspekte, die der Arbeitgeber berücksichtigen muß, werden insbesondere angesehen das Lebensalter des Arbeitnehmers, die Dauer seiner Betriebszugehörigkeit sowie seine familiären und wirtschaftlichen Verhältnisse. Entscheidende Bedeutung hat oft die im KSchG getroffene Regelung der Beweislast: Während ansonsten der Arbeitgeber für die Kündigungsgründe beweispflichtig ist, muß ein behaupteter Mangel bei der Sozialauswahl vom Arbeitnehmer bewiesen werden. Im Kündigungsschutzprozeß muß er den oder die Arbeitskollegen, die an seiner Stelle hätten entlassen werden müssen, konkret benennen und nachweisen, daß sie in einer sozial besseren Situation sind.

Nicht in den Kreis derjenigen, unter denen bei einer betriebsbedingten Kündigung eine Auswahl nach sozialen Gesichtspunkten zu treffen ist, einbezogen werden müssen Arbeitnehmer, deren Weiterbeschäftigung *durch betriebstechnische, wirtschaftliche oder sonstige berechtigte Bedürfnisse des Betriebes* die Weiterbeschäftigung bestimmter anderer Arbeitnehmer notwendig machen (§ 1 Abs. 3 Satz 2 KSchG). Weist der Arbeitgeber nach, daß die Weiterbeschäftigung bestimmter Mitarbeiter für die Aufrechterhaltung der Produktion oder aus gewichtigen betrieblichen Gründen sonstiger Art erforderlich ist, brauchen diese Mitarbeiter bei der sozialen Auswahl ohne Rücksicht auf ihre soziale Situation nicht einbezogen zu werden. Dadurch wird ermöglicht, bei der Auswahl der zu kündigenden Mitarbeiter Unterschiede in der Einsatz- und Leistungsfähigkeit zu berücksichtigen. Allerdings müssen diese Unterschiede erheblich und vor allem auch beweisbar sein, weil der Arbeitgeber nur dann imstande ist, den Nachweis dafür zu erbringen, daß der Betrieb auf die betreffenden Mitarbeiter besonders angewiesen ist.

Die Sozialauswahl bei betriebsbedingten Kündigungen bereitet in der Praxis große Probleme, die meist nur gemeinsam mit dem Betriebsrat gelöst werden können. Es empfiehlt sich deshalb, die Sozialauswahl mit dem Betriebsrat so weit wie möglich abzustimmen.

Vor jeder Kündigung (auch einer außerordentlichen) ist gemäß § 102 BetrVG der Betriebsrat zu hören; eine ohne Anhörung des Betriebsrats ausgesprochene Kündigung ist rechtlich unwirksam (siehe 4.2.2).

Nach einer Kündigung steht dem betroffenen Arbeitnehmer – wenn er er unter das Kündigungsschutzgesetz fällt – die Möglichkeit offen, binnen einer Woche beim Betriebsrat Einspruch zu erheben (§ 3 KSchG). Er kann sich mit einer *Kündigungsschutzklage* gegen die Kündigung wehren. Dafür ist ihm eine Frist von drei Wochen nach Zugang der Kündigung vorgegeben; versäumt er diese Frist, gilt die Kündigung als von Anfang an wirksam (§§ 4, 7 KSchG). Im Kündigungsrechtstreit prüft das Arbeitsgericht, ob die Kündigung das Arbeitsverhältnis aufgelöst hat oder nicht. Für den Fall einer für den Arbeitnehmer positiven Entscheidung kann dieser mit der Begründung, ihm sei die Fortzsetzung des Arbeitsverhältnisses nicht zuzumuten, dessen Auflösung gegen Zahlung einer Abfindung beantragen. Auch dem Arbeitgeber steht ein solches Antragsrecht zu unter der Voraussetzung, daß Gründe vorliegen, die eine gedeihliche („den Betriebszwecken dienliche“) Zusammenarbeit zwischen beiden Partnern nicht (mehr) erwarten lassen. In beiden Fällen kann die Abfindung bis zu 12 Monatsverdiensten, bei älteren oder länger beschäftigten Arbeitnehmern bis zu 18 Monatsverdiensten betragen (§§ 9, 10 KSchG). Die beträchtlichen finanziellen Risiken, die für den Arbeitgeber mit einem Kündigungsschutzprozeß verbunden sind, werden hieraus deutlich; sie erhöhen sich im Falle eines Widerspruchs des Betriebsrats bei einem Weiterbeschäftigungsanspruch des Arbeitnehmers bis zum Ende des Rechtsstreits gemäß § 102 Abs. 5 BetrVG (siehe 4.2.2).

4.2.2 Rechte des Betriebsrats

Nach dem Betriebsverfassungsgesetz zählen Kündigungen nicht zu den personellen Einzelmaßnahmen, für welche die vorherige Zustimmung des Betriebsrats einzuholen ist. Gemäß § 102 BetrVG ist die Beteiligung des Betriebsrats beschränkt auf ein *Anhörungs- und Widerspruchsrecht,* wobei letzteres auf bestimmte Tatbestände begrenzt ist. Der Arbeitgeber kann eine Kündigung nach Anhörung des Betriebsrats auch dann vornehmen, wenn dieser ihr widersprochen hat. Nur ausnahmsweise – bei außerordentlichen Kündigungen von Betriebsratsmitgliedern und anderen Funktionsträgern im Rahmen der Betriebsverfassung – bedarf es der Zustimmung des Betriebsrats, die der Arbeitgeber bei ihm unter Mitteilung der Gründe für die Kündigung vor ihrem Ausspruch beantragen muß (§ 103 BetrVG).

Die Einschaltung des Betriebrats bei Kündigungen hat dennoch in mehrfacher Hinsicht erhebliche Bedeutung für die betriebliche Praxis, und zwar sowohl kollektiv- als auch individualrechtlich. *Eine ohne Anhörung des Betriebsrats ausgesprochene Kündigung ist in vollem Umfange – auch auf der einzelvertraglichen Ebene – rechtsunwirksam.* Widerspricht der Betriebsrat einer ordentlichen Kündigung aus einem der in § 102 Abs. 3 BetrVG genannten Gründe, hat dies rechtliche Folgen in doppelter Hinsicht: Erhebt der betroffene Arbeitnehmer Kündigungsschutzklage, muß der Arbeitgeber ihn auf sein Verlangen bis zum rechtskräftigen Abschluß des Rechtsstreits weiterbeschäftigen, wenn er von dieser Verpflichtung nicht durch das Arbeitsgericht entbunden wird (§ 102 Abs. 5 BetrVG). Stellt das Arbeitsgericht fest, daß die vom Betriebsrat vorgetragenen Widerspruchsgründe vorlagen, ist die Kündigung sozial ungerechtfertigt im Sinne des Kündigungsschutzgesetzes und damit rechtsunwirksam.

§ 102 Abs. 1 BetrVG schreibt die *Anhörung des Betriebsrats* vor jeder ordentlichen oder außerordentlichen Kündigung – auch einer Änderungskündigung – vor. Der Arbeitgeber hat die Pflicht, den Betriebsrat von einer beabsichtigten Kündigung zu unterrichten und die dafür maßgeblichen Gründe in konkreter Form mitzuteilen. Dies muß so frühzeitig geschehen, daß der Betriebsrat dazu Stellung nehmen kann. Hat der Betriebsrat gegen die Kündigung Bedenken, muß er dies unter Angabe der Gründe dem Arbeitgeber binnen einer Woche – bei einer außerordentlichen Kündigung unverzüglich, spätestens binnen drei Tagen – schriftlich mitteilen. Hierzu bedarf es eines Beschlusses des Betriebsrats, ggf. eines bestehenden Personalausschusses; das Votum des Betriebsratsvorsitzenden allein reicht nicht aus.

Nach den gesetzlichen Bestimmungen (§ 102 Abs. 2 BetrVG) soll der Betriebsrat, „soweit dies erforderlich erscheint", vor seiner Stellungnahme den betroffenen Arbeitnehmer hören. Da es sich um eine Sollvorschrift handelt, bleibt ihre fehlerhafte Anwendung durch den Betriebsrat ohne Einfluß auf die Ordnungsmäßigkeit des Anhörungsverfahrens. Der Arbeitnehmer hat auch dann noch die Möglichkeit, gemäß § 3 KSchG Einspruch gegen die Kündigung beim Betriebsrat zu erheben. Daneben hat er das Recht, sich an den Arbeitgeber oder den zuständigen Vorgesetzten zu wenden, um seine Auffassung zu der Kündigung vorzutragen (§ 82 Abs. 1 BetrVG). Falls er den Arbeitgeber von der Richtigkeit seiner Meinung überzeugt, kann dieser die Kündigung ohne Zustimmung des Betriebsrats zurückzunehmen.

Die Darlegungs- und Beweislast für die Ordnungsmäßigkeit der Anhörung des Betriebsrats nach § 102 BetrVG als grundlegende Voraussetzung für die Rechtswirksamkeit einer Kündigung trägt der Arbeitgeber. Auch hier legen die Gerichte strenge Maßstäbe an. Um die damit verbundenen Risiken zu vermindern, ist es notwendig, die Unterrichtung des Betriebsrats mindestens acht Tage vor Ausspruch der Kündigung nachweisbar, d. h. in schriftlicher Form zu vollziehen und den weiteren Fortgang in gleicher Weise zu dokumentieren. Auch der Betriebsrat muß im Rahmen des Anhörungsverfahrens bestimmte Pflichten erfüllen, insbesondere hinsichtlich Form und Frist seiner Stellungnahme, die innerhalb einer Woche zu erfolgen hat und im Falle eines Widerspruchs nur bei Einhaltung der Schriftform wirksam ist.

§ 102 Abs. 3 BetrVG zählt erschöpfend die Fälle auf, in denen der Betriebsrat ein *Widerspruchsrecht* gegen eine beabsichtigte ordentliche Kündigung geltend machen kann:

- *Unzureichende Sozialauswahl (Nr.1)*
  Eine betriebsbedingte Kündigung ist gemäß § 1 Abs. 3 KSchG sozial ungerechtfertigt, wenn der Arbeitgeber bei der Auswahl des Arbeitnehmers soziale Gesichtspunkte nicht oder nicht ausreichend berücksichtigt hat, es sei denn, daß berechtigte betriebliche Bedürfnisse einer Sozialauswahl entgegenstehen.

- *Verstoß gegen eine Auswahlrichtlinie (Nr. 2)*
  Der Arbeitgeber muß sich an rechtswirksam zustande gekommene Auswahlrichtlinien (§ 95 BetrVG) halten. Im Falle einer betriebsbedingten Kündigung kann es zu einer Kollision mit den für die Sozialwahl geltenden Grundsätzen kommen; diese Grundsätze gehen Auswahlrichtlinen vor.
- *Möglichkeit der Weiterbeschäftigung (Nr. 3–5)*
  Gemäß § 1 Abs. 2 Nr 1b KSchG ist eine Kündigung sozial ungerechtfertigt, wenn der Arbeitnehmer *an einem anderen Arbeitsplatz* im selben Betrieb oder in einem anderen Betrieb desselben Unternehmens weiterbeschäftigt werden kann. § 102 Abs. 3 BetrVG erweitert dies dahin, daß der Betriebsrat auch ein Widerspruchsrecht hat, wenn eine Weiterbeschäftigung *nach zumutbaren Umschulungs- oder Fortbildungsmaßnahmen oder unter geänderten Arbeitsbedingungen* möglich ist. Ihrem Inhalt nach kommen die in den Nr. 3 bis 5 genannten Widerspruchsgründe nur bei betriebsbedingten Kündigungen zur Anwendung, je nach der Sachlage in bestimmten Situationen aber auch bei personen- oder verhaltensbedingten Kündigungen. Bei allen Tatbeständen ist das Einverständnis des Mitarbeiters mit seiner Weiterbeschäftigung auf einem anderen Arbeitsplatz Voraussetzung eines Widerspruchs.
  Nr. 3 kommt nur zum Zuge, wenn ein *gleichwertiger freier Arbeitsplatz* im selben oder einem anderen Betrieb desselben Unternehmens vorhanden ist. Ob dies der Fall ist, muß der Betriebsrat im Streitfalle nachweisen. Bei Versetzung in einen anderen Betrieb ist § 99 BetrVG zu beachten (siehe 4.1.1.5 und 4.2.3).
  Nr. 4 setzt voraus, daß betriebliche oder außerbetriebliche *Umschulungs- oder Fortbildungsmaßnahmen* möglich sind, die *für beide Teile zumutbar* sind. Was zumutbar ist, bestimmen die Einzelumstände, wobei Kostengesichtspunkte und soziale Aspekte (z. B. die Dauer der Betriebszugehörigkeit des Mitarbeiters) Gewicht haben. Vor allem aber müssen die Umschulungs- oder Fortbildungsmaßnahmen auf ein Verbleiben des Arbeitnehmers im Betrieb – auch mit geänderten Arbeitsbedingungen – gerichtet sein, was bedingt, daß der Betriebsrat sich vor einem Widerspruch der ensprechenden Absicht des Mitarbeiters versichert.
  Im Falle der Nr. 5 wird das *Einverständnis des Arbeitnehmers mit* einer Weiterbeschäftigung unter *geänderten Arbeitsvertragsbedingungen* ausdrücklich als Bestandteil der Tatsachen aufgeführt, die der Betriebsrat zur Begründung seines Widerspruchs darzulegen hat. Der Mitarbeiter muß seine Zustimmung *vorbehaltlos* erklärt haben, und es muß eindeutig geklärt sein, welche neuen Vertragsbedingungen von ihm angenommen worden sind. Dies ist von besonderer Bedeutung im Hinblick auf Änderungskündigungen, weil der Arbeitnehmer gemäß § 2 KSchG die Möglichkeit hat, *nach* erfolgter Kündigung die angebotenen neuen Arbeitsbedingungen unter dem Vorbehalt anzunehmen, daß die Kündigung nicht sozial ungerechtfertigt ist. Hat der Arbeitnehmer im Rahmen der Anhörung des Betriebsrats *vor* Ausspruch der Kündigung sein Einverständnis mit der vom Arbeitgeber vorgesehenen Änderung der Arbeitsbedingungen erklärt, entfällt die Notwendigkeit einer Beendigungskündigung durch die damit ermöglichte einvernehmliche Änderung des Arbeitsvertrags. Verweigert dagegen der Arbeitnehmer eine Fortsetzung des Arbeitsverhältnisses mit den ihm angebotenen neuen Arbeitsbedingungen, so entfällt ein Widerspruchsrecht des Betriebsrats nach § 102

Abs. 3 Nr. 5 BetrVG und damit auch eine mögliche Sozialwidrigkeit der Kündigung gemäß § 1 Abs. 3 KSchG.

Hinsichtlich der *rechtlichen Folgen eines Widerspruchs des Betriebsrats* gegen eine vom Arbeitgeber beabsichtigte Kündigung muß zwischen den kollektivrechtlichen und der individualrechtlichen Auswirkungen unterschieden werden. Entschließt sich der Arbeitgeber, aufgrund der Einwendungen des Betriebsrats von der Kündigung abzusehen, braucht er dies dem Betriebsrat lediglich mitzuteilen. Ist er nicht dazu bereit, der Meinung des Betriebsrats zu folgen, kann er trotz des Widerspruchs die geplante Kündigung aussprechen, weil er mit der Anhörung des Betriebsrats das seinerseits Erforderliche getan hat und - abgesehen von der außerordentlichen Kündigung in besonderen Fällen gemäß § 103 BetrVG - die Zustimmung des Betriebsrats nicht Wirksamkeitsvoraussetzung der Kündigung ist. Nur der betroffene Mitarbeiter - nicht der Betriebsrat - ist danach in der Lage, eine gerichtliche Prüfung dieser Personalmaßnahme durch Erhebung einer Kündigungsschutzklage in die Wege zu leiten.

Der Arbeitgeber ist nach § 102 Abs. 4 BetrVG verpflichtet, dem Mitarbeiter bei Ausspruch der Kündigung eine Abschrift der Stellungnahme des Betriebsrats, die abschließend sein muß, auszuhändigen und ihn damit über den vorliegenden Widerspruch zu informieren. Der Mitarbeiter wird dadurch in die Lage versetzt, die Widerspruchsgründe bei seiner Entscheidung über die Anstrengung eines Kündigungsschutzprozesses und seiner Durchführung zu berücksichtigen. Seine individualrechtliche Situation wird im Falle eines form- und fristgerecht erhobenen Widerspruchs des Betriebrats zusätzlich durch die Möglichkeit gestärkt, unter den in § 102 Abs. 5 BetrVG genannten Voraussetzungen vom Arbeitgeber seine Weiterbeschäftigung bis zum rechtskräftigen Abschluß des Kündigungsschutzverfahrens zu verlangen (siehe 4.2.3).

4.2.3
Änderungskündigungen

Nach dem Kündigungsschutzgesetz (§ 2 KSchG) liegt eine *Änderungskündigung* vor, wenn der Arbeitgeber das Arbeitsverhältnis kündigt und im Zusammenhang damit eine Weiterbeschäftigung zu geänderten Arbeitsbedingungen anbietet. Ziel ist in diesem Falle nicht die Entlassung des Arbeitnehmers, sondern die Fortsetzung des Arbeitsverhältnisses unter neuen Bedingungen. Das Mittel einer Änderungskündigung muß der Arbeitgeber anwenden, wenn er zu einer notwendigen Änderung der Arbeitsbedingungen kraft seines Direktionsrechts nicht befugt und der Arbeitnehmer zu einer einvernehmlichen Neuregelung der Arbeitsbedingungen nicht bereit ist. Dies folgt daraus, daß ein Arbeitsverhältnis grundsätzlich nur als Ganzes gekündigt werden kann, die Kündigung einzelner Teile des Arbeitsvertrags mithin nicht zulässig ist; anders ist dies nur, wenn (was selten der Fall ist) eine ausdrückliche Vereinbarung getroffen worden ist, die eine Teilkündigung erlaubt.

Ihrer Rechtsnatur nach ist die Änderungskündigung eine echte Kündigung. Daraus ergibt sich, daß der Arbeitgeber die jeweiligen Kündigungsfristen einhalten muß, vor ihrem Ausspruch der Betriebsrat anzuhören ist und der betroffene Arbeitnehmer, wenn er dem KSchG unterliegt, ein Kündigungsschutzverfahren einleiten kann. Das

BAG folgert aus dem sog. Ultima-Ratio-Prinzip, daß der Arbeitgeber gehalten ist, vor einer Beendigungskündigung zu prüfen, ob eine beiden Seiten zumutbare Weiterbeschäftigung zu veränderten Bedingungen möglich ist, und er ggf. dem Mitarbeiter ein entsprechendes Angebot zu machen hat mit dem deutlichen Hinweis, daß bei dessen Ablehnung der Bestand des Arbeitsverhältnisses auf dem Spiel steht. Der damit der Änderungskündigung eingeräumte Vorrang vor einer Beendigungskündigung muß bei erforderlichen Kündigungsmaßnahmen immer beachtet werden.

Nimmt der Mitarbeiter das ihm unterbreitete *Weiterbeschäftigungsangebot* an, werden die Vertragsänderungen - wenn nicht etwas anderes verabredet wird - mit Ablauf der Kündigungsfrist wirksam. Schlägt er das Vertragsangebot dagegen aus, findet das Arbeitsverhältnis zum Kündigungstermin sein Ende so, als ob es sich um eine Beendigungskündigung handeln würde. § 2 KSchG gibt dem Mitarbeiter dabei zusätzlichen Schutz: Er kann das Angebot des Arbeitgebers auch unter dem Vorbehalt annehmen, daß die damit angestrebte Änderung der Arbeitsbedingungen nicht sozial ungerechtfertigt ist. Diesen Vorbehalt muß er dem Arbeitgeber gegenüber innerhalb der Kündigungsfrist, spätestens innerhalb von drei Wochen nach Zugang der Kündigung, erklären. Macht der Mitarbeiter eine Kündigungsschutzklage anhängig, geht es wie bei einer Beendigungskündigung um den Bestand des Arbeitsverhältnisses. Dabei ist der Arbeitgeber jedoch in einer besseren Position, weil das Arbeitsgericht nicht die soziale Rechtfertigung einer unbedingten Beendigung des Arbeitsverhältnisses zu prüfen, sondern darüber zu entscheiden hat, ob die angebotene Änderung der Arbeitsbedingungen sozial gerechtfertigt ist. Ergeht eine für den Arbeitgeber negative Entscheidung, gilt die Änderungskündigung als von Anfang an rechtsunwirksam (§ 8 KSchG).

Von großer praktischer Bedeutung ist bei Änderungskündigungen § 102 Abs. 5 BetrVG. Bei einem nach Inhalt und Form ordnungsgemäßen Widerspruch des Betriebsrats hat der gekündigte Mitarbeiter *Anspruch auf Weiterbeschäftigung bei unveränderten Arbeitsbedingungen* bis zur rechtskräftigen Beendigung des Kündigungsschutzverfahrens. Der Arbeitgeber kann sich gemäß § 102 Abs. 5 Satz 2 BetrVG von dieser Weiterbeschäftigungspflicht, die ein entsprechendes Verlangen des Arbeitnehmers voraussetzt, durch eine beim Arbeitsgericht zu beantragende Einstweilige Verfügung befreien lassen, wenn

- die Kündigungsschutzklage des Arbeitnehmers keine hinreichende Aussicht auf Erfolg bietet oder mutwillig erscheint,
- die Weiterbeschäftigung des Arbeitnehmers zu einer unzumutbaren wirtschaftlichen Belastung des Arbeitgebers führen würde oder
- der Widerspruch des Betriebsrats offensichtlich unbegründet war.

Bezüglich der *Beteiligungsrechte des Betriebsrats* gilt § 102 BetrVG ohne Einschränkung. Bei der Anhörung des Betriebsrats muß der Arbeitgeber neben den für die Änderungskündigung maßgebenden Gründen auch das Weiterbeschäftigungsangebot mitteilen, damit der Betriebsrat die Möglichkeit hat zu prüfen, ob die Änderungskündigung berechtigt ist oder er Widerspruch dagegen erheben soll. Eine ohne ordnungsgemäße Anhörung des Betriebsrats ausgesprochene Änderungskündigung ist rechtsunwirksam. Ob weitere Mitwirkungsrechte beachtet werden müssen, richtet sich danach, welches Ziel mit der Änderungskündigung verfolgt wird.

Wird eine *Umgruppierung oder Versetzung* angestrebt, kommen – beschränkt auf Betriebe mit i.d.R. über 20 wahlberechtigten Mitarbeitern – die (unter 4.1.1.4 und 4.1.1.5 erläuterten) Informations- und Mitbestimmungsrechte nach § 99 BetrVG zum Zuge. Daneben besteht das Anhörungsrecht des Betriebsrats nach § 102 BetrVG. Die notwendigen beiden Beteiligungsverfahren können und sollten zusammengefaßt und dem Betriebsrat damit die Möglichkeit gegeben werden, sowohl zu der geplanten Umgruppierung und/oder Versetzung als auch zu der Änderungskündigung Stellung zu nehmen. Hierfür bedarf es nach der BAG-Rechtsprechung einer ausdrücklichen Erklärung des Inhalts, daß in der Bitte um Zustimmung zu der geplanten Umgruppierung/Versetzung zugleich die Anhörung des Betriebsrats zur Änderungskündigung liegen soll. Die Wochenfristen für die Stellungnahme des Betriebsrats nach § 99 Absatz 3 und § 102 Absatz 2 BetrVG laufen dann parallel.

Die Stellungnahme des Betriebsrats kann unterschiedlich lauten mit entsprechenden Folgewirkungen:

- Der Betriebsrat kann sowohl der beabsichtigten Umgruppierung/Versetzung als auch der Änderungskündigung zustimmen, entweder ausdrücklich oder dadurch, daß er die vorerwähnten Fristen (eine Woche) verstreichen läßt. I. d. R. ist in einer Zustimmung zur Umgruppierung/Versetzung auch ein positives Votum zur beabsichtigten Änderungskündigung zu sehen.
  Die kollektivrechtliche Seite der personellen Maßnahme ist damit erledigt, und der Arbeitgeber kann die Änderungskündigung aussprechen. Über ihre individualrechtliche Wirksamkeit entscheidet danach das Arbeitsgericht, vorausgesetzt, daß der betroffene Arbeitnehmer Kündigungsschutzklage erhebt. Nach der BAG-Rechtsprechung muß das Arbeitsgericht bei Vorliegen eines der in § 2 Abs. 2 KSchG genannten Widerspruchsgründe eine Interessenabwägung auch dann vornehmen, wenn der Betriebsrat der Kündigung nicht widersprochen hat.
- Der Betriebsrat kann seine Zustimmung zur Umgruppierung/Versetzung verweigern und auch gegen die vorgesehene Änderungskündigung Widerspruch erheben. In analoger Anwendung der BAG-Rechtsprechung, wonach der Arbeitgeber sich bei der Einleitung der Verfahren nach § 99 und § 102 BetrVG gegenüber dem Betriebsrat unmißverständlich erklären muß, ist auch dieser gehalten, in seiner Stellungnahme deutlich zu machen, was er in beiden Verfahren beschlossen hat. Auschlaggebend ist, ob die Fakten, die der Betriebsrat zur Begründung seiner Zustimmungsverweigerung und seines Widerspruchs anführt, den Voraussetzungen sowohl des § 99 Abs. 2 als auch des § 102 Abs. 3 BetrVG entsprechen. Wird die Zustimmung zu einer geplanten Umgruppierung/Versetzung verweigert, ohne daß einer der Tatbestände des § 102 Abs. 3 BetrVG erfüllt ist, können die Einwendungen des Betriebsrats im Rahmen des § 102 BetrVG nicht als Widerspruch gewertet werden.
  Gegen den Widerspruch nach § 99 Abs. 2 BetrVG kann der Arbeitgeber das Arbeitsgericht anrufen und beantragen, die Zustimmung des Betriebsrats zur Umgruppierung/Versetzung zu ersetzen. Er braucht dann nicht zu warten, bis das Zustimmungsverfahren rechtskräftig abgeschlossen ist, sondern kann die Änderungskündigung – nach vorheriger Anhörung des Betriebsrats gemäß § 102 BetrVG – sogleich aussprechen. Wenn der Arbeitnehmer hiergegen form- und fristgerecht Kündigungsschutzklage erhebt, ergeben sich bezüglich der Weiterbe-

schäftigung zwei Möglichkeiten: Nimmt er das Angebot des Arbeitgebers unter dem Vorbehalt an, daß die Änderung der Arbeitsbedingungen nicht sozial ungerechtfertigt ist (§ 2 KSchG) ist, muß er vorläufig zu den angebotenen *neuen* Bedingungen arbeiten; es geht in dem Prozeß dann nicht um den Bestand des Arbeitsverhältnisses, sondern um die soziale Rechtfertigung der Änderung der Arbeitsbedingungen (einschließlich der Sozialauswahl). Gibt der Arbeitnehmer zu erkennen, daß er sich auf die vorgeschlagenen neuen Arbeitsbedingungen nicht – auch nicht unter Vorbehalt – einlassen will, geht es in dem Kündigungsschutzprozeß um den Bestand des Arbeitsverhältnisses wie bei einer Beendigungskündigung, und der Arbeitnehmer kann seine Weiterbeschäftigung zu den *bisherigen* Arbeitsbedingungen nach Maßgabe des § 102 Abs. 2 BetrVG verlangen.
Hieraus wird deutlich, daß der Bestimung in § 102 Abs. 2 Satz 4 BetrVG, wonach der Betriebsrat vor seiner Stellungnahme zu einer vom Arbeitgeber beabsichtigten Kündigung den betroffenen Arbeitnehmer anhören soll, bei Änderungskündigungen zum Zwecke der Umgruppierung oder Versetzung besondere Bedeutung zukommt. Durch diese Anhörung kann der Betriebsrat klären, ob der Arbeitnehmer bereit ist, die angebotenen neuen Arbeitsbedingungen – mit oder ohne den Vorbehalt einer Bestätigung ihrer sozialen Rechtfertigung im Kündigungsschutzverfahren – zu akzeptieren, oder er die angebotene Vertragsänderung ablehnt auch auf die Gefahr hin, seinen Arbeitsplatz zu verlieren.

- Der Betriebsrat kann schließlich der Umgruppierung/Versetzung zustimmen, aber gegen die Änderungskündigung Widerspruch erheben oder – umgekehrt – seine Zustimmung zur Umgruppierung/Versetzung verweigern und der Änderungskündigung zustimmen. Wegen der gegenseitigen Abhängigkeit beider Maßnahmen wird dies selten vorkommen; in derartigen Fällen wird entweder die Verweigerung der Zustimmung nach § 99 Abs. 2 oder der Widerspruch nach § 102 Abs. 3 BetrVG offensichtlich unbegründet sein.

Bei Änderungskündigungen, die keine Umgruppierung oder Versetzung, sondern *sonstige Änderungen der Arbeitsbedingungen* (wie z. B. den Abbau übertariflicher Entgeltbestandteile) zum Ziel haben, richten sich die Befugnisse des Betriebrats ausschließlich nach § 102 BetrVG. Gleiches gilt – für alle Änderungskündigungen – in Betrieben mit i. d. R. nicht mehr als 20 wahlberechtigten Mitarbeitern. Dem Arbeitnehmer ist auch hier die Möglichkeit gegeben, das Angebot des Arbeitgebers unter dem Vorbehalt anzunehmen, daß die vorgeschlagene Änderung der Arbeitsbedingungen nicht sozial ungerechtfertigt ist; im nachfolgenden Kündigungsschutzprozeß riskiert er dann nicht den Verlust seines Arbeitsplatzes. Alternativ ist er in der Lage, das Weiterbeschäftigungsangebot abzulehnen; im Kündigungsschutzrechtstreit geht es dann um den Bestand seines Arbeitsverhältnisses.

Die Fülle der Probleme, die mit einseitigen Veränderungen im personellen Bereich verbunden sein können, insbesondere auch bei Änderungskündigungen zur Durchsetzung neuer Arbeitsbedingungen, müssen bei allen konzeptionellen Überlegungen in Richtung auf eine verbesserte Qualitätsorganisation bedacht werden. Sie machen notwendig, alle Möglichkeiten zu nutzen, durch geeignetes Vorgehen zu vertretbaren einvernehmlichen Lösungen sowohl mit den Mitarbeitern als auch mit dem Betriebsrat – zu gelangen.

4.3
Qualifikation der Mitarbeiter

Ein Qualitätssicherungssystems erfordert zwingend eine ausreichende Qualifikation der Mitarbeiter. Bei seinem Aufbau muß geklärt werden, ob alle im Betrieb tätigen Mitarbeiter die mit der neuen Betriebsorganisation, der Einführung neuer Arbeitstechniken, der Umgestaltung der Arbeitsplätze etc. verbundenen Anforderungen erfüllen können, ob dies durch betriebliche Fortbildungs- oder Umschulungsmaßnahmen erreicht werden kann, ob und inwieweit sich die Zuweisung anderer Arbeitsplätze (Umsetzungen oder Versetzungen) und die Einstellung neuer Mitarbeiter als erforderlich erweisen.

4.3.1
Qualifikationsanforderungen

4.3.1.1
Stellenbeschreibungen

Hier stellt sich zunächst die Frage nach der rechtlichen Beurteilung von Stellenbeschreibungen (Arbeitsplatzbeschreibungen) und ähnlichen Regelungen wie Funktionsbeschreibungen und Anforderungsprofile. Regelungen dieser Art sind bei der Planung und Durchführung von Qualitätssicherungsmaßnahmen oft gebräuchlich, vor allem als Grundlage für die Besetzung der Führungspositionen im Bereich der Qualitätsorganisation.

Stellen- und Arbeitsplatzbeschreibungen legen die Anforderungen des Arbeitgebers für die Arbeitsplätze fest. Sie definieren Aufgabe und Kompetenz der einzelnen Arbeitsplätze in der betrieblichen Organisation und beschreiben, welche Tätigkeiten zur Erfüllung der jeweiligen Aufgabe zu verrichten sind. Entsprechendes gilt für *Anforderungsprofile*, mit denen in abstrakter Form die fachlichen und sonstigen Anforderungen festgelegt werden, die von potentiellen Arbeitplatzinhabern erfüllt werden sollen. Davon zu unterscheiden sind *Funktionsbeschreibungen*, die nicht jeden einzelnen Arbeitsplatz beschreiben, sondern für Gruppen von Mitarbeitern mit vergleichbaren Tätigkeiten besondere Aufgaben (Funktionen) fixieren und den in Betracht kommenden Mitarbeitern bestimmte Funktionsbezeichnungen zuordnen.

Alle diese Regelungen sagen nichts darüber aus, nach welchen Grundsätzen bei der Besetzung der Stellen (Arbeitsplätze) zu verfahren ist. Sie erfüllen nicht den Begriff „Auswahlrichtlinien" und unterliegen deshalb nicht dem Mitbestimmungsrecht des Betriebsrats nach § 95 BetrVG. Es muß jedoch beachtet werden, daß es sich um Teile der Personalplanung handeln kann, womit Informations- und Beratungsrechte des Betriebsrats nach Maßgabe des § 92 BetrVG ausgelöst werden (siehe unter 3.2.2.2).

Mitbestimmungsrechte kommen erst in Betracht, wenn es um die Verwirklichung von Stellen- oder Funktionsbeschreibungen durch einzelne personelle Maßnahmen geht. Gleiches gilt für Maßnahmen der betrieblichen Lohngestaltung, die auf solchen Regelungen aufbauen.

4.3.1.2
Auswahlrichtlinien

Anders zu beurteilen sind *Richtlinien für die personelle Auswahl bei Einstellungen, Versetzungen, Umgruppierungen und Kündigungen (Auswahlrichtlinien)* i. S. des § 95 BetrVG. Als Sinn und Zweck von Auswahlrichtlinien sieht das BAG die Versachlichung und Transparenz notwendig werdender Personalentscheidungen an; ein dadurch belasteter Arbeitnehmer soll erkennen können, warum ihn und nicht einen anderen diese Belastung trifft. Es geht dabei um Grundsätze für die Berücksichtigung fachlicher, persönlicher Voraussetzungen sowie sozialer Aspekte bei der personellen Auswahl, die insbesondere bei Einstellungen, Versetzungen, Umgruppierungen und Kündigungen zu beachten sind. Auswahlrichtlinien können nach BAG-Auffassung nur vorhandene Ermessensspielräume objektivieren, nicht aber das Auswahlrecht des Arbeitgebers generell beseitigen; sie müssen, um verbindlich zu sein, über eine bloße Handhabung hinausgehen und i. d. R. schriftlich fixiert sein.

Als Auswahlkriterien in *fachlicher* Hinsicht kommen für Einstellungen in erster Linie berufliche Erfahrungen und Kenntnisse in Betracht, wobei in den Richtlinien verfahrensmäßig festgelegt werden kann, wie der Nachweis der fachlichen Fähigkeiten zu erbringen ist (z. B. durch Zeugnisse, in Einstellungsgesprächen, durch Arbeitsproben u. ä.). Für Versetzungen können weitere Kriterien die bisherige Tätigkeit im Betrieb und die dabei gezeigten Leistungen sein. Auch die persönlichen Voraussetzungen ergeben sich im wesentlichen aus den Anforderungen, die der jeweilige Arbeitsplatz oder das vorgesehene Aufgabengebiet stellt, wobei für qualifizierte und verantwortungsvolle Tätigkeiten unter dem Gesichtspunkt längerer Berufserfahrung auch das Lebensalter oder die Dauer der Betriebszugehörigkeit berücksichtigt und im übrigen festgelegt werden kann, welche Möglichkeiten für eine Beurteilung der Persönlichkeit genutzt werden können (bei Einstellungen z. B. die Auswertung der Bewerbungsunterlagen, Referenzen, bestimmte Testverfahren). Bezüglich der Berücksichtigung sozialer Gesichtspunkte, die hauptsächlich die Auswahl bei betriebsbedingten Kündigungen betreffen, aber auch für Versetzungen in Betracht kommen können (z. B. bei fachlich und persönlich gleichwertigen Mitarbeitern), ist zu beachten, daß die im KSchG enthaltenen Bestimmungen über die Sozialauswahl Vorrang haben und die hiernach vorgesehene Abwägung der beiderseitigen Interessen in den Auswahlrichtlinien nicht ausgeschlossen werden darf.

Besonders hinzuweisen ist darauf, daß in der Liste der mitbestimmungspflichtigen Tatbestände in § 95 Abs. 1 BetrVG Eingruppierungen nicht erwähnt sind. Dies dürfte darauf zurückzuführen sein, daß sich die Eingruppierung nach der ausgeübten Tätigkeit richtet und für Richtlinien kein Raum ist. Bei Umgruppierungen ist die Vorrangigkeit tariflicher Regelungen zu beachten. Nicht erst bei der Umsetzung, sondern schon bei der Aufstellung von Auswahlrichtlinien hat der Betriebsrat mitzubestimmen. In Betrieben mit mehr als 1000 Beschäftigten hat er ein Initiativrecht. Ihrem Zustandekommen und dem Inhalt nach rechtmäßige Auswahlrichtlinien muß der Arbeitgeber bei den personellen Einzelmaßnahmen beachten; tut er dies nicht, ist der Betriebsrat zum Widerspruch berechtigt (siehe 3.2.2.2).

4.3.1.3
Personelle Einzelmaßnahmen

Stellt sich heraus, daß einzelne Mitarbeiter den jeweiligen Qualifikationsanforderungen nicht entsprechen, muß über erforderliche personelle Entscheidungen befunden werden. In Betracht kommen dabei in erster Linie Umsetzungen, Versetzungen und Umgruppierungen. Unter welchen Voraussetzungen diese individualrechtlich möglich sind und inwieweit der Betriebsrat dabei eingeschaltet werden muß, bestimmen die Umstände des Einzelfalls (siehe 4.1.1).

Wenn sich die Trennung von Mitarbeitern als notwendig erweist, muß vor Ausspruch einer Kündigung geprüft werden, ob sie ganz oder zum Teil auf einem anderen Arbeitsplatz im selben oder einem anderen Betrieb des Unternehmens weiterbeschäftigt werden können, ggf. nach zumutbaren Umschulungs- oder Fortbildungsmaßnahmen (siehe 4.2 und 4.3.2).

4.3.2
Qualifizierungsmaßnahmen

Arbeitgeber und Betriebsrat sind nach § 96 BetrVG im Rahmen der Personalplanung zur Förderung der Berufsbildung durch geeignete betriebliche und außerbetriebliche Maßnahmen verpflichtet (siehe 3.2.4). Zur Berufsbildung zählen außer der eigentlichen Berufsausbildung auch die berufliche Fortbildung und Umschulung.

Die Verpflichtungen des Arbeitgebers bei der *betrieblichen Berufsausbildung* sind im wesentlichen durch das Berufsbildungsgesetz (BBiG) und die Ausbildungsordnungen, an deren Erstellung die Berufs- und Arbeitnehmerorganisationen beteiligt sind, vorgegeben. Der Spielraum für Mitwirkungs- und Mitbestimmungsrechte des Betriebsrat beschränkt sich demgemäß auf zusätzliche Grundsätze und Richtlinien für die Durchführung dieser Regelungen im Betrieb (Abwicklung der betrieblichen Ausbildung, Regeln für die Führung der Berichtshefte, Einrichtung einer Lehrwerkstatt und deren Ausstattung u. ä.). Hinzu treten Rechte des Betriebsrats bezüglich des Ausbildungspersonals. Er kann der Bestellung eines vom Arbeitgeber vorgesehenen oder eingesetzten Ausbilders widersprechen oder seine Abberufung verlangen, wenn er ihm mangelnde fachliche oder persönliche Eignung – insbesondere in pädagogischer Hinsicht – oder Vernachlässigung seiner Aufgaben vorwerfen kann. Zur Durchsetzung dieses Rechtes kann er im Nichteinigungsfalle das Arbeitsgericht anrufen, das den Arbeitgeber durch ein Ordnungsgeld bis zu 20.000 DM oder ein Zwangsgeld bis zu 500 DM für jeden Tag der Zuwiderhandlung gegen eine gerichtliche Entscheidung verurteilen kann (§ 98 Abs. 2 und 5 BetrVG).

Bei betrieblichen *Maßnahmen zur Qualifizierung von Mitarbeitern durch berufliche Fortbildung und Umschulung* hat der Betriebsrat folgende Beteiligungsrechte:

- Über die *Einführung* solcher Maßnahmen sowie über die *Errichtung und Ausstattung betrieblicher Einrichtungen* hierfür muß der Arbeitgeber mit dem Betriebsrat beraten, d.h. ihn über entsprechende Vorhaben informieren und mit ihm das Für und Wider erörtern (§§ 96 Abs. 1, 97 BetrVG). Der Betriebsrat kann Vorschläge dazu machen, die der Arbeitgeber in seine Überlegungen einbeziehen muß. Ob er eine Bildungsmaßnahme ausrichten will, entscheidet er allein.

- Bei der *Durchführung betrieblicher und außerbetrieblicher Fortbildungs- und Umschulungsmaßnahmen* hat der Betriebsrat dagegen erzwingbare Mitbestimmungsrechte, die sich im einzelnen aus § 98 BetrVG ergeben.
  Um „*betriebliche*" Maßnahmen handelt es sich, wenn sie auf Betriebsangehörige beschränkt sind und die Trägerschaft, die Organisation und die Durchführung beim Betrieb liegen; gleichgültig ist, ob sie auf dem Betriebsgelände oder außerhalb stattfinden. Nur Maßnahmen (z. B. Lehrgänge oder Seminare), die darauf gerichtet sind, die beruflichen Kenntnisse und Fähigkeiten ihrer Teilnehmer zu erhalten, zu erweitern oder an neue Verhältnisse – vor allem an die technische Entwicklung – anzupassen oder einen beruflichen Aufstieg zu ermöglichen, gelten als Fortbildungsmaßnahmen. Umschulungsmaßnahmen sind solche, die den Mitarbeiter zu einer anderen beruflichen Tätigkeit befähigen sollen (§ 1 Abs. 3 und 4 BBiG). *Keine* Bildungsmaßnahmen i. d. S. und damit mitbestimmungsfrei sind nach der BAG-Rechtsprechung die Unterrichtung des Mitarbeiters über seine Aufgaben, seine Verantwortung und die Art seiner Tätigkeit sowie seine Einordnung in den Arbeitsablauf des Betriebes gemäß § 81 BetrVG (siehe 3.4.1), ebensowenig das Einweisen und Einarbeiten oder Anlernen eines Mitarbeiters (soweit letzteres nicht im Rahmen eines Ausbildungsverhältnisses erfolgt) und sonstige Maßnahmen und Veranstaltungen, mit denen lediglich Informationen über die nach dem Arbeitsvertrag geschuldete Tätigkeit und die hierfür benötigten Kenntnisse gegeben werden.
  Nach § 98 Abs. 1 BetrVG unterliegt dem Mitbestimmungsrecht nur die *Durchführung* von Fortbildungs- und Umschulungsmaßnahmen; über das Ob kann der Arbeitgeber nach Beratung mit dem Betriebrat allein entscheiden. Zur Durchführung zählen in erster Linie alle Fragen, die Organisation und Ablauf der Bildungsveranstaltungen betreffen, einschließlich ihrer zeitliche Lage und der Ausgestaltung etwaiger Prüfungen; es kann hierbei nur um allgemeine Regeln gehen, nicht um den Einzelfall. Nach Auffassung des BAG hat der Betriebsrat auch über Inhalt und Dauer der Maßnahmen mitzubestimmen, ebenso über die fachlichen Teilnahmevoraussetzungen (z. B. eine Begrenzung auf Facharbeiter).
- Besondere Befugnisse hat der Betriebsrat bei der *Auswahl der Teilnehmer.* Er ist berechtigt, Vorschläge für die Teilnahme einzelner Mitarbeiter oder bestimmter Arbeitnehmergruppen zu machen (§ 98 Abs. 3 BetrVG), für außerbetriebliche Bildungsveranstaltungen jedoch nur, wenn der Arbeitgeber dafür Mitarbeiter von der Arbeit freistellt oder die durch ihre Teilnahme entstehenden Kosten ganz oder teilweise übernimmt. Macht der Betriebsrat von seinem Vorschlagsrecht Gebrauch und kommt eine Einigung nicht zustande, entscheidet die Einigungsstelle verbindlich (§ 98 Abs. 4 BetrVG). Es geht hierbei nur um die Teilnahmevorschläge des Betriebsrats, die vom Arbeitgeber abgelehnt werden; einer zusätzlichen Teilnahme der vom Arbeitgeber gewählten Mitarbeiter steht auch dann nichts im Wege. Im übrigen ist zu beachten, daß beide Seiten – Arbeitgeber und Betriebsrat – nach § 96 Abs. 2 BetrVG gehalten sind, bei der Teilnehmerauswahl auf die Belange älterer Mitarbeiter Rücksicht zu nehmen. Ausschlaggebend hierfür ist, daß infolge der sich ständig vollziehenden technologischen Veränderungen bei älteren Mitarbeitern ein besonderes Bedürfnis für berufliche Fortbildung besteht, dem Rechnung getragen werden muß, soweit die betrieblichen Erfordernisse dies zulassen.

- Das dem Betriebsrat nach § 98 Abs. 5 BetrVG eingeräumte Mitbestimmungsrecht bei der *Bestellung und Abberufung von Ausbildern* wegen Fehlens persönlicher und fachlicher Eignung i. S. des BBiG wird selten praktisch werden und ist auf Fälle begrenzt, in denen er schlüssig Gründe für eine Vernachlässigung der Aufgaben darlegen kann.

4.4 Qualitätsgerechte Arbeitsleistung

Alle Bemühungen um ein verbessertes Qualitätssicherungssystem verfehlen ihr Ziel, wenn die Arbeitsergebnisse der Mitarbeiter den qualitativen Anforderungen nicht entsprechen. Obwohl jeder Mitarbeiter zu qualitätsgerechter Arbeit verpflichtet ist, zeigen sich hier in der betrieblichen Praxis immer wieder Mängel; nicht selten kommt es zu größeren Schäden infolge mangelhafter Arbeitsleistung. In diesem Zusammenhang stellen sich zwei Fragen:

- Gibt es Möglichkeiten, durch materielle Anreize qualitativ bessere Arbeitsergebnisse zu erreichen?
- Wann muß ein Mitarbeiter für Schäden aufkommen, die er in Ausübung seiner Tätigkeit zu Lasten des Betriebes verursacht hat?

4.4.1 Qualitätsprämien

Mit der ersten Frage ist die betriebliche Lohngestaltung angesprochen, insbesondere die *Leistungsentlohnung*. Eine Arbeitsvergütung, deren Höhe vom Arbeitsergebnis abhängig ist, mit vermehrter oder besserer Leistung also ansteigt, bildet einen Anreiz zu erhöhten Anstrengungen. Betriebliche Erfahrungen zeigen, daß die Einführung einer leistungsabhängigen Entlohnung oder die Umstellung einer schon bestehenden Leistungsentlohnung häufig Leistungsreserven in einem unerwarteten Ausmaß freimacht.

Vielfältige und effektive Möglichkeiten bietet eine *Prämienentlohnung*. Diese Entlohnungsform entspricht den heutigen betrieblichen Verhältnissen und Anforderungen meist mehr als eine Akkordentlohnung, die wesentlich auf die Beeinflußbarkeit des Arbeitsprozesses durch die menschliche Leistung und auf die erbrachte Mengenleistung abstellt. Mit einem Prämienlohnsystem können demgegenüber die Bedürfnisse eines Betriebs, dessen Produktionsablauf weitgehend durch Maschinen und hochentwickelte technische Einrichtungen bestimmt wird, besser erfüllt werden. Bezugsmerkmale einer Prämienzahlung können neben oder anstelle der Arbeitsmenge auch andere Kriterien sein, z.B. die Güte des Arbeitsprodukts (Qualitätsprämie), die Ersparnis von Roh- und Hilfsstoffen (Ersparnisprämie) oder die Einhaltung von Terminen (Terminprämie). Auch kombinierte Prämien mit mehreren Bezugspunkten (am häufigsten Menge und Qualität) werden praktiziert. Anders als beim Akkord, bei dem die Lohnkurve linear-proportional zur erbrachten Leistung verläuft, kann die Prämie linear, progressiv oder degressiv gestaffelt oder – um Ausschuß oder eine zu starke Belastung der Maschinen zu vermeiden – nach oben limitiert werden. Es besteht so die Möglichkeit, durch ein „maßgeschneidertes" Prämiensystem auf dem Wege zu einer optimal wünschenswerten Arbeitsleistung der Mitarbeiter Fortschritte zu erzielen.

Die Frage, ob anstelle oder in Ergänzung des bisher praktizierten Entlohnungssystems eine *Qualitätsprämie* eingeführt werden sollte, bedarf sorgfältiger Prüfungen in wirtschaftlicher, arbeitskundlicher und rechtlicher Hinsicht. Ohne ein schlüssiges Konzept sollten Gespräche hierüber mit dem Betriebsrat nicht geführt werden. Geklärt sein muß insbesondere, ob die Entlohnungsbestimmungen der für den Betrieb geltenden Tarifverträge Vorschriften enthalten, die bei der inhaltlichen Ausgestaltung des Prämiensystems beachtet werden müssen, darüber hinaus aber auch den Umfang der Befugnisse des Betriebsrats bestimmen können.

Nach § 87 Abs. 1 BetrVG hat der Betriebsrat erzwingbare *Mitbestimmungsrechte, soweit eine gesetzliche oder tarifliche Regelung nicht besteht,*

- in Fragen der *betrieblichen Lohngestaltung*, insbesondere bei der Aufstellung von Entlohnungsgrundsätzen und bei der Einführung und Anwendung neuer Entlohnungmethoden sowie deren Änderung (Nr. 10) und
- bei der *Festsetzung der Akkord- und Prämiensätze* und vergleichbarer leistungsbezogener Entgelte, einschließlich der Geldfaktoren (Nr. 11).

Die Begriffe „Entlohnungsgrundsatz" und „Entlohnungsmethode" bezeichnen im wesentlichen die Entlohnungsformen und die Art und Weise ihrer Durchführung, d. h. die Festlegung der methodischen Einzelheiten. Hiernach unterliegt die Einführung einer Qualitätsprämie als Wechsel in der Entlohnungsform ebenso der Mitbestimmung wie ihre inhaltliche und verfahrensmäßige Ausgestaltung (Art der Prämie, Berechnungsgrundlagen, Abrechnung etc.).

Mitzubestimmen hat der Betriebsrat auch bei der Höhe des Prämienenlohnes, der sich aus dem Prämiengrundlohn (Prämienausgangslohn) – in aller Regel einem Zeitlohn – und der Prämie als leistungsabhängigem, variablem Entgeltbestandteil zusammensetzt. Eine Mitbestimmung beim Prämiengrundlohn scheidet aus, wenn tarifliche Bestimmungen dazu bestehen, oft derart, daß der für die beteiligten Mitarbeiter jeweils gültige tarifliche Stundenlohn maßgebend ist. Tarifvertragliche Regelungen über die Höhe der Prämiensätze sind selten, so daß der Arbeitgeber bei ihrer Festsetzung meist auf die Zustimmung des Betriebsrats angewiesen ist.

Im einzelnen ist hier vieles umstritten. Der Meinungsstreit entzündet sich immer wieder an der Frage, wo die Grenze zwischen der wirtschaftlichen Entscheidungsfreiheit des Unternehmers und dem sozialen Mitbestimmungsrecht des Betriebsrats im Bereich der materiellen Entlohnungsfragen verläuft. Die Rechtsprechung des BAG ist zweideutig: Während das Gericht in vielen Entscheidungen herausgestellt hat, daß der Arbeitgeber bei zusätzlichen Leistungen, die er ohne rechtliche Verpflichtung erbringt, den sog. Dotationsrahmen allein bestimmen und nicht – weder durch den Betriebsrat noch durch eine Einigungsstelle – dazu gezwungen werden kann, über den damit festgelegten Rahmen hinauszugehen, hat seine Rechtsprechung insgesamt zu einer bedenklichen Ausweitung der Mitbestimmungsrechte in materiellen Lohnfragen geführt, insbesondere auch im Bereich der Prämienentlohnung.

Für die betriebliche Praxis kann nur empfohlen werden, unter Beachtung der BAG-Rechtsprechung in Verhandlungen mit dem Betriebsrat vertretbare Lösungen anzustreben. Bei einem abgewogenen Konzept, das den wirtschaftlichen Interessen des Betriebes und der Sicherung der Arbeitsplätze dient und dabei den Mitarbeitern neue Verdienstmöglichkeiten – wenn auch bei höherer Leistung – zu bieten hat, sind die Erfolgschancen dabei nicht gering. Das gilt gleichermaßen für ein Verfahren vor der Einigungsstelle, das notwendig wird, wenn trotz eines guten Konzepts eine Einigung mit dem Betriebsrat nicht erreichbar sein sollte.

4.4.2 Rechtsfolgen fehlerhafter Arbeit

Jeder Mitarbeiter ist nach dem Arbeitsvertrag dazu verpflichtet, seine Arbeit ordnungsgemäß zu erbringen. Er muß die ihm übertragenen Aufgaben „unter angemessener Anspannung seiner Kräfte" – so die ständige höchstrichterliche Rechtsprechung – entsprechend seinem Leistungsvermögen erfüllen. Dazu gehört, daß er nach den fachlichen Regeln und den Anweisungen des Arbeitgebers oder seiner Beauftragten auch in qualitativer Hinsicht einwandfreie Arbeit leistet.

Bei fehlerhafter Arbeit – „Schlechtleistung" in der Fachsprache – können verschiedene Rechtsfolgen eintreten: Minderung des Lohnanspruchs, Recht zur Kündigung des Arbeitsverhältnisses, Verpflichtung zum Schadensersatz.

4.4.2.1 *Lohnminderung*

Eine *Lohnminderung wegen fehlerhafter Arbeit* kann nur in Betracht kommen, wenn die Mängel vom Arbeitnehmer zu vertreten sind. Der Arbeitgeber muß nachweisen können, daß sie durch schuldhaftes Verhalten des Mitarbeiters – vorsätzlich oder fahrlässig – verursacht worden sind. Anders als z. B. bei einem Werkvertrag gibt es im Arbeitsvertragsrecht keine Gewährleistung. Auch bei einem nachweisbarem Verschulden behält der Mitarbeiter grundsätzlich seinen Anspruch auf die volle Arbeitsvergütung; verlangt der Arbeitgeber von ihm, die Arbeit mängelfrei zu wiederholen, ist auch die dafür aufgewendete Zeit zu vergüten.

Im Rahmen einer Leistungsentlohnung kann vereinbart werden, daß ein Entgeltanspruch nur für mängelfreie Arbeit entsteht. Vereinbarungen dieses Inhalt sind vorzugsweise bei der Prämienentlohnung möglich und üblich. *Es empfiehlt sich deshalb, im Rahmen einer Qualitätsprämienregelung festzulegen. daß die Prämie nur für einwandfreie, gemäß den fachlichen Regeln und den betrieblichen Anweisungen erzielte Arbeitsergebnisse („Gutware") gezahlt wird.*

4.4.2.2 *Kündigung*

Eine *Kündigung wegen fehlerhafter Arbeit* kann nur bei einer nachhaltigen Verletzung der arbeitsvertraglichen Pflichten in Frage kommen. Sie setzt i. d. R. Verschulden voraus; je nach der Schwere des Falles kann sich ein Kündigungsrecht für den Arbeitgeber u. U. auch aus einer unverschuldeten Schlechtleistung ergeben. Einmalige oder nur gelegentlich vorkommende Fehlleistungen rechtfertigen nur in Ausnahmefällen eine Kündigung. Erfolgsaussichten in einem Kündigungsschutzprozeß sind meist nur dann gegeben, wenn nachgewiesen werden kann, daß der betreffende Mitarbeiter wiederholt wegen schlechter Arbeitsleistung abgemahnt worden ist. Eine wesentliche Rolle spielen auch die Dauer der Betriebzugehörigkeit und das sonstige Verhalten des Mitarbeiters. Letztlich entscheidend sind die näheren Umstände des Einzelfalles und die Ergebnisse der Anhörung des Betriebsrats nach § 102 BetrVG.

4.4.2.3
Schadensersatz

Schadensersatzansprüche setzen in jedem Falle ein Verschulden des Mitarbeiters voraus. Hat der Mitarbeiter vorsätzlich (bewußt und gewollt oder unter Inkaufnahme des für ihn erkennbaren Risikos) oder fahrlässig (durch Außerachtlassung der erforderlichen Sorgfalt) infolge schlechter Arbeitsleistung einen Schaden verursacht, muß er für diesen grundsätzlich einstehen. Als Schaden ist jeder Nachteil für den Arbeitgeber anzusehen, neben dem Lohnaufwand z. B. die Unverkäuflichkeit oder Wertminderung des hergestellten Produkts und verdorbenes Material.

Die höchstrichterliche Rechtsprechung hat sich lange Zeit mit der Frage einer *Haftungsbegrenzung für Arbeitnehmer* beschäftigt und dafür Grundsätze entwickelt. Bis vor kurzem galten diese Grundsätze nur bei „gefahrgeneigter (schadensgeneigter) Arbeit“. Durch eine Entscheidung des Großen Senats des BAG vom 28. 9. 1994 ist die Beschränkung der Arbeitnehmerhaftung auf alle Arbeiten ausgedehnt worden, die vom Betrieb veranlaßt sind und aufgrund eines Arbeitsverhältnisses geleistet werden. Begründet wird diese neue Rechtsauffassung damit, der Arbeitgeber müsse sich bei jedem Schaden, den ein Arbeitnehmer in Ausübung einer betrieblichen Tätigkeit verursacht hat, in analoger Anwendung des § 254 BGB das Betriebsrisiko sowie seine Verantwortung für die Organisation des Betriebes und die Gestaltung der Arbeitsbedingungen zurechnen lassen. Hierbei zwischen gefahrgeneigter und nicht gefahrgeneigter Arbeit zu unterscheiden, hält das Gericht für unbillig, weil dadurch Arbeitnehmer, die keine gefahrgeneigte Tätigkeit ausüben, das volle Schadensrisiko trügen und dadurch unzumutbar benachteiligt würden. Eine völlige Haftungsfreistellung ohne Rücksicht auf das Verschulden des Arbeitnehmers lehnt das BAG allerdings ab; vielmehr müßten die Grundsätze, die bisher nur bei gefahrgeneigter Arbeit Geltung hatten, beibehalten werden. Hiernach gilt folgendes:

- Schäden, die ein Mitarbeiter vorsätzlich oder grob fahrlässig verursacht hat, muß er im Regelfall in vollem Umfang ersetzen.
- Schäden, die von einem Mitarbeiter durch „normale“ (mittlere) Fahrlässigkeit verursacht werden, sind zwischen ihm und dem Arbeitgeber quotal aufzuteilen.
- Bei Schäden, die auf leichte Fahrlässigkeit (Versehen) zurückzuführen sind, ist der Mitarbeiter von jeder Haftung freigestellt.

Nach Auffassung des Großen BAG-Senats müssen die Gesamtumstände jedes Schadensfalles geprüft und dabei insbesondere berücksichtigt werden der Grad des dem Mitarbeiter vorzuwerfenden Verschuldens, die Gefahrgeneigtheit der Arbeit, die Höhe des Schadens, ein durch Versicherungen abdeckbares Risiko, die Stellung des Mitarbeiters im Betrieb und die Höhe seines Arbeitsentgelts (in dem eine „Risikoprämie" enthalten sein könne). Auch die persönlichen Verhältnisse des Mitarbeiters wie die Dauer seiner Betriebszugehörigkeit, das Lebensalter, die familiäre Situation und das bisherige Verhalten seien bei einer Schadensaufteilung zu beachten.

Die erschwerten Möglichkeiten bei der Regulierung von Schäden aus fehlerhafter Arbeit bieten zusätzlichen Anlaß zu prüfen, welche Maßnahmen zur Schadensverhinderung getroffen werden können. Erforderlich sind klare Arbeitsanweisungen im Rahmen eines organisatorisch und technisch optimal gestalteten Arbeitsablaufs. Notwendig ist auch, in krassen Fällen eines Fehlverhaltens im Rahmen der rechtlichen Möglichkeiten „durchzugreifen", um zu verhindern, daß andere Mitarbeiter zu Nachlässigkeiten verleitet werden.

4.5 Leistungs- und Verhaltenskontrolle der Mitarbeiter

4.5.1 Steuerung und Überwachung der Arbeitsprozesse

Eine Arbeitsorganisation, die den heutigen Anforderungen entsprechen soll, muß so ausgerichtet sein, daß die Produktions- und Arbeitsprozesse optimal ablaufen. Sie erfordert Maßnahmen, die darauf abzielen, qualitätsmindernde Faktoren während der Herstellungsvorgänge so weit wie möglich auszuschließen, damit vermeidbare Mängel nicht erst bei der späteren Qualitätskontrolle festgestellt werden. Eine in diesem Sinne notwendige Prozeßsteuerung und -überwachung ist ohne technische Einrichtungen nicht erreichbar. Nach der Verwendung von Produktographen, sog. Kienzle-Schreibern und ähnlichen Geräten, mit denen die Ursachen von Maschinenstillständen und sonstigen Betriebsstörungen ermittelt wurden, sind während der vergangenen Jahre in steigendem Maße elektronischer Systeme zum Einsatz gekommen.

Diese Entwicklung hat zu neuen Möglichkeiten bei der Überwachung und Kontrolle der Leistung und des Verhaltens der Mitarbeiter geführt. In ihrem Gefolge sind zur Wahrung der Arbeitnehmerinteressen neue Bestimmungen in das BetrVG aufgenommen worden, die – zusammen mit einer umfangreichen höchstrichterlichen Rechtsprechung – dem Betriebsrat weitreichende Befugnisse auf diesem Gebiet verschafft haben.

4.5.2 Mitbestimmungsrechte

Gemäß § 87 Abs. 1 Nr. 1 BetrVG hat der Betriebsrat ein erzwingbares Mitbestimmungsrecht in *Fragen der Ordnung des Betriebs und des Verhaltens der Arbeitnehmer im Betrieb.* Nach dem Willen des Gesetzgebers soll diese Vorschrift die gemeinsame Aufstellung von Regeln für ein geordnetes Zusammenleben in der Betriebsgemeinschaft sicherstellen. Dazu zählen z. B. Torkontrollen, Rauch- und Alkoholverbote, Betriebsbußenregelungen, Anordnungen für das Aufbewahren von Mitarbeiterkleidung und ähnliche Regeln, die häufig in einer Betriebs- oder Arbeitsordnung zusammengefaßt sind. *Nicht* dazu zählen Anordnungen, die sich nicht auf das Ordnungsverhalten beziehen, sondern die arbeitstechnische Organisation und das Verhalten der Mitarbeiter bei der Erbringung ihrer Arbeitsleistung betreffen.

Hier kommt § 87 Abs. 1 Nr. 6 BetrVG zum Zuge. Danach hat der Betriebsrat mitzubestimmen bei der *Einführung und Anwendung von technischen Einrichtungen zur Überwachung des Verhaltens und der Leistung der Arbeitnehmer.* Die Vorschrift ist in Verbindung mit § 75 Abs. 2 BetrVG zu sehen, die Arbeitgeber und Betriebsrat verpflichten, die freie Entfaltung der Persönlichkeit der im Betrieb Beschäftigten zu schützen und zu fördern. Weil anonyme Kontrolleinrichtungen in die persönliche Sphäre der Mitarbeiter eingreifen, sollen sie nur bei gleichberechtigter Beteiligung des Betriebsrats zulässig sein. Inhalt und Umfang der Befugnisse des Betriebsrats sind aus nachstehender Zusammenfassung ersichtlich:

- Der Mitbestimmung unterliegen nur *technische Überwachungseinrichtungen.* Nach ständiger Rechtsprechung des BAG ist Voraussetzung, daß entweder die Erhebung von Daten oder deren Auswertung auf technischem Wege erfolgt. Eine Kontrolle der Mitarbeiter durch Aufsichtspersonen (z. B. Meister oder Vorarbeiter) ist nicht mitbestimmungspflichtig, selbst wenn hierbei einfache technische Hilfsmittel benutzt werden. Werden z. B. im Rahmen einer Arbeitsablaufstudie Zeitmessungen mit Hilfe einer Stoppuhr durchgeführt, entfällt ein Mitbestimmungsrecht, weil die Messungen durch menschliches Handeln und nicht automatisch durch eine technische Einrichtung erfolgen; als mitbestimmungspflichtig sieht das BAG jedoch eine nachfolgende Verwertung der gewonnenen Daten durch ein Zeiterfassungs- und Auswertungssystem an.
- Erfaßt werden nur technische Einrichtungen zur *Überwachung der Leistung oder des Verhaltens der Arbeitnehmer.* Entgegen dem Gesetzeswortlaut, wonach die technische Einrichtung zur Überwachung der Mitarbeiter „bestimmt" sein muß, genügt nach Ansicht des BAG ihre *objektive Eignung,* ohne Rücksicht darauf, ob der Arbeitgeber das Ziel einer Kontrolle der Mitarbeiter verfolgt und die durch die Einrichtung erhaltenen Daten in dieser Beziehung auswertet. Selbst für den Fall, daß die Daten eine sachgerechte oder vollständige Beurteilung der Leistung oder des Verhaltens der Mitarbeiter nicht ermöglichen und deshalb zusätzliche Daten nötig sind, bejaht das BAG eine Mitbestimmung.
- Auch *BDE-Systeme* (Betriebsdatenerfassungs- und Verarbeitungssysteme) und andere EDV-gestützte Einrichtungen, die von ihrer Zweckbestimmung her für andere Aufgaben im Betrieb bestimmt sind und eingesetzt werden, sind der Mitbestimmung nach § 87 Abs.1 Nr. 6 BetrVG unterworfen, wenn Leistungs- und Verhaltensdaten der Mitarbeiter damit ermittelt oder ausgewertet werden können. Die objektive Eignung zur Überwachung ist nach Meinung des BAG von den verwendeten Programmen abhängig; als technische Einrichtung i. S. des Gesetzes sieht es die Computer-Software in Verbindung mit dem Rechner an, unabhängig davon, ob dieser vorher schon vorhanden war und wie er genutzt wurde. Ein Mitbestimmungsrecht wird immer dann angenommen, wenn personenbezogene Daten aufgezeichnet oder verarbeitet werden, die Aussagen über Leistung und Verhalten von Mitarbeitern ermöglichen. Auch die Verknüpfung EDV-mäßig gewonnener Aussagen dieser Art mit sonstigen Daten (z. B. Maschinenzeiten) wird als ausreichend für ein Mitbestimmungsrecht angesehen.

- Eine mitbestimmungspflichtige Überwachung durch eine technische Einrichtung setzt voraus, daß die damit erfaßten Daten *einzelnen Arbeitnehmern zugeordnet* werden können, der einzelne Mitarbeiter also identifizierbar ist Die technische Erfassung von Leistungsdaten für ganze Abteilungen oder Arbeitnehmergruppen erfüllt diesen Tatbestand nicht. Eine Ausnahme von diesem Grundsatz macht das BAG bei der Überwachung kleiner und überschaubarer Arbeitsgruppen, die für eine gemeinsame Aufgabe verantwortlich gemacht werden; hier werde der durch die technische Einrichtung auf die Gruppe ausgeübte „Überwachungsdruck" auf den einzelnen Arbeitnehmer weitergeleitet. Nach einer Entscheidung aus jüngster Zeit soll dies nicht nur bei Leistungsentlohnung (Gruppenakkord) gelten, sondern auch für Zeitlöhner, weil auch bei leistungsunabhängigem Arbeitsentgelt sozialer Druck auf den einzelnen Arbeitnehmer „durch die Mobilisierung von Anpassungszwängen in der Gruppe" spürbar werden könne.

4.5.3
Beispiele technischer Kontrolleinrichtungen

Als *mitbestimmungspflichtige* technische Einrichtungen herkömmlicher Art sind nach der BAG-Rechtsprechung beispielsweise anzusehen Film- und Multimomentkameras sowie Fernsehanlagen, die zur Beobachtung der Arbeitsplätze verwendet werden, ebenso Produktographen, die eine unmittelbare Kontrolle des Mitarbeiters ermöglichen. Für rechnergestützte Betriebsdatenerfassungssysteme (z. B. BDE-Systeme, Expertensysteme, Verknüpfung von CIM-Komponenten) können allgemeingültige Aussagen nicht gemacht werden; hier kommt es darauf an, ob die konkrete Ausgestaltung des Systems eine Mitbestimmungspflicht nach der BAG-Rechtsprechung ergibt. Angenommen hat das BAG dies u.a. bei einem EDV-gestützen Textsystem zur Satzherstellung in der Druckerei, bei der Verwendung eines Datenerfassungsgeräts (UNIDAT) zur Akkordvorgabezeitermittlung und bei einem „Technikerberichtssystem", bei dem der jeweilige Techniker auf einem Beleg kunden-, produktions- und tätigkeitsbezogene Daten sowie die Personalnummer einzutragen hatte und diese Daten dann in ein Computer-Informationssystem zum Zwecke der Verarbeitung eingegeben worden waren.

Mitbestimmungsfrei ist die Einführung und Anwendung von Geräten oder Einrichtungen, die ausschließlich der Maschinenkontrolle dienen (z. B. Stückzähler, Drehzahlmesser, Warnlampen u. ä.). Dasselbe gilt für EDV-Systeme, die nur produktionstechnische Daten – Produktionsdaten, Maschinendaten, Lagerbestandsdaten u. ä. – erfassen, ohne daß diese mit personenbezogenen Daten (Namen, Personalkennziffern) verknüpft werden. Ein Mitbestimmungsrecht scheidet ferner aus, soweit gesetzliche Vorschriften technische Kontrolleinrichtungen vorschreiben, z. B. die Verwendung von Fahrtschreibern gemäß § 57a STVO.

4.5.4
Rechtsfolgen und praktische Hinweise

Im Falle einer Verletzung des Mitbestimmungsrechts nach § 87 Abs. 1 Nr. 6 BetrVG haben die betroffenen Mitarbeiter nach herrschender Ansicht ein Leistungsverweigerungsrecht. Der Betriebsrat kann seine Rechte auf gerichtlichem Wege durch ein Feststellungsverfahren geltend machen oder den Arbeitgeber auf Unterlassung verklagen (siehe 2.4.4). Dem Arbeitgeber steht die Möglichkeit offen, die Einigungsstelle anzurufen und zu beantragen, die erforderliche Zustimmung des Betriebsrats zu ersetzen.

In der betrieblichen Praxis ergeben sich bei der Einführung, Anwendung oder Erweiterung technischer Kontrolleinrichtungen häufig Probleme aus der unterschiedlichen Interessenlage. Dies gilt insbesondere bei *BDE-Systemen:* Dem Arbeitgeber geht es um eine schnelle und umfassende Nutzung der BDE; ihm liegt daran, möglichst alle aus betrieblicher Sicht notwendigen Daten zu erfassen und dabei die BDE mit anderen schon bestehenden oder geplanten EDV-Systemen zu verbinden. Die Betriebsräte sind demgegenüber daran interessiert, eine Überwachung der Arbeitnehmer auszuschließen oder einzuschränken. Sie sind erfahrungsgemäß bestrebt zu erreichen, daß ein enger, ohne ihre Zustimmung später nicht änderbarer Katalog erfaßbarer Daten, die möglichst alle anonymisiert sein sollen, festgelegt und eine Weitergabe dieser Daten in andere (interne oder externe) EDV-Systeme ausgeschlossen wird. Häufig wird auch ein generelles Verbot der personenbezogenen Verhaltens- und Leistungskontrolle von ihnen gefordert.

In den Verhandlungen mit dem Betriebsrat muß nach einem vertretbaren Ausgleich der beiderseitigen Interessen gesucht werden. Schwerpunkt wird dabei in erster Linie das „Wie“ der Auswertung personenbezogener Daten sein. Verzichtserklärungen des Inhalts, daß eine Leistungs- und Verhaltenskontrolle nicht stattfindet, würden einseitig zu Lasten des Betriebes gehen und der legitimen Kontrollbefugnis des Arbeitgebers widersprechen; sie sind deshalb zu vermeiden. Auch von einem Verzicht auf die Weitergabe von Daten aus der BDE an andere EDV-Systeme muß abgeraten werden, weil damit der Vorteil des BDE-Systems, der in der möglichen Verknüpfung mit anderen Systemen besteht, meist hinfällig würde. Wenn der mit der BDE verfolgte Zweck z. B. darin liegt, Daten für die Auftragsbearbeitung zu sammeln und auszuwerten, und hierbei auf personenbezogene Daten nicht verzichtet werden kann, darf die Tatsache, daß damit (beiläufig) eine Leistungs- und Verhaltenskontrolle möglich wird, nicht dazu führen, daß die angestrebte Zielsetzung vereitelt wird. BAG-Entscheidungen kann entnommen werden, daß diese Grundsätze auch bei notwendig werdenden Verfahren vor der Einigungsstelle beachtet werden müssen.

> Inwieweit bei der Einführung und Anwendung von BDE-Systemen Einschränkungen akzeptiert werden können, um den Wünschen des Betriebsrats entgegenzukommen, kann nur im Einzelfall entschieden werden. Regelungen, die der jeweiligen Zweckbestimmung nicht gerecht werden und deshalb unvertretbar sind, sollten nicht hingenommen werden. Um tragbare Ergebnisse zu erzielen, ist notfalls ein Einigungsstellenverfahren durchzuführen.

4.6
Gruppenarbeit/Qualitätszirkel

4.6.1
Gruppenarbeit

4.6.1.1
Begriff

Der Begriff *Gruppenarbeit* entzieht sich einer generellen Definition, weil er in der betrieblichen Praxis in vielfältiger Ausformung auftritt. Gruppenarbeit wird als ein Weg verstanden, von einer zu starken Arbeitsteilung zu qualifikationsorientierten, ganzheitlichen Arbeitsstrukturen zu gelangen, die mit wenigen Hierachieebenen auskommen. Charakteristisches Grundelement ist die Bündelung und Übertragung bisher getrennt ausgeführter Arbeiten auf Gruppen von Mitarbeitern, die im Zusammenwirken aller Gruppenmitglieder die ihnen übertragenen Aufgaben erfüllen. Im Rahmen abgegrenzter Aufgaben- und Kompetenzbereiche, die ihnen vorgegeben werden, sind die einzelnen Gruppen für die Ergebnisse ihrer Arbeit gemeinsam verantwortlich. Sinn und Zweck ist eine kontinuierliche Mitwirkung an der Verbesserung des Wertschöpfungsprozesses. Die Sicherung der Qualität der Arbeitsprodukte nimmt hierbei einen hervorragenden Platz ein; Qualitätssicherung und -verbesserung wird zu einer ständigen Aufgabe der in der jeweiligen Fertigungsstufe tätigen Mitarbeiter.

Für Gruppenarbeit als einer besonderen Form der Arbeitsorganisation gibt es viele Konzepte, die von Betrieb zu Betrieb sehr verschieden ausfallen können, insbesondere hinsichtlich des Inhalts der Befugnisse, die für eine autonome Regelung organisatorischer und sonstiger Fragen innerhalb der Gruppe (Verteilung der einzelnen Teilaufgaben, Tätigkeitswechsel, Urlaubsplanung, Wahl eines Gruppensprechers etc.) eingeräumt werden. Eine spezielle Form der Gruppenarbeit ist die Arbeit in *Fertigungsinseln;* hier stellt eine Gruppe von Mitarbeitern mit Betriebsmitteln, die räumlich und organisatorisch zusammengefaßt sind, komplette Produktteile her, während bei der herkömmlichen Werkstattfertigung das Werkstück nacheinander die einzelnen Werkstätten (z. B. die Dreherei, Fräserei und Bohrerei) durchläuft, bis das Endprodukt fertiggestellt ist.

Die konkrete Ausgestaltung der Gruppenarbeit, ihre Auswirkungen auf die Tätigkeiten der Mitarbeiter und die erforderlichen personellen Maßnahmen sind bestimmend dafür, in welcher Weise der Betriebsrat eingeschaltet werden muß. Beim Planen solcher Maßnahmen hat der Betriebsrat i. d. R. nur Informations- und Beratungsrechte, bei ihrer Durchführung können zwingende Mitbestimmungsrechte in Betracht kommen. Einer Prüfung bedarf ferner, ob sich Änderungen auf der einzelvertraglichen Ebene ergeben und wie diese rechtlich zu ordnen sind.

4.6.1.2
Mitwirkung des Betriebsrats in der Planungsphase

Vorauszuschicken ist, daß betriebliche Überlegungen im *Vorstadium der Planung* von Gruppenarbeit, die sich auf eine Erkundung der gegebenen Möglichkeiten, ihre Umsetzbarkeit im Betrieb und die bestehenden Handlungsspielräume beschränken, einer Beteiligung des Betriebsrats nicht unterworfen sind. Seine Recht setzen, wie das BAG wiederholt bestätigt hat, erst ein, wenn diese Vorüberlegungen ein Konkretisierungsstadium erreicht haben. Entschließt sich der Arbeitgeber zu einem Pilotprojekt als probeweiser Einführung eines entwickelten Konzepts in einem abgegrenzten Bereich, kann er allerdings nicht ohne den Betriebsrat handeln.

Mitwirkungsrechte bei der Planung von Gruppenarbeit können sich ergeben aus

- § 90 BetrVG: Der Übergang von Einzel- zu Gruppenarbeit bedeutet als organisatorische und räumliche Neuordnung des Arbeitsprozesses eine *Änderung der Arbeitsabläufe* und bedingt meist auch eine *Neugestaltung der Arbeitsplätze*. Hinzutreten kann die Planung neuer technischer Anlagen und Arbeitsverfahren, u. U. auch von Bauvorhaben. Mit dem Betriebsrat, der rechtzeitig unter Vorlage der erforderlichen Unterlagen informiert werden muß (siehe 3.2.1), zu beraten sind vor allem die Auswirkungen auf die Art der Arbeit und die sich daraus ergebenden Anforderungen an die Mitarbeiter.
- § 92 BetrVG: Soweit bei der Planung von Gruppenarbeit *Maßnahmen der Personalplanung* erwogen werden, sind auch diese in die Unterrichtung und Beratung einzubeziehen (siehe 3.2.3).
- §§ 96, 97 BetrVG: Die Änderung der Arbeitsaufgaben und die dafür notwendigen Kenntnisse und Fähigkeiten erfordern regelmäßig *Qualifizierungsmaßnahmen* für die betroffenen Mitarbeiter. Der Betriebsrat kann hierzu Vorschläge machen und verlangen, daß der Arbeitgeber mit ihm über mögliche Berufsbildungsmaßnahmen berät (im einzelnen siehe 3.2.4).
- § 106 BetrVG: Da der Übergang zur Gruppenarbeit als Einführung einer neuen Arbeitsmethode zu werten ist und hiermit i.d.R. eine Änderung der Betriebsorganisation einhergeht (z. B. wenn die bisher von der Qualitätskontrolle als selbständige Abteilung erledigten Aufgaben teilweise auf die Arbeitsgruppen übertragen werden), ist der Arbeitgeber verpflichtet, einen bestehenden *Wirtschaftsausschuß* über die Planungen hierfür zu informieren und mit ihm zu beraten. Zusätzlich kann sich diese Pflicht daraus ergeben, daß die Einführung von Gruppenarbeit mit Investitions- oder Rationalisierungsvorhaben verknüpft wird. Es genügt, daß einer dieser Tatbestände gegeben ist, um die Informations- und Beratungspflicht des Unternehmers nach § 106 BetrVG auszulösen (siehe im übrigen 3.3).
- § 111 BetrVG: Da das Planen von Gruppenarbeit i.d.R. eine neue Arbeitsmethode betrifft, die mit Änderungen der Betriebsorganisation verbunden ist, sind die Voraussetzungen der Nr. 4 und 5 dieser Vorschrift gegeben. Anders als bei der Unterrichtung des Wirtschaftsausschusses ist für die Annahme einer geplanten *Betriebsänderung*, die Beteiligungsrechte des Betriebsrats begründet, notwendige Voraussetzung, daß die eintretenden Änderungen *grundlegend* sind und *wesentliche Nachteile für die Belegschaft* oder erhebliche Teile der Belegschaft zur Folge haben können. Beide Voraussetzungen dürften selten gegeben sein. Die Einführung von Gruppenarbeit ist in aller Regel für die Mitarbeiter vorteilhaft; sie erhalten anspruchsvollere und abwechlungsreichere Aufgaben mit größeren Handlungsspielräumen und können oft ihre Qualifikation erweitern. Nachteilige Auswirkungen werden sich, wenn sie überhaupt eintreten, meist auf Einzelfälle beschränken.

  Die BAG-Rechtsprechung stellt für die Annahme einer Betriebsänderung in erster Linie auf das Ausmaß nachteiliger Auswirkungen geplanter Änderungen auf die

davon betroffenen Mitarbeiter ab, mißt aber auch dem Grad der technischen Neuerungen Bedeutung zu. Hervorzuheben ist nochmals, daß schon die Möglichkeit wesentlicher Nachteile genügt, die Tatbestände in § 111 Abs. 1 Nr. 4 und 5 BetrVG mithin erfüllt sind, wenn derartige Nachteile eintreten *können*.
Ist im Einzelfall eine Betriebsänderung zu bejahen, muß in Beratungen mit dem Betriebsrat ein *Interessenausgleich*, der in einen *Sozialplan* münden kann, versucht werden. Nach der Rechtsprechung des BAG gehört dazu auch die Anrufung der Einigungsstelle, falls eine Einigung im Verhandlungswege nicht erreicht wird (Näheres siehe unter 3.2.2).

4.6.1.3
Beteiligung des Betriebsrats bei der Durchführung

Stärkere Befugnisse des Betriebsrats können bei der Verwirklichung geplanter Gruppenarbeit zum Zuge kommen, vor allem im Rahmen der sozialen Mitbestimmung und bei notwendigen personellen Einzelmaßnahmen. Die Rechtsgrundlagen dafür sind:

- § 87 BetrVG: Der Katalog im Absatz 1 dieser Vorschrift enthält eine Reihe mitbestimmungspflichtiger sozialer Tatbestände, die sich beim Durchführen von Gruppenarbeit ergeben können.
  Nr. 1 *(Ordnung des Betriebs und des Verhaltens der Arbeitnehmer)* kommt nicht zur Anwendung, weil damit nur das Ordnungsverhalten der Mitarbeiter erfaßt wird. Anordnungen des Arbeitgebers, die das Arbeitsverhalten betreffen (z. B. eine Anweisung, wonach die Mitarbeiter Aufzeichnungen über Arbeitsvorgänge oder -ergebnisse manuell einzutragen haben), zählen dazu nicht. Dies gilt auch für Arbeitsbesprechungen, die der Arbeitgeber kraft seines Direktionsrechts anordnen darf.
  Nr. 2 *(Lage der Arbeitszeit und der Pausen)* kann wirksam werden, wenn die auf diesem Gebiet vorliegenden Betriebsvereinbarungen nicht den erforderlichern Spielraum für gruppenautonome Regelungen – diese selbst unterliegen nicht der Mitbestimmung – geben. Es empfiehlt sich ggf. die Vereinbarung einer Rahmenregelung, die der Gruppe die nähere Arbeitzeitgestaltung unter Berücksichtigung der betrieblichen Bedürfnisse bei Beachtung der gesetzlichen und tariflichen Bestimmungen überläßt.
  Nr. 3 *(Mehrarbeit)* kann zum Zuge kommen für den Fall, wenn der Arbeitsgruppe in einem gewissen Rahmen die Entscheidung über notwendige Mehrarbeit übertragen wird. Auch hier ist eine Rahmenregelung zweckmäßig.
  Nr. 5 *(Urlaubsplan und Urlaubsgrundsätze)* ist in dem Sinne zu beachten, daß es bei eigenständiger Urlaubsplanung innerhalb der Gruppe nur um die (mitbestimmungsfreie) Abstimmung der Urlaubswünsche untereinander im Rahmen mit dem Betriebsrat vereinbarter allgemeiner Urlaubsgrundsätze und Urlaubspläne handeln kann.
  Nr. 6 *(Technische Kontrolleinrichtungen)* wird bei Gruppenarbeit häufig wirksam. Dazu wird auf die Ausführungen unter 3.5 verwiesen.
  Nr. 10 und 11 *(Entlohnung)* haben erfahrungsgemäß bei der Durchführung von Gruppenarbeit oft zentrale Bedeutung. Meist lassen sich die bestehenden betrieblichen Entgeltsysteme nicht ohne Änderungen auf die neue Arbeitsorganisa-

tion übertragen. Häufig werden Überlegungen in Richtung auf eine neue oder veränderte Leistungsentlohnung angestellt, insbesondere zur Verbesserung der Qualität, die i.d.R. vorrangiges Ziel der Einführung von Gruppenarbeit ist. Hinweise zur Einführung einer Qualitätsprämie als Beispiel unter den vielfältigen Möglichkeiten, die sich in diesem Zusammenhang anbieten, werden unter 4.4.1 gegeben.

Nr. 12 *(Vorschlagswesen)* muß beachtet werden, wenn den Arbeitsgruppen auch die Aufgabe gestellt wird, die Arbeitsabläufe zu optimieren und dazu Verbesserungsvorschläge zu unterbreiten. Änderungen oder Ergänzungen des betrieblichen Vorschlagswesens bedürfen der Zustimmung des Betriebsrats. Bedeutsam ist dies insbesondere für die Tätigkeit von Qualitätszirkeln (siehe dazu 4.6.2).

- § 98 BetrVG: Die Unterrichtung der Mitarbeiter über ihre Aufgaben und Verantwortung sowie über die Art ihrer Tätigkeit in der Gruppenarbeitsorganisation ist mitbestimmungsfrei. Nur Maßnahmen, die über eine Unterrichtung i.S. des § 81 BetrVG hinausgehen und dem Mitarbeiter gezielt Kenntnisse und Fertigkeiten vermitteln sollen, die ihn zur Ausübung seiner neuen Tätigkeit erst befähigen, werden von dieser Bestimmung erfaßt. Hinsichtlich der Rechte des Betriebsrats bei solchen *Maßnahmen der beruflichen Bildung (Qualifizierungsmaßnahmen)* wird auf 4.3.3 verwiesen.
- § 99 BetrVG: Macht die Einführung von Gruppenarbeit Versetzungen oder neue Eingruppierungen erforderlich, muß für jede Einzelmaßnahme die Zustimmung des Betriebsrats eingeholt werden.

Ob für den einzelnen Mitarbeiter eine *Versetzung* vorliegt, läßt sich – individualrechtlich wie auch betriebsverfassungsrechtlich – nur nach den Umständen des Einzelfalles beurteilen. Die neue Arbeitsorganisation – Gruppen- statt Einzelarbeit – stellt für sich keinen anderen Arbeitsbereich i. S. von § 95 Abs. 3 BetrVG dar. Ebensowenig sind Versetzungen anzunehmen, wenn Mitarbeitern einzelne Teilaufgaben übertragen oder weggenommen werden. Es kommt darauf an, ob sich die Tätigkeiten vor und nach dem Übergang auf Gruppenarbeit so voneinander unterscheiden, daß die neue Tätigkeit gegenüber der vorherigen als eine andere zu werten ist (siehe 4.1.5).

Wird die Gruppenarbeit so organisiert, daß eine autonome *Arbeitsverteilung mit wechselnden Tätigkeiten* innerhalb der Gruppe stattfindet, erfüllt auch dies nicht den Tatbestand von Versetzungen; es handelt sich hier um den im Satz 2 des § 95 Abs. 3 BetrVG angesprochenen Fall, daß Mitarbeiter „nach der Eigenart ihres Arbeitsverhältnisses üblicherweise nicht ständig an einem bestimmten Arbeitsplatz beschäftigt" werden.

Ob eine *Bestellung zum Gruppensprecher* eine Versetzung bedeutet, muß im Einzelfall nach den maßgebenden Kriterien geprüft und entschieden werden; eine generelle Aussage ist in Anbetracht der Tatsache, daß die Aufgaben und Kompetenzen der Gruppensprecher sehr unterschiedlich gestaltet werden können, nicht möglich.

Soweit die Merkmale einer Versetzung erfüllt sind, muß der Arbeitgeber unter Beteiligung des Betriebsrats die Eingruppierung des betreffenden Mitarbeiters überprüfen. Nach der BAG-Rechtsprechung bedarf nicht nur eine *Umgruppierung* der Zustimmung des Betriebsrats, sondern auch die *Beibehaltung der bisherigen Eingruppierung.*

- § 102 BetrVG: Der Betriebsrat ist nach dieser Vorschrift - ggf. in Verbindung mit § 99 BetrVG - zu beteiligen, falls *Änderungskündigungen* notwendig werden, weil eine vom Arbeitgeber beabsichtigte Maßnahme nicht von seinem Direktionsrecht gedeckt ist und eine Änderung des Arbeitsvertrages im Einvernehmen mit dem betroffenen Mitarbeiter nicht zustande kommt (siehe insbesondere 4.1.5.1 und 4.2.3).

4.6.1.4
Individualrechtliche Fragen

4.6.1.4.1
Unterrichtung der Mitarbeiter

Die Verpflichtungen, die dem Arbeitgeber durch § 81 BetrVG auferlegt sind (siehe 3.4.1), müssen auch bei der Planung und Einführung von Gruppenarbeit beachtet werden. Die betroffenen Mitarbeiter sind über die vorgesehenen Maßnahmen zur Änderung der Arbeitsläufe und der Arbeitsplätze sowie deren Auswirkungen auf Inhalt und Art der Tätigkeit zu informieren und notwendige Qualifizierungsmaßnahmen mit ihnen - auf Wunsch unter Hinzuziehung eines Betriebsratsmitglieds - zu erörtern.

4.6.1.4.2
Zuweisung von Gruppenarbeit

Maßgebend dafür, ob die Zuweisung von Gruppenarbeit einseitig durch den Arbeitgeber erfolgen kann, sind die arbeitsvertraglichen Vereinbarungen. Auszugehen ist davon, daß der Arbeitgeber kraft seines Direktionsrechts Art und Umfang der Arbeitsleistung näher bestimmen kann (siehe 2.2 und 4.1.5.1). Die Einbindung der Tätigkeit in eine Arbeitsgruppe berührt für sich allein nicht die vertragliche Stellung des Arbeitnehmers, so daß der Arbeitgeber grundsätzlich berechtigt ist, Mitarbeiter, die bisher einzeln gearbeitet haben, auch ohne deren Einverständnis zu einer Arbeitsgruppe zusammenzufassen. Im Einzelfall kann jedoch die Notwendigkeit einer einvernehmlichen Änderung des Arbeitsvertrags oder - wenn das Einverständnis des Mitarbeiters hierfür nicht erzielt werden kann - einer Änderungskündigung gegeben sein.

Eine Vertragsänderung ist erforderlich, wenn sich die Arbeitsaufgabe des einzelnen Mitarbeiters so ändert, daß sie nicht mehr als die von ihm vertraglich geschuldete Arbeitsleistung angesehen werden kann. Ob dies der Fall ist, muß jeweils durch Auslegung des Arbeitsvertrags unter Berücksichtigung kollektivrechtlicher Normen, einer bestehenden betrieblichen Übung und anderer Umstände (Berufsbild, Branchenüblichkeit u. ä.) ermittelt werden. Geprüft werden muß die Notwendigkeit einer Vertragsänderung insbesondere dann, wenn der Mitarbeiter in der Gruppe andere als die seither ausgeübten Tätigkeiten verrichten soll oder sein Aufgabengebiet dadurch erweitert wird, daß er im Wechsel mit anderen Gruppenmitgliedern verschiedene Tätigkeiten ausüben soll oder ihm zusätzliche Aufgaben (wie z. B. die Erstellung von Arbeitsplänen) übertragen werden. In Betracht zu ziehen ist auch, ob durch die bisherige Beschäftigung eine Konkretisierung der vertraglichen Arbeitspflicht eingetreten ist, die eine einseitige Zuweisung von Gruppenarbeit ausschließt;

dazu müssen Umstände vorliegen, die – über den reinen Zeitablauf hinaus – den Mitarbeiter zu dem Schluß berechtigen, daß er künftig nur noch mit einer bestimmten Tätigkeit betraut werde (siehe 4.5.1).

Einer entsprechenden Vereinbarung bedarf es, wenn die Gruppenmitglieder nicht nur für die Erfüllung der auf sie entfallenden Teilaufgaben, sondern gemeinsam für die Arbeitsergebnisse der gesamten Gruppe verantwortlich sein und damit ein erhöhtes Haftungsrisiko übernehmen sollen (dazu siehe 4.1.4.3).

Änderungen im Bereich der Entlohnung (z. B. durch Umstellung auf ein Gruppenprämien- oder Gruppenakkordsystem) bedürfen in aller Regel nicht des Einverständnisses der betroffenen Mitarbeiter oder des Ausspruchs von Änderungskündigungen. Jeder Mitarbeiter ist – wenn nicht ausnahmsweise eine gegenteilige Vereinbarung vorliegt – aufgrund des Arbeitsvertrages zur Arbeitsleistung ohne Beschränkung auf eine bestimmte Entlohnungsart verpflichtet. Im übrigen kommen meist kollektivrechtliche Regelungen – Tarifvorschriften oder Betriebsvereinbarungen – zum Zuge.

4.6.1.4.3
Besondere Rechte und Pflichten

Mitentscheidungsrechte bei der *Zusammensetzung der Arbeitsgruppen* stehen den betroffenen Mitarbeitern nicht zu. Sie können weder der Zuteilung zu einer bestimmten Gruppe widersprechen noch personelle Veränderungen in der Gruppe verlangen oder verhindern. Der Arbeitgeber hat ihnen gegenüber jedoch bestimmte Pflichten: Er muß die Gruppen quantitativ und qualitativ so besetzen, daß sie in der Lage sind, ihre Arbeitsaufgaben zu erfüllen. Er muß ferner Vorsorge für den Ausfall von Gruppenmitgliedern – etwa durch Krankheit oder Urlaub – treffen. Eine Vernachlässigung dieser Pflichten kann dazu führen, daß er in Annahmeverzug gerät mit der rechtlichen Folge, daß die Gruppenmitglieder bei schlechten Arbeitsergebnissen, die auf die unzureichende Besetzung der Gruppe zurückzuführen sind, ihre volle Vergütung beanspruchen können.

Auch die organisatorische *Ausgestaltung der Arbeitsgruppe* bestimmt der Arbeitgeber, wobei Beteiligungsrechte des Betriebsrats in Betracht kommen können. Die Übertragung von Dispositions- und sonstigen Gestaltungsaufgaben auf die Gruppe kann Einschränkungen der Weisungsbefugnis des Arbeitgebers zur Folge haben. Dies gilt gleichermaßen für Leitungsfunktionen, die einzelnen Gruppenmitgliedern zugewiesen werden. Ob und inwieweit der Gruppe und Gruppenmitgliedern tatsächlich Entscheidungskompetenzen mit dieser Konsequenz eingeräumt worden sind, ist eine Frage des Einzelfalls. In aller Regel wird der Arbeitgeber zumindest ein Vetorecht für sich beanspruchen oder sich die letzte Entscheidung bei gewichtigeren Fragen vorbehalten. Nach der BAG-Rechtsprechung muß er u. U. sogar korrigierend eingreifen, falls die Gruppe es unterläßt, bestimmten Pflichten nachzukommen (z. B. der Pflicht zur Einhaltung gesetzlicher Vorschriften).

Hinsichtlich der *Rechtsbeziehungen der Gruppenmitglieder* untereinander und zum Arbeitgeber ist davon auszugehen, daß die Gruppe nur eine tatsächliche Gemeinschaft bildet (nicht eine rechtliche wie z. B. eine Gesellschaft). Dennoch haben die Gruppenmitglieder untereinander bestimmte Rücksichtspflichten. Sie sind nicht nur gegenüber dem Arbeitgeber, sondern auch gegenseitig verpflichtet, die ihnen mögliche und zumutbare Arbeitsleistung zu erbringen. Auch bei der Ausübung von auf die Gruppe übertragenen Weisungsrechten müssen die Interessen der einzelnen Mitglieder angemessene Beachtung finden. Im Verhältnis zum Arbeitgeber ist entscheidend, daß der Einzelarbeitsvertrag Rechtsgrundlage bleibt. Von besonderer Bedeutung ist dabei die Frage, wie es sich mit der Haftung für schlechte Arbeitsergebnisse der Gruppe verhält.

4.6.1.4.4
Haftung

Auch im Rahmen der Gruppenarbeit gilt der Grundsatz, daß der Arbeitnehmer nur für von ihm durch schuldhaftes Verhalten verursachte Schäden haftet. Daraus folgt, daß jeder Mitarbeiter bei schlechter Arbeitsleistung der Gruppe auf Ersatz des entstandenen Schadens nur insoweit herangezogen werden kann, als er ihn pflichtwidrig verursacht hat.

Umstritten ist, welche vertraglichen Ansprüche der Arbeitgeber gegen die Gruppenmitglieder hat, wenn er nicht imstande ist nachzuweisen, auf wen die fehlerhafte Arbeit zurückzuführen ist. Das BAG hat dazu entschieden, daß unter bestimmten Voraussetzungen eine Haftungsverschärfung zugunsten des Arbeitgebers durch eine Umkehr der Beweislast eintreten kann. Sie komme in Betracht, wenn die Arbeit einer Gruppe in der Weise gemeinschaftlich zugewiesen worden sei, daß es ihr überlassen bleibe, die Arbeitsgänge unter den Gruppenmitgliedern aufzuteilen, und das einzelne Gruppenmitglied damit keine isoliert zu betrachtende Arbeitsaufgabe habe, sondern seine vertragliche Leistungspflicht dahin gehe, zu seinem Teil an der gemeinsamen Aufgabe mitzuwirken. Als wesentliche Bedingung einer Beweislastumkehr sieht das BAG eine Vereinbarung an, wonach die beteiligten Mitarbeiter die gemeinsame Verantwortung für das Arbeitsergebnis der ganzen Gruppe übernommen haben, z. B. bei einer vereinbarten Gruppenakkordregelung.

Das Vorliegen der Voraussetzungen einer Beweislastumkehr nachzuweisen, wird oft schwierig sein. Gelingt ein solcher Nachweis, braucht der geschädigte Arbeitgeber zunächst nur darzulegen und zu beweisen, daß der Schaden durch vertragswidrige Schlechtleistung der Gruppe verursacht worden ist. Es ist dann Sache des einzelnen Gruppenmitglieds, sich durch den Nachweis einwandfrei erbrachter Arbeitsleistung zu entlasten und zusätzlich zu beweisen, daß auch eine Mitverursachung des Schadens durch Verletzung arbeitsvertraglicher Nebenpflichten nicht gegeben ist.

Nach der BAG-Rechtsprechung kommt eine gesamtschuldnerische vertragliche Haftung bei Gruppenarbeit grundsätzlich nicht in Betracht. Müssen alle oder mehrere Gruppenmitglieder für einen Schaden einstehen, haften sie anteilig; als sachgerechter Maßstab der dann erforderlichen Quotierung kann das Verhältnis der Arbeitsvergütungen der Mitarbeiter untereinander einen Anhalt bieten. Ist ein Schaden durch eine von mehreren Gruppenmitgliedern gemeinschaftlich begangene unerlaubte Handlung verursacht worden, haften alle gesamtschuldnerisch, nicht nur anteilig (§§ 823, 830 BGB).

Im übrigen sind auch hier die Grundsätze der begrenzten Arbeitnehmerhaftung zu beachten (siehe 4.4.3.2).

4.6.2
Qualitätszirkel

4.6.2.1
Begriff

Im Zentrum der Bemühungen um eine wirkungsvolle Qualitätsorganisation steht die Überlegung, wie erreicht werden kann, daß von vornherein Qualität produziert wird und ihre Sicherung nicht erst hinterher - mit z. T. großem Aufwand - erfolgt. Aus der Erkenntnis, daß Probleme und Schwachstellen am besten dort festgestellt und beseitigt werden können, wo sie auftreten, ist die Schlußfolgerung gezogen worden, daß den Mitarbeitern die Möglichkeit gegeben werden muß, Schwierigkeiten bei ihrer täglichen Arbeit aufzuzeigen und selber zu lösen. Die Praxis hat gezeigt, daß durch die Nutzbarmachung des Erfahrungs- und Kreativitätspotentials von Mitarbeitern nicht nur große Rationalisierungseffekte und andere wirtschaftliche Vorteile wie Steigerung der Produktivität, Qualitätsverbesserung und Kostenreduzierung zu erzielen sind, sondern damit auch die Motivation der Mitarbeiter wesentlich gestärkt werden kann, weil ihrem Wunsch nach mehr Mitwirkung und Identifikation mit der Arbeit entsprochen wird.

Unter dem Sammelbegriff *Qualitätszirkel* - abgeleitet aus der Bezeichnung „Quality Circles" - sind in den zurückliegenden Jahren Teamkonzepte entwickelt worden mit der Zielsetzung, über die Gruppenarbeit als kooperative Arbeitsform hinaus Mitarbeiter am Planen, Vorbereiten und Umsetzen verbesserter Verfahren und Abläufe in Betrieb und Verwaltung zu beteiligen und zugleich ihre Arbeitsmotivation zu erhöhen. Die betrieblichen Anwendungskonzepte sind sehr unterschiedlich. Sie reichen von einem mehr oder weniger unregelmäßigen und unverbindlichen Informationaustausch in Gruppengesprächen, über Zusammenkünfte organisierter Erfagruppen, „Werkstattzirkel" mit zeitlich befristeter und objektgebundener Aufgabenstellung, „Lernstatt"-Gruppen bis hin zu institutionalisierten, auf Dauer angelegten, regelmäßig tagenden nach Zusammensetzung, Aufgabenstellung und Verfahrensablauf bis ins einzelne geregelten „Problemlösungsgruppen".

Als Qualitätszirkel im engeren Sinne (QZ) werden häufig Gruppen von etwa 5 bis 10 Mitarbeitern aus einem gemeinsamen Arbeitsbereich verstanden, die sich auf freiwilliger Basis regelmäßig - etwa jede oder jede zweite Woche - während der Arbeitszeit zusammenfinden, um unter der Leitung eines „Moderators" über ihre Arbeit zu sprechen und Vorschläge zur Beseitigung von arbeitsbezogenen Problemen (Produktionsablauf, Qualität, Arbeitsbedingungen u. ä.) zu erarbeiten.

4.6.2.2
Rechtsfragen

Allgemeingültige Aussagen zu den arbeitsrechtlichen Fragen, die sich bei der Einrichtung und der Tätigkeit von Gesprächsgruppen der geschilderten Art ergeben, können nur in begrenztem Umfang gemacht werden. Wichtig sind dabei die jeweilige Ausgangssituation, die organisatorische Ausgestaltung und die Abwicklung der Gruppengespräche.

Individualrechtlich ist davon auszugehen, daß die Teilnahme an Zusammenkünften, die während der bezahlten Arbeitszeit stattfinden, wie Arbeitsbesprechungen sonstiger Art im allgemeinen arbeitsvertraglichen Rahmen liegen; bei Schichtarbeit muß ein Ausgleich durch Freizeit oder Lohn gewährt werden. Die Mitarbeit in der Gesprächsgruppe kann eine Änderung des Arbeitsvertrages grundsätzlich nur dann erforderlich machen, wenn Mitarbeiter nicht nur die bei ihrer bisherigen Tätigkeit hinaus gesammelten Erfahrungen und ihr fachliches Wissen einbringen, sondern zusätzliche Aufgaben bei der Lösung gestalterischer Probleme übernehmen sollen. Soweit die Mitarbeit in der Gruppe auf freiwilliger Grundlage erfolgt – dies wird als unverzichtbar angesehen, weil Kreativität Freiwilligkeit bedingt –, liegt Zustimmung zu einer erforderlichen Vertragsänderung vor. Zu beachten ist, daß Mitarbeiter, die sich für die Gruppenarbeit nicht oder nicht mehr interessieren, keine Benachteiligung erfahren.

Betriebsverfassungsrechtlich stellt sich die Frage nach Beteiligungsrechten des Betriebsrats. In Betracht kommen können Informations- und Beratungsrechte nach den §§ 90 und 106 BetrVG sowie Mitbestimmungsrechte nach §§ 98, 99 und § 87 Abs. 1 Nr. 12 BetrVG.

- § 90 Abs. 1 Nr. 3 BetrVG: Die Einführung von Qualitätszirkeln als einer besonderen Form der Gruppenarbeit kann für die davon betroffenen Mitarbeiter eine Modifizierung der bisherigen Arbeitsabläufe und Arbeitsplätze bedeuten und die Verpflichtung zur Unterrichtung des Betriebsrats auslösen. Auch wenn nicht sicher ist, ob eine gesetzliche Verpflichtung hierzu besteht, sollte der Betriebsrat über alle Planungen rechtzeitig und umfassend informiert werden.
- § 106 Abs. 3 Nr. 10 BetrVG: Nach dieser Bestimmung gehören zu den wirtschaftlichen Angelegenheiten, über die der Wirtschaftsausschuß zu informieren ist und mit ihm zu beraten sind, alle „Vorgänge und Vorhaben, welche die Interessen der Arbeitnehmer des Unternehmens wesentlich berühren können". Die Einrichtung auf Dauer angelegter Qualitätszirkel wird man dazu rechnen müssen.
- § 98 Abs. 6 BetrVG: Für die Mitarbeit in Qualitätszirkeln werden häufig betriebliche Bildungsmaßnahmen durchgeführt. Dies gilt insbesondere für die Ausbildung von „Moderatoren", die mit der Strukturierung und Leitung der Gruppen beauftragt werden. Der Betriebsrat hat hierbei mitzubestimmen (siehe 4.3.3.2).
- § 99 Abs. 1 BetrVG: Ausgangspunkt ist, daß die Mitarbeit in einem Qualitätszirkel i. d. R. nicht zu einer Änderung des Arbeitsbereichs führt und deshalb keine Versetzung ist; eine Beteiligung des Betriebsrats kommt nur in Betracht, wenn eine Umgruppierung erforderlich wird. Die Bestellung zum Gruppenleiter (Moderator) kann im Einzelfall den Tatbestand einer Versetzung erfüllen und sich daraus die Notwendigkeit einer Überprüfung der Eingruppierung des Mitarbeiters ergeben; beides erfordert die Zustimmung des Betriebsrats, ggf. auch die Beibehaltung der bisherigen Eingruppierung (siehe 4.1.4, 4.1.5 und 4.6.1.3).
- § 87 Abs. 1 Nr. 12 BetrVG: Zu den Aufgaben, die Qualitätszirkeln und anderen Gesprächsgruppen übertragen werden, gehört wesentlich, Möglichkeiten einer kontinuierlichen Verbesserung der Arbeitsabläufe herauszufinden und dafür Vorschläge zu erarbeiten. Bei Änderungen oder Ergänzungen des betrieblichen Vorschlagswesens, die dadurch notwendig werden, ist das Mitbestimmungsrecht des Betriebsrats zu beachten.

Von § 87 Abs. 1 Nr. 12 BetrVG erfaßt werden Verbesserungsvorschläge, die nicht unter das Arbeitnehmererfindergesetz vom 25. Juli 1957 fallen. Dazu zählen außer technischen Vorschlägen auch Anregungen, die eine günstigere Anwendung von Arbeitsmethoden, eine Vereinfachung von Arbeitsvorgängen, eine Erhöhung der Arbeitssicherheit u. ä. zum Ziel haben. Durch ihre Verwirklichung müssen mit vertretbarem Aufwand wirtschaftliche oder sonstige Vorteile erreicht werden können. *Nicht* zum betrieblichen Vorschlagswesen gerechnet werden Vorschläge, die sich aus der Tätigkeit des Mitarbeiters im Rahmen seiner arbeitsvertraglichen Pflichten ergeben; nur solche Verbesserungvorschläge, die auf einer zusätzlichen, über das Aufgabengebiet des Mitarbeiters hinausgehenden Leistung beruhen, sind als Verbesserungsvorschläge zu werten.
Bei Verbesserungsvorschlägen, die in der Qualitätszirkel-Arbeit als Ergebnis von Besprechungen während der Arbeitszeit zustande gekommen sind, fehlt es meist an dieser Voraussetzung für eine Mitbestimmung. Sie kommt i. d. R. nur zum Tragen, wenn bereits Vereinbarungen mit dem Betriebsrat über das betriebliche Vorschlagswesen bestehen und diese geändert oder ergänzt werden müssen. Das Mitbestimmungsrecht nach § 87 Abs. 1 Nr. 12 BetrVG ist begrenzt auf die Aufstellung von Grundsätzen für das betriebliche Vorschlagswesen.Es erstreckt sich nicht auf Einzelentscheidungen, so daß der Arbeitgeber über die Annahme und Verwertung eines jeden Verbesserungsvorschlags allein zu befinden hat.

In vielen Betrieben wird so verfahren, daß der Betriebsrat an der Qualitätszirkel-Arbeit durch ständige Mitwirkung einzelner seiner Mitglieder beteiligt wird. Aus naheliegenden Gründen ist eine solche Handhabung sehr zu empfehlen; jedoch muß beachtet werden, daß dies zur Ausübung der Befugnisse des Betriebsrats nicht ausreicht. Die ihm als Betriebsverfassungsorgan zugewiesenen Rechte bleiben unberührt von den Ergebnissen, die in Qualitätszirkeln und ähnlichen Gremien erarbeitet worden sind, auch wenn daran Betriebsratsmitglieder beteiligt waren.

Vor einer Umsetzung von Vorschlägen aus Qualitätszirkeln muß in jedem Falle geprüft werden, ob Mitwirkungs- und Mitbestimungsrechte des Betriebsrats bestehen.

5
Zertifizierungsverfahren nach DIN EN ISO 9000 ff.

5.1
Anforderungen an die Zertifikatserteilung

Die Zahl der Unternehmen, die ein Zertifikat nach den – 1987 beschlossenen und danach in das deutsche Normenwerk übernommenen – internationalen Normen ISO 9000 bis ISO 9004 anstreben, zeigt einen zunehmenden Trend. Zielsetzung ist dabei eine Verbesserung der Wettbewerbsposition, vor allem im internationalen Bereich. Immer häufiger verlangen Unternehmen von ihren Zulieferern den Nachweis, daß ihre Qualitätsorganisation den DIN EN ISO Normen 9000 ff. entspricht. Hierzu werden *Zertifikate* angeboten und zeitlich befristet ausgestellt.

Mit solchen Zertifikaten wird bescheinigt, daß das Qualitätssicherungssystem den genormten Forderungen gerecht wird und es geeignet ist, das Ziel einer ständigen Reproduktion eines einmal festgelegten und überprüften Prozesses für die Herstellung bestimmter Produkte zu erreichen. Zu beachten ist jedoch, daß es, wie im „Nationalen Vorwort" der DIN EN ISO Normen 9000 ff. betont wird, ein allgemeingültiges Qualitätssicherungssystem nicht geben kann. Mit der Einhaltung überbetrieblicher Normen wird nicht in jedem Falle der Nachweis erbracht, daß das zertifizierte Qualitätsicherungssystem die unternehmensindividuellen Aufgaben und Anforderungen in angemessener Weise - sowohl in technischer und organisatorischer als auch in rechtlicher Hinsicht - umfassend und wirksam erfüllt. Dies zwingt zu einer sorgfältigen Prüfung der zusätzlichen Aspekte, die auf Unternehmensebene zu beachten sind.

Das Verfahren zur Erlangung eines Zertifikats nach DIN EN ISO 9000 ff. gliedert sich in mehrere Abschnitte. Zunächst muß ein Qualitätshandbuch erstellt werden; in dem die Qualitätselemente der ausgewählten DIN EN ISO Norm zu dokumentieren und Verfahrensanweisungen für jeden qualitätsrelevanten Vorgang – in dem Handbuch selbst oder in einer separaten Dokumentation (Verfahrenshandbuch) – niederzulegen. Nach Abschluß der Dokumentationsphase sind die Führungskräfte und die Mitarbeiter zu informieren. In einer dritten Stufe geht es um die Umsetzung der festgelegten Qualitätselemente. Das Zertifizierungsverfahren endet mit dem Prüfverfahren durch ein anerkanntes Zertifizierungsinstitut.

Gegenstand der nachstehenden Ausführungen ist, was bei der Einleitung und in den verschiedenen Phasen der Durchführung eines Zertifizierungsverfahrens in betriebsverfassungsrechtlicher Hinsicht beachtet werden muß. Dabei geht es vor allem um die Frage, ob und ggf. welche Beteiligungsrechte des Betriebsrats in Betracht kommen.

5.2 Entscheidung über die Einleitung eines Zertifizierungsverfahrens

Die Entscheidung darüber, ob die Zertifizierung eines Qualitätssicherungssystems in die Wege geleitet werden soll, kann der Arbeitgeber in aller Regel ohne Beteiligung des Betriebsrats treffen. Sie fällt – wie der grundlegende Entschluß, eine Qualitätsorganisation aufzubauen – unter die *unternehmerische Entscheidungskompetenz* (siehe 3.1).

Besteht ein *Wirtschaftsausschuß*, muß geprüft werden, ob er nach § 106 Abs. 2 BetrVG zu unterrichten ist. Dies ist im Prinzip zu bejahen, wenn die angestrebte Zertifizierung eine wirtschaftliche Maßnahme darstellt, die für das Unternehmen von besonderer Bedeutung ist. Es kommt hierbei auf die Umstände des Einzelfalles an. Im Hinblick darauf, daß dem Betriebsrat bei unterschiedlichen Auffassungen über eine Auskunftspflicht gemäß § 109 BetrVG die Möglichkeit gegeben ist, die Einigungsstelle zur Entscheidung über die Meinungsverschiedenheit anzurufen, ist anzuraten, zumindest in Zweifelsfällen den Wirtschaftausschuß über das Zertifizierungsvorhaben zu informieren. Im einzelnen wird dazu auf 3.3 verwiesen.

5.3 Qualitätshandbuch

Die Beantwortung der Frage, ob dem Betriebsrat Mitwirkungsrechte bei der *Erstellung des Qualitätshandbuchs* zustehen, hängt davon ab, ob sein Inhalt sich auf Verfahrensanweisungen erstrecken oder ihre Regelung einem besonderen Verfahrenshandbuch vorbehalten sein soll. In der betrieblichen Praxis wird meist im letzteren Sinne vorgegangen. Für diesen Fall scheidet eine Beteiligung des Betriebsrats aus, weil es sich dann lediglich um die Übertragung der in der gewählten DIN EN ISO Norm umschriebenen Qualitätselemente auf das jeweilige Unternehmen handelt. Mit einer derartigen nur allgemeinen Beschreibung im Qualitätshandbuch werden konkrete Folgerungen für die Mitarbeiter noch nicht festgelegt; folglich fehlt es an einer Grundlage für Mitwirkungsrechte des Betriebsrats.

Es wird die Ansicht vertreten, daß der Betriebsrat *Einsichtnahme in das Qualitätshandbuch* fordern könne. Zur Begründung wird auf § 80 Abs. 2 Satz 2 (erster Halbsatz) BetrVG, wonach der Betriebsrat die Vorlage der zur Durchführung seiner Aufgaben erforderlichen Unterlagen verlangen kann, verwiesen. Dieser Ansicht kann nicht gefolgt werden. Ausschlaggebend ist, daß zum Zeitpunkt der Erstellung des Qualitätshandbuchs noch nicht absehbar ist, ob im weiteren Verlauf der Zertifizierung – bei der Umsetzung des Qualitätssicherungssystems – Beteiligungsrechte des Betriebsrats in personellen Angelegenheiten zum Zuge kommen. Der Umstand, daß möglicherweise zu einem späteren Zeitpunkt solche Rechte entstehen werden, kann für sich einen Anspruch des Betriebsrats auf Vorlage des Qualitätssicherungshandbuchs nicht begründen.

5.4 Verfahrenshandbuch

Ein separates Verfahrenshandbuch muß erstellt werden, wenn nicht bereits im Qualitätshandbuch die erforderlichen *Verfahrens- und Arbeitsanweisungen* für die qualitätsrelevanten Vorgänge des Produktionsprozesses dokumentiert sind. Unter „Verfahrensanweisungen" verstehen die DIN EN ISO Normen interne Durchführungsbestimmungen für Ablaufpläne und Verantwortlichkeiten; „Arbeitsanweisungen" betreffen die Ausführung der Verfahrensanweisungen am jeweiligen Arbeitsplatz.

Nach ständiger Rechtsprechung des BAG entfällt ein Mitbestimmungsrecht des Betriebsrats nach § 87 Abs.1 Nr.1 BetrVG (Fragen der Ordnung des Betriebs und des Verhaltens der Arbeitnehmer im Betrieb), wenn und soweit es um Anordnungen geht, die sich auf das *Arbeitsverhalten* der Mitarbeiter und nicht auf die betriebliche Ordnung i. S. eines sozialen Zusammenlebens und -wirkens innerhalb der Betriebsgemeinschaft beziehen (siehe 4.5.2). Die nach DIN EN ISO 9000 ff. vorgeschriebenen Verfahrens- und Arbeitsanweisungen dienen dazu sicherzustellen, daß die Tätigkeiten sachgerecht ausgeübt werden. Sie betreffen das Arbeitsverhalten, wobei es häufig so ist, daß die Anweisungen lediglich eine Bestätigung der bisher schon geübten Praxis bedeuten.

Es stellt sich die Frage, ob dem Betriebsrat aufgrund der in § 90 Abs. 1 Nr. 3 BetrVG enthaltenen Bestimmungen ein Informations- und Beratungsrecht zusteht. Voraussetzung hierfür wäre, daß die Dokumentation im Verfahrenshandbuch eine feste *Planung neuer Arbeitsverfahren und -abläufe* darstellt. Dies ist jedoch nicht der Fall. Auch wenn die Dokumentation nicht nur die schriftliche Niederlegung schon bestehender Anweisungen beinhaltet, kann sie nicht als Planung neuer Arbeitsverfahren (Technik zur Veränderung des Arbeitsgegenstandes) oder Arbeitsabläufe (zeitliche und räumlich Anordnung der Arbeitsgänge) i.S. der vorgeannten Vorschrift gewertet werden.

Die DIN EN ISO Normen schreiben eine Dokumentation von *Stellen- und Funktionsbeschreibungen* nicht vor. Beschreibungen dieser Art werden von der BAG-Rechtsprechung als Instrument der Personalplanung anerkannt. Soweit im Einzelfall in den Handbüchern Stellen- oder Funktionsbeschreibungen enthalten sind, ist hiernach der Arbeitgeber gemäß § 92 Abs.2 BetrVG verpflichtet, den Betriebsrat über diese zu informieren. Die weitergehenden Rechte aus § 95 BetrVG kann der Betriebsrat dagegen nicht für sich in Anspruch nehmen. Weder Stellenbeschreibungen (Arbeitsplatzbeschreibungen) noch Funktionsbeschreibungen erfüllen den Begriff „Auswahlrichtlinien" und unterliegen deshalb nicht dem Mitbestimmungsrecht nach § 95 BetrVG (im einzelnen siehe 4.3.3.1).

5.5 Informationspflichten

Nach Abschluß der Dokumentationsphase des Zertifizierungsverfahrens sind nach den DIN EN ISO Normen das *Management* und die einzelnen *Mitarbeiter* zu unterrichten. Da in den Handbüchern u. a. die Aufgabe und Verantwortung der Arbeitnehmer bei der Qualitätssicherung näher umschrieben werden, ist in aller Regel auch der Tatbestand des § 81 Abs.1 BetrVG gegeben mit der Folge, daß der Arbeitgeber auch aus betriebsverfassungsrechtlicher Sicht eine solche Informationspflicht hat.

Für einen Informationsanspruch des *Betriebsrats* findet sich im Gesetz keine Stütze. Um vermeidbaren Konfrontationen in der Umsetzungsphase aus dem Wege zu gehen, ist jedoch zu empfehlen, den Betriebsrat in die Unterrichtung des Managements und der Mitarbeiter einzubeziehen.

5.6
Umsetzung im Betrieb

Eine allgemeingültige Aussage dazu, inwieweit bei der Umsetzung des dokumentierten Qualitätssicherungssystems Beteiligungsrechte des Betriebsrats bestehen, ist nicht möglich, weil es auf die jeweiligen Umstände ankommt. Den Ausschlag geben kann, ob vor Beginn des Zertifizierungsverfahrens schon ein vollständiges System der Qualitätssicherung vorhanden war, das nunmehr dokumentiert worden ist, oder ein solches System mit der Zertifizierung erst installiert oder in wesentlichen Punkten ausgebaut werden soll. Es ist deshalb erforderlich, die vorgesehenen Umsetzungsmaßnahmen in jedem Einzelfall auf ihre mitbestimmungsrechtliche Relevanz zu überprüfen.

5.6.1
Schulungsmaßnahmen

Die DIN EN ISO Normen enthalten Vorschriften, wonach zur Erlangung des Zertifikats Verfahrensanweisungen zur Ermittlung des Schulungsbedarfs erforderlich sind und sicherzustellen ist, daß alle Mitarbeiter, deren Tätigkeiten für die Qualitätssicherung wichtig sind, eine dafür ausreichende Qualifikation besitzen.

In diesem Zusammenhang können sich Beteiligungsrechte des Betriebsrats aus den §§ 6 bis 98 BetrVG ergeben, und zwar dann, wenn Maßnahmen der betrieblichen Berufsbildung notwendig sind. Nach der Rechtsprechung des Bundesarbeitsgerichts, das den Berufsbildungsbegriff prinzipiell weit faßt, fallen hierunter alle Maßnahmen, die darauf gerichtet sind, dem Mitarbeiter die zur Erfüllung seiner Arbeitsaufgabe notwendigen Kenntnisse und Fähigkeiten zu verschaffen. Das BAG hat mehrfach hervorgehoben, daß eine Abgrenzung zu § 81 Abs. 1 BetrVG erforderlich ist und die hiernach vorgeschriebene Unterrichtung des Mitarbeiters über seine Aufgabe und Verantwortung sowie die Art seiner Tätigkeit und ihre Einordnung in den Ablauf des Betriebs nicht als mitbestimmungspflichtige Maßnahme der beruflichen Bildung anzusehen ist.

Beteiligungsrechte des Betriebsrats kommen demzufolge nur in Betracht, wenn eine *Schulung von Mitarbeitern* erfolgt, die als betriebliche Berufsbildungsmaßnahme zu werten ist. Beschränkt sich die Schulung darauf, den Mitarbeitern Sinn und Zweck der Qualitätssicherung sowie der dokumentierten Verfahrens- und Arbeitsanweisungen begreiflich zu machen, handelt es sich hierbei um eine mitbestimmungsfreie Unterrichtung i.S. des § 81 Abs.1 BetrVG. Sind Qualifizierungsmaßnahmen notwendig, die dem Bereich der Berufsbildung zuzuordnen sind, stehen dem Betriebsrat die aus den §§ 96 ff. BetrVG folgenden Rechte zu. Hinsichtlich des Inhalts dieser Rechte kann auf die Ausführungen unter 4.3.3.2 Bezug genommen werden.

In der Praxis wird mitunter die Frage aufgeworfen, ob nach § 37 Abs.6 BetrVG ein *Schulungsanspruch des Betriebsrats* besteht. Voraussetzung hierfür wäre, daß eine solche Schulung für die Wahrnehmung der aktuellen Betriebsratsaufgaben erforderlich ist. Dies dürfte nur ausnahmsweise der Fall sein, weil - wie vorstehend dargelegt - die Einleitung und Durchführung eines Zertifizierungsverfahrens weitgehend mitbestimmungsfrei ist. Daß bei der Umsetzung des dokumentierten Qualitätssicherungssystems Beteiligungsrechte des Betriebsrats zum Zuge kommen können, rechtfertigt eine andere Beurteilung nicht. Die Ausübung dieser Rechte – z. B. im Zusammenhang mit betrieblichen Qualifizierungsmaßnahmen nach § 98 oder bei notwendigen personellen Einzelmaßnahmen gemäß § 99 BetrVG – gehört zu den Aufgaben des Betriebsrats unabhängig davon, ob er sie im Rahmen oder außerhalb eines Zertifizierungsverfahrens nach DIN EN ISO 9000 ff. wahrzunehmen hat. Gegenüber anderen Fällen, in denen die Beteiligungsrechte ausgeübt werden, geht es nicht um grundsätzlich unterschiedliche Tatbestände, so daß auch unter diesem Aspekt eine spezielle Schulung als nicht erforderlich i. S. des § 37 Abs.6 BetrVG erscheint.

5.6.2
Einrichtung von internen Qualitätsaudits

Zu den wichtigen Bedingungen für die Erteilung eines Zertifkats nach den DIN EN ISO Normen zählt die Einrichtung sog. interner Qualitätsaudits. Darunter versteht man, daß im Unternehmen in festgelegten Zeitabständen geprüft wird, ob die qualitätsrelevanten Tätigkeiten entsprechend den dokumentierten Verfahrens- und Arbeitsanweisungen verrichtet und die mit dem Qualitätssystem verfolgten Ziele erreicht werden oder Korrekturmaßnahmen eingeleitet werden müssen.

Welche Schritte unternommen werden, um notwendige Änderungen frühzeitig zu erkennen und alle Möglichkeiten einer Optimierung der betrieblichen Abläufe zu nutzen, bleibt der unternehmensindividuellen Regelung überlassen; die DIN EN ISO Normen enthalten dazu keine Forderungen. Letzteres gilt namentlich für die in vielen Unternehmen – unter dem Sammelbegriff *Qualitätszirkel* – praktizierten Gesprächsgruppen und Arbeitskreise, deren Bemühen darauf abzielt, in regelmäßigen Zusammenkünften gemeinsam Lösungen für Verbesserungen im Betriebsablauf zu erarbeiten. Bezüglich der rechtlichen Fragen, die bei der Einrichtung und Tätigkeit von Gesprächsgruppen der genannten Art auftreten, wird auf 4.6.2.2 verwiesen.

5.6.3
Personelle Einzelmaßnahmen

Bei der Umsetzung des Qualitätsmanagementsystems, dessen Zertifizierung angestrebt wird, kann sich die Notwendigkeit personeller Einzelmaßnahmen ergeben, insbesondere der Versetzung bisher schon betriebszugehöriger Mitarbeiter oder der Einstellung neuer Mitarbeiter. Welche Mitwirkungsrechte des Betriebsrats bei diesen und anderen Personalmaßnahmen beachtet werden müssen, ist im einzelnen unter 4.1. dargelegt worden; besondere Hinweise dazu erübrigen sich.

5.6.4
Betriebsvereinbarungen

In Unternehmen, die eine Zertifizierungsverfahren durchführen wollen, kommt es vor, daß der Betriebsrat bei der Geschäftsleitung mit der Aufforderung vorstellig wird, eine Betriebsvereinbarung über die Einführung und Umsetzung eines Qualitätssicherungssystems nach DIN EN ISO 9000 ff. abzuschließen.

Hierzu ist zunächst anzumerken, daß der Abschluß einer solchen Betriebsvereinbarung nicht erzwingbar ist, weil keiner der in § 87 BetrVG abschließend aufgeführten Tatbestände zur Diskussion steht. In Betracht kommen könnte mithin nur eine freiwillige Betriebsvereinbarung, die Einverständnis zwischen Arbeitgeber und Betriebsrat voraussetzt. Ob § 88 BetrVG freiwillige Betriebsvereinbarungen nicht nur in sozialen Angelegenheiten, sondern auch im Bereich der personellen (§§ 92 ff. BetrVG) und der wirtschaftlichen Angelegenheiten (§§ 106 ff. BetrVG) erlaubt, ist umstritten. Die herrschende Meinung im Schrifttum verneint dies und betrachtet freiwillige Betriebsvereinbarungen, die außerhalb sozialpolitischer Angelegenheiten abgeschlossen werden, als rechtsunwirksam. Demgegenüber läßt das BAG es für die Anwendung des § 88 BetrVG genügen, daß der Regelungstatbestand einen Bezug zu personellen Fragen aufweist. Es begründet seinen Standpunkt damit, daß die Grenzen zwischen sozialen, personellen und wirtschaftlichen Angelegenheiten fließend seien.

Angesichts der rechtlichen Problematik und der Tatsache, daß bei einer Zertifizierung nach den DIN EN ISO Normen in aller Regel Beteiligungsrechte des Betriebsrats nur in der Umsetzungsphase in Betracht kommen können, ist anzuraten, Betriebsvereinbarungen nur in begründeten Ausnahmefällen abzuschließen.

Als Fazit kann festgestellt werden, daß die unternehmerische Entscheidungsfreiheit bei einem Zertifizierungsverfahren nach DIN EN ISO 9000 ff. betriebsverfassungrechtlich in nur geringem Umfang eingeschränkt ist. Auch hier sollte jedoch die Empfehlung Beachtung finden, sachgerechte Lösungen in Zusammenarbeit mit dem Betriebsrat anzustreben.

6
Anhang

6.1
Literaturhinweise

Hess, Schlochauer, Glaubitz (1993), Kommentar zum Betriebsverfassungsgesetz, 4. Auflage.
Meisel (1991), Arbeitsrecht für die betriebliche Praxis, 6. Auflage.
Meisel (1984), Die Mitwirkung des Betriebsrats in personellen Angelegenheiten, 5. Auflage.
Schaub (1992), Arbeitsrechts-Handbuch, 7. Auflage.
Stege-Weinspach (1994), Betriebsverfassungsgesetz, Handkommentar für die betriebliche Praxis, 7. Auflage.

Schriften des Instituts für angewandte Arbeitswissenschaft e.V. (IfaA), zu beziehen über den Wirtschaftsverlag Bachem GmbH, Ursulaplatz 1, 50668 Köln:
Handbuch des Prämienlohns (1984)
Leitfaden zur Einführung von Gruppenarbeit (1995)

6.2
Auszüge aus Gesetzen

6.2.1
Betriebsverfassungsgesetz (BetrVG) i. d. F. vom 28. Oktober 1994

§ 81 Unterrichtungs- und Erörterungspflicht des Arbeitgebers

(1) Der Arbeitgeber hat den Arbeitnehmer über dessen Aufgabe und Verantwortung sowie über die Art seiner Tätigkeit und ihre Einordnung in den Arbeitsablauf des Betriebs zu unterrichten. Er hat den Arbeitnehmer vor Beginn der Beschäftigung über die Unfall- und Gesundheitsgefahren, denen dieser bei der Beschäftigung ausgesetzt ist, sowie über die Maßnahmen und Einrichtungen zur Abwendung dieser Gefahren zu belehren.
(2) Über Veränderungen in seinem Arbeitsbereich ist der Arbeitnehmer rechtzeitig zu unterrichten. Absatz 1 gilt entsprechend.
(3) Der Arbeitgeber hat den Arbeitnehmer über die auf Grund einer Planung von technischen Anlagen, von Arbeitsverfahren und Arbeitsabläufen oder der Arbeitsplätze vorgesehenen Maßnahmen und ihre Auswirkungen auf seinen Arbeitsplatz, die Arbeitsumgebung sowie auf Inhalt und Art seiner Tätigkeit zu unterrichten. Sobald feststeht, daß sich die Tätigkeit des Arbeitnehmers ändern wird und seine beruflichen Kenntnisse und Fähigkeiten zur Erfüllung seiner Aufgaben nicht ausreichen, hat der Arbeitgeber mit dem Arbeitnehmer zu erörtern, wie dessen berufliche Kenntnisse und Fähigkeiten im Rahmen der betrieblichen Möglichkeiten den künftigen Anforderungen angepaßt werden können. Der Arbeitnehmer kann bei der Erörterung ein Mitglied des Betriebsrats hinzuziehen.

§ 82 Anhörungs- und Erörterungsrecht des Arbeitnehmers

(1) Der Arbeitnehmer hat das Recht, in betrieblichen Angelegenheiten, die seine Person betreffen, von den nach Maßgabe des organisatorischen Aufbaus des Betriebs hierfür zuständigen Personen gehört zu werden. Er ist berechtigt, zu Maßnahmen des Arbeitgebers, die ihn betreffen, Stellung zu nehmen sowie Vorschläge für die Gestaltung des Arbeitsplatzes und des Arbeitsablaufs zu machen.
(2) Der Arbeitnehmer kann verlangen, daß ihm die Berechnung und Zusammensetzung seines Arbeitsentgelts erläutert und daß mit ihm die Beurteilung seiner Leistungen sowie die Möglichkeiten seiner beruflichen Entwicklung im Betrieb erörtert werden. Er kann ein Mitglied des Betriebsrats hinzuziehen. Das Mitglied des Betriebsrats hat über den Inhalt dieser Verhandlungen Stillschweigen zu bewahren, soweit es vom Arbeitnehmer im Einzelfall nicht von dieser Verpflichtung entbunden wird.

§ 87 Mitbestimmungsrechte

(1) Der Betriebsrat hat, soweit eine gesetzliche oder tarifliche Regelung nicht besteht, in folgenden Angelegenheiten mitzubestimmen:

1. Fragen der Ordnung des Betriebs und des Verhaltens der Arbeitnehmer im Betrieb;
2. Beginn und Ende der täglichen Arbeitszeit einschließlich der Pausen sowie Verteilung der Arbeitszeit auf die einzelnen Wochentage;
3. vorübergehende Verkürzung oder Verlängerung der betriebsüblichen Arbeitszeit;
4. Zeit, Ort und Art der Auszahlung der Arbeitsentgelte;
5. Aufstellung allgemeiner Urlaubsgrundsätze und des Urlaubsplans sowie die Festsetzung der zeitlichen Lage des Urlaubs für einzelne Arbeitnehmer, wenn zwischen dem Arbeitgeber und den beteiligten Arbeitnehmern kein Einverständnis erzielt wird;
6. Einführung und Anwendung von technischen Einrichtungen, die dazu bestimmt sind, das Verhalten oder die Leistung der Arbeitnehmer zu überwachen;
7. Regelungen über die Verhütung von Arbeitsunfällen und Berufskrankheiten sowie über den Gesundheitsschutz im Rahmen der gesetzlichen Vorschriften oder der Unfallverhütungsvorschriften;
8. Form, Ausgestaltung und Verwaltung von Sozialeinrichtungen, deren Wirkungsbereich auf den Betrieb, das Unternehmen oder den Konzern beschränkt ist;
9. Zuweisung und Kündigung von Wohnräumen, die den Arbeitnehmern mit Rücksicht auf das Bestehen eines Arbeitsverhältnisses vermietet werden, sowie die allgemeine Festlegung der Nutzungsbedingungen;
10. Fragen der betrieblichen Lohngestaltung, insbesondere die Aufstellung von Entlohnungsgrundsätzen und die Einführung und Anwendung von neuen Entlohnungsmethoden sowie deren Änderung;
11. Festsetzung der Akkord- und Prämiensätze und vergleichbarer leistungsbezogener Entgelte, einschließlich der Geldfaktoren;
12. Grundätze über das betriebliche Vorschlagswesen.

(2) Kommt eine Einigung über eine Angelegenheit nach Absatz 1 nicht zustande, so entscheidet die Einigungsstellle. Der Spruch der Einigungsstelle ersetzt die Einigung zwischen Arbeitgeber und Betriebsrat.

§ 88 Freiwillige Betriebsvereinbarungen

Durch Betriebsvereinbarung können insbesondere geregelt werden

1. zusätzliche Maßnahmen zur Verhütung von Arbeitsunfällen und Gesundheitsschädigungen;
2. die Errichtung von Sozialeinrichtungen, deren Wirkungsbereich auf den Betrieb, das Unternehmen oder den Konzern beschränkt ist;
3. Maßnahmen zur Förderung der Vermögensbildung.

§ 90 Unterrichtungs- und Beratungsrechte

(1) Der Arbeitgeber hat den Betriebsrat über die Planung

1. von Neu-, Um- und Erweiterungsbauten von Fabrikations-, Verwaltungs- und sonstigen betrieblichen Räumen,
2. von technischen Anlagen,
3. von Arbeitsverfahren uns Arbeitsabläufen oder
4. der Arbeitsplätze

rechtzeitig unter Vorlage der erforderlichen Unterlagen zu unterrichten.

(2) Der Arbeitgeber hat mit dem Betriebsrat die vorgesehenen Maßnahmen und ihre Auswirkungen auf die Arbeitnehmer, insbesondere auf die Art ihrer Arbeit sowie die sich daraus ergebenden Anforderungen an die Arbeitnehmer so rechtzeitig zu beraten, daß Vorschläge und Bedenken des Betriebsrats bei der Planung berücksichtigt werden können. Arbeitgeber und Betriebsrat sollen dabei auch die gesicherten arbeitswissenschaftlichen Erkenntnisse über die menschengerechte Gestaltung der Arbeit berücksichtigen.

§ 91 Mitbestimmungsrecht

Werden die Arbeitnehmer durch Änderungen der Arbeitsplätze, des Arbeitsablaufs oder der Arbeitsumgebung, die den gesicherten arbeitswissenschaftlichen Erkenntnissen über die menschengerechte Gestaltung der Arbeit offensichtlich widersprechen, in besonderer Weise belastet, so kann der Betriebsrat angemessene Maßnahmen zur Abwendung, Milderung oder zum Ausgleich der Belastung verlangen. Kommt eine Einigung nicht zustande, so entscheidet die Einigungsstelle. Der Spruch der Einigungsstelle ersetzt die Einigung zwischen Arbeitgeber und Betriebsrat.

§ 92 Personalplanung

(1) Der Arbeitgeber hat den Betriebsrat über die Personalplanung, insbesondere über den gegenwärtigen und künftigen Personalbedarf sowie über die sich daraus ergebenden personellen Maßnahmen und Maßnahmen der Berufsbildung an Hand von Unterlagen rechtzeitig und umfassend zu unterrichten. Er hat mit dem Betriebsrat Art und Umfang der erforderlichen Maßnahmen und über die Vermeidung von Härten zu beraten.
(2) Der Betriebsrat kann dem Arbeitgeber Vorschläge für die Einführung einer Personalplanung machen.

§ 93 Ausschreibung von Arbeitsplätzen

Der Betriebsrat kann verlangen, daß Arbeitsplätze, die besetzt werden sollen, allgemein oder für bestimmte Arten von Tätigkeiten vor ihrer Besetzung innerhalb des Betriebs ausgeschrieben werden.

§ 94 Personalfragebogen, Beurteilungsgrundsätze

(1) Personalfragebogen bedürfen der Zustimmung des Betriebsrats. Kommt eine Einigung über ihren Inhalt nicht zustande, so entscheidet die Einigungsstelle. Der Spruch der Einigungsstelle ersetzt die Einigung zwischen Arbeitgeber und Betriebsrat.
(2) Absatz 1 gilt entsprechend für persönliche Angaben in schriftlichen Arbeitsverträgen, die allgemein für den Betrieb verwendet werden sollen, sowie für die Aufstellung allgemeiner Beurteilungsgrundsätze.

§ 95 Auswahlrichtlinien

(1) Richtlinien über die personelle Auswahl bei Einstellungen, Versetzungen, Umgruppierungen und Kündigungen bedürfen der Zustimmung des Betriebsrats. Kommt eine Einigung über die Richtlinien oder über ihren Inhalt nicht zustande, so entscheidet auf Antrag des Arbeitgebers die Einigungsstelle. Der Spruch der Einigungsstelle ersetzt die Einigung zwischen Arbeitgeber und Betriebsrat.
(2) In Betrieben mit mehr 1000 Arbeitnehmern kann der Betriebsrat die Aufstellung von Richtlinien über die bei Maßnahmen des Absatzes 1 Satz 1 zu beachtenden fachlichen und persönlichen Voraussetzungen und sozialen Gesichtspunkte verlangen. Kommt eine Einigung über die Richtlinien oder ihren Inhalt nicht zustande, so entscheidet die Einigungsstelle. Der Spruch der Einigungsstelle ersetzt die Einigung zwischen Arbeitgeber und Betriebsrat.
(3) Versetzung im Sinne dieses Gesetzes ist die Zuweisung eines anderen Arbeitsbereichs, die voraussichtlich die Dauer von einem Monat überschreitet, oder die mit einer erheblichen Änderung der Umstände verbunden ist, unter denen die Arbeit zu leisten ist. Werden Arbeitnehmer nach der Eigenart ihres Arbeitsverhältnisses nicht ständig an einem bestimmten Arbeitsplatz beschäftigt, so gilt die Bestimmung des jeweiligen Arbeitsplatzes nicht als Versetzung.

§ 96 Förderung der Berufsbildung

(1) Arbeitgeber und Betriebsrat haben im Rahmen der betrieblichen Personalplanung und in Zusammenarbeit mit den für die Berufsbildung und den für die Förderung der Berufsbildung zuständigen Stellen die Berufsbildung der Arbeitnehmer zu fördern. Der Arbeitgeber hat auf Verlangen des Betriebsrats mit diesem Fragen der Berufsbildung der Arbeitnehmer des Betriebs zu beraten. Hierzu kann der Betriebsrat Vorschläge machen.
(2) Arbeitgeber und Betriebsrat haben darauf zu achten, daß unter Berücksichtigung der betrieblichen Notwendigkeiten den Arbeitnehmern die Teilnahme an betrieblichen oder außerbetrieblichen Maßnahmen der Berufsbildung ermöglicht wird. Sie haben dabei auch die Belange älterer Arbeitnehmer zu berücksichtigen.

§ 97 Einrichtungen und Maßnahmen der Berufsbildung

Der Arbeitgeber hat mit dem Betriebsrat über die Errichtung und Ausstattung betrieblicher Einrichtungen zur Berufsbildung, die Einführung betrieblicher Berufsbildungsmaßnahmen und die Teilnahme an außerbetrieblichen Berufsbildungsmaßnahmen zu beraten.

§ 98 Durchführung betrieblicher Bildungsmaßnahmen

(1) Der Betriebsrat hat bei der Durchführung von Maßnahmen der betrieblichen Berufsbildung mitzubestimmen.
(2) Der Betriebsrat kann der Bestellung einer mit der Durchführung der betrieblichen Berufsbildung beauftragten Person widersprechen oder ihre Abberufung verlangen, wenn diese die persönliche oder fachliche, insbesondere die berufs- und arbeitspädagogische Eignung im Sinne des Berufsbildungsgesetzes nicht besitzt oder ihre Aufgaben vernachlässigt.
(3) Führt der Arbeitgeber betriebliche Maßnahmen der Berufsbildung durch oder stellt er für außerbetriebliche Maßnahmen der Berufsbildung Arbeitnehmer frei oder trägt er die durch die Teilnahme von Arbeitnehmern an solchen Maßnahmen entstehenden Kosten ganz oder teilweise, so kann der Betriebsrat Vorschläge für die Teilnahme von Arbeitnehmern oder Gruppen von Arbeitnehmern des Betriebs an diesen Maßnahmen der betrieblichen Berufsbildung machen.
(4) Kommt im Fall des Absatzes 1 oder über die nach Absatz 3 vom Betriebsrat vorgeschlagenen Teilnehmer eine Einigung nicht zustande, so entscheidet die Einigungsstelle. Der Spruch der Eigungsstelle ersetzt die Einigung zwischen Arbeitgeber und Betriebsrat.
(5) Kommt im Fall des Absatzes 3 eine Einigung nicht zustande, so kann der Betriebsrat beim Arbeitsgericht beantragen, dem Arbeitgeber aufzugeben, die Bestellung zu unterlassen oder die Abberufung durchzuführen. Führt der Arbeitgeber die Bestellung einer rechtskräftigen gerichtlichen Entscheidung zuwider durch, so ist er auf Antrag des Betriebsrats vom Arbeitsgericht wegen der Bestellung nach vorheriger Androhung zu einem Ordnungsgeld zu verurteilen; das Höchstmaß des Ordnungsgeldes beträgt 20.000 Deutsche Mark. Führt der Arbeitgeber die Abberufung einer rechtskräftigen gerichtlichen Entscheidung zuwider nicht durch, so ist auf Antrag des Betriebsrats vom Arbeitsgericht zu erkennen, daß der Arbeitgeber zur Abberufung durch Zwangsgeld anzuhalten sei; das Höchstmaß des Zwangesgeldes beträgt für jeden Tag der Zuwiderhandlung 500 Deutsche Mark. Die Vorschriften des Berufsbildungsgesetzes über die Ordnung der Berufsbildung bleiben unberührt.
(6) Die Absätze 1 bis 5 gelten entsprechend, wenn der Arbeitgeber sonstige Bildungsmaßnahmen im Betrieb durchführt.

§ 99 Mitbestimmung bei personellen Einzelmaßnahmen

(1) In Betrieben mit in der Regel mehr als zwanzig wahlberechtigten Arbeitnehmern hat der Arbeitgeber den Betriebsrat vor jeder Einstellung, Eingruppierung, Umgruppierung und Versetzung zu unterrichten, ihm die erforderlichen Bewerbungsunterlagen vorzulegen und Auskunft über die Person der Beteiligten zu geben; er hat dem Betriebsrat unter Vorlage der erforderlichen Unterlagen Auskunft über die

Auswirkungen der geplanten Maßnahme zu geben und die Zustimmung des Betriebsrats zu der geplanten Maßnahme einzuholen. Bei Einstellungen und Versetzungen hat der Arbeitgeber insbesondere den in Aussicht genommenen Arbeitsplatz und die vorgesehene Eingruppierung mitzuteilen. Die Mitglieder des Betriebsrats sind verpflichtet, über die ihnen im Rahmen der personellen Maßnahmen nach den Sätzen 1 und 2 bekanntgewordenen persönlichen Verhältnisse und Angelegenheiten der Arbeitnehmer, die ihrer Bedeutung oder ihrem Inhalt nach einer vertraulichen Behandlung bedürfen, Stillschweigen zu bewahren; § 79 Abs. 1 Satz 2 bis 4 gilt entsprechend.
(2) Der Betriebsrat kann die Zustimmung verweigern, wenn

1. die personelle Maßnahme gegen ein Gesetz, eine Verordnung, eine Unfallverhütungsvorschrift oder gegen eine Bestimmung in einem Tarifvertrag oder in einer Betriebsvereinbarung oder gegen eine gerichtliche Entscheidung oder eine behördliche Anordnung verstoßen würde,
2. die personelle Maßnahme gegen eine Richtlinie nach § 95 verstoßen würde,
3. die durch Tatsachen begründete Besorgnis besteht, daß infolge der personellen Maßnahme im Betrieb beschäftigte Arbeitnehmer gekündigt werden oder sonstige Nachteile erleiden, ohne daß dies aus betrieblichen oder persönlichen Gründen gerechtfertigt ist,
4. der betroffene Arbeitnehmer durch die personelle Maßnahme benachteiligt wird, ohne daß dies aus betrieblichen oder persönlichen Gründen gerechtfertigt ist,
5. eine nach § 93 erforderliche Ausschreibung im Betrieb unterblieben ist,
6. die durch Tatsachen begründete Besorgnis besteht, daß der für die personelle Maßnahme in Aussicht genommene Bewerber oder Arbeitnehmer den Betriebsfrieden durch gesetzwidriges Verhalten oder durch grobe Verletzung der in § 75 Abs. 1 enthaltenen Grundsätze stören würde.

(3) Verweigert der Betriebsrat seine Zustimmung, so hat er dies unter Angabe von Gründen innerhalb einer Woche nach Unterrichtung durch den Arbeitgeber diesem schriftlich mitzuteilen. Teilt der Betriebsrat dem Arbeitgeber die Verweigerung seiner Zustimmung nicht innerhalb der Frist mit, so gilt die Zustimmung als erteilt.
(4) Verweigert der Betriebsrat seine Zustimmung, so kann der Arbeitgeber beim Arbeitsgericht beantragen, die Zustimmung zu ersetzen.

§ 100 Vorläufige personelle Maßnahmen

(1) Der Arbeitgeber kann, wenn dies aus sachlichen Gründen dringend erforderlich ist, die personelle Maßnahme im Sinne des § 99 Abs. 1 Satz 1 vorläufig durchführen, bevor der Betriebsrat sich geäußert oder wenn er die Zustimmung verweigert hat. Der Arbeitgeber hat den Arbeitnehmer über die Sach- und Rechtslage aufzuklären.
(2) Der Arbeitgeber hat den Betriebsrat unverzüglich von der vorläufigen personellen Maßnahme zu unterrichten. Bestreitet der Betriebsrat, daß die Maßnahme aus sachlichen Gründen dringend erforderlich ist, so hat er dies dem Arbeitgeber unverzüglich mitzuteilen. In diesem Fall darf der Arbeitgeber die vorläufige personelle Maßnahme nur aufrechterhalten, wenn er innerhalb von drei Tagen beim Arbeitsgericht die Ersetzung der Zustimmung des Betriebsrats und die Feststellung beantragt, daß die Maßnahme aus sachlichen Gründen dringend erforderlich war.

(3) Lehnt das Gericht durch rechtskräftige Entscheidung die Ersetzung der Zustimmung des Betriebsrats ab oder stellt es rechtskräftig fest, daß offensichtlich die Maßnahme aus sachlichen Gründen nicht dringend erforderlich war, so endet die vorläufige personelle Maßnahme mit Ablauf von zwei Wochen nach Rechtskraft der Entscheidung. Von diesem Zeitpunkt an darf die personelle Maßnahme nicht aufrechterhalten werden.

§ 101 Zwangsgeld

Führt der Arbeitgeber eine personelle Maßnahme im Sinne des § 99 Abs. 1 Satz 1 ohne Zustimmung des Betriebsrats durch oder hält er eine vorläufige personelle Maßnahme entgegen § 100 Abs.2 Satz 3 oder Abs. 3 aufrecht, so kann der Betriebsrat beim Arbeitsgericht beantragen, dem Arbeitgeber aufzugeben, die personelle Maßnahme aufzuheben. Hebt der Arbeitgeber entgegen einer rechtskräftigen gerichtlichen Entscheidung die personelle Maßnahme nicht auf, so ist auf Antrag des Betriebsrats vom Arbeitsgericht zu erkennen, daß der Arbeitgeber zur Aufhebung der Maßnahme durch Zwangsgeld anzuhalten sei. Das Höchstmaß des Zwangsgeldes beträgt für jeden Tag der Zuwiderhandlung 500 Deutsche Mark.

§ 102 Mitbestimmung bei Kündigungen

(1) Der Betriebsrat ist vor jeder Kündigung zu hören. Der Arbeitgeber hat ihm die Gründe für die Kündigung mitzuteilen. Eine ohne Anhörung des Betriebsrats ausgesprochene Kündigung ist unwirksam.
(2) Hat der Betriebsrat gegen eine ordentliche Kündigung Bedenken, so hat er diese unter Angabe der Gründe dem Arbeitgeber spätestens innerhalb einer Woche schriftlich mizuteilen. Äußert er sich innerhalb dieser Frist nicht, gilt seine Zustimmung zur Kündigung als erteilt. Hat der Betriebsrat gegen eine außerordentliche Kündigung Bedenken, so hat er dies unter Angabe der Gründe dem Arbeitgeber unverzüglich, spätestens jedoch innerhalb von drei Tagen, schriftlich mizuteilen. Der Betriebsrat soll, soweit dies erforderlich erscheint, vor seiner Stellungnahme den betroffenen Arbeitnehmer hören. § 99 Abs. 1 Satz 3 gilt entsprechend.
(3) Der Betriebsrat kann innerhalb der Frist des Absatzes 2 Satz 1 der ordentlichen Kündigung widersprechen, wenn

1. der Arbeitgeber bei der Auswahl des zu kündigenden Arbeitnehmers soziale Gesichtspunkte nicht oder nicht ausreichend berücksichtigt hat,
2. die Kündigung gegen eine Richtlinie nach § 95 verstößt,
3. der zu kündigende Arbeitnehmer an einem anderen Arbeitsplatz im selben Betrieb oder in einem anderen Betrieb des Unternehmens weiterbeschäftigt werden kann,
4. die Weiterbeschäftigung des Arbeitnehmers nach zumutbaren Umschulungs- oder Fortbildungsmaßnahmen möglich ist oder
5. die Weiterbeschäftigung des Arbeitnehmers unter geänderten Vertragsbedingungen möglich ist und der Arbeitnehmer sein Einverständnis hiermit erklärt hat.

(4) Kündigt der Arbeitgeber, obwohl der Betriebsrat nach Absatz 3 der Kündigung widersprochen hat, so hat er dem Arbeitnehmer mit der Kündigung eine Abschrift der Stellungnahme des Betriebsrats zuzuleiten.

(5) Hat der Betriebsrat einer ordentlichen Kündigung frist- und ordnungsgemäß widersprochen, und hat der Arbeitnehmer nach dem Kündigungsschutzgesetz Klage auf Feststellung erhoben, daß das Arbeitsverhältnis durch die Kündigung nicht aufgelöst ist, so muß der Arbeitgeber auf Verlangen des Arbeitnehmers diesen nach Ablauf der Kündigungsfrist bis zum rechtskräftigen Abschluß des Rechtsstreits bei unveränderten Arbeitsbedingungen weiterbeschäftigen. Auf Antrag des Arbeitgebers kann das Gericht ihn durch einstweilige Verfügung von der Verpflichtung zur Weiterbeschäftigung nach Satz 1 entbinden, wenn

1. die Klage des Arbeitnehmers keine hinreichende Aussicht auf Erfolg bietet oder mutwillig erscheint oder
2. die Weiterbeschäftigung des Arbeitnehmers zu einer unzumutbaren wirtschaftlichen Belastung des Arbeitgebers führen würde oder
3. der Widerspruch des Betriebsrats offensichtlich unbegründet war.

(6) Arbeitgeber und Betriebsrat können vereinbaren, daß Kündigungen der Zustimmung des Betriebsrats bedürfen und daß bei Meinungsverschiedenheiten über die Berechtigung der Nichterteilung der Zustimmung die Einigungsstelle entscheidet.
(7) Die Vorschriften über die Beteilligung des Betriebsrats nach dem Kündigungsschutzgesetz und nach § 8 Abs. 1 des Arbeitsförderungssgesetzes bleiben unberührt.

§ 105 Leitende Angestellte

Eine beabsichtigte Einstellung oder personelle Veränderung eines in § 5 Abs. 3 genannten leitenden Angestellen ist dem Betriebsrat rechtzeitig mitzuteilen.

§ 106 Wirtschaftsausschuß

(1) In allen Unternehmen mit in der Regel mehr als einhundert ständig beschäftigten Arbeitnehmern ist ein Wirtschaftsausschuß zu bilden. Der Wirtschaftsausschuß hat die Aufgabe, wirtschaftliche Angelegenheiten mit dem Unternehmer zu beraten und den Betriebsrat zu unterrichten.
(2) Der Unternehmer hat den Wirtschaftsausschuß rechtzeitig und umfassend über die wirtschaftlichen Angelegenheiten des Unternehmens unter Vorlage der erforderlichen Unterlagen zu unterrichten, soweit dadurch nicht die Betriebs- und Geschäftsgeheimnisse des Unternnehmens gefährdet werden, sowie die sich daraus ergebenden Auswirkungen auf die Personalplanung darzustellen.
(3) Zu den wirtschaftlichen Angelegenheiten im Sinne dieser Vorschrift gehören insbesondere

1. die wirtschaftliche und finanzielle Lage des Unternehmens;
2. die Produktions- und Absatzlage;
3. das Produktions- und Investitionsprogramm;
4. Rationalisierungsvorhaben;
5. Fabrikations- und Arbeitsmethoden, insbesondere die Einführung neuer Arbeitsmethoden;
6. die Einschränkung oder Stillegung von Betrieben oder von Betriebsteilen;
7. die Verlegung von Betrieben oder Betriebsteilen;

8. der Zusammenschluß oder die Spaltung von Unternehmen oder Betrieben;
9. die Änderung der Betriebsorganisation oder des Betriebszwecks oder
10. sonstige Vorgänge und Vorhaben, welche die Interessen der Arbeitnehmer des Unternehmens wesentlich berühren können.

§ 109 Beilegung von Meinungsverschiedenheiten

Wird eine Auskunft über wirtschaftliche Angelegenheiten des Unternehmens im Sinne des § 106 entgegen dem Verlangen des Wirtschaftsausschusses nicht, nicht rechtzeitig oder nur ungenügend erteilt und kommt hierüber zwischen dem Unternehmer und dem Betriebsrat eine Einigung nicht zustande, so entscheidet die Einigungsstelle. Der Spruch der Einigungsstelle ersetzt die Einigung zwischen Arbeitgeber und Betriebsrat. Die Einigungsstelle kann, wenn dies für ihre Entscheidung erforderlich ist, Sachverständige anhören. § 80 Abs. 3 Satz 2 gilt entsprechend. Hat der Betriebsrat oder der Gesamtbetriebsrat eine anderweitige Wahrnehmung der Aufgaben des Wirtschaftsausschusses beschlossen, so gilt Satz 1 entsprechend.

§ 110 Unterrichtung der Arbeitnehmer

(1) In Unternehmen mit in der Regel mehr als 1000 ständig beschäftigten Arbeitnehmern hat der Unternehmer mindestens einmal in jedem Kalendervierteljahr nach vorheriger Abstimmung mit dem Wirtschaftsausschuß oder den in § 107 Abs. 3 genannten Stellen und dem Betriebsrat die Arbeitnehmer schriftlich über die wirtschaftliche Lage und Entwicklung des Unternehmens zu unterrichten.
(2) In Unternehmen, die die Voraussetzungen des Absatzes 1 nicht erfüllen, aber in der Regel mehr als zwanzig wahlberechtigte ständige Arbeitnehmer beschäftigen, gilt Absatz 1 mit der Maßgabe, daß die Unterrichtung der Arbeitnehmer mündlich erfolgen kann. Ist in diesen Unternehmen ein Wirtschaftsausschuß nicht zu errichten, so erfolgt die Unterrichtung nach vorheriger Abstimmung mit dem Betriebsrat.

§ 111 Betriebsänderungen

(1) Der Unternehmer hat in Betrieben mit in der Regel mehr als zwanzig wahlberechtigten Arbeitnehmern den Betriebsrat über geplante Betriebsänderungen, die wesentliche Nachteile für die Belegschaft oder erhebliche Teile der Belegschaft zur Folge haben können, rechtzeitig und umfassend zu unterrichten und die geplanten Betriebsänderungen mit dem Betriebsrat zu beraten.
Als Betriebsänderungen im Sinne des Satzes 1 gelten

1. Einschränkung und Stillegung des gesamten Betriebs oder von wesentlichen Betriebsteilen,
2. Verlegung des ganzen Betriebs oder von wesentlichen Betriebsteilen,
3. Zusammenschluß mit anderen Betrieben oder die Spaltung von Betrieben,
4. grundlegende Änderungen der Betriebsorganisation, des Betriebszwecks oder der Betriebsanlagen,
5. Einführung grundlegend neuer Arbeitsmethoden und Fertigungsverfahren.

§ 112 Interessenausgleich über die Betriebsänderung, Sozialplan

(1) Kommt zwischen Unternehmer und Betriebsrat ein Interessenausgleich über die geplante Betriebsänderung zustande, so ist dieser schriftlich niederzulegen und vom Unternehmer und Betriebsrat zu unterschreiben. Das gleiche gilt für eine Einigung über den Ausgleich oder die Milderung der wirtschaftlichen Nachteile, die den Arbeitnehmern infolge der Betriebsänderung entstehen (Sozialplan). Der Sozialplan hat die Wirkung einer Betriebsvereinbarung. § 77 Abs. 3 ist auf den Sozialplan nicht anzuwenden.
(2) Kommt ein Interssenausgleich über die Betriebsänderung oder eine Einigung über den Sozialplan nicht zustande, so können der Unternehmer oder der Betriebsrat den Präsidenten des Landesarbeitsamtes um Vermittlung ersuchen. Geschieht dies nicht oder bleibt der Vermittlungsversuch ergebnislos, so können der Unternehmer oder der Betriebsrat die Einigungsstelle anrufen. Auf Ersuchen des Vorsitzenden der Einigungsstelle nimmt der Präsident des Landesarbeitsamtes an der Verhandlung teil.
(3) Unternehmer und Betriebsrat sollen der Einigungsstelle Vorschläge zur Beilegung dere Meinungsverschiedenheiten über den Interessenausgleich und den Sozialplan machen. Die Einigungsstelle hat eine Einigung der Parteien zu versuchen. Kommt eine Einigung zustande, so ist sie schriftlich niederzulegen und vom Vorsitzenden zu unterschreiben.
(4) Kommt eine Einigung über den Sozialplan nicht zustande,so entscheidet die Einigungsstelle über die Aufstellung eines Sozialplans. Der Spruch der Einigungsstelle erstzt die Einigung zwischen Arbeitgeber und Betriebsrat.
(5) Die Einigungsstelle hat bei ihrer Entscheidung nach Absatz 4 sowohl die sozialen Belange der betroffenen Arbeitnehmer zu berücksichtigen als auch auf die wirtschaftliche Vertretbarkeit ihrer Entscheidung für das Unternehmen zu achten. Dabei hat die Einigungsstelle sich im Rahmen billigen Ermessens insbesondere von folgenden Grundsätzen leiten zu lassen:

1. Sie soll beim Ausgleich oder bei der Milderung wirtschaftlicher Nachteile, insbesondere durch Einkommensminderung, Wegfall von Sonderleistungen oder Verlust von Anwartschaften auf betriebliche Altersversorgung, Umzugskosten oder erhöhte Fahrtkosten, Leistungen vorsehen, die in der Regel den Gegebenheiten des Einzelfalles Rechnung tragen.
2. Sie hat die Aussichten der betroffenen Arbeitnehmer auf dem Arbeitsmarkt zu berücksichtigen. Sie soll Arbeitnehmer von Leistungen ausschließen, die in einem zumutbaren Arbeitsverhältnis im selben Betrieb oder in einem anderen Betrieb des Unternehmens weiterbeschäftigt werden können und die Weiterbeschäftigung ablehnen; die mögliche Weiterbeschäftigung an einem anderen Ort begründet für sich allein nicht die Unzumutbarkeit.
3. Sie hat bei der Bemessung des Gesamtbetrages der Sozialplanleistungen darauf zu achten, daß der Fortbestand des Unternehmens oder die nach Durchführung der Betriebsänderung verbleibenden Arbeitplätze nicht gefährdet werden.

6.2.2
Kündigungsschutzgesetz (KSchG) i. d. F. vom 20. Juli 1995

§ 1 Sozial ungerechtfertigte Kündigungen

(1) Die Kündigung des Arbeitsverhältnisses gegenüber einem Arbeitnehmer, dessen Arbeitsverhältnis in demselben Betrieb oder Unternehmen ohne Unterbrechung länger als sechs Monate bestanden hat, ist rechtsunwirksam, wenn sie sozial ungerechtfertigt ist.
(2) Sozial ungerechtfertigt ist die Kündigung, wenn sie nicht durch Gründe, die in der Person oder in dem Verhalten des Arbeitnehmers liegen, oder durch dringende betriebliche Erfordernisse, die einer Weiterbeschäftigung des Arbeitnehmers in diesem Betrieb entgegenstehen, bedingt ist. Die Kündigung ist auch sozial ungerechtfertigt, wenn

1. in Betrieben des privaten Rechts
   a) die Kündigung gegen eine Richtlinie nach § 95 des Betriebsverfassungsgesetzes verstößt,
   b) der Arbeitnehmer an einem anderen Arbeitsplatz in demselben Betrieb oder in einem anderen Betrieb des Unternehmens weiterbeschäftigt werden kann

   und der Betriebsrat oder eine andere nach dem Betriebsverfassungsgesetz zuständige Vertretung der Arbeitnehmer aus einem dieser Gründe der Kündigung innerhalb der Frist des § 102 Abs. 2 Satz 1 des Betriebsverfassungsgesetzes widersprochen hat.
2. in Betrieben und Verwaltungen des öffentlichen Rechts

   ....

Satz 2 gilt entsprechend, wenn die Weiterbeschäftigung des Arbeitnehmers nach zumutbaren Umschulungs- oder Fortbildungsmaßnahmen oder eine Weiterbeschäftigung des Arbeitnehmers unter geänderten Arbeitsbedingungen möglich ist und der Arbeitnehmer sein Einverständnis hiermit erklärt hat. Der Arbeitgeber hat die Tatsachen zu beweisen, die die Kündigung bedingen.
(3) Ist einem Arbeitnehmer aus dringenden betrieblichen Erfordernissen im Sinne des Absatzes 2 gekündigt worden, so ist die Kündigung trotzdem sozial ungerechtfertigt, wenn der Arbeitgeber bei der Auswahl des Arbeitnehmers soziale Gesichtspunkte nicht oder nicht ausreichend berücksichtigt hat; auf Verlangen des Arbeitnehmers hat der Arbeitgeber dem Arbeitnehmer die Gründe anzugeben, die zu der getroffenen Sozialauswahl geführt haben. Satz 1 gilt nicht, wenn betriebstechnische, wirtschaftliche oder sonstige berechtigte betriebliche Bedürfnisse die Weiterbeschäftigung eines oder mehrerer bestimmter Arbeitnehmer bedingen und damit der Auswahl nach sozialen Gesichtspunkten entgegenstehen. Der Arbeitnehmer hat die Tatsachen zu beweisen, die die Kündigung als sozial ungerechtfertigt im Sinne des Satzes 1 erscheinen lassen.

§ 2 Änderungskündigung

Kündigt der Arbeitgeber das Arbeitsverhältnis und bietet er dem Arbeitnehmer im Zusammenhang mit der Kündigung die Fortsetzung des Arbeitsverhältnisses zu geänderten Arbeitsbedingungen an, so kann der Arbeitnehmer dieses Angebot unter dem Vorbehalt annehmen, daß die Änderung der Arbeitsbedingungen nicht sozial ungerechtfertigt ist (§ 1 Abs. 2 Satz 1 bis 3, Abs. 3 Satz 1 und 2). Diesen Vorbehalt muß der Arbeitnehmer dem Arbeitgeber innerhalb der Kündigungsfrist, spätestens jedoch innerhalb von drei Wochen nach Zugang der Kündigung erklären.

§ 3 Kündigungseinspruch

Hält der Arbeitnehmer eine Kündigung für sozial ungerechtfertigt, so kann er binnen einer Woche nach der Kündigung Einspruch beim Betriebsrat einlegen. Erachtet der Betriebsrat den Einspruch für begründet, so hat er zu versuchen, eine Verständigung mit dem Arbeitgeber herbeizuführen. Er hat seine Stellungnahme zu dem Einspruch dem Arbeitnehmer und dem Arbeitgeber auf Verlangen schriftlich mitzuteilen.

§ 4 Anrufung des Arbeitsgerichts

Will ein Arbeitnehmer geltend machen, daß eine Kündigung sozial ungerechtfertigt ist, so muß er innerhalb von drei Wochen nach Zugang der Kündigung Klage beim Arbeitsgericht auf Feststellung erheben, daß das Arbeitsverhältnis durch die Kündigung nicht aufgelöst ist. Im Falle des § 2 ist die Klage auf Feststellung zu erheben, daß die Änderung der Arbeitsbedingungen sozial ungerechtfertigt ist. Hat der Arbeitnehmer Einspruch beim Betriebsrat eingelegt (§ 3), so soll er der Klage die Stellungnahme des Betriebsrats beifügen. Soweit die Kündiguing der Zustimmung einer Behörde bedarf, läuft die Frist zur Anrufung des Arbeitsgerichts erst von der Bekanntgabe der Entscheidung der Behörde an den Arbeitnehmer an.

§ 7 Wirksamwerden der Kündigung

Wird die Rechtsunwirksamkeit einer sozial ungerechtfertigten Kündigung nicht rechtzeitig geltend gemacht (§ 4 Satz 1; §§ 5 und 6), so gilt die Kündigung, wenn sie nicht aus anderem Grunde rechtsunwirksam ist, als von Anfang an rechtswirksam; ein vom Arbeitnehmer nach § 2 erklärter Vorbehalt erlischt.

Teil B
Zivilrecht*

Friedrich Graf von Westphalen

* Stand des Manuskripts: 1. Januar 1995

1
Die Voraussetzungen der Gewährleistungshaftung

1.1
Beim Kaufvertrag

Gemäß § 433 Abs. 1 BGB ist der Verkäufer einer Sache verpflichtet, dem Käufer die Sache zu übergeben und das Eigentum an der Sache zu verschaffen. Demgegenüber ist der Käufer gemäß § 433 Abs. 2 BGB verpflichtet, dem Verkäufer den vereinbarten Kaufpreis zu zahlen und die gekaufte Sache abzunehmen. Die Übergabe bedeutet hier Verschaffung des unmittelbaren Besitzes (Palandt/Putzo, § 433 Rdnr. 7). Von der Übergabe ist die *Ablieferung* zu unterschieden. Sie ist der Vorgang, durch den der Käufer tatsächlich in die Lage versetzt ist, sich Gewahrsam über die Kaufsache zu verschaffen und sie – dies ist im Rahmen von Qualitätssicherungsvereinbarungen von essentieller Bedeutung – gemäß §§ 377, 378 HGB zu untersuchen (S. 193 ff.). *Eigentumsverschaffung* bedeutet Übertragung des Eigentums auf den Käufer und regelmäßig geschieht dies gemäß §§ 929 ff. BGB. Indessen schuldet der Verkäufer nicht den Eigentumsübergang, sondern nur die Handlungen, welche erforderlich sind, um den Eigentumsübergang tatsächlich herbeizuführen (Palandt/Putzo, § 433 Rdnr. 10).

Darüber hinaus hat der Verkäufer bestimmte *Nebenpflichten* zu erfüllen. Diese folgen unmittelbar aus dem Vertragsverhältnis. Es handelt sich hierbei um allgemeine Aufklärungspflichten, z. B. auch Verteilung eines bestimmten Rates oder einer spezifizierten Warnung (Soergel/Huber, Anh. I zu § 433 Rdnrn. 67 ff.). Gleichzeitig ist der Verkäufer verpflichtet, den Kaufvertrag so zu erfüllen, daß nicht Leib, Leben und Gesundheit oder Eigentum des Käufers durch einen Fehler der Kaufsache verletzt werden. Diese Nebenpflichten haben im Zusammenhang mit der Produzentenhaftung überragende Bedeutung (S. 138 ff.). Soweit sie schuldhaft verletzt werden, besteht ein nicht immer leicht zu lösendes Konkurrenzproblem zur Gewährleistungshaftung gemäß § 459 ff. BGB (S. 125 ff.). In diese Kategorie fällt auch die Haftung für Mangelfolgeschäden, welche aus positiver Vertragsverletzung hergeleitet wird (S. 127 f.; 129 f.).

1.1.1
Die Haftung für Fehler der Kaufsache

1.1.1.1
Der subjektive Fehlerbegriff

Unter einem Fehler im Sinn von § 459 Abs. 1 BGB versteht die Judikatur (BGHZ 16, 54, 55 – Ultraschallgerät; BGHZ 52, 51, 54 – Hasenfleisch; BGHZ 90, 198, 202 – Typ-Prüfung) die dem Käufer ungünstige, nicht unerhebliche Abweichung der tatsächlichen

Beschaffenheit der Sache (Ist-Zustand) von der vertraglich vereinbarten Beschaffenheit (Soll-Zustand), die den Wert oder die Gebrauchstauglichkeit der Sache aufhebt oder mindert (Staudinger/Honsell, § 459 Rdnr. 10). Judikatur und h. M. vertreten im Rahmen von § 459 Abs. 1 BGB den sogenannten *subjektiven* Fehlerbegriff. Sie stellen maßgeblich auf die Parteivereinbarung ab, um herauszufinden, ob eine Sache im Sinn von § 459 Abs. 1 BGB mangelfrei ist oder einen Fehler aufweist (Palandt/Putzo, § 459 Rdnr. 8; RGRK-BGB/Mezger, § 459 Rdnr. 5; Staudinger/Honsell, § 459 Rdnr. 11; Soergel/Huber, § 459 Rdnr. 20). Die Fehlerhaftigkeit der Kaufsache ist also nichts anderes als die *vertragswidrige* Beschaffenheit der Sache. Soweit demgegenüber ein *objektiver* Fehlerbegriff vertreten wird (Knöpfle, NJW 1987, 801 ff.; Fabricius, JuS 1964, 1 ff.; 46 ff. – allerdings mit Modifikationen), bestehen in der Sache keine weitreichenden Unterschiede. Denn unter Berücksichtigung des Definitionskatalogs von § 459 Abs. 1 BGB ist zum einen der „gewöhnliche" Gebrauch der Sache, zum anderen aber „der nach dem Vertrag vorausgesetzte Gebrauch" für die Umschreibung des Fehlers maßgebend. Deshalb können auch die Vertreter der objektiven Fehlertheorie nicht daran vorbeisehen, daß es letzten Endes die Parteien in der Hand haben, eine *Beschaffenheitsvereinbarung* festzulegen, um daran das Vorhandensein eines Fehlers zu messen. Erst dann, wenn eine solche Beschaffenheitsvereinbarung fehlt, ist darauf abzustellen, ob die tatsächliche Beschaffenheit der Sache von ihrem gewöhnlichen, normalen Soll-Zustand abweicht (Palandt/Putzo, § 459 Rdnr. 8). Gerade unter diesem Gesichtswinkel kommt es im Rahmen von Qualitätssicherungsvereinbarungen entscheidend darauf an, die jeweilige *Soll-Beschaffenheit* der zu liefernden Sache/des herzustellenden Produkts exakt festzulegen.

Zur *Beschaffenheit* der Kaufsache gehören unstrittig die der Sache zur Zeit des Gefahrenübergangs anhaftenden körperlichen Eigenschaften (Soergel/Huber, § 459 Rdnr. 24). Umstände, die nicht mehr der Beschaffenheit der Kaufsache zuzurechnen sind, können daher eine Haftung nach § 459 Abs. 1 BGB nicht begründen (Soergel/Huber, § 459 Rdnr. 23). Dies gilt insbesondere für solche Umstände, die erst *künftig* eintreten oder nicht eintreten sollen. Eine vereinbarungsfähige Beschaffenheit ist es daher insbesondere, daß die Kaufsache, entsprechend ihrer physikalischen, chemischen oder sonstigen Beschaffenheit für den Vertragszweck geeignet ist (BGHZ 50, 200, 204 – Kleber), wie z. B. die Eignung eines Kunstharzlackes zum Fernhalten von Verwitterungs- und Fäulnisschäden von Fenstern (BGHZ 59, 158, 161 f. – Fensterlack). In der Praxis stehen diese Fälle eindeutig im Vordergrund.

1.1.1.2
Die Beeinträchtigung des Wertes oder der Tauglichkeit

Das Vorliegen eines Fehlers im Sinn von § 459 Abs. 1 BGB setzt des weiteren voraus, daß der Fehler geeignet ist, den Wert oder die Tauglichkeit der Kaufsache aufzuheben oder zu mindern. Unter dem Begriff *Wert der Kaufsache* ist ihr Verkehrs- oder Tauschwert zu verstehen (Palandt/Putzo, § 459 Rdnr. 9). Er hängt von den wertbildenden Faktoren ab, wobei jedoch der Wert als solcher – also: der *Kaufpreis* – außer Betracht bleibt (Palandt/Putzo a.a.O.). *Alternativ* verwendet § 459 Abs. 1 BGB den Begriff der *Gebrauchstauglichkeit*. Die Gebrauchstauglichkeit zum gewöhnlichen Gebrauch ist für die Feststellung eines Sachmangels immer dann erheblich, wenn die Parteien nach dem Inhalt des Kaufvertrages keinen abweichenden Gebrauch – im

Rahmen des subjektiven Fehlerbegriffs - gewollt haben (Soergel/Huber, § 459 Rdnr. 66). Von praktischer Bedeutung ist in diesem Zusammenhang: Technische Arbeitsmittel sind für den gewöhnlichen Gebrauch untauglich, wenn sie nicht den Anforderungen von § 3 Abs. 1 GeräteSiG genügen, weil sie nicht den allgemein anerkannten Regeln der Technik sowie den Arbeitsschutz- und Unfallverhütungsvorschriften entsprechen, so daß sie Benutzer und Dritte bei bestimmungsgemäßer Verwendung gegen vermeidbare Gefahren für Leben und Gesundheit nicht hinreichend schützen (vgl. BGH WM 1985, 463, 464).

Ein Fehler im Sinn von § 459 Abs. 1 BGB ist nur dann gegeben, wenn der Wert oder die Tauglichkeit der Sache zu dem gewöhnlichen oder dem nach dem Vertrag vorausgesetzten Gebrauchs aufgehoben oder gemindert wird, wobei gemäß § 459 Abs. 1 Satz 2 BGB eine „unerhebliche Minderung“ außer Betracht bleibt. Einfach liegen die Fälle dann, wenn der Wert oder die Gebrauchstauglichkeit völlig entfällt, weil die Kaufsache *gebrauchsuntauglich* ist (Palandt/Putzo, § 459 Rdnr. 11). Ob eine Minderung des Wertes oder der Gebrauchstauglichkeit im Sinn von § 459 Abs. 1 Satz 1 BGB vorliegt, entscheidet sich nach der *Verkehrsauffassung* (Palandt/Putzo, § 459 Rdnr. 13). Erweist es sich z. B., daß der Käufer in der Lage ist, mit ganz unerheblichem Aufwand den Fehler schnell selbst zu beseitigen, so liegt keine Fehlerhaftigkeit im Sinn von § 459 Abs. 1 Satz 1 BGB vor (KG NJW-RR 1989, 972).

1.1.1.3
Die Falschlieferung

Soweit eine *Falschlieferung* – im Gegensatz zu einer Schlechtlieferung – vorliegt, sind jedenfalls im Rahmen von § 378 HGB (S. 193 ff.) die Gewährleistungsbestimmungen der §§ 459 ff. BGB entsprechend anwendbar, sofern die Falschlieferung *genehmigungsfähig* ist. Für die Abgrenzung, ob es sich um eine mangelhafte Sache oder um eine *andere* Sache handelt, ist in erster Linie auf den ausdrücklich vereinbarten oder dem Verkäufer wenigstens bekannten Vertragszweck und die danach erforderlichen Merkmale der zu liefernden Ware abzustellen (BGH ZIP 1994, 1029, 1030 – EG-Ursprungsware). Ähnliche Erwägungen gelten bei einer Zuwenig- oder Zuviellieferung, weil es auch hier im Rahmen von § 378 HGB entscheidend darauf ankommt, ob der Käufer das Manko unverzüglich rügt, es sei denn, der Verkäufer hat arglistig gehandelt oder die gelieferte Teilmenge weicht von der bestellten Menge so erheblich ab, daß der Verkäufer die Genehmigung des Käufers als ausgeschlossen betrachten mußte.

1.1.2
Eigenschaftszusicherungen

Nach § 459 Abs. 1 BGB haftet der Verkäufer auf *Wandelung* oder *Minderung*, sofern die Kaufsache fehlerhaft ist, weil ihr Wert oder ihre Gebrauchstauglichkeit nicht unerheblich beeinträchtigt ist. Nach § 459 Abs. 2 BGB haftet der Verkäufer dafür, daß die Kaufsache die *zugesicherten Eigenschaften* aufweist. Diese Haftung ist gemäß § 463 Satz 1 BGB auf *Schadensersatz wegen Nichterfüllung* gerichtet (S. 103 ff.). Deshalb ist die Unterscheidung zwischen einem Fehler und einer zugesicherten Eigenschaft im Kaufrecht von zentraler Bedeutung, zumal es dem Verkäufer in AGB-Klausel verwehrt ist, die Schadensersatzhaftung wegen Nichterfüllung wirksam abzubedingen (S. 201 f.). Folglich ist beim Abschluß von *Qualitätssicherungsvereinbarungen* ganz genau darauf zu achten, ob die zu liefernde Sache/das herzustellende Werk bestimmte Eigenschaften als zugesicherte Eigenschaften aufweisen soll oder ob das Fehlen einer bestimmten Eigenschaft lediglich als *Fehler* einzustufen ist.

1.1.2.1
Die zusicherungsfähige Eigenschaft

Auf Basis des subjektiven Fehlerbegriffs, wie er für § 459 Abs. 1 BGB gilt, liegt im praktischen Ergebnis fest, daß jede Eigenschaft einer Kaufsache, welche für den Käufer von Interesse ist, Grundlage einer Fehlerhaftung gemäß § 459 Abs. 1 BGB sein kann, so daß alle Eigenschaften einer Kaufsache *zusicherungsfähig* sind (Soergel/Huber, § 459 Rdnr. 143). Denn nach den Formeln, welche die Judikatur verwendet (BGHZ 16, 54, 57 - Ultraschallgerät), ist eine Eigenschaft im Sinn von § 459 Abs. 2 BGB „jedes dem Kaufgegenstand auf gewisse Dauer anhaftende Merkmal, das für den Wert, den vertraglich vorausgesetzten Gebrauch oder aus sonstigen Gründen für den Käufer erheblich ist“ (BGHZ 87, 302, 307). Erfaßt werden also auch hier die physischen Merkmale der Sache, also die „der Sache an sich zukommenden Eigenschaften“ (BGHZ 16, 54, 57 - Ultraschallgerät), nicht minder aber alle Beziehungen der Kaufsache zur Umwelt, also: ihre rechtlichen, tatsächlichen und wirtschaftlichen Verhältnisse, welche in ihren Beziehungen zu anderen Sachen wurzeln und infolge ihrer Beschaffenheit sowie der vorausgesetzten Dauer - nach den Anschauungen des Verkehrs - einen Einfluß auf die Brauchbarkeit und auf die Wertschätzung der Sache auszuüben pflegen (Produkthaftungshandbuch/Graf von Westphalen, § 2 Rdnr. 4). Diese Verhältnisse müssen jedoch in der Sache selbst ihren Grund haben (BGH ZIP 1994, 1029, 1030 - EG-Ursprungsware).

1.1.2.2
Die Doppelstöckigkeit der Zusicherung

Von praktisch hoher Bedeutung ist es, das *Rangverhältnis* zwischen einer Beschaffenheitsvereinbarung gemäß § 459 Abs. 1 BGB und einer *Zusicherungshaftung* gemäß § 459 Abs. 2 BGB zutreffend herauszuarbeiten. Dabei ist es entscheidend, daß die Zusicherungserklärung gemäß § 459 Abs. 2 BGB *doppelstöckig* ist: Sie schließt zum einen eine Beschaffenheitsvereinbarung ein, zum anderen setzt sie voraus, daß der Verkäufer gegenüber dem Käufer - unter Berücksichtigung aller Umstände des Einzelfalls und der Gebote von Treu und Glauben gemäß §§ 133, 157, 242 BGB - die Bereitschaft hat erkennen lassen, für die Folgen einstehen zu wollen, sofern die Kaufsache die zugesicherte Eigenschaft nicht aufweist (BGHZ 59, 158, 160 - Fensterlack; BGH ZIP 1985, 416, 417 - Silo). Mithin kommt alles entscheidend darauf an, die für § 459 Abs. 2 BGB konstitutive *Zusicherungserklärung* näher zu beleuchten.

Zugesichert ist eine Eigenschaft nur, wenn der Verkäufer durch eine ausdrückliche oder stillschweigende Erklärung, die Vertragsinhalt geworden ist, dem Käufer zu erkennen gibt, daß er für den Bestand der betreffenden Eigenschaften und alle Folgen ihres Fehlens einstehen will (Palandt/Putzo, § 459 Rdnr. 15). Also ist die Zusicherung im Sinn von § 459 Abs. 2 BGB nur dann verbindlich, wenn sie *Inhalt des Kaufvertrages* geworden ist (RGRK-BGB/Mezger, § 459 Rdnr. 21; Soergel/Huber, § 459 Rdnr. 156). Dies setzt also voraus, daß sich beide Parteien über den Inhalt der Zusicherung einig geworden sind. Dabei muß die Zusicherung die maßgeblichen Eigenschaften der Kaufsache so genau bezeichnen, daß ihr Inhalt und Umfang - notfalls durch Rückgriff auf die Instrumente der ergänzenden Vertragsauslegung gemäß §§ 153, 157 BGB - festgestellt werden kann (BGHZ 48, 118, 123 f. - TREVIRA; BGHZ 50, 200, 201 - Kleber). Deshalb wird eine Zusicherungserklärung dann nicht Vertragsbestandteil, wenn es sich um eine *einseitige* Erklärung des Verkäufers handelt. Doch ist stets zu prüfen, ob diese - einseitige - Erklärung des Verkäufers nicht dadurch Inhalt des Kaufvertrages geworden ist, daß der Käufer konkludent bei Abschluß des Vertrages auf sie Bezug genommen hat (BGHZ 48, 118, 123 - TREVIRA; BGHZ 87, 302, 307 - „werkstattgeprüft"). Hier liegt die Grenze zur stillschweigend zugesicherten Eigenschaft im Sinn von § 459 Abs. 2 BGB (S. 93 f.).

1.1.2.3
Die Bedeutung technischer Normen - keine Eigenschaftszusicherung

Von praktisch hoher Bedeutung ist die Feststellung, daß die Bezugnahme auf DIN-Normen lediglich als Warenbeschreibung im Sinn von § 459 Abs. 1 BGB gewertet wird (BGH NJW 1968, 2238, 2240 - Dieselkraftstoff; BGHZ 59, 303, 306 - mangelfreies Wasser; BGH NJW 1974, 1503 - DVGW-Prüfzeichen; BGH NJW 1981, 1501 - Gleichstrom-Nebenschluß-Motore), nicht aber als eine Eigenschaftszusicherung im Sinn von § 459 Abs. 2 BGB. Also: Die bloße Bezugnahme auf im Vertrag verankerte und von der Industrie aufgestellte Normen rechtfertigt - ohne Hinzutreten weiterer Umstände - nicht die Annahme, der Verkäufer wolle auch für die Einhaltung dieser Normen im Sinn einer Garantiehaftung gemäß § 459 Abs. 2 BGB auf Schadensersatz gemäß § 463 Satz 1 BGB haften (BGH NJW 1981, 1501 - Gleichstrom-Nebenschluß-Motore). Diese Auffassung des BGH ist zwar nicht unumstritten (Marburger, Die Regeln der Technik im Recht, 1979, 509 ff.; ders., JuS 1976, 638, 640; ders., BB 1981, 1177 ff.; RGRK-BGB/Mezger, § 459 Rdnr. 21), in der Sache jedoch als zutreffend zu werten (Semler, NJW 1976, 406, 407; Graf von Westphalen, DB 1978, 2061, 2062). Deshalb ist für die Praxis von Wichtigkeit: Eine Bezugnahme auf Normen dient lediglich der Individualisierung der jeweiligen Kaufsache, begründet jedoch keine - verschuldensunabhängige - Einstandspflicht, sofern die Kaufsache eine normwidrige Beschaffenheit aufweist (Produkthaftungshandbuch/Graf von Westphalen, § 2 Rdnrn. 22 ff.). Dieser Zusammenhang ist bei der Abfassung von Qualitätssicherungsvereinbarung zu berücksichtigen.

1.1.2.4
Die Bedeutung von Zertifikaten und Prüfzeugnissen

Des weiteren kommt es bei Qualitätssicherungsvereinbarungen ganz entscheidend darauf an, ob *Zertifikate* und *Prüfzeugnisse* als Beschaffenheitsvereinbarung im Sinn von § 459 Abs. 1 BGB oder als haftungsbegründende Zusicherungen gemäß § 459 Abs. 2 BGB qualifiziert werden müssen. So hat z. B. der BGH bei der Bezugnahme auf ein DVGW-Zeichen entschieden, daß darin lediglich eine Beschaffenheitsvereinbarung im Sinn von § 459 Abs. 1 BGB liegt und er hat ausgeführt: „Haftungsrechtlich enthält ein die Qualität der gekennzeichneten Waren unterscheidendes Zeichen - von besonders gelagerten Fällen abgesehen - keine Garantiezusage, aus der der Abnehmer vertragliche Ersatzansprüche gegen die Verkäuferin bei Qualitätsmängeln herleiten kann" (BGH NJW 1974, 1503, 1504 - DVGW-Zeichen). Demzufolge ist auch das Verlangen nach einem Prüfzeugnis - bei Bezugnahme auf DIN-Normen - nicht ohne weiteres geeignet, eine Zusicherungshaftung zu begründen (OLG Hamm BB 1987, 363 mit Anm. von Henseler: Materialprüfung gemäß DIN 50059). Entscheidend kommt es also darauf an, ob derartige Bescheinigungen lediglich die Vornahme von Prüfungen zum Gegenstand haben, oder ob darin weitergehende Zusicherungserklärungen begründet werden sollen, wie z. B. die Fehlerfreiheit des geprüften Materials. Hier kommt es stets auf die besonderen Umstände des Einzelfalls an. Zu berücksichtigen bleibt im Rahmen der §§ 133, 157 BGB stets der grundlegende Befund: Die Zusicherungshaftung gemäß § 459 Abs. 2 BGB ist ein „*Mehr*" als eine reine Beschaffenheitsvereinbarung, welche sich auf die Qualität der Kaufsache bezieht.

1.1.2.5
Die Kenntnis des Verwendungszwecks

Die Abgrenzung wird dadurch erschwert, daß die BGH-Judikatur den Rechtssatz belegt, daß die Kenntnis des Verkäufers vom besonderen *Verwendungszweck* der Kaufsache - für sich allein genommen - noch nicht geeignet ist, eine Zusicherungshaftung gemäß § 459 Abs. 2 BGB zu begründen (RGZ 123, 148, 149; BGH WM 1974, 1204 - Spanplatten), daß aber durchaus zu diesem Regelsatz Ausnahmen bestehen. Ist z. B. beiden Vertragspartnern der Umstand bekannt, daß ein bestimmter Verwendungszweck durch den Käufer der Sache angestrebt wird, so kann darin eine stillschweigende Eigenschaftszusicherung liegen (BGH WM 1971, 1121, 1123 - keimfreier Zucker). Mehr noch: Wenn beiden Parteien in Kenntnis des bestimmten Verwendungszwecks der Kaufsache Prüfungen und Proben durchführen, um die Eignung eines bestimmten Produkts - hier: vom Fensterlack - zu testen, bevor sich der Käufer zum Kauf entschließt, so kann darin eine stillschweigende Eigenschaftszusicherung gemäß § 459 Abs. 2 BGB liegen (BGHZ 59, 158, 160 f. - Fensterlack). Gleiches gilt etwa auch dann, wenn dem Verkäufer nicht nur der bestimmte Verwendungszweck, sondern auch die Tatsache bekannt ist, daß es dem Käufer auf eine bestimmte Eigenschaft - und die damit verbundene Qualitätsangabe - entscheidend ankommt (BGH DB 1966, 147 - Druckfestigkeit von Mauerziegeln).

1.1.2.6
Die besondere Bedeutung bestimmter Eigenschaften

Damit wird gleichzeitig die These bekräftigt, daß eine Eigenschaftszusicherung gemäß § 459 Abs. 2 BGB regelmäßig dann zu bejahen ist, wenn und soweit die bestimmten Eigenschaften der Kaufsache für den Käufer von besonderer Bedeutung sind, so daß er deshalb das besondere Vertrauen des Verkäufers in Anspruch nimmt (BGH ZIP 1985, 416, 417 - Silo). Dies ist bei der Abfassung von Qualitätssicherungsvereinbarungen nachhaltig zu berücksichtigen. Kommt es z. B. dem Käufer entscheidend darauf an, daß die gekauften Silos verschraubt, nicht aber nur verschweißt sind, weil davon die Kosten der Demontage und die des Wiederaufbaus abhängen, ist dieser Umstand – im Sinn einer Eigenschaftszusicherung – von besonderem Belang. Nichts anderes gilt dann, wenn der Käufer auf die besondere, dem Verkäufer zukommende Sachkunde vertraut und der Verkäufer seine Angaben betreffend die Kaufsache in Kenntnis eben dieses Umstandes erklärt – mit der Konsequenz, daß darin ein wesentliches Indiz für eine stillschweigende Eigenschaftszusicherung gemäß § 459 Abs. 2 BGB liegt (BGH NJW 1975, 1693, 1695 – km-Angabe). Gleiches gilt aber auch dann, wenn der Verkäufer genaue Anweisungen oder Richtlinien erläßt, um auf diese Weise den Käufer in den Stand zu setzen, mit dem Produkt bestimmungsgemäß umzugehen (BGHZ 59, 158, 161 – Fensterlack; BGHZ 48, 118, 124 – TREVIRA). So gesehen kommt es auch auf das besondere Schutzbedürfnis des Käufers an (Schack, AcP 185 (1985), 333, 356 f.). Tritt z. B. der Verkäufer als besonderer Fachmann auf, so liegt es wegen des darin begründeten Know-how-Gefälles zum Käufer nahe, daß der Käufer den Erklärungen des Verkäufers besonderes Gewicht beimißt und im Vertrauen auf die Richtigkeit der Erklärungen dann auch den Kaufvertrag abschließt (BGH NJW 1975, 1693, 1695 – km-Angabe).

1.1.2.7
Die Bedeutung von Anpreisungen und von Reklame

Eine Zusicherungserklärung gemäß § 459 Abs. 2 BGB ist stets von einer *Anpreisung* zu differenzieren. Ist nämlich die Erklärung des Verkäufers so allgemein gehalten, daß sie überhaupt keinen Rückschluß auf eine bestimmte, zusicherungsfähige Eigenschaft der Kaufsache ermöglicht, so liegt *keine Zusicherungserklärung* gemäß § 459 Abs. 2 BGB vor (Soergel/Huber, § 459 Rdnr. 169). Zwischen zugesicherten Eigenschaften einerseits und leeren Anpreisungen andererseits ist folglich zu differenzieren: Zwischen beiden liegt eine dritte Kategorie, nämlich: die ernstgemeinte Beschaffenheitsangabe, für die der Verkäufer gemäß § 459 Abs. 1 BGB haftet, welche aber deswegen noch keineswegs zusichert (BGHZ 63, 369, 371 f. – Katalog: Bild Jablensky). Es sind also drei Stufen zu unterscheiden. Für eine Anpreisung haftet der Verkäufer überhaupt nicht, weil sie weder eine Beschaffenheitsvereinbarung gemäß § 459 Abs. 1 BGB noch eine Zusicherungshaftung gemäß § 459 Abs. 2 BGB darstellt (Soergel/Huber, § 459 Rdnr. 170).

1.1.2.8
Die stillschweigende Zusicherung

Unter Berücksichtigung des zuvor Gesagten leuchtet es unmittelbar ein, daß die Eigenschaft einer Kaufsache gemäß § 459 Abs. 2 BGB auch *stillschweigend*, d. h. durch *schlüssiges Verhalten* zugesichert werden kann (BGHZ 59, 180, 160 – Fensterlack), daß aber gleichwohl – bedingt durch die Kriterien der Auslegung gemäß § 133, 157 BGB – *Zurückhaltung* geboten ist, bevor eine stillschweigende Eigenschaftszusicherung gemäß § 459 Abs. 2 BGB bejaht werden kann (Soergel/Huber, § 459 Rdnrn. 175 f.; Palandt/Putzo, § 459 Rdnr. 17). Stets ist also der *Gesamtzusammenhang* einer Qualitätssicherungsvereinbarung zu berücksichtigen. Folgende Gesichtspunkte sind von praktischer Bedeutung: Von besonderen Ausnahmefällen abgesehen, ist – bei Fehlen einer ausdrücklichen Zusicherung – eine schlichte *Beschaffenheitsvereinbarung* im Sinn von § 459 Abs. 1 BGB zu bejahen, nicht aber eine stillschweigende Eigenschaftszusicherung gemäß § 459 Abs. 2 BGB (Soergel/Huber, § 459 Rdnr. 178). Dies besagt, daß eine Eigenschaftszusicherung regelmäßig eine – äußerst sorgfältig zu begründende – *Ausnahme* darstellt (BGHZ 59, 158, 160 – Fensterlack). Denn es geht – im Unterschied zur Beschaffenheitsvereinbarung gemäß § 459 Abs. 1 BGB – darum, das haftungsbegründende, zusätzliche Erfordernis herauszuarbeiten, aus dem sich das Versprechen des Verkäufers ergibt, für alle Folgen des Fehlens einer zugesicherten Eigenschaft schadensersatzrechtlich einstehen zu wollen (BGHZ 59, 158, 160 f. – Fensterlack). Angaben in einem Auktionskatalog sind deshalb regelmäßig lediglich eine Beschaffenheitsvereinbarung gemäß § 459 Abs. 1 BGB (BGH NJW 1980, 1619). Gleiches gilt für Angaben in eine Gebrauchsanweisung (BGH NJW 1981, 1269). Doch ist unter Berücksichtigung der §§ 133, 157 BGB (Auslegung des wirklich Gewollten) stets im Auge zu behalten, wie der Käufer die Äußerung des Verkäufers unter Berücksichtigung seines Verhaltens und der Umstände, die zum Vertragsabschluß geführt haben, nach Treu und Glauben mit Rücksicht auf die Verkehrssitte auffassen durfte (BGHZ 59, 158, 160 f. – Fensterlack).

1.1.2.9
Die verschuldensunabhängige Schadensersatzhaftung

Alle diese Gesichtspunkte sind deshalb von besonderer Bedeutung, weil die *Zusicherungshaftung* gemäß § 459 Abs. 2 BGB *verschuldensunabhängig* ist (BGHZ 59, 158 – Fensterlack). Es kommt also nicht entscheidend darauf an, ob der Verkäufer im Sinn von § 276 BGB schuldhaft gehandelt hat. Entscheidend ist allein, daß die Schadensersatzhaftung des § 463 Satz 1 BGB auf der Vertragsbestandteil gewordenen Zusicherungserklärung des Verkäufers beruht, für das Fehlen der zugesicherten Eigenschaft – und für die daraus abzuleitenden Folgen – einstehen zu wollen (Soergel/Huber, § 459 Rdnr. 130). Dies ist deswegen von praktischer Relevanz, weil die Schadensersatzhaftung den Käufer besser stellt als die einfache Fehlerhaftung gemäß § 459 Abs. 1 BGB, die sich gemäß §§ 462, 480 Abs. 1 BGB auf Wandelung oder Minderung beschränkt; beim *Gattungskauf* gibt freilich auch den Anspruch auf Ersatzlieferung.

Auch ist der *Umfang* des nach § 463 Satz 1 BGB zu ersetzenden *Schadens* im Auge zu behalten. Nach der BGH-Judikatur haftet der Verkäufer bei Vorliegen eines einfachen Fehlers gemäß § 459 Abs. 1 BGB aus positiver Vertragsverletzung – also: *verschuldensabhängig* grundsätzlich nur für sogenannte *Mangelfolgeschäden.* Das sind Schäden, die der Käufer infolge des Fehlers an seinen sonstigen Rechtsgütern erlitten hat, wie z. B. Gesundheitsschäden, Sachschäden aber auch allgemeine Vermögenseinbußen (Soergel/Huber, § 459 Rdnrn. 51 ff.; S. 103 ff.). Demgegenüber erfaßt die Zusicherungshaftung gemäß § 463 Satz 1 BGB auch diese *Folgeschäden* (BGHZ 50, 200 ff. – Kleber). Ob dies der Fall ist, entscheidet sich nach dem Zweck der jeweiligen Zusicherungserklärung: Zielt sie darauf ab, daß der Käufer durch die Zusicherung gegen bestimmte Risiken/Schäden abgesichert werden soll (S. 125 f.).

Dabei ist von zentraler Bedeutung, daß die Haftung des Verkäufers wegen Eigenschaftszusicherung gemäß § 459 Abs. 2 BGB in *AGB-Klauseln* nicht wirksam freigezeichnet werden kann, weil im nicht-kaufmännischen Bereich der Verbotstatbestand von § 11 Nr. 11 AGB-Gesetz zu berücksichtigen ist, während im *kaufmännischen Verkehr* Haftungsfreizeichnungs- und Haftungsbegrenzungsklauseln an § 9 Abs. 2 Nr. 1 AGB-Gesetz scheitern (S. 206 f.). Daher ist – aus der Sicht des Käufers – stets Zurückhaltung zu üben, weil Eigenschaftszusicherungen ein hohes Haftungspotential enthalten.

1.1.3
Maßgebender Zeitpunkt – Beweislast

1.1.3.1
Der Gefahrenübergang

Die *Sachmängelhaftung* von § 459 BGB setzt voraus, daß die Ursache des Fehlers im Zeitpunkt des Gefahrenübergangs – jedenfalls „im Keim" – vorhanden gewesen sein muß (Staudinger/Honsell, § 459 Rdnr. 33; Palandt/Putzo, § 459 Rdnr. 6). Dies hängt mit dem Grundsatz zusammen, daß der Verkäufer auch für Mängel haftet, die erst nach Kaufabschluß, aber bis zum *Gefahrenübergang* gemäß §§ 446, 447 BGB entstanden sind. Allerdings haftet der Verkäufer nicht für solche Mängel, die bei Vertragsabschluß vorlagen, aber bis zum Gefahrenübergang beseitigt worden sind (Palandt/Putzo, § 459 Rdnr. 6). Entscheidend ist also: Die Gewährleistungsansprüche des Kaufrechts gemäß §§ 459 ff. BGB entstehen im Zeitpunkt des Gefahrenübergangs. Nach Gefahrenübergang sind die allgemeinen Regeln über Leistungsstörungen in gegenseitigen Verträgen gemäß §§ 320 ff. BGB *ausgeschlossen*, weil die §§ 459 ff. BGB *spezialgesetzliche Ausformungen* darstellen (Palandt/Putzo, vor § 459 Rdnr. 5). Deshalb haftet der Verkäufer gemäß § 459 Abs. 1 BGB – sowohl im Falle eines Fehlers auch bei Fehlen einer zugesicherten Eigenschaft – nur dann, wenn der Fehler bzw. die zugesicherte Eigenschaft den Zeitpunkt des Gefahrenübergangs gemäß §§ 446, 447 BGB nicht vorhanden waren.

1.1.3.2
Die Ablieferung

Daraus folgt, daß der *Käufer* – nach Gefahrenübergang gemäß §§ 446, 447 BGB – gehalten ist, den Mangel oder das Fehlen einer zugesicherten Eigenschaft zu beweisen (Palandt/Putzo, § 459 Rdnr. 50). Ist also die Kaufsache *abgeliefert*, so ist und bleibt es Sache des Käufers, dem Verkäufer nachzuweisen, daß die Sache entweder im Sinn von § 459 Abs. 1 BGB fehlerhaft ist oder daß ihr im Sinn von § 459 Abs. 2 BGB eine zugesicherte Eigenschaft fehlt.

Voraussetzung für die sich hieraus ergebenden Ansprüche des Käufers ist allerdings, daß der Käufer – und allein darum geht es bei Qualitätssicherungsvereinbarungen – gegenüber dem Verkäufer die nach den §§ 377, 378 HGB geschuldete Untersuchungs- und *Rügepflicht* ordnungsgemäß und rechtzeitig erfüllt (S. 193 ff.).

1.2
Beim Werkvertrag

1.2.1
Der Werklieferungsvertrag gemäß § 651 BGB

Das Wesensmerkmal des Werklieferungsvertrages gemäß § 651 Abs. 1 BGB besteht darin, daß der Unternehmer verpflichtet ist, das Werk *aus einem von ihm zu be-*

schaffenen Stoff herzustellen, um es sodann an den Besteller zu übereignen (Palandt/Thomas, § 651 Rdnr. 1). Vom *Werkvertrag* gemäß §§ 631 ff. BGB unterscheidet sich der Werklieferungsvertrag dadurch, daß der Unternehmer die Stoffe zur Herstellung zu beschaffen und das Werk dem Besteller zu übergeben und zu übereignen hat. Demgegenüber steht beim reinen Werkvertrag die Schöpfung des Wertes für den Besteller im Vordergrund, nicht jedoch – wie beim Werklieferungsvertrag – die mit dem Warenumsatz verbundene Übertragung von Eigentum und Besitz (Palandt/Thomas a. a. O.). Gegenüber dem *Kaufvertrag* gemäß §§ 433 ff. BGB differenziert der Werklieferungsvertrag dadurch, daß es beim Kaufvertrag lediglich auf die Beschaffung der fertigen Sache ankommt, nicht jedoch auf deren Herstellung.

Nach der Systematik des § 651 Abs. 1 BGB finden auf den Werklieferungsvertrag entweder die Vorschriften über den *Kaufvertrag* oder die über den *Werkvertrag* Anwendung. Dies hängt entscheidend davon ab, ob die Verpflichtung des Unternehmers auf die Herstellung einer *vertretbaren* oder einer *nicht vertretbaren* Sache gerichtet ist. Bei vertretbaren Sachen gilt ausschließlich Kaufrecht. Von einer *nicht vertretbaren* Sache ist dann zu reden, wenn sie nach Art ihrer Herstellung den besonderen Wünschen des Bestellers angepaßt und deshalb *individuelle* Merkmale besitzt, so daß die hergestellte Sache *nicht* oder nur schwer marktgängig, d. h. für Dritte verwendbar ist (BGH NJW 1966, 2307 – Reiseprospekte; BGH MDR 1966, 496 – Werbefilm). In der *Praxis* vollzieht sich die Differenzierung zwischen einer vertretbaren und einer nicht vertretbaren Sache danach, ob der Unternehmer in der Lage ist, die hergestellte Sache auch Dritten anzubieten, so daß sie auf diese Weise absetzbar ist, sofern der Besteller sich weigern sollte, die für ihn hergestellte Sache tatsächlich auch abzunehmen. Je deutlicher die spezifischen Wünsche des Bestellers bei der Herstellung berücksichtigt worden sind, um so seltener wird sich die Schlußfolgerung halten lassen, daß es sich um eine vertretbare Sache handelt, auf die Kaufvertragsrecht Anwendung findet.

Soweit *Werkvertragsrecht* (hierzu nachfolgend) im Rahmen von § 651 BGB anwendbar ist, richtet sich die Herstellungs- und *Abnahmepflicht* nach den werkvertraglichen Regeln. Dies gilt auch für eine Haftung für etwaige Werkmängel (BGH MDR 1966, 496 – Werbefilm).

1.2.2 Wesensmerkmale des Werkvertrages

1.2.2.1 *Die Herstellpflicht*

Die *Hauptpflicht* des Werkunternehmers besteht gemäß § 633 Abs. 1 BGB darin, das versprochene Werk vertragsgemäß mängelfrei und rechtzeitig herzustellen. Denn der Unternehmer trägt im Verhältnis zum Besteller regelmäßig die *alleinige* Verantwortung für das Gelingen des Werks (BGH WM 1993, 652). Demzufolge gehört es zur Leistungspflicht des Unternehmers, das versprochene Werk gemäß § 633 Abs. 1 BGB so herzustellen, daß es die zugesicherten Eigenschaften hat und nicht mit Fehlern behaftet ist, die den Wert oder die Tauglichkeit zu den gewöhnlichen oder den nach dem Vertrag vorausgesetzten Gebrauch aufheben oder mindern. Diese aus § 633 Abs. 1 BGB herzuleitende Rechtsregel entspricht der *Gewährleistungsbestimmung* des § 459

BGB. Doch besteht ein zentraler *Unterschied*: Bis zur *Abnahme* gemäß § 640 BGB schuldet der Unternehmer die Herstellung des Werks in der versprochenen Weise. Erst nach der erfolgreich durchgeführten Abnahme hat der Besteller das Recht, die ebenfalls aus §§ 633 ff. BGB herzuleitenden *Gewährleistungsansprüche* geltend zu machen, sofern sich dann herausstellt, daß das hergestellte Werk entweder nicht die zugesicherten Eigenschaften aufweist oder sonstiger Weise mit Fehlern behaftet ist (S. 97 f.). Daraus folgt: Der Besteller ist berechtigt, die Abnahme eines mangelhaften Werks sowie die Zahlung des Werklohns zu verweigern und Herstellung eines einwandfreien Werks zu verlangen (BGH NJW-RR 1992, 1078).

1.2.2.2
Die Einrede des nicht erfüllten Vertrages

Im Gegensatz zum Kaufvertrag (S. 95) hat also der Besteller die Einrede des *nicht erfüllten Vertrages* gemäß § 320 BGB, solange der ursprüngliche Erfüllungsanspruch besteht, also regelmäßig bis zur *Abnahme* gemäß § 640 BGB (Palandt/Thomas, vor § 633 Rdnr. 18). Dies hängt unmittelbar damit zusammen, daß der Unternehmer - anders als der Verkäufer - *vorleistungspflichtig* ist. Die Vergütungspflicht des Bestellers wird erst durch die Abnahme ausgelöst, wie sich aus § 641 BGB ergibt. Hat jedoch der Besteller das Werk abgenommen, so steht ihm die Einrede des nicht erfüllten Vertrages gemäß § 320 BGB nur insoweit noch zu, als er damit Beseitigung des Mangels anstrebt.

1.2.3
Mangel – Eigenschaftszusicherung

Sofern der Besteller das vom Unternehmer hergestellte Werk gemäß § 640 BGB abgenommen hat, konzentriert sich sein Anspruch gemäß § 633 Abs. 2 BGB auf *Mängelbeseitigung*. Voraussetzung ist freilich, daß das Werk nicht von der vertraglich vereinbarten Beschaffenheit ist.

1.2.3.1
Der Begriff des Fehlers

Soweit § 633 Abs. 1 BGB in diesem Zusammenhang den Begriff des *Fehlers* verwendet, gelten die gleichen Ausführungen, die zuvor für den Kaufvertrag gemäß § 459 Abs. 1 BGB unterbreitet wurden (S. 87 f.). Voraussetzung ist darüber hinaus, daß der Mangel aus dem Bereich des Unternehmers stammt, etwa ein Verstoß gegen die anerkannten Regeln der Technik oder gegen die DIN-Normen etc. *Maßgebender Zeitpunkt* ist jedoch hier die *Abnahme* gemäß § 640 BGB, weil bis zu diesem Zeitpunkt die Erfüllungspflicht des Unternehmers anhält. Folglich entscheidet sich nicht im Zeitpunkt des Vertragsabschlusses, sondern erst dann, wenn die Abnahme durchgeführt ist, ob der Unternehmer seine Vertragspflichten ordnungsgemäß erfüllt hat. Ändern sich also die Regeln der Technik zwischen dem Zeitpunkt des Vertragsabschlusses und dem der Abnahme des Werks, so ist der Unternehmer jedenfalls verpflichtet, diese Änderungen rechtzeitig dem Besteller anzuzeigen. Tut er dies nicht, macht er sich aus positiver Vertragsverletzung schadensersatzpflichtig (S. 120 f.).

1.2.3.2
Die Zusicherungserklärung

Grundsätzlich gelten auch im Rahmen von § 633 Abs. 1 BGB die gleichen Erwägungen, die für das Fehlen einer *zugesicherten Eigenschaft* gemäß § 459 Abs. 2 BGB entwickelt worden sind (S. 89 ff.). Doch ist im Rahmen von § 633 Abs. 1 BGB keineswegs jede Beschreibung eines zu erstellenden Werks - ohne Hinzutreten weiterer Umstände - eine Eigenschaftszusicherung (BGH NJW 1981, 1448 - Bauzeichnung). Zusicherung im Sinn von § 633 Abs. 1 BGB ist vielmehr das vom Unternehmer vertraglich gegebene, vom Besteller angenommene Versprechen, das Werk mit einer bestimmten Eigenschaft auszustatten (BGHZ 96, 111, 114 - Wärmedurchlaßwerte; RGRK-BGB/Glanzmann, § 633 Rdnr. 12). Während also der *Garantiewille* des Verkäufers im Rahmen einer kaufvertraglichen Eigenschaftszusicherung wesentlich ist (BGHZ 50, 200, 206 - Kleber), ist dies im Rahmen von § 633 Abs. 1 BGB nicht erforderlich. Also: Der Unternehmer muß nicht zum Ausdruck bringen, er werde für alle Folgen einstehen, wenn die - zugesicherte - Eigenschaft nicht erreicht wird (BGHZ 96, 111, 115 - Wärmedurchlaßwerte).

Die Begründung für diese Differenzierung zwischen Kauf- und Werkvertragsrecht liegt auf der Hand: Während die Zusicherungshaftung gemäß § 459 Abs. 2 BGB *doppelstöckig* ist, also allemal auf einer Beschaffenheitsvereinbarung im Sinn von § 459 Abs. 1 BGB beruht (S. 90 f.), werden Fehlerhaftung und Haftung für das Fehlen zugesicherter Eigenschaften im Rahmen von § 633 Abs. 1 BGB *gleichgeschaltet.* In beiden Fällen hat der Besteller primär einen Anspruch auf Mangelbeseitigung gemäß § 633 Abs. 2 BGB. Darüber hinaus ist der Schadensersatzanspruch wegen Nichterfüllung gemäß § 463 Satz 1 BGB *verschuldensunabhängig* (BGHZ 59, 158 - Fensterlack), während die Schadensersatzhaftung des § 635 BGB *verschuldensabhängig* ist (S. 94 f.). Demzufolge kommt es im Rahmen von § 633 Abs. 1 BGB auch nicht entscheidend darauf an, die sehr schwierige Distinktion zwischen Beschaffenheitsvereinbarung gemäß § 459 Abs. 1 BGB und einer Eigenschaftszusicherung gemäß § 459 Abs. 2 BGB nachzuzeichnen. Insbesondere ist es unerheblich, die schwer nachzuvollziehende Trennlinie zwischen einer Beschaffenheitsvereinbarung einerseits und einer stillschweigenden Zusicherung andererseits konturenscharf zu beleuchten. Denn im Rahmen von § 633 Abs. 1 BGB ist jede Beschaffenheitsvereinbarung gleichbedeutend mit einer Eigenschaftszusicherung (BGHZ 96, 111, 114 - Wärmedurchlaßwerte).

2
Die Gewährleistungsansprüche des Käufers

Gewährleistungsrechtlich ist danach zu differenzieren, ob die Kaufsache eine *Stückschuld* oder eine *Gattungsschuld* darstellt. Von einer Gattungsschuld im Sinn von § 243 Abs. 1 BGB ist dann zu reden, wenn die Kaufsache lediglich der Gattung nach bestimmt ist. Demgegenüber handelt es sich dann um eine Stückschuld, wenn eine bestimmte – individualisierte – Sache geschuldet wird. Zum Problem der Falschlieferung S. 194 – Rügepflicht.

2.1
Mangelbeseitigung

2.1.1
Die Beschränkung in Verkaufs-AGB

Der Anspruch auf Mangelbeseitigung wird häufig als einziger Gewährleistungsanspruch vereinbart. Dies ist regelmäßig dann der Fall, wenn der Verkäufer *Verkaufs-AGB* verwendet, weil dann die weitergehenden Ansprüche auf Wandelung oder Minderung *subsidiär* sind, wie sich auch aus § 11 Nr. 10 b AGB-Gesetz ergibt: Beim Fehlschlagen der Mangelbeseitigung müssen dem Käufer die weitergehenden Ansprüche auf Wandlung oder Änderung offenstehen. Gemäß § 476 a BGB setzt der Anspruch auf Mangelbeseitigung voraus, daß im Rahmen eines Kaufvertrages ein Nachbesserungsrecht *vereinbart* ist. Dabei ist entscheidend, daß dieses Recht des Käufers *„anstelle"* des Rechts auf Wandelung oder Minderung vertraglich vorgesehen ist. Anders gewendet: Es muß sich um den einzigen Gewährleistungsanspruch des Käufers handeln (Palandt/Putzo, § 476 a Rdnr. 4).

2.1.2
Der Inhalt von § 476 a BGB

Die wesentliche Aussage von § 476 a BGB besteht darin, daß der Käufer verpflichtet ist, alle zum Zweck der Mangelbeseitigung erforderlichen *Aufwendungen* zu tragen. Wie sich aus der tatbestandlichen Aufzählung in § 476 a BGB ergibt, sind dies *„insbesondere" Transport-, Wege-, Arbeits- und Materialkosten.* So gesehen wird die Mangelbeseitigung zum „Nulltarif" geschuldet. Der Käufer ist also so zu stellen, wie er stehen würde, wenn der Verkäufer eine mangelfreie Lieferung erbracht hätte. Zu den Mangelbeseitigungsaufwendungen gehört daher auch der Ersatz solcher Schäden, die zwangsläufig bei Durchführung der Mangelbeseitigungsarbeiten am sonstigen Eigentum des Käufers auftreten, z. B. Aufstemmen einer Wand bei Nachbesserungsarbeiten als Folge schlecht verlegter Wasserleitungen (BGH NJW 1963, 805, 806; BGH NJW 1963, 811; BGH BB 1978, 1036; BGH BB 1981, 935, 936). Erfaßt werden aber auch die Kosten, die zum *Aufspüren* der Schadensstelle erforderlich sind (BGH WM 1972, 705). Auch der Abtransport von Bauschutt sowie das Verlegen eines neuen Estrichs und eines neuen Teppichbodens gehören zu den Mangelbeseitigungsaufwendungen (BGH BB 1979, 804, 805).

Der *Ort der Mangelbeseitigung* richtet sich nach den §§ 269 Abs. 1, 476 a BGB (Soergel/Huber, § 476 a Rdnr. 15). Die Mangelbeseitigung hat also dort zu erfolgen, wo die Sache sich befindet, oder aber in der Werkstatt des Verkäufers oder in dem Herstellerwerk. Die Kosten des Hin- und Rücktransports trägt gemäß § 476 a Satz 1 BGB der Verkäufer. Nicht zu den ersatzfähigen Aufwendungen gehört jedoch der für den Käufer mit der Mangelbeseitigung verbundene *Zeitaufwand* (Soergel/Huber a.a.O.).

§ 476 a Satz 2 BGB betrifft den Fall des *Ortswechsels* der Sache und damit insbesondere die dadurch ausgelösten Wege- und Transportkosten. Der Verkäufer muß Wege- und Transportkosten in voller Höhe tragen, wenn die Sache sich am *Wohnsitz* des privaten Käufers oder am *Ort der Niederlassung* des gewerblichen Käufers findet (Soergel/Huber, § 476 a Rdnr. 16). Ein *Verbringen* an einen anderen Ort als den Erfüllungsort im Sinn von § 476 a Satz 2 BGB liegt vor, wenn die gekaufte Sache nach der Lieferung an einen anderen Ort verbracht wird, wie insbesondere bei einem Kfz., zu dessen bestimmungsgemäßem Gebrauch die *mobile* Benutzung gehört (Palandt/Putzo, § 476 a Rdnr. 8). Die bloße Absicht, die Sache weiterveräußern zu wollen, genügt im Rahmen von § 476 a Satz 2 BGB nicht (BGH NJW 1991, 1604).

2.2 Der Anspruch auf Wandelung

2.2.1 Die Vorrangigkeit des Mangelbeseitigungsanspruchs – „Fehlschlagen" der Mangelbeseitigung

Wie bereits erwähnt (S. 99), ist der Anspruch auf Mangelbeseitigung gemäß § 476 a BGB gegenüber dem Anspruch auf Wandelung gemäß § 462 BGB *vorrangig*. Dies gilt selbstverständlich dann, wenn der Mangelbeseitigungsanspruch des Käufers „anstelle" seines Anspruchs auf Wandelung oder Minderung vertraglich vereinbart ist, wie dies § 476 a BGB im Auge hat – insbesondere bei Vereinbarung von *Verkaufs-AGB*. Gleiches gilt aber auch dann, wenn und soweit sich Einkaufs- und Verkaufs-AGB beim Vertragsabschluß gegenüberstehen, so daß dann gemäß § 6 Abs. 2 AGB-Gesetz dispositives Recht gilt, so daß sich dann beide Parteien – nach Auftreten eines Mangels der Kaufsache – darüber verständigen, zunächst eine *Mangelbeseitigung* durchzuführen, zumal dieser Rechtsbehelf regelmäßig sowohl den Interessen des Käufers als auch denen des Verkäufers primär entspricht. Demgegenüber kann der Verkäufer den Käufer jedenfalls dann nicht an der Mangelbeseitigung festhalten, sofern ein „Fehlschlagen" vorliegt. Unter dieser Voraussetzung bestimmt § 11 Nr. 10 b AGB-Gesetz, daß dann die weitergehenden Ansprüche des Käufers auf Wandelung

(Rückgängigmachung des Vertrages) oder Minderung (Herabsetzung des Kaufpreises) zum Tragen kommen (S. 102 f.).

2.2.2
Der Inhalt des Anspruchs

Sofern im Sinn von § 459 Abs. 1 BGB ein Sachmangel vorliegt oder der Kaufsache eine vertraglich zugesicherte Eigenschaft im Sinn von § 459 Abs. 2 BGB fehlt, hat der *Käufer* Anspruch darauf, den Kaufvertrag gemäß § 462 BGB rückgängig zu machen, d. h. zu wandeln. Voraussetzung ist hierbei, daß der Sachmangel zu dem Zeitpunkt vorliegt, in welchem der Gewährleistungsanspruch geltend gemacht wird (Palandt/ Putzo, § 462 Rdnr. 10), wobei weiterhin Voraussetzung ist, daß der Käufer *beweist*, daß der Sachmangel jedenfalls im Zeitpunkt des Gefahrenübergangs „im Keim" bereits vorhanden war (S. 95).

Außerprozessual macht der Käufer sein Begehren, Wandelung zu verlangen, regelmäßig in der Weise gegenüber dem Verkäufer geltend, daß er dies *formlos* dem Verkäufer mitteilt und ihn gleichzeitig auffordert, mit der Vollziehung der Wandelung im Sinn von § 465 BGB *einverstanden* zu sein. Die Vollziehung der Wandelung setzt also in jedem Fall eine entsprechende *Einigung* zwischen den Parteien voraus (Palandt/ Putzo, § 465 Rdnr. 7). *Prozessual* vollzieht sich die Wandelung in der Weise, daß der Käufer auf Rückzahlung des Kaufpreises klagt (Palandt/Putzo, § 465 Rdnr. 6). Unbenommen bleibt es jedoch dem Käufer, seinen Anspruch auf Vollzug der Wandelung in der Weise geltend zu machen, daß er Klage auf Zustimmung für Wandelung gegenüber dem Verkäufer erhebt. Mit *Rechtskraft* des klagezusprechenden Urteils wird dann die Wandelung gemäß § 894 ZPO vollzogen (Palandt/Putzo, § 465 Rdnr. 3).

2.2.3
Die nicht zu ersetzenden Nachteile

Nicht zu den nach § 476 a BGB zu ersetzenden Mangelbeseitigungsaufwendungen zählt der *Nutzungsausfall*, der während der Reparaturzeit eintritt (BGHZ 72, 31, 33). Hierbei handelt es sich um eine klassische *Schadensersatzposition*. Diese kann lediglich bei Fehlen einer zugesicherten Eigenschaft gemäß § 459 Abs. 2 BGB oder bei Vorliegen von *Arglist* im Sinn von § 463 Satz 2 BGB ersetzt werden. Wird jedoch die Reparatur *mangelhaft* durchgeführt, so haftet der Verkäufer aus positiver Vertragsverletzung. Dies kann einen Anspruch auf Ersatz des Nutzungsausfalls begründen (Soergel/Huber, § 476 a Rdnr. 17). Eindeutig gilt dies dann, wenn der Verkäufer mit der Mangelbeseitigung gemäß §§ 284 ff. BGB in Verzug geraten ist, weil er ihm gesetzte angemessene Fristen aus Gründen überschritten hat, die er gemäß § 285 BGB zu vertreten hat.

2.2.4
Der Vollzug der Wandelung

Liegt also danach ein Einverständnis des Verkäufers mit der Wandelung oder eine entsprechende rechtskräftige Verurteilung vor, so entsteht gemäß § 467 BGB ein *Rückgewährschuldverhältnis*, auf welches die Bestimmungen über das vertragliche

Rücktrittsrecht entsprechende Anwendung finden: Beide Parteien sind also verpflichtet, einander die empfangenen Leistungen zurückzugewähren (im einzelnen Palandt/Putzo, § 467 Rdnrn. 13 ff.).

2.3 Der Anspruch auf Minderung

2.3.1 Die Parallele zur Wandelung

Aus § 462 BGB ergibt sich die *Legaldefinition* der Minderung. Sie bedeutet, der Käufer hat wegen des Sachmangels Anspruch gegenüber dem Verkäufer, den Kaufpreis herabzusetzen. Soweit die Minderung gemäß §§ 472 ff. BGB durchgeführt ist, bleibt – im Unterschied zur Wandelung – der Kaufvertrag mit allen sonstigen Rechten und Pflichten bestehen (Palandt/Putzo, § 462 Rdnr. 13). Anders als bei der Wandelung entsteht also kein Rückgewährschuldverhältnis, sondern nur eine einseitige Rückzahlungspflicht oder das teilweise Erlöschen der Kaufpreisforderung (Soergel/Huber, § 462 Rdnr. 58).

2.3.2 Der Vollzug der Minderung

Aus § 465 BGB folgt zunächst, daß der Käufer gegenüber dem Verkäufer – wie bei der Wandelung – einen Anspruch auf *Vollzug* der Minderung. Auch ist hier also ein *Einverständnis* des Verkäufers mit dem Minderungsbegehren des Käufers erforderlich. *Prozessual* ist es unproblematisch, wenn der Käufer durch Leistungsklage seinen Anspruch auf Kaufpreisminderung gemäß § 472 BGB geltend macht.

Für die *Durchführung* der Minderung bestimmt § 472 Abs. 1 BGB, daß der Kaufpreis in dem Verhältnis herabzusetzen ist, „in welchem zur Zeit des Verkaufs der *Wert der Sache* in mangelfreiem Zustand zu den wirklichem Wert gestanden haben würde". Damit ist eine relative Berechnungsmethode vorgeschrieben (Soergel/Huber, § 472 Rdnr. 2). Dabei gelten folgende Grundsätze: Maßgeblich ist grundsätzlich der *hypothetische Wert* der mangelfreien Sache im Zeitpunkt des Vertragsabschlusses (Soergel/Huber, § 472 Rdnr. 9). Es kommt also nicht auf den tatsächlich gezahlten Kaufpreis an, weil die Eigenart der vertraglichen Kaufpreisbildung erhalten bleiben soll. Darin besteht das Wesenselement der relativen Berechnungsmethode gemäß § 472 Abs. 1 BGB (Palandt/Putzo, § 472 Rdnr. 7). Gleiches gilt für die Ermittlung des Wertes der *mangelhaften Sache* (Soergel/Huber, § 472 Rdnr. 11). Daraus folgt: Die für die Mangelbeseitigung erforderlichen Kosten dürfen nicht ohne weiters und nicht ohne jegliche Begründung mit dem Betrag der Minderung gemäß § 472 Abs. 1 BGB gleichgesetzt werden (vgl. BGH DB 1971, 2252; Peters, BB 1983, 1951, 1952; Palandt/Putzo, § 472 Rdnr. 8). Indessen bleibt es dem Tatrichter unbenommen, im Rahmen einer nach § 287 ZPO zulässigen *Schadensschätzung* – unter Berücksichtigung der von den Parteien insoweit vorgetragenen Tatsachen – den Wert der Kaufsache gleichzusetzen mit dem tatsächlich gezahlten Preis. Zur Konsequenz hat dies dann, daß – wiederum: abhängig von den konkreten Tatsachen und einer danach auszurichtenden richterlichen Schadensschätzung gemäß § 287 ZPO – der Reparaturaufwand als

Minderungsbetrag *äquivalent* eingestuft werden kann. Allerdings setzt dies auch eine annähernde Preisstabilität voraus (im einzelnen Soergel/Huber, § 472 Rdnr. 13; Peters, BB 1983, 1951, 1954).

2.4 Der Anspruch auf Schadensersatz wegen Nichterfüllung gemäß § 463 Satz 1 BGB

2.4.1 Das dem Käufer zustehende Wahlrecht

Zwischen dem Anspruch des Käufers auf Wandelung oder Minderung sowie dem Anspruch auf Schadensersatz wegen Nichterfüllung gemäß § 463 Satz 1 BGB besteht *Alternativität*. Der Käufer hat das *Wahlrecht* (Palandt/Putzo, § 463 Rdnr. 4). Indessen ist zu unterstreichen, daß der Käufer keinen Anspruch auf Schadensersatz wegen Nichterfüllung gemäß § 463 Satz 1 BGB hat, sofern der Verkäufer lediglich einen *Sachmangel* gemäß § 459 Abs. 1 BGB zu vertreten hat. In diesen Fällen beschränkt sich das Wahlrecht des Käufers auf den Anspruch auf Wandelung oder Minderung, sofern nicht primär kraft vertraglicher Vereinbarung dem Käufer ein Anspruch auf Mangelbeseitigung zusteht.

2.4.2 Der Umfang des Schadensersatzanspruchs

Gemäß § 463 Satz 1 BGB schuldet der Verkäufer Ersatz des sogenannten *positiven Interesses*: Der Käufer ist also so zu stellen, wie er stehen würde, wenn die Sache die vertraglich zugesicherte Eigenschaft tatsächlich besäße (Palandt/Putzo, § 463 Rdnr. 14; Soergel/Huber, § 463 Rdnr. 38).

Von ganz besonderem Belang ist für die Bestimmung des zu ersetzenden Schadens, ob die Eigenschaftszusicherung sich lediglich auf die Vertragsgemäßheit der Lieferung/Leistung bezog, oder ob sie – darüber hinausgehend – auch das Risiko etwaiger *Mangelfolgeschäden* einschloß (BGHZ 50, 200 ff. – Kleber). Unter Berücksichtigung der allgemeinen Auslegungskriterien der §§ 133, 157 BGB ist also stets zu fragen, ob der *Zweck der Zusicherung* den Käufer auch gegen das Risiko etwaiger Mangelfolgeschäden absichern sollte (im einzelnen Produkthaftungshandbuch/Graf von Westphalen, § 2 Rdnr. 44 ff.). Wird z. B. die Eignung eines Klebers insofern zugesichert, als dessen alleiniger, bestimmungsgemäßer Gebrauch darin besteht, beim Verlegen von Platten verwendet zu werden, so ist von Belang, ob sich die „wirtschaftlich ins Gewicht fallenden Schäden nur in den nach der Verarbeitung sich ergebenden Mangelfolgeschäden" zeigen (BGHZ 50, 200, 205 – Kleber), so daß ein Erstattung des gezahlten Kaufpreises „für den Käufer ohne wesentliche Bedeutung" (BGH a. a. O.) ist. Trifft dies zu, erstreckt sich die Zusicherung gemäß §§ 133, 157 BGB auch auf das Risiko etwaiger Mangelfolgeschäden. Gleiches gilt dann, wenn die Eignung eines Fensterlackes zugesichert wird, der nach verschiedenen Fachgesprächen, Prüfungen und Tests entsprechend den Bedürfnissen und Wünschen des Käufers hergestellt wird (BGHZ 50, 158 – Kleber). Wird z. B. die Unfallfreiheit eines verkauften Fahrzeugs zugesichert, erstreckt sich die Schadensersatzhaftung auch auf den Schaden, den der

Weiterverkäufer dadurch erleidet, daß er von seinem Abkäufer, der wiederum Händler ist, auf Ersatz des entgangenen Gewinns in Anspruch genommen wird (BGHZ 57, 252, 256).

Wie bei allen nach den §§ 133, 157 BGB zu bewältigenden *Auslegungsproblemen* läßt sich nie von vornherein mit der erforderlichen Sicherheit feststellen, ob die Eigenschaftszusicherung gemäß § 463 Satz 1 BGB lediglich die Vertragsgemäßheit der jeweiligen Lieferung/Leistung im Auge hatte, oder ob sie aus der Sicht des Käufers – darüber hinausreichend – auch den Zweck verfolgte, den Käufer gegenüber den Risiken etwaiger Mangelfolgeschäden abzusichern. Hier entscheiden stets die jeweiligen *Umstände* des Einzelfalls; sie müssen auf das sorgfältigste gewogen und geprüft werden und einfache Lösungen verbieten sich. Für die *Praxis* ist es deshalb empfehlenswert, sowohl das Vorliegen einer Eigenschaftszusicherung – im Unterschied zu einer Beschaffenheitsvereinbarung gemäß § 459 Abs. 1 BGB – in dem jeweiligen *Vertrag* exakt festzulegen und genau zu bestimmen, ob auch das Risiko etwaiger Mangelfolgeschäden von dem jeweiligen Zweck der Zusicherung erfaßt werden sollte.

Diese Problematik wird besonders gravierend, wenn anstelle von Eigenschaftszusicherungen gemäß § 459 Abs. 2 BGB *Garantiezusagen* formuliert werden (S. 110 ff.).

2.4.3
Die Schadensberechnung

2.4.3.1
Der sogenannte kleine Schadensersatzanspruch

Wie stets ist auch die Berechnung des Schadensersatzanspruchs wegen Nichterfüllung auf zweierlei Weisen möglich: Der Käufer kann den sogenannten *kleinen Schadensersatzanspruch* geltend machen; er hat jedoch auch das Wahlrecht, statt dessen den *großen Schadensersatzanspruch* zu beanspruchen. Im Rahmen des kleinen Schadensersatzanspruchs ist der Käufer nicht verpflichtet, die Kaufsache zurückzugeben. Er kann vielmehr Ausgleich der durch das Fehlen der Eigenschaftszusicherung entstandenen *Vermögensdifferenz* verlangen, also den Wertunterschied zwischen der mangelfreien und der mangelhaften Sache, einschließlich etwaiger weitergehender Schäden, sofern die Eigenschaftszusicherung diese im Rahmen des *Mangelfolgeschadens* erfaßte (Soergel/Huber, § 463 Rdnr. 53). Dieser Schadensersatz ist stets in Geld zu leisten (BGH NJW 1983, 1424, 1425; BGH NJW 1989, 2534). Deshalb ist es dem Käufer verwehrt, vom Verkäufer zu verlangen, daß dieser die Sache repariert (Soergel/Huber, § 463 Rdnr. 54; Palandt/Putzo, § 463 Rdnr. 18).

2.4.3.2
Der sogenannte große Schadensersatzanspruch

Im Rahmen des *großen Schadensersatzes* kann jedoch der Käufer auch die Annahme der Kaufsache gänzlich ablehnen und Schadensersatz wegen Nichterfüllung des ganzen Vertrages fordern (Soergel/Huber, § 463 Rdnrn. 40 ff.; Palandt/Putzo, § 463 Rdnr. 19). Gänzlich unproblematisch ist die Ausübung dieses Rechts, soweit die Kaufsache nicht mehr zurückgegeben kann oder für die Zwecke des Käufers ungeeignet ist. Hingegen besteht Einvernehmen darüber, daß der Käufer nicht berechtigt ist, den großen Schadensersatzanspruch geltend zu machen, ohne dabei auf die jeweiligen Umstände des Einzelfalls Rücksicht zu nehmen. Doch entspricht es der Judikatur der BGH, daß der Käufer berechtigt ist, den großen Schadensersatzanspruch zu reklamieren, ohne gleichzeitig zu behaupten, sein Interesse an der Durchführung des Vertrages sei in Fortfall geraten (BGHZ 27, 215, 218 f.; BGHZ 96, 283, 287; Soergel/Huber, § 463 Rdnr. 43; Palandt/Putzo a. a. O.). Es kann jedoch gegen das Gebot von Treu und Glauben gemäß § 242 BGB verstoßen, wenn der Käufer wegen eines nur geringfügigen Mangels den großen Schadensersatzanspruch verlangt (Soergel/Huber, § 463 Rdnr. 44).

2.5 Schadensersatz wegen Arglist

Sofern eine arglistige Täuschung oder ein *arglistiges Verschweigen* eines Fehlers vorliegt, haftet der Verkäufer gemäß § 463 Satz 2 BGB auf Schadensersatz wegen Nichterfüllung. Hierfür ist betrügerische Absicht nicht erforderlich; vielmehr genügt bedingter Vorsatz (BGH NJW 1991, 2900). Mithin reicht es aus, daß der Verkäufer den Fehler kennt oder mit seinem Vorhandensein rechnet, mindestens aber den Fehler für möglich erachtet (BGH NJW 1992, 1953). Ein *arglistiges Verschweigen* im Sinn von § 463 Satz 2 BGB liegt dann vor, wenn der Verkäufer zur Aufklärung verpflichtet war, insbesondere dann, wenn der Käufer nach dem Vorhandensein eines Fehler gefragt hat.

Der Umfang des Schadensersatzanspruchs gemäß § 463 Satz 2 BGB bestimmt sich nach allgemeinen Kriterien (Palandt/Putzo, § 463 Rdnrn. 14 ff. m. w. N.).

3
Die Gewährleistungsansprüche im Werkvertragsrecht

3.1
Der Anspruch auf Mangelbeseitigung

3.1.1
Die Parallele zu § 476 a BGB

Während im Kaufrecht § 476 a BGB einen Mangelbeseitigungsanspruch an *Gewährleistungsanspruch* normiert (S. 99 f.), ist die Struktur des Mangelbeseitigungsanspruchs nach § 633 Abs. 1 BGB *doppelbödig*: Zum einen handelt es sich bis zum Zeitpunkt der Abnahme um einen Erfüllungsanspruch, zum anderen ist der Mangelbeseitigungsanspruch - nach durchgeführter Abnahme gemäß § 640 BGB - ein *gesetzlicher* Gewährleistungsanspruch. Im Unterschied zu § 476 a BGB bedarf also der Mangelbeseitigungsanspruch im Werkvertragsrecht keiner vertraglichen Vereinbarung; insbesondere ist es nicht erforderlich, daß dieser Anspruch „anstelle" von Wandelung oder Minderung vereinbart worden ist.

Da § 633 Abs. 2 Satz 2 BGB auf § 476 a BGB verweist, wird damit klargestellt, daß der Unternehmer verpflichtet ist, die Mangelbeseitigung in gleicher Weise durchzuführen, wie dies für das Kaufvertragsrecht dargestellt wurde (S. 99 ff.).

3.1.2
Die Ersatzvornahme und Aufwendungsersatz gemäß § 633 Abs. 3 BGB

Kommt der Unternehmer mit der Beseitigung des Mangels in Verzug, so bestimmt § 633 Abs. 3 BGB, daß dann der Besteller berechtigt ist, den Mangel selbst zu beseitigen und Ersatz der erforderlichen *Aufwendungen* zu verlangen. Gleiches gilt dann, wenn sich der Unternehmer als *unzuverlässig* erweist, so daß der Besteller nicht mehr darauf vertrauen kann, der Unternehmer werde den Mangel ordnungsgemäß beheben (Palandt/Thomas, § 633 Rdnr. 8). Erforderlich im Sinn von § 633 Abs. 3 BGB sind die Kosten, die ein wirtschaftlich denkender Unternehmer aufgrund sachkundiger Beratung für eine vertretbare Maßnahme der Schadensbeseitigung aufwenden konnte und mußte (BGH BB 1991, 651). Dazu zählen im übrigen die gleichen Aufwendungen, die nach § 476 a BGB erstattungspflichtig sind, wie etwa auch die Aufwendungen, welche zum Aufspüren des Mangels erforderlich sind (S. 99 f.).

3.2 Wandelung – Minderung

3.2.1 Die Fristsetzung

Das Werkvertragsrecht der §§ 633 ff. BGB verlangt vom Besteller ein *gestaffeltes Vorgehen.* Im Vordergrund steht der Anspruch auf Mangelbeseitigung, der in § 633 Abs. 2 BGB normiert ist. § 634 Abs. 1 BGB berechtigt nunmehr den Besteller dazu, dem Unternehmer eine angemessene Frist mit der Erklärung zu bestimmen, daß er die Beseitigung des Mangels nach Ablauf der Frist ablehnen werden. Angemessen ist danach eine Fristsetzung immer dann, wenn sie sicherstellt, daß der Unternehmer in der Lage ist, den gerügten Mangel unter normalen Voraussetzungen zu beseitigen (BGH NJW-RR 1993, 309). Eine zu kurz bemessene Frist setzt regelmäßig eine angemessene Frist in Lauf (BGH WM 1986, 1255). Ob es dem Besteller zuzumuten ist, dem Unternehmer eine *wiederholte* Frist zu setzen, ist abhängig von den Umständen des Einzelfalls (Palandt/Thomas, § 634 Rdnr. 3). Vieles spricht dafür, daß hier die gleichen Erwägungen gelten, welche im Rahmen des „Fehlschlagens" der Mangelbeseitigung gemäß § 11 Nr. 10 b AGB-Gesetz einschlägig sind.

Gemäß § 634 Abs. 2 BGB ist die Setzung einer Frist *entbehrlich,* wenn die Beseitigung des Mangels unmöglich ist oder vom Unternehmer verweigert wird oder wenn die sofortige Geltendmachung des Anspruchs auf Wandelung oder Minderung durch ein *besonderes Interesse* des Bestellers gerechtfertigt ist. Diese Voraussetzungen sind immer dann zu bejahen, wenn der Unternehmer unzumutbare Bedingungen für die Durchführung der Mangelbeseitigung oder das Vorliegen eines Mangels schlechthin in Abrede stellt (BGH NJW-RR 1990, 786). Auch in diesem Zusammenhang ist es hilfreich, auf die Parallelvorschrift von § 11 Nr. 10 b AGB-Gesetz zu verweisen.

3.2.2 Die Vollziehung von Wandelung und Minderung

Im Rahmen von § 634 Abs. 1 BGB vollziehen sich Wandelung und Minderung nach den kaufrechtlichen Bestimmungen und darauf wird verwiesen (S. 100 ff.).

3.3 Der Anspruch auf Schadensersatz wegen Nichterfüllung

3.3.1 Die Voraussetzungen des Schadensersatzanspruchs

§ 635 BGB bestimmt, daß der Besteller „statt der Wandelung oder der Minderung" berechtigt ist, Schadensersatz wegen Nichterfüllung zu verlangen. Dies bedeutet: Da der Anspruch des Bestellers auf Wandelung oder Minderung gemäß § 634 Abs. 1 BGB grundsätzlich davon abhängt, daß der Besteller dem Unternehmer eine angemessene Frist mit Ablehnungsandrohung gesetzt hat, müssen diese Voraussetzungen auch beachtet werden, sofern der Besteller sich entschließt, *Schadensersatz wegen Nichterfüllung* zu reklamieren. *Neben der Mangelbeseitigung* kann der Besteller jedoch

Ersatz desjenigen Schadens verlangen, der durch die Mangelbeseitigung nicht mehr behebbar ist, z. B. entgangenen Gewinn bis zur Fertigstellung der Mangelbeseitigung (BGH BB 1991, 375). Darüber hinaus kann der Besteller Ersatz von *Mangelfolgeschäden* fordern, weil insoweit ein Mangelbeseitigungsanspruch gemäß § 633 Abs. 1 BGB nicht besteht (Palandt/Thomas, § 635 Rdnr. 2).

3.3.2
Die verschuldensabhängige Haftung

Gegenüber der Schadensersatzhaftung wegen Nichterfüllung gemäß § 463 Satz 1 BGB (S. 94 f.) ist die werkvertragliche Schadensersatzhaftung *verschuldensabhängig* ausgeprägt. Sie greift jedoch nicht nur dann ein, wenn dem Werk eine zugesicherte Eigenschaft fehlt, sondern auch dann, wenn das Werk im Sinn von § 633 Abs. 1 BGB *mangelhaft* ist. Verschulden bedeutet auch hier, daß der Unternehmer Vorsatz und Fahrlässigkeit gemäß § 276 BGB zu vertreten hat (S. 115). Dabei ist von entscheidender Bedeutung, daß ein *Subunternehmer* stets *Erfüllungsgehilfe* des Unternehmers ist, so daß dieser für etwaiges Verschulden des Subunternehmers gemäß § 278 BGB einstandspflichtig ist. Folglich sind alle vom Unternehmer eingeschalteten *Dritten* als Erfüllungsgehilfen gemäß § 278 BGB zu qualifizieren, die mit Wissen und Wollen des Unternehmers bei der Erstellung des Werks tätig sind.

Weitere Voraussetzungen für die Schadensersatzhaftung gemäß § 635 BGB ist, daß der entstandene Schaden durch den Mangel verursacht sein muß (Palandt/Thomas, § 635 Rdnr. 4). Insoweit gelten freilich allgemeine schadensersatzrechtliche Erwägungen. Sie sind aus den §§ 249 ff. BGB herzuleiten; Besonderheiten des Werkvertragsrechts bestehen im Rahmen von § 635 BGB nicht. Dies gilt freilich *nicht* für die sehr schwierige Abgrenzung zwischen Mangelschaden und *Mangelfolgeschaden*, welche nicht aus § 635 BGB, sondern aus positiver Vertragsverletzung reklamiert werden (S. 127 ff.).

3.3.3
Die Konzentration auf den Schadensersatzanspruch

Der Schadensersatzanspruch gemäß § 635 BGB setzt schließlich voraus, daß das hergestellte Werk vom Besteller gemäß § 640 BGB *abgenommen* worden ist (S. 109). Soweit der Besteller Schadensersatz verlangt, wird dadurch das Vertragsverhältnis nicht aufgehoben; es konzentriert sich vielmehr auf die vom Unternehmer geschuldete *Schadensersatzleistung* (Palandt/Thomas, § 635 Rdnr. 6). Für die Berechnung des Schadensersatzanspruchs gelten hier die gleichen Gesichtspunkte, die zuvor zu § 463 BGB dargestellt worden sind: Auch hier hat der Besteller entweder einen kleinen oder einen großen Schadensersatzanspruch (S. 104 f.). Abweichend von § 249 BGB wird jedoch regelmäßig eine *Entschädigung in Geld* geleistet, und zwar auch dann, wenn der Besteller den ihm zustehenden großen Schadensersatzanspruch geltend macht (BGH NJW-RR 1989, 680).

3.3.4
Die Beweislast

Für den Mangel im Sinn von § 633 Abs. 1 BGB ist der Besteller darlegungs- und beweispflichtig. Das gleiche gilt, sofern gemäß § 634 BGB eine Fristsetzung mit Ablehnungsandrohung erforderlich ist (Palandt/Thomas, § 634 Rdnr. 10). Soweit der Besteller gemäß § 635 BGB Schadensersatz wegen Nichterfüllung geltend macht, gilt: Den Tatbestand der *objektiven Pflichtverletzung* muß der Besteller dem Unternehmer nachweisen. Das bedeutet: Der Besteller ist verpflichtet, das Vorliegen eines Mangels oder das Fehlen einer zugesicherten Eigenschaft im Sinn von § 633 Abs. 1 BGB zu beweisen. In gleicher Weise ist der Besteller dafür darlegungs- und beweispflichtig, daß als Folge des Mangels oder des Fehlens einer zugesicherten Eigenschaft ein konkreter, nachzuweisender Schaden entstanden ist. Soweit jedoch der Tatbestand des *Verschuldens* in Rede steht, gilt zugunsten des Bestellers eine *Umkehr der Beweislast.* Es greift hier der allgemeine Grundsatz der Beweislastverteilung ein, die nach *Gefahrenbereichen* orientiert ist: Für Umstände, welche im Organisations- und Herrschaftsbereich des Unternehmers liegen, ist dieser „näher daran", um den Nachweis zu erbringen, daß der vom Besteller nachgewiesene Mangel im Sinn von § 633 Abs. 1 BGB von ihm nicht gemäß § 276 BGB verschuldet worden ist (Palandt/Thomas, § 635 Rdnr. 9).

Diese Beweislastverteilung gilt auch dann, wenn der Besteller Schadensersatzansprüche aus *positiver Vertragsverletzung* geltend macht, wie insbesondere dann, wenn er Ersatz von Mangelfolgeschäden reklamiert (S. 129).

3.4
Die Abnahme gemäß § 640 BGB

3.4.1
Der Begriff

Gemäß § 640 Abs. 1 BGB ist der Besteller verpflichtet, das vertragsgemäß hergestellte Werk abzunehmen. Dies geschieht regelmäßig in der Weise, daß der Besteller das vertragsgemäß hergestellte Werk entgegennimmt und dies mit der Erklärung verbindet, daß er das Werk als der Hauptsache nach vertragsgemäße Leistung anerkennt (BGHZ 48, 257, 262; BGH NJW 1993, 1972). Von praktisch hoher Bedeutung ist die Feststellung, daß die Abnahme auch durch *schlüssige Handlungen* geschehen kann, z. B. auch durch Ingebrauchnahme des im wesentlichen funktionstüchtigen Werks. Indessen ist die Ingebrauchnahme – für sich allein genommen – noch nicht gleichbedeutend mit einer Abnahme im Sinn von § 640 Abs. 1 BGB (Palandt/Thomas, § 640 Rdnr. 2). Vielmehr ist erforderlich, daß nach Ingebrauchnahme eine – nach den Umständen des Einzelfalls je verschiedene – *Nutzungszeit* verstreicht: Aus dieser wird kaum eine schlüssige Abnahme gefolgert werden (BGH NJW 1985, 731).

3.4.2
Die Wirkung der Abnahme

Soweit der Besteller das vertragsgemäß hergestellte Werk im Sinn von § 640 Abs. 1 BGB abgenommen hat, *erlischt* der Erfüllungsanspruch, der in § 633 Abs. 1 BGB normiert und auf Mangelbeseitigung gerichtet ist. Darüber hinaus beginnt die Verjährungsfrist gemäß § 638 BGB (S. 133). Schließlich löst die Abnahme die Fälligkeit des Vergütungsanspruchs des Unternehmers gemäß § 641 BGB aus.

4 Zusicherungen – Garantieversprechen

In der Praxis kommt es immer wieder vor, daß sowohl bei einem Kauf- als auch bei einem Werkvertrag – insbesondere auch im Rahmen von Qualitätsicherungsvereinbarungen – die Abgabe einer bestimmten „Garantie" verlangt wird, welche sich auf eine bestimmte *Eigenschaft* der zu liefernden Sache oder des zu erstellenden Werks oder auf die *Dauer* der Haftung (Haltbarkeitsgarantie S. 135 ff.) bezieht. Derartige „Garantien" werfen verschiedene – teils recht schwierige – Fragen auf. Alle hängen damit zusammen, daß der Gesetzgeber – weder im Kauf- noch im Werkvertragsrecht – den Begriff der „Garantie" kennt, sondern dem Käufer bzw. dem Besteller *Gewährleistungsrechte* gemäß §§ 459 ff. BGB bzw. gemäß §§ 633 ff. BGB zuweist. „Garantien" sind in Qualitätssicherungsvereinbarungen tunlichst zu vermeiden, weil das *Haftungsrisiko* sehr erheblich ist.

4.1 Werkvertragliche Gewährleistung – Garantien

4.1.1 Die gesetzliche Ausgangslage

Nach § 633 Abs. 1 BGB haftet der Unternehmer für die zugesicherte Eigenschaften des Werks genauso wie für dessen Fehlerfreiheit. Schadensersatz wegen Nichterfüllung gemäß § 635 BGB muß der Unternehmer dann leisten, wenn er das Fehlen der zugesicherten Eigenschaft zu *vertreten* hat. Diese – verschuldensabhängige – Schadensersatzhaftung kann durch die Abgabe einer „*Garantie*" verstärkt werden, und zwar je nachdem, ob es sich um eine unselbständige oder um eine selbständige Garantiezusage handelt. Diese Zusammenhänge sind von der Rechtsprechung des RG (RGZ 165, 41, 46 f.; BGHZ 65, 107, 109 f.) entwickelt worden. Gegenüber dem *Kaufvertragsrecht* ergeben sich hier insoweit gewisse Abweichungen, so daß es angezeigt ist, den dogmatischen *Dreiklang* – Zusicherung/unselbständige Garantie/selbständige Garantie – zunächst anhand der Ergebnisse der Judikatur darzustellen.

4.1.2 Das Vorliegen einer unselbständigen Garantie

Es ist sicherlich so, daß die Abgabe einer „Garantie" als *gleichbedeutend* mit einer Zusicherungshaftung gemäß § 635 BGB eingeordnet werden kann. Da das Gesetz jedoch von *Gewährleistungsrechten* ausgeht, liegt es im Sinn der allgemeinen Auslegungskriterien gemäß §§ 133, 157 BGB näher, wenn man die Abgabe einer „Garantie" als Begründung einer *verschuldensunabhängigen* Einstandspflicht greift (RGZ 165, 41, 46 f.). Es handelt sich dann um eine *unselbständige Garantie* (Soergel/Huber, § 459 Rdnr. 202; Produkthaftungshandbuch/Graf von Westphalen, § 7 Rdnr. 2; Rdnr. 17). Dieses Auslegungsergebnis ist insbesondere dann angezeigt, wenn die Gewährleistungsregeln in der Qualitätssicherungsvereinbarung zwischen Eigenschaften unterscheiden, die „zugesichert" werden und solchen, die der Unternehmer „garantiert".

4.1.3 Die selbständige Garantie

Die Verwendung des Begriffs „Garantie" – bezogen auf eine Eigenschaft – kann auch bedeuten, daß der Werkunternehmer damit für einen *weitergehenden, leitungsunabhängigen Erfolg* einstehen will (RGZ 165, 41, 46 f.; BGH NJW 1986, 1927). Der mit einer solchen Garantie ins Auge gefaßte – weitergehende – Erfolg muß deshalb außerhalb der Vertragsgemäßheit der aufgrund des Werkvertrages geschuldeten Lieferung liegen (RG JW 1921, 828; BGH WM 1976, 977; BGH WM 1977, 718). Garantiert z. B. der Hersteller eines zu erstellenden Ringofens, daß mit einer bestimmten Menge Steine zu einem bestimmten Preis ein entsprechender Jahresverdienst erwirtschaftet werden kann, so liegt darin ein selbständiger Garantievertrag (RG JW 1919, 241). Gleiches gilt dann, wenn der Werkunternehmer acht Generatoren für eine Generatorenanlage eines Stahlwerks liefert und dabei garantiert, daß nach ihrem Einbau der Kohleverbrauch in bestimmten Maß verringert werde (RG JW 1921, 828). Ein selbständiger Garantievertrag liegt aber auch dann vor, wenn Röhrenvorwärmer für eine Verdampfungsanlage herzustellen sind, wobei der Hersteller die Garantie abgibt, daß die Vorwärmer die Sole auf eine bestimmte Temperatur erhitzen werden, weil die Erwärmung der Sole nicht von den Vorwärmer abhängig ist, sondern auch das Ergebnis anderer Faktoren (RG JW 1939, 38).

Mit der werkvertraglichen Gewährleistungsverpflichtung gemäß §§ 633 ff. BGB hat eine *selbständige Garantie* nichts mehr zu tun. Sie ist auf Schadloshaltung gerichtet: Der Unternehmer ist verpflichtet, den Besteller von den entstandenen Nachteilen freizustellen, sofern der garantierte Erfolg ausbleibt. Die *Verjährungsfrist* bestimmt sich hier nicht nach der werkvertraglichen Gewährleistung gemäß § 638 BGB, sondern nach § 195 BGB, weil eine selbständige Garantie ein *eigenständiger Vertrag* ist.

4.1.4 Die Haltbarkeitsgarantie

Sofern der Unternehmer im Rahmen der Vertragsfreiheit seine Einstandspflicht nicht nur für eine bestimmte *Eigenschaft* durch eine „Garantie" verstärkt, sondern darüber hinaus auch eine über die gesetzliche Gewährleistungsfrist des § 638 BGB hinausreichende – zeitlichen dimensionierte – *Garantieerklärung* abgibt, dann liegt eine sogenannte *Haltbarkeitsgarantie* vor (S. 135 ff.). Sowohl Eigenschaftszusicherung als auch die Abgabe einer unselbständigen oder einer selbständigen Garantie können durch eine Haltbarkeitsgarantie verstärkt werden. Gleiches gilt selbstverständlich für die Abgabe einer unselbständigen oder einer selbständigen Garantiezusage.

4.2 Der Unterschied: Kaufrechtliche Gewährleistung – Garantiezusage

4.2.1 Gesetzliche Ausgangslage

Wie dargestellt (S. 94 f.), bezieht sich die Schadensersatzhaftung wegen Nichterfüllung gemäß § 463 Satz 1 BGB auf eine *verschuldensunabhängige* Einstandspflicht (BGHZ 59, 158 – Fensterlack). So gesehen deckt sich die Schadensersatzhaftung wegen Fehlens einer zugesicherten Eigenschaft mit einer unselbständigen Garantiezusage. Gemäß §§ 133, 157 BGB ist allerdings auch stets zu prüfen, ob eine solche unselbständige Garantiezusage nicht als *Haltbarkeitsgarantie* aufzufassen ist (Soergel/Huber, § 459 Rdnr. 203). Dies bedeutet dann: Im Gegensatz zur kaufrechtlichen Gewährleistung ist der Käufer nicht verpflichtet, den Nachweis zu erbringen, daß die „garantierte" Eigenschaft schon im Zeitpunkt des Gefahrenübergangs gemäß § 446 BGB nicht vorhanden war. Im Rahmen einer Haltbarkeitsgarantie reicht es vielmehr aus, wenn der Käufer den Nachweis erbringt, daß die Eigenschaft – während der Dauer der Haltbarkeitsgarantie – fortgefallen ist (Staudinger/Honsell, § 459 Rdnr. 60; im einzelnen S. 135 ff.).

4.2.2 Die unselbständige Garantie im Gegensatz zur selbständigen Garantie

Damit ist im Grunde bereits gesagt, daß die Trennlinie zwischen Zusicherungshaftung gemäß § 463 Satz 1 BGB und Haftung aufgrund einer unselbständigen Garantie dadurch umschrieben wird, daß es im Rahmen der §§ 133, 157 BGB entscheidend darauf ankommt, ob die unselbständige Garantiezusage in Wirklichkeit eine *Haltbarkeitsgarantie* verkörpert (Soergel/Huber, § 459 Rdnr. 206).

Eine *selbständige Garantie* im Rahmen eines Kaufvertrags enthält grundsätzlich die gleichen Elemente, die zuvor für den Werkvertrag dargestellt worden sind (S. 110 f.). Deshalb hat der BGH beim Verkauf von Elektrowärmespeichern für eine Fabrikhalle, für welche eine bestimmte Innen- und Außentemperatur garantiert wurde, eine selbständige Garantiezusage bejaht (BGH NJW 1965, 148). Auch hat der BGH in einer Garantie des Verkäufers für eine Anlage, welche in einem Gewächshaus eingesetzt wird, eine selbständige Garantie gesehen, weil der Verkäufer versichert hatte: „Wir garantieren für diese Anlage wärmetechnisch und funktionstechnisch" (BGH WM 1977, 365 – im Ergebnis freilich offengelassen; vgl. auch Staudinger/Honsell, § 459 Rdnr. 88).

Keine Eigenschaftszusicherung gemäß § 459 Abs. 2 BGB, sondern eine *selbständige Garantie* kann auch dann vorliegen, wenn die Garantieerklärung sich nicht auf gegenwärtige Eigenschaften der Kaufsache bezieht, sondern auf *künftige*, d. h. nach Gefahrenübergang eintretende Eigenschaften oder Umstände, welche *außerhalb der Kaufsache* liegen und daher eine Eigenschaften sind (Soergel/Huber, § 459 Rdnr. 204). So können z. B. Zusagen im Hinblick auf die künftige Bebaubarkeit eines Grundstückes nur garantiert, nicht jedoch zugesichert werden (Soergel/Huber, § 459 Rdnrn. 149 ff.). Indessen können auch *gegenwärtige* Eigenschaften Gegenstand einer selbständigen Garantie sein, wenn der Wille des Verkäufers auf Schadloshaltung gerichtet ist (Soergel/Huber, § 459 Rdnr. 205).

Auch hier wird man nicht die Verjährungsfrist des § 477 BGB bemühen, sondern die 30jährige Verjährung von § 195 BGB (BGH WM 1977, 365, 366).

4.2.3
Die Haltbarkeitsgarantie

Hierzu sei auf die vorstehenden Ausführungen zum Werkvertrag verwiesen, die in gleicher Weise für den Kaufvertrag gelten (S. 135 ff.).

5
Verletzungen von Nebenpflichten – Rechtsfolgen

Alle nach den Bestimmungen des BGB eingreifenden Haftungen sind grundsätzlich *verschuldensabhängig*. Dies gilt auch für Ansprüche aus Verschulden bei Vertragsabschluß und wegen positiver Vertragsverletzung. Beide sind als Rechtsinstitut *gewohnheitsrechtlich* entwickelt worden.

5.1
Der Tatbestand des Verschuldens

5.1.1
Allgemeines

Gemäß § 276 BGB ist der Begriff des Verschuldens *Oberbegriff*. Er umfaßt zum einen die Verschuldensform des Vorsatzes, zum anderen die der Fahrlässigkeit. Da jedoch nur eine Person schuldhaft handeln kann, ist Verschulden nur dann gegeben, wenn es sich um ein objektiv-rechtswidriges, d. h. pflichtwidriges Verhalten handelt, welches subjektiv einer zurechnungsfähigen Person auch vorwerfbar ist (Palandt/Heinrichs, § 276 Rdnr. 5). *Rechtswidrig* ist jede Verletzung eines fremden Rechts oder Rechtsguts, die nicht durch einen besonderen Rechtfertigungsgrund gedeckt ist (Palandt/Thomas, § 823 Rdnr. 33). Dieser Gesichtspunkt hat im Zusammenhang mit der Produzentenhaftung gemäß § 823 BGB überragende Bedeutung (S. 139 ff.). Allerdings bleibt zu unterstreichen, daß die Haftung nach dem ProdHaftG *verschuldensunabhängig* ausgeprägt ist. Gleichwohl handelt es sich auch hierbei nicht um eine Kausal- oder Gefährdungshaftung (S. 185). Im *Vertragsrecht* ist demgegenüber Rechtswidrigkeit gleichbedeutend mit objektiver *Pflichtwidrigkeit*: Sowohl im Bereich des Delikts als auch im Bereich des Vertragsrechts ist also das Element der Rechtswidrigkeit/Pflichtwidrigkeit *erfolgsbezogen* (Palandt/Heinrichs, § 276 Rdnr. 8). Objektive Rechtswidrigkeit/Pflichtwidrigkeit ist also immer dann zu bejahen, wenn der *äußere Tatbestand* einer Rechtsgutverletzung – etwa im Rahmen der Produzentenhaftung gemäß § 823 BGB – oder der äußere Tatbestand einer *Leistungsstörung* – bezogen auf das Vertragsrecht – vorliegt. Mithin kommt es gerade im Zusammenhang mit einer verschuldensabhängigen Haftung entscheidend darauf an, ob der Schuldner deswegen einen rechtswidrigen/pflichtwidrigen Erfolg herbeigeführt hat, weil er die objektiven Merkmal einer Verhaltens- oder Leistungspflicht nicht eingehalten hat. Erst wenn dieses Merkmal bejaht ist, stellt sich die weitere Frage, ob das Verhalten auch vorsätzlich oder fahrlässig war.

5.1.2
Der Begriff des Vorsatzes

Vorsatz ist Wissen und Wollen des rechtswidrigen Erfolges (MünchKomm./Hanau, § 276 Rdnr. 49). Zwischen dem Delikts- und dem Vertragsrecht besteht insoweit kein Unterschied (Palandt/Heinrichs, § 276 Rdnr. 10). Dies ist immer dann zu bejahen, wenn der Handelnde den rechtswidrigen/pflichtwidrigen Erfolg vorausgesehen und in seinen Willen aufgenommen hat. Nicht erforderlich ist, daß er den Erfolg auch gewünscht oder gar beabsichtigt hat (Palandt/Heinrichs, § 276 Rdnr. 10). Sowohl im Delikts- als auch im Vertragsrecht braucht sich der Vorsatz nur auf die Verletzung des Rechtsguts/des Vertrages zu erstrecken, nicht aber auf den eingetretenen Schaden (BGH MDR 1955, 542; Palandt/Heinrichs a.a.O.).

Zum Vorsatz gehört auch das *Bewußtsein der Rechtswidrigkeit* (BGH NJW 1965, 963).

5.1.3
Der Begriff der Fahrlässigkeit

Nach der gesetzlichen Definition des § 276 Abs. 1 Satz 2 BGB bedeutet Fahrlässigkeit das Außerachtlassen der im Verkehr erforderlichen Sorgfalt. Fahrlässigkeit setzt stets voraus, daß der Eintritt des rechtswidrigen/pflichtwidrigen Erfolges vorhersehbar und auch vermeidbar war (Palandt/Heinrichs, § 276 Rdnr. 12; 20 f.; MünchKomm./Hanau, § 276 Rdnr. 75). Dabei gilt ein *objektiver Sorgfaltsmaßstab* (BGH NJW 1980, 2465; MünchKomm./Hanau, § 276 Rdnr. 78; Staudinger/Löwisch, § 276 Rdnr. 16).

Die übliche Sorgfalt ist keineswegs auch die im Verkehr erforderliche Sorgfalt, weil Unsitten und Nachlässigkeiten nicht entschuldigen (Palandt/Heinrichs, § 276 Rdnr. 16). Erforderlich ist daher das Maß an Umsicht und Sorgfalt, welches nach dem Urteil besonnener und gewissenhafter Angehöriger der in Betracht kommenden Verkehrskreise zu beachten ist (BGH NJW 1972, 151). Es kommt hier entscheidend auf die jeweiligen Umstände des Einzelfalls, insbesondere auf die vorhersehbare und *vermeidbare* Gefahrenlage an. Im Zweifel ist davon auszugehen, daß der Schuldner gemäß § 276 Abs. 1 Satz 2 BGB verpflichtet ist, den *Normalstandard* einzuhalten, etwa den Standard, der durch die anerkannten Regeln der Technik umschrieben wird.

Grundsätzlich kommt es hierbei stets auf den *Zeitpunkt* an, in welchem die rechtswidrige/pflichtwidrige Handlung begangen wurde, der Schaden also verursacht worden ist (Palandt/Heinrichs, § 276 Rdnr. 16). Jedoch gilt im Rahmen der *Produktbeobachtungspflicht* gemäß § 823 Abs. 1 BGB ein anderer Zeitpunkt, weil der Hersteller verpflichtet ist, sich über die Bewährung seines Produkts auf dem Markt ständig unterrichtet zu halten (BGH ZIP 1994, 213 – Gewindeschneidemittel; S. 152 ff.).

Gemäß § 277 BGB unterscheidet das Gesetz zwischen der *groben* und der *einfachen* Fahrlässigkeit. Grobe Fahrlässigkeit liegt dann vor, wenn die im Verkehr erforderliche Sorgfalt in besonders schwerem Maße verletzt worden ist, weil einfachste, ganz naheliegende Überlegungen nicht angestellt wurden und dasjenige nicht beachtet worden ist, was im gegebenen Fall jedem ohne weiteres einleuchten mußte (BGH NJW 1980, 886, 888; BGH NJW 1992, 3236). *Einfache* – auch leichte oder gewöhnliche – Fahrlässigkeit ist dann anzunehmen, wenn die besonderen Merkmale grober Fahrlässigkeit nicht erfüllt sind (Palandt/Heinrichs, § 276 Rdnr. 14). Soweit im Gesetz nichts anderes ausdrücklich bestimmt ist, ist grundsätzlich davon auszugehen, daß der Begriff der Fahrlässigkeit *einfache Fahrlässigkeit* einschließt und voraussetzt.

5.2 Das Verschulden bei Vertragsverhandlungen

5.2.1 Der Rechtsgrund der Haftung

Aus verschiedenen gesetzlichen Einzelvorschriften haben Rechtsprechung und Lehre im Wege der *Rechtsfortbildung* den Grundsatz herausgearbeitet, daß bereits durch die Aufnahme von Vertragsverhandlungen oder einen diesem gleichzustellenden geschäftlichen Kontakt ein vertragsähnliches *Vertrauensverhältnis* entsteht, daß die Partner zur Sorgfalt verpflichtet (BGHZ 66, 54; BGH NJW 1979, 1983). Das durch die Aufnahme von Vertragsverhandlungen entstehende gesetzliche Schuldverhältnis ist – im Gegensatz zum gewöhnlichen Vertrag – dadurch charakterisiert, daß es keine primären Leistungspflichten kennt, sondern lediglich Pflichten zur gegenseitigen Rücksichtnahme und Fürsorge im Blick auf die Interessen und Rechtsgüter Dritter, insbesondere des Vertragspartners (Palandt/Heinrichs, § 276 Rdnr. 65). Rechtsgrund für die aus Verschulden bei Vertragsabschluß resultierende *Schadensersatzhaftung* ist letzten Endes das in Anspruch genommene *Vertrauen* (BGHZ 66, 326), welches dadurch *frustriert* wird, daß der Schuldner nicht die Pflicht zur gegenseitigen Rücksichtnahme und Fürsorge beachtet hat.

Zu bedenken ist hierbei auch, daß die Haftung wegen Verschuldens bei Vertragsabschluß deswegen im Rahmen der Rechtsfortbildung entwickelt wurde, weil die deliktsrechtliche Haftung gemäß §§ 823 ff. BGB *unzureichend* ist. Sie setzt nämlich voraus, daß ein Personen- oder Sachschaden schuldhaft verursacht worden ist (S. 154 ff.). Die fahrlässige Verletzung von *primären Vermögensinteressen* bleibt im Rahmen der §§ 823 ff. BGB *sanktionslos.*

5.2.2 Die Abgrenzungskriterien

5.2.2.1 *Gegenüber dem Kaufrecht*

Im Rahmen des *Kaufrechts* sind die Rechtsregeln über die Sachmängelgewährleistung gemäß §§ 459 ff. BGB *vorrangig* gegenüber einem Anspruch aus Verschulden bei Vertragsabschluß (RGZ 135, 339, 346; RGZ 161, 193, 195; BGHZ 60, 319; BGH BB 1984, 1895, 1896; BGH ZIP 1991, 321, 323). Dies gilt, wenn die Kaufsache *mangelhaft* ist, aber auch dann, wenn die Sache *mangelfrei* ist und der Käufer den Anspruch wegen Verschulden bei Vertragsabschluß darauf stützt, der Verkäufer habe ihn schuldhaft über eine *Eigenschaft* der Kaufsache nicht aufgeklärt, welche zwar – für sich allein genommen – keinen Sachmangel begründet, deren Kenntnis ihm aber möglicherweise vom Abschluß des Kaufvertrages abgehalten hätte (BGHZ 60, 319 – grundlegend; Soergel/Huber vor § 459 Rdnr. 211). Gleiches gilt selbstverständlich auch insoweit, als eine

Eigenschaftszusicherung gemäß § 459 Abs. 2 BGB in Rede steht (BGHZ 60, 319, 322 f.; BGH ZIP 1992, 1317, 1319).

Hingegen wird die Haftung wegen Verschuldens bei Vertragsabschluß durch die Gewährleistungsregeln der §§ 459 BGB *nicht verdrängt*, wenn der Verkäufer den Käufer schuldhaft über sonstige Umstände unrichtig oder unvollständig aufklärt, die *keine Eigenschaften* der Kaufsache im Sinn von § 459 BGB darstellen, aber für den Entschluß des Käufers zum Kaufvertrag von Bedeutung waren (Soergel/Huber vor § 459 Rdnr. 230). Soll z. B. eine Maschinen an einem bestimmten Platz aufgestellt werden und berät der Verkäufer den Käufer über eben diesen Umstand, so steht dem Käufer ein Anspruch wegen Verschuldens bei Vertragsabschluß zu, sofern sich – nach Aufstellen der Maschine – herausstellt, daß sie an dem angeführten Platz doch nicht aufgestellt werden kann (BGH NJW 1962, 1196). Gleiches gilt auch dann, wenn der Verkäufer den Käufer darüber berät, daß eine Maschine an einen beim Käufer bereits vorhandenen Kamin angeschlossen werden kann, was sich dann als falsch herausstellt (BGH NJW 1985, 2472). In all diesen Fällen geht es ja nicht um die Beschaffenheit/Eigenschaft der Maschine oder Anlage; vielmehr handelt es sich darum, daß der Verkäufer den Käufer fehlerhaft darüber berät, daß die Eigenschaft des Raumes oder die des Kamins eben eine andere, für den Käufer ungünstige ist (vgl. auch Soergel/Huber, § 459 Rdnr. 33).

Mit anderen Worten: Die Haftung wegen Verschuldens bei Vertragsabschluß ist durch die kaufrechtliche Gewährleistung gemäß §§ 459 ff. BGB nicht verdrängt, wenn der Verkäufer den Käufer in besonderem Maße *vorvertraglich* beraten hat, die Beratung fehlerhaft, die Kaufsache aber mangelfrei ist. Liegen diese Voraussetzungen vor, so haftet der Verkäufer auf *Schadensersatz*, weil der Käufer dann vom Verkäufer verlangen kann, so gestellt zu werden, wie er stände, wenn der Kaufvertrag nicht abgeschlossen worden wäre (BGH ZIP 1992, 1317, 1318; zur *Verjährung* vgl. S. 132 f.).

5.2.2.2
Gegenüber dem Werkvertragsrecht

Hier gelten grundsätzlich die gleichen Erwägungen, die für die Vorrangigkeit des Gewährleistungsrechts der §§ 459 ff BGB entwickelt worden sind (BGH ZIP 1989, 962, 965).

5.2.3
Die Beratungspflichten

Die Differenzierung zwischen der Gewährleistungshaftung und Schadensersatzansprüchen wegen Verschuldens bei Vertragsabschluß hat vor allem hohe Bedeutung, wenn es um fehlerhafte Beratung geht. Das ist oft bei Qualitätssicherungsvereinbarungen praktisch.

5.2.3.1
Die besondere Vertrauensstellung

Eine Beratungspflicht, deren schuldhafte Verletzung einen Schadensersatzanspruch wegen Verschuldens bei Vertragsabschluß auslöst, setzt grundsätzlich eine *besondere*

Vertrauensstellung des Verkäufers voraus: Soweit der Käufer selbst sachkundig ist, entfällt von vornherein eine Beratungspflicht des Verkäufers (BGH ZIP 1991, 321, 323). Hier kommt es also stets auf die besonderen Umstände des Einzelfalls an (Soergel/Huber, § 433 Anh. I Rdnr. 83). Folglich gilt: Zwischen Verkäufer und Käufer muß – für den Verkäufer erkennbar – ein Know-how-Gefälle bestehen. Darüber hinaus muß – wiederum: für den Verkäufer erkennbar – eine bestimmte Tatsache für den Vertragsentschluß des Käufers von maßgebender Bedeutung sein. Dabei braucht die Beratung nicht ausdrücklich zu erfolgen; sie kann sich auch aus den Umständen des Einzelfalls, insbesondere aus dem Maß des vom Käufer in Anspruch genommenen *Vertrauens* ableiten. Je fachkundiger also der Verkäufer ist und je mehr der Käufer auf den fachkundigen Rat des Verkäufers vertraut, um so eher ist – im Fall der Falschberatung – an einer Haftung aus Verschulden bei Vertragsabschluß zu denken (BGH VersR 1977, 918, 920 – Pflanzenschutzmittel). Die dogmatische Begründung liegt letzten Endes darin, daß die Ratserteilung neben dem eigentlichen Kaufvertrag besteht, und daß der Käufer, der gerade durch eine solche – fehlerhafte – Beratung zum Kaufabschluß bewogen worden ist, in der Ratserteilung die Übernahme einer selbständigen Nebenpflicht aus dem Kaufvertrag sieht, so daß der Anspruch wegen Verschuldens bei Vertragsabschluß auf eben diesem Umstand beruht (Produkthaftungshandbuch/Graf von Westphalen, § 4 Rdnr. 47).

5.2.3.2
Die Beachtung der Trennlinie: Gewährleistungshaftung – Fehlberatung

Die Trennlinie hier kann im Einzelfall sehr schwierig zu finden sein. Behauptet z. B. der Käufer, der Verkäufer habe seine Aufklärungs- und Beratungspflicht über die bei der Anwendung eines Klebers erforderliche Verlegetechnik schuldhaft verletzt, so kommt es maßgebend darauf an, ob sich die fehlerhafte Beratung auf die Beschaffenheit des Klebers oder auf die Verarbeitungsmethode erstreckte: Stellt sich jedoch dann heraus, daß die bei der Anwendung eines Klebers erforderliche Verlegetechnik auf der besonderen Feuchtigkeitsempfindlichkeit des Klebers beruht, so daß dieser bei vorzeitigem Zutritt von Wasser seine Klebefähigkeit einbüßt, so ist die Verwendungsfähigkeit des Klebers – und damit dessen Eigenschaft im Sinn von § 459 Abs. 1 BGB – unmittelbar betroffen. Hier besteht dann nur ein Anspruch aus den §§ 459 ff. BGB (BGH NJW 1983, 2697, 2698 – Klebstoff). Unter dieser Voraussetzung besteht nur dann eine Haftung aus der Gewährleistung gemäß §§ 459 ff. BGB, wenn zwischen Käufer und Verkäufer eine *Beschaffenheitsvereinbarung* im Sinn von § 459 Abs. 1 BGB tatsächlich vereinbart worden ist, die sich auf die Beschaffenheit/Feuchtigkeitsempfindlichkeit des Klebers bezog.

5.2.4
Die Verletzung von Schutzpflichten

Da bereits die Aufnahme von Vertragsverhandlungen Rücksichts- und Schutzpflichten auslöst, steht fest, daß sich der Schuldner so zu verhalten hat, daß ein Dritter keinen Körper- oder Gesundheits- oder Eigentumsschaden erleidet (Palandt/Heinrichs, § 276 Rdnr. 71). In diesen Fällen besteht jedoch regelmäßig *Anspruchskonkurrenz* zu

Schadensersatzansprüchen aus der Produzentenhaftung gemäß § 823 Abs. 1 BGB (BGH NJW 1962, 32 – Bananenschale; BGH BB 1986, 1185 – Fußbodenbelag). Aus praktischen Gründen interessieren daher diese Ansprüche aus Verschulden bei Vertragsabschluß nicht weiter.

5.3 Die Ansprüche wegen positiver Vertragsverletzung

5.3.1 Der Rechtsgrund

Ansprüche aus positiver Vertragsverletzung sind – ähnlich wie Ansprüche wegen Verschuldens bei Vertragsabschluß – seit Jahrzehnten *gewohnheitsrechtlich* anerkannt (Staudinger/Löwisch vor § 275 Rdnr. 21; Palandt/Heinrichs, § 276 Rdnr. 105). Unter positive Vertragsverletzung fallen alle dem Schuldner zurechenbaren *Pflichtverletzungen* im Rahmen eines bestehenden Schuldverhältnisses, die weder Unmöglichkeit noch Verzug herbeiführen und deren Folge nicht von den gesetzlichen Gewährleistungsvorschriften der §§ 459 ff., 633 ff. BGB erfaßt werden (BGH NJW 1978, 260). Berücksichtigt man diese Ausgangsposition, so ist festzuhalten, daß die positive Vertragsverletzung als *Grundtatbestand* der Vertragsverletzung qualifiziert werden kann (Palandt/Heinrichs, § 276 Rdnr. 107).

5.3.2 Die Schlechterfüllung

5.3.2.1 *Die Vertragstypen ohne Gewährleistungsregeln*

Soweit Vertragsverhältnisse keine gesetzlichen Gewährleistungsvorschriften enthalten, richten sich die Rechtsfolgen der vom Schuldner zu vertretenen Schlechterfüllung grundsätzlich nach den Regeln über die positive Vertragsverletzung, etwa beim Dienstvertrag, beim Auftrag, bei der Geschäftsbesorgung sowie beim Maklervertrag.

5.3.2.2 *Die Vertragstypen mit Gewährleistungsregeln*

Da jedoch Kaufverträge gemäß §§ 459 ff. BGB und Werkverträge gemäß §§ 633 ff. BGB *gesetzliche Gewährleistungsregeln* enthalten, kommt ein Anspruch aus positiver Vertragsverletzung nur insoweit in Betracht, als diese *Sonderbestimmungen* eine *Regelungslücke* enthalten. Anspruchsgrund ist hierbei nicht die Verletzung einer Nebenpflicht, sondern die Verletzung der vertraglichen Hauptpflicht, welche den Verkäufer dazu verpflichtet, eine mangelfreie Sache zu liefern (Soergel/Wiedemann vor § 275 Rdnr. 419). Regelungslücken im Rahmen des Gewährleistungsrechts bestehen insoweit, als der Käufer/Besteller Ersatz von *Mangelfolgeschäden* begehrt (S. 126 ff.).

5.3.3
Die Verletzung von Nebenpflichten

Hierbei handelt es sich um ausgesprochen komplexe Sachverhaltskonstellationen. Diese können in diesem Rahmen lediglich *beispielhaft* dargestellt werden. Stets kommt es auf die besonderen Umstände des Einzelfalls an; die Ergebnisse der Rechtsprechung sind nicht immer auf einen einschlägigen, leicht faßbaren Nenner zu bringen.

5.3.3.1
Die Schutzpflichten für Leib, Leben, Gesundheit und Eigentum

Soweit Schadensersatzansprüche aus positiver Vertragsverletzung darauf gestützt werden, daß der Schuldner die auf Leib, Leben, Gesundheit und Eigentum zielenden *Schutzpflichten* verletzt hat, besteht grundsätzlich Anspruchskonkurrenz zu den Schadensersatzansprüchen aus § 823 Abs. 1 BGB. Praktisch hat dies zur Konsequenz, daß diese deliktsrechtlichen Ansprüche im Vordergrund stehen, zumal der *Pflichtenkatalog* in beiden Fällen identisch ist. Dies gilt auch, soweit Schadensersatzansprüche – freilich: verschuldensunabhängig – aus § 1 ProdHaftG abgeleitet werden. Kommt es z. B. bei Montagearbeiten zu einem Brand oder zu einer Explosion, so daß Personen- und Sachschäden eintreten, so können diese Ansprüche zum einen auf positiver Vertragsverletzung, zum anderen auf § 823 Abs. 1 BGB gestützt werden. Dabei ist hervorzuheben, daß der Inhalt dieser Schutzpflichten entscheidend davon abhängt, ob die durchzuführenden Lieferungen/Leistungen ungefährlich oder mit beträchtlichen Risiken verbunden sind (Produkthaftungshandbuch/Graf von Westphalen, § 4 Rdnr. 42 f.).

5.3.3.2
Die Bedeutung von Aufklärungs- und Beratungspflichten

In die gleiche Richtung zielen etwaige *Aufklärungs- und Beratungspflichten.* So ist z. B. eine Fachfirma, welche mit dem Aufbau eines Röntgenapparates beauftragt ist, verpflichtet, den Arzt darauf hinzuweisen, ob das Gerät den Richtlinien der Kassenärztlichen Vereinigung entspricht (OLG Frankfurt NJW 1980, 2756). Gleiches gilt, falls der Verkäufer eine unzureichende oder fehlerhafte *Gebrauchsanweisung* oder *Bedienungsanleitung* seinem Produkt beigefügt hat, so daß dann der Schadensersatzanspruch auf eben diesen Umstand gestützt wird (BGH MDR 1967, 758 – Betonzubereitungsanlage; BGH NJW 1983, 352 – Verzinkungskessel). Dies gilt natürlich erst recht, wenn die Pflichtverletzung des Verkäufers darin besteht, eine eigentlich erforderliche Gebrauchsanleitung – insbesondere eine *Warnung* – nicht erklärt hat. So ist z. B. der Hersteller eines Haartonicums verpflichtet, gegenüber Friseuren davor zu warnen, daß die Verwendung des Haartonicums Hautallergien erzeugen kann (BGH NJW 1975, 824 – Haartonicum). Es gelten hier die gleichen Gesichtspunkte, die im Rahmen der Produzentenhaftung gemäß § 823 Abs. 1 BGB darzustellen sind (S. 147 ff.). Soweit also eine Aufklärung oder Warnung in Rede steht, ist stets zu fragen, ob es sich um eine Gefahr handelt, die weder unerheblich noch selbstverständlich oder jedermann bekannt ist und daher von vornherein klar zutage liegt (KG VersR 1982, 1006,

1007 – Transportschutzanlage). Denn vor solchen Gefahren ist selbstverständlich nicht zu warnen. Wenn aber ein Hinweis oder eine Warnung erforderlich ist, so ist klar, präzise und eindeutig vor der konkreten Gefahrenlage zu warnen, so daß sichergestellt ist, daß der Betroffene sich in wirksamer Weise der drohenden Gefahr entziehen kann (BGH NJW 1975, 824, 825 – Haartonicum).

5.3.4
Einige allgemeine Gesichtspunkte

Letzten Endes ist aus § 242 BGB – den allgemeinen Geboten von Treu und Glauben – abzuleiten, daß sich der Schuldner im Rahmen eines Schuldverhältnisses stets so verhalten muß, daß Personen, Eigentum und sonstige Rechtsgüter des anderen Vertragspartners nicht mehr als nach den Umständen unvermeidbar verletzt werden. Es besteht also eine *allgemeine* Schutzpflicht, deren schuldhafte Mißachtung einen Anspruch aus positiver Vertragsverletzung begründet (Palandt/Heinrichs, § 242 Rdnr. 35). Soweit diese Pflichten darauf abzielen, das Entstehen eines *Personen- oder Sachschadens* zu verhindern, sind sie auf das *Integritätsinteresse* des anderen Vertragsteils bezogen und decken sich mit den allgemeinen Verkehrssicherungspflichten, die § 823 Abs. 1 BGB normiert. Indessen gehen die vertraglichen Schutzpflichten auch darüber hinaus; sie erfassen auch die Sicherung des *Leistungs- oder Äquivalenzinteresses* (Palandt/Heinrichs a.a.O.; a.M. Soergel/Teichmann, § 242 Rdnr. 178). So ist z. B. ein Unternehmer, dem Materialien zur Bearbeitung übergeben worden sind, zur Diebstahlssicherung nicht nur verpflichtet, um das Eigentümerinteresse des Auftraggebers zu schützen, sondern gleichzeitig dessen Interesse, eine ordnungsgemäß reparierte Sache zurückzuerhalten.

So gesehen greift eine aus § 242 BGB abzuleitende Schutzpflicht auch immer dann ein, wenn der Schuldner bei Anspannung ordnungsgemäßer Sorgfalt in der Lage war, einen Fehler/Mangel der ihm zugelieferten Leistung zu erkennen. Er darf seine Augen nicht vor den Gefahren und Risiken verschließen, die sich aus einer von ihm erkannten oder bei Anwendung ordnungsgemäßer Sorgfalt zu erkennenden Sachlage ergeben würden. Diese aus § 242 BGB eingreifende Schutzpflicht zwingt dann den Schuldner dazu, auf die dem anderen Teil unbekannte Gefahren- und Risikolage eindeutig und unmißverständlich hinzuweisen. Gerade bei Qualitätssicherungsvereinbarungen haben diese aus der Natur des Vertrages abzuleitenden Pflichten große Bedeutung, weil ihre Verletzung regelmäßig Schadensersatzansprüche auslöst.

5.3.5
Die Rechtsfolgen: Schadensersatz – Der Schutzzweck der Norm

Die vom Schuldner zu vertretende positive Vertragsverletzung begründet für den anderen Teil einen *Schadensersatzanspruch.* Dieser bezieht sich auf alle unmittelbaren und mittelbaren Nachteile des schädigenden Verhaltens (Palandt/Heinrichs, § 276 Rdnr. 123). Doch gelten auch im Rahmen dieses Anspruchs die allgemeinen Begrenzungen einer Schadensersatzpflicht, wie sie in § 249 BGB konkretisiert ist. Während man früher auf die adäquate Kausalität abstellte und damit alle Schadensfolgen der Pflichtverletzung zurechnete, deren Eintritt nicht außerhalb aller Lebenswahrscheinlichkeit liegt (BGH NJW 1986, 1331; BGH NJW 1991, 1110), hebt nunmehr die Rechtsprechung maßgebend auf den *Schutzzweck* der verletzten Norm ab (Palandt/Heinrichs, vor § 249 Rdnr. 62 f.). Konkret bedeutet dies: Zu ersetzen sind im Rahmen einer positiven Vertragsverletzung alle die Nachteile, die aus dem Bereich der Gefahren stammen, zu deren Abwendung die verletzte Norm erlassen oder verletzte vertragliche oder vorvertragliche Pflicht übernommen worden ist (BGHZ 57, 256; MünchKomm./Grunsky vor § 249 Rdnr. 44). Dies ist auch im Bereich der Vertragshaftung anerkannt (BGH ZIP 1990, 593). Umgekehrt: Es reicht nicht aus, daß lediglich eine bloß zufällige, äußere Verbindung zwischen der Pflichtverletzung und den eingetretenen Vermögensnachteilen besteht, weil die Ersatzpflicht des Schädigers davon abhängt, daß die verletzte Vertragspflicht das Entstehen von Schäden der eingetretenen Art verhindern sollte (BGH ZIP 1990, 593, 594).

5.4 Die Beweislast

5.4.1 Die vom Geschädigten zu beweisenden Tatsachen

Soweit der Geschädigte Ansprüche aus Verschulden bei Vertragsabschluß oder aus positiver Vertragsverletzung geltend macht, hat er die Verpflichtung, alle Tatsachen darzulegen und zu beweisen, aus denen das Gericht ableitet, daß der Schuldner eine ihm obliegende Pflicht *objektiv* verletzt, d. h. *pflichtwidrig/rechtswidrig* gehandelt hat. Darüber hinaus ist der Geschädigte verpflichtet, den Nachweis zu führen, daß aufgrund der dem Schuldner zurechenbaren Pflichtwidrigkeit/Rechtswidrigkeit ein *Vermögensnachteil* entstanden ist, der innerhalb des Schutzzwecks der Norm (S. 121 f.) liegt.

Der Gläubiger hat also den *vollen Beweis* einer dem Schuldner anzulastenden Pflichtverletzung zu erbringen (Palandt/Heinrichs, § 282 Rdnr. 11). Allerdings ist es ausreichend, wenn beim Werk- und Kaufvertrag der Nachweis erbracht wird, daß der Verkäufer/Werkunternehmer seine Lieferung/Leistung *mangelhaft* erfüllt hat (BGHZ 100, 188; OLG Hamm NJW-RR 1990, 981). Aus der gegenständlichen Vertragswidrigkeit wird also dann abgeleitet, daß der Schuldner eine ihm obliegende Pflicht verletzt hat. Gleiches gilt dann, wenn die Pflichtverletzung des Schuldners darin besteht, daß der Gläubiger bei Durchführung des Vertrages einen *Schaden* erlitten hat, weil die dem Schuldner obliegende Pflicht – nach dem Inhalt des gesamten Vertrages und allen Umständen – *erfolgsbezogen* in der Weise war, daß der Schuldner gehalten war, einen Schaden wie den eingetretenen zu verhindern. Ähnlich liegen die Dinge dann, wenn der Geschädigte Umstände dartut, aus denen abgeleitet werden kann, daß die *Schadensursache* ausschließlich im Verantwortungsbereich des Schuldners liegt (BGH NJW-RR 1993, 795; BGH NJW 1993, 1706).

Für den *Kausalzusammenhang* zwischen der Pflichtverletzung und dem eingetretenen Schaden trägt der ebenfalls der Gläubiger die Beweislast (BGH NJW 1988, 203; BGH NJW 1989, 946). Von besonderer praktischer Bedeutung ist in diesem Zusammenhang, daß die Rechtsprechung von diesem Grundsatz eine *Ausnahme* für den Fall vorsieht, daß jemand vertraglich oder vorvertraglich eine ihm obliegende *Beratungs- oder Aufklärungspflicht* verletzt hat. In diesem Fall ist der Gläubiger auch dafür beweispflichtig, daß der Schaden auch bei pflichtgemäßem Verhalten entstanden wäre, der Geschädigte sich also nicht „aufklärungsrichtig“ verhalten hätte (BGHZ 61, 118; BGHZ 89, 103). Dies gilt insbesondere auch dann, wenn ein Verkäufer einen Aufklärungsfehler zu vertreten hat (BGHZ 54, 51; BGHZ 111, 82).

5.4.2 Die Beweislastumkehr

Aus § 282 BGB folgt, daß für den Schadensersatzanspruch wegen *Unmöglichkeit* gemäß §§ 280, 325 BGB eine Beweislastumkehr zugunsten des Gläubigers gilt. Ist nämlich streitig, ob die Unmöglichkeit der Leistung die Folge eines vom Schuldner zu vertretenden Umstandes ist, so ist der *Schuldner* beweisbelastet. Nach allgemeinen Beweislastgrundsätzen hingegen müßte der Gläubiger auch nachweisen, daß der Schuldner die Unmöglichkeit gemäß § 276 BGB zu vertreten hat. Der gesetzgeberische Grund für die in § 282 BGB angeordnete Beweislastumkehr liegt darin, daß in der Regel der Schuldner am besten die Umstände aufklären kann, die die Leistung unmöglich gemacht haben (BGH NJW 1965, 1584).

Die in § 282 BGB angeordnete Beweislastumkehr gilt für alle vertraglichen und gesetzlichen Schuldverhältnisse. Sie gilt insbesondere auch bei Ansprüchen aus *positiver Vertragsverletzung*: Hier hat die Rechtsprechung des BGH eine Beweislastverteilung nach Gefahren- und Verantwortungsbereichen herausgearbeitet (BGH NJW 1978, 2197; BGH NJW 1980, 2186; BGH NJW 1987, 1938). Danach gilt: Hat der Gläubiger den Nachweis erbracht, daß dem Schuldner eine *objektive Pflichtverletzung* zur Last fällt oder ist die Schadensursache in sonstiger Weise aus dem Verantwortungsbereich des Schuldners hervorgegangen, so trifft den Schuldner die Beweislast dafür, daß er die Pflichtverletzung nicht im Sinn von § 276 BGB zu vertreten, d. h., daß er die im Verkehr erforderliche Sorgfalt im Sinn von § 276 Abs. 1 Satz 2 BGB gewahrt hat, der Schaden aber gleichwohl – dann: unvermeidbar – eingetreten ist. Die Rechtsprechung des BGH hat diesen Grundsatz auch auf Ansprüche aus *Verschulden bei Vertragsabschluß* ausgedehnt (BGHZ 66, 54; BGH NJW 1987, 640).

5.4.3 Die praktische Bedeutung der Beweislast

Beweislast ist anerkanntermaßen das eine Partei treffende *Risiko des Prozeßverlustes* wegen Nichterweislichkeit der ihren Sachantrag tragenden Tatsachenbehauptungen (Zöller/Stephan, ZPO, vor § 284 Rdnr. 18). Diese Regel ist darauf zurückzuführen, daß § 286 Abs. 1 ZPO vorschreibt, daß das Gericht „unter Berücksichtigung des gesamten Inhalts der Verhandlungen und das Ergebnis einer etwaigen Beweisaufnahme nach *freier Überzeugung* zu entscheiden“ hat, „ob eine tatsächliche Behauptung für wahr oder nicht wahr zu erachten“ ist. Da regelmäßig eine absolute Gewißheit, d. h. der absolute Ausschluß eines jeden Zweifels nicht erreichbar ist (Zöller/Stephan, § 286 Rdnr. 13), ist ein Beweis dann als erbracht anzusehen, wenn der Richter auf der Grundlage eines Beweisergebnisses von derart hoher Wahrscheinlichkeit ausgehen kann, daß „Zweifeln Schweigen geboten ist, ohne sie völlig auszuschließen“ (BGHZ 53, 245, 256). Der Richter muß sich also aufgrund des Verfahrensablaufs entscheiden, ob er eine Behauptung nach seiner eigenen – freien – Überzeugung für wahr oder für unwahr hält. Folglich ist der *Gegenbeweis* bereits dann erbracht, wenn er die

Überzeugungskraft des Hauptbeweises erschüttert. Daraus folgt: Ist der einer Partei obliegende Hauptbeweis in dieser Weise erschüttert oder widerlegt oder nicht zur Überzeugung des Richters erbracht, so ist der Prozeß nach den Regeln der *Beweislast* zu entscheiden (Zöller/Stephan a. a. O.). Folglich verliert die Partei den Prozeß, welche für die von ihr vorzutragenden und zu beweisenden Tatsachen die Beweislast trägt.

In der Mehrzahl der *praktischen Fälle* bedeutet dies: Der Gläubiger muß zur Überzeugung des Gerichts den Nachweis zu erbringen, daß dem Schuldner eine objektive Pflichtverletzung zur Last zu legen ist, oder daß die Schadensursache in sonstiger Weise aus dem Verantwortungsbereich des Schuldners hervorgegangen ist. Ist dieser Beweis geführt, ist also damit der Herrschafts- und Organisationsbereich des Schuldners unmittelbar berührt, so ist es in der Praxis *extrem selten*, daß es dem Schuldner dann gelingt, im Rahmen der Beweislastumkehr fehlendes Verschulden im Sinn von § 276 Abs. 1 Satz 2 BGB erfolgreich nachzuweisen.

6
Mangelschäden – Mangelfolgeschäden

Der Umfang des jeweils zu ersetzenden Schadens ist abhängig von dem jeweiligen Anspruchsgrund. Zu differenzieren ist hier zwischen Schadensersatzansprüchen aus der *gesetzlichen* Gewährleistung der §§ 459 ff.; §§ 633 ff. BGB und Ansprüchen, die aus *positiver Vertragsverletzung* resultieren.

6.1
Beim Kaufvertrag

6.1.1
Im Rahmen von § 463 Satz 1 BGB

6.1.1.1
Gerichtet auf Ersatz des Mangelschadens

Der Anspruch auf Schadensersatz wegen Nichterfüllung bei Fehlen einer zugesicherten Eigenschaft gemäß § 463 Satz 1 BGB umfaßt in jedem Fall den sogenannten *Mangelschaden* in Form des unmittelbaren Nichterfüllungsschadens (Palandt/Putzo, § 463 Rdnr. 16). Erfaßt wird damit der Kaufpreis, den der Käufer für die fehlerhafte Sache aufgewandt hat und deren Rückzahlung er gemäß § 463 Satz 1 BGB verlangen kann (BGH NJW 1981, 222, 223; BGH NJW 1990, 2680, 2681; BGH NJW 1990, 2683, 2684). Erfaßt wird aber auch der Minderwert der Sache in Form des Wertunterschiedes zwischen der mangelfreien und der mangelhaften Sache (Soergel/Huber, § 463 Rdnr. 60). Auch die vom Käufer aufzuwendenden Reparaturkosten fallen in diesen Bereich (BGH NJW 1983, 1424, 1425; BGH WM 1989, 1735, 1736). Von besonderer *praktischer Bedeutung* ist jedoch die Feststellung, daß der Schadensersatz wegen Nichterfüllung gemäß § 463 Satz 1 BGB auch den Anspruch auf Ersatz des *entgangenen Gewinns* einschließt (BGH NJW 1979, 811, 812; Soergel/Huber, § 463 Rdnr. 50).

6.1.1.2
Gerichtet auf Ersatz des Mangelfolgeschadens

Der Anspruch auf Schadensersatz wegen Nichterfüllung gemäß § 463 Satz 1 BGB erfaßt jedoch auch den Ersatz etwa eingetretener *Mangelfolgeschäden*. Das sind solche Schäden, die infolge des Fehlens der zugesicherten Eigenschaft an sonstigen Sachen des Käufers entstanden sind oder auch Schäden, welche darin liegen, daß der

Käufer seinerseits Ersatzansprüchen oder Nachbesserungsansprüchen eines Dritten ausgesetzt ist, weil er die Sache mit einer gleichartigen Zusicherung an den Dritten weiterveräußert hat (Soergel/Huber, § 463 Rdnr. 60). Ob sich die Schadensersatzhaftung des Verkäufers gemäß § 463 Satz 1 BGB wegen Fehlens einer ausdrücklich oder stillschweigend zugesicherten Eigenschaft lediglich auf die Vertragsgemäßheit der Lieferung/Leistung – also: auf den Ersatz des Mangelschadens – beschränkt oder auch darüber hinausgehend den Ersatz des Mangelfolgeschadens einschließt, ist abhängig von dem durch Auslegung gemäß §§ 133, 157 BGB zu ermittelnden *Zweck* der jeweiligen Zusicherung (BGHZ 50, 200 ff. – Kleber). Wird also z. B. die Eignung eines Klebemittels zur Befestigung von Styroporplatten zugesichert, so erfaßt die Eigenschaftszusicherung auch etwaige Mangelfolgeschäden, weil die Platten nicht hielten und die Arbeiten ein zweites Mal durchgeführt werden mußten (BGHZ 50, 200, 204 – Kleber). Wird in einer Nottestamentsmappe für bayerische Bürgermeister zugesichert, daß deren Verwendung unproblematisch und gefahrlos sei, so erfaßt diese Zusicherung auch das Risiko etwaiger Mangelfolgeschäden, wenn sich herausstellt, daß die Nottestamentmappe unzutreffende Angaben über die Erfordernisse eines gültigen Nottestaments enthielt (BGH NJW 1983, 843, 845). Nichts anderes gilt dann, wenn die Zusicherung sich darauf bezieht, daß ein Lack zur Behandlung von Fensterrahmen geeignet ist, diese aber Braunfäuleschäden gleichwohl nicht verhindern, obwohl dieser Umstand nach dem damaligen Stand von Wissenschaft und Technik nicht bekannt war (BGHZ 59, 158, 161 – Fensterlack). Gleiches gilt dann, wenn der Verkäufer die Druckfestigkeit von Ziegeln zusichert, weil dann die Mangelfolgeschäden darin bestehen, daß das mit den fehlerhaften Ziegel errichtete Bauwerk beseitigt und neu errichtet werden muß (BGH DB 1966, 147 – Dachziegel).

6.1.2 Bei Fehlern der Kaufsache gemäß § 459 Abs. 1 BGB

6.1.2.1 *Der enge Bereich des Mangelfolgeschadens*

Es entspricht gesicherter Rechtsprechung, daß die Bestimmungen der §§ 463 Satz 1, 480 Abs. 2 BGB gegenüber der allgemeinen Fahrlässigkeitshaftung des Verkäufers *Spezialnormen* darstellen, so daß Schadensersatzansprüche wegen Nichterfüllung, welche auf positiver Vertragsverletzung beruhen, nur für den Bereich von Mangelfolgeschäden geltend gemacht werden können (BGH BB 1980, 1068 – Spanplatten). Soweit der Bereich des *Mangelschadens* in Rede steht, sind Ansprüche aus positiver Vertragsverletzung dogmatisch ausgeschlossen.

Unstrittig unterfallen folgende Aufwands- oder Schadenspositionen dem Bereich des Mangelschadens, sind also lediglich unter Berücksichtigung der §§ 463 Satz 1, 480 Abs. 2 BGB zu reklamieren: Die Reparaturkosten (BGH NJW 1978, 2241, 2242) sowie die Gutachterkosten, welche zur Feststellung der Mängel erforderlich sind, soweit sie zwangsläufig als Folge des Mangels auftreten (BGH a.a.O.). Gleiches gilt für den Nutzungsausfall während der Reparatur (BGH a.a.O.; BGH BB 1980, 1068, 1069 – Spanplatten). Läßt sich durch die Reparatur die Gebrauchstauglichkeit der Kaufsache nicht vollends wiederherstellen, so ist der verbleibende Minderwert zwangsläufig Mangelschaden (BGH a.a.O.). Auch die durch den Mangel eingeschränkte oder fehlende Gebrauchstauglichkeit der Kaufsache rechnet zum Mangelschaden (BGH NJW 1978, 2241, 2242 – Hinterradfelge).

6.1.2.2
Der Bereich des Mangelfolgeschadens

Da die Rechtsbehelfe des Käufers bei Vorliegen eines Sachmangels gemäß § 459 Abs. 1 BGB auf Wandelung, Minderung und Mangelbeseitigung *beschränkt* sind, wird das über die Vertragserfüllung hinausreichende *Integritätsinteresse* des Käufers durch diese Rechtsbehelfe nicht ausreichend geschützt, sondern ist – wie dargelegt – durch einen Anspruch aus positiver Vertragsverletzung zu ergänzen, soweit es sich um Schäden handelt, die über den Nachteil hinausreichen, welcher durch den Mangel an der verkauften Sache selbst begründet worden ist (BGH BB 1980, 1068, 1069 – Spanplatten). Erfaßt werden hier (vgl. S. 120) alle Schäden, welche als Folge der Mangelhaftigkeit der Sache an Leib, Leben und Gesundheit des Käufers oder an dessen Eigentum eingetreten sind. Insoweit besteht *Anspruchskonkurrenz* zu der deliktischen Produzentenhaftung gemäß § 823 Abs. 1 BGB (BGH BB 1977, 162 – Schwimmschalter). Darüber hinaus liegt ein Mangelfolgeschaden dann vor, wenn der Käufer eine fehlerhaft gelieferte Sache verarbeitet und dadurch ein mit Mängeln behaftetes Werk herstellt (BGH BB 1967, 433 – Rutile). Dabei ist es unerheblich, in welcher Weise die Verarbeitung oder Verbindung vorgenommen worden ist (BGH BB 1971, 287 – mangelhaftes Abdichtungsmaterial). Auch die erforderlichen Kosten der Ausbesserung sowie die Aufwendungen einer *Neuherstellung* fallen in den Bereich des Mangelfolgeschadens – vorausgesetzt selbstverständlich, es handelt sich nicht lediglich um die Erstattung von Reparaturaufwendungen (vgl. BGH BB 1980, 1068, 1069 – Spanplatten). Zum Bereich des Mangelfolgeschadens zählen auch Schadensersatzansprüche Dritter, welche gegenüber dem Käufer als Folge der Lieferung einer fehlerhaften Sache geltend gemacht werden (BGH BB 1968, 1068, 1069 – Spanplatten).

Abzugrenzen sind etwaige Mangelfolgeschäden stets von den nach § 476 a BGB zu erstattenden *Mangelbeseitigungsaufwendungen* (S. 99 ff.). Auch hier können die Trennlinien schwer zu ziehen sein: De- und Remontagekosten sind allemal Mangelbeseitigungsaufwendungen im Sinn von § 476 a BGB (BGH NJW 1963, 805; BGH NJW 1963, 811). Dies gilt freilich dann nicht, wenn als Folge des Einbaus eines mangelhaften Teils andere Sache des Käufers in Mitleidenschaft gezogen werden, auf die sich dann – und dieser Unterschied ist maßgebend – die De- und Remontagekosten erstrecken (BGH BB 1980, 1068, 1069 – Spanplatten).

6.2
Beim Werkvertragsrecht

6.2.1
Der Unterschied zum Kaufrecht

Aus § 635 BGB folgt, daß im Werkvertragsrecht kein Unterschied in der Schadensersatzhaftung aufgrund einer Eigenschaftszusicherung und einem Werkmangel zu machen ist (S. 97 ff.). Diese „Erleichterung“ wird jedoch durch eine höchst komplizierte, *einzelfallbezogene* Judikatur mehr als aufgewogen, weil die Abgrenzung zwischen einem Schadensersatzanspruch auf Ersatz von Mangelfolgeschäden – folgend aus dem Institut der positiven Vertragsverletzung – gegenüber einem Schadensersatzanspruch aus § 635 BGB äußerst problematisch ist. Nach der Rechtsprechung des BGH liegt hier nicht nur ein dogmatisches Kernproblem; vielmehr sind die praktischen Auswirkungen deswegen erheblich, weil der Schadensersatzanspruch aus positiver Vertragsverletzung nicht der kurzen *Verjährungsfrist* des § 638 BGB unterworfen ist, und weil darüber hinaus dieser Schadensersatzanspruch unabhängig von den Voraussetzungen des § 634 Abs. 1 Satz 1 BGB gewährt wird (S. 129). Die Verjährung von Ansprüchen auf Ersatz von Mangelfolgeschäden folgt der *Regelverjährung* des § 195 BGB; sie beträgt also dreißig Jahre.

6.2.2
Der Bereich des Mangelschadens

Die Rechtsprechung stellt darauf ab, ob der Schaden unmittelbar durch den Mangel des Werks verursacht ist, eng mit ihm zusammenhängt, weil das Werk – als Folge des Mangels – unbrauchbar, wertlos oder minderwertig ist, einschließlich des dem Besteller entgangenen Gewinns (BGH NJW 1983, 2440, 2441). Folglich sind dem Anspruch auf Ersatz des Nichterfüllungsschadens gemäß § 635 BGB alle Schäden zuzurechnen, die – ähnlich wie beim Kaufrecht (S. 126 f.) – dem Bereich des *Mangelschadens* zuzuweisen sind, vorausgesetzt selbstverständlich, daß der Unternehmer im Sinn von § 635 BGB den Mangel zu vertreten hat (BGH NJW 1973, 138). Dies bedeutet konkret und praktisch: Im Rahmen von § 635 BGB ist der Unternehmer stets verpflichtet, dem Besteller den als Folge des Mangels/des Fehlens einer zugesicherten Eigenschaft entstandenen entgangenen Gewinn im Sinn von § 252 BGB zu erstatten. Anders als der Käufer ist also der Besteller nicht darauf angewiesen, daß eine Eigenschaftszusicherung im Sinn von § 459 Abs. 2 BGB vertraglich vereinbart wird. Wie gesagt, hat diese „Erleichterung" jedoch mannigfache Nachteile. Sie beruhen darauf, daß die Unterscheidung zwischen einem aus positiver Vertragsverletzung zu ersetzenden Mangelfolgeschaden einerseits und einem aus § 635 BGB zu erstattenden – engen – Mangelfolgeschaden praktisch verläßlich nicht zu ziehen ist. Es entscheiden hier stets die Umstände des Einzelfalls; es bleibt kein Ausweg als der Hinweis darauf, die Präjudizienkette des BGH im einzelnen durchzumustern, um eine Vergleichbarkeit der Fallkonstellation zu ermitteln.

6.2.3
Der „enge" Mangelfolgeschaden

Dem Bereich des Schadensersatzanspruchs gemäß § 635 BGB – und damit dem Bereich des engen Mangelfolgeschadens – werden z. B. Fehler in einem Bauwerk zugerechnet, welche sich als Folge von fehlerhaften Plänen des Architekten darstellen (BGHZ 37, 341, 344). Gleiches gilt dann, wenn ein Statiker eine mangelhafte Leistung erbringt (BGHZ 48, 257, 258 ff.; BGHZ 58, 85, 92 f.). Nichts anderes gilt für die fehlerhafte Tätigkeit eines Vermessungsingenieurs (BGHZ 58, 225, 228 ff.) oder für die Erstellung eines fehlerhaften geologischen Gutachtens (BGHZ 72, 257, 259).

Bei gegenständlichen Leistungen ist ein solcher enger Mangelfolgeschaden vor allem dann bejaht worden, wenn die Schäden an Gegenständen eintraten, auf die die mangelhafte Werkleistung unmittelbar eingewirkt hat. Dabei wurde sowohl ein enger zeitlicher als auch ein „lokaler" Zusammenhang (BGHZ 115, 32, 35) verlangt und etwa dann bejaht, wenn es sich um Schäden an einem Bauwerk infolge mangelhafter Rohr- und Putzarbeiten handelt (BGH NJW 1963, 805, 806) oder bei Rissen an dem Längsträger eines Sattelschleppers infolge fehlerhafter Montage eines Doppelachsaggregates an diesem Träger (BGH NJW 1971, 1153). Gleiches gilt bei den Folgekosten wegen der Unbrauchbarkeit eines mangelhaft umgerüsteten Lastwagens (BGH NJW 1983, 2440) sowie bei einem Motorschaden, der das Ergebnis eines mangelhaft durchgeführten Ölwechsels ist (BGHZ 98, 45, 47).

6.2.4
Der Mangelfolgeschaden: Verjährung nach 30 Jahren

Mangelfolgeschäden, welche aus positiver Vertragsverletzung zu erstatten sind, werden aufgrund einer zweckgerechten Auslegung der §§ 635, 638 BGB den langen Verjährungsfristen des § 195 BGB unterworfen, indem eine sowohl am Leistungsobjekt als auch am Schadensersatz orientierte Güter- und Interessenabwägung vorgenommen wird, durch welche das Verjährungsrisiko für Mangelfolgeschäden zwischen dem Unternehmer und dem Besteller angemessen verteilt werden soll (BGH ZIP 1993, 598, 599). Beispielhaft sind folgende Fallkonstellationen zu erwähnen, bei denen Ansprüche aus positiver Vertragsverletzung bejaht wurden: Schäden als Folge eines Brandes, der nach der Umstellung einer Ölheizung durch den Bruch einer Ölleitung verursacht wurde (BGHZ 58, 305, 307) oder Schäden, die bei einer unzureichenden Isolierung eines Rauchgasrohres auftraten (BGH NJW 1982, 2244). Gleiches gilt für Wasserschäden, welche nach dem Bruch eingebauter Heizkörper, deren Wandstärke nicht ausreichend dimensioniert war, Schäden verursachten (BGH VersR 1962, 480) oder Schäden, die durch ausgelaufenes Öl infolge einer fehlerhaften Montage eintraten (BGH BauR 1972, 127, 128). Dies gilt auch für die Beschädigung anderer Gegenstände, wenn ein unzureichend befestigtes Regal abbricht (BGH NJW 1979, 1651), aber auch dann, wenn als Folge eines Einbruchs Schäden deswegen entstehen, weil die Alarmanlage versagte (BGHZ 115, 32). Gleiches ist dann zu bejahen, wenn ein Flugzeug deshalb zur Notlandung gezwungen wird, weil der Pilot sich nach dem fehlerhaften Einbau eines Tankanzeigegerätes über die Menge des restlichen Treibstoffs geirrt hat, sofern bei der Notlandung Schäden entstehen (BGH ZIP 1993, 598).

Es ist aus praktischen Gründen ziemlich sinnlos darüber zu richten, daß die Auffassung des BGH in der *Literatur* mannigfacher Kritik unterzogen wurde (Michalski, NJW 1988, 793 ff.; Hehemann, NJW 1988, 801; Ackmann, JZ 1992, 670; vgl. auch schon früher Grimm, NJW 1968, 14 ff.; Peters, NJW 1978, 665 ff.). Denn der BGH hat sich von diesen Auffassungen stets nie irritieren oder in seiner Meinung beirren lassen (BGH ZIP 1993, 598, 599; vgl. auch Palandt/Thomas, vor § 633 Rdnr. 23).

7
Die Anspruchsverjährung

7.1
Im Bereich des Kaufvertrages

Gemäß § 477 Abs. 1 BGB verjähren die Ansprüche auf Wandelung, Minderung sowie auf Schadensersatz wegen Nichterfüllung bei Fehlen einer zugesicherten Eigenschaft innerhalb von *sechs Monaten*, gerechnet ab Ablieferung. Dies gilt freilich dann nicht, wenn der Verkäufer den Mangel *arglistig* verschwiegen hat. Das Gesetz unterscheidet also – entgegen einer häufig in der Praxis gehörten Auffassung – nicht zwischen erkennbaren und „versteckten" Mängeln (BGH BB 1980, 1068 – Spanplatten). Die Verjährung des § 477 BGB ergreift also auch solche Mängel, die innerhalb der Verjährungsfrist nicht erkannt wurden und auch überhaupt nicht erkannt werden konnten (Soergel/Huber, § 477 Rdnr. 4). Es ist deshalb Sache der Vertragsparteien, für eine angemessene vertragliche Regelung des Verjährungsproblems dadurch Sorge zu tragen, daß die Verjährungsfristen angemessen verlängert werden. Das wird in Qualitätssicherungsvereinbarungen zweckmäßigerweise regelmäßig geschehen. Zu den AGB-rechtlichen Grenzen S. 202 f.

7.1.1
Der Anwendungsbereich

7.1.1.1
Die allgemeinen Kriterien

Soweit gemäß §§ 463 Satz 1, 480 Abs. 2 BGB Schadensersatz wegen Nichterfüllung verlangt wird, weil der Kaufsache eine vertraglich zugesicherte Eigenschaft fehlt, unterfällt der Schadensersatzanspruch wegen Nichterfüllung auch dann der Verjährungsvorschrift des § 477 Abs. 1 BGB, wenn sich dieser Anspruch auf den Ersatz von *Mangelfolgeschäden* bezieht (Soergel/Huber, § 477 Rdnr. 10). Über den Gesetzeswortlaut hinaus unterfällt auch der Anspruch des Käufers auf *Ersatzlieferung* gemäß § 480 Abs. 1 BGB der kurzen Verjährungsfrist des § 477 BGB (Soergel/Huber a.a.O.). Gleiches gilt für etwaige Schadensersatzansprüche wegen verspäteter Erfüllung dieses Anspruchs oder wegen Nichterfüllung gemäß § 326 BGB (BGH WM 1972, 161).

Auch der Anspruch des Käufers auf *Mangelbeseitigung* gemäß § 476 a BGB unterliegt der Verjährungsfrist des § 477 Abs. 1 BGB (Palandt/Putzo, § 477 Rdnr. 5). Denn es handelt sich auch hierbei um einen Gewährleistungsanspruch.

7.1.1.2
Der Anspruch aus der vereinbarten Wandelung

Der Anspruch aus *vollzogener* Wandelung oder Minderung unterliegt hingegen *nicht* der kurzen Verjährungsfrist des § 477 Abs. 1 BGB (Soergel/Huber, § 477 Rdnr. 11; Palandt/Putzo, § 477 Rdnr. 8). Für diese Ansprüche gilt vielmehr die regelmäßige Verjährungsfrist des § 195 BGB. Denn die Einverständniserklärung des Verkäufers – und damit der Vollzug der Wandelung oder Minderung – bewirkt, daß nicht nur das Bestehen des Anspruchs gemäß § 208 BGB *anerkannt* wird; darüber hinaus wird der Anspruch hiermit auf eine neue Grundlage gestellt, nämlich: auf das zwischen Käufer und Verkäufer bestehende *Einverständnis*, die Wandelung oder Minderung entsprechend den gesetzlichen Regelungen abzuwickeln. Gleiches gilt für alle sonstigen Ansprüche, über deren tatsächliches Bestehen zwischen den Parteien Einvernehmen erzielt worden ist, wie z. B. der Anspruch auf Durchführung der vereinbarten Nachlieferung oder Nachbesserung (Palandt/Putzo a.a.O.) oder den Anspruch auf Durchführung eines Schadensersatzes wegen Nichterfüllung (Soergel/Huber, § 477 Rdnr. 11).

7.1.1.3
Das Bestehen einer Anspruchskonkurrenz

Die kurze Verjährungsfrist des § 477 Abs. 1 BGB gilt ferner nicht für solche Ansprüche, welche mit der kaufrechtlichen Gewährleistung in *Anspruchskonkurrenz* stehen, wie insbesondere Ansprüche aus § 823 Abs. 1 BGB (BGH BB 1977, 162 – Schwimmschalter). Für diese Ansprüche gilt dann die eigenständige dreijährige Verjährungsfrist des § 852 BGB. Etwas anderes gilt freilich dann, wenn sich die enttäuschte Vertragserwartung des Käufers mit dem durch § 823 Abs. 1 BGB geschützten Integritätsinteresse deckt (BGH NJW-RR 1993, 1112 – Primelerde).

7.1.2
Ansprüche aus positiver Vertragsverletzung

Soweit Schadensersatzansprüche aus positiver Vertragsverletzung darauf gestützt werden, daß der Käufer Ersatz von *Mangelfolgeschäden* begehrt, gilt insoweit die kurze Verjährungsfrist des § 477 Abs. 1 BGB (BGH BB 1980, 1068 – Spanplatten). Dies gilt auch dann, wenn der Käufer seinen Schadensersatzanspruch aus positiver Vertragsverletzung daraus herleitet, der Verkäufer habe eine zusätzliche *Pflichtverletzung* deswegen begangen, weil er den Käufer falsch beraten oder eine an sich gebotene Warnung unterlassen habe (Soergel/Huber, § 477 Rdnr. 15). Liefert z. B. der Verkäufer Heizungsrohre, welche für den vertraglich vorausgesetzten Zweck unbrauchbar sind, so gilt die kurze Verjährungsfrist des § 477 Abs. 1 BGB auch für Schadensersatzansprüche, welche darauf gestützt werden, daß der Verkäufer den Käufer unzureichend beraten hat (BGH WM 1984, 1059, 1060).

Ist die Kaufsache bei Gefahrenübergang *mangelfrei*, hat aber der Verkäufer eine ihm im Hinblick auf die Kaufsache obliegende *Nebenpflicht* schuldhaft verletzt, so kommt es nach der Rechtsprechung entscheidend darauf an, welchen *Schutzzweck* die verletzte Pflicht diente: Hat z. B. der Verkäufer es versäumt darauf hinzuweisen, daß der von ihm gelieferte Klebstoff vor seinem Einsatz einige Zeit vor Feuchtigkeit geschützt werden muß, so dient diese Aufklärungs- und Warnpflicht erkennbar dem Zweck, den Verwendungszweck des Klebstoffs in seiner Integrität, seinem Wert und seiner Tauglichkeit für den gewöhnlichen oder vertraglich vorausgesetzten Gebrauch zu erhalten. Unter dieser Voraussetzung gilt dann eine *analoge Anwendung* der kurzen Verjährungsfrist des § 477 Abs. 1 BGB (BGHZ 88, 130, 136 ff.). Hier argumentiert die Rechtsprechung mit dem Grundsatz, es könne hier nichts anderes für die Verjährungsfrist gelten als im Fall eines gewöhnlichen Sachmangels. Zielt jedoch der Schutzzweck der verletzten Nebenpflicht darauf ab, *andere Rechtsgüter* des Käufers vor ihrer Gefährdung durch die an sich mangelfreie Kaufsache zu schützen, greift die kurze Verjährungsfrist des § 477 Abs. 1 BGB nicht ein (BGH BB 1977, 1373 – Pflanzenschutzmittel). Hier gilt vielmehr die gewöhnliche Verjährungsfrist des § 195 BGB.

7.1.3
Die Ansprüche aus Verschulden bei Vertragsabschluß

7.1.3.1
Die Vorrangigkeit des Gewährleistungsrechts

Bezieht sich die schuldhaft fehlerhafte Aufklärung/Information des Käufers auf eine *Eigenschaft* der Kaufsache, dann ist – wie gezeigt – die Haftung aus Verschulden bei Vertragsabschluß deswegen ausgeschlossen, weil die Gewährleistungsregeln der §§ 459 ff. BGB *vorrangig* sind. Deswegen macht es keinen Unterschied, ob die Sache mangelhaft oder mangelfrei ist (Soergel/Huber, § 477 Rdnr. 18). Bezieht sich hingegen die fehlerhafte Aufklärung/Information *nicht* auf eine Eigenschaft der Kaufsache, sondern auf sonstige Umstände, dann gilt für diese Ansprüche nicht die kurze Verjährungsfrist des § 477 Abs. 1 BGB (BGH NJW 1985, 2472; BGH WM 1990, 1032, 1035). Vielmehr gilt dann die allgemeine Verjährungsfrist des § 195 BGB.

7.1.3.2
Die Falschberatung bei der Auswahl der Kaufsache

Eine *Ausnahme* besteht jedoch nach der Judikatur in den Fällen, in denen der Verkäufer bei den Vertragsverhandlungen eine *besondere Beratung* des Käufers hinsichtlich der *Auswahl des Kaufobjekts* übernommen hat, etwa beim Verkauf von Werkstoffen, technischen Geräten oder auch von Software. In diesen Fällen besteht häufig das Verschulden des Verkäufers darin, daß er sich nicht ausreichend vergewissert hat, welche besonderen Bedürfnisse der Käufer tatsächlich zur Grundlage seiner Kaufentscheidung gemacht hat, so daß der Käufer dann eine für ihn nicht ausreichend brauchbare oder gar unbrauchbare Sache erwirbt (BGH BB 1984, 1094, 1095 – Software). Hier wendet die BGH-Judikatur § 477 Abs. 1 BGB *analog* an. Dabei gibt die Erwägung Maß, daß die Haftungen für unzureichende Beratungen hinsichtlich einer fehlerfreien Sache nicht länger andauern kann als in den gewöhnlichen gewährleistungsspezifischen Fällen, in denen die Voraussetzungen von § 459 BGB vorliegen.

7.1.3.3
Die Falschberatung über Umstände außerhalb der Kaufsache selbst

Erstreckt sich jedoch die Pflichtverletzung des Verkäufers im Rahmen seiner Aufklärung/Beratung auf *andere Umstände*, die außerhalb der Kaufsache selbst liegen, wie z. B. der bestimmte Platz, der zum Aufstellen einer Maschine ausreicht (BGH NJW 1962, 1196), so gelten hierfür die gewöhnlichen Verjährungsregeln des § 195 BGB (BGH NJW 1985, 2472 – fehlerhafter Hinweis auf Ungeeignetheit eines Kamins bei Lieferung einer Trockenmaschine).

7.1.4
Der Beginn der Verjährungsfrist: die Ablieferung

Der nach § 477 Abs. 1 BGB maßgebende Zeitpunkt ist der der Ablieferung (RGZ 73, 379, 391; BGH NJW 1961, 730). Danach liegt eine Ablieferung – inhaltsgleich mit dem Begriff des § 377 HGB (S. 193 f.) – dann vor, wenn die Ware in der Weise in den Machtbereich des Käufers verbracht worden ist, daß dieser sie an dem Ort, an dem sie sich nunmehr befindet, untersuchen kann (BGH NJW 1985, 1333, 1334). Dabei kommt es entscheidend darauf an, daß der Käufer anstelle des Verkäufers die Verfügungsmöglichkeit über die Kaufsache erhält, so daß er in den Stand gesetzt wird, diese zu prüfen (BGH a. a. O.). Ablieferung bedeutet also hier *Übergabe der Kaufsache* (Produkthaftungshandbuch/Graf von Westphalen, § 5 Rdnr. 9).

Bei einer *Holschuld* gemäß § 269 BGB ist der Käufer verpflichtet, die Kaufsache in der Niederlassung des Verkäufers abzuholen. Auch hier fällt die Ablieferung mit der Übergabe zusammen (Soergel/Huber, § 477 Rdnr. 41). Ein bloßes Zur-Verfügung-Stellen der Kaufsache reicht also nicht aus, und zwar auch dann nicht, wenn dadurch Annahmeverzug des Käufers begründet wird (Soergel/Huber a. a. O.; Palandt/Putzo, § 477 Rdnr. 12). Ist jedoch eine *Bringschuld* gemäß § 269 BGB vereinbart, so genügt für die Ablieferung in jedem Fall die Übergabe (Soergel/Huber, § 477 Rdnr. 44).

7.2
Im Bereich des Werkvertrages

7.2.1
Der Anwendungsbereich

Die kurze Verjährungsfrist des § 638 Abs. 1 BGB gilt für alle Ansprüche des Bestellers, die in den §§ 633–635 BGB vorgesehen sind (Palandt/Thomas, § 638 Rdnr. 2). Mithin gilt sie auch für den Aufwendungserstattungsanspruch gemäß § 633 Abs. 3 BGB (BGH NJW 1987, 3254). Selbstverständlich gilt sie auch für alle Schadensersatzansprüche aus § 635 BGB, soweit es sich um Ansprüche auf Ersatz von *Mangelschäden* handelt, einschließlich des Ersatzes von solchen Schäden, die mit dem Mangel eng zusammenhängen (S. 128 f.).

7.2.2
Der Ersatz von Mangelfolgeschäden

Soweit Schadensersatzansprüche aus *positiver Vertragsverletzung* auf Ersatz von Mangelfolgeschäden gerichtet sind, gilt die allgemeine Verjährungsfrist des § 195 BGB (S. 129 f.). Es ist selbstverständlich, daß die Verjährungsfrist des § 195 BGB auch für solche Schadensersatzansprüche aus positiver Vertragsverletzung gilt, die mit Mängeln nichts zu tun haben, sondern auf der Verletzung von *Nebenpflichten* beruhen (Palandt/Thomas, § 638 Rdnr. 3).

7.2.3
Die Falschberatung

Soweit Schadensersatzansprüche aus fehlerhafter *Beratung* geltend gemacht werden, welche auf einem Mangel oder auf einer Eigenschaft beruhen, so daß die vertragsgemäße Verwendung des Werks hiervon abhängt, gilt allerdings die kurze Verjährungsfrist des § 638 BGB (Palandt/Thomas, § 638 Rdnr. 2). So gesehen gelten die gleichen Erwägungen, die zuvor für das Kaufvertragsrecht dargestellt wurden (S. 132 f.).

7.2.4
Arbeiten an Grundstücken – Bauwerken

Für *Arbeiten an einem Grundstück* bestimmt § 638 Abs. 1 BGB eine Verjährungsfrist von einem Jahr. Darunter fallen auch Arbeiten an einem auf dem Grundstück errichteten Gebäude, sofern das Werk eng mit dem Gebäude verbunden wird und auf Dauer verbunden bleiben soll (BGH NJW 1970, 942). Folglich ist die Erneuerung eines Hausanstrichs zur Verschönerung einer Fassade ein Anwendungsfall dieser Bestimmung (OLG Köln NJW-RR 1989, 1181). Gleiches gilt für den nachträglichen Einbau einer Alarmanlage in ein Wohnhaus (BGH WM 1991, 1804).

Der Begriff des *Bauwerks* ist weiter als der des Gebäudes. Er umfaßt Neu-, Auf- und Umbauten, einschließlich des Hoch- und des Tiefbaus (Palandt/ Thomas, § 638 Rdnr. 9). Das Bauwerk ist folglich eine unbewegliche durch Verwendung von Arbeit und Material in Verbindung mit dem Erdboden hergestellte Sache (BGHZ 57, 60).

7.2.5
Der Verjährungsbeginn: Abnahme

Aus § 638 Abs. 1 BGB folgt, daß die Verjährung mit der *Abnahme* beginnt. Die Voraussetzungen der Abnahme sind weiter oben im einzelnen dargelegt (S. 109).

8
Die Haltbarkeitsgarantie

8.1
Der Inhalt einer Haltbarkeitsgarantie

Bei Kauf- und Werkverträgen ist es häufig so, daß der Verkäufer/Unternehmer eine „Garantie" während einer bestimmten *Zeitdauer* für das einwandfreie Funktionieren der von ihm gelieferten Sache bzw. des von ihm hergestellten Werks übernimmt. Soweit sich nicht aus den Umständen des Einzelfalls etwas anderes ergibt, gelten in diesem Zusammenhang folgende Regeln:

8.1.1
Selbständiges oder unselbständiges Garantieversprechen?

Die durch eine „Garantie" bewirkte Verlängerung der gesetzlichen Gewährleistungsfristen der §§ 477, 638 BGB kann – abhängig von dem Resultat der jeweiligen Auslegung gemäß §§ 133, 157, 242 BGB – unterschiedliche Ergebnisse nach sich ziehen (Loebell, BB 1973, 1237 ff.; im einzelnen auch Christoffel, Die Garantie im Rahmen kaufrechtlicher Sachmängelgewährleistung, S. 120 ff.). Soweit sich die „Garantie" auf eine bestimmte Eigenschaft der Kaufsache bzw. des herzustellenden Werks bezieht, sondern auch die *Gewährleistungsfrist* zum Gegenstand hat, ist von einer *Haltbarkeitsgarantie* zu sprechen (hierzu Loebell a. a. O.). Ob es sich hierbei um eine selbständige oder um eine unselbständige Garantie handelt, läßt sich nicht immer mit der erforderlichen Eindeutigkeit sagen (im einzelnen Produkthaftungshandbuch/Graf von Westphalen, § 7 Rdnrn. 7 ff.). Nimmt man nämlich an, daß eine Haltbarkeitsgarantie eine selbständige Garantie darstellt, so folgt daraus, daß die gesetzliche Gewährleistungsfrist des § 195 BGB eingreift. Darin liegt eine äußerst weitreichende Rechtsfolge, die regelmäßig nicht – ohne das Hinzutreten besonderer Umstände – angenommen werden kann, sofern die Haltbarkeitsgarantie zeitlich – etwa: auf 12, 24 oder auf 36 Monate – befristet ist (Soergel/Huber, § 459 Rdnrn. 201 ff.).

Ausgangspunkt für die regelmäßig zutreffende Einordnung ist die Erkenntnis, daß die Gewährleistungshaftung gemäß §§ 459 ff., 633 ff. BGB voraussetzt, daß der Mangel schon im Zeitpunkt des Gefahrenübergangs bzw. der Abnahme wenigstens im Keim vorhanden war (Staudinger/Honsell, § 459 Rdnr. 33). Daraus folgt für den Regelfall die Annahme, daß bei einer Haltbarkeitsgarantie der Käufer nicht verpflichtet ist, diesen Nachweis zu führen. Es reicht vielmehr aus, wenn der Käufer/Besteller nachweist, daß der Garantiefall während der Dauer der Haltbarkeitsgarantie eingetreten ist, ohne daß dieser auf Umstände zurückzuführen ist, die der Käufer/Besteller zu vertreten hat (Soergel/Huber, § 459 Rdnr. 211). Folglich liegt in diesen Fällen stets ein *unselbständiger Garantievertrag* vor. Der Verkäufer/Unternehmer haftet mithin für alle

Mängel, die während der Garantiezeit auftreten (Produkthaftungshandbuch/Graf von Westphalen, § 7 Rdnr. 8). Darin liegt – wie der BGH festgestellt hat – eine übliche Auslegung von Herstellergarantien: Es kommt mithin nicht auf den Nachweis an, daß die Sache bereits im Zeitpunkt des Gefahrenübergangs fehlerbehaftet war (BGH ZIP 1991, 802, 805).

8.1.2
Die Rechtsfolgen

Versteht man für gewöhnlich die Haltbarkeitsgarantie als eine unselbständige Garantie, so haftet der Verkäufer nicht wie bei einer selbständigen Garantie gemäß §§ 249 ff. BGB auf Schadloshaltung, sondern lediglich nach der Sachmängelgewährleistung der §§ 459 ff., 633 ff. BGB (BGH NJW 1979, 645; BGH WM 1983, 1391, 1392). Unabhängig davon ist stets zu berücksichtigen, ob sich die Haltbarkeitsgarantie nicht auf eine bestimmte *Eigenschaft* bezieht, sondern daß es sich dann – das Garantieversprechen verstärkend – um eine qualifizierte Haltbarkeitsgarantie handelt (S. 135). Liegen jedoch diese Voraussetzungen nicht vor, so erfaßt die Haltbarkeitsgarantie im Sinn von § 459 Abs. 1 BGB bzw. von § 633 Abs. 1 BGB die schlichte *Fehlerfreiheit* der Kaufsache bzw. des herzustellenden Werks (Soergel/Huber, § 459 Rdnr. 213).

8.1.3
Der Verjährungsbeginn

Der bedeutendste Unterschied zwischen einer kauf- oder werkvertraglichen Gewährleistung einerseits und einem unselbständigen Garantievertrag andererseits besteht in der unterschiedlichen Verjährungsfrist (vgl. RG JW 1921, 828; RG JW 1919, 241; BGH WM 1977, 365; im übrigen auch Christoffel a.a.O., S. 140 f.). Unter Berücksichtigung der §§ 133, 157, 242 BGB bieten sich verschiedene Lösungsmöglichkeiten an:

8.1.3.1
Die Verlängerung der gesetzlichen Gewährleistungsfristen

Durch die Vereinbarung einer Haltbarkeitsgarantie kann lediglich die gesetzliche Verjährungsfrist verlängert worden sein (vgl. BGH NJW 1961, 730; BGH BB 1962, 234). Dies bedeutet dann, daß die Verjährungsfrist der Dauer der Haltbarkeitsgarantie entspricht. Die Fristen der §§ 477, 638 BGB sind dann entsprechend verlängert.

8.1.3.2
Die Unterscheidung zwischen Gewährleistungs- und Verjährungsfrist

Selten kann es auch so sein, daß der Zweck der Haltbarkeitsgarantie darin besteht, den Beginn der gesetzlichen Verjährungsfrist der §§ 477, 638 BGB erst mit dem Ablauf der Garantiefrist eintreten zu lassen (RGZ 65, 119, 121; RGZ 120, 213). Dieses Resultat ist für den Verkäufer/Werkunternehmer besonders gravierend. Folglich müssen besondere Umstände dafür vorliegen, daß dieses Auslegungsergebnis tatsächlich gewollt ist.

Übersteigt die Haltbarkeitsgarantie die sechsmonatige Verjährungsfrist der §§ 477, 638 BGB so ist jedoch im *Regelfall* davon auszugehen, daß alle während der Garantiefrist auftretenden Mängel Gewährleistungsansprüche des Käufers/Bestellers auslösen. Die Verjährungsfrist der §§ 477, 638 BGB beginnt dann in dem Zeitpunkt, in welchem der Mangel entdeckt und gerügt worden ist (BGH BB 1962, 234; BGH BB 1979, 185). Dieser Auffassung wird auch in der Literatur der Vorzug gegeben (Loebell, BB 1973, 1237, 1239; RGRK-BGB/Mezger, § 477 Rdnr. 8; RGRK-BGB/Glanzmann, § 638 Rdnr. 29; Staudinger/Honsell, § 477 Rdnr. 32; Soergel/Huber, § 459 Rdnr. 217). Dies ist eine interessengerechte Auslegung, die dem Sinn der Haltbarkeitsgarantie auch entspricht (vgl. auch BGH NJW 1984, 1525, 1526; BGH WM 1986, 714). Das ist praktisch von hoher Bedeutung und wird häufig übersehen: Die Verjährungsfrist der §§ 477, 638 BGB beginnt also in diesen Fällen mit der Entdeckung des jeweiligen Mangels (vgl. BGH WM 1983, 1391, 1392 – Entdeckung des Mangels bei einem Konstruktionsfehler).

8.2 Die Verlängerung der Gewährleistungsfristen

Individualvertraglich ist es unbedenklich, die Gewährleistungsfristen der §§ 477, 638 BGB zu verlängern. Dies folgt unmittelbar aus § 477 Abs. 1 Satz 2 BGB. Gleiches gilt gemäß § 638 Abs. 2 BGB.

Zur Verlängerung der Gewährleistungsfristen durch *AGB-Klauseln* vgl. S. 202 f.

9
Die Grundsätze der deliktsrechtlichen Produzentenhaftung

Schon das RG hat aus § 823 Abs. 1 BGB den allgemeinen Grundsatz entwickelt: Derjenige, der eine Gefahrenquelle schafft, hat die nach Lage der Verhältnisse erforderlichen und ihm zumutbaren Sicherungsmaßnahmen zum Schutz der Rechtsgüter Dritter zu treffen (RGZ 53, 373; RGZ 54, 53). In konsequenter Fortentwicklung stützte deshalb das RG die deliktische Haftung des Produzenten auf die Verletzungen von sogenannten *Verkehrssicherungspflichten*, welche der Norm des § 823 Abs. 1 BGB entnommen wurden (RGZ 163, 120; RG, DR 1940, 1293). Dies besagt in der Sache: Es werden diejenigen Sorgfaltspflichten geschuldet, welche jedermann zur Vermeidung von Gefahren für fremde Rechtsgüter – nämlich: den „Verkehr" – zu beachten hat (Produkthaftungshandbuch/Foerste, § 23 Rdnr. 6). Anders gewendet: Alle Personen, die mit der Herstellung sowie mit dem Vertrieb von Waren befaßt sind, sind verpflichtet, diejenigen Maßnahmen zu treffen, die erforderlich und ihnen zumutbar sind, um Gefahren abzuwenden, die aus einer möglichen Schadhaftigkeit der hergestellten bzw. vertriebenen Produkte im Hinblick auf die gemäß § 823 Abs. 1 BGB geschützten Rechtsgüter Dritter resultieren können, nämlich: Schutz von Leib, Leben, Gesundheit und Eigentum Dritter. Welche Maßnahmen von dem verkehrssicherungspflichtigen Hersteller zu erwarten sind, hängt zunächst von der *Gefährlichkeit* seines Verhaltens ab (BGH NJW 1966, 40, 41). Dabei ist entscheidend, ob die Gefahr und die Möglichkeit ihrer Vermeidung *objektiv erkennbar* waren. Ob dies der Fall ist, richtet sich nach dem allgemein verfügbaren Stand von Wissenschaft und Technik, der im Zeitpunkt der letztmöglichen Einflußnahme auf die Gefahr erreicht werden konnte (Produkthaftungshandbuch/Foerste, § 24 Rdnrn. 28 ff.). Daraus ergibt sich des weiteren: Je größer die Gefahr ist, um so größer muß der *Sicherheitsaufwand* sein, den der verkehrssicherungspflichtige Hersteller schuldet: Art und Umfang des Sicherheitsaufwands stehen also in einem unmittelbaren proportionalen Verhältnis zu Art und Umfang der Gefahr (BGH VersR 1969, 42, 43; Produkthaftungshandbuch/Foerste, § 23 Rdnr. 17). Der damit indizierte Grundsatz der *Verhältnismäßigkeit* konkretisiert sich in der Weise, daß der verkehrssicherungspflichtige Hersteller gehalten ist, einen tendenziell hohen Sicherheitsaufwand zu betreiben, wenn sein Produkt Leib, Leben und Gesundheit Dritter gefährdet; sind hingegen lediglich *Sachschäden* zu besorgen, so kann der Sicherheitsaufwand tendenziell geringer sein. Da *Vermögensschäden* nicht in den Schutzbereich von § 823 Abs. 1 BGB fallen, bleibt diese Kategorie insoweit außer Betracht. Etwas anderes gilt freilich dann, wenn es sich um die Verletzung eines *Schutzgesetzes* im Sinn von § 823 Abs. 2 BGB handelt, sofern dieses auch den Schutz von *reinen Vermögensinteressen* bezweckt.

9.1 Die Sicherheitserwartung

Genauso wie § 3 ProdHaftG auf die Sicherheitserwartung des Produktbenutzers abstellt, zielen die in § 823 Abs. 1 BGB geregelten Verkehrssicherungspflichten auf die *Sicherheitserwartung* des durchschnittlichen Produktbenutzers. Nur in diesem Rahmen und nur insoweit, als der verkehrssicherungspflichtige Hersteller damit rechnen muß, daß seine Produkte in die Hände von Personen gelangen, die mit den speziellen Produktgefahren *nicht vertraut sind* (BGH VersR 1986, 653 - Überrollbügel; BGH VersR 1987, 102, 103 - Verzinkungsspray; BGH ZIP 1992, 934, 937 - Silokipper), ist der Hersteller sicherungspflichtig. Dabei kommt es selbstverständlich auf eine Reihe von Einzelheiten entscheidend an.

9.1.1 Allgemein bekannte Gefahren

Auf die Erwartungen des durchschnittlichen Produktbenutzers kann sich der verkehrssicherungspflichtige Hersteller verlassen, wenn praktisch *allgemein bekannt* ist, daß die betreffende Ware *gefährliche Wirkungen* haben kann, wie etwa beim Genuß von Alkoholika, Drogen, Tabak oder Medikamenten (Produkthaftungshandbuch/Foerste, § 24 Rdnr. 6). Dabei gilt: Je höher der *Nutzen* des fraglichen Produkts ist, um so eher ist der Verbraucher geneigt, Nebenwirkungen und Restrisiken in Kauf zu nehmen. Allerdings kommt es maßgebend darauf an, daß es sich hierbei um solche Nebenwirkungen oder Risiken handelt, welche dem Verbraucher tatsächlich *bekannt* sind (BGH ZIP 1992, 38 - Milupa).

9.1.2 Die aktuelle Verbrauchererwartung

Zwischen den Verkehrssicherungspflichten des Herstellers und den Sicherheitserwartungen des Produktbenutzers steht eine unmittelbare Relation; sie findet in der *Produktbeobachtungspflicht* ihren Niederschlag (S. 152 ff.). Dies gilt z. B. bei einer sachwidrigen Verwendung des Produkts (S. 148), aber auch dann, wenn dem Hersteller - aufgrund der von ihm zu erfüllenden Organisationspflichten - bekannt wird, daß sein Produkt auch von solchen Personen verwendet wird, die keine Fachleute sind und deshalb die Gefahren nicht kennen (BGH ZIP 1992, 934, 937 - Silokipper). Die Einzelheiten werden im Zusammenhang mit der *Instruktionshaftung* dargestellt (S. 147 ff.).

9.2 Der Stand von Wissenschaft und Technik

Nach § 1 Abs. 2 lit. e ProdHaftG besteht zwar eine verschuldensunabhängige Haftung, doch haftet der Hersteller nicht für *Entwicklungsrisiken* (Taschner/Frietsch, Produkthaftungsgesetz und EG-Produkthaftungsrichtlinie, 2. Aufl., Art. 7 Rdnr. 34 ff.). Von einem „Entwicklungsrisiko" ist dann zu sprechen, wenn der vorhandene Fehler des Produkts nach dem Stand von Wissenschaft und Technik nicht erkannt werden konnte, als der Hersteller das Produkt in den Verkehr brachte (Taschner/Frietsch a.a.O., Art. 7 Rdnr. 37). Auch im Rahmen der *verschuldensabhängigen* Produzentenhaftung des § 823 Abs. 1 BGB kommt es entscheidend auf den Stand von Wissenschaft und Technik an, um zu ermitteln, ob dem verkehrssicherungspflichtigen Hersteller ein Fehler des von ihm in den Verkehr gebrachten Produkts als *objektive Pflichtverletzung* zuzurechnen ist.

9.2.1
Das Definitionsmerkmal

Als normativer Fixpunkt – sozusagen als *Obergrenze* – der vom Hersteller zu erfüllenden Verkehrssicherungspflichten dient die Formel des „*neuesten* Standes von Wissenschaft und Technik" (Graf von Westphalen, BB 1971, 152, 156; Kullmann/Pfister, Produzentenhaftung, Kza. 1520 S. 27). Darunter werden alle diejenigen Kenntnisse und Erkenntnisse verstanden und zusammengefaßt, die nach dem letzten, gesicherten Forschungsstand in der Technik dazu dienen, Produktgefahren zu erkennen und zu vermeiden (Produkthaftungshandbuch/Foerste, § 24 Rdnr. 16). In diesem Zusammenhang hat auch das Bundesverfassungsgericht in seinem Kalkar-Beschluß unterstrichen (BVerfGE 49, 89, 135 f.). Der „Stand von Wissenschaft und Technik" ist daher nicht identisch mit dem „allgemein anerkannten Stand der wissenschaftlichen Erkenntnisse und der Technik", weil der Nachteil einer solchen Lösung darin besteht, daß die Rechtsordnung mit einem solchen Maßstab stets hinter eine weiterstrebenden technischen Entwicklung herhinkt (BVerfGE a.a.O.). Die „allgemein anerkannten Regeln der Technik" bedeuten nämlich lediglich, daß das Maß an Verkehrssicherungspflichten zu erfüllen ist, was in den Kreisen der betreffenden Techniker allgemein bekannt und als richtig angesehen wird (Produkthaftungshandbuch/Foerste, § 24 Rdnr. 16). Mit anderen Worten: Die „allgemein anerkannten Regeln der Technik" sind in der Praxis erprobtes Anwendungswissen, ohne daß es auf irgendwelche wissenschaftlichen Impulse ankommt (vgl. OLG Koblenz BB 1973, 216).

9.2.2
Die inhaltliche Ausfüllung des Begriffs

Absolute technische Sicherheit oder völlige Risikofreiheit von Produkten wird es grundsätzlich nicht geben. Deshalb ist der Hersteller lediglich verpflichtet, sich nach dem *jeweils* neuesten technisch-wissenschaftlichen Erkenntnisstandard zu orientieren. Es handelt sich hierbei um eine *Organisationspflicht*: Es geht nicht nur um Informations- und Wissensvermittlung, sondern auch darum, die in dem jeweils „neuesten Stand von Wissenschaft und Technik" niedergelegten Kenntnisse und Erkenntnisse praktisch umzusetzen. Hierbei handelt es sich nicht um einen nationalen, sondern um einen *internationalen Standard* (BGH NJW 1981, 1606, 1608 – Benomyl). Nicht entscheidend kommt es darauf an, ob der betreffende Hersteller in der Lage ist, dem jeweils „neuesten Stand von Wissenschaft und Technik" zu entsprechen, weil es sich um eine *objektive* Größe handelt, nämlich: den „Inbegriff der Sachkunde" als Summe an Wissen und Technik (Taschner/Frietsch a.a.O., Art. 7 Rdnr. 43). Folglich sind die Ergebnisse wissenschaftlicher Kongresse und Fachveranstaltungen zu berücksichtigen; Patentschriften sowie Aus- und Offenlegungsschriften sind auszuwerten

(Fischer, DB 1977, 71 ff.; Kullmann, WM 1981, 1322, 1325). Letztlich ist der Hersteller im Rahmen von § 823 Abs. 1 BGB verpflichtet, sich ständig über die Fortentwicklung der Technik sowie der Wissenschaft auf dem laufenden zu halten (BGH NJW 1981, 1606, 1608 - Benomyl). Dies gilt für alle vom Hersteller entwickelten, hergestellten und in den Verkehr gebrachten Produkte.

Es ist selbstverständlich, daß diese *Erkundigungspflicht* des Herstellers sich nur auf den jeweils „neuesten Stand von Wissenschaft und Technik" bezieht, der *allgemein zugänglich* ist. Soweit gewerbliche Schutzrechte bestehen, welche zugunsten eines Dritten ein Wissensmonopol darstellen, ist diese Pflicht natürlich durch das Merkmal der *Zumutbarkeit* eingeschränkt. Inwieweit darüber hinaus das Merkmal der Zumutbarkeit eine Rolle spielt, hängt entscheidend von den Umständen des Einzelfalls, insbesondere von der *Gefährlichkeit* des in den Verkehr gebrachten Produkts ab: Die Größe des Unternehmens spielt hierbei grundsätzlich keine Rolle, weil es auf die jeweilige *Sicherheitserwartung* des Produktbenutzers entscheidend ankommt. Diese aber ist unabhängig davon, ob ein - gefährliches - Produkt von einem kleinen Unternehmen oder von einem Weltkonzern hergestellt und in den Verkehr gebracht wird; in beiden Fällen erwartet der Produktbenutzer die gleiche Produktsicherheit.

Diese am jeweils „neuesten Stand von Wissenschaft und Technik" ausgerichtete Verkehrssicherungspflicht bezieht sich *primär* auf den Zeitpunkt, in welchem der Hersteller das fragliche Produkt in den Verkehr bringt. Der zu diesem Zeitpunkt geltende „neueste Stand von Wissenschaft und Technik" gibt Maß. Denn in diesem Zeitpunkt entscheidet es sich, ob der Hersteller eine Handlung vorgenommen oder eine gebotene Handlung unterlassen hat, z. B. daß gebotene Sicherheitsprüfungen nicht durchgeführt, daß Testserien zu früh abgebrochen wurden (BGH VersR 1957, 584 - Gelenkwellenschutz; BGH VersR 1960, 1095 - Kühlanlage). Dies bedeutet indessen nicht, daß der Hersteller berechtigt ist, sich mit dem zu diesem Zeitpunkt erreichten „neuesten Stand von Wissenschaft und Technik" zufrieden zu geben. Vielmehr ist er verpflichtet, auch nach *Auslieferung des Produkts* die Fortentwicklung des Standes von Wissenschaft und Technik ständig zu beobachten (BGH ZIP 1994, 213, 216 - Gewindeschneidemittel). Erweist es sich nämlich aufgrund des *Fortschritts* von Wissenschaft und Technik, daß das bereits in den Verkehr gebrachte Produkt *fehlerhaft* ist, so ist der Hersteller verpflichtet, die insoweit erforderlichen und ihm zumutbaren Maßnahmen zu treffen, um Risiken für die Rechtsgüter Dritter auszuschalten, sei es durch Warnungen, sei es durch Änderungen des Produkts, sei es durch einen Rückruf. Es ist selbstverständlich, daß der Hersteller in diesem Zusammenhang auch verpflichtet ist, den *Wettbewerb* zu beobachten (BGH ZIP 1990, 516, 518 - Pferdebox). In diesem Zusammenhang konkretisiert sich die Verkehrssicherungspflicht des Herstellers als *Produktbeobachtungspflicht* (S. 152 ff.).

9.2.3
Die praktische Bedeutung technischer Regelwerke

Es ist allgemein im Rahmen der Verkehrssicherungspflichten des § 823 Abs. 1 BGB anerkannt, daß ein *Unterschreiten* der Sicherheitsstandards, wie er in den technischen Normen (DIN, VDE, DVGW etc.) niedergelegt ist, als *Indiz* dafür zu werten ist, daß der Hersteller eine ihm obliegende Verkehrssicherungspflicht objektiv verletzt hat (BGH VersR 1984, 270 - Flachmeißel). Dies besagt freilich nicht, daß der Hersteller berechtigt ist, sich darauf zu verlassen, daß die technischen Regelwerke die von ihm zu erfüllenden Verkehrssicherungspflichten *erschöpfend* regeln: Sind nämlich Gefahren für Leib, Leben, Gesundheit und Eigentum Dritter im Sinn von § 823 Abs. 1 BGB bei Beachtung der anerkannten Regeln der Technik nicht abzuwenden, so ist der Hersteller verpflichtet, einen *höheren technischen Sicherheitsstandard* zu wählen (BGH NJW 1987, 372, 373 - Verzinkungsspray). Hierin liegt eine originäre Verantwortlichkeit des Herstellers. Gleiches gilt dann, wenn *keine* anerkannten Regeln der Technik existieren (BGH ZIP 1990, 516, 517 - Pferdebox). So gesehen kommt es ausschließlich darauf an, was der durchschnittliche Produktbenutzer *objektiv* an Sicherheit bei der Verwendung eines Produkts erwartet bzw. erwarten kann (BGH a.a.O.). Anders gewendet: Es kommt maßgebend darauf an, welche Maßnahmen der Hersteller - aus der Sicht des durchschnittlichen Produktbenutzers - schuldet, um die erforderliche Produktsicherheit zu erreichen (BGH a.a.O.). So ist z. B. der Hersteller von Boxentrennwänden für Pferdeställe verpflichtet, in den Grenzen des technisch Möglichen und ihm wirtschaftlich Zumutbaren dafür Sorge zu tragen, daß die in den Boxen gehaltenen Pferde bei ihrem typischen Tierverhalten - hier: Aufstellen auf der Hinterhand - keine Verletzungen dadurch erleiden, daß sie mit den Vorderhufen in den Stahl-Profilen der Trennwände hängen bleiben und sich dabei verletzen (BGH ZIP 1990, 516, 518 - Pferdebox). Dabei spielt selbstverständlich auch der *Preis* des jeweiligen Produkts eine wichtige Rolle, weil der durchschnittliche Produktbenutzer von einem teureren Produkt derselben Produktart im allgemeinen mehr Sicherheit als von einer vergleichsweise billigeren Ausführung erwartet: Erhöhte Sicherheit hat eben ihren Preis (BGH ZIP 1990, 516, 517 - Pferdebox). Doch bedeutet ein höherer Preis keineswegs zwangsläufig, daß der Hersteller - allein aus diesem Grund - nicht verpflichtet ist, für eine höhere Produktsicherheit Sorge zu tragen (BGH a.a.O.), zumal der Preis der Produktion nichts über die fehlende Zumutbarkeit eines objektiven Fehlverhaltens im Sinn von § 276 BGB aussagt. Mit Recht ist daher die Judikatur *äußerst zurückhaltend* aufgrund angeblicher betriebswirtschaftlicher Zwänge anzuerkennen, daß eine an sich geforderte (höhere) Produktsicherheit zu vernachlässigen ist (BGH NJW 1988, 2611, 2612 - Limonadenflasche II). In jedem Fall aber zielt die Verbrauchererwartung auf eine *Mindestsicherheit* des jeweiligen Produkts. Diese fehlt z. B., wenn ein Hocker im Fall einer horizontalen Bewegung zusammenklappt (OLG Celle VersR 1978, 258, 259 - Hocker) oder einem Eiszubereitungsgerät, dessen Gerätestecker bei Überlaufen von Eismasse stromführend wird (OLG Köln in: Schmidt-Salzer, Entscheidungssammlung II.230, S. 322 ff. - Speiseeisbereiter).

An dieser grundsätzlichen Feststellung ändert sich auch nichts dadurch, daß ein Hersteller nach den ISO 9000 ff. „zertifiziert" ist. Denn der Kern einer solchen „Zertifizierung" besteht ohnedies nur darin, daß das betreffende Unternehmen als „qualitätsfähig" angesehen wird. Nichts aber ist darüber gesagt, ob im *Einzelfall* auch die nach § 823 Abs. 1 BGB bzw. nach § 1 ProdHaftG erforderliche *Produktsicherheit* tatsächlich erreicht ist.

9.3 Die unterschiedlichen Pflichtenkreise

Es hat sich weitgehend eingebürgert, die verschiedenen Pflichtenkreise des § 823 Abs. 1 BGB - nichts anderes gilt für § 1 ProdHaftG - danach aufzuteilen, ob es sich um

Entwicklungsrisiken, Konstruktionsfehler, Fabrikationsfehler, Instruktionsfehler sowie Fehler der Produktbeobachtung handelt (Produkthaftungshandbuch/Foerste, § 24 Rdnr. 60 ff.; Graf von Westphalen, Jura 1983, 57, 58 ff.; kritisch Steindorff, AcP 170 (1970) 93, 98; Graf von Westphalen, WiR 1972, 67, 71).

9.3.1 Das Entwicklungsrisiko

Ein Entwicklungsrisiko oder Entwicklungsschaden ist – definitorisch bedingt – dadurch charakterisiert, daß der jeweilige Hersteller im Zeitpunkt der Herstellung des Produkts alles Erforderliche und ihm Zumutbare getan hat, um eine Schädigung Dritter an ihren gemäß § 823 Abs. 1 BGB geschützten Rechtsgütern (Leib, Leben, Gesundheit und Eigentum) zu vermeiden. Hat also der Hersteller die ihm obliegenden Verkehrssicherungspflichten – orientiert an dem jeweils neuesten Stand von Wissenschaft und Technik – tatsächlich erfüllt, so ist er für einen gleichwohl eintretenden Produktschaden *nicht verantwortlich.* Diese Fälle sind äußerst selten (vgl. LG Aachen JZ 1971, 507 ff. – Einstellungsbeschluß in Sachen Contergan). Von entscheidender Bedeutung ist in diesem Zusammenhang ein Doppeltes: Zum einen kommt es maßgebend darauf an, den *normativen Gehalt* der von § 823 Abs. 1 BGB erfaßten Verkehrssicherungspflichten inhaltlich zu bestimmen. Diese sind – wie dargelegt – an dem jeweils „neuesten Stand von Wissenschaft und Technik“ orientiert (S. 139 ff.). Zum anderen ist in diesem Zusammenhang nachdrücklich die vom Hersteller zu erfüllende *Produktbeobachtungspflicht* eingefordert. Diese zielt nämlich darauf ab sicherzustellen, daß die Produktbenutzer von Körper- oder Sachschäden im Sinn von § 823 Abs. 1 BGB dadurch geschützt werden, daß der Hersteller die erforderlichen und ihm zumutbaren Gefahrenabwendungsmaßnahmen unverzüglich durchführt (S. 152 ff.).

9.3.2 Der Konstruktionsfehler

9.3.2.1 *Allgemeines*

Während Entwicklungsschäden – definitorisch bedingt – aufgrund des jeweils „neuesten Standes von Wissenschaft und Technik“ unvermeidbar sind, ist der *Konstruktionsfehler* – definitorisch bedingt – dadurch charakterisiert, daß die Herstellung des jeweiligen Produkts nicht dem „neuesten Stand von Wissenschaft und Technik“ entsprach, also – bezogen auf eben diesen Standard – *fehlerhaft* war. Mithin liegt ein Konstruktionsfehler vor, wenn das Produkt schon von seiner Konzeption/Rezeptur her nicht die gebotene Sicherheit einhält (Produkthaftungshandbuch/Foerste, § 24 Rdnr. 62). Dabei spielt es keine Rolle, auf welche Ursache der Konstruktionsfehler beruht, ob es sich um eine fehlerhafte technische Berechnung, um fehlerhafte Materialauswahl, falsche Dimensionierung, fehlerhafte Bauweise etc. handelt. Typisch für den Konstruktionsfehler ist indes der Befund: er haftet der *gesamten Serie* an. Im Rahmen der *Produktbeobachtungspflicht* (S. 152 ff.) führen also Konstruktionsfehler zu höchst aufwendigen Gefahrenabwendungsmaßnahmen, etwa Warnungen, Reparaturmaßnahmen oder Rückrufaktionen.

Ob ein Konstruktionsfehler vorliegt, richtet sich im allgemeinen danach, ob er beim *bestimmungsgemäßen Gebrauch* des Produkts auftritt (Produkthaftungshandbuch/Foerste, § 24 Rdnr. 64). Bei sachgemäßem und typischem Gebrauch darf das jeweilige Produkt nicht zu einer Gefahrenquelle für die Rechtsgüter der Produktbenutzer (Leib, Leben, Gesundheit und Eigentum) werden (Haegele/Haegele, Produzentenhaftung - eine Gefahr für jeden Betrieb, S. 35). In erster Linie wird der Verwendungszweck des Produkts durch die ihm anhaftenden *Produkteigenschaften* festgelegt, welche nach der Überzeugung des Durchschnittsverbrauchers gegeben sind und gegeben sein sollten (Kullmann, VersR 1988, 655, 656). So gesehen kommt es also auf den „vernünftigen" Verbraucher an (Kullmann a.a.O.). Soweit Produkte von *verschiedenartigen Verbraucherkreisen* verwendet werden, kann ihr bestimmungsgemäßer Gebrauch durchaus differieren - mit der Konsequenz, daß es auf die jeweilige Verbrauchererwartung des *typischen Abnehmerkreises* ankommt, etwa bei der gleichzeitigen Verwendung eines Produkts gegenüber Fachleuten und im do it yourself. Eine Konstruktion, welche für den *Fachmann* als sicher angesehen werden kann (BGH ZIP 1992, 934 - Silokipper), braucht für den Nicht-Fachmann keineswegs sicher zu sein, sondern kann - ganz im Gegenteil - als *fehlerhaft* eingeordnet werden (BGH VersR 1984, 270 - Flachmeißel). Muß in diesen Fällen der Hersteller erwarten, daß der Erwerber seines Produkts *unkundig* oder *unerfahren* ist, so kann und darf er sich nicht auf die Sach- und Fachkunde der übrigen Abnehmerkreise verlassen. Vielmehr ist er verpflichtet, die Sicherheitsanforderungen an der *gefährdetsten Benutzergruppe* zu orientieren (Produkthaftungshandbuch/Foerste, § 24 Rdnr. 68).

Entscheidend kommt es in diesem Zusammenhang darauf an, ob die Produktbenutzung im Rahmen der *allgemeinen Zweckbestimmung des Produkts* liegt (BGH ZIP 1992, 38, 39 - Milupa). Dies schließt das Risiko des *bestimmungswidrigen Gebrauchs* des Produkts ein (BGH a.a.O.). Soweit ein naheliegender *Fehlgebrauch* des Produkts in Rede steht, kommt es auf die Umstände des Einzelfalls an, ob das Produkt - bezogen auf eben diesen Fehlgebrauch - als „sicher" oder als „fehlerhaft" einzuordnen ist. Maßgebende Kriterien hierfür sind zum einen die Verwendungshinweise des Herstellers, weil durch sie erreicht werden kann, daß die Vorstellungen des Produktbenutzers über die Eignung des Produkts eingeschränkt werden können (S. 147 f.). Doch bleibt der Hersteller gleichwohl verpflichtet, allen Produktschäden nachzugehen, die aufgrund eines Fehlgebrauchs des Produkts eintreten; diese Pflicht ist wesentlicher Bestandteil der *Produktbeobachtungspflicht* (S. 152 ff.). So gesehen kommt als weiteres Indiz hinzu, ob der Produktfehlgebrauch überhaupt nichts mit der allgemeinen Zweckbestimmung des Produkts zu tun hat (BGH NJW 1981, 2514, 2515 - Sniffing), oder ob es sich um einen häufigeren und damit naheliegenden Fehlgebrauch des Produkts handelt (BGH NJW 1972, 2217, 2221 - Estil). Die Konstruktionsverantwortung des Herstellers endet dort, wo der *vorsätzliche Mißbrauch* des Produkts zum Schadenseintritt führt, wo also ein Schaden in Rede steht, der mit dem die Herstellung bestimmenden Produktzweck überhaupt nichts mehr zu tun hat (BGH NJW 1981, 2514, 2515 - Sniffing). Daher ist der Hersteller eines Kälteschutzmittels nicht dafür verantwortlich, daß der Sohn eines Handwerkers im Keller lagernde Behälter von Kälteschutzmitteln öffnet, um diese zum „Sniffing" einzusetzen, und zwar auch dann, wenn der Sohn daran stirbt. Einen solchen - fernliegenden - Produktfehlgebrauch hat der Hersteller im Rahmen seiner Konstruktionsverantwortung grundsätzlich nicht ins Kalkül zu ziehen. Die hier angedeuteten Pflichten hängen im wesentlichen auch mit dem *Instruktionsfehler* zusammen.

9.3.2.2
Die Einzelpflichten

Im Rahmen der Konstruktionsverantwortlichkeit ist der Hersteller für die *Materialwahl* verantwortlich (im einzelnen Produkthaftungshandbuch/Foerste, § 24 Rdnr. 102 ff.). Nichts anderes gilt für die Materialdimensionierung sowie für die Materialbearbeitung (Produkthaftungshandbuch/Foerste, § 24 Rdnrn. 105 ff.). Darüber hinaus ist eine *Kontrolle* des Fertigungsablaufs erforderlich; geeignete Test- und Prüfverfahren sind einzusetzen (Schmidt-Salzer, BB 1972, 1430, 1432). Auch die Kontrollverfahren müssen dem „neuesten Stand von Wissenschaft und Technik" entsprechen (Graf von Westphalen, Jura 1983, 57, 60). Verfügt der Hersteller nicht über eigene Kontroll- und Prüfmöglichkeiten, dann muß er sich der fachkundigen Hilfe Dritter bedienen. Notfalls sind auch zerstörende Werkstoffprüfungen erforderlich, sofern nur auf diese Weise sichergestellt werden kann, daß das Produkt „sicher" ist. Insgesamt ist zu sagen: Der Hersteller schuldet im Rahmen der Konstruktionsverantwortlichkeit alle erforderlichen und ihm zumutbaren Maßnahmen, damit das von ihm hergestellte und in den Verkehr gebrachte Produkt nach dem jeweils „neuesten Stand von Wissenschaft und Technik" fehlerfrei ist. Fehlen derartige Standards, ist – wie dargelegt – auf die jeweilige Sicherheitserwartung des Verbrauchers zurückzugreifen; diese zielt darauf ab, bei der Produktbenutzung keinen Gesundheits- oder Eigentumsschaden zu erleiden.

9.3.2.3
Die Sicherheitsprüfung durch Dritte

Es ist anerkannt, daß der Hersteller nicht dadurch von seiner Konstruktionsverantwortlichkeit entbunden wird, daß etwa der TÜV die Konstruktion genehmigt und keine sicherheitsrelevanten Mängel feststellt (BGH VersR 1987, 102 – Verzinkungsspray). Das gleiche gilt, wenn der TÜV eine Typenprüfung vornimmt (BGH NJW 1987, 1009 – Honda) oder ein „GS"-Zeichen vergibt (BGH ZIP 1990, 514 – Expander). Denn die Pflichten des Herstellers werden im Sinn des § 823 Abs. 1 BGB dem Dritten gegenüber geschuldet; sie liegen in individuellem Interesse, nicht – wie die Sicherheitsprüfung – im Interesse der Allgemeinheit.

9.3.3.
Der Fabrikationsfehler

Von einem Fabrikationsfehler ist dann zu sprechen, wenn ein Produkt entsprechend dem jeweils „neuesten Stand von Wissenschaft und Technik" hergestellt wurde, aber – infolge eines personellen oder maschinellen Versagens – gleichwohl einen Fehler aufweist. Es handelt sich hierbei um das Problem des „Ausreißers". Anders gewendet: Fabrikationsfehler beruhen darauf, daß das Produkt infolge eines Mangels im Herstellungsprozeß nicht den Sicherheitsstandard aufweist, welcher bei ordnungsgemäßer Umsetzung der – fehlerfreien – Konstruktion erreicht worden wäre (Produkthaftungshandbuch/Foerste, § 24 Rdnr. 124).

9.3.3.1
Der Unterschied zu § 1 ProdHaftG

Eine der maßgeblichen Unterschiede zwischen der verschuldensabhängigen Produzentenhaftung gemäß § 823 Abs. 1 BGB und der verschuldensunabhängigen Produkthaftung gemäß § 1 ProdHaftG besteht darin, daß auch ein „*Ausreißer*" haftungsbegründend ist, obwohl der Hersteller alle ihm obliegenden Verkehrssicherungspflichten im Sinn von § 823 Abs. 1 BGB erfüllt hat (Produkthaftungshandbuch/Graf von Westphalen, § 59 Rdnr. 2 ff.; § 69 Rdnr. 14). Dieser Haftungsunterschied wird jedoch im Rahmen von § 1 ProdHaftG nur dann praktisch, wenn es sich um einen *Personenschaden* handelt, weil die Haftung für Sachschäden gemäß § 1 Abs. 1 Satz 2 ProdHaftG auf *privat genutzte und privat gebrauchte Sachen* beschränkt ist. Folglich ist der gesamte Bereich des gewerblichen Sachschadens aus dem Anwendungsbereich von § 1 Abs. 1 Satz 2 ProdHaftG ausgeklammert.

Die *Privilegierung* eines „Ausreißers" im Rahmen von § 823 Abs. 1 BGB beruht auf dem Grundgedanken der verschuldensabhängigen Verkehrssicherungspflicht, wonach auch die Fabrikationsphase nicht darauf abzielen kann, absolute Sicherheit zu gewährleisten, sondern lediglich darauf gerichtet ist, die nach § 823 Abs. 1 BGB geschuldeten Verkehrssicherungspflichten einzuhalten (Kullmann/Pfister, Produzentenhaftung, Kza. 1520 S. 40 bei Fn. 237; Produkthaftungshandbuch/Foerste, § 24 Rdnr. 126). Darüber hinaus beruht die Privilegierung des „Ausreißers" auf der Möglichkeit gemäß § 831 Abs. 1 Satz 2 BGB den *Entlastungsbeweis* zu führen (S. 167 ff.).

9.3.3.2
Die einzelnen Pflichtenkreise

Wesentliche Aufgaben des Herstellers im Rahmen der Fabrikationsverantwortlichkeit ist es, die *beschafften* Rohstoffe, Halbfabrikate und Zwischenprodukte darauf zu überprüfen, ob sie die *Qualität* aufweisen, welche unter Berücksichtigung der konstruktiven Merkmale erforderlich sind. In diesem Zusammenhang kommt der *Wareneingangskontrolle* gemäß §§ 377, 378, 381 HGB erhebliche praktische Bedeutung zu (S. 193 ff.). Darüber hinaus muß sich die Kontrolle aber auch auf die gesamte *Lagerhaltung* erstrecken (Produkthaftungshandbuch/Foerste, § 24 Rdnr. 131). Schließlich ist der gesamte Bereich der *Qualitätskontrolle* angesprochen (Graf von Westphalen/ Bauer, Just-in-Time-Lieferungen und Qualitätssicherungsvereinbarungen, S. 62 ff.). In welcher Weise sie im einzelnen durchgeführt wird, ist – deliktsrechtlich gewertet – abhängig von der jeweiligen *Gefährlichkeit* des herzustellenden Produkts (im einzelnen Produkthaftungshandbuch/Foerste, § 24 Rdnr. 148 ff.). Auch hier wiederum gilt der Grundsatz der Verhältnismäßigkeit: Je größer das Risiko eines Personen- oder eines Sachschadens, um so höher sind die Anforderungen an die Erfüllung der die konkrete Produktkontrolle ausmachenden Pflichten (Kullmann/Pfister, Produzentenhaftung, Kza. 1520 S. 39).

Auch die *Sicherheit der Fabrikationsanlagen* spielt im Rahmen der Fabrikationsverantwortlichkeit gemäß § 823 Abs. 1 BGB eine überragende Rolle (Produkthaftungshandbuch/Foerste, § 24 Rdnrn. 134 ff.). Zum einen gilt auch hier der Grundsatz, daß der Hersteller verpflichtet ist, seine Fabrikationsanlagen nach dem jeweils „neuesten Stand von Wissenschaft und Technik" einzurichten, um in verläßlicher Weise Produktfehler zu vermeiden. Zum anderen besteht keine - deliktsrechtliche - Pflicht, das Ausmaß der *Automation* ständig zu maximieren. Es bleibt gleichwohl dem Hersteller unbenommen, in welcher Weise er - unter Berücksichtigung betriebswirtschaftlicher Kategorien - seinen Fabrikationsprozeß gestaltet. Freilich ist zu berücksichtigen: Das größte Produktrisiko ist der Mensch. Und es gilt ebenso im Auge zu behalten, daß das Risiko von Produktschäden in dem Maße anwächst, als die Fabrikationsanlagen technisch *veralten* (vgl. Steindorff, AcP 170 (1970) 93, 110). Es ist deshalb die Ansicht vertreten worden (Steindorff a.a.O.), daß unter den Bedingungen der heutigen industriellen Fertigung praktisch jeder Fabrikationsfehler im vorhinein kalkulierbar ist, weil es dem Hersteller möglich sei, aufgrund einer Ist-Analyse den erforderlichen organisatorischen und personellen Aufwand zu ermitteln, um sicherzustellen, daß „Ausreißer" - sowohl aufgrund maschinellen als auch aufgrund personellen Fehlverhaltens - vermieden werden. Weiß indessen der Hersteller, daß ein gewisser Prozentsatz an „Ausreißern" etwa deshalb vorkommen, weil der Kenntnisstand des Personals unzureichend oder die Fabrikationsanlagen veraltet sind, so liegt darin keineswegs ein „Ausreißer", sondern eine elementare Verletzung der dem Hersteller gemäß § 823 Abs. 1 BGB obliegenden Verkehrssicherungspflichten (Graf von Westphalen, Jura 1983, 57, 61). Zwangsläufig scheidet auch dann die Möglichkeit aus, wegen eines solchen „Ausreißers" erfolgreich den Entlastungsbeweis gemäß § 831 Abs. 1 Satz 2 BGB zu führen (S. 168 f.).

9.3.4
Die Instruktionshaftung

Die Instruktionspflicht des Herstellers ist - juristisch gewertet - eine selbständige Pflicht; sie besteht neben der Konstruktions- und der Fabrikationsverantwortung. Die Instruktionsverantwortlichkeit des Herstellers kommt gerade dann zum Zuge, wenn und soweit die Konstruktion des Produkts nicht zu beanstanden ist, gleichwohl aber Gefahren bei der Produktbenutzung - bezogen auf den bestimmungsgemäßen sowie den vorhersehbaren bestimmungswidrigen Gebrauch - nicht völlig ausgeschlossen werden können. Daraus ergibt sich folgende Differenzierung:

9.3.4.1
Beim bestimmungsgemäßen Gebrauch des Produkts

Jeder Hersteller ist grundsätzlich verpflichtet, vor den mit der Verwendung seines Produkts verbundenen Gefahren zu warnen und den Produktbenutzer darauf hinzuweisen, wie er solche Gefahren vermeiden kann (BGH ZIP 1992, 934, 937 - Silokipper). Auch hier gibt - genauso wie bei der Konstruktionsverantwortung - die *Verbrauchererwartung* Maß: Nur insoweit, als der Hersteller damit rechnen muß, daß seine Produkte in die Hand von Personen gelangen, die mit den Produktgefahren nicht vertraut sind, besteht eine Instruktionsverantwortlichkeit (BGH a. a. O.). Die Überzeugung des Durchschnittsverbrauchers bestimmt auch Inhalt und Umfang des *bestimmungsgemäßen Gebrauchs* des Produkts (BGH NJW 1981, 2514, 2515 - Sniffing; BGH NJW 1987, 1009, 1012 - Honda). Ist z. B. ein Klebemittel als „feuergefährlich" bezeichnet, so verbindet weder ein beliebiger Käufer noch ein Schreiner damit die Vorstellung, es könnten sich bei der Auftragung auch entzündliche Dämpfe bilden. Auch eine

Hausfrau wird daher bedenkenlos dieses Mittel auf ihrem Fußboden einsetzen, obwohl sie gleichzeitig einen Propangasofen benutzt (BGH VersR 1960, 342 - Fußbodenklebemittel). In ähnlicher Weise wird von einem Kleber erwartet, daß er sich - jedenfalls bei flüchtiger Handhabung - wieder von den Fingern lösen läßt; folglich rechnet der durchschnittliche Produktbenutzer nicht mit der Gefahr, daß dies - wie bei einem Spezialkleber - nicht ohne Hautverletzungen möglich ist (Produkthaftungshandbuch/Foerste, § 24 Rdnr. 167). In gleicher Weise rechnen Friseure nicht ohne weiteres mit gravierenden Nebenwirkungen eines Haartonicums (BGH NJW 1975, 824, 825 - Haartonicum/Allergie). Auch erwartet keineswegs jeder Motorradfahrer, daß eine Lenkerverkleidung geeignet ist, die Stabilität des Motorrads bei hoher Geschwindigkeit so zu beeinträchtigen, daß auch tödliche Unfälle unvermeidbar sind (BGH NJW 1987, 1009, 1012 - Honda).

Wie bereits bei der Konstruktionsverantwortlichkeit dargelegt (S. 143), wird der jeweilige *Verwendungszweck* des Produkts auch durch die Gebrauchsanweisung, Verwendungshinweise und Warnungen des Herstellers bestimmt. Durch sie kann zum einen der bestimmungsgemäße Gebrauch *eingeschränkt*, zum anderen aber auch *erweitert* werden, wenn z. B. ein gesüßter Kindertee als unproblematischer „Gute-Nacht-Trunk" angepriesen wird, obwohl ganz erhebliche Kariesschäden durch das „Dauernuckeln" auftreten (BGH ZIP 1992, 38 - Milupa). Wie bei der Konstruktionsverantwortung (S. 144), gilt auch hier: Die Instruktionsverantwortlichkeit des Herstellers ist auf den *jeweiligen* Produktbenutzer auszurichten; soweit erforderlich ist zwischen einem Fachmann und einem Laien zu differenzieren (BGH ZIP 1992, 934, 937 - Silokipper).

9.3.4.2
Beim bestimmungswidrigen Gebrauch eines Produkts

Bestimmungswidrig ist der Gebrauch eines Produkts, der sich nicht mehr im Rahmen der allgemeinen Zweckbestimmung bewegt (BGH ZIP 1992, 38, 39 - Milupa). Dabei macht es keinen Unterschied, ob die Zweckbestimmung des Produkts durch Verwendungshinweise des Herstellers festgelegt wird oder ob sie durch die *allgemeine Verbrauchererwartung* umschrieben wird (Produkthaftungshandbuch/Foerste, § 24 Rdnr. 207). Doch im Hinblick auf die Instruktionsverantwortung des Herstellers kommt es maßgeblich darauf an, ob es sich um einen naheliegenden Fehlgebrauch oder um einen Mißbrauch des Produkts handelt (BGHZ 106, 273, 283 - Asthma-Spray) oder ob der Fehlgebrauch des Produkts - dies läuft in der Sache auf das gleiche hinaus - für den Hersteller vorhersehbar war (BGH NJW 1972, 2217, 2221 - Estil). Bestimmungswidrig handelt z. B. ein Produktbenutzer, der die Standsäule eines Fensterkrans trotz der erheblichen Zugkräfte ohne stabilisierende Vorrichtungen nur zwischen Fensterbank und Fenstersturz einklemmt (BGH VersR 1959, 523 - Seilhexe). In gleicher Weise wird ein Bausatz für einen Überrollbügel einer Zugmaschine bestimmungswidrig verwendet, wenn eindeutige Montagebestimmungen mißachtet werden und dies für einen Monteur mit normalem technischen Fachwissen erkennbar fehlerhaft ist (BGH NJW 1986, 1863, 1864 - Überrollbügel). Bestimmungswidrig ist es auch, wenn ein Verzinkungsspray verwendet wird, welches laut Warnung nicht „auf glühende Körper" aufgetragen werden darf, welches aber - zum Zweck der Trocknung - bis zur Grauglut erhitzt wird (BGH NJW 1987, 372, 374 - Verzinkungsspray). Schließlich handelt der Verbraucher bestimmungswidrig, der einen gesüßten Kindertee als „Einschlafhilfe" – also: zum „Dauernuckeln" – seinem Kind gibt, weil dadurch ganz erhebliche Kariesschäden verursacht werden (BGH ZIP 1992, 38 – Milupa; BGH ZIP 1994, 374 – Alete – S. 150).

Die Pflicht des Herstellers zur *Warnung* vor den Gefahren eines bestimmungswidrigen Fehlgebrauchs des Produkts entfällt aber nur dann, wenn und soweit der Hersteller davon ausgehen darf, daß sein Produkt nur in die Hand von Personen gelangt, die mit den Produktgefahren bereits vertraut sind (BGH VersR 1986, 653 – Überrollbügel; BGH VersR 1957, 584, 585 – Gelenkwellenschutz). Dabei ist nicht entscheidend, ob es sich um einen Produktfehlgebrauch oder gar um einen Produktmißbrauch handelt. Entscheidend kommt es vielmehr darauf an, ob – in der Terminologie der BGH-Judikatur – ein *naheliegender* oder ein *fernliegender* Fehlgebrauch des Produkts vorliegt (BGH ZIP 1992, 38, 39 – Milupa). So gesehen ist maßgebend, ob es sich um einen naheliegenden Fehlgebrauch des Produkts handelt, mit der Folge, der Hersteller müsse damit rechnen, daß sein Produkt auch in die Hand von Personen gelangt, die mit den spezifischen Produktgefahren nicht vertraut sind (BGH ZIP 1992, 934, 937 – Silokipper; BGH ZIP 1994, 374, 376 – Alete). Damit scheidet eine Instruktionsverantwortlichkeit des Herstellers von vornherein aus, sofern es sich um einen eklatanten Mißbrauch des Produktes handelt, mit dem der Hersteller in keiner Weise rechnen mußte (BGH NJW 1981, 2514, 2515 – Sniffing). Dies ist z. B. dann zu bejahen, wenn ein Kälteschutzmittel zum „Sniffing" eingesetzt wird (BGH a. a. O.).

Da jedoch zwischen dem vom Hersteller vorgegebenen Verwendungszweck des Produkts einerseits und der tatsächlichen Fehlbenutzung des Produkts andererseits eine enge Verknüpfung besteht – sie wird durch die Pflicht der Produktbeobachtung konkretisiert (S. 152) – kommt es auch entscheidend darauf an, ob der Produktfehlgebrauch erstmalig auftritt, praktisch selten ist oder häufig vorkommt (vgl. BGH NJW 1972, 2217, 2221 – Estil). Auch das Maß der *Schuld*, die bei jedem Fehlgebrauch des Produkts vorliegt, spielt eine wichtige Rolle (BGH a. a. O.). So ist es z. B. nicht als bestimmungswidriger Fehlgebrauch eines *Kurznarkosemittels* einzuordnen, wenn dieses – was gelegentlich vorkommt – nicht bestimmungsgemäß in die Vene, sondern in die Arterie injiziert wird, weil dann – medizinisch unausweichlich – der Verlust des betreffenden Gliedmaßes eintritt (BGH a. a. O.). Bezogen auf das Kriterium der Schuld des Anwenders ist hier entscheidend, daß es recht schwierig sein kann, in der Ellenbogenbeuge Vene und Arterie exakt auseinanderzuhalten (BGH a. a. O.).

9.3.4.3
Der Inhalt der erforderlichen Warnung

Der Hersteller muß vor *jeder Gefahr* warnen, die bei einem bestimmungsgemäßem Gebrauch droht (BGH NJW 1972, 2217, 2220 – Estil; BGH NJW 1981, 2514, 2515 – Sniffing), sofern diese nicht schon zu dem *allgemeinen Erfahrungswissen* der jeweiligen Abnehmer- und Benutzerkreise gehört (BGH ZIP 1992, 934, 937 – Silokipper; BGH NJW 1987, 372, 374 – Verzinkungsspray; BGH NJW 1975, 1827, 1829 – Spannkupplung). Der Hersteller wird nicht dadurch dispensiert, daß etwaige Warnungen in einschlägigen technischen Regelwerken, wie etwa in den DIN-Bestimmungen enthalten sind, sofern – unter Berücksichtigung der jeweiligen Gefahrenlage – eine darüber hinausgehende Warnung erforderlich war (BGH NJW 1987, 382, 373 – Verzinkungsspray).

Keineswegs ist jedoch der Hersteller verpflichtet, vor jeder Produktgefahr zu warnen, weil dies durch das Konzept der Verkehrssicherungspflichten des § 823 Abs. 1 BGB nicht bedungen wird (Produkthaftungshandbuch/Foerste, § 24 Rdnr. 184). Auch hier gilt der Grundsatz der Verhältnismäßigkeit: Soweit bei der – bestimmungsgemäßen oder bestimmungswidrigen – Benutzung eines Produkts *erhebliche* Gefahren drohen, sind an Form und Inhalt eines ausreichenden Warnhinweises *strenge Anforderungen* zu stellen (BGH ZIP 1992, 38, 40 – Milupa). Dies gilt insbesondere, sofern die Verwendung des Produkts mit erheblichen Gefahren für die *Gesundheit* von Menschen verbunden ist (BGH a.a.O.). Daraus folgt, daß die Anforderungen an einen Warnhinweis herabgesetzt sind, sofern das Risiko lediglich in einem geringeren Sachschaden besteht.

Warnhinweise müssen klar, *deutlich* und allgemein verständlich formuliert sein (BGH NJW 1987, 1009, 1012 – Honda). Inhaltlich müssen die Hinweise so abgefaßt sein, daß darin die *bestehenden Gefahren* für das Verständnis des gewöhnlichen Produktbenutzers plausibel werden (BGH ZIP 1992, 38, 40 – Milupa).

Dabei unterscheidet die Rechtsprechung des BGH zwischen einer *Anwendungswarnung* und einer *Folgenwarnung* (grundlegend BGH NJW 1972, 2217 – Estil; BGH ZIP 1992, 38 – Milupa; BGH ZIP 1994, 374 – Alete). Während sich die Anwendungswarnung darauf bezieht, die konkreten Produktgefahren exakt zu beschreiben, erstreckt sich die *Folgenwarnung* darauf, den Funktionszusammenhang klar zu machen, so daß für den durchschnittlichen Verbraucher erkennbar wird, warum das Produkt gefährlich ist (BGH ZIP 1992, 38, 40 – Milupa). Dies bedeutet also konkret, daß es – auch für einen Arzt – nicht ausreichend ist, wenn der Hersteller eines Kurznarkosemittels lediglich darauf hinweist, daß das Präparat nur intravenös injiziert werden darf, ohne gleichzeitig – im Rahmen einer *Folgenwarnung* – darauf hinzuweisen, daß die Vertauschung von Vene und Arterie in der Ellenbogenbeuge zwangsläufig zum Verlust des Gliedmaßes führt (BGH NJW 1972, 2217 – Estil). Daher müssen auch Hersteller von zuckerhaltigem Kindertee auf die mit dem „Dauernuckeln" verbundenen erheblichen Kariesgefahren hinweisen, weil diese – darin liegt die Folgenwarnung – in dem Umspülen der Rückseite der Oberkieferschneidezähne und dem gleichzeitigen Abspülen des Speichelschutzes besteht, was allgemein unbekannt ist (BGH ZIP 1994, 374 – Alete).

9.3.4.4
Die Warnpflichten nach Auslieferung des Produkts

Da die Verkehrssicherungspflichten des Herstellers nicht in dem Zeitpunkt enden, in welchem er das Produkt in den Verkehr bringt, liegt es auf der Hand: Auch Instruktions- und Warnpflichten können aufgrund der dem Hersteller obliegenden *Produktbeobachtungspflicht* nachträglich entstehen (Graf von Westphalen, Jura 1983, 57, 72 f.). Dies ist etwa dann zu bejahen, wenn die Fortentwicklung des Standes von Wissenschaft und Technik dazu führt, daß eine dem Produkt von Anfang an eigene Gefahr erst nachträglich erstmals erkennbar wird (BGH NJW 1981, 1603, 1605 – Derosal; BGH NJW 1981, 1606, 1608 – Benomyl). Gleiches gilt dann, wenn bei einem bestimmungswidrigen Gebrauch Gefahren entstehen, mit denen der Hersteller ursprünglich nicht gerechnet hat (BGH ZIP 1992, 38 – Milupa). Die Einzelheiten werden nachfolgend im Rahmen der Produktbeobachtungsverantwortlichkeit des Herstellers dargestellt (S. 152 ff.).

9.3.4.5
Die Anwendungsberatung

Aus dem zuvor Gesagten folgt bereits, daß auch solche Gefahren dem Hersteller *unbekannt* sind, die sich erst aus dem *besonderen Verwendungszweck* des Produkts durch den Käufer ergeben (Produkthaftungshandbuch/Foerste, § 24 Rdnr. 186). In diesen Fällen fragt es sich stets, ob der Hersteller verpflichtet ist, den Käufer - ohne Hinzutreten weiterer Umstände - darüber *aufzuklären*, in welcher Weise das erworbene Produkt gefahr- und risikolos eingesetzt werden kann. Die hiermit verknüpften Probleme tauchen in erster Linie im Zusammenhang mit der Haftungsverteilung zwischen Hersteller und Zulieferant auf, betreffen die deliktsrechtliche Frage, inwieweit der Hersteller berechtigt ist, die aus § 823 Abs. 1 BGB herzuleitenden Verkehrssicherungspflichten auf den Zulieferanten zu *delegieren*, ohne im Ergebnis für dessen Fehlverhalten gegenüber dem Produktgeschädigten verantwortlich zu sein. Diese Fragen sollen weiter unten gesondert dargestellt werden (S. 196 ff.); sie überlagern sich weitgehend mit den aus § 242 BGB abzuleitenden Schutzpflichten (S. 120 ff.).

9.3.4.6
Die fehlende Differenzierung zu § 3 ProdHaftG

Auch soweit die Haftung des Herstellers aus § 1 ProdHaftG hergeleitet wird, ergeben sich unter Berücksichtigung des in § 3 ProdHaftG enthaltenen *Fehlerbegriffs* keine Abweichungen gegenüber den hier herausgearbeiteten Einzelergebnissen: Entscheidend ist, daß in beiden Fällen die *Sicherheitserwartung des Produktbenutzers* die Instruktions- und Warnpflichten des Herstellers fixiert (Taschner/Frietsch, Produkthaftungsgesetz und EG-Produkthaftungsrichtlinie, 2. Aufl., § 3 ProdHaftG, Rdnr. 22). Die Benutzungs- und Verbrauchererwartung wird jedoch durch die „Darbietung" des Produkts - also: durch die dem Produkt beigefügten Verwendungshinweise, Montageanleitungen etc. - bestimmt (Taschner/Frietsch, § 3 ProdHaftG, Rdnr. 27; Rdnrn. 31 ff.). Der Gebrauch des Produkts, „mit dem billigerweise gerechnet werden kann", ist sowohl der bestimmungsgemäße Produktgebrauch als auch der naheliegende, dem Hersteller erkennbare *Fehlgebrauch* des Produkts (Taschner/Frietsch, § 3 ProdHaftG, Rdnrn. 42 ff.).

Zentraler Bestandteil des *Fehlerbegriffs* von § 3 Abs. 1 lit. c ProdHaftG ist es indessen, daß der Gesetzgeber ausschließlich auf den Zeitpunkt des *Inverkehrbringens* des Produkts abstellt. Die Produktbeobachtungspflicht des § 823 Abs. 1 BGB wird also nicht von den §§ 1, 3 ProdHaftG übernommen. Dies geschieht im Rahmen von § 3 Abs. 2 ProdHaftG nur insoweit, als dort festgelegt ist: „Ein Produkt hat nicht allein deshalb einen Fehler, weil später ein verbessertes Produkt in den Verkehr gebracht wurde". Damit ist freilich lediglich der zwingende Schluß von der verbesserten Produktqualität des neuen Produkts auf eine *Fehlerhaftigkeit* des alten untersagt (Taschner/Frietsch, § 3 ProdHaftG, Rdnr. 65). Keineswegs ausgeschlossen ist es hingegen, daß - ergänzend, also: regelmäßig durch Sachverständigengutachten - der Schluß abgeleitet wird, ist das „ältere" Produkt nicht nur wegen des „verbesserten" Produkts fehlerhaft, sondern schlicht deswegen, weil es - gemessen an dem neuesten Stand von Wissenschaft und Technik im Sinn von § 1 Abs. 2 Nr. 5 ProdHaftG - im Zeitpunkt des Inverkehrbringens bereits *fehlerhaft* war (Taschner/Frietsch, a. a. O.).

9.3.5
Die Produktbeobachtungspflicht

Es ist allgemein anerkannt, daß die Verkehrssicherungspflichten des Herstellers gemäß § 823 Abs. 1 BGB nicht mit der Freigabe des Produkts zum Vertrieb an Dritte enden. Auch ist der Ablauf der kauf- oder werkvertraglichen Gewährleistungsfrist irrelevant. Vielmehr hat bereits das RG entschieden, daß ein Hersteller verpflichtet ist, alles Erforderliche und ihm Zumutbare zu tun, wenn er nach dem Inverkehrbringen seines Produkts in Erfahrung bringt, daß dieses Gefahren erzeugen kann, wie z. B. das Versagen von Autobremsen (RG DR 1940, 1293). Aus diesem Grund ist die aus § 823 Abs. 1 BGB abzuleitende Produktbeobachtungspflicht auch keine kauf- oder werkvertragliche Nebenpflicht (vgl. Graf von Westphalen, Jura 1983, 57, 63), sondern eine eigenständige Verkehrssicherungspflicht.

9.3.5.1
Die passive Produktbeobachtungspflicht

Der Hersteller ist verpflichtet, die Produktbeobachtung auf *alle Produkte* zu erstrecken, die er in den Verkehr gebracht hat. Dabei macht es keinen Unterschied, ob es sich um neu konstruierte Produkte (BGH BB 1970, 1414 – Bremsen) oder um bereits eingeführte Produkte handelt (Produkthaftungshandbuch/Foerste, § 24 Rdnr. 254; Kullmann/Pfister, Produzentenhaftung, Kza. 1520 S. 51; a.M. Schmidt-Salzer, BB 1972, 1430, 1435). Demzufolge bezieht sich die Produktbeobachtungspflicht auf *sämtliche Fehlerquellen*, die sich aus der bestimmungsgemäßen oder der bestimmungswidrigen Produktbenutzung ergeben (Kullmann/Pfister, Produzentenhaftung, Kza. 1520 S. 50).

Von diesem allgemeinen Grundsatz ausgehend hat der BGH inzwischen eine in der Literatur vorgeschlagene Differenzierung zwischen einer *passiven* und einer *aktiven Produktbeobachtungspflicht* übernommen (BGH ZIP 1994, 213, 216 – Gewindeschneidemittel). Ziel der – *passiven* – Produktbeobachtungspflicht ist es, alle Informationen zu erfassen und auszuwerten, die sich auf irgendwelche *Beanstandungen* des Produkts beziehen und dem Hersteller zugeleitet werden (BGH a.a.O.). Es geht also darum, Unfallnachrichten, Kundenbeschwerden, Testberichte etc. *systematisch* auszuwerten. Ein *Meldesystem* ist zu etablieren, welches alle Vertriebs- und Absatzkanäle des Herstellers umfaßt (Graf von Westphalen, WiR 1972, 67, 79). Es gilt hier im Grunde genommen das gleiche, was zuvor für die *Organisationspflicht* des Herstellers gesagt wurde, sich über den Fortschritt von Wissenschaft und Technik ständig unterrichtet zu halten (S. 139 ff.). Also sind auch im Rahmen der passiven Produktbeobachtungspflicht Fachzeitschriften auszuwerten, Kongresse und Seminare sind zu besuchen; insbesondere aber ist auch der *Wettbewerb* zu beobachten.

Alle auf diese Weise dem Hersteller zugeleiteten Informationen sind nach einem statistisch ausgereiften System *auszuwerten*. Nichts ist so schwierig wie festzustellen, ob es sich um typische Gewährleistungsmängel handelt, die möglicherweise gehäuft auftreten, oder ob ein konstruktionsbedingter Serienschaden vorliegt, weil im ersteren Fall keine Reaktion, im zweiten Fall jedoch möglicherweise eine Rückrufaktion angezeigt sein könnte. Gerade in diesem Punkt erweist es sich, daß viele Hersteller „betriebsblind" sind, und daß es oft extrem schwierig ist, ungeschminkt der Wahrheit ins Auge zu sehen.

9.3.5.2
Die aktive Produktbeobachtungpflicht

Die aktive Produktbeobachtungspflicht beginnt in dem Augenblick, in dem sich Meldungen über Schadensfälle häufen. Sobald dies zutrifft, ist der Hersteller verpflichtet, von sich aus die Produktbeobachtung zu intensivieren um möglichst rasch herauszufinden, welche konkreten Maßnahmen durchzuführen sind, um etwaige Produktgefahren von vornherein abzuwehren (Produkthaftungshandbuch/Foerste, § 24 Rdnr. 256). Gerade an dieser Stelle ist die *Organisationsverantwortung* des Herstellers gefordert.

In der Praxis ist es immer wieder zu beobachten, daß zahlreiche Hersteller – trotz eines formell vereinbarten Qualitätssicherungssystems – kein geeignetes System der passiven Produktbeobachtung entwickelt haben, so daß die Zeit zwischen passiver und aktiver Produktbeobachtung wesentlich zu lang ist. Insbesondere fehlt häufig jeder Katastrophenplan. Und es erweist sich, daß die für die Produktgefahren Verantwortlichen häufig nur höchst unzureichende „Ratgeber" sind, welche Maßnahmen im Rahmen der aktiven Produktbeobachtung letzten Endes durchzuführen sind. Es ist menschlich verständlich, daß Verantwortlichkeit für die Vergangenheit nicht „verdrängt" wird, so daß nur noch das widerstrebend eingeräumt wird, was schlechterdings nicht mehr zu leugnen ist. Doch hilfreich ist diese Haltung nicht.

9.3.5.3
Die durchzuführenden Maßnahmen

Welche Maßnahmen im einzelnen aufgrund der aktiven Produktbeobachtung durchzuführen sind, ist abhängig von den Umständen des Einzelfalls, richtet sich also wiederum nach dem Grundsatz der *Verhältnismäßigkeit*: Gefahren für Leib, Leben und Gesundheit Dritter im Sinn von § 823 Abs. 1 BGB erfordern wesentlich intensivere Anstrengungen und einschneidendere Maßnahmen als Fälle, in denen lediglich geringe Sachschäden zu befürchten sind (Produkthaftungshandbuch/Foerste, § 24 Rdnr. 259). In jedem Fall ist eine exakte Analyse nach dem jeweiligen *abstrakten Gefahrenpotential* vorzunehmen: Es sind statistische Wahrscheinlichkeitsberechnungen durchzuführen und das exakte Gefahrenpotential unter Berücksichtigung der jeweils eintretenden (wahrscheinlichen) Folgen ins Kalkül zu ziehen. Dabei ist zu berücksichtigen, daß der BGH die Produktbeobachtung nicht nur auf das *herstellereigene* Produkt (BGH BB 1970, 1414 – Bremsen) bezieht, sondern auch auf die Kombination des Produkts mit *anderen* Produkten, auch wenn diese nicht vom Hersteller selbst verkauft werden, sondern lediglich bei Dritten bezogen werden können (BGH NJW 1987, 1009 – Honda). Schließlich ist auch der *Wettbewerb* zu beobachten (BGH ZIP 1990, 516 – Pferdebox). Nur aufgrund einer derartigen *Gesamtschau* ist es möglich, abschließend zu entscheiden, welche Einzelmaßnahme der Hersteller im Rahmen seiner Produktbeobachtungspflicht gemäß § 823 Abs. 1 BGB schuldet.

Danach entscheidet es sich – wiederum unter Berücksichtigung des Grundsatzes der Verhältnismäßigkeit – ob eine *Produktwarnung* ausreicht, etwa nur gegenüber den Zwischen- bzw. Großhändlern oder auch gegenüber den Endkunden, möglicherweise auch aufgrund von Warnungen, die über die Massenmedien verbreitet werden (Kullmann/Pfister, Produzentenhaftung, Kza. 1520 S. 53; Produkthaftungshandbuch/

Foerste, § 24 Rdnrn. 226 ff.). In jedem Fall muß sichergestellt werden, daß eine Warnung das adäquate Mittel darstellt, um der drohenden Produktgefahr – bezogen auf die Person des jeweiligen Produktbenutzers – mit ausreichender Aussicht auf Erfolg zu begegnen.

Soweit eine Warnung nicht ausreicht, ist stets zu prüfen, ob nicht der Vertrieb des Produkts eingestellt werden muß, bis die Schadensursache nachhaltig beseitigt ist (BGH ZIP 1994, 213, 217 – Gewindeschneidemittel). Dies ist jedenfalls dann zu bejahen, wenn der Hersteller nur auf diese Weise der ihm obliegenden *Gefahrenabwendungspflicht* genügen kann. Reicht jedoch auch eine solche Maßnahme nicht aus, so ist notfalls auch eine *Rückrufaktion* zur Gefahrenvermeidung erforderlich. Dies trifft zu, wenn die *Gefährdung der Allgemeinheit* erheblich ist und nicht durch eine Warnung in adäquater Weise abgewendet werden kann (Link, BB 1985, 1424, 1426 f.; Löwe, DAR 1978, 288, 291; Schwenzer, JZ 1987, 1059, 1061 – allerdings: zum Rückrufanspruch).

9.3.5.4
Der übermäßige Aufwand – Zumutbarkeitsgrenze

Soweit die Produktbeobachtungspflicht im Sinn von § 823 Abs. 1 BGB *mißachtet* wird, haftet der Hersteller auf Schadensersatz (BGH ZIP 1994, 213, 217 – Gewindeschneidemittel; BGH NJW 1987, 1009 – Honda). Gleichzeitig ist darauf hinzuweisen, daß eine unmittelbare *strafrechtliche Verantwortlichkeit* der handelnden Personen besteht (S. 359 f.). Inwieweit der Produktbeobachtungspflicht mit Aussicht auf Erfolg entgegengehalten werden kann, daß der hierfür erforderliche Aufwand – betriebswirtschaftlich betrachtet – *unzumutbar* ist, ist bislang höchstrichterlich nicht geklärt. Dogmatisch wird man nicht vollständig ausschließen können, daß im Rahmen von § 276 BGB auch Kriterien der fehlenden Zumutbarkeit geeignet sind, den Verschuldensvorwurf entfallen zu lassen (S. 114 f.). Im Interesse des Rechtsgüterschutzes Dritter wird man die Grenze jedoch ausgesprochen extensiv ziehen müssen (vgl. auch Kullmann/Pfister, Produzentenhaftung, Kza. 1520 S. 54; enger Produkthaftungshandbuch/Foerste, § 24 Rdnr. 230). Denn es kann nicht Sinn und Zweck des durch § 823 Abs. 1 BGB bezweckten Rechtsgüterschutzes Dritter sein, diesen aufgrund betriebswirtschaftlicher Erwägungen einzuschränken, so daß die Produktbeobachtungspflicht lediglich selektiv oder gar nicht durchgeführt wird. Im Rahmen von § 823 Abs. 1 BGB wird man keine Existenzgarantie für das wirtschaftliche Überleben eines warn- oder rückrufpflichtigen Herstellers ableiten dürfen.

9.4
Der zu ersetzende Schaden

Der aus § 823 Abs. 1 BGB zu ersetzende Schaden ist als Körper- oder Sachschaden charakterisiert, weil die geschützten Rechtsgüter Leib, Leben, Gesundheit und Eigentum eines Dritten sind. Das *Vermögen* – verstanden als primärer Vermögensschaden – ist nicht Gegenstand der durch § 823 Abs. 1 BGB geschützten Rechtsgüter (Palandt/Thomas, § 823 Rdnr. 31). Etwas anderes gilt jedoch im Rahmen von § 823 Abs. 2 BGB (S. 171 f.). Soweit Schadensersatzansprüche aufgrund der *Produkthaftung* gemäß § 1 Abs. 1 ProdHaftG geltend gemacht werden, ergeben sich im Hinblick auf den zu ersetzenden *Sachschaden* weitreichende Einschränkungen, weil zum einen nur die „andere" Sache erfaßt wird, und weil zum anderen diese „andere" Sache „ihrer Art nach gewöhnlich für den *privaten* Ge- oder Verbrauch bestimmt und hierzu von dem Geschädigten hauptsächlich verwendet worden ist" (S. 158 f.).

9.4.1 Körper- und Gesundheitsschaden

Körperverletzung ist jeder unbefugte, weil von der Einwilligung des Rechtsträgers nicht gedeckte Eingriff in die körperliche Befindlichkeit (Palandt/Thomas, § 823 Rdnr. 4). Als *Gesundheitsverletzung* wird die Störung der körperlichen, geistigen oder seelischen Lebensvorgänge in einem Menschen gewertet. Insoweit besteht zwischen der Produzentenhaftung gemäß § 823 Abs. 1 BGB und der *Produkthaftung* gemäß § 1 Abs. 1 Satz 1 ProdHaftG *Parallelität* (Taschner/Frietsch, Produkthaftungsgesetz und EG-Produkthaftungsrichtlinien, 2. Aufl., § 1 ProdHaftG, Rdnrn. 22 ff.; Produkthaftungshandbuch/Foerste, § 21 Rdnrn. 2 ff.).

9.4.2 Der Eigentumsschaden

Soweit ein Sachschaden aufgrund eines Produktfehlers nach § 823 Abs. 1 BGB zum Schadensersatz verpflichtet, sind verschiedene Konstellationen zu differenzieren:

9.4.2.1 *Der Sachsubstanzschaden*

Das Eigentum an einer Sache ist im Sinn von § 823 Abs. 1 BGB immer dann verletzt, wenn ihre *Substanz* beeinträchtigt wird. Dies ist immer dann der Fall, wenn im Sinn von § 823 Abs. 1 BGB ein „Verletzen" sich ereignet, etwa in Form der Zerstörung oder der Beschädigung (Palandt/Thomas, § 823 Rdnr. 8).

9.4.2.2 *Keine Substanzverletzung*

Nach der BGH-Judikatur setzt eine Eigentumsverletzung im Sinn von § 823 Abs. 1 BGB *keinen Eingriff* in die Sachsubstanz voraus. Vielmehr ist eine nicht unerhebliche Beeinträchtigung der *bestimmungsgemäßen Verwendung* der Sache durchaus als Eigentumsverletzung zu qualifizieren (BGHZ 105, 346, 350 – Fischfutter; BGH VersR 1990, 204, 205 – Weinkorken; BGH VersR 1993, 1368 – Primelerde; BGH ZIP 1994, 213 – Gewindeschneidemittel). Werden z. B. Fische mit einem kontaminierten Fischfutter gefüttert, so daß ein Verkaufsverbot ergeht, so liegt darin ein Eigentumsschaden im Sinn von § 823 Abs. 1 BGB, und zwar auch dann, wenn es sich lediglich um ein vorübergehendes Verkaufsverbot handelt und wenn nicht sicher ist, ob alle Fische tatsächlich kontaminiert sind (BGHZ 105, 346, 350 – Fischfutter). Die Lieferung von mangelhaften Weinkorken kann zu einer Eigentumsverletzung des in Flaschen abgefüllten Weines führen, wenn dieser – wegen des Mangels der Korken – nicht mehr unter der gleichen amtlichen Prüfnummer verkauft werden kann (BGH VersR 1990, 204, 205 – Weinkorken). Auch die nachhaltige *Verunreinigung* mit einem nur schwer löslichen Reinigungsmittel ist ein Eingriff in das Eigentum gemäß § 823 Abs. 1 BGB – jedenfalls dann, wenn das Gewindeschneidemittel nur mit einem erheblichen Aufwand unter Einsatz chemischer Mittel entfernt werden kann (BGH ZIP 1994, 213, 215 – Gewindeschneidemittel).

Diese Rechtsprechung wird erst dann verständlich, wenn man sich vor Augen führt, daß auch die Herstellung eines *wirkungslosen* Pflanzenschutzmittels einen Eigentumsverletzungstatbestand im Sinn vom § 823 Abs. 1 BGB ausmacht, weil die Wirkung des Pflanzenschutzmittels darauf abzielte, die Eigentümerinteressen des Produktbenutzers zu schützen (BGH NJW 1981, 1603 – Derosal). Wirkungslose Desinfektionsmittel (LG Köln DB 1978, 1396 – Desinfektionsmittel), wirkungslose Korrosionsschutzmittel (Kullmann, WM 1981, 1322, 1323) oder auch eine unzureichende *Verpackung* (Produkthaftungshandbuch/Foerste, § 21 Rdnr. 74) fallen in diese Kategorie, geben also dem Geschädigten Ansprüche auf Schadensersatz wegen Eigentumsverletzung gemäß § 823 Abs. 1 BGB.

9.4.2.3
Der „weiterfressende" Schaden

Ist ein Produkt fehlerhaft konstruiert, so haftet ihm dieser *Mangel* schon bei seinem Inverkehrbringen an. Er ist also bereits dann vorhanden, wenn der *Endverbraucher* das Produkt käuflich erwirbt. Ob in dem Erwerb eines – fehlerhaften – Produkts eine *Eigentumsverletzung* im Sinn von § 823 Abs. 1 BGB liegt, ist schon begrifflich deswegen ausgeschlossen, weil der Tatbestand des § 823 Abs. 1 BGB voraussetzt, daß das Eigentum des Produktbenutzers durch den Produktfehler „*verletzt*" wird. Unter dieser Voraussetzung stehen dem Geschädigten lediglich kauf- oder werkvertragliche *Gewährleistungsansprüche* zur Seite; Schadensersatzansprüche wegen § 823 Abs. 1 BGB scheiden jedoch aus. Dies alles ist jedoch dann *anders*, wenn es sich um das Phänomen eines „weiterfressenden" Schadens handelt, wenn also ein über dem Produktfehler hinausreichender *Sachschaden* an dem bislang unbeschädigten Produkt eintritt. Daraus ergeben sich folgende Ableitungen:

In der Lieferung einer mit Fehlern behafteten Sache liegt keine Eigentumsverletzung; die Rechtsprechung sieht darin lediglich den „Mangelunwert" verkörpert (BGHZ 105, 346, 355 – Fischfutter; BGH VersR 1990, 204, 205 – Weinkorken; BGH ZIP 1992, 485, 488 – Kondensator). Der in der Mangelhaftigkeit des Produkts beruhende Unwert berührt lediglich das *Nutzungs- bzw. Äquivalenzinteresse* des Erwerbers (BGH NJW 1978, 2241, 2242 – Hinterradfelge; BGH VersR 1990, 204, 205 – Weinkorken; BGH ZIP 1992, 704 – Nockenwelle). Dies gilt auch insoweit, als das Produkt aufgrund des Fehlers nicht funktioniert (BGH ZIP 1992, 485, 488 – Kondensator). Den von Anfang an aufgrund des Produktfehlers vorhandenen „Mangelunwert" abzusichern, ist ausschließlich Sache der *Vertragshaftung* (BGH ZIP 1994, 213, 215 – Gewindeschneidemittel), nicht aber das Deliktsrecht des § 823 Abs. 1 BGB. Also gilt: Deckt sich der geltend gemachte *Eigentumsschaden* mit dem Mangelunwert, welcher der Sache wegen ihrer Mangelhaftigkeit von Anfang an schon bei ihrem Erwerb anhaftet, dann ist dieser Nachteil allein auf die enttäuschte Vertragserwartung zurückzuführen. Für deliktische Schadensersatzansprüche ist dann kein Raum (BGH ZIP 1982, 485, 488 – Kondensator). Daraus folgt: Soweit sich der Mangelunwert mit dem Eigentumsschaden *deckt*, liegt – so sieht es die Rechtsprechung des BGH – „*Stoffgleichheit*" vor (Steffen, VersR 1988, 977, 978 f.; BGH ZIP 1992, 485, 488 – Kondensator). Diese bedingt, daß dem Erwerber lediglich vertragsrechtliche Ansprüche, insbesondere kauf- und werkvertragliche Gewährleistungsansprüche zur Seite stehen, nicht aber Schadensersatzansprüche aus § 823 Abs. 1 BGB. Diese setzen nämlich voraus, daß nicht nur das Nutzungs- oder Äquivalenzinteresse des Produktbenutzers beeinträchtigt ist, sondern daß – darüber hinaus – deswegen eine zum Schadensersatz gemäß § 823 Abs. 1 BGB verpflichtende Handlung vorliegt, weil auch das *Integritätsinteresse* des Produktbenutzers verletzt ist.

Als „stoffgleich" mit dem anfänglich bestehenden Mangelunwert bezeichnet der BGH den Nachteil, der bei wirtschaftlicher Betrachtungsweise von Anfang an der Gesamtsache, für deren Beeinträchtigung Schadensersatz begehrt wird, anhaftet, etwa weil die Sache als Ganzes wegen des Mangels von vornherein nicht oder nur in sehr eingeschränktem Maß zum vorgesehenen Verwendungszweck eingesetzt werden kann (BGH ZIP 1992, 704, 705 – Nockenwelle). Als „stoffgleich" werden auch solche Fälle behandelt, bei denen eine Beseitigung des – wenn auch nur einem Teil der Sache anhaftenden – Fehlers technisch nicht möglich ist (BGH ZIP 1992, 704, 705 – Nockenwelle), oder wenn der Mangel nicht in wirtschaftlich vertretbarer Weise behoben werden kann (BGH a.a.O.). *Umgekehrt* hat die Rechtsprechung das Element der „Stoffgleichheit" deswegen verneint und eine *Eigentumsverletzung* im Sinn von § 823 Abs. 1 BGB wegen eines „weiterfressenden" Schadens bejaht, wenn Schäden an Kraftfahrzeugen, Maschinen oder sonstigen Geräten dadurch eintraten, daß ein später eingebautes Ersatzteil oder eine Zusatzanlage mit Fehlern behaftet war und infolgedessen Schäden an anderen, bereits vorhandenen fehlerfreien Teilen des Gerätes/der Gesamtsache entstanden sind (BGHZ 55, 392, 394 f. – Achsaggregat; BGH NJW 1979, 2148 – Kartonmaschine; BGH ZIP 1992, 485, 489 – Kondensator). Nichts anderes gilt, wenn in einem *Bauwerk* – z. B. in einem nur teilweise, aber mangelfrei errichteten Rohbau – mangelhafte Teile eingefügt werden (BGH NJW 1981, 2250, 2251 – Asbestzementplatte; BGH ZIP 1992, 485, 489 – Kondensator). Entscheidend ist also, ob der Mangel zunächst auf einen Teil des Produkts beschränkt ist und daher als *behebbar* angesehen werden kann, so daß erst später eine Zerstörung des Produkts oder Beschädigung anderer Teile desselben eintreten, weil dann der von dem Fehler zunächst nicht erfaßte Teil der Sache einen eigenen Wert im Sinn von § 823 Abs. 1 BGB darstellt, der sich nicht mit dem „Mangelunwert" des fehlerhaften Produkts deckt (BGH ZIP 1992, 704, 705 – Nockenwelle). Für denjenigen, in dessen Eigentum bisher die einzelnen unversehrten Teile standen, liegt dann eine Eigentumsverletzung im Sinn von § 823 Abs. 1 BGB vor (BGH ZIP 1992, 485, 489 – Kondensator).

Ein Eigentumsverletzung gemäß § 823 Abs. 1 BGB ist auch dann zu bejahen, wenn der Käufer einer mangelhaften Sache durch deren Verbindung mit mangelfreien Sachen eine *neue Sache* herstellt, bei welcher die mangelhaften Teile *ohne Beschädigung* der mangelfreien Teile von diesen nicht getrennt werden können – mit der Konsequenz, daß jedenfalls im Zeitpunkt der Trennung eine Eigentumsverletzung an den bisher unversehrten Teilen der neuen Sache zu bejahen ist (BGH ZIP 1992, 485 – Kondensator). Dabei ist es auch *unerheblich*, ob der Produktbenutzer in der Lage war, den Fehler vor dem Schadenseintritt bei normalem Lauf der Dinge zu entdecken, weil die subjektive Erkennbarkeit für § 823 Abs. 1 BGB *irrelevant* ist (BGH ZIP 1992, 704, 705 – Nockenwelle). Wesentlich ist allerdings, daß der Mangel – von objektiv-technischer Warte aus betrachtet – hätte aufgespürt werden können, und sei es auch nur bei gezielter Suche, sofern diese nicht mit einem unverhältnismäßigen Aufwand an Zeit und Kosten verbunden ist (BGH a.a.O.). Denn der anfängliche Mangelunwert und der entstandene Schaden decken sich dann, führen also nicht zu Ansprüchen aus § 823 Abs. 1 BGB, wenn die Fehlersuche und die Fehlerbeseitigung Kosten verursachen, die etwa dem *Wert der Gesamtsache* entsprechen oder ihn sogar übersteigen (Kullmann/Pfister, Produzentenhaftung, Kza. 1512 S. 14).

9.4.2.4
Das Bestehen einer Anspruchskonkurrenz

Es ist praktisch von hoher Bedeutung, daß in all den Fällen, in denen - wie vorstehend dargelegt - ein „weiterfressender" Schaden im Sinn von § 823 Abs. 1 BGB besteht, deliktsrechtliche Schadensersatzansprüche mit kauf- oder werkvertraglichen Gewährleistungsansprüchen *konkurrieren* (BGH BB 1977, 162 - Schwimmschalter). Dies bedeutet: Für die jeweils geltend gemachten Ansprüche gelten die jeweils eigenen Anspruchsvoraussetzungen; dies gilt insbesondere auch für die *unterschiedlichen Verjährungsregeln*: Kauf- und werkvertragliche Ansprüche verjähren gemäß §§ 477, 638 BGB regelmäßig in einer Frist von sechs Monaten, während die deliktsrechtlichen Schadensersatzansprüche gemäß § 852 BGB erst in *drei Jahren*, gerechnet ab Schadenseintritt und Kenntnis von der Person des Schädigers verjähren.

9.4.3
Die Ersatzpflicht für Sachschäden gemäß § 1 Satz 1 Satz 2 ProdHaftG

Es ist im einzelnen umstritten, unter welchen Voraussetzungen ein fehlerhaftes Produkt einer *„anderen Sache"* beschädigt, weil dieses Tatbestandselement des § 1 Abs. 1 Satz 2 ProdHaftG voraussetzt, daß zwischen einem *Endprodukt* und einem (fehlerhaften) *Teilprodukt* differenziert werden kann, womit eindeutig das Problem des „weiterfressenden" Schadens (S. 156 f.) angesprochen ist (Taschner/Frietsch, Produkthaftungsgesetz und EG-Produkthaftungsrichtlinie, 2. Aufl., § 1 ProdHaftG, Rdnrn. 38 ff.; Büchner, DB 1988, 32, 36; Sack, VersR 1988, 439). Verläßliche Rechtsprechung fehlt; die Literaturauffassungen sind kontrovers. Dabei ist auch zu berücksichtigen, daß gemäß § 4 Abs. 1 Satz 1 ProdHaftG auch der *Teilehersteller* unmittelbar verantwortlich ist, nicht also lediglich der jeweilige *Endhersteller*. Je nachdem, ob der Endhersteller oder der Teilehersteller wegen eines von ihnen zu vertretenen Produktfehlers in Anspruch genommen werden, ist die in § 1 Abs. 1 Satz 2 ProdHaftG zu gebende Antwort *unterschiedlich*. Denn aus der Perspektive des Teileherstellers ist das von ihm gelieferte Teilprodukt fehlerhaft, so daß das Endprodukt die „andere" Sache ist; aus der Perspektive des Endherstellers des Gesamtprodukts ist dies indessen nicht der Fall. Der Intention der EG-Richtlinie entspricht es offenbar, die sehr schwierige Haftungsfigur des „weiterfressenden" Schadens aus § 1 Abs. 1 Satz 2 ProdHaftG *auszuklammern* (Taschner/Frietsch a.a.O.).

Von praktisch großer Bedeutung ist dies allerdings nicht. Denn zum einen ist die BGH-Judikatur zum „weiterfressenden" Schaden im Sinn von § 823 Abs. 1 BGB festgefügt (S. 156 f.). Zum anderen ist darauf hinzuweisen, daß § 1 Abs. 1 Satz 2 ProdHaftG nur dann Ersatz eines *Sachschadens* gewährt, wenn diese „andere" Sache „ihrer Art nach gewöhnlich für den *privaten* Ge- oder Verbrauch bestimmt und hierzu von dem

Geschädigten hauptsächlich verwendet worden ist" (Palandt/Thomas, § 1 ProdHaftG Rdnr. 7). Im Rahmen von Qualitätssicherungsvereinbarungen kommt es regelmäßig auf den Schutz gewerblich genutzter Sachen im Sinn von § 823 Abs. 1 BGB, nicht aber auf die tatsächlich privat genutzte Sache an, zumal gemäß § 11 ProdHaftG ein *Selbstbehalt* in Höhe von DM 1.125,00 eingreift, der ohnehin nur nach § 823 Abs. 1 BGB reklamiert werden kann. So gesehen kommt die *Vorrangregel* von § 15 Abs. 2 ProdHaftG zur Anwendung, wonach die Bestimmungen des ProdHaftG eine Haftung gemäß § 823 Abs. 1 BGB *unberührt* lassen.

9.5 Das Verschulden – die Beweislast

9.5.1 Das Verschulden gemäß § 823 Abs. 1 BGB – § 1 Abs. 1 ProdHaftG

§ 823 Abs. 1 BGB enthält eine an § 276 BGB orientierte *verschuldensabhängige* Haftung: Der Hersteller haftet also nur dann für einen Produktschaden, wenn er vorsätzlich oder fahrlässig gehandelt hat. Die Umschreibung dieser Begriffe entspricht dem zuvor wiedergegebenen Inhalt (S. 114 f.).

Demgegenüber normiert § 1 Abs. 1 ProdHaftG eine *verschuldensunabhängige* Haftung (Taschner/Frietsch, Produkthaftungsgesetz und EG-Produkthaftungsrichtlinie, 2. Aufl., § 1 ProdHaftG Rdnr. 17). Es handelt sich hierbei nicht um eine Gefährdungshaftung (so aber Palandt/Thomas, vor § 1 ProdHaftG Rdnr. 5; wie hier Taschner/Frietsch a.a.O., § 1 ProdHaftG Rdnr. 19; Schmidt-Salzer/Hollmann, Kommentar zur EG-Richtlinie - Produkthaftung, Art. 1 Rdnr. 8 ff.). Entscheidend ist, daß die Schadensersatzsanktion von § 1 ProdHaftG daran anknüpft, daß der Hersteller eine ihm zurechenbare (objektive) Pflicht mißachtet hat (vgl. auch Graf von Westphalen, NJW 1990, 83).

Da auch die Produkthaftung gemäß § 1 Abs. 2 Nr. 5 ProdHaftG an dem jeweils *neuesten Stand von Wissenschaft und Technik* ausgerichtet ist (S. 139 f.), ist der Unterschied zur verschuldensabhängigen Produzentenhaftung gemäß § 823 Abs. 1 BGB vernachlässigenswert. Praktisch gesehen ist daher auch die Bedeutung der verschuldensunabhängigen Haftung gemäß § 1 Abs. 1 ProdHaftG nicht nennenswert, obwohl die EG-Richtlinie bereits zehn Jahre besteht. Maßgebend ist hierbei vor allem, daß die Rechtsprechung des BGH die Produzentenhaftung gemäß § 823 Abs. 1 BGB – wie dargelegt (S. 138 ff.) – teilweise an die Vorgaben der EG-Richtlinie bzw. an die Bestimmungen des ProdHaftG angeglichen hat und sich ständig *haftungsverschärfend* fortentwickelt (BGH ZIP 1992, 38 – Milupa; BGH ZIP 1994, 374 – Alete).

9.5.2 Die Beweislast

9.5.2.1 *Der Nachweis des Fehlers des Schadens und der Ursächlichkeit*

Die deliktische Haftung des Herstellers gemäß § 823 Abs. 1 BGB hat zur Voraussetzung, daß der *Geschädigte* den Produktfehler, dessen Ursächlichkeit für den geltend gemachten Schaden sowie die Zurechnung des Produktfehlers zum Verantwortungsbereich des Herstellers nachweist (BGH ZIP 1993, 440, 441 – Mineralwasserflasche III). Dieser grundsätzliche Zusammenhang ist – gerade wegen vielfältiger Mißverständnisse – immer wieder zu betonen. Es ist und bleibt Sache des Geschädigten, den Produktfehler zu beweisen (Produkthaftungshandbuch/Foerste, § 30 Rdnr. 21; Graf von Westphalen, Jura 1983, 281). Dies schließt grundsätzlich auch ein, daß der Geschädigte den Nachweis dafür erbringt, das der Produktmangel im Organisations- und Gefahrenbereich des (beklagten) Herstellers entstand (BGH NJW 1969, 269, 274 – Hühnerpest). Daß die Rechtsprechung im Rahmen der Produzentenhaftung eine *Beweislastumkehr* herausgearbeitet hat (S. 163 f.), um zwischen Hersteller und Geschädigtem eine Art „Waffengleichheit" zu erreichen, ändert an diesem beweisrechtlichen Grundtatbestand nichts. Die Geschädigte schuldet also den Nachweis, daß gerade der beklagte Hersteller das mangelhafte Produkt hergestellt hat (Produkthaftungshandbuch/Foerste, § 30 Rdnr. 30 ff.). Dabei macht es grundsätzlich keinen Unterschied, ob der Hersteller eines End- oder eines Teilprodukts verklagt wird; der behauptete – und nachzuweisende – Produktfehler muß jeweils dem betreffenden End- oder Teilehersteller zuzurechnen sein. In der Sache geht es also darum, daß der Geschädigte den Nachweis einer dem Beklagten zuzurechnenden Verletzung der ihm obliegenden *Verkehrssicherungspflicht* im Sinn von § 823 Abs. 1 BGB erbringt. Mithin muß er konkret nachweisen, ob es sich um einen Herstell- oder einen Instruktionsfehler handelt, der *kausal* den eingetretenen Schaden (Personen- oder Sachschaden) herbeigeführt hat.

9.5.2.2
Der Anscheins- und der Indizienbeweis

Erfahrungsgemäß ist es von entscheidender Bedeutung, daß es dem Geschädigten zur Überzeugung des Gerichts (§ 286 ZPO) gelingt, einen konkreten Produktfehler nachzuweisen. Regelmäßig empfiehlt es sich hier, auf *Sachverständigengutachten* zurückzugreifen; auch ist es oft sinnvoll, ein Beweisverfahren gemäß §§ 485 ff. ZPO durchzuführen. Doch kommt es immer wieder vor, daß der Produktfehler deswegen sehr schwer oder nur mit äußerster Mühe nachweisbar ist, weil das Produkt – als Folge des Fehlers – explodiert, verbrannt oder in sonstiger Weise zerstört worden ist. Unter diesen Voraussetzungen ist der Geschädigte auf *Beweiserleichterung* angewiesen.

Abhängig von den Umständen des Einzelfalls hilft hier dem Geschädigten, daß das Gericht den *Anscheinsbeweis* deswegen akzeptiert, weil der gesamte Schadenshergang einen für Produktfehler *„typischen" Geschehensablauf* widerspiegelt (BGH VersR 1954, 100 – Trinkmilch: Typhusbazillen). Wenn z. B. zwanzig in verstreuten Haushalten lebende Personen Milch eines bestimmten Bauern trinken und daran erkranken, weil auf dessen Hof ein Ausscheider von Typhusbazillen lebt, dann kann aus dem Infektionsbild geschlossen werden, daß bestimmte Patienten nur deswegen erkrankt sind, weil sie verseuchte Trinkmilch zu sich genommen haben (BGH a. a. O.). Gleiches gilt dann, wenn ein Operationsinstrument sieben Monate nach seiner Auslieferung während einer Operation bricht. Hier deutet alles darauf hin, daß ein Herstellfehler hierfür ursächlich war (OLG Düsseldorf NJW 1978, 1693 – Septummeißel). Gleichwohl muß man sich davor hüten, bei Produkthaftungsfällen generell von der Zulässigkeit eines Anscheinsbeweises auszugehen (Graf von Westphalen, BB 1971, 152,

155). Denn keineswegs jeder Produktschaden ist auf einen Produktfehler zurückzuführen. Dies leuchtet schon deswegen ein, weil jeder Produktfehler den (beklagten) Hersteller – bezogen auf dessen Organisations- und Herrschaftsbereich – zuzurechnen ist, so daß alle negativen Einflußfaktoren auszuschließen sind, welche nach dem Inverkehrbringen des (angeblich fehlerhaften) Produkts eingetreten sein könnten, wie z. B. eine Fehlbenutzung des Produkts, das Mißachten von Gebrauchs- und Bedienungsanleitungen, die Nichtdurchführung von Wartungs- und Reparaturarbeiten etc.

Wo ein allgemeiner Erfahrungsgrundsatz fehlt, der ja Voraussetzung für die Zulässigkeit eines Anscheinsbeweises ist (Produkthaftungshandbuch/Foerste, § 30 Rdnrn. 24 ff.), arbeitet die Rechtsprechung – bezogen auf den Nachweis eines Produktfehlers – mit der Zulässigkeit des *Indizienbeweises* (BGH BB 1970, 1414 – Bremsen). Es kommt also hier unter Berücksichtigung aller Umstände des Einzelfalls entscheidend darauf an, ob überzeugende *Beweisanzeichen* dafür vorliegen, daß der Schaden auf einen Produktfehler zurückzuführen ist, der dem Herrschafts- und Organisationsbereich des (beklagten) Herstellers zuzurechnen ist (Graf von Westphalen, Jura 1983, 281 f.).

9.5.2.3
Der Beweis der Ursächlichkeit

Es folgt unmittelbar aus dem zuvor Gesagten, daß der Geschädigte auch den Nachweis dafür erbringen muß, daß eines seiner gemäß § 823 Abs. 1 BGB geschützten Rechtsgüter gerade durch den Produktfehler verletzt worden ist (BGH NJW 1969, 269, 274 – Hühnerpest; BGH BB 1979, 1414 – Bremsen). Dieser Zusammenhang ist insbesondere deswegen im Auge zu behalten, weil sich der (beklagte) Hersteller regelmäßig damit *verteidigt*, daß der eingetretene Produktschaden nicht auf einen Produktfehler, sondern auf einen *Fehlgebrauch* bzw. auf einen *Mißbrauch* des fraglichen Produkts zurückzuführen ist (Produkthaftungshandbuch/Foerste, § 30 Rdnr. 84). Rechtlich gewertet geht es hierbei um den Nachweis der *haftungsbegründenden Kausalität* (Graf von Westphalen a.a.O.). Auch in diesem Zusammenhang kommt der Anscheinsbeweis sowie der Indizienbeweis zur Geltung (BGH BB 1970, 1414 – Bremsen). Soweit ein Anscheinsbeweis – bezogen auf einen Produktfehler – eingeschränkt ist (S. 160 f.), gilt dies auch insoweit, als es Sache des Geschädigten ist, die haftungsbegründende Kausalität nachzuweisen (im Ergebnis Produkthaftungshandbuch/ Foerste, § 30 Rdnrn. 88 ff.). Im *praktischen Ergebnis* ist also zu unterstreichen, daß bei allen Produkthaftungsfällen der Nachweis eines dem Hersteller zurechenbaren Produktfehlers, der den Schaden tatsächlich herbeigeführt hat, von zentraler Bedeutung ist: An dieser Stelle entscheidet sich das Schicksal des Anspruchs.

9.5.3
Verletzung der Überprüfungs- und Befundsicherungspflicht

Eine besondere Ausformung der Beweislastverteilung haben zwei BGH-Entscheidungen herbeigeführt, die sich damit befassen, daß Mehrweg-Mineralwasserflaschen explodierten und dabei Körperschäden verursachten (BGH ZIP 1988, 1129 – Mineralwasserflasche I; BGH ZIP 1993, 440 – Mineralwasserflasche III). In beiden Fällen führte der Kläger seine Verletzungen darauf zurück, daß die von dem Hersteller verwendeten Mehrwegflaschen bereits einen feinen Riß oder einen vergleichbaren Fehler aufwiesen, als sie den Betrieb des Herstellers verließen. In beiden Fällen kam das Berufungsgericht zu dem Resultat, daß der beklagte Hersteller seine Pflicht verletzt habe, sich zuverlässig darüber zu vergewissern, ob die von ihm wiederholt verwendeten Mehrwegflaschen funktionstüchtig und einwandfrei sind: Geltend gemacht wurde also, daß die Hersteller ihre Pflicht zur sogenannten „Statussicherung" nicht hinreichend erfüllt hätten (BGH ZIP 1988, 1129, 1133 – Mineralwasserflasche I; BGH ZIP 1993, 440, 441 – Mineralwasserflasche III). Anders gewendet: Weil der beklagte Hersteller Mehrwegflaschen mehrfach verwendete, war er gehalten, eine Prüfungs- und Befundsicherungspflicht mit dem Ziel zu erfüllen, den Zustand des Glases jeder Flasche vor ihrer Inverkehrgabe auf seine Berstsicherheit zu untersuchen und sich zu vergewissern, daß nur unbeschädigte Flaschen den Herstellerbetrieb verlassen (BGH ZIP 1988, 1129, 1133 – Mineralwasserflasche I).

Jedenfalls unter diesen Voraussetzungen kommt eine *Beweislastumkehr* zugunsten des Geschädigten in Betracht: Es ist dann Sache des beklagten Herstellers den Nachweis dafür zu erbringen, daß der schadenstiftende Produktfehler nicht in seinem Verantwortungsbereich entstanden ist (BGH ZIP 1993, 440 – Mineralwasserflasche III). Diese dem Hersteller obliegende Überprüfungs- und Befundsicherungspflicht ist nicht mit der Pflicht gleichzusetzen, die sich aus der üblichen Warenendkontrolle ergibt (BGH ZIP 1993, 440, 441 – Mineralwasserflasche III). Indessen reichen die Grundsätze dieser BGH-Urteile über den engen Bereich des Produkts „Mehrwegflasche" hinaus. Denn eine Pflicht des Herstellers, die von ihm in den Verkehr zu bringenden Produkte zu prüfen und die Befunde zu sichern, ergibt sich immer dann, wenn ein Produkt in Rede steht, „das erhebliche Risiken für den Verbraucher in sich trägt, die in der Herstellung geradezu angelegt sind, und deren Beherrschung deshalb einen *Schwerpunkt* des Produktionsvorgangs darstellt, so daß über die übliche Warenendkontrolle hinaus besondere Befunderhebungen des Herstellers erforderlich, weil dieser den Verbraucher nicht sehenden Auges solchen Gefahren seiner Produktionsentscheidung aussetzen darf" (BGH a. a. O.). Befundsicherung bedeutet also „die Sicherstellung eines Kontrollverfahrens, durch das der Zustand einer jeden Flasche ermittelt und gewährleistet wird, daß – soweit technisch möglich – alle nicht einwandfreien Flaschen von der Wiederverwendung ausgeschlossen werden" (BGH ZIP 1993, 440, 441 f. – Mineralwasserflasche III). Ein eindringlicheres Bekenntnis zu effektiven Maßnahmen der *Qualitätskontrolle* ist kaum denkbar.

Welche Produkte konkret ein solches „Kontrollverfahren" (BGH a. a. O.) erfordern, läßt sich nicht generell sagen und man wird aber jedenfalls alle die Produkte in diese Kategorie hineinstellen müssen, bei denen ein Produktfehler erhebliche Körper- und Gesundheitsschäden des Verbrauchers nach sich ziehen kann, wie z. B. Lebensmittel, Autos, Flugzeuge und alle Geräte der Medizintechnik. In all diesen Fällen verfügt der *Geschädigte* nicht über die erforderlichen Kenntnisse, um dem (beklagten) Hersteller nachzuweisen, daß in der Tat die ihm obliegenden Überprüfungs- und Befundsicherungspflichten – allgemein: die ihm obliegenden Kontrollpflichten – verletzt worden sind. Daher gilt: Es ist dann Sache des beklagten Herstellers die von ihm tatsächlich durchgeführten Maßnahmen zur Befunderhebung und Befundsicherung im einzelnen darzustellen, weil erst dann der Geschädigte in die Lage versetzt wird, seinerseits substantiiert zu behaupten, daß die ihm dargelegten Maßnahmen unzureichend/

unvollständig und damit unzulänglich waren (BGH ZIP 1993, 440, 442 – Mineralwasserflasche III).

9.5.4
Die Beweislastumkehr im Bereich des Verschuldens

9.5.4.1
Der Grundsatz

Für gewöhnlich gilt, daß der Kläger verpflichtet ist, alle anspruchsbegründenden Tatsachen dem Gericht darzulegen und auch zu beweisen. Im Rahmen der Produzentenhaftung des § 823 Abs. 1 BGB bedeutet dies: Der Geschädigte ist verpflichtet, den Produktfehler, den entstandenen Personen- oder Sachschaden, die Kausalität sowie das Verschulden – also: Vorsatz oder Fahrlässigkeit im Sinn von § 276 BGB – nachzuweisen. In seiner bahnbrechenden *Hühnerpest-Entscheidung* vom 26.11.1968 hat der BGH (BGH NJW 1969, 269) eine *Umkehr der Beweislast* für den Bereich des Verschuldens festgelegt.

Die Klägerin betrieb eine Hühnerfarm. Ein Tierarzt hatte die Hühner gegen Hühnerpest geimpft. Einige Tage später brach jedoch die Hühnerpest aus; über 4.000 Hühner verendeten. Der Tierarzt hatte den Impfstoff bei einem Pharmaunternehmen bezogen, wo es nach den tatrichterlichen Feststellungen mit Bakterien verunreinigt worden war, welche die Hühnerpestviren reaktiviert hatten. Es handelte sich also um einen Fabrikationsfehler. Hier stellte der BGH erstmals fest, daß der beklagte Hersteller verpflichtet ist, sich von dem Vorwurf, den Produktfehler verschuldet zu haben, zu *entlasten*. Er begründete dies u. a. mit folgenden Erwägungen:

> „Allzuoft wird der Betriebsinhaber die Möglichkeit dartun, daß der Fehler des Produkts auch auf eine Weise verursacht worden sein kann, die den Schluß auf sein Verschulden nicht zuläßt – ein Nachweis, der zumeist wiederum auf Vorgängen im Betriebe des Schädigers beruht, daher vom Geschädigten schwer zu widerlegen ist. Infolgedessen kann der Hersteller dann, wenn es um Schäden geht, die aus dem Gefahrenbereich seines Betriebes erwachsen sind, noch nicht dadurch als entlastet angesehen werden, daß er Möglichkeiten aufzeigt, nach denen der Fehler des Produkts auch ohne ein in seinem Organisationsbereich liegendes Verschulden entstanden sein kann. Dies gebieten in den Fällen der Produzentenhaftung die schutzbedürftigen Interessen des Geschädigten – gleich ob Endabnehmer, Benutzer oder Dritter; andererseits erlauben es die schutzwürdigen Interessen des Produzenten, von ihm den Nachweis seiner Schuldlosigkeit zu verlangen.
> Diese Beweisregel greift freilich erst ein, wenn der Geschädigte nachgewiesen hat, daß sein Schaden im Organisations- und Gefahrenbereich des Herstellers, und zwar durch einen objektiven Mangel oder Zustand der Verkehrswidrigkeit ausgelöst worden ist. Dieser Beweis wird vom Geschädigten sogar dann verlangt, wenn er den Schädiger wegen Verletzung vertraglicher oder vorvertraglicher Schutz- und Nebenpflichten in Anspruch nimmt. Nichts anderes gilt, wenn er den Produzenten wegen Verletzung der Verkehrssicherungspflicht in

Anspruch nimmt. Hat er aber diesen Beweis geführt, so ist der Produzent „näher daran", den Sachverhalt aufzuklären und die Folgen der Beweislosigkeit zu tragen. Er überblickt die Produktionssphäre bestimmt und organisiert den Herstellungsprozeß und die Auslieferungskontrolle der fertigen Produkte. Oft machen die Größe des Betriebes, seine komplizierte, verschachtelte, auf Arbeitsteilung beruhende Organisation, verwickelte technische, chemische oder biologische Vorgänge und dergleichen es dem Geschädigten praktisch unmöglich, die Ursache des schadenstiftenden Fehlers aufzuklären. ... Liegt so aber die Ursache der Unaufklärbarkeit im Bereich des Produzenten, so gehört sie auch zu seiner Risikosphäre. Dann ist es sachgerecht und zumutbar, daß ihn das Risiko der Nichterweislichkeit seiner Schuldlosigkeit trifft" (BGH NJW 1969, 269, 274 f. - Hühnerpest).

9.5.4.2
Die Konsequenzen der Beweislastumkehr

In der Sache geht es also darum, daß der Hersteller gehalten ist, den Nachweis zu führen, daß er kein Verschulden daran trägt, daß ein Produktfehler innerhalb seines Herrschafts- und Organisationsbereichs entstanden ist. In der Hühnerpest-Entscheidung hat der BGH (BGH NJW 1969, 269 - Hühnerpest) diese Beweislastumkehr für den Bereich des *Fabrikationsfehlers* entwickelt. Sie gilt aber auch für *Konstruktionsfehler* (BGH BB 1970, 1414 - Bremsen; BGH BB 1977, 162 - Schwimmschalter) sowie für *Instruktionsfehler* (BGH ZIP 1992, 38 - Milupa). Freilich setzt dieser Grundsatz bei Vorliegen eines Instruktionsfehlers voraus, daß dieser schon zu einem Zeitpunkt vorlag, als der Hersteller das Produkt in den Verkehr brachte. Es muß also insoweit eine vergleichbare Konstellation mit einem Konstruktions- und Fabrikationsfehler vorliegen (BGH ZIP 1992, 38, 41 f. - Milupa).

Etwas *anderes* gilt jedoch dann, wenn es sich um einen Fehler der *Produktbeobachtung* handelt (Produkthaftungshandbuch/Foerste, § 30 Rdnrn. 78 ff.). Auch hier kommt es entscheidend darauf an, ob - bezogen auf die Verletzung der Produktbeobachtungspflicht - eine Konstellation vorliegt, die einem Konstruktions- und Fabrikationsfehler vergleichbar ist. Dies ist nur dann zu bejahen, wenn der Hersteller die Produktbeobachtungspflicht bereits zu dem Zeitpunkt vernachlässigt hat, als er das fragliche Produkt in den Verkehr brachte. Denn handelt es sich um einen Vorgang, der der Organisations- und Herrschaftssphäre des Herstellers zuzuordnen, also dem Geschädigten praktisch versperrt ist (Produkthaftungshandbuch/Foerste, § 30 Rdnr. 80). Liegen die Tatsachen jedoch so, daß der Hersteller deswegen seine Produktbeobachtungspflicht verletzt, weil sich - nach dem Inverkehrbringen des Produkts - der Stand von Wissenschaft und Technik *geändert* hat, so daß nunmehr Produktrisiken/Produktgefahren auftreten, die zuvor dem Hersteller - objektiv gewertet - nicht erkennbar waren, dann muß der *Geschädigte* dem Hersteller nachweisen, daß er insoweit die ihm obliegende Produktbeobachtungspflicht verletzt hat (BGH NJW 1981, 1603, 1605 f. - Derosal; BGH NJW 1981, 1606, 1608 - Benomyl).

9.5.4.3
Die Adressaten der Beweislastumkehr

In der Hühnerpest-Entscheidung hat der BGH (BGH NJW 1969, 269 - Hühnerpest) die Grundsätze der Beweislastumkehr auf einen industriellen Großbetrieb fixiert, aber auch auf den Inhaber eines *Kleinbetriebes*, nämlich: einer Gaststätte ausgedehnt. Gleiches gilt für *Angestellte*, soweit die Inhaber der Organisationsgewalt des ihnen unterstehenden Bereichs sind, in dem der Produktfehler seine Ursache gehabt hat (BGH ZIP 1992, 410, 413 f. - Hochzeitsessen; weitergehend noch in der Begründung des BGH BB 1975, 1031 - Spannkupplung). Gleichgültig ist in diesem Zusammenhang, ob es sich um den Hersteller eines End- oder eines End- oder eines Teilprodukts handelt (S. 177 f.).

9.5.4.4
Die Bedeutung eines Qualitätssicherungssystems

Gerade auch im Zusammenhang mit der dem Hersteller obliegenden *Beweislast* entfalten Qualitätssicherungsvereinbarungen ihre praktische Bedeutung. Der Hersteller trägt - wie dargestellt - dafür die Beweislast, daß er für einen in seinem Herrschafts- und Organisationsbereich entstammenden *Produktfehler* nicht einzustehen hat (BGH BB 1970, 1414 - Bremsen). Die Beweislast ist in persönlicher wie in sachlicher Hinsicht *umfassend* (Produkthaftungshandbuch/Foerste, § 30 Rdnr. 44). In der Praxis bedeutet dies, daß der beklagte Hersteller gehalten ist, jeder einzelnen Behauptung des Klägers, das Produkt sei fehlerhaft, beweiskräftig entgegenzutreten. Gleichzeitig aber muß er alle den Herstellungsprozeß betreffenden - erforderlichen und zumutbaren - Sicherheitsvorkehrungen - bezogen auf das jeweilige Produkt - lückenlos darlegen und unter Beweis stellen. (Hierzu auch S. 168 f.).

Bezogen auf das vom Hersteller beschäftigte *Personal* bedeutet dies, daß er verpflichtet ist, die Sorgfalt sämtlicher Personen zu beweisen, deren Fehlverhalten ihm zugerechnet wird. Sofern es dem Hersteller möglich ist, kann er diejenigen Arbeitnehmer/Angestellten - *Verrichtungsgehilfen* - namhaft machen, die mit dem fraglichen Produkt zu tun hatten, um auf diese Weise auszuschließen, daß andere Personen den Produktfehler verursacht haben. Da dieser Nachweis oft erst viele Jahre nach dem Produktionsdatum geführt werden muß, sind die Anforderungen an die *Produktdokumentation* erheblich, aber insoweit ganz entscheidend. Denn gelingt es dem Hersteller nicht, die betreffenden Verrichtungsgehilfen namhaft zu machen, um für diese eventuell den *Entlastungsbeweis* gemäß § 831 Abs. 1 Satz 2 BGB erfolgreich zu führen, so muß er sich für *sämtliche Mitarbeiter* entlasten, die in irgendeiner Weise auf das Produkt eingewirkt haben könnten (BGH NJW 1973, 1602, 1603 - Feuerwerkskörper). Dies gilt selbst dann, wenn es sich um einen automatisierten Produktionsprozeß handelt (BGH a.a.O.). Daß ein solcher Entlastungsbeweis praktisch kaum möglich ist, ist evident.

In *organisatorischer Hinsicht* muß der Hersteller den Nachweis erbringen, daß ihn keine bei der Herstellung des Produkts vorstellbare Pflichtverletzung zur Last fällt, daß er also alle erforderlichen und ihm zumutbaren Verkehrssicherungspflichten ordnungsgemäß erfüllt hat (BGH NJW 1973, 1602, 1603 - Feuerwerkskörper). Hier geht es primär darum, daß der Hersteller nachweist, alle ihm obliegenden *Organisa-*

tionspflichten im Sinn von § 823 Abs. 1 BGB ordnungsgemäß erfüllt zu haben. Hierbei handelt es sich um ein ganzes Geflecht von Organisationspflichten, die gesondert dargestellt werden sollen (S. 168 f.).

Aus praktischer Sicht steht freilich fest: Soweit der Geschädigte den Nachweis erbracht hat, daß ein Produktfehler vorliegt, der dem Herrschafts- und Organisationsbereich des Herstellers zuzurechnen ist, hilft dem beklagten Hersteller der Nachweis nichts, daß er alle ihm obliegenden Organisations- und Verkehrssicherungspflichten im Sinn von § 823 Abs. 1 BGB ordnungsgemäß erfüllt hat. Denn unter dieser Voraussetzung reduziert sich die Umkehr der Beweislast auf das Verschulden im Sinn von § 276 BGB. Soweit jedoch eine objektive Pflichtverletzung – also: ein Produktfehler – tatsächlich vorliegt, ist gleichzeitig der Nachweis dafür erbracht worden, daß der Hersteller die „äußere" Sorgfalt, nämlich: die der Verkehrssicherungspflicht im Sinn von § 823 Abs. 1 BGB verletzt hat. Damit aber ist unmittelbar *indiziert*, daß der Hersteller auch schuldhaft im Sinn von § 276 BGB gehandelt, d. h. gegen die „innere" Sorgfalt verstoßen hat (BGH NJW 1981, 1603, 1605 – Derosal). Anders gewendet: Es ist praktisch kaum vorstellbar, daß dem beklagten Hersteller der Nachweis *fehlenden Verschuldens* gelingt, sofern der Geschädigte seinerseits nachgewiesen hat, daß sein Schaden auf einem Produktfehler beruht, der dem Herrschafts- und Organisationsbereich des beklagten Herstellers zuzurechnen ist. Es gibt deshalb auch praktisch keine Entscheidung, die diesen Zusammenhang – zugunsten des beklagten Herstellers – durchbricht. Doch ist zu unterstreichen, daß der BGH in der Druckfehler-Entscheidung (BGH JZ 1971, 63 – Druckfehler) die Haftung des beklagten Verlags daran scheitern ließ, daß der Verlag nachweisen konnte: Er hatte die Druckfahnen des medizinischen Fachbuchs zweimal dem Autor zur Verfügung gestellt, der dabei einen Druckfehler in einem Rezept übersehen hatte – mit der Konsequenz, daß der Verlag deliktsrechtlich nicht dafür verantwortlich war, daß ein Arzt das (fehlerhafte) Rezept im Rahmen einer Injektion anwandte, was zu erheblichen Gesundheitsschäden bei der Patientin führte. Letztlich belegt diese Entscheidung in der Sache, daß die deliktsrechtliche Verantwortlichkeit des Verlags für etwaige Druckfehler dadurch ausgeschaltet wird, daß der Verlag dem Fachautor die Satzkorrektur überließ (Produkthaftungshandbuch/Foerste, § 25 Rdnr. 106).

Ob dieser Befund im Ergebnis dadurch abgemildert wird, daß der Hersteller den Nachweis erbringt, über ein anerkanntes *Qualitätssicherungssystem* gemäß ISO 9000 ff. zu verfügen, erscheint fraglich. Dies gilt jedenfalls nicht für Konstruktions- und Instruktionsfehler sowie für Fehler der Produktbeobachtung: Liegen nämlich diese Fehler vor, so ist damit allemal eine Verletzung der Verkehrssicherungspflicht im Sinn von § 823 Abs. 1 BGB indiziert. Daran ändert ein Qualitätssicherungssystem nichts, zumal es lediglich belegt, daß das betreffende Unternehmen – ganz allgemein gewertet – „qualitätsfähig" ist. Liegt hiergegen ein Fabrikationsfehler in Form eines „Ausreißers" vor, so hängt die Entlastungsmöglichkeit entscheidend davon ab, ob der Hersteller die ihm obliegenden *Organisationspflichten* aktuell erfüllt und den Nachweis erbringen kann, daß er diejenigen Arbeitnehmer/Angestellten, die den Produktfehler tatsächlich verursacht haben, im Sinn von § 831 Abs. 1 Satz 2 BGB ordnungsgemäß ausgewählt und ordnungsgemäß überwacht hat (S. 167 f.). Macht aber der Geschädigte Schadensersatzansprüche aus der *verschuldensunabhängigen* Produkthaftung gemäß § 1 ProdHaftG geltend, so ist das Bestehen eines Qualitätssicherungssystems gemäß ISO 9000 ff. ohnehin keine zureichende Verteidigung, sofern der Geschädigte nachweist, daß tatsächlich ein Produktfehler im Sinn von § 3 ProdHaftG vorliegt.

9.5.5 Der Entlastungsbeweis gemäß § 831 Abs. 1 Satz 2 BGB

§ 831 Abs. 1 BGB bestimmt, daß der Geschäftsherr zum Ersatz des Schadens verpflichtet ist, den ein *Verrichtungsgehilfe* „in Ausführung der Verrichtung einem Dritten widerrechtlich zufügt". Indessen tritt gemäß § 831 Abs. 1 Satz 2 BGB die Ersatzpflicht dann nicht ein, „wenn der Geschäftsherr bei der Auswahl der bestellten Person und, sofern er Vorrichtungen oder Gerätschaften zu beschaffen oder die Ausführungen der Verrichtung zu leisten hat, bei der Beschaffung oder der Leitung die im Verkehr erforderliche Sorgfalt beobachtet oder wenn der Schaden auch bei Anwendung dieser Sorgfalt entstanden sein würde".

9.5.5.1 *Der Verrichtungsgehilfe*

Zu einer Verrichtung im Sinn von § 831 Abs. 1 Satz 1 BGB ist derjenige bestellt, der die ihm zugewiesene Aufgabe nach den *Weisungen* des Geschäftsherrn zu erledigen hat. Es muß sich also um eine Tätigkeit handeln, die in dem Einflußbereich eines anderen liegt; ferner ist erforderlich, daß zwischen Geschäftsherrn und Verrichtungsgehilfen eine gewisse *Abhängigkeit* besteht (Palandt/Thomas, § 831 Rdnr. 6). An der danach erforderlichen Einflußmöglichkeit fehlt es, sofern der eingeschaltete Dritte *selbständig* ist (BGH NJW 1976, 46, 47 - Entsorgung). Dies bedeutet also, daß der von einem Auftragnehmer eingeschaltete *Subunternehmer* nicht als Verrichtungsgehilfe im Sinn von § 831 Abs. 1 Satz 1 BGB zu qualifizieren ist (BGH BB 1994, 1741). Als Faustregel mag gelten: Derjenige, der im Rahmen eines *Werkvertrages* tätig wird, ist regelmäßig kein Verrichtungsgehilfe, sondern selbständiger Unternehmer; etwas anderes gilt, soweit das zugrundeliegende Rechtsverhältnis ein Dienst- oder Arbeitsvertrag ist: Während der Unternehmer über Zeit und Umfang seiner Tätigkeit frei bestimmten kann, ist dies für den dienstverpflichteten Arbeitnehmer grundsätzlich zu verneinen (Palandt/Thomas a. a. O.). Die Haftung gemäß § 831 Abs. 1 Satz 1 BGB setzt voraus, daß die rechtswidrige, schädigende Handlung des Verrichtungsgehilfen in einem *inneren Zusammenhang* mit der ihm übertragenen Tätigkeit stehen muß (BGH NJW 1971, 31, 32). Der Schaden darf also nicht nur gelegentlich der Verrichtung angerichtet werden (Palandt/Thomas, § 831 Rdnr. 10). Selbst ein bewußtes eigenmächtiges Zuwiderhandeln gegen etwaige Weisungen des Geschäftsherrn fällt noch in den Rahmen von § 831 Abs. 1 Satz 1 BGB, liegt also noch nicht außerhalb des Kreises der dem Verrichtungsgehilfen aufgetragenen Verrichtungen (Palandt/Thomas a. a. O.). Zielt jedoch die Weisung des Geschäftsherrn unmittelbar auf eine schädigende Handlung, so fehlt ein Pflichtverletzung des Verrichtungsgehilfen (Produkthaftungshandbuch/Foerste, § 37 Rdnr. 4).

Im Rahmen der *Produzentenhaftung* des § 823 Abs. 1 BGB bereitet es regelmäßig keine Schwierigkeiten, den inneren Zusammenhang zwischen der schädigenden Handlung - dem Produktfehler - und der dem Verrichtungsgehilfen obliegenden Verrichtung festzustellen. Abzuheben ist auf den Funktionszusammenhang; *Sabotageakte* fallen daher nicht in diese Kategorie (Produkthaftungshandbuch/Foerste, § 37 Rdnr. 5).

9.5.5.2
Die Widerrechtlichkeit

Anerkanntermaßen unterscheidet sich die „Widerrechtlichkeit" in § 831 Abs. 1 Satz 1 BGB nicht von derjenigen, die in § 823 Abs. 1 BGB normiert ist (Staudinger/Schäfer, BGB, 12. Aufl., § 831 Rdnr. 128; Palandt/Thomas, § 831 Rdnr. 11). Dies bedeutet: Im Rahmen der Produzentenhaftung gemäß § 823 Abs. 1 BGB handelt der Hersteller immer dann „widerrechtlich", wenn er eine ihm obliegende *Verkehrssicherungspflicht* objektiv mißachtet. Es handelt sich also insoweit um ein *Verhaltensunrecht*, nicht um ein Erfolgsunrecht (im einzelnen Produkthaftungshandbuch/Foerste, § 23 Rdnrn. 3 ff.). Gleiches wird man auch im Rahmen von § 831 Abs. 1 Satz 1 BGB festhalten müssen: Hier kommt es nicht entscheidend darauf an, daß ein bestimmter Verrichtungsgehilfe einen Produktschaden - im Sinn eines Erfolgsunrechts - gesetzt hat; maßgebend ist allein, daß der Verrichtungsgehilfe trotz bestehender Weisungen des Geschäftsherrn - ein „rechtswidriges" *Verhalten* setzt, welches einen Produktfehler verursacht (vgl. auch BGH NJW 1973, 1602, 1603 - Feuerwerkskörper). Soweit dem Verrichtungsgehilfen innerhalb seines Bereichs, etwa als Konstrukteur, Qualitätsprüfer, Laborleiter etc. *Organisationsverantwortung* zukommt, der betreffende Produktfehler aber innerhalb dieses Bereichs entstanden ist, gelten im Hinblick auf seine persönliche Haftung die Grundsätze der Beweislastumkehr (S. 163 ff.).

9.5.5.3
Die Beweislast

Beweist der Geschädigte, daß ein bestimmter Produktfehler dem Herrschafts- und Organisationsbereich des Herstellers zuzurechnen ist, so gelten zunächst die allgemeinen Grundsätze der Beweislastverteilung (S. 159 ff.). Gelingt es jedoch dem beklagten Hersteller, im einzelnen nachzuweisen, welcher - namhaft zu machende - *Verrichtungsgehilfe* den betreffenden Produktfehler „widerrechtlich" verursacht hat, so kann er sich auf diese Weise den *Entlastungsbeweis* gemäß § 831 Abs. 1 Satz 2 BGB eröffnen (S. 169 f.). Ist indessen der Hersteller nicht in der Lage, die jeweiligen Verrichtungsgehilfen namhaft zu machen, die den Produktfehler aktuell verursacht haben, so trifft ihn die Beweislast, d. h. er trägt den Nachteil der Unaufklärbarkeit der Schadensursache (BGH NJW 1973, 1602, 1603 - Feuerwerkskörper).

9.5.6
Die originäre Organisationsverantwortung des Herstellers

Die Verpflichtung des Herstellers, für eine *ordnungsgemäße Organisation* seines Unternehmens zu sorgen, ist der *Grundtatbestand* der Verkehrssicherungspflichten im Sinn von § 823 Abs. 1 BGB. Der Hersteller ist also verpflichtet, durch innerbetriebliche Organisationsmaßnahmen dafür Sorge zu tragen, daß Produktfehler - soweit möglich und zumutbar - vermieden werden (S. 139 ff.). Im Rahmen der *Produzentenhaftung* gemäß § 823 Abs. 1 BGB ist die an sich durchaus schwierige Differenzierung zwischen den allgemeinen Organisationspflichten des § 823 Abs. 1 BGB und den speziellen Auswahl- und Beaufsichtigungspflichten des § 831 Abs. 1 Satz 2 BGB *vernachlässigenswert*: Hat nämlich der Geschädigte den Nachweis erbracht, daß ein Produktfehler dem Herrschafts- und Organisationsbereich des Herstellers zuzurechnen ist, so muß sich dieser in zweifacher Hinsicht entlasten, nämlich dahingehend, daß er die ihm obliegenden Organisationspflichten im Sinn von § 823 Abs. 1 BGB ordnungsgemäß erfüllt und die speziellen Auswahl- und Aufsichtspflichten des § 831 Abs. 1 Satz 2 BGB beachtet hat. Denn beide Tatbestände werden von der dem Hersteller obliegenden *Beweislast* erfaßt (BGH NJW 1973, 1602, 1603 – Feuerwerkskörper).

Gleichwohl ist zu unterstreichen, daß gerade im Rahmen der Produzentenhaftung die Tendenz erkennbar wird, die dem Hersteller obliegenden allgemeinen Organisationspflichten *anzuspannen*, um auf diese Weise eine Pflichtverletzung des Herstellers zu markieren, weil dann die Möglichkeit von vornherein ausscheidet, daß sich der Hersteller wegen etwaiger Fehler der von ihm eingeschalteten *Verrichtungsgehilfen* gemäß § 831 Abs. 1 Satz 2 BGB mit Erfolg entlastet (hierzu vor allem Steindorff, AcP 170, 93 ff.) Das gleiche Ergebnis erreicht man in der Sache dann, wenn man die Anforderungen an die erfolgreiche Führung des Entlastungsbeweises im Sinn von § 831 Abs. 1 Satz 2 BGB so hoch ansetzt, daß im Ergebnis jeder Produktfehler – die Problematik wird beim „Ausreißer“ deutlich – den Hersteller als Pflichtdefizit zugerechnet wird (vgl. Kullmann/Pfister, Produzentenhaftung, Kza. 3210 S. 7).

9.5.7
Die Ordnungsgemäße Auswahl

Das Maß der bei der Auswahl zu stellenden Anforderungen richtet sich nach der Art der Verrichtung: Je verantwortungsvoller und schwieriger die Tätigkeit ist, um so größer ist die dem Hersteller obliegende Sorgfaltspflicht. Dies gilt insbesondere dann, wenn mit der konkreten Tätigkeit des Verrichtungsgehilfen *Gefahren* verbunden sind, die nur durch eine beträchtliche *Sachkunde* und technische Geschicklichkeit, aber eben auch: durch hinreichende Aufsicht bewältigt werden können (Palandt/Thomas, § 831 Rdnr. 13). Mit anderen Worten: Der Hersteller hat dafür zu sorgen, daß die in seinem Betrieb Tätigen ausreichend *qualifiziert* und *zuverlässig* sind. Dies ist bereits bei der Einstellung des Personals zu beachten. Die gleiche Aufsichtspflicht erstreckt sich jedoch über die gesamte Beschäftigungsdauer und berührt – konkret und entscheidend – den jeweiligen Zeitpunkt, in welchem ein Produktfehler verursacht wurde (BGH NJW 1973, 1602, 1603 – Feuerwerkskörper). Soweit bestimmte Befähigungsnachweise erforderlich sind, hat der Hersteller dafür Sorge zu tragen, daß diese im Einzelfall vorliegen. Nur so erfüllt er das Kriterium der ordnungsgemäßen Auswahl im Sinn von § 831 Abs. 1 Satz 2 BGB. Doch erstreckt sich die Pflicht zur ordnungsgemäßen Auswahl – abhängig von den Umständen des Einzelfalls – auch darauf, ob der betreffende Verrichtungsgehilfe nicht nur das jeweilige Zeugnis/Zertifikat besitzt, sondern auch über die tatsächliche Sachkunden konkret verfügt.

9.5.8
Die ordnungsgemäße Überwachung

Anerkanntermaßen ist daher fortgesetzte Prüfung erforderlich, ob der jeweilige Verrichtungsgehilfe noch zu den Verrichtungen befähigt ist, die ihm nach Weisungen des Herstellers obliegen (Palandt/Thomas, § 831 Rdnr. 14). Folglich muß sich der Hersteller durch geeignete *Kontrollmaßnahmen* – auch durch unerwartete Kontrollmaßnahmen – regelmäßig davon unterrichten, daß in der Tat die erforderliche Eignung und *Zuverlässigkeit* des Verrichtungsgehilfen gegeben sind und noch uneingeschränkt andauern (RGZ 87, 1, 4 – Brunnensalz). Die hier geschuldete Überwachung ist Teil des Organisationsplans des Herstellers. Gemäß § 831 Abs. 1 Satz 2 BGB schuldet der Hersteller auch eine *Sonderaufsicht*, sofern die dem Verrichtungsgehilfen obliegende Tätigkeit besonders gefährlich ist (Produkthaftungshandbuch/Foerste, § 38 Rdnr. 9).

9.5.8.1
Der dezentralisierte Entlastungsbeweis

Da der Hersteller als eigene Organisationspflicht die zur Durchführung der jeweiligen Verkehrssicherungsmaßnahmen erforderlichen Anordnungen schuldet und gleichzeitig verpflichtet ist, die mit der Durchführung dieser Anordnung betrauten Personen ständig zu überwachen (BGH NJW 1968, 247, 248 – Schubstrebe), wird es verständlich, daß der Entlastungsbeweis gemäß § 831 Abs. 1 Satz 2 BGB bei Ansprüchen aus der Produzentenhaftung praktisch keine wesentliche Bedeutung besitzt (BGH NJW 1973, 1602, 1603 – Feuerwerkskörper). Dies gilt auch insoweit, als die Figur des sogenannten „dezentralisierten Entlastungsbeweises" bemüht wird (BGHZ 4, 1; vgl. aber auch BGH NJW 1968, 247, 248 f. – Schubstrebe). Bei *Großbetrieben*, aber auch dann, wenn der Hersteller an der eigenen Leitung und Beaufsichtigung im Sinn von § 831 Abs. 1 Satz 2 BGB gehindert ist, besteht die Möglichkeit, die nach § 831 Abs. 1 Satz 2 BGB geschuldete Auswahl und Überwachung der Verrichtungsgehilfen einem *höheren Angestellten* zu übertragen – mit der Konsequenz, daß es dann den Hersteller entlastet, wenn er nachweist, daß er den höheren Angestellten, also: die Aufsichtsperson sorgfältig ausgewählt und überwacht hat. Damit wird die Figur des „dezentralisierten Entlastungsbeweises" umschrieben (Palandt/Thomas, § 831 Rdnr. 15). Die Rechtsprechung trägt so dem Umstand Rechnung, daß in einem Großbetrieb der jeweilige Betriebsinhaber/Geschäftsherr schlechterdings nicht in der Lage sein kann, die ihm eigentlich obliegende Auswahl- und Überwachungspflicht ordnungsgemäß zu erfüllen, so daß es ausreicht, wenn er die Erfüllung dieser Pflichten an geeignete Mitarbeiter/Aufsichtspersonen delegiert (MünchKomm./Mertens, 2. Aufl., § 831 Rdnr. 67 f.).

Es ist darüber gestritten worden, ob der Entlastungsbeweis gemäß § 831 Abs. 1 Satz 2 BGB, insbesondere in Form des „dezentralisierten Entlastungsbeweises" überhaupt bei Ansprüchen aus der Produzentenhaftung gemäß § 823 Abs. 1 BGB Anwendung finden solle (vgl. Kullmann/Pfister, Produzentenhaftung, Kza. 3210 S. 7; Produkthaftungshandbuch/Foerste, § 38 Rdnr. 3 f.). Doch solange der *Gesetzgeber* § 831 Abs. 1 Satz 2 BGB beibehält, sind die Gerichte an diese Vorschrift gebunden (Kullmann/Pfister a.a.O.). Gleichwohl ist erneut zu unterstreichen, daß die aktuelle Möglichkeit des Entlastungsbeweises gemäß § 831 Abs. 1 Satz 2 BGB in Klagen der Produzentenhaftung praktisch keine Bedeutung besitzt (S. 169). Entscheidend für dieses Ergebnis ist, daß entweder das Organisationsverschulden des Herstellers oder eine konkrete Pflichtverletzung – in Form eines Konstruktions-, Fabrikations-, Instruktions- oder Produktbeobachtungsfehler – im Vordergrund steht, unterstützt von einer interessegerechten Verteilung der Beweislast (S. 159 ff.).

9.5.8.2
Kein Entlastungsbeweis im Rahmen von § 1 ProdHaftG

Soweit Schadensersatzansprüche aus der *Produkthaftung* gemäß § 1 ProdHaftG geltend gemacht werden, führt die darin normierte verschuldensunabhängige Einstandspflicht des Herstellers dazu, daß dieser bei einem nach § 3 ProdHaftG zu vertretenden *Produktfehler* nicht in der Lage ist, den Entlastungsbeweis zu führen (Produkthaftungshandbuch/Graf von Westphalen, § 63, Rdnr. 6).

9.6
Die Produzentenhaftung wegen Verletzung eines Schutzgesetzes gemäß § 823 Abs. 2 BGB

§ 823 Abs. 2 BGB bestimmt ganz generell, daß die Schadensersatzhaftung des § 823 Abs. 1 BGB auch denjenigen trifft, „welcher gegen ein den Schutz eines anderen bezweckendes Gesetz verstößt".

9.6.1
Der erforderliche Individualschutz

§ 823 Abs. 2 BGB gilt dem *Individualschutz*, weil es entscheidend darauf ankommt: Nur solche Gesetze sind Schutzgesetze im Sinn dieser Bestimmung, die den Schutz *„eines anderen"* bezwecken. Dies ist dann zu bejahen, wenn das jeweilige Gesetz neben dem Schutz der *Allgemeinheit* gerade auch dazu dient, den einzelnen oder einzelne Personenkreise gegen die Verletzung eines Rechtsguts zu schützen (Palandt/Thomas, § 823 Rdnr. 141). Dabei kommt es nicht auf die Wirkung, sondern auf den *Inhalt* und Zweck des Gesetzes sowie darauf an, ob der Gesetzgeber bei Erlaß des Gesetzes gerade einen Rechtsschutz, wie er wegen der behaupteten Verletzung in Anspruch genommen wird, zugunsten von *Einzelpersonen* oder bestimmten Personenkreisen gewollt oder doch mitgewollt hat (BGH ZIP 1991, 1597, 1598 - zu § 264 a StGB).

Weitere Voraussetzungen im Sinn von § 823 Abs. 2 BGB ist die Feststellung, daß der eingetretene *Schaden* innerhalb des Schutzzwecks des Schutzgesetzes, also: innerhalb des Schutzzwecks der Norm liegt (BGH NJW 1977, 1223, 1225; BGH NJW 1976, 1740).

9.6.2
Das konkrete Schutzgesetz

Im Rahmen der Produzentenhaftung bieten sich zahlreiche Gesetze an, die als Schutzgesetze gemäß § 823 Abs. 2 BGB in Betracht kommen (Übersicht in Produkthaftungshandbuch/Foerste, § 32 Rdnrn. 12 ff.). Zu nennen ist in erster Linie das Arneimittelgesetz (AMG), das Gerätesicherheitsgesetz (GSiG), das FuttermittelG. Die Rechtsentwicklung in diesem Punkt schreitet ständig fort; zurückzuführen ist dies auch maßgeblich auf die Rechtsangleichung innerhalb der EU. Daher ist es *unerläßlich*, im Einzelfall sorgfältig zu prüfen, ob - bezogen auf den Zeitpunkt der aktuellen Handlung/Unterlassung - ein bestimmtes Schutzgesetz in Kraft war, welchen Schutz es bezweckte und ob der geltend gemachte Schaden in den Schutzzweck der Norm fällt: Generelle Antworten verbieten sich; es entscheiden die Umstände des Einzelfalls (vgl. auch die Übersicht bei Palandt/Thomas, § 823 Rdnr. 145 ff.).

9.6.3
Die Verteilung der Beweislast

In der Rechtsprechung des BGH ist anerkannt, daß im Falle der objektiven Verletzung eines Schutzgesetzes der Schädiger in der Regel Umstände darlegt und beweisen muß, die geeignet sind, die Annahme eines Verschuldens *auszuräumen* (BGHZ 51, 91, 103 f.; BGH VersR 1985, 452, 453; BGH ZIP 1992, 410, 414 - Hochzeitsessen). Dies aber gilt nur dann, wenn das Schutzgesetz das geforderte *Verhalten* bereits so konkret umschreibt, daß mit der Verwirklichung des objektiven Tatbestandes der Schluß auf einen subjektiven Schuldvorwurf naheliegt (BGH ZIP 1992, 410, 414 - Hochzeitsessen; Kullmann/Pfister, Produzentenhaftung, Kza. 2014 S. 12 f.). Beschränkt sich hingegen das Schutzgesetz darauf, einen bestimmten *Verletzungserfolg* zu verbieten, so löst die bloße Verwirklichung einer solchen Verbotsnorm noch keine Indizwirkung in bezug auf das Verschulden aus (BGH a.a.O.). Folglich ist exakt danach zu differenzieren, ob das Schutzgesetz eine *Verletzungshandlung* oder einen *Verletzungserfolg* sanktioniert. So ist z. B. im Rahmen von § 8 Lebensmittelgesetz (LMBG) anerkannt, daß diese Vorschrift lediglich verbietet, gesundheitsschädliche Lebensmittel herzustellen und in den Verkehr zu bringen, ohne konkrete Verhaltensanweisungen zu begründen (BGH a.a.O.). Dies bedeutet - bezogen auf Schutzgesetze, welche an den *Verletzungserfolg* anknüpfen -, daß der Geschädigte den vollen Beweis für ein vorsätzliches oder fahrlässiges Außerachtlassen der im Verkehr erforderlichen Sorgfalt erbringen muß (BGH a.a.O.; a.M. teilweise Produkthaftungshandbuch/Foerste, § 34 Rdnr. 7 f.).

10
Die Grundsätze der Arbeitsteiligkeit der Produzentenhaftung

Im Rahmen von Qualitätssicherungsvereinbarungen kommt es entscheidend darauf an, die Grenzlinie zu betrachten, welche dadurch charakterisiert ist, daß eine Delegation der Verkehrssicherungspflichten im Sinn von § 823 Abs. 1 BGB mit der Konsequenz in Betracht kommt, daß der Endhersteller keineswegs für etwaige Pflichtverletzungen des Zulieferanten haftet (Schmidt-Salzer, BB 1979, 1 ff.; Produkthaftungshandbuch/Foerste, § 25 Rdnr. 32 ff.). Vor allem in der Entsorgungs-Entscheidung des BGH sind diese Zusammenhänge beleuchtet worden (BGH NJW 1976, 46 – Entsorgung).

Um die damit zusammenhängenden Einzelkriterien exakt zu analysieren, ist es zunächst erforderlich, die *originären Organisationspflichten* des Herstellers zu beleuchten (S. 173), um sodann die Verkehrssicherungspflichten des Endherstellers/Assemblers (S. 177) und die des *Teileherstellers* (S. 177 f.) näher unter die Lupe zu nehmen. Daran anschließend sind dann die Grundsätze herauszuarbeiten, welche „vertikale" sowie die „horizontale" Arbeitsteilung (S. 179 ff.) näher zu diskutieren (RGRK-BGB/Steffen, BGB, 12. Aufl., § 823 Rdnr. 271; Kullmann/Pfister, Produzentenhaftung, Kza. 3250 S. 3 ff.).

10.1
Originäre Organisationspflicht des Herstellers

Es besteht kein Zweifel an der für alle Qualitätssicherungsvereinbarungen maßgebenden Feststellung: Der Hersteller bzw. die Organe der mit der Produktion befaßten juristischen Person trifft die Pflicht, *persönlich* für die Grundlagen einer Organisation zu sorgen, welche das Risiko von Produktfehlern – soweit möglich und zumutbar – minimiert (im einzelnen Graf von Westphalen, WiR 1972, 67 ff.; Steindorff, AcP 170, 93 ff.; 113 ff.; Produkthaftungshandbuch/Foerste, § 24 Rdnr. 262). Dieser Zusammenhang wird auch von der Rechtsprechung unterstrichen (BGH NJW 1968, 247, 248 f. – Schubstrebe; BGH NJW 1973, 1602, 1603 – Feuerwerkskörper). So ist es eben dem Hersteller als originäre Pflichtverletzung zuzurechnen, wenn er ein Sicherheitsteil von einem Arbeitnehmer magnetisch fluten läßt, der nicht ausreichend ausgebildet ist (BGH NJW 1968, 247 – Schubstrebe). In gleicher Weise ist es dem Hersteller – unter Berücksichtigung der ihm obliegenden Beweislast (S. 163 ff.) – zuzurechnen, wenn er nicht in der Lage ist, den Nachweis zu erbringen, welcher Mitarbeiter einen konkreten Produktfehler an einem Feuerwerkskörper verursacht hat, obwohl der Produktionsprozeß automatisiert war (BGH NJW 1973, 1602 – Feuerwerkskörper).

10.1.1
Die erforderliche Konkretisierung – Abgrenzung

In der Rechtsprechung wird teilweise verlangt, daß eine juristische Person für Bereiche ihres Betriebs oder ihrer Verwaltung, welche das berufene Organ nicht vollständig überschauen kann, einen *verfassungsmäßig berufenen Vertreter* bestellt (BGHZ 24, 200, 213; BGH NJW 1963, 902 f.). Folgt man dieser These, so bedeutet sie: Etwaige Pflichtverletzungen einzelner Gruppenleiter/Abteilungsleiter etc. sind dann dem Betriebsinhaber unmittelbar gemäß § 31 BGB zuzurechnen; eine Entlastungsmöglichkeit besteht nicht. Sinn und Zweck einer solchen Argumentationskette ist es, dem Geschädigten einen finanzkräftigen Schuldner zu sichern (RGZ 89, 136, 138). Ob man in der Tat soweit gehen kann, erscheint zweifelhaft, weil die Verkehrssicherungspflicht des § 823 Abs. 1 BGB lediglich zum Ziel hat, den Hersteller zu verpflichten, fehlerfreie Produkte in den Verkehr zu bringen. Sie verpflichtet ihn aber nicht notwendigerweise, die Herstellung in einer betrieblichen Einheit zu verselbständigen und diese einen satzungsmäßig berufenen Leiter – mit der Haftungskonsequenz des § 31 BGB – zu unterstellen (Produkthaftungshandbuch/Foerste, § 24 Rdnr. 264; MünchKomm./Reuter, BGB, 2. Aufl., § 31 Rdnr. 4).

Indessen kann es offenbleiben, ob das Deliktsrecht berechtigterweise einen so weitreichenden Zweck verfolgen kann. Entscheidend ist nämlich die Erkenntnis: Da der Hersteller gemäß § 823 Abs. 1 BGB verpflichtet ist, *fehlerfreie* Produkte – soweit möglich und zumutbar – in den Verkehr zu bringen, um Schädigungen der Rechtsgüter Dritter an Leib, Leben, Gesundheit und Eigentum zu verhindern, kommt alles entscheidend darauf an, ob der Hersteller diese Verpflichtung erfüllt und insoweit alle organisatorischen Voraussetzungen schafft. Dies kann auch die Verpflichtung einschließen, bestimmte risikoanfällige oder sicherheitsrelevante Produkte in abgetrennten Einheiten/Abteilungen herzustellen und diese dann auch der Aufsicht eines verfassungsmäßig berufenen Vertreters im Sinn von § 31 BGB unterzuordnen. Ob und inwieweit eine solche Verpflichtung deliktsrechtlich geschuldet wird, entscheidet sich also letzten Endes aufgrund der *Sicherheitserwartung* des Verbrauchers (S. 139).

Die im Rahmen von § 831 Abs. 1 Satz 2 BGB geschuldete Verpflichtung des Herstellers, die von ihm eingeschalteten Verrichtungsgehilfen ordnungsgemäß *auszuwählen* und ordnungsgemäß zu *überwachen*, zählt *nicht* zu den originären Organisationspflichten im Sinn von § 823 Abs. 1 BGB (Graf von Westphalen, WiR 1972, 67, 81 ff.). Systematisch erklärt sich dies durch den simplen Befund, daß die Auswahl- und Überwachungspflicht Teil des Entlastungsbeweises des § 831 Abs. 1 Satz 2 BGB, nicht aber Teil der – vorgeschalteten – originären Organisationspflicht des Herstellers gemäß § 823 Abs. 1 BGB ist (vgl. auch Produkthaftungshandbuch/Foerste, § 24 Rdnr. 265).

Tatsächlich ist die originäre Organisationsverantwortlichkeit des Herstellers nur bedingt von den einzelnen Verkehrssicherungspflichten im Sinn von § 823 Abs. 1 BGB abzugrenzen, welche – wie dargelegt – durch die Konstruktion, Fabrikation, Instruktion, Produktbeobachtung und die Vorsorge für den Katastrophenfall, nämlich den Rückruf eines fehlerhaften Produkts ohnehin bestehen. Diese sind in ihrer Struktur abhängig von der *Gefährlichkeit* des jeweils herzustellenden Produkts. Will man insoweit eine *Differenzierung* vornehmen, so läßt sich sagen: Die originäre Organisationspflicht des Herstellers ist das *Fundament*, auf dem alle weiteren Verkehrssicherungspflichten. So gesehen sind *Qualitätssicherungsvereinbarungen* allemal Teil der originären Organisationspflicht des Herstellers, einschließlich des „Risk Management“ sowie des „Quality-Management“ und des „Quality-Control“ (vgl. auch Frese/von Werder/Klinkenberg, DB 1988, 2369 ff.).

Für die Erfüllung dieser originären Organisationspflichten gibt es freilich *kein Einheitskonzept*. Auch soweit ein Hersteller gemäß ISO 9000 ff. zertifiziert ist, bleiben beträchtliche Unterschiede bestehen. In jedem Fall ist der Hersteller im Rahmen der ihm obliegenden *Beweislast* verpflichtet, nachzuweisen, daß er alle erforderlichen und ihm zumutbaren organisatorischen Maßnahmen zur Vermeidung von Produktfehlern getroffen hat (S. 168 f.).

10.1.2
Die allgemeine Oberaufsicht

Der Hersteller schuldet innerhalb seines Betriebes die allgemeine Oberaufsicht (BGH NJW 1968, 247, 248 – Schubstrebe; BGH VersR 1978, 722, 723 – Kfz-Reparatur). Diese Verpflichtung bezieht sich zum einen auf den Einsatz des Personals, zum anderen auf den Einsatz von Maschinen und Anlagen.

10.1.2.1
Betreffend das Personal

Geht man davon aus, daß die Ausweis- und Überwachungspflicht der vom Hersteller eingesetzten Mitarbeiter – der Verrichtungsgehilfen – aus § 831 Abs. 1 BGB resultiert, so ergibt sich – im Rahmen der originären Organisationsverpflichtung des § 823 Abs. 1 BGB –, daß der Hersteller verpflichtet ist, hinreichend viele und spezialisierte Arbeitsplätze bereitzustellen (Produkthaftungshandbuch/Foerste, § 24 Rdnr. 72). Je verantwortungsvoller und belastender eine Tätigkeit ist, um so mehr muß der Hersteller dafür Sorge tragen, daß ausreichende Erholungspausen eingelegt werden, daß insbesondere auch das Personal rechtzeitig abgelöst wird, und daß im Urlaubs- oder Krankheitsfall *ausreichend geschulte Ersatzkräfte* bereitstehen (grundlegend BGH NJW 1968, 247, 248 f. – Schubstrebe). So ist z. B. der Hersteller eines Mineralwasser-Abfüllbetriebes verpflichtet, den Arbeitsablauf so zu organisieren, daß nicht eine Arbeiterin verpflichtet ist, die gefüllten Flaschen – etwa 2.500 Flaschen in der Stunde – auf Füllhöhe und Sauberkeit zu kontrollieren, obwohl der „Hintergrund“ in weißliches Licht getaucht und für eine rechtzeitige Ablösung nicht gesorgt war, so daß es zu – vermeidbaren – Übermüdungen kam (LG Hanau VersR 1955, 785 – Mineralwasserflasche).

Hierzu zählt auch die Verpflichtung des Herstellers, das von ihm eingesetzte Personal auf *denkbare Gefahrenquellen* aufmerksam zu machen und sie allgemein anzuhalten, risikobewußt und eigenverantwortlich zu handeln (BGH VersR 1972, 953 f. – Propangas/Qualitätsprüfung; BGH VersR 1978, 722, 723 – Kfz-Reparatur/Montageanweisungen). Dabei ist darauf hinzuweisen, welche Konsequenzen ein *Fehlverhalten* haben kann und welche Fehler jeweils zu vermeiden sind, um die Produktsicherheit zu optimieren. Eine besondere Verantwortung obliegt dem Hersteller, soweit das eingesetzte Personal für die *Qualitätskontrolle* zuständig ist. Hier kommt es auch entscheidend darauf an, inwieweit dem Leiter der Qualitätskontrolle *Weisungsrechte* gegenüber dem Betrieb und dem Vertrieb zustehen, um auf diese Weise eigenverantwortlich und selbständig entscheiden zu können, welche Maßnahmen erforderlich sind, um festgestellte Qualitätsdefizite einzelner Produkte auszumerzen (vgl. Produkthaftungshandbuch/Foerste, § 24 Rdnr. 277). Auch das gesamte *Dokumentationswesen* ist Teil der originären Organisationspflicht des Herstellers, einschließlich der Maßnahme, welches das technische *Sicherheitswissen* vermittelt und auch gewährleistet, daß Grundkenntnisse über die Risiken der Produzentenhaftung/Produkthaftung vorhanden sind.

Im *Mittelpunkt* steht die Festlegung von Verantwortungsbereichen einschließlich der Sicherstellung eines nahtlosen Informationsflusses zwischen den einzelnen Abteilungen: Kompetenzen müssen klar strukturiert und gegliedert sein; Überschneidungen sind, soweit möglich, zu vermeiden. Ausgerichtet an dem jeweiligen neuesten Stand von Wissenschaft und Technik ist das *Know-how* des Personals ständig zu optimieren.

10.1.2.2
Betreffend die Ausstattung von Maschinen/Anlagen

Unter Berücksichtigung des neuesten Standes von Wissenschaft und Technik ist der Hersteller verpflichtet, dafür Sorge zu tragen, daß der von ihm eingesetzte *Maschinenpark* - Produktionsmittel, Mess- und Kontrollgeräte etc. - auf dem neuesten Stand sind, so daß - soweit möglich und zumutbar - Produktfehler vermieden werden. Soweit hier ein Defizit vorliegt, handelt es sich um ein originäres Organisationsverschulden des Herstellers im Sinn von § 823 Abs. 1 BGB.

10.1.3
Die Organisationsverantwortung – der zumutbare Aufwand

Soweit in personeller oder sachlicher Hinsicht eine organisatorische Verantwortlichkeit des Herstellers im Sinn von § 823 Abs. 1 BGB auszumachen ist, steht der *Rechtsgüterschutz* Dritter im Zentrum der zu erfüllenden Pflicht. Es geht darum, soweit möglich und zumutbar fehlerfreie Produkte in den Verkehr zu bringen, um Personen- oder Sachschäden Dritter zu vermeiden. Dies wirf erneut die Frage auf, ob der Hersteller berechtigt ist, unter Berücksichtigung betriebswirtschaftlicher Erwägungen, insbesondere des insoweit erforderlichen Aufwands Maßnahmen zu unterlassen, die – unter Berücksichtigung der dargestellten Grundsätze der Organisationspflicht – geboten sind. Dies ist grundsätzlich zu verneinen: Unter Berücksichtigung betriebswirtschaftlicher Kategorien gibt es kein Privileg, die durch § 823 Abs. 1 BGB geschützten Rechtsgüter Dritter dadurch zu verletzen, daß fehlerhafte Produkte in den Verkehr gebracht werden. Unter Berücksichtigung der verschuldensunabhängigen Produkthaftung des § 1 ProdHaftG ist dies ohnehin eine blanke *Selbstverständlichkeit.*

Natürlich führt diese Sicht zu einer tendenziellen Bevorzugung von Großbetrieben: Sie sind leichter in der Lage, die erforderlichen personellen und finanziellen Ressourcen zur Verfügung zu stellen, um die nach § 823 Abs. 1 BGB geschuldeten Organisationspflichten ordnungsgemäß zu erfüllen. Doch wenn ein kleineres oder ein mittelständisches Unternehmen das *gleiche Produkt* in den Verkehr bringt, so differenziert die Sicherheitserwartung des Verbrauchers nicht danach, ob das Produkt von einem größeren oder einem kleineren Unternehmen hergestellt worden ist; entscheidend ist allein, daß die Sicherheitserwartung dahin geht, nicht in den Rechtsgütern Leib, Leben, Gesundheit oder Eigentum durch ein fehlerhaftes Produkt verletzt zu werden (BGH ZIP 1990, 516, 517 - Pferdebox). Notfalls ist daher der Vertrieb eines fehlerhaften Produkts einzustellen (BGH ZIP 1994, 213, 217 - Gewindeschneidemittel). Im Extremfall kann dies auch bedeuten, daß die Produktion eines Produkts insgesamt einzustellen ist, wenn eine Fehlerfreiheit nicht gewährleistet werden kann, obwohl diese nach dem neuesten Stand von Wissenschaft und Technik möglich ist.

10.2 Die Haftungsadressaten

10.2.1 Der Endhersteller

Die organisatorische Verantwortlichkeit nach § 823 Abs. 1 BGB, insbesondere die Erfüllung der danach geschuldeten Verkehrssicherungspflichten obliegt nicht nur dem Endhersteller, sondern auch dem *Teilehersteller* (BGH NJW 1968, 247 - Schubstrebe). Aus § 4 Abs. 1 ProdHaftG folgt die gleiche Erkenntnis: Neben dem Hersteller des Gesamtprodukts ist auch der Teilehersteller gegenüber dem Geschädigten verantwortlich, sofern das von ihm hergestellte Teil fehlerhaft im Sinn von § 3 ProdHaftG war.

10.2.2 Der Teilehersteller

Nachdem zuvor im einzelnen die verschiedenen Pflichten dargestellt worden sind, welche für den „Hersteller" gelten (S. 173 ff.), ist nunmehr zu unterstreichen, daß der Teilehersteller eine eigene konstruktions- und fabrikationstechnische Verantwortlichkeit wahrzunehmen verpflichtet ist. Doch ergibt sich insoweit eine wesentliche *Einschränkung*: Während das Endprodukt allemal für den Produktbenutzer/Endverbraucher bestimmt ist, so daß von der dort herrschenden *Sicherheitserwartung* (S. 139 ff.) auszugehen ist, gilt dies nicht für die Konstruktions- und Fabrikationspflichten des Zulieferanten. Diese werden durch die Sicherheitserwartungen des *spezifischen Abnehmerkreises* bestimmt (Produkthaftungshandbuch/Foerste, § 25 Rdnr. 73; Rdnr. 78). Das gleiche gilt erst recht für den Bereich der *Instruktionshaftung*, weil es hier entscheidend darauf ankommt, ob der Zulieferant Kenntnis von dem spezifischen Verwendungszweck des Teilprodukts als integrierte Einheit des Endprodukts hatte und ob er wußte, welche weiteren Risiken daraus gegebenenfalls resultieren können (Kullmann/Pfister, Produzentenhaftung, Kza. 3250 S. 4 bei Fn. 15). Auch wird man nicht umhin können, den Zulieferanten nach § 823 Abs. 1 BGB zu verpflichten, etwaige *Warn- oder Rückrufaktionen* durchzuführen, sofern ein ihm zuzurechnender Produktfehler hierfür Veranlassung gegeben hat (Kullmann/Pfister, Produzentenhaftung, Kza. 3250 S. 4 f.; Link, BB 1985, 1424, 1426 f.; einschränkend: Produkthaftungshandbuch/Foerste, § 25 Rdnr. 91 - betreffend Rückruf; a.M. Diederichsen, DAR 1976, 312, 316; Löwe, DAR 1978, 288, 289 f.; Graf von Westphalen, CR 1990, 567,

573 f.). Nachdem der BGH in seiner Gewindeschneidemittel-Entscheidung eine passive Produktbeobachtungspflicht auch für den Alleinhändler/Importeur – der Hersteller domizilierte in Belgien – verankert hat, wird man kaum daran zweifeln dürfen, daß auch der Zulieferant gemäß § 823 Abs. 1 BGB zur Produktbeobachtung und notfalls auch zu einem Produktrückruf verpflichtet ist (vgl. BGH ZIP 1994, 213 – Gewindeschneidemittel).

Zwischen den Organisations- und Verkehrssicherungspflichten des End- und denen des Teileherstellers besteht also kein systematischer Unterschied. Bezogen auf die *Produkthaftung* gemäß §§ 1, 4 Abs. 1 ProdHaftG gilt dies ohnehin für alle Kategorien der Produktfehler, die im Zeitpunkt des Inverkehrbringens des (fehlerhaften) Produkts vorlagen.

10.2.3
Der Quasi-Hersteller

Unter „Quasi-Hersteller" wird der Hersteller verstanden, der das jeweilige Produkt selbst nicht herstellt, sich aber nach außen – sei es durch Anbringen des Logo, des Warenzeichens oder eines sonstigen Erkennungszeichens – mit dem Produkt identifiziert, so daß der Produktbenutzer davon ausgeht, der „Quasi-Hersteller" sei in Wirklichkeit der Hersteller des Produkts. Nach der Rechtsprechung des BGH haftet der „Quasi-Hersteller" nicht wie der Hersteller gemäß § 823 Abs. 1 BGB (BGH VersR 1977, 839 – Autokran; BGH NJW 1980, 1219 – Klapprad). Allein der Umstand, daß der „Quasi-Hersteller" an einem fremdhergestellten Produkt sein Erkennungszeichen anbringt, ist nicht gleichbedeutend mit der Feststellung, daß ihn die herstellerspezifischen Verkehrssicherungspflichten im Sinn des § 823 Abs. 1 BGB treffen (Produkthaftungshandbuch/Foerste, § 25 Rdnr. 17). Ist nämlich dieses Produkt nicht ausreichend sicher, insbesondere ist es *fehlerhaft*, so besteht dieser Umstand unabhängig davon, ob der „Quasi-Hersteller" sein Erkennungszeichen dem Produkt beigibt oder nicht.

Etwas *anderes* gilt jedoch im Rahmen von § 4 Abs. 1 ProdHaftG: Danach haftet der „Quasi-Hersteller" wie ein Hersteller, und zwar allein deswegen, weil er sich – für den Produktbenutzer nach außen erkennbar – mit dem von ihm vertriebenen Produkt *identifiziert.*

10.2.4
Der Händler

Es liegt auf der Hand, daß ein Händler, der lediglich ein fremdes Produkt vertreibt, keine uneingeschränkten Verkehrssicherungspflichten im Sinn von § 823 Abs. 1 BGB erfüllen muß: Für irgendwelche Fehler des Produkts, die ihre Ursache in der Herrschafts- und Organisationssphäre des Herstellers haben, haftet daher der Händler nicht. Etwas anderes kann sich jedoch aus den besonderen Umständen des Einzelfalls ergeben, soweit die *Produktbeobachtungspflicht* in Rede steht (BGH ZIP 1994, 213 – Gewindeschneidemittel). Ist z. B. der Händler – gleiches gilt auch für den „Quasi-Hersteller" – mit dem *Alleinvertrieb* eines Produkts betraut, so kann es durchaus sein, daß er dann – im Verhältnis zum Hersteller – „näher daran" ist, die Pflichten zu erfüllen, die als „passive" Produktbeobachtungspflichten in der Rechtsprechung normiert worden sind (S. 152 ff.). Dies ist jedenfalls dann auch im Hinblick auf die Pflichten der aktiven Produktbeobachtung (S. 153) zu bejahen, wenn sich der Hersteller - gleichgültig, aus welchen Gründen - weigert, die nach § 823 Abs. 1 BGB geschuldeten Produktbeobachtungspflichten zu erfüllen (BGH ZIP 1994, 213 - Gewindeschneidemittel).

Gemäß § 4 Abs. 2 ProdHaftG haftet der Händler als *Verkäufer* dann wie der Hersteller, sofern er nicht in der Lage ist, dem geschädigten Kunden innerhalb eines Monats bekanntzugeben, von wem er das schädigende Produkt bezogen hat (Produkthaftungshandbuch/Graf von Westphalen, § 60 Rdnr. 49).

10.2.5
Der Mitarbeiter

Nach der Rechtsprechung des BGH ist der Endhersteller, der Teilehersteller sowie der handelnde Mitarbeiter *persönlich* für die von ihm zu erfüllenden Verkehrssicherungspflichten im Sinn von § 823 Abs. 1 BGB verantwortlich. Selbstverständlich schließt dies ein, daß der jeweilige, vom Geschädigten in Anspruch genommene Mitarbeiter die *Organisationsverantwortung* dafür hat, daß ein Produktfehler entstanden ist (BGH ZIP 1992, 410 - Hochzeitsessen). Konkret bedeutet dies: Die von der Rechtsprechung des BGH entwickelten Grundsätze der *Beweiserleichterung* (S. 159 ff.) sind folglich auch auf die persönliche Haftung des jeweiligen Mitarbeiters anwendbar; insbesondere gilt die Umkehr der Beweislast im Rahmen des Verschuldens. Von dieser Haftungsfigur, welche im Rahmen des ProdHaftG keine Entsprechung findet, werden insbesondere Betriebsleiter, Qualitätssicherungsleiter, Leiter der Entwicklungsabteilung, aber auch solche Mitarbeiter minderer Verantwortung erfaßt, sofern sie jedenfalls für ihren Bereich die *organisatorische Verantwortung* haben (BGH BB 1975, 1031 - Spannkupplung mit Anm. von Schmidt-Salzer und Graf von Westphalen).

10.3
Die Grundsätze der vertikalen Arbeitsteilung

10.3.1
Die Abklärung des Begriffs

Die aus § 823 Abs. 1 BGB abzuleitenden Verkehrssicherungspflichten sind grundsätzlich delegierbar. Es ist also deliktsrechtlich *unbedenklich*, wenn der Endhersteller einen Teilehersteller einschaltet, damit dieser bestimmte Teilprodukte ganz oder teilweise herstellt (Schmidt-Salzer, BB 1979, 1 ff.; Produkthaftungshandbuch/Foerste, § 25 Rdnr. 32 ff.). Nach der von Steffen (RGRK-BGB/Steffen, 12. Aufl., § 823 Rdnr. 271) entwickelten Terminologie liegt eine „vertikale" Arbeitsteilung immer dann vor, wenn bei der Herstellung eines Endprodukts Werkstoffe als Halbfertigwaren oder als Einzelteile bzw. komplette Bauteile von einem Lieferanten bezogen und von dem Hersteller des Endprodukts verwendet werden (Kullmann/Pfister, Produzentenhaftung, Kza. 3250 S. 3 ff.). Auch bei einer „vertikalen" Arbeitsteilung bleibt es bei dem Grundsatz, daß sowohl der Teilehersteller als auch der Endhersteller für das jeweilige Teil- bzw. Endprodukt im Rahmen der Verkehrssicherungspflicht gemäß § 823 Abs. 1 BGB verantwortlich sind. Folglich ist der Teilehersteller in konstruktiver und fertigungstechnischer Hinsicht verpflichtet, das von ihm zugelieferte Produkt so zu gestalten, daß derjenige Sicherheitsgrad erreicht wird, der in dem Verwendungsbereich dieses Teilprodukts allgemein für erforderlich angesehen wird (BGH VersR 1972, 559 – Förderkorb; Kullmann/Pfister a.a.O., S. 4 f.).

10.3.2 Die weitere Haftung des Endherstellers

Bei der „vertikalen" Arbeitsteilung steht fest, daß der Endhersteller/Assembler schon im Rahmen der Konstruktion dafür zu sorgen hat, daß das von ihm selbst nicht hergestellte Teilprodukt so ausgelegt und konstruiert ist, daß es alle Funktionen erfüllen kann, welche letzten Endes auch vom Endprodukt erfüllt werden müssen (Steinmann, Qualitätssicherungsvereinbarungen zwischen Endprodukthersteller und Zulieferant, S. 68 f.). Folglich hat der Endhersteller/Assembler für die *richtige Spezifikation* des Teilprodukts Sorge zu tragen: Er muß das vom Teilehersteller herzustellende Produkt so exakt beschreiben und die *sicherheitsrelevanten Zielvorgaben* spezifizieren, daß der Teilehersteller ohne weiteres in der Lage ist, ein sicheres Teilprodukt herzustellen (OLG Frankfurt VersR 1990, 981 – Industriefilter; Produkthaftungshandbuch/Foerste, § 25 Rdnr. 38). Demzufolge ist der Endhersteller/Assembler verpflichtet, ein *detailliertes Pflichtenheft* zu erstellen (Steinmann, Qualitätssicherungsvereinbarungen, S. 69). Umgekehrt ist der Endhersteller/Assembler verpflichtet, alle *Produktinformationen* des Teileherstellers exakt zu beachten. Dies gilt insbesondere für etwaige Warn- und Verwendungshinweise (Kullmann/Pfister, Produzentenhaftung, Kza. 3250 S. 8).

Soweit der Teilehersteller die *fabrikationstechnische Verantwortung* übernimmt – er handelt dann praktisch als „verlängerte Werkbank des Endherstellers" – ist der Endhersteller verpflichtet, sich durch ausreichende *Produktkontrollen* davon zu überzeugen, daß die einzelnen Lieferungen der fremdproduzierten Teile auch die Eigenschaften aufweisen, die den der Auftragserteilung zugrunde gelegten Spezifikationen entsprechen. Dabei hat er den neuesten Stand von Wissenschaft und Technik zu beachten (Produkthaftungshandbuch/Foerste, § 25 Rdnr. 40). In welcher Weise der Endhersteller/Assembler die erforderlichen Kontrollen durchführt, bleibt seiner Entscheidung überlassen. Fest steht jedenfalls, daß er diese Kontrollen mit der gleichen Gründlichkeit durchführen muß, die geboten wäre, wenn er selbst als Endhersteller das Teilprodukt herstellen und in den Verkehr bringen würde (Steinmann, Qualitätssicherungsvereinbarungen, S. 69). Ob in diesem Zusammenhang eine einfache *Wareneingangskontrolle* gemäß §§ 377, 378 HGB ausreicht, läßt sich nicht generell sagen, ist aber im Zweifelsfall zu verneinen. Dies hängt mit einer doppelten Erkenntnis zusammen: Die vom Endhersteller geschuldeten Pflichten im Rahmen der Wareneingangskontrolle gemäß §§ 377, 378 HGB dienen dem Schutz des Teileherstellers/Lieferanten, weil dieser durch die unverzügliche Mängelrüge davon in Kenntnis gesetzt werden soll, ob er mit Gewährleistungsansprüchen oder sonstigen Beanstandungen zu rechnen hat (S. 193 f.). Demgegenüber dienen die *Verkehrssicherungspflichten* des § 823 Abs. 1 BGB dem Schutz der Rechtsgüter Dritter. Hinzu kommt: Soweit der Endhersteller/Assembler im Rahmen der „vertikalen" Arbeitsteilung Verkehrssicherungspflichten an den Teilehersteller delegiert, muß im praktischen Endergebnis sichergestellt sein, daß das Endprodukt genauso sicher hergestellt wird, wie wenn es der Endhersteller/Assembler selbst herstellen würde; irgendwelche *Sicherheitsdefizite* dürfen also aufgrund der Delegation der Verkehrssicherungspflichten nicht entstehen.

Dies bedeutet konkret: Der Endhersteller darf keine Teile verwenden, von deren mangelfreier Beschaffenheit er selbst nicht überzeugt ist (vgl. BGH VersR 1960, 855, 856 – Kondenstopf). Wichtig ist in diesem Zusammenhang, daß das OLG Köln (OLG Köln NJW-RR 1990, 414) die Auffassung vertreten hat, ein Endhersteller/Assembler, der zugelieferte Teile verwendet, genüge grundsätzlich seinen Verkehrssicherungspflichten im Sinn von § 823 Abs. 1 BGB, wenn er entweder die Güte des Materials oder die Verläßlichkeit des Teileherstellers prüft, was insbesondere dann gelte, wenn zwischen beiden Parteien eine *langjährige* Geschäftsverbindung bestand. Ob dieser Aussage in dieser Allgemeinheit zu folgen ist, ist nach der Auffassung von Kullmann, dem zuständigen Richter am BGH, zweifelhaft (Kullmann, NJW 1991, 675, 679). In dem entschiedenen Fall war der Endhersteller/Assembler – so die Interpretation von Kullmann – nur deswegen von der Überprüfung der zugelieferten Teile befreit, weil es ihm nicht möglich und nicht zumutbar war, sie einer ordnungsgemäßen Prüfung zu unterziehen, und weil der Endhersteller/Assembler die Produkte von einem als zuverlässig bekannten Teilehersteller bezogen hatte, dessen Verläßlichkeit er – während der Dauer der Geschäftsverbindung – geprüft hatte.

10.3.3
Die Instruktions- und Produktbeobachtungspflicht

Es ist allgemein anerkannt, daß der Endhersteller/Assembler auch verpflichtet ist, vor den Gefahren zu *warnen*, die auf das zugelieferte Teilprodukt zurückgehen (Produkthaftungshandbuch/Foerste, § 25 Rdnr. 42). Gegenüber der generellen Instruktionspflicht bestehen hier keine Ausnahmen oder Besonderheiten (S. 147 ff.). Ob das in gleicher Weise gilt, d. h. daß der Endhersteller/Assembler zur Beobachtung des von ihm in den Verkehr gebrachten Endprodukts auch insoweit verpflichtet ist, als die sichere Funktion des zugelieferten Teilprodukts in Rede steht, ist offen, aber wohl zu bejahen. Dies gilt uneingeschränkt, soweit der Produktfehler in seinen Verantwortungsbereich fällt (Produkthaftungshandbuch/Foerste, § 25 Rdnr. 43). Soweit jedoch der Rückruf deswegen erforderlich ist, weil das zugelieferte Teilprodukt fehlerhaft ist, reicht es für gewöhnlich aus, wenn der Endhersteller/Assembler den Teilehersteller auffordert, eine entsprechende Rückrufaktion selbst durchzuführen (Steinmann, Qualitätssicherungsvereinbarungen, S. 71). Soweit der Endhersteller/Assembler gleichwohl die Rückrufaktion durchführt, hat er gegenüber dem Teilehersteller einen *Aufwendungserstattungsanspruch* aus den Grundsätzen der Geschäftsführung ohne Auftrag gemäß §§ 670, 675, 683 BGB. Dies gilt natürlich nur insoweit, als nicht der Endhersteller/Assembler selbst eine Verkehrssicherungspflicht im Sinn des § 823 Abs. 1 BGB mißachtet hat: Trifft dies zu, dann besorgt der Endhersteller/Assembler ein *eigenes* Geschäft, so daß Ansprüche aus der Geschäftsführung ohne Auftrag grundsätzlich ausscheiden.

10.3.4
Die eigenen Verkehrssicherungspflichten des Endherstellers/Assemblers

Bezogen auf den Teilehersteller sowie auf das von diesem zugelieferte Teilprodukt bleiben bei der „vertikalen“ Arbeitsteilung *wesentliche Pflichten* beim Endhersteller/Assembler. Ob auch diese ganz oder teilweise auf den Teilehersteller im Rahmen einer Qualitätssicherungsvereinbarung delegiert werden, hängt von dem Inhalt der jeweils getroffenen Vereinbarung ab. Dabei ist scharf zu trennen: Die Verkehrssicherungspflichten des § 823 Abs. 1 BGB sind grundsätzlich auf Dritte delegierbar. Zur Konsequenz hat dies, daß dann eine Eigenhaftung des Endherstellers/Assemblers deswegen ausscheidet, weil ihm eine Pflichtverletzung nicht anzulasten ist. Es gilt hier der allgemeine Grundsatz, daß Haftungen immer das Ergebnis von Pflichtendefiziten sind. Je größer also die Pflichten sind, welche der Teilehersteller zu erfüllen hat, um so höher ist auch das auf ihm ruhende Haftungsrisiko. Im „optimalen" Ergebnis ist es dann so, daß der geschädigte Dritte *ausschließlich* einen Schadensersatzanspruch gemäß § 823 Abs. 1 BGB gegenüber dem Teilehersteller, nicht aber gegenüber dem Endhersteller/Assembler hat, sofern natürlich der Geschädigte den Nachweis erbringt, daß der erlittene Schaden auf einem Fehler des Teilprodukts beruht. Ob eine derartige massive Überwälzung der Verkehrssicherungspflichten auf den Teilehersteller im Rahmen von Qualitätssicherungsvereinbarungen gemäß § 9 Abs. 1 AGB-Gesetz *wirksam* ist, ist eine von der Delegation der Verkehrssicherungspflichten losgelöste Frage und wird gesondert behandelt (S. 195 ff.).

10.3.4.1
Die Auswahl des Teileherstellers

Der Endhersteller/Assembler darf sich nur solcher Teilehersteller bedienen, die die Gewähr in technischer Hinsicht dafür bieten, daß die von ihnen hergestellten Teilprodukte nach dem neuesten Stand von Wissenschaft und Technik die erforderliche Sicherheit bieten. Dies setzt voraus, daß der Teilehersteller über das erforderliche sicherheitsrelevante Know-how verfügt und ordnungsgemäß – sowohl in personeller als auch in sachlicher Hinsicht – organisiert ist (Produkthaftungshandbuch/Foerste, § 25 Rdnr. 47). Dabei kommt es stets entscheidend darauf an, ob der Teilehersteller für das dem Endhersteller/Assembler gewünschte Teilprodukt die erforderliche fachliche/persönliche Eignung besitzt. Soweit die Entscheidung für einen bestimmten Teilehersteller lediglich deswegen gefallen ist, weil er das Teilprodukt besonders preisgünstig anbietet, können schon aus diesem Grund berechtigte Zweifel bestehen, ob der Endhersteller/Assembler die insoweit erforderliche Verkehrssicherungspflicht gemäß § 823 Abs. 1 BGB ordnungsgemäß erfüllt hat. Für die Praxis ist es also notwendig, daß der Endhersteller/Assembler detaillierte *Lieferantenbewertungen* erstellt und diese im Rahmen der Qualitätssicherungsvereinbarungen ständig auf dem laufenden hält.

10.3.4.2
Die technisch-vertragliche Einbindung

Es wurde bereits kurz betont (S. 180 f.), daß der Endhersteller/Assembler im Rahmen des § 823 Abs. 1 BGB verpflichtet ist, dem Teilehersteller alle erforderlichen Informationen zu geben, damit dieser das Teilprodukt in der erforderlichen Sicherheit herstellen und damit die Funktion des Endprodukts gewährleisten kann. Der Teilehersteller muß also möglichst umfassend über die Konzeption des Endprodukts unterrichtet sein und häufig wird es sich nicht vermeiden lassen, daß *Betriebsgeheimnisse* und *geheimhaltungsbedürftiges* Know-how des Endherstellers/Assemblers dem

Teilehersteller überlassen wird. Soweit dieser bereit ist, eine übliche *Geheimhaltungsvereinbarung* abzuschließen, bestehen insoweit keine Bedenken und jedenfalls ist zu unterstreichen, daß der Endhersteller/Assembler nicht berechtigt ist, sicherheitsrelevante Informationen dem Teilehersteller deswegen vorzuenthalten, weil er fürchtet, dieser werde Geheimhaltungsvereinbarungen verletzen und ihm Konkurrenz machen. Soweit Anlaß zu solchen Befürchtungen besteht, ist es in der Tat zweifelhaft, ob die technisch-fachliche Zuverlässigkeit des Teileherstellers gegeben ist – mit der Konsequenz, daß dann möglicherweise schon auf dieser Ebene eine Pflichtverletzung des Endherstellers/Assemblers vorliegt: Er hat dann den „falschen" Teilehersteller ausgewählt.

10.3.4.3
Die Kontrollpflichten

Der Endhersteller darf Teilprodukte, welche er von einem Teilehersteller bezogen hat, nur dann im Endprodukt verwenden, wenn er sich in umfassender Weise von der Sicherheit des Teilprodukts überzeugt hat (Produkthaftungshandbuch/Foerste, § 25 Rdnr. 45). Deliktsrechtlich hat der Endhersteller/Assembler diese Kontrolle in gleicher Weise und mit der gleichen Gründlichkeit durchzuführen, die geboten wäre, wenn der Endhersteller/Assembler das Teilprodukt selbst hergestellt hätte. Anders gewendet: Die Summe der Herstell- und Kontrollpflichten ist stets gleich; sie besteht unabhängig davon, ob der Endhersteller/Assembler die fabrikationstechnische Verantwortlichkeit auf den Teilehersteller verlagert.

Ob es gemäß § 9 Abs. 1 AGB-Gesetz wirksam ist, daß der Endhersteller/Assembler die gemäß §§ 377, 378 HGB geschuldete Wareneingangskontrolle und die Eigenkontrolle des Teilprodukts *insgesamt* auf den Teilehersteller verlagert, soll gesondert untersucht werden (S. 195 ff.). Entscheidend ist hier zunächst: Deliktsrechtlich bestehen keine Bedenken, daß der Endhersteller/Teilehersteller Kontrollpflichten auf den Teilehersteller verlagert und deshalb keine eigenen Verkehrssicherungspflichten mehr erfüllt. Fraglich ist allein, ob aus dieser Pflichtenverlagerung – und der daraus entstehenden weitreichenden Haftung des Teileherstellers – eine unangemessene Benachteiligung im Sinn von § 9 Abs. 1 AGB-Gesetz resultiert. Indessen handelte es sich hierbei nicht um ein punktuelles Problem, sondern um eine Frage, die lediglich bei einer *Gesamtwürdigung* von Qualitätssicherungsvereinbarungen beantwortet werden kann.

10.3.4.4
Die Liquiditätsgarantie

Wenn deliktsrechtlich die Delegation der Verkehrssicherungspflichten auf den Teilehersteller unbedenklich ist, so bedingt dies, daß der Geschädigte lediglich einen Schadensersatzanspruch gegenüber dem Teilehersteller, nicht aber gegenüber dem Endhersteller/Assembler hat. Daraus folgt, daß der Endhersteller/Assembler *verpflichtet* ist, durch eine vertragliche Vereinbarung mit dem Teilehersteller dafür zu sorgen, daß dieser über einen ausreichenden *Deckungsschutz* im Rahmen seiner Haftpflicht- bzw. Produkthaftpflicht-Versicherung verfügt (Kullmann/Pfister, Produzentenhaftung, Kza. 32550 S. 14; MünchKomm./Mertens, 2. Aufl., § 823 Rdnr. 197; Produkthaftungshandbuch/Foerste, § 25 Rdnr. 50). Dadurch soll erreicht werden, daß dem Geschädigten ausreichende Geldmittel zur Verfügung stehen, sofern er Schadensersatzansprüche nicht gegenüber dem Endhersteller/Assembler, sondern lediglich gegenüber dem Teilehersteller geltend machen kann. Zwar hat die Rechtsprechung diese Figur der „Liquiditätsgarantie" noch nicht übernommen. Da jedoch Kullmann, der für Produkthaftung beim BGH zuständige Richter, dieser Forderung öffentlich vertreten hat (Kullmann/Pfister a.a.O.), besteht kein Zweifel daran, daß die Praxis sich danach ausrichten sollte. Konkret bedeutet dies, daß der Endhersteller/Assembler durch vertragliche Vereinbarung dafür Sorge tragen muß, daß der Teilehersteller *mindestens* eine Deckungssumme zwischen DM 5 bis DM 10 Mio./Schadensfall kontrahiert und während der Dauer Vertragsbeziehungen aufrechterhält. Soweit der Teilehersteller davon Kenntnis hat, daß das Endprodukt in die USA, Kanada oder Australien geliefert wird, erscheint es sogar sachgerecht, von einer noch wesentlich höheren Deckungssumme auszugehen. Dies setzt freilich voraus, daß der Endhersteller/Assembler den Teilehersteller – zumindest – von derartigen Exporten im voraus in Kenntnis setzt. Ob die Überwälzung dieser Versicherungspflicht mit § 9 Abs. 1 AGB-Gesetz im Einklang steht, soll später dargestellt werden (S. 197 f.).

10.4 Die Grundsätze der horizontalen Arbeitsteilung

10.4.1 Der Begriff

Von einer „horizontalen" Arbeitsteilung ist dann zu sprechen, wenn der Endhersteller, der ein Produkt in den Verkehr bringen will, Arbeitsgänge auf einer oder mehreren Produktionsstufen an ein anderes Unternehmen vergibt (RGRK-BGB/Steffen, 12. Aufl., § 823 Rdnr. 271). Dabei ist freilich zu berücksichtigen, daß es zwischen der „vertikalen" und der „horizontalen" Arbeitsteilung in der Praxis mannigfache Verschleifungen gibt. Die verwendeten Begriffe dienen also nur einer ersten Orientierung (Steinmann, Qualitätssicherungsvereinbarungen, S. 79). Deshalb ist stets im einzelnen – bezogen auf die jeweilige Qualitätssicherungsvereinbarung – zu ermitteln, welche spezifischen Aufgaben der Endhersteller/Assembler und der Teilehersteller – sowie andere in der Herstellkette eingeschaltete Unternehmen – bezogen auf das fehlerhafte Produkt übernommen haben.

10.4.2 Die Vergabe der Konstruktion

Der Teilehersteller, welcher die Konstruktionsverantwortung übernommen hat, ist grundsätzlich verpflichtet, als *Hersteller* dafür einzustehen, daß seine Tätigkeit spezifikationsgemäß erfolgt und keine nach dem neuesten Stand von Wissenschaft und Technik vermeidbare Produktgefahr auftritt (Produkthaftungshandbuch/Foerste, § 25 Rdnr. 99). Wie bereits bei der „vertikalen" Arbeitsteilung angedeutet (S. 179 ff.), kann der Endhersteller/Assembler seine Haftung für etwaige Produktfehler des Teileherstellers in der Weise beschränken, daß er diesen sorgfältig auswählt und sorgfältig überwacht, wobei er auch eine fachlich-technische vertragliche Einbindung absichert und Kontrollen des Teilproduktes gewährleisten muß. Etwaige Kontrollen sind insbesondere dann gefordert, wenn der Endhersteller/Assembler hierzu Anlaß hat, wobei es auch auf die eigene Sachkunde des Endherstellers/Assemblers maßgebend ankommt.

10.4.3
Die Vergabe der Fabrikation

Grundsätzlich hat in diesen Fällen der Endhersteller/Assembler die Bestimmungsgewalt über die Konstruktion, einschließlich der Materialauswahl; der Teilehersteller übernimmt dann in erster Linie die Fabrikationsverantwortung (BGH ZIP 1990, 514, 515 – Expander). Aber auch der Teilehersteller bleibt in bestimmten Grenzen für die dem Endhersteller/Assembler obliegende Konstruktionsverantwortung *mitverantwortlich*: Verkehrssicherungspflichten im Sinn von § 823 Abs. 1 BGB treffen ihn immer dann, wenn der Teilehersteller bei der Ausführung der ihm übertragenen Tätigkeit die *Gefährlichkeit* der Konstruktion erkennen kann (Kullmann/Pfister, Produzentenhaftung, Kza. 3250 S. 17; BGH ZIP 1990, 514, 515 – Expander). Deshalb kommt es entscheidend darauf an, ob der Endhersteller/Assembler in der Lage war, bestimmte konstruktive „Schwachstellen" zu erkennen; entscheidend ist also, ob er hierzu das erforderliche *Sachwissen* hat. Dies dürfte jedenfalls dann zu bejahen sein, wenn der Teilehersteller die gleichen Produkte selbst konstruiert und herstellt wie er sie vom Endhersteller/Assembler in Auftrag erhalten hat. Im übrigen gelten auch in diesem Fall die gleichen Gesichtspunkte, die zuvor bei der „vertikalen" Arbeitsteilung im einzelnen dargelegt worden sind (S. 179 ff.): Es geht also darum, daß der Endhersteller/Assembler den Teilehersteller sorgfältig auswählt und sorgfältig überwacht, ihn technisch-fachlich vertraglich einbindet und eine ausreichende Kontrolle des zugelieferten Produkts gewährleistet.

10.5
Die „vertikale" und „horizontale" Arbeitsteilung auf der Grundlage des Produkthaftungsgesetzes

Die nach § 1 ProdHaftG normierte *verschuldensunabhängige* Einstandspflicht für etwaige Produktfehler bedeutet, daß alle Mitglieder der Herstellerkette sogleich auch verantwortlich sind für Fehler, die von vorangegangenen Gliedern dieser Kette verursacht worden sind. Denn die in einem späteren Stadium der Warenherstellung eingeschalteten Unternehmen werden nach dem ProdHaftG so behandelt, als hätten sie das gesamte Produkt selbst hergestellt und den tatsächlich von einem vorgeschalteten Teilehersteller verursachten Fehler selbst zu verantworten. Dies ist die zwingende Konsequenz der Rechtsregel des § 4 Abs. 1 i.V.m. § 1 ProdHaftG. Konkret bedeutet dies also: Der *Endhersteller* ist vollverantwortlich für die Fehlerhaftigkeit eines von ihm in den Verkehr gebrachten Endprodukts, und zwar auch insoweit, als der Fehler originär einem von ihm nicht hergestellten Teilprodukt zuzuweisen ist. Dies gilt für den Konstruktions- und Fabrikationsbereich ebenso wie für die Instruktionshaftung. Für die *Produktbeobachtungspflicht* gilt indessen etwas anderes, weil diese Pflicht, soweit sie nach dem Inverkehrbringen des Produkts – auch als Folge der Weiterentwicklung des Standes von Wissenschaft und Technik – entsteht, lediglich von der Verkehrssicherungspflicht des § 823 Abs. 1 BGB erfaßt wird (S. 152 ff.).

Der *Teilehersteller* haftet gemäß § 4 Abs. 1 in Verbindung mit § 1 ProdHaftG für alle Fehler des Teilprodukts, welche in dem Zeitpunkt bestanden, in welchem der Teilehersteller dieses Produkt in den Verkehr brachte. Zu beachten ist jedoch der *Ausschlußtatbestand* von § 1 Abs. 3 ProdHaftG: Die Einstandspflicht des Teileherstellers ist dann beschränkt, wenn der Fehler nicht im Teilprodukt selbst liegt, sondern in der Art und Weise der konstruktiven Verwendung des Teilprodukts innerhalb des Folgeprodukts. In diesen Fällen muß der Fehler „durch die Konstruktion des Produkts, in welches das Teilprodukt eingearbeitet wurde" bedingt sein. Gleiches gilt gemäß § 1 Abs. 3 ProdHaftG auch in den Fällen, in denen die Fehlerhaftigkeit des Teilprodukts auf „Anleitung" des Herstellers des Endprodukts beruht. Beide Varianten setzen voraus, daß die Konstruktion des Teil- und des Endprodukts nicht arbeitsteilig erfolgt, so daß eine klare Abgrenzung der Aufgabenbereiche tatsächlich vorgenommen werden kann. Aber auch unter dieser Voraussetzung kann der Teilehersteller nur dann auf die Richtigkeit und Vollständigkeit der konstruktiven Vorgaben des Endherstellers vertrauen, wenn ihm die Fehlerhaftigkeit oder Unvollständigkeit im Rahmen seiner Tätigkeit – unter Berücksichtigung seines Fachwissens – nicht erkennbar war (Schmidt-Salzer/Hollmann, EG-Richtlinie, Art. 7 Rdnr. 194).

Da also nach §§ 4, 1 ProdHaftG zwischen Endhersteller und Teilehersteller ein *Gesamtschuldverhältnis* insoweit vorliegt, als der Fehler des Teilprodukts für den Schaden ursächlich war, bestimmt § 5 ProdHaftG im Außenverhältnis, daß Endhersteller und Teilehersteller dem Geschädigten als *Gesamtschuldner* haften. Im *Innenverhältnis* richtet sich die Haftung des Teileherstellers und die des Endherstellers nach den Regeln der §§ 421 ff. BGB, wobei der jeweilige Mitverursachungsanteil gemäß § 254 BGB berücksichtigt wird. Deswegen haben die Bestimmungen einer *Qualitätssicherungsvereinbarung* insoweit hohe Bedeutung: Sie legen nicht nur die Pflichten des Teileherstellers und die des Endherstellers fest, sondern bestimmen damit gleichzeitig, in welchem Umfang der Fehler des Teilprodukts von dem Teilehersteller oder dem Endhersteller verursacht worden ist, weil der eine oder andere die ihm obliegenden Pflichten verletzt hat.

11
Die rechtliche Struktur von Qualitätssicherungsvereinbarungen

Qualitätssicherungsvereinbarungen unterscheiden sich von vertrauten Kauf-, Werk-, Dienstleistungs- und Beratungsverträgen in erster Linie dadurch, daß sie kein im Gesetz zugrunde gelegtes und ausgeformtes Bild von Rechten und Pflichten der beteiligten Vertragspartner entfalten. Im Grunde genommen ist hier strukturell das gleiche Rechtsproblem zu bewältigen, wie es sich bei allen modernen Vertragstypen stellt: Es geht darum, auch Qualitätssicherungsvereinbarungen in das *Typenbild* des BGB – soweit als möglich – einzuordnen.

11.1
Keine gesellschaftsvertraglichen Verflechtungen

In der Literatur ist – allerdings bezogen auf das „Just-in-Time"-Konzept die Auffassung vertreten worden (Nagel/Rieff/Theiss, DB 1989, 1505 ff.), daß die logistischen Systemzwänge des „Just-in-Time"-Verfahrens „genauso groß wie bei einer durch eine Mehrheitsbeteiligung vermittelten Einflußnahme auf ein Unternehmen" sind, so daß – jedenfalls in der Automobilindustrie – von einem „faktischen Just-in-Time-Konzern" auszugehen ist (Nagel/Rieff/Theiss, DB 1989, 1505, 1511). Dies ist zumindest insoweit auf Qualitätssicherungsvereinbarungen zu übertragen, als feststeht, daß hierdurch Strukturen zwischen Endhersteller und Teilehersteller geschaffen werden, die den Bereich zwischenbetrieblicher Zusammenarbeit verlassen, weil sie wegen des hohen Grades der Arbeitsteiligkeit im praktischen Ergebnis *innerbetrieblichen* Charakter erhalten (Migge, PHI 1991, 198, 200). Würde man zu dem Ergebnis gelangen, daß Qualitätssicherungsvereinbarungen ein konzernrechtliche, d. h. *faktische* Abhängigkeit des Teileherstellers vom Endhersteller/Assembler begründen, so wäre dieser zu einem Verlustausgleich des Teilehersteller gemäß §§ 302, 303 AktG analog verpflichtet. Indessen hat der BGH festgestellt, daß eine solche Abhängigkeit – für sich allein genommen – noch nicht ausreicht, einen konzernrechtlichen Verlustausgleich zu begründen. Hinzukommen muß vielmehr ein *objektiver Mißbrauch* der beherrschenden Gesellschafterstellung (BGH ZIP 1993, 589 – TBB). Selbst wenn man dies – gleichgültig, aus welchen Gründen – bejahen würde, müßte im Rahmen einer konzernrechtlichen Abhängigkeit hinzukommen, daß die Summe der Vertragsbeziehungen zwischen Endhersteller und Teilehersteller nicht nur einen austauschvertraglichen Charakter besitzen, sondern ein gesellschaftsrechtliches Dauerverhältnis begründen. Davon kann beim besten Willen keine Rede sein: Qualitätssicherungsvereinbarungen verlagern zwar Produktion und Kontrolle von Teilprodukten auf den Teilehersteller;

sie begründen damit aber noch kein faktisches, gesellschaftsrechtliches Dauerverhältnis. Insbesondere wird auch Konzernleitungsmacht gegenüber dem Teilehersteller nicht in der Weise von dem Endhersteller ausgeübt, daß dieser – von vornherein – keine angemessene Rücksicht auf die Belange des Teileherstellers nimmt (im Ergebnis auch Martinek, Moderne Vertragstypen, Bd. III S. 304 ff.).

Festzuhalten ist also, daß Qualitätssicherungsvereinbarungen – auch in ihrer Kombination mit dem „Just-in-Time"-Konzept – nicht geeignet sind, konzernrechtliche Abhängigkeiten zwischen Endhersteller/Assembler und Teilehersteller zu begründen (so auch mit Recht Ensthaler NJW 1994, 817, 818 f.)

11.2
Die kartellrechtliche Abhängigkeit

Es darf nicht übersehen werden, daß zwischen Endhersteller und Teilehersteller das Diskriminierungsverbot gemäß § 26 Abs. 2 Satz 2 GWB und das Behinderungsverbot gemäß § 26 Abs. 2 Satz 1 GWB gilt (Klaue, ZIP 1989, 1313 ff.). Es geht also darum, ob Qualitätssicherungsvereinbarungen dazu führen, daß Anbieter oder Nachfrager einer bestimmten Art von Waren in der Weise abhängig sind, daß ausreichende und zumutbare Möglichkeiten, auf andere Unternehmen auszuweichen, nicht bestehen. Im Vordergrund dieser Betrachtung steht also die *vertikale Abhängigkeit* eines Anbieters oder Nachfragers von einem anderen Anbieter oder Nachfrager, und zwar in Form der *unternehmensbedingten Abhängigkeit* des Teileherstellers/Zulieferers von dem Endhersteller/Assembler, was zumindest beim „Single Sourcing" ein Problem sein kann, wenn und soweit der Teilehersteller/Zulieferer auf Dauer – aufgrund eines langfristigen Vertrages – auf den bestimmten Endhersteller/Assembler ausgerichtet ist.

Der Tatbestand der *unterschiedlichen Behandlung* im Sinn von § 26 Abs. 2 GWB dürfte regelmäßig bei Abschluß von Qualitätssicherungsvereinbarungen deswegen schon ausscheiden, weil der Endhersteller ein vitales Interesse daran hat, die von ihm eingeschalteten Teilehersteller/Zulieferer – in ihrem Verhältnis zueinander – nicht ungleich zu behandeln. Deshalb kann kartellrechtlich nur die Frage im Vordergrund stehen, ob zwischen Endhersteller/Assembler und dem Teilehersteller/Zulieferer eine *unbillige Behinderung* im Sinn von § 26 Abs. 2 GWB vorliegt. Kartellrechtlich gibt es keine *Bestandsschutzgarantie* für mittelständische Teilehersteller/Zulieferer (Klaue, ZIP 1989, 1313, 1317). Es ist daher keine unbillige Behinderung im Sinn von § 26 Abs. 2 Satz 1 GWB, wenn der Endhersteller/Assembler deswegen die Geschäftsbeziehungen zu dem Teileproduzenten/Zulieferer *abbricht*, weil er in der Lage ist, seine Produktion auf billigere und bessere Anbieter mit einem niedrigeren Preisniveau zu verlagern (Klaue, ZIP 1989, 1313, 1316). Doch kommt es letzten Endes – bezogen auf den drohenden Abbruch der Geschäftsbeziehungen zwischen beiden Vertragsparteien – entscheidend darauf an, ob die Behinderung im Sinn von § 26 Abs. 2 Satz 2 GWB auch *„unbillig"* ist. Dies kann nur dann bejaht werden, wenn die jeweiligen Interessen gegeneinander abgewogen werden, und zwar die betriebswirtschaftlichen Optimierungsinteressen des Endherstellers/Assemblers und die wettbewerblichen Betätigungsinteressen des Teileherstellers/ Zulieferers, wobei die auf die Freiheit des Wettbewerbs gerichtete Zielsetzung des GWB im Vordergrund steht. Welche Konsequenzen sich also hieraus – bei drohendem Abbruch der Geschäftsbeziehungen – ergeben, läßt sich generell nicht sagen; im Vordergrund stehen die jeweiligen Umstände des *Einzelfalls*. Diese sind auf das sorgfältigste unter Berücksichtigung der Judikatur und der Spruchpraxis des Bundeskartellamts abzuwägen.

Daraus folgt aber gleichzeitig, daß für gewöhnlich Qualitätssicherungsvereinbarungen nicht geeignet sind, kartellrechtliche Bedenken im Sinn von § 26 Abs. 2 GWB zu begründen. Der Schutz der Interessen des Teileherstellers/Zulieferers kann auf diese Weise nicht in effizienter Weise bewerkstelligt werden.

11.3 Der Langzeitcharakter

Qualitätssicherungsvereinbarungen beruhen regelmäßig auf der Absicht der Vertragsparteien, längerfristige Geschäftsbeziehungen zueinander zu begründen. Es dominiert mithin der *Langzeitcharakter*, der die gesamte Lieferbeziehung beherrscht (Merz, Qualitätssicherungsvereinbarungen, S. 33 ff.). Man wird hier regelmäßig von einem komplexen Langzeitvertrag reden müssen, dem starke kooperative und integrative Elemente innewohnen, welche dem Endhersteller/Assembler und dem Teilehersteller/Zulieferer auf das engste miteinander verbinden (vgl. Niklisch, JZ 1984, 757 ff.). Dies gilt jedenfalls dann uneingeschränkt, wenn der Teilehersteller/Zulieferer – in enger Kooperation mit dem Endhersteller/Assembler – das jeweilige Produkt erst *entwickelt*, um es sodann – nach Freigabe der Erstbemusterung – für den Endhersteller/Assembler in Serie herzustellen. Man mag darin einen Vertrag eigener Art sehen (Zirkel, NJW 1990, 345 ff.; im Ergebnis auch Steinmann, Qualitätssicherungsvereinbarungen, S. 28). Man mag auch darin einen Netzwerkvertrag mit multilateraler Verknüpfung zwischen Endhersteller/Assembler und Teilehersteller/Zulieferer sehen (Merz, Qualitätssicherungsvereinbarungen, S. 80 ff.). Viel ist mit dieser Kategorisierung nicht gewonnen. Entscheidend stehen zwei Argumente im Vordergrund:

Qualitätssicherungsvereinbarungen werden in der Praxis in Form eines *Rahmenvertrages* abgeschlossen (hierzu Popp, Die Qualitätssicherungsvereinbarung, S. 188 ff.). Daraus folgt unmittelbar, daß der jeweilige *Einzelvertrag* im Vordergrund steht; dieser gibt den Vertragsbeziehungen – unter Berücksichtigung des Inhalts der jeweiligen Qualitätssicherungsvereinbarung – das Gepräge. Rahmenvertrag und Einzelvertrag durchdringen einander (Martinek, Moderne Vertragstypen, Bd. III, S. 299 ff.). Das ist der eine Gesichtspunkt. Der andere:

Wie noch zu zeigen sein wird (S. 190 f.), sind Qualitätssicherungsvereinbarungen Verträge, welche durchweg AGB-Charakter im Sinn von § 1 Abs. 1 AGB-Gesetz aufweisen. Gelangt man jedoch zu dem Resultat, die Qualitätssicherungsvereinbarung sei ein Vertrag eigener Art (Zirkel a.a.O.), so folgt daraus zwingend, daß die *richterliche Inhaltskontrolle* von AGB-Klauseln an § 9 Abs. 2 Nr. 2 AGB-Gesetz zu orientieren ist. Unter dieser Voraussetzung kommt es maßgebend darauf an, welche Interessen die Parteien in den Vertrag „hineinlesen", weil gemäß § 9 Abs. 2 Nr. 2 AGB-Gesetz – losgelöst von den gesetzlichen Vertragstypen – auf die „Natur des Vertrages" sowie auf die „Erreichung des Vertragszwecks" abzustellen ist. Bewertet man danach eine AGB-Klausel als „interessegerecht", weil sie den vitalen Interessen des Endherstellers/Assemblers entspricht und mithin Teil der „Natur des Vertrages" ist, so ist der Teilehersteller/Zulieferer nicht geschützt. Es ist dann aus zwingenden dogmatischen Gründen ausgeschlossen, eine richterliche Inhaltskontrolle der jeweiligen AGB-Klausel einer Qualitätssicherungsvereinbarung vorzunehmen. Dies ist jedoch dann *anders*, wenn man davon ausgeht, daß auch bei Qualitätssicherungsvereinbarungen der jeweilige *Einzelvertrag* – als Kauf-, Werk- oder Werklieferungsvertrag – im Vordergrund steht. Denn unter die-ser Voraussetzung ist die richterliche Inhaltskontrolle von AGB-Klauseln an der strikten Norm des § 9 Abs. 2 Nr. 1 AGB-Gesetz zu orientieren. Maßgebend kommt es also dann darauf an, ob die jeweilige AGB-Klausel in einer Qualitätssicherungsvereinbarung mit „wesentlichen Grundgedanken der gesetzlichen Regelungen" – also: des Kauf- oder Werkververtragsrechts – übereinstimmt oder von dieser in einer erheblichen Weise abweicht, so daß daraus eine unangemessene Benachteiligung des Teileherstellers/Zulieferers resultiert (Ensthaler, NJW 1994, 817, 819 ff.). Ist letzteres zu bejahen, ist das Ergebnis vorgefertigt: Die jeweilige AGB-Klausel verstößt dann gegen § 9 Abs. 2 Nr. 1 AGB-Gesetz; sie ist *unwirksam*. An ihre Stelle tritt dann gemäß § 6 Abs. 2 AGB-Gesetz die jeweilige Norm des BGB/HGB, welche an sich durch die AGB-Klausel verdrängt werden sollte.

Unter Berücksichtigung des gesamten Inhalts von Qualitätssicherungsvereinbarungen ist also davon auszugehen, daß diese auf einem Rahmenvertrag beruhen, wobei die jeweiligen Einzelverträge mit ihren kauf-, werkvertraglich- oder werklieferungsvertraglichen Elementen im Vordergrund stehen. Diese Sicht ist auch deswegen geboten, weil Qualitätssicherungsvereinbarungen in weitem Umfang eine *Haftungsverlagerung* auf den Teilehersteller/Zulieferer bewirken: Ob und in welchem Umfang dies zutrifft, wird zwar im Rahmen der Qualitätssicherungsvereinbarung beantwortet, entscheidet sich jedoch letzten Endes im jeweiligen *Haftungsfall*, weil ein einzelnes Produkt – oder eine Serie – fehlerhaft sind und folglich eine Haftung des Teileherstellers/Zulieferers auslösen, einschließlich einer etwaigen Rückrufaktion.

11.4 Die Qualitätssicherungsvereinbarung als AGB-Vertrag

Qualitätssicherungsvereinbarungen setzen regelmäßig voraus, daß zwischen dem Endhersteller/Assembler einerseits und dem jeweiligen Teilehersteller/Zulieferer andererseits gleichförmige Verträge abgeschlossen werden (Martinek, Moderne Vertragstypen, Bd. III, S. 308). Es liegt daher auf der Hand, daß es sich um AGB-Klauseln handelt (Ensthaler, NJW 1994, 817, 818), weil und soweit der Inhalt der jeweiligen Qualitätssicherungsvereinbarungen vom Endhersteller/Assembler vorformuliert und von diesem im Sinn von § 1 Abs. 1 AGB-Gesetz auch „gestellt", d. h. von ihm in die Vertragsverhandlungen eingeführt worden ist. Hinzukommen muß freilich, daß die jeweilige Qualitätssicherungsvereinbarung oder – genauer formuliert – die jeweilige Einzelklausel, auf die es im Streitfall ankommt, in einer „Vielzahl" von Anwendungsfällen Verwendung gefunden hat. Nach der Rechtsprechung des BGH ist dies immer dann zu bejahen, wenn der Endhersteller/Assembler als AGB-Verwender die jeweilige Klausel in mindestens drei Anwendungsfällen benutzt hat (BGH WM 1984, 1610). Freilich reicht es auch aus, daß der Endhersteller/Assembler als AGB-Verwender von vornherein die Absicht hatte, die von ihm entworfene Qualitätssicherungsvereinbarung in einer „Vielzahl" von Fällen zur Anwendung zu berufen, ohne daß konkret der Nachweis erbracht worden ist, er habe die jeweilige Qualitätssicherungsvereinbarung auch tatsächlich in einer „Vielzahl" von Anwendungsfällen bereits eingesetzt (Ulmer/Brandner/Hensen, AGB-Gesetz, 7. Aufl., § 1 Rdnr. 24).

11.4.1
Der ausgehandelte Vertrag

Eine richterliche Inhaltskontrolle von AGB-Klauseln setzt jedoch voraus, daß die jeweilige Klausel *nicht* im Sinn von § 1 Abs. 2 AGB-Gesetz *„ausgehandelt“* worden ist. Trifft dies zu, so liegt keine AGB-Klausel vor – eine richterliche Inhaltskontrolle gemäß § 9 AGB-Gesetz scheidet aus, weil dann eine *Individualvereinbarung* gegeben ist. Für deren Wirksamkeitskontrolle kommt dann lediglich die allgemeine Schranke der Vertragsgestaltungsfreiheit zum Zuge, wie etwa die Gesetzeswidrigkeit gemäß § 134 BGB oder die Sittenwidrigkeit nach § 138 BGB. Die Wirksamkeitsgrenzen von Individualverträgen sind also wesentlich weiter als die von nicht ausgehandelten AGB-Klauseln, für die – wie angedeutet – § 9 AGB-Gesetz Maß gibt.

Von einem Aushandeln im Sinn von § 1 Abs. 2 AGB-Gesetz ist regelmäßig dann zu sprechen, wenn der Teilehersteller/Zulieferer in der Lage war, aufgrund seiner eigenen Interessen eine konkrete *Abänderung* des vorformulierten Textes zu erreichen (Ulmer/Brandner/Hensen, AGB-Gesetz, 7. Aufl., § 1 Rdnr. 47). Der BGH hat den „Regelsatz“ formuliert: Von einem „Aushandeln“ gemäß § 1 Abs. 2 AGB-Gesetz kann grundsätzlich nur dann gesprochen werden, wenn der AGB-Verwender den in den AGB enthaltenen „gesetzesfremden“ Kerngehalt „also die den wesentlichen Inhalt der gesetzlichen Regelung ändernden oder ergänzenden Bestimmungen inhaltlich ernsthaft zur Disposition“ gestellt hat (BGH ZIP 1986, 1466, 1467; BGH ZIP 1987, 448, 449). Daraus folgt: War der Teilehersteller/Zulieferer als der regelmäßig schwächere Vertragspartner nicht in der Lage, tatsächlich eine Abänderung von Einzelklauseln der Qualitätssicherungsvereinbarung zu erreichen, so liegt – zunächst einmal – der erste Anschein dafür vor, daß es sich um eine AGB-Klausel im Sinn von § 1 Abs. 1 AGB-Gesetz handelt.

Für den kaufmännischen Verkehr hat jedoch der BGH (BGH NJW 1992, 2283, 2285) durchblicken lassen, ein „Aushandeln“ gemäß § 1 Abs. 2 AGB-Gesetz liege auch in den Fällen vor, in denen die einzelne Klausel tatsächlich nicht abgeändert, der AGB-Verwender diese aber als „unabdingbar“ bezeichnet hat, weil er an dieser Klausel ein berechtigtes, vitales Interesse habe (Palandt/Heinrichs, § 1 Rdnr. 18). Soweit der Endhersteller/Assembler als AGB-Verwender eine Klausel in dieser Weise als „unabdingbar“ bezeichnet, obwohl sie eine beträchtliche *Haftungsverlagerung* zum Nachteil des Teileherstellers/Zulieferers bewirkt, wird man eine Individualabrede gemäß § 1 Abs. 2 AGB-Gesetz nur dann bejahen dürfen, wenn der Teilehersteller/Zulieferer den Inhalt dieser Klausel zutreffend verstanden, mithin ihn in seinen rechtsgeschäftlichen Selbstbestimmung und Selbstverantwortung aufgenommen, nicht aber bloß den Wünschen des Endherstellers/Assemblers nachgegeben hat (so auch Ulmer/Brandner/Hensen, AGB-Gesetz, 7. Aufl., § 1 Rdnr. 51).

11.4.2
Die Interessenbewertung

Für den weiteren Gang der Überlegung ist also zu berücksichtigen, daß sich schon beim Abschluß von Qualitätssicherungsvereinbarungen die zentrale Frage entscheidet, ob die Interessen des Teileherstellers/Zulieferers ausreichend berücksichtigt oder unangemessen benachteiligt sind: In all den Fällen, in denen Einzelklauseln tatsächlich abgeändert worden sind, scheidet eine richterliche Inhaltskontrolle gemäß § 9 AGB-Gesetz von vornherein aus. Der Teilehersteller/Zulieferer ist also an das von ihm gewünschte Ergebnis definitiv *gebunden*.

12
Die Inhaltskontrolle von Qualitätssicherungsvereinbarungen

Nachfolgend sollen wesentliche Klauseln in Qualitätssicherungsvereinbarungen darauf überprüft werden, ob sie mit § 9 Abs. 2 Nr. 1 AGB-Gesetz oder mit § 9 Abs. 1 AGB-Gesetz im Einklang stehen. Alle diese Erwägungen setzen zunächst voraus, daß eine *Parallelwertung* auf Basis der Bestimmungen des BGB/HGB vorgenommen wird, weil erst dann festgestellt werden kann, inwieweit die einzelne Klausel hiervon abweicht, so daß der Teilehersteller/Zulieferer unangemessen benachteiligt ist.

12.1
Der Verzicht auf die Untersuchungs- und Rügeobliegenheit gemäß §§ 377, 378 HGB

Es gehört zum eisernen Bestandteil von Qualitätssicherungsvereinbarungen – besonders dann, wenn zusätzlich ein „Just-in-Time"-Konzept realisiert wird –, daß der Endhersteller/Assembler festlegt, daß der Teilehersteller/Zulieferer zu einer Endkontrolle verpflichtet ist, während der Endhersteller/Assembler von Wareneingangskontrolle gemäß §§ 377, 378 HGB dispensiert wird. Es heißt dann z. B.:

> „Der Zulieferer ist verpflichtet, Qualitätssicherungsmaßnahmen und -kontrollen durchzuführen, so daß eine Wareneingangskontrolle beim Hersteller des Folgeprodukts entfallen kann."

Oder es wird formuliert:

> „Der Zulieferant nimmt die Endkontrolle vor; er verzichtet gleichzeitig auf den Einwand der verspäteten Mängelrüge gemäß §§ 377, 378 HGB."

12.1.1
Die Struktur der §§ 377, 378 HGB

§ 377 Abs. 1 HGB bestimmt, daß bei einem beiderseitigen Handelskauf von Waren dem Käufer die Obliegenheit auferlegt ist, die angelieferte Ware unverzüglich – nach den Gepflogenheiten des ordnungsgemäßen Geschäftsverkehrs, soweit dies tunlich ist – zu untersuchen und gefundene Mängel unverzüglich dem Verkäufer anzuzeigen. Mängel, die sich erst später zeigen und auch bei einer ordnungsgemäßen Wareneingangskontrolle nicht hätten entdeckt werden können, sind „versteckte" oder „verdeckte" Mängel; sie sind unverzüglich nach ihrer Entdeckung gemäß § 377 Abs. 3 HGB zu rügen. Von entscheidender Bedeutung ist in diesem Zusammenhang, daß § 377 Abs. 2 HGB ein „Alles-Oder-Nichts-Prinzip" vorsieht: Mangels rechtzeitiger Rüge gilt die Ware in Ansehung des Fehlers als „genehmigt". Diese *Genehmigungsfiktion* – als Folge der rügelosen Annahme der mangelhaften Ware – bezieht sich auf alle Gewährleistungsansprüche im weiteren Sinne, d. h. auch Ansprüche wegen positiver Vertragsverletzung sind umfaßt (BGH BB 1987, 2326, 2327). Gleichzeitig ist damit gesagt, daß sich § 377 Abs. 2 HGB nicht auf deliktsrechtliche Ansprüche bezieht, welche dem Käufer gegenüber dem Lieferanten zustehen (BGH BB 1987, 22328). Dies hängt damit zusammen, daß die Haftung aus § 823 Abs. 1 BGB darauf beruht, daß der Lieferant seine Verkehrssicherungspflicht gegenüber dem Besteller schuldhaft verletzt und demzufolge ihm einen Personen- oder Sachschaden zugefügt hat.

12.1.1.1
Das Erfordernis von Stichproben

Die Untersuchung muß in solchem Umfang und in solcher Art vorgenommen werden, wie es erforderlich ist, um das Vorhandensein von Mängeln festzustellen (RG JW 1924, 814). Zeitpunkt, Methode und Umfang der gebotenen Untersuchung richten sich danach, was „nach ordnungsgemäßem Geschäftsgang tunlich ist. Aufgrund seiner Vereinbarung kommt es hierbei regelmäßig darauf an, ob in der betreffenden Branche ein eindeutiger Handelsbrauch Maß gibt (LG Aachen BB 1952, 213 – Prüfung von Stoffballen; BGH NJW 1976, 625 – Prüfung der Farbechtheit von Stoffen). Es kommt also nicht auf die Üblichkeit der Untersuchung, sondern auf deren Ordnungsgemäßheit an (BGH NJW 1976, 625 – Prüfung der Farbechtheit von Stoffen; Produkthaftungshandbuch/Graf von Westphalen § 17 Rdnrn. 27 ff.). Der Käufer ist daher verpflichtet, die Untersuchung mit fachmännischer Sorgfalt durchzuführen (BGH NJW 1975, 2011, 2012 – Wellstegträger). Besitzt er nicht die erforderliche Sachkenntnis, so ist er gehalten, einen Sachverständigen hinzuzuziehen. Dies gilt insbesondere dann, wenn lediglich ein Sachverständiger in der Lage ist, die Vertragsgemäßheit oder Mangelhaftigkeit der Sache festzustellen (OLG Hamburg BB 1953, 98).

Notwendigerweise schuldet der Käufer *repräsentative Stichproben*, um seiner Wareneingangskontrollpflicht gemäß § 377 Abs. 1 HGB zu genügen. Dies schließt auch eine zerstörende Prüfung oder einen probeweisen Verbrauch der Sache ein (RGRK-HGB/Brüggemann, 4. Aufl., § 377 Rdnr. 89 ff.). Bei der Lieferung von Spanplatten ist es z. B. erforderlich, diese probeweise in einem geschlossenen Raum aufzustellen, wenn um die Feststellung geht, ob Formaldehyd-Gase als Folge der Lackierung austreten (BGH WM 1974, 1204, 1205). Der sofortige Einbau von gelieferten Bierfilterplatten in eine Filteranlage oder die Simulation der Produktion ist jedoch nicht erforderlich, sofern die sofortige, sachkundige Untersuchung durch Augenschein ausreicht, um festzustellen, ob die Platte nach ihrer äußeren Beschaffenheit mängelfrei sind (BGH NJW 1977, 1150, 1151). Dabei ist stets der Kosten- und Zeitaufwand der Prüfung im Auge zu behalten. Drohen besonders hohe Mangelfolgeschäden, so kann eine sachgemäße Abwägung der Interessen auch insoweit eine Prüfung bedingen (BGH LM Nr. 13 zu § 377 HGB – Neocarminprobe von Textilfasern; BGH NJW 1959, 1081, 1082 – Perlonstrümpfe – Nylongarn).

12.1.1.2
Der Zweck der Mängelrüge

Die rechtzeitige Mängeluntersuchung und die daran anknüpfende - unverzüglich - Rügeobliegenheit beruhen darauf, den Lieferanten davor zu bewahren, sich noch längere Zeit nach Ablieferung der Kaufsache etwaigen, dann nur noch schwer feststellbaren Gewährleistungsansprüchen ausgesetzt zu sehen (BGH WM 1991, 1634, 1635; BGH BB 1987, 2326). Folglich soll der Zulieferer aufgrund der unverzüglich durchzuführenden Rüge des Bestellers in die Lage versetzt werden, seinerzeit entsprechende Feststellungen und notwendigen Dispositionen zu treffen. Insbesondere soll er die Möglichkeit erhalten, einen weiteren Schaden zu verhindern (BGH NJW 1984, 1964, 1966).

12.1.2
Die Abbedingung der Rügeobliegenheit gemäß §§ 377, 378 HGB – § 9 AGB-Gesetz

Es ist inzwischen in der Judikatur des BGH geklärt, daß es gegen § 9 Abs. 2 Nr. 1 AGB-Gesetz verstößt, wenn der Besteller in seinen Einkaufs-AGB die Bestimmungen der §§ 377, 378 HGB uneingeschränkt abbedingt (BGH WM 1991, 1634). Der völlige Ausschluß der zentralen Obliegenheit des Bestellers zur Untersuchung und Rüge ist mit den Grundgedanken der gesetzlichen Regelung unvereinbar. Daher steht auch die Literatur auf dem Standpunkt, daß die Abbedingung der §§ 377, 378 HGB gemäß § 9 Abs. 2 Nr. 1 AGB-Gesetz unwirksam ist (Ulmer/Brandner/Hensen, AGB-Gesetz, Anh. zu §§ 9 - 11 Rdnr. 299; AGB-Klauselwerke/Graf von Westphalen - Einkaufsbedingungen Rdnr. 21; Lehmann, BB 1990, 1849, 1851; Schmidt, NJW 1991, 144, 149 f.; Thamm/Hesse, BB 1979, 1583, 1586).

12.1.3
Die Auswirkungen auf Qualitätssicherungsvereinbarungen

Es ist im einzelnen *umstritten*, ob die Abbedingung der §§ 377, 378 HGB im Rahmen von Qualitätssicherungsvereinbarungen gegen § 9 Abs. 2 Nr. 1 AGB-Gesetz oder gegen § 9 Abs. 1 AGB-Gesetz verstößt (Graf von Westphalen, CR 1990, 567 ff.; Lehmann, BB 1990, 1849, 1851 ff.; Schmidt, NJW 1991, 144, 148 ff.; Steinmann, BB 1993, 873 ff.; dies., Qualitätssicherungsvereinbarungen, S. 45 ff.; Merz, Qualitätssicherungsvereinbarungen, S. 291 ff.). Gerichtliche Entscheidungen, die hier eine Leitlinie bilden könnten, fehlen. Überwiegend wird wohl die Auffassung vertreten, daß die Abbedingung der §§ 377, 378 HGB nicht zu einer unangemessenen Benachteiligung des Teileherstellers/Zulieferers im Sinn von § 9 Abs. 2 Nr. 1 AGB-Gesetz oder von § 9 Abs. 1 AGB-Gesetz führt (Hollmann, PHI 1989, 146, 153; ders., CR 1992, 13, 14 f.; Lehmann, BB 1990, 1849, 1851 ff.; Nagel, DB 1991, 319, 323; Migge, VersR 1992, 665, 673 f.; Martinek, Zulieferverträge und Qualitätssicherung, S. 45 ff.; vgl. auch Kreifels, ZIP 1990, 489, 492 f.). Die zutreffende *Lösung* muß folgende Gesichtspunkte im Auge behalten:

Wie gezeigt, bestehen grundsätzlich keine Bedenken, daß der Endhersteller/Assembler seine Verkehrssicherungspflichten im Sinn von § 823 Abs. 1 BGB entweder im Rahmen der „vertikalen" oder der „horizontalen" Arbeitsteilung auf den Teilehersteller/Zulieferer delegiert. Verzichtet nunmehr der Endhersteller/Assembler auf die Wareneingangskontrolle gemäß §§ 377, 378 HGB, so führt dieser Verzicht zunächst dazu, daß der Teilehersteller/Zulieferer im Sinn von § 9 Abs. 2 Nr. 1 AGB-Gesetz – allerdings nur im Rahmen des Kaufvertrages – unangemessen benachteiligt wird. Indessen steht dieser Gesichtspunkt nicht isoliert. Zu ergänzen ist allemal, daß die dem Endhersteller/Assembler obliegende Kontrollpflicht – deliktsrechtlich gewertet – dazu dient, die Rechtsgüter Dritter im Sinn von § 823 Abs. 1 BGB zu schützen. Folglich hat die Abbedingung der §§ 377, 378 HGB sowohl eine gewährleistungsrechtliche, den Teilehersteller/Zulieferer betreffende, als auch eine deliktsrechtliche, den Rechtsgüterschutz Dritter umfassende Funktion.

Haftungsrechtlich kommt es mithin entscheidend darauf an, ob der Endhersteller/Assembler schlechthin auf die Wareneingangskontrolle gemäß §§ 377, 378 HGB verzichtet, oder ob er – im Rahmen des Qualitätssicherungssystems – dafür Sorge trägt, daß die ihm deliktsrechtlich obliegenden Kontrollpflichten auf den Teilehersteller/Zulieferer abgewälzt und von diesem tatsächlich auch erfüllt werden, damit die *Effizienz* des Rechtsgüterschutzes Dritter im Sinn von § 823 Abs. 1 BGB gewährleistet bleibt (AGB-Klauselwerke/Graf von Westphalen – Qualitätssicherungsvereinbarungen Rdnr. 13). Folglich ist der Endhersteller/Assembler verpflichtet, durch geeignete Kontrollmaßnahmen – etwa durch *„audits"* – sicherzustellen, daß der Teilehersteller/Zulieferer die auf ihn überwälzten Kontrollpflichten ordnungsgemäß erfüllt. Denn nur so ist gewährleistet, daß der Endhersteller/Assembler die ihm obliegenden Verkehrssicherungspflichten im Sinn von § 823 Abs. 1 BGB ordnungsgemäß erfüllt – mit der Konsequenz, daß die Delegation der Kontrollpflichten auf den Teilehersteller/Zulieferer deliktsrechtlich nicht zu beanstanden ist.

Gleichwohl wird der Teilehersteller/Zulieferer durch die auf ihn delegierten Kontrollpflichten *erheblich belastet*, so daß Bedenken bestehen, ob die Abbedingung der Wareneingangskontrolle gemäß §§ 377, 378 HGB mit § 9 Abs. 2 Nr. 1 AGB-Gesetz tatsächlich vereinbar ist (a.M. Steinmann, Qualitätssicherungsvereinbarungen, S. 44 ff.; Merz, Qualitätssicherungsvereinbarungen, S. 291 ff.). Wesentlich hierfür ist jedoch nicht eine Einzelbetrachtung der Klausel, welche die Rügeobliegenheit gemäß §§ 377, 378 HGB abbedingt. Im Vordergrund muß vielmehr eine *Gesamtbetrachtung* stehen, die nach § 9 Abs. 1 AGB-Gesetz auch deswegen geboten ist, weil insoweit die beiderseitigen Interessen zu bilanzieren und zu balancieren sind, bevor dann eine unangemessene Benachteiligung des Teileherstellers/Zulieferers festgestellt werden kann.

12.1.4
Die erforderliche Gesamtbetrachtung

12.1.4.1
Die mangelnde Effizienz

Ist die Qualitätssicherungsvereinbarung unzureichend oder mangelhaft, so folgt daraus, daß der Endhersteller/Assembler zwar formal die ihm gemäß § 823 Abs. 1 BGB obliegenden Verkehrssicherungspflichten auf den Teilehersteller/Zulieferer delegiert hat, daß aber – materiell-rechtlich gewertet – diese Pflichtendelegation nicht dazu führt, daß der geschädigte Dritte nur einen Schadensersatzanspruch gegenüber dem Teilehersteller/Zulieferer hat, sofern sich erweist, daß der geltend gemachte Schaden in diesem Produkt seine Ursache hatte. Vielmehr bleibt dann der Endhersteller/Assembler dem geschädigten Dritten gegenüber gemäß § 823 Abs. 1 BGB verantwortlich. Ein unzureichendes oder mangelhaftes Qualitätssicherungssystem führt also dazu, daß zwischen Endhersteller/Assembler und Teilehersteller/Zulieferer ein *Gesamtschuldverhältnis* im Sinn der §§ 830, 840 BGB entsteht: Beide verletzen nämlich die ihnen obliegenden Verkehrssicherungspflichten im Sinn des § 823 Abs. 1 BGB, ohne gemeinsam den rechtswidrigen Erfolg – nämlich: den Produktschaden – herbeizuführen. Folglich besteht eine deliktsrechtliche Nebentäterschaft: Endhersteller und Teilehersteller verletzten jeweils – unabhängig voneinander – die ihnen obliegenden Verkehrssicherungspflichten, so daß sie dem geschädigten Dritten gegenüber *gesamtschuldnerisch* gemäß § 830 BGB haften. Im Innenverhältnis richtet sich der Haftungsausgleich nach den §§ 421 ff. BGB; es entscheidet also der jeweilige Mitverursachungs- und Mitverschuldensteil.

Erweist sich das Qualitätssicherungssystem als unzureichend oder mangelhaft, so liegt darin jedenfalls auch dann eine unangemessene Benachteiligung des Teileherstellers/Zulieferers, wenn diesem die insoweit bestehenden *Verteidigungsmöglichkeiten* abgeschnitten werden. Dies ist immer dann zu bejahen, wenn formularmäßig dem Teilehersteller/Zulieferer die *Alleinverantwortung* für einen Produktschaden überbürdet wird, obwohl auch der Endhersteller/Assembler in die Konstruktions- und Kontrollverantwortlichkeit eingeschaltet war, diese Verpflichtungen aber nur unzureichend erfüllt hat. Hier kommt alles auf die Umstände des Einzelfalls an.

Ist das vereinbarte Qualitätssicherungssystem hingegen ordnungsgemäß, so kommt es für die rechtliche Beurteilung auf die nachfolgenden Erwägungen an, die jeweils im einzelnen zu prüfen sind!

12.1.4.2
Der Versicherungsaspekt

Weiter oben wurde bereits aufgeführt (S. 183 f.), daß der Endhersteller/Assembler verpflichtet ist, im Rahmen einer *„Liquiditätsgarantie"* dafür Sorge zu tragen, daß der Teilehersteller/Zulieferer im Schadensfall über einen ausreichenden Deckungsschutz im Rahmen seiner Haftpflicht- bzw. Produkthaftpflichtversicherung verfügt. Damit soll erreicht werden, daß der geschädigte Dritte einen realisierbaren Schadensersatzanspruch gegenüber dem Teilehersteller/Zulieferer hat, sofern sich herausstellt, daß der Schadensersatzanspruch in einem Fehler des Teilprodukts seine Ursache hatte. Überwälzt allerdings der Endhersteller/Assembler seine Obliegenheit zur Wareneingangskontrolle gemäß §§ 377, 378 HGB in vollem Umfang auf den Teilehersteller/Zulieferer, so übernimmt dieser ein weitergehendes Leistungsrisiko als nach den §§ 377, 378 HGB vorgesehen. Zur Konsequenz hat dies, daß der Teilehersteller/Zulieferer seinen *Deckungsschutz* im Rahmen seiner Haftpflicht- bzw. Produkthaftpflichtversicherung gemäß § 4 I 1 AHB verliert (Migge, PHI 1991, 204, 207; Hollmann, PHI, 1989, 146, 156; AGB-Klauselwerke/Graf von Westphalen – Qualitätssicherungsvereinbarungen Rdnr. 18).

Daher ist der Endhersteller/Assembler verpflichtet, den Teilehersteller/Zulieferer auf dieses besondere Risiko *ausdrücklich* hinzuweisen. Die aus § 823 Abs. 1 BGB abgeleitete Liquiditätsgarantie verlangt daher, daß der Teilehersteller/Zulieferer die Deckung im Rahmen seiner Haftpflicht- bzw. Produkthaftpflicht-Versicherung entsprechend anpaßt, so daß der Verzicht des Endherstellers/Assemblers auf die Wareneingangskontrolle gemäß §§ 377, 378 HGB *unschädlich* wird (hierzu VP 1992, 93 f. –

Möglichkeiten des Versicherungsschutzes). Verletzt der Endhersteller/Assembler diese Informationspflicht, so liegt darin eine zum Schadensersatz verpflichtende Handlung. Soweit daher der Endhersteller/Assembler sich insoweit freizeichnet, liegt darin eine unangemessene Benachteiligung des Teileherstellers/Zulieferers im Sinn von § 9 Abs. 1 AGB-Gesetz – mit der Konsequenz, daß die Abbedingung der §§ 377, 378 HGB gemäß § 6 Abs. 2 AGB-Gesetz keine Wirkung entfaltet. Der Endhersteller/Assembler muß sich also so behandeln lassen, wie dies nach den §§ 377, 378 HGB geboten ist.

12.1.4.3
Das Rückrufrisiko

Geht man davon aus, daß der Endhersteller/Assembler berechtigt ist, die Verkehrssicherungspflichten des § 823 Abs. 1 BGB auf den Teilehersteller/Zulieferer abzuwälzen, so spricht einiges dafür, daß dann auch der Teilehersteller/Zulieferer verpflichtet ist, auf eigene Kosten und eigene Verantwortung die *Produktbeobachtungspflicht* zu erfüllen. Dies setzt jedoch praktisch voraus, daß der Endhersteller/Assembler seinerseits alle Maßnahmen – bezogen auf das von ihm in den Verkehr gebrachte Endprodukt – erfüllt, welche aufgrund der „passiven" sowie der „aktiven" Produktbeobachtung (S. 152 f.) erforderlich sind. Denn nur dann, wenn der Endhersteller/Assembler die ihm obliegende Produktbeobachtungspflicht ordnungsgemäß erfüllt, ist der Teilehersteller/Zulieferer in der Lage, seinerseits der ihm obliegenden Produktbeobachtungspflicht zu genügen. Er ist also insoweit auf die Informationen des Endherstellers/Assemblers vital angewiesen, weil ja das *Distributionsrisiko* des Endprodukts Sache des Endherstellers/Assemblers ist.

Als Teil der „Liquiditätsgarantie" (S. 183 f.) wird man deshalb vom Endhersteller/Assembler verlangen müssen, daß dieser – soweit möglich – den Teilehersteller/Zulieferer davon in Kenntnis setzt, in welche Länder das Endprodukt vertrieben wird. Denn nur unter dieser Voraussetzung ist der Teilehersteller/Zulieferer in der Lage, den *Deckungsausschluß* von § 4 I 3 AHB zu beseitigen, weil ja die Deckung von *Auslandsschäden* nicht originärer Teil der Haftpflicht- bzw. Produkthaftpflicht-Versicherung ist (AGB-Klauselwerke/Graf von Westphalen – Qualitätssicherungsvereinbarungen Rdnr. 16).

Diese Überlegung führt unmittelbar zum nächsten Schritt: Um das aus der Produktbeobachtung resultierende *Rückrufrisiko* abzudecken, kommt es entscheidend darauf an, daß der Endhersteller/Assembler den Teilehersteller/Zulieferer darauf hinweist, er solle zur Abdeckung dieses Risikos eine *Rückrufkosten-Versicherung* abschließen (Produkthaftungshandbuch/Litbarski, § 96 Rdnrn. 35 ff.; AGB-Klauselwerke/Graf von Westphalen – Qualitätssicherungsvereinbarungen Rdnr. 21). Allerdings ist darauf hinzuweisen, daß eine solche Versicherung regelmäßig nur in der Kfz-Industrie angeboten wird, nicht aber in den übrigen Branchen. Soweit aber der Teilehersteller/Zulieferer nicht in der Lage ist, das aufgrund der Qualitätssicherungsvereinbarung gesteigerte Produkthaftungsrisiko – insbesondere das von Rückrufaktionen – angemessen auf dem Versicherungsmarkt einzudecken, so spricht schon aus diesem Grunde einiges dafür, daß die Bilanzierung und Balancierung der beiderseitigen Interessen im Sinn von § 9 Abs. 1 AGB-Gesetz zu dem Ergebnis führt, der Teilehersteller/Zulieferer wird unangemessen benachteiligt (AGB-Klauselwerke/Graf von Westphalen – Qualitätssicherungsvereinbarungen Rdnr. 21).

Zu berücksichtigen bleibt auch, ob der Endhersteller/Assembler das Endprodukt in Länder exportiert, in denen ein extrem hohes Produkthaftungsrisiko besteht, wie etwa die USA, Kanada oder Australien (AGB-Klauselwerke/Graf von Westphalen – Qualitätssicherungsvereinbarungen Rdnr. 16). Unter dieser Voraussetzung geht es nicht nur darum, daß der Teilehersteller/Zulieferer das Risiko angemessen versichert, daß er dem Geschädigten gegenüber nach ausländischem Recht zu hohen Schadensersatzsummen verpflichtet ist. Vielmehr ist auch das Risiko von Rückrufaktionen ist zu bedenken.

12.1.4.4
Das geschuldete Entgelt – die Mehraufwendungen

Im Rahmen der Bilanzierung und Balancierung der beiderseitigen Interessen gemäß § 9 Abs. 1 AGB-Gesetz geht es also letzten Endes darum, ob der Endhersteller/Assembler dem Teilehersteller/Zulieferer ein angemessenes Entgelt verspricht, welches auch die *Mehraufwendungen* angemessen berücksichtigt, welche dadurch verursacht werden, daß der Endhersteller/Assembler auf die Wareneingangskontrolle gemäß §§ 377, 378 HGB verzichtet, um – statt dessen – die Kontrollpflichten in vollem Umfang auf den Teilehersteller/Zulieferer zu überwälzen. Hierbei wird man also berücksichtigen müssen, in welchem Umfang der Teilehersteller/Zulieferer verpflichtet ist, im Rahmen der zu übernehmenden „Liquiditätsgarantie" (S. 183 f.) höhere Aufwendungen zur versicherungsmäßigen Abdeckung des Produktrisikos zu übernehmen. Denn die von ihm zu erfüllenden Mehrleistungen erhöhen sein Haftungsrisiko, weil er sich nicht mehr darauf verlassen kann, daß der Endhersteller/Assembler eigenständige Kontrollen – sowohl im Rahmen der §§ 377, 378 HGB als auch im Rahmen von § 823 Abs. 1 BGB – durchführen wird, um die Sicherheit des Teilprodukts und die des Endprodukts zu gewährleisten.

Dies deckt sich in der Sache mit einem Beschluß des BDI, wonach sich Qualitätssicherungsvereinbarungen jeder Regelung enthalten sollten, welche den Haftpflichtversicherungsschutz des Teileherstellers/Zulieferers nachteilig beeinflussen, z. B. auch dadurch, daß die Wareneingangskontrolle abbedungen wird (hierzu Graf von Westphalen/Bauer, Just-in-Time-Lieferungen und Qualitätssicherungsvereinbarungen, S. 107).

13
Die rechtliche Bewertung von Einzelklauseln

13.1
Die Installation des Qualitätssicherungssystems

Eine solche Klausel lautet z. B.:

„Der Zulieferer organisiert in eigener Verantwortung ein Qualitätssicherungssystem, das mindestens den Anforderungen der DIB ISO 9000 bis 9004 entspricht."

Oder es ist zu lesen:

„Der Zulieferer verpflichtet sich, in eigener Verantwortung seinen Produktionsprozeß unter Berücksichtigung eines Qualitätssicherungssystems so zu planen, zu organisieren und zu verwirklichen, daß seine Erzeugnisse die jeweiligen Qualitäts- und Sicherheitsanforderungen einhalten."

Auch wenn solche Klauseln *formularmäßig* in einer Qualitätssicherungsvereinbarung vorgesehen werden, bereiten sie keine Schwierigkeiten. Denn § 8 AGB-Gesetz stellt klar: Der richterlichen Inhaltskontrolle sind nur solche AGB-Klauseln unterworfen, die von Rechtsvorschriften abweichen oder diese ergänzen. Diese Voraussetzung liegt aber dann nicht vor, wenn sich die Parteien – wie hier – lediglich darauf verständigen, welche *Hauptleistung* der Teilehersteller/Zulieferer zu erbringen hat. Eine solche Klausel ist der richterlichen Inhaltskontrolle gemäß § 8 AGB-Gesetz entzogen.

Etwas anderes kann sich freilich dann ergeben, wenn das aktuell vom Teilehersteller/Zulieferer zu installierende Qualitätssicherungssystem Pflichten aufweist, welche – abweichend vom dispositiven Recht des BGB/HGB – den Teilehersteller/Zulieferer unangemessen benachteiligen, etwa wenn besonders weitreichende Prüf- und Kontrollvorschriften dem Teilehersteller/Zulieferer aufgezwungen werden.

13.2
Verantwortlichkeit des Teileherstellers/Zulieferers

Eine solche Klausel lautet z. B.:

„Das vom Zulieferer zu fertigende Teil muß in jeder Hinsicht den Spezifikationen des Auftraggebers/ Herstellers entsprechen; etwaige Änderungen sind nur dann zulässig, wenn sie zwischen den Parteien abgestimmt sind."

Diese Klausel ist eine Selbstverständlichkeit. Sie ist deshalb der richterlichen Inhaltskontrolle gemäß § 8 AGB-Gesetz entzogen. Rechtfertigender Gesichtspunkt für diese Argumentation ist zum einen die *Gewährleistungshaftung* des Teileherstellers/Zulieferers gemäß §§ 459 ff. BGB (S. 87 ff.) oder gemäß §§ 633 ff. BGB (S. 96 ff.), sofern der zugrundeliegende Vertrage ein Werkvertrag ist. Zum anderen entspricht diese Klausel den *originären* Verkehrssicherungspflichten im Sinn des § 823 Abs. 1 BGB, welche der Teilehersteller/Zulieferer aus eigener Verantwortlichkeit berücksichtigen muß. Gleiches gilt insoweit, als Ansprüche aus der Produkthaftung gemäß §§ 1, 4 ProdHaftG geltend gemacht werden. Auf die *Ausnahmeregelung* gemäß § 1 Abs. 3 ProdHaftG wird verwiesen (S. 186).

Selbstverständlich entbindet eine solche Verpflichtung den Teilehersteller/Zulieferer nicht von der *originären* Verkehrssicherungspflicht, den Endhersteller/Assembler darauf hinzuweisen, soweit Bedenken gegen die Vollständigkeit oder Richtigkeit der zu beachtenden Spezifikationen bestehen (BGH ZIP 1990, 514, 515 – Expander). Voraussetzung ist insoweit stets, daß der Teilehersteller/Zulieferer „konkreten Anlaß" hat, Bedenken gegenüber den zu beachtenden Spezifikationen geltend zu machen (BGH a.a.O.).

Soweit die *fabrikationstechnische* Verantwortlichkeit des Teileherstellers/Zulieferers in Rede steht, gilt das zuvor Gesagte: Der Teilehersteller/Zulieferer muß in eigener Verantwortlichkeit alles Erforderliche und ihm Zumutbare unternehmen, um die zu beachtenden Verkehrssicherungspflichten gemäß § 823 Abs. 1 BGB zu erfüllen. Soweit eine Klausel diesen Tatbestand ins Auge faßt und gleichzeitig vorschreibt, daß der Teilehersteller/Zulieferer ein Qualitätssicherungssystem errichten und unterhalten muß, wird der kontrollfreie Raum des § 8 AGB-Gesetz nicht verlassen (vgl. auch Steinmann, Qualitätssicherungsvereinbarungen S. 92 ff.).

13.3 Die Festlegung der Qualität, die zu berücksichtigenden Standards, Eigenschaftszusicherungen

Eine solche Klausel lautet etwa:

> „Der Zulieferer ist verpflichtet, die ihm vom Endhersteller/Auftraggeber übergebenen Spezifikationen exakt einzuhalten; alle technischen Spezifikationen und Daten gelten als zugesicherte Eigenschaft."

Soweit das Vertragsverhältnis zwischen Teilehersteller/Zulieferer und Endhersteller/Assembler als *Kaufvertrag* gemäß §§ 433 ff. BGB einzuordnen ist, sind die vom Endhersteller/Assembler herrührenden Spezifikationen und sonstigen Standards nichts anderes als eine qualitätssichernde *Beschaffenheitsvereinbarung* im Sinn von § 459 Abs. 1 BGB (S. 87 f.). Dies entspricht der Judikatur des BGH, wonach die Beschreibung eines Produkts nach DIN-Normen oder sonstigen technischen Regelwerken regelmäßig nicht als Vereinbarung einer Eigenschaftszusicherung gemäß § 459 Abs. 2 BGB zu interpretieren ist. Daraus folgt: Sofern der Teilehersteller/Zulieferer die jeweiligen technischen Spezifikationen/Standards nicht einhält, stehen dem Endhersteller/Assembler nur die kaufrechtlichen Gewährleistungsansprüche, nämlich: Mangelbeseitigung, Ersatzlieferung, Wandelung oder Minderung zu;

Schadensersatzansprüche wegen Nichterfüllung sind hingegen ausgeschlossen (S. 103 ff.).

Daraus folgt unmittelbar: Sofern der Endhersteller/Assembler bestimmt, daß alle technischen Spezifikationen/Standards als *zugesicherte Eigenschaften* zu qualifizieren sind, liegt darin eine *Höherqualifizierung*, weil auf diese Weise der Endhersteller/Assembler in der Lage ist, bei einem einfachen Fehler Schadensersatz wegen Nichterfüllung gemäß § 463 Satz 1 BGB zu verlangen. Deshalb ist allgemein anerkannt, daß solche Höherqualifizierungen nach § 9 Abs. 2 Nr. 1 AGB-Gesetz *unwirksam* sind (Kreifels, ZIP 1990, 485, 492; AGB-Klauselwerke/Graf von Westphalen – Einkaufsbedingungen Rdnr. 29 f.; Ulmer/Brandner/Hensen, AGB-Gesetz, 7. Aufl., Anh. zu §§ 9 – 11 Rdnr. 298).

Berücksichtigt man, daß gemäß § 633 Abs. 1 BGB auch im *Werkvertrag* ein substantieller Unterschied zwischen einem Fehler und einer zugesicherten Eigenschaft besteht (S. 107 ff.), so deutet einiges darauf hin, daß insoweit eine Parallelwertung gemäß § 9 Abs. 2 Nr. 1 AGB-Gesetz vorzunehmen ist. Indessen sprechen die besseren Gründe dafür, die Höherqualifizierung von technischen Spezifikationen/Standards zu Eigenschaftszusicherungen im *Werkvertragsrecht* sanktionslos zu belassen, weil der Schadensersatzanspruch des § 635 BGB unabhängig davon ist, ob es sich um einen Fehler oder um das Fehlen einer zugesicherten Eigenschaft handelt.

13.4 Die Verlängerung von Gewährleistungsfristen

Eine solche Klausel lautet:

> „Der Zulieferer leistet für die Fehlerfreiheit der von ihm gelieferten Teile Gewähr für einen Zeitraum von 48 Monaten, gerechnet ab Ablieferung."

Daß die Gewährleistungsfristen der §§ 477, 638 BGB – jeweils sechs Monate – in der Praxis zu kurz sind, ist eine Selbstverständlichkeit. Anerkannt ist indessen aber auch, daß die Gewährleistungsfristen der §§ 477, 638 BGB nicht nur reine Zweckmäßigkeitserwägungen enthalten, sondern auch einen *Gerechtigkeitsgehalt* verkörpern (BGH ZIP 1990, 237, 239; Graf von Westphalen, ZIP 1984, 529, 532). Der BGH hat deshalb entschieden, daß eine Verlängerung der gesetzlichen Gewährleistungsfristen nur dann mit § 9 Abs. 2 Nr. 1 AGB-Gesetz im Einklang steht, wenn ein *besonderes Interesse* des Endherstellers/Assemblers vorhanden ist, welches das Interesse des Teileherstellers/Zulieferers an der Einhaltung der durch das Gesetz gezogenen Grenze übersteigt (BGH a.a.O.). Folglich sind die Interessen beider Vertragsparteien miteinander zu balancieren und zu bilanzieren. Dies führt dazu, daß regelmäßig eine Verlängerung der Gewährleistungsfristen der §§ 477, 638 BGB auf einen Zeitraum von *zwei Jahren* zu respektieren ist; darin liegt kein Verstoß gegen § 9 Abs. 2 Nr. 1 AGB-Gesetz (BGH a.a.O.; Graf von Westphalen, ZIP 1984, 529, 532; AGB-Klauselwerke/Graf von Westphalen – Einkaufsbedingungen Rdnr. 38; vgl. auch Thamm/Hesse, BB 1979, 583, 586).

Daraus ergibt sich gleichzeitig, daß eine Verlängerung der Gewährleistungsfristen auf einen Zeitraum von *vier Jahren* grundsätzlich gegen § 9 Abs. 2 Nr. 1 AGB-Gesetz verstößt; sie ist daher *unwirksam*. Auch unter Berücksichtigung der besonderen

Haftungssituation des Endherstellers/Assemblers, wie sie etwa in der Kfz-Branche zu berücksichtigen ist, spricht nichts dafür, das einseitige Interesse des Endherstellers/Assemblers gegenüber dem Interesse des Teileherstellers/Zulieferers – unter Berücksichtigung der Wertungskriterien der §§ 477, 638 BGB – zu favorisieren. Selbst wenn man davon ausgehen sollte, daß der Endhersteller/Assembler in seinem Verhältnis zum Kunden wesentlich länger haftet als die gesetzliche Gewährleistungsfrist der §§ 477, 638 BGB, so gilt doch: Der Endhersteller/Assembler hat als AGB-Verwender nicht das Recht, sich von allen Gewährleistungsrisiken, welche er im Außenverhältnis übernommen hat, in der Weise freizuzeichnen, daß er den Teilehersteller/Zulieferer formularmäßig in gleicher Weise in dieses Risiko einbindet.

13.4.1 Haftungsrechtliche Regelungen

Eine solche Klausel lautet z. B.:

> „Der Zulieferer ist verpflichtet, den Endhersteller/Besteller von allen Produkthaftungsansprüchen freizustellen, soweit diese in dem von ihm hergestellten Teilprodukt ihre Ursache haben."

Weitergehend wird auch formuliert:

> „Der Zulieferer verpflichtet sich, eine Rückrufaktion durchzuführen, soweit er die Schadensursache zu vertreten hat."

Auch ist zu lesen:

> „Der Besteller ist berechtigt, auf Kosten des Zulieferers eine Rückrufaktion durchzuführen, soweit der Zulieferer hierzu gesetzlich verpflichtet wäre."

Bei allen diesen Haftungsklauseln ist darauf zu achten, daß der Teilehersteller/Zulieferer deliktsrechtlich gemäß § 823 Abs. 1 BGB für einen Produktschaden in vollem Umfang verantwortlich ist. Allerdings steht dem Teilehersteller/Zulieferer – wie jedem anderen Hersteller auch – der Beweis *fehlenden Verschuldens* offen (S. 163 ff.), soweit der Geschädigte seinen Anspruch auf § 823 Abs. 1 BGB stützt. Macht er allerdings Schadensersatzansprüche gemäß § 1 ProdHaftG geltend, so handelt es sich – wie gezeigt (S. 185 ff.) – um eine verschuldensunabhängige Einstandspflicht. Aus diesem Grund könnte es sich empfehlen, klauselmäßig zwischen eine Schadensersatzhaftung gemäß § 823 Abs. 1 BGB und einer Produkthaftung gemäß § 1 ProdHaftG zu differenzieren. Dies würde bedeuten, daß die vorerwähnte erste Klausel gegen § 9 Abs. 2 Nr. 1 AGB-Gesetz verstößt, weil sie – ihrer äußeren Formulierung nach – den Eindruck erweckt, als sei dem Teilehersteller/Zulieferer der Nachweis *abgeschnitten*, daß er wegen fehlenden Verschuldens keinen Schadensersatz gemäß § 823 Abs. 1 BGB zu leisten verpflichtet ist. Deshalb müßte die Klausel, um sie korrekt zu formulieren, mit einem *Halbsatz* ergänzt werden, und zwar: „Dies gilt nicht, soweit der Zulieferer nachweist, daß ihn ein Verschulden trifft." Für eine Schadensersatzhaftung gemäß § 1 ProdHaftG ist freilich dieser Zusatz entbehrlich.

Haftungsklauseln sind also in Qualitätssicherungsvereinbarungen nur dann mit § 9 Abs. 2 Nr. 1 AGB-Gesetz vereinbar, wenn sie die *Rechtslage* deklaratorisch widerspiegeln. Dies geschieht zweckmäßigerweise mit der Formulierung:

„Der Zulieferer wird den Besteller von allen Produkthaftungsansprüchen insoweit freistellen, als er im Außenverhältnis selbst haftet."

Damit ist gleichzeitig gesagt, daß derartige Haftungsklauseln, soweit sie mit § 9 Abs. 2 Nr. 1 AGB-Gesetz im Einklang stehen, *überflüssig* sind. Indessen ist gerade in diesem Punkt äußerste Vorsicht geboten: Zahlreiche Haftungsklauseln in Qualitätssicherungsvereinbarungen, aber auch in *Einkaufsbedingungen* verschieben das Schadensersatzrisiko zu Lasten des Teileherstellers/Zulieferers und sind nach § 9 Abs. 2 Nr. 1 AGB-Gesetz unwirksam.

13.4.2
Beurteilung von Rückrufklauseln

Gelangt man zu dem Resultat, daß auch der Teilehersteller/Zulieferer deliktsrechtlich verpflichtet ist, eine *Rückrufaktion* durchzuführen, so bestehen gegen die weiter oben erwähnten Klauseln keine Bedenken gemäß § 9 Abs. 2 Nr. 1 AGB-Gesetz. Freilich bleibt darauf hinzuweisen, daß nach der hier vertretenen Auffassung der Endhersteller/Assembler verpflichtet ist, den Teilehersteller/Zulieferer auf besondere Haftungssituationen, etwa durch Lieferung in die USA, Kanada und Australien aufmerksam zu machen (S. 198 f.). Gleichzeitig ist der Endhersteller/Assembler verpflichtet, den Teilehersteller/Zulieferer auf die Notwendigkeit eines Versicherungsschutzes hinzuweisen, der das Rückrufkosten-Risiko erfaßt (S. 198). Soweit dies geschieht, bestehen gegen die Wirksamkeit dieser Rückrufkostenklausel keine durchgreifenden Bedenken gemäß § 9 Abs. 2 Nr. 1 AGB-Gesetz (abweichend noch Graf von Westphalen, CR 1990, 567, 574). Dies gilt auch insoweit, als die Klausel dem Endhersteller/Assembler das Recht vorbehält, eine Rückrufaktion auf Kosten des Teileherstellers/Zulieferers durchzuführen (S. 203).

13.4.3
Der erforderliche Schutz des Know-how des Teilehersteller/Zulieferers

Soweit der Endhersteller/Assembler dafür Sorge trägt, daß eine *umfassende Geheimhaltungsverpflichtung* zugunsten des Teileherstellers/Zulieferers vereinbart wird – in der Praxis handelt es sich hierbei regelmäßig um wechselseitige Verpflichtungen –, bestehen gemäß § 9 Abs. 2 Nr. 1 AGB-Gesetz keine Bedenken. Denn durch eine den gewöhnlichen Bedürfnissen entsprechende Geheimhaltungsvereinbarung werden die Interessen des Teileherstellers/Zulieferers ausreichend gewahrt; ein Abfluß von Betriebsgeheimnissen oder von Know-how ist dann genausowenig zu besorgen wie in sonstigen Fällen, in denen Vereinbarungen getroffen werden. Selbstverständlich können diese – darin liegt aber keine unangemessene Benachteiligung des Teileherstellers/Zulieferers im Sinn von § 9 Abs. 2 Nr. 1 AGB-Gesetz – mißachtet und verletzt werden. Mit diesem Risiko muß jedoch der Teilehersteller/Zulieferer „leben".

Dabei ist zu berücksichtigen, daß die §§ 17, 18 UWG für Betriebs- und Geschäftsgeheimnisse lediglich einen *begrenzten Schutz* sicherstellen, soweit Betriebs- und Geschäftsgeheimnisse *Arbeitnehmern, Angestellten* anvertraut und von diesen rechtswidrig verwendet werden. Deshalb empfiehlt es sich allemal, die Geheimhaltungsvereinbarungen – um den Schutz des Know-hows des Teileherstellers/Zulieferers zu verbessern – auch auf die *persönliche Geheimhaltungspflicht* derjenigen Mitarbeiter des Endherstellers/Assemblers zu erstrecken, welche mit dem Know-how des Teileherstellers/Zulieferers in Berührung gelangen.

Soweit die Betriebs- und Geschäftsgeheimnisse des Teileherstellers/Zulieferers *offenkundig* oder allgemein bekannt werden, besteht kein Schutzbedürfnis mehr. Folglich ist es gemäß § 9 Abs. 2 Nr. 1 AGB-Gesetz auch nicht zu beanstanden, wenn eine Geheimhaltungsvereinbarung diesem Umstand Rechnung trägt.

13.4.4
Die Dokumentationsverpflichtungen

Eine solche Klausel lautet z. B.:

> „Der Zulieferer ist verpflichtet, über die von ihm durchgeführten Qualitätssicherungsmaßnahmen sowie über deren Ergebnisse Aufzeichnungen anzufertigen. Alle Prüfprotokolle und Abnahmebelege sind vom Zulieferer für einen Zeitraum von 10 Jahren aufzubewahren."

Darüber hinaus ist zu lesen:

> „Die vom Zulieferer gefertigte Dokumentation der einschlägigen Qualitätsprüfungen und Qualitätskontrollen stehen dem Besteller auf Wunsch zur Verfügung und sind ihm zur Einsichtnahme vorzulegen."

Gegen solche Regelungen bestehen unter dem Blickwinkel von § 9 Abs. 2 Nr. 1 AGB-Gesetz keine durchgreifenden Bedenken: Die Dokumentationspflicht liegt im originären Eigeninteresse des Teileherstellers/Zulieferers, weil sie ihm – wenn denn überhaupt – die Möglichkeit eröffnet, im Rahmen einer Haftung gemäß § 823 Abs. 1 BGB den Nachweis zu erbringen, daß der Produktfehler von ihm nicht verschuldet wurde (S. 163 ff.). Auch gegen die *Aufbewahrungspflicht* von zehn Jahren bestehen keine Bedenken. Die Frist rechtfertigt sich unter Berücksichtigung von § 13 ProdHaftG danach *erlöschen* Schadensersatzansprüche gemäß § 1 ProdHaftG nach Ablauf von zehn Jahren, gerechnet von dem Zeitpunkt, in welchem der Hersteller das Produkt, welches den Schaden verursacht hat, in den Verkehr gebracht hat.

13.4.5
Die Zutritts- und Kontrollrechte des Endherstellers/Assemblers

Eine solche Klausel lautet etwa:

> „Der Zulieferer ist damit einverstanden, Beauftragten des Endherstellers – nach rechtzeitiger Vorankündigung während der üblichen Arbeitszeit – Zutritt zu

seinen Betriebsstätten zu gewähren. Die Beauftragten des Endherstellers sind berechtigt, daß Qualitätssicherungssystem des Zulieferers zu überprüfen; der Zulieferer ist daher verpflichtet, alle erforderlichen Informationen und Dokumentationen des Qualitätssicherungssystems zur Verfügung zu stellen."

Wie bereits weiter oben im einzelnen gezeigt (S. 196 f.), hat der Endhersteller/Assembler ein vitales Interesse daran, einen Qualitäts-Audit beim Teilehersteller/Zulieferer durchzuführen, weil er nur so in der Lage ist, seine delikts- und haftungsrechtliche Verantwortlichkeit ordnungsgemäß zu erfüllen, sofern das vom Teilehersteller/Zulieferer gefertigte Teilprodukt einen Schaden verursacht. Deshalb bestehen gegen derartige Klauseln keine Bedenken gemäß § 9 Abs. 2 Nr. 1 AGB-Gesetz (Produkthaftungshandbuch/Graf von Westphalen, § 24 Rdnrn. 252 ff.; ders., AGB-Klauselwerke/Graf von Westphalen – Qualitätssicherungsvereinbarungen Rdnr. 26).

Es liegt auf der Hand, daß gerade in diesem Bereich die Kontrollrechte des Endherstellers/Assemblers mit den Geheimhaltungsinteressen des Teileherstellers/Zulieferers konkurrieren (Schmidt, NJW 1991, 144, 151). Dieser *Zielkonflikt* kann nur im Einzelfall gelöst werden: Der Endhersteller/Assembler hat ein vitales Interesse daran, daß die auf den Teilehersteller/Zulieferer delegierten Kontrollpflichten ordnungsgemäß erfüllt werden; diesem Zweck dient das jeweilige Qualitäts-Audit. Läßt sich nachweislich dieses Kontrollrecht nur in der Weise ordnungsgemäß erfüllen, daß der Endhersteller/Assembler das Qualitäts-Audit auch auf Betriebs- und Geschäftsgeheimnisse des Teileherstellers/Zulieferers erstreckt, so haben die Kontrollrechte jedenfalls dann *Vorrang*, wenn gleichzeitig eine Geheimhaltungsvereinbarung die Interessen des Teileherstellers/Zulieferers absichert. Jedenfalls gilt dies dann uneingeschränkt, wenn die Geheimhaltungsvereinbarung, was jedenfalls in diesen Fällen zu empfehlen ist, mit einer *fühlbaren Vertragsstrafe* für den Fall ihrer Verletzung sanktioniert ist (Steinmann, Qualitätssicherungsvereinbarungen, S. 139 f.). Können jedoch die Kontrollrechte des Endherstellers/Assemblers auch in der Weise ordnungsgemäß erfüllt werden, daß das geheimhaltungsbedürftige Know-how des Teileherstellers/Zulieferers ausgespart wird, so ist diese Alternative der Vorzug zu geben und notfalls empfiehlt sich eine entsprechende vertragliche Vereinbarung.

13.4.6
Vereinbarung von Haftungsfreizeichnungstatbeständen

Eine solche Klausel lautet z. B.:

„Der Zulieferer nimmt zustimmend davon Kenntnis, daß die Haftung des Endherstellers auf die Fälle von Vorsatz oder grober Fahrlässigkeit begrenzt ist; die Haftung im Fall gewöhnlicher Fahrlässigkeit ist ausgeschlossen."

Gleichgültig, auf welche Regelungstatbestände sich eine solche Haftungsfreizeichnungsklausel des Endherstellers/Assemblers bezieht, ist folgendes zu beachten:

Der Verbotstatbestand von § 11 Nr. 7 AGB-Gesetz ist auch im kaufmännischen Verkehr gemäß § 9 Abs. 1 AGB-Gesetz grundsätzlich zu berücksichtigen (Löwe/Graf von Westphalen/Trinkner, Großkommentar, 2. Aufl., § 11 Nr. 7 Rdnr. 39 ff.; Palandt/Heinrichs, § 11 Rdnr. 38; Wolf/Horn/Lindacher, AGB-Gesetz, 3. Aufl., § 11 Nr. 7 Rdnr. 48). Diesem Erfordernis trägt die Regelung in Satz 1 Rechnung.

Die Rechtsprechung des BGH hat inzwischen kategorisch entschieden, daß jedes Vertragsverhältnis durch „wesentliche" Vertragspflichten charakterisiert ist (BGH ZIP 1994, 46 – bautechnische Beratung; BGH ZIP 1994, 461, 465 – Daihatsu). Daraus folgt: Soweit der Endhersteller/Assembler im Rahmen einer Qualitätssicherungsvereinbarung Pflichten gegenüber dem Teilehersteller/Zulieferer zu erfüllen hat, handelt es sich schon deswegen um „wesentliche" Pflichten, weil ihre Erfüllung dem Zweck dient, die Rechtsgüter Dritter im Sinn von § 823 Abs. 1 BGB zu schützen (Produkthaftungshandbuch/Graf von Westphalen, § 13 Rdnrn. 23 ff.; offengelassen von BGH ZIP 1992, 934, 936 – Silokipper). Daß die Verpflichtungen des Endherstellers/Assemblers im Rahmen einer Qualitätssicherungsvereinbarung „wesentliche" Pflichten sind, welche im Fall ihrer Verletzung geeignet sind, die Erreichung des Vertragszwecks zu gefährden, ergibt sich bereits aus dem Anspruch, Qualität und Produktsicherheit zu gewährleisten: Verletzt der Endhersteller/Assembler diese Verpflichtung, so wird dadurch im Sinn von § 9 Abs. 2 Nr. 2 AGB-Gesetz die Erreichung des Vertragszwecks gefährdet. Der Teilehersteller/Zulieferer wird unmittelbar durch eine solche Freizeichnungsklausel *benachteiligt*. Denn im Innenverhältnis trägt er dann das gesamte Gewährleistungs- und Produkthaftungsrisiko, obwohl hierfür eine Pflichtverletzung ursächlich war, die der Endhersteller/Assembler zu vertreten hatte. Dies ist ersichtlich ungerecht.

Daraus folgt, daß Haftungsfreizeichnungstatbestände – gleichgültig, wie sie in Qualitätssicherungsvereinbarungen formuliert sein mögen – an § 9 Abs. 2 Nr. 2 AGB-Gesetz zerschellen und daher unwirksam sind.

Literatur

Ackmann HP (1992) Die Abgrenzung „nächster" von „weiteren" Mangelfolgeschäden bei der Verjährung nach § 638 BGB – eine Malaise ohne Ende? JZ, 670 ff.
Büchner H (1988) Neuorientierung des Produkthaftungsrechts? Auswirkungen der EG-Richtlinie auf das deutsche Recht, DB, 32 ff.
Diederichsen U (1976) Produzentenhaftung bei Mängeln am Kraftfahrzeug, DAR, 312 ff.
Ensthaler J (1994) Haftungsrechtliche Bedeutung von Qualitätssicherungsvereinbarungen, NJW, 817 ff.
Fischer F-W (1977) Konsequenzen aus der Produkt-Haftpflicht der Hersteller, DB, 71 ff.
Frese E, v Werder A, Klinkenberg U (1988) Produkthaftungs-Management deutscher Großunternehmen nach altem und neuem Recht, DB, 2369 ff.
Grimm D (1968) Zur Abgrenzung der Schadensersatzansprüche aus § 635 BGB und aus positiver Vertragsverletzung, NJW, 14 ff.
Hehemann H (1988) Zur Abgrenzung von nächsten und entfernteren Mangelfolgeschäden im Werkvertragsrecht, NJW, 801
Henseler P (1987) Materialprüfung gemäß DIN 50059, Anmerkung zu OLG Hamm BB, 363; 364.
Hollmann HH (1989) Zur rechtlichen und technischen Bedeutung von Qualitätssicherungsvereinbarungen, PHI, 146 ff.
Hollmann HH (1992) Qualitätssicherungsvereinbarungen, CR, 13 ff.
Klaue S (1989) Nationales Kartellrecht und Zuliefererproblematik unter besonderer Berücksichtigung der Automobilindustrie, ZIP, 1313 ff.
Knöpfle R (1987) Zum Inhalt des Fehlers und der Zusicherung i.S. des § 459 I, II BGB, NJW, 801 ff.
Kreifels T (1990) Qualitätssicherungsvereinbarungen – Einfluß und Auswirkungen auf die Gewährleistung und Produkthaftung von Hersteller und Zulieferer, ZIP, 489 ff.
Kullmann HJ (1981) Die neue höchstrichterliche Rechtsprechung zur deliktischen Warenherstellerhaftung, WM, 1322 ff.
Kullmann HJ (1988) Das Risiko der Produzentenhaftung, VersR, 655 ff.
Kullmann HJ (1991) Die Rechtsprechung des BGH zum Produkthaftpflichtrecht in den Jahren 1989/1990, NJW, 675 ff.
Lehmann M (1990) Just in time: Handels- und AGB-rechtliche Probleme, BB, 1849 ff.
Link K-U (1985) Gesetzliche Regreßansprüche bei Produzentenhaftung gegenüber dem Zulieferer, BB, 1424 ff.
Löwe W (1978) Rückrufpflicht des Warenherstellers, DAR, 288 ff.
Loebell K (1973) Die Haltbarkeitsgarantie, BB, 1237 ff.
Marburger P (1981) Anmerkung zu BGH BB, 815, 1177 ff.
Michalski L (1988) Die Systemwidrigkeit der Differenzierung nach Mangel- und Mangelfolgeschäden im werkvertraglichen Sachmängelgewährleistungsrecht, NJW, 793 ff.
Migge LM (1991) Deutschland: Praktische Überlegungen bei der Vorbereitung von Qualitätssicherungsvereinbarungen, PHI, 198 ff.

Migge LM (1992) Qualitätssicherungsverträge: Versuch einer Zwischenbilanz aus der Sicht der betrieblichen Praxis, VersR, 665 ff.
Nagel B (1991) Schuldrechtliche Probleme bei Just-in-Time-Lieferbeziehungen, DB, 319 ff.
Nagel B, Ries B, Theiss G (1989) Der faktische Just-in-Time-Konzern – Unternehmensübergreifende Rationalisierungskonzepte und Konzernrecht am Beispiel der Automobilindustrie, DB, 1505 ff.
Niklisch F (1984) Empfiehlt sich eine Neukonzeption des Werkvertragsrechts? – unter besonderer Berücksichtigung komplexer Langzeitverträge, JZ, 757 ff.
Peters F (1978) Mangelschäden und Mangelfolgeschäden, NJW, 665 ff.
Peters F (1983) Praktische Probleme der Minderung bei Kauf und Werkvertrag, BB, 1951 ff.
Sack R (1988) Das Verhältnis der Produkthaftungsrichtlinie der EG zum nationalen Produkthaftungsrecht, VersR, 439 ff.
Schack H (1985) Die Zusicherung beim Kauf, AcP 185, 333 ff.
Schmidt D (1991) Qualitätssicherungsvereinbarungen und ihr rechtlicher Rahmen, NJW, 144 ff.
Schmidt-Salzer J (1972) Produkthaftung, Produkthaftpflichtversicherung, Betriebsorganisation und risk management, BB, 1430 ff.
Schmidt-Salzer J (1979) Die Bedeutung der Entsorgungs- und Schwimmschalter-Entscheidung des Bundesgerichtshofs für das Produkthaftungsrecht, BB, 1 ff.
Schwenzer I (1987) Rückruf- und Warnpflichten des Warenherstellers, JZ, 1059 ff.
Semler FJ (1976) Warenbeschreibung oder Zusicherung einer Eigenschaft, NJW, 406 ff.
Steindorff E (1979) Repräsentanten- und Gehilfenversagen und Qualitätsregelungen in der Industrie, AcP 170, 93 ff.
Steinmann C (1993) Abdingbarkeit der Wareneingangskontrolle in Qualitätsregelungen in der Industrie, BB, 873 ff.
Steffen E (1988) Die Bedeutung der „Stoffgleichheit" mit dem „Mangelunwert" für die Herstellerhaftung aus Weiterfresserschäden, VersR, 977 ff.
Thamm M, Hesse H (1979) Einkaufsbedingungen und AGB-Gesetz, BB, 1583 ff.
Graf v Westphalen F (1971) Neue Gesichtspunkte für die Produzentenhaftung, BB, 152 ff.
Graf v Westphalen F (1972) Grundsätze deliktischer Haftung im Bereich der Unternehmensorganisation (Produzentenhaftung), WiR, 67 ff.
Graf v Westphalen F (1978) Eigenschaftszusicherungen – Haftungsbegrenzungen und Haftungsfreizeichnungen in kaufmännischen AGB-Klauseln, DB, 2061 ff.
Graf v Westphalen F (1983) Die vertragliche Produzentenhaftung, Jura, 57 ff.
Graf v Westphalen F (1984) Einkaufsbedingungen und AGB-Gesetz, ZIP, 529 ff.
Graf v Westphalen F (1990) Das neue Produkthaftungsrecht, NJW, 83 ff.
Graf v Westphalen F (1990) Rechtsprobleme des „Just-in-Time" Delivery, CR, 567 ff.
Zirkel H (1990) Das Verhältnis zwischen Zulieferer und Assembler – eine Vertragsart sui generis? NJW, 345 ff.

Kommentare

AGB-Klauselwerke (/Bearbeiter), hrsg. von Graf von Westphalen
Löwe, Graf von Westphalen, Trinkner, Kommentar zum Gesetz zur Regelung des Rechts der Allgemeinen Geschäftsbedingungen, 2. Auflage, München, Köln, Heidelberg 1982/1986.
MünchKomm. (/Bearbeiter) Münchner Kommentar zum Bürgerlichen Gesetzbuch, 2. Auflage, München 1986 ff. – 1990; 3. Auflage ab 1992.
Palandt (/Bearbeiter) Bürgerliches Gesetzbuch mit Einführungsgesetz und Nebengesetzen; Kommentar, 55. Auflage, München 1996
Produkthaftungshandbuch (/Bearbeiter) hrsg. von Friedrich Graf v. Westphalen, Band 1: Vertragliche und deliktische Haftung, Strafrecht und Produkt-Haftpflichtversicherung, München 1989; Band 2: Das deutsche Produkthaftungsgesetz, Internationales Privat- und Prozeßrecht, Länderberichte zum Produkthaftungsrecht, München 1991.
RGRK-BGB (Bearbeiter) Das bürgerliche Gesetzbuch mit besonderer Berücksichtigung der Rechtsprechung, des Reichsgerichts und des Bundesgerichtshofes, Kommentar herausgegeben von den Mitgliedern des Bundesgerichtshofes, 12. Auflage, Berlin/New York 1974 ff.
Schmidt-Salzer, Hollmann, Kommentar zur EG-Richtlinie – Produkthaftung, (2 Bände), Heidelberg, 1986 und 1989.
Soergel (/Bearbeiter) Bürgerliches Gesetzbuch mit Einführungsgesetz und Nebengesetzen; Kommentar, 12. Auflage, Stuttgart, Berlin, Köln, Mainz 1987 ff.
v. Staudinger (/Bearbeiter) Kommentar zum bürgerlichen Gesetzbuch, 12. Auflage, Berlin 1978 ff, 13. Auflage 1993 ff.
Taschner, Frietsch, Produkthaftungsgesetz und EG-Produkthaftungsrichtlinie: Kommentar, 2. Auflage, München 1990.
Ulmer, Brandner, Hensen, AGB-Gesetz, Kommentar zum Gesetz zur Regelung des Rechts der Allgemeinen Geschäftsbedingungen, 7. Auflage, Köln 1993.
Wolf, Horn, Lindlacher, Gesetz zur Regelung des Rechts der Allgemeinen Geschäftsbedingungen, 3. Auflage, München 1994.
Zöller (/Bearbeiter) Zivilprozeßordnung mit Gerichtsverfassungsgesetz und Nebengesetzen, Kommentar, 19. Auflage, Köln 1995.

Monographien

Christoffel R (1984) Die Garantie im Rahmen kaufrechtlicher Sachmängelgewährleistung, Frankfurt, Bern, New York
Kullmann HJ, Pfister B (1980) Handbuch Produzentenhaftung (Loseblattausgabe, 2 Bände), Berlin, Stand: 10/93
Marburger P (1979) Die Regeln der Technik im Recht, München
Martinek M (1993) Moderne Vertragstypen, Bd. III, München
Martinek M (1991) Zulieferverträge und -Qualitätssicherung, Köln
Merz A (1992) Qualitätssicherungsvereinbarungen, Frankfurt
Popp K (1992) Die Qualitätssicherungsvereinbarung, München, Wien
Schmidt-Salzer J (1979) Entscheidungssammlung Produkthaftung, Band II, Berlin
Steinmann C (1993) Qualitätssicherungsvereinbarungen zwischen Endproduktthersteller und Zulieferant, Heidelberg
Graf v. Westphalen F, Bauer C-O (1994) Just-in-Time-Lieferungen und Qualitätssicherungsvereinbarungen, Köln

Teil C
Maßnahmen der Qualitäts- organisation unter Beachten rechtlicher Grundlagen

Carl-Otto Bauer

Einleitung

Für die angemessene und vollständige Bewertung der Organisation und einzelner Maßnahmen des Qualitätswesens kommt es auf *alle Bedingungen des Einzelfalles einschließlich deren produktspezifischer und anwendungsbezogener Bewertung* an. Aus produktspezifischen und anwendungsbezogenen Funktionen können sich abweichende oder ergänzende Bewertungen ableiten.

Bei der ständig steigenden Verrechtlichung des Bewertens unternehmerischer Maßnahmen ist eine ausführliche Analyse und Bewertung nur in kritischen und Streitfällen erforderlich. Zur angemessenen rechtskonformen Gestaltung des Qualitätswesens ist es stets wünschenswert, ohne bis in die letzten Konsequenzen ausgefeilte Analysen, *Maßnahmen rechtskonform auszurichten*, die den *Verantwortlichen angemessene Sicherheit* geben, daß ihr Handeln einer meist nicht vorhersehbaren rechtlichen Prüfung standhält.

Teil C erläutert die ausführlichen juristischen Darstellungen dieses Buches zu Maßnahmen des Qualitätswesens wie der technischen und kaufmännischen Auswirkungen. Die *Empfehlungen* sollen die in den anderen Teilen ausführlich erläuterten rechtlichen Bewertungen in die Praxis umsetzen.

Die Anwendungsempfehlungen bündeln technische, organisatorische und kaufmännische Erfahrungen mit rechtskonformen Auswertungen für unternehmensindividuelle Maßnahmen. Sie sollen den Verantwortlichen als Richtlinien für rechtskonforme Lösungen dienen. Sie können, schon wegen der Allgemeinheit der Aussagen, eine im Einzelfall erforderliche tiefergehende juristische Analyse und Beratung nicht ersetzen.

1 Allgemeines

1.1 Unterschiedliche Rechtsbereiche

Für Führungskräfte des Qualitätswesens besteht regelmäßig die Schwierigkeit, nicht nur technisch angemessen die Inhalte von Anforderungen aus den *unterschiedlichen Rechtsbereichen* zu kennen und für ihre *Maßnahmen* auszuwerten, sondern auch deren *wechselseitige Abhängigkeiten* zu *berücksichtigen*. Von besonderer Bedeutung sind *Anforderungen* aus dem *öffentlichen Recht* und ihr Verhältnis zu anderen, meist höheren Anforderungen aus *Zivil-* und *Strafrecht*.

Allgemeine Rechtsnormen des öffentlichen Rechtes setzen stets nur *Mindestbedingungen*, denen Produkte, Anlagen und Verfahren genügen müssen, um genehmigt oder als zulässig in den Verkehr gebracht zu werden. Vielfältige Rechtsgrundlagen in bereichsspezifischen Gesetzen, wie GSG, AMG, LMBG, BIMSch.[1] u. a. m. dazu erlassene Verordnungen und regionale Rechtsnormen – Ländergesetze – geben Bestimmungen vor, von deren Erfüllen die Genehmigung zum Vertrieb/Betrieb von Produkten/ Verfahren/Anlagen abhängig gemacht wird. Solche Genehmigungen können sich sowohl auf örtliche Einzelanlagen beziehen als auch für Serien bundeseinheitlich gelten, wie zum Beispiel die allgemeine baurechtliche Zulassung von Baustoffen oder Teilen für Bauwerke das IfBt[2] oder für Kraftfahrzeugteile durch die allgemeine Betriebserlaubnis (ABE) des Bundeskraftfahrtamtes in Flensburg.

Das Erfüllen dieser *Mindestbedingungen* aus *Teilsektoren* des öffentlichen Rechtes ist für den Vertrieb/Betrieb und die Nutzung von Produkten oder Verfahren zwar *notwendig*, aber *allein nicht ausreichend*, um die *Sorgfaltspflichten* zu erfüllen, die *Zivil-* und *Strafrecht* als allgemeine rechtliche Anforderungen an juristische (Unternehmen) und natürliche Personen stellen.

1.2 Freier und geregelter Bereich

Die Anforderungen aus öffentlichem, Zivil- und Strafrecht sowie die unterschiedlichen Anspruchsgrundlagen in Teilbereichen des öffentlichen und des Zivilrechts sind in Bild 1.1 schematisch ohne alle möglichen Einzelheiten und Variationen dargestellt.

---

[1] GSG Gerätesicherheitsgesetz, AMG Arzneimittelgesetz, LMBG Lebensmittel- und Bedarfsgegenständegesetz, BIMSch Bundesimmissionsschutzgesetz

[2] IfBt Institut für Bautechnik Berlin

Im öffentlichen Recht ist zwischen Anforderungen aus dem *geregelten* oder durch EG-Richtlinien in der europäischen Union *harmonisierten oder national geregelten* und dem *freien Bereich* zu unterscheiden. Der geregelte Bereich wird begrenzt durch *bereichsspezifische europäische und nationale Rechtsnormen*, die für einzelne Produkte, Anlagen oder Verfahren rechtlich verbindliche Anforderungen stellen als Voraussetzungen für den Betrieb oder das In-Verkehr-Bringen.

Der Rat der Minister der Europäischen Union verabschiedet EG-Richtlinien, z. B. *EG-Richtlinie Maschinen, Niederspannungsrichtlinie, allgemeine Produktsicherheit* u. a. m. Diese EG-Richtlinien sind kein bindendes europäisches noch innerstaatliches Recht. Sie *verpflichten* die Regierungen der Mitgliedsstaaten, bis zu den *in* den Richtlinien selbst vorgegebenen Daten den sachlichen Inhalt unverändert in *nationales Recht umzusetzen*. Dieser Verpflichtung kommen die Regierungen der einzelnen Mitgliedsstaaten in unterschiedlichem Umfange, nicht alle zu den vorgegebenen Terminen, nach. Erst mit dem *Umsetzen* in *innerstaatliches Recht* bekommen die *Inhalte* der EG-Richtlinien in der Form der nationalen (Transformations-)Gesetze den Rang *rechtlich bindender Normen*. So wurde die EG-Richtlinie Maschinen als 9. Verordnung zum Gerätesicherheitsgesetz (9. VO-GSG) umgesetzt und damit in der Bundesrepublik rechtswirksam. Die Kenntnis des Inhaltes der EG-Richtlinien ist ein Blick in das Arbeitsprogramm der Regierung. Er erlaubt den Unternehmen, sich möglichst frühzeitig auf künftige Anforderungen aus Rechtsnormen einzustellen.

Diese Anforderungen gelten entsprechend den oft nicht ganz verständlich beschriebenen Geltungsbereichen der innerstaatlichen Rechtsnormen nur für die in diesen Bereich fallenden Produkte und Verfahren, nicht darüber hinaus. Wichtig ist für die Unternehmen die *eindeutige Zuordnung ihrer Produkte*, Verfahren und Anlagen zu den dafür geltenden – oder nicht zutreffenden – Geltungsbereichen der Rechtsnormen. Ein *Ausdehnen der Verfahren* und *Regelungen* über die Geltungsbereiche der jeweiligen Rechtsnormen hinaus ist *nicht möglich und unzulässig*.

Dies gilt beispielsweise für die Verwendung des CE-Zeichens, dessen Verwenden ohne gesetzliche Grundlage eine mit Geldbuße belegte Ordnungswidrigkeit ist (§ 13,1 ProdSG).

Das CE-Zeichen nach Richtlinie 94/68 EWG vom 22. 7. 1993 ist kein Qualitätszeichen, sondern ein europäischer „Reisepaß“. Mit diesem Kennzeichen gekennzeichnete Produkte signalisieren den nationalen Überwachungsbehörden, daß die damit gezeichneten Erzeugnisse *allen Anforderungen aus allen zutreffenden EG-Richtlinien genügen* – mehr nicht! Voraussetzung zum Verwenden des CE-Zeichens, z. B. bei Maschinen und Anlagen, ist eine Konformitätserklärung *nur* durch das *herstellende Unternehmen*, seinen Bevollmächtigten oder den Importeur in die EU, unter Angabe der für Konstruktion, Herstellung und Prüfung verwandten harmonisierten (EN) und zusätzlich nationalen (z. B. DIN) Normen – siehe Abschn. 3.4.5.

Weit *über* die *Hälfte* der deutschen *Industrieproduktion* gehört *nicht zum harmonisierten* oder geregelten, sondern zum freien *Bereich*. Für sie gelten nur allgemeine Anforderungen, z. B. aus BGB, HGB oder GSG.

Für die umfangreichen Bedingungen und Anforderungen aus den geregelten, harmonisierten Bereichen wird auf Spezialschrifttum verwiesen.

	Öffentliches Recht		
	Freier Bereich	Harmonisierter geregelter Bereich	Vertragsrecht
Rechtsgrundlage	BGB, HGB Gerätesicherheitsgesetz (GSG)	Nationale, europäische und bereichsspezifische Rechtsnormen z. B. LMBG, AMG EMV-Gesetz	Inhalt vertraglicher Bestimmungen, Gewährleistungsfr 6–24 Monate AGB (soweit rechtl wirksam vereinbar
Anforderungen	Erfüllen allgemeiner Sorgfaltspflichten	umgesetzte EG-Richtlinien, Nationale produkt- oder bereichsgebundene Vorgaben V.O. zum GSG	Erfüllen vertraglic und außervertragli Sorgfaltspflichten
Wirkung			Nur gegenüber de Vetragspartner
Zielvorgabe	Einhalten anerkannter Regeln der Technik, Stand der Technik	Allgemeine Sicherheit und bereichsweise technische Einzelvorgaben technisches Auswerten harmonisierte (EN) nationale Normen und anerkannte Regeln der Technik, Stand der Technik	
Sonder-anforderungen nach Rechtsgrundlage		Baumuster-Einzelprüfungen Produktionsüberwachung Einzelmodule aus EG-Konzept nur soweit anwendbar wie in den EG-Richtlinien vorgesehen sind, keine freie Wahl einzelner Module	
Dokumentation		Konformitätserklärung, -bescheinigung	
Kontrollen		CE-Zeichen nach dokumentiertem Erfüllen aller Anforderungen aus allen zutreffenden EG-Richtlinien auf dem Produkt Überwachungen und Kontrollen durch jeweilige Behörde Eingriffsrechte und EU-weite Informationssysteme	
Entscheidungsorgan		nationale richterlich	

Bild 1.1 Anforderungen aus unterschiedlichen Rechtsbereichen

echt		Strafrecht
Außervertragliches Recht		
Gewerbliche Nutzung	Private Bestimmung und Nutzung	
nationale Regelung, z. B. § 823 BGB und BGH Rechtsprechung Verschuldensabhängige Produkthaftung, Beweislastumkehr, Schmerzensgeld	EG-Richtlinie Produkthaftung, nationale Transformationsgesetze, ProdHaftG 1. 1. 90 Verschuldensunabhängige Produkthaftung, kein Schmerzensgeld	Nur bei Personenschäden Allgemeine Strafrechtsnormen StGB, keine strafrechtliche Verantwortung der Unternehmen. Nur natürliche Personen.
Allgemeine Sorgfaltspflichten Anerkannte Regeln der Technik, Stand der Technik, Erfüllen nur der Anforderungen des öffentlichen Rechts allein unzureichend	Berechtigterweise zu erwartende Sicherheit Einhalten anerkannter Regeln der Technik, Stand der Technik Selbstbeteiligung 1.125,– DM	Erfüllen von anerkannten Regeln der Technik notwendig aber nicht ausreichend, sorgfältiges Prüfen der Wirksamkeitsvoraussetzung Prüfbescheinigungen und Zertifikate bedeutungslos Erfüllen der Anforderungen des öffentlichen Rechtes nicht ausreichend
gegenüber jedermann	nur gegenüber privaten Verbrauchern	Persönliche Sorgfaltspflicht nach tatsächlicher innerbetrieblicher Verantwortung, Maßstäbe ähnlich üblichen Zivilrechtsverschuldens, keine Beweislastumkehr
tsachen- und Beweiswürdigung		

1.3 Die rechtliche Bedeutung von Genehmigungen, Betriebserlaubnissen und Prüfzeichen

Genehmigungen, Betriebserlaubnisse des öffentlichen Rechtes und allgemeine Prüfzeichen haben eine eingeschränkte rechtliche Bedeutung für das Zivil- und Strafrecht, die von Laien *vielfach überschätzt* wird. Der Bundesgerichtshof (BGH) hat zur allgemeinen Betriebserlaubnis (ABE) des Kraftfahrtbundesamtes in Flensburg festgestellt:

> Die bisherige *höchstrichterliche Rechtsprechung* besagt, daß diese *Betriebserlaubnis keine Vermutung* für die *ordnungsgemäße Beschaffenheit* des Produktes begründet, sondern nur, daß der Kontrollbeamte nichts Vorschriftswidriges gefunden hat und daß sich deshalb der Hersteller von Fahrzeugteilen, für die eine allgemeine Betriebserlaubnis erteilt ist, nicht darauf verlassen darf, daß die Zulassungsstelle etwaige Mängel entdeckt.
> Der Hersteller darf sich nicht darauf verlassen, bei derartigen Prüfungen durch oder im Auftrage der Genehmigungs- oder Zulassungsbehörden werde schon ein etwaiger Mangel aufgedeckt. ...
> Aus der *allgemeinen Betriebserlaubnis* für *Kfz-Zubehör* darf der *Hersteller* des *Kfz* auch *nicht* die tatsächliche *Vermutung* dafür herleiten, daß der Zubehörproduzent sein *Produkt* sorgfältig entwickelt, gefertigt und erprobt hat, bzw. daß es den *gesetzlichen Anforderungen genügt.*
> BGH Urteil VI ZR 65-86, vom 9.12.1986

Die Schlußfolgerung für die Qualitätsorganisation:

Technische (Mindest-)Bedingungen des öffentlichen Rechtes zum Erhalt von Zulassungen oder Genehmigungen sind sorgfältig einzuhalten – sie *genügen* jedoch *nicht* zum Nachweis des Einhaltens der *allgemeinen Sorgfaltspflichten* des *Zivil-* und *Strafrechtes.* Der Stand der Technik (siehe Abschn. 2.5) ist dafür allein der davon unabhängige nachprüfbare Maßstab, dessen Einhalten bei Schäden, vor allem bei Personenschäden zum Zeitpunkt des in Verkehr-Bringens durch technische Sachverständige ermittelt und der richterlichen Bewertung zugrundegelegt wird.

Deshalb kommt dem

- *unternehmensspezifischen Informationssystem*

zum laufenden *Erfassen* des *Standes der Technik vorrangige technische wie rechtliche Bedeutung* zu. Daraus zu gewinnende Erkenntnisse sind *unverzüglich* und *produktspezifisch wirksam* auszuwerten und in der innerbetrieblichen Organisation zur Kontrolle wie zum Verbessern eigener Erzeugnisse umzusetzen, sowohl durch Beobachten der Bewährung eigener Erzeugnisse bei den verschiedenen Anwendungen als auch denen des Wettbewerbs – siehe Abschn. 5.2.3.

Erfassen und gezieltes Auswerten aller produkt- und anwendungsbezogenen Informationen sind wesentlicher Teil der Organisationsverantwortung der Unternehmen, die nicht allein mit formellen Abläufen erfaßt oder dadurch ausreichend zu regeln sind, sondern bei denen es stets auf den *sachlich-technischen Inhalt* der einzelnen Informationen und den aus ihnen *abzuleitenden Ergebnisse* ankommt.

Bild 1.2 zeigt diesen notwendigen und im Schadensfall eindeutig nachzuweisenden Zusammenhang zwischen der produktspezifischen und anwendungsbezogenen Aussagefähigkeit technischer Erkenntnisse, z. B. von Prüfungen, als Voraussetzung für ihre rechtliche Bewertung – siehe Abschn. 3.5.3.

Die *technische Vorhersehbarkeit* und angemessen spezifische *Auswertbarkeit* sind die Voraussetzungen für eine rechtliche Relevanz von Prüfungen und anderen Maßnahmen der Qualitätsorganisation. Was für das einzelne Produkt, seine Anwendungen und vorhersehbaren unterschiedlichen Nutzungen *technisch nicht angemessen aussagefähig ist*, kann auch *rechtlich* zum Nachweis des Erfüllens allgemeiner Sorgfaltspflichten der Unternehmen wie der dafür persönlich Verantwortlichen *keine Bedeutung gewinnen* – siehe Abschn. 3.5.3. Erst der überprüfbare Nachweis produktspezifischer und anwendungsbezogener *technischer Wirksamkeit* für die vorhersehbaren Einsätze und Nutzungen ist die Voraussetzung, als rechtlich angemessenes Erfüllen der allgemeinen Sorgfaltspflichten durch die Unternehmen, ihre Führungskräfte und Mitarbeiter anerkannt zu werden. Was *technisch nicht* angemessen *aussagefähig* ist, kann *keine rechtliche Bedeutung* erlangen.

> Die Kennzeichung der Rohre mit dem Zeichen des DVGW (Deutscher Verein des Gas- und Wasserfaches e.V.) enthält *keine rechtsgeschäftliche Haftungszusage des Herstellers* gegenüber *Endverbrauchern.*
> Ein *Prüfzeichen* bedeutet, daß es sich bei den damit ausgestatteten Erzeugnissen um Produkte aus einer *überwachten Produktion* handelt.
> Die Ausstattung der *einzelnen* Erzeugnisse einer derartigen *Serienproduktion* enthält *keine Aussage* über die *tatsächlichen Eigenschaften des einzelnen Erzeugnisses,* sondern lediglich eine *Aussage* über das *Qualitätssicherungssystem des Herstellers* und das *Qualitätssicherungsniveau* und damit über die *allgemeine Produktqualität.*
> Die Ausstattung von *Serienprodukten* mit einem Prüfzeichen enthält *nicht* eine *vertragsrechtliche* oder quasi vertragsrechtliche *Haftung des Herstellers* für die *tatsächlichen Eigenschaften des einzelnen Erzeugnisses.*
> BGH VI ZR 48/83 14.05.1974 (Prüfzeichen)

Recht		Technik
Anforderungen – allgemeine Sorgfaltspflichten in unbestimmten Rechtsbegriffen Bewertungskriterien – Einzelfallsubsumtion Vollständige Sachverhaltsaufklärung – Verantwortungsanteile aller Beteiligten Bewertung	produktspezifisch anwendungsbezogen	wirksame Funktionen nachvollziehbare Abläufe Vorhersehbarkeit Vorsorge – Organisation – Steuerung – Aussagefähigkeit der Prüfungen – am Bauteil – der Betriebsfestigkeit

Bild 1.2 Technische Aussagefähigkeit – rechtliche Relevanz, Zusammenhang

Die vertragsrechtliche Bedeutung der Aussagen allgemeiner Gütezeichen schließt sich so nahtlos an die Bewertung von Betriebserlaubnissen aus dem öffentlichen Recht an.

Bei den vielfältigen unterschiedlichen Grundlagen und rechtlichen Voraussetzungen für *Prüfzeichen* ist die *dringende* allgemeine *Empfehlung*, die Grundlagen des Erteilens von Prüfzeichen, ihren Geltungsbereich und ihre *rechtliche Relevanz* sehr sorgfältig zu prüfen, ehe sie unternehmensinternen Entscheidungen zugrundegelegt werden oder auf diese Einfluß nehmen.

Literatur

1. Marburger P (1979) Die Regeln der Technik im Recht. Carl Heymanns Verlag, Köln

2
Rechtliche Anforderungen in unbestimmten Rechtsbegriffen

2.1
Allgemeine Anforderungen – technische Einzelheiten

Rechtsnormen des Zivil- und Strafrechtes arbeiten mit *allgemeinen unbestimmten Rechtsbegriffen* ohne technische Einzelheiten, z. B.

- die allgemeine Sorgfalts- oder Verkehrssicherungspflicht
- der bestimmungsgemäße und der vorhersehbare Gebrauch
- die angemessene persönliche Qualifikation
- das technisch Mögliche
- das wirtschaftlich Zumutbare

Technische Einzelheiten oder technische Voraussetzungen zum Ausfüllen dieser allgemeinen Anforderungen werden in Rechtsnormen nicht gegeben. Für das technisch angemessene Ausführen der Anforderungen in unbestimmten Rechtsbegriffen wird subsidiär verwiesen auf die

▶ *anerkannten Regeln der Technik*

als einzuhaltende *Mindestbedingungen* – siehe Abschn. 2.2 und 2.3, sowie auf den

▶ *Stand der Technik*

als den *erforderlichen Maßstab* für ordnungsgemäßes Verhalten von Unternehmen und Personen im Einzelfall – siehe Abschn. 2.5.

Die *höchste Stufe* dieser technischen Anforderungen wird beschrieben durch den

▶ *Stand von Wissenschaft und Technik* – siehe Abschn. 2.6.

Beispielhaft für die subsidiäre Verweisung in Rechtsnormen ist das Gerätesicherheitsgesetz (GSG), das für den Bereich des öffentlichen Rechtes in seinem § 3 Abs. 1 festlegt:

> Der Hersteller oder Einführer von technischen Arbeitsmitteln ... darf diese nur in den Verkehr bringen oder ausstellen, wenn sie nach den allgemein *anerkannten Regeln der Technik* sowie den Arbeitsschutz- und Unfallverhütungsvorschriften *so beschaffen sind*, daß Benutzer oder Dritte bei ihrer *bestimmungsgemäßen Verwendung gegen Gefahren* aller Art für Leben oder Gesundheit so weit *geschützt sind*, wie es die Art der bestimmungsgemäßen Verwendung gestattet. Von den allgemein *anerkannten Regeln der Technik* sowie den Arbeitsschutz- und Unfallverhütungsvorschriften *darf abgewichen* werden, soweit die *gleiche Sicherheit* auf *andere Weise gewährleistet* ist.

Das *Einhalten* der *anerkannten Regeln der Technik* ist *notwendig*, jedoch *allein nicht ausreichend*. *Maßstab* für ordnungsgemäßes Verhalten von Unternehmen und Personen ist der *Stand der Technik*, der stets über anerkannte Regeln der Technik hinausgeht. Nur – wer anerkannte Regeln der Technik nicht kennt und nicht einhält, kann den Stand der Technik erst recht nicht einhalten.

Jurastudenten der Universität Münster haben herausgefunden, daß *35 verschiedene Fassungen* dieser *drei Begriffe* in allgemeinen Rechtsnormen zu finden sind, die dort *weder* gegeneinander *abgegrenzt* sind, noch sich *hierarchisch* aufeinander bezogen systematisch *aufbauen*.

Das Bundesverfassungsgericht hat in seinem Urteil zum Schnellen Brüter in Kalkar diesen Übelstand beseitigt und diesen Begriffen eindeutige Inhalte zugeordnet. Sie entfalten damit bindende Wirkung für juristische und natürliche Personen. Sie binden alle ordentlichen Gerichte und Verwaltungsbehörden, auch wenn die Texte einzelner Rechtsnormen, z. B. Verordnungen, nicht vollständig oder nahtlos hierauf abgestimmt sind. Durch lückenloses Umsetzen anerkannter Regeln der Technik sind nur die Mindestvoraussetzungen für rechtlich einwandfreies Verhalten erfüllt. Der darüber hinausgehende Stand der Technik ist zusätzlich zu erfassen und umzusetzen, um alle erforderlichen Maßstäbe einzuhalten.

Rechtlich angemessene Maßnahmen und Abläufe in der Qualitätsorganisation setzen die Kenntnis dieser Begriffe und ihrer Auswirkungen als die allgemein übergeordneter Maßstäbe voraus, die durch produktspezifisch technisch wirksames Handeln anwendungsbezogen auszufüllen sind. Hierauf sind alle Methoden, Verfahren und Maßnahmen in der Qualitätsorganisation auszurichten, um unternehmensübergreifende rechtliche Anforderungen angemessen zu erfüllen. Nicht auf technische Einzelheiten kommt es an, sondern auf das Übereinstimmen des Handelns insgesamt mit diesen technisch detaillierten Vorgaben.

2.2 Funktion anerkannter Regeln der Technik

Die Definition:

Von der Mehrheit der Fachleute anerkannte
- wissenschaftlich begründete
- praktisch erprobte
- ausreichend bewährte

Regeln zum Lösen technischer Aufgaben.

Was anerkannte Regeln der Technik nach dieser Definition des Bundesverfassungsgerichtes sind, ist im Einzelfall zu ermitteln und zu prüfen. Die abschließende, entscheidende Prüfung erfolgt ausschließlich durch die Gerichte, die sich dazu technischer, vornehmlich öffentlich bestellter und vereidigter Sachverständiger bedienen.

Um den Rang einer anerkannten Regel der Technik zu erreichen und zu erhalten, sind *Mindestbedingungen* für ihr *Zustandekommen* wie für ihren *Inhalt* nachzuweisen, die Bundesverfassungsgericht und Rechtsprechung festgelegt haben. Sie enthalten unter anderem Anforderungen an

- die *Zusammensetzung* des herausgebenden *Gremiums* mit angemessener Vertretung *aller beteiligten und interessierten Kreise*
- die *Veröffentlichung* der *Entwürfe* mit angemessenen *Fristen zur Stellungnahme*, die allen, auch den am Erstellen des Entwurfes nicht beteiligten Fachleuten, eine Mitarbeit am und Stellungnahme zum Inhalt ermöglichen
- die *Organisation* des Ablaufes der inhaltlichen Formulierungen
- eine *fachlich kompetente Revisionsinstanz* zum Entscheiden beim Nichterreichen eines angemessenen Konsenses über Form und Inhalte
- das *regelmäßige Überprüfen* der *Inhalte* in *angemessenen* nicht zu langen *zeitlichen Abständen* mit dem Stand der Technik und dem daraus folgenden inhaltlichen Anpassen
- den *Aufbau* auf anerkannten *wissenschaftlichen Grundlagen*
- das Einschließen aller *Erkenntnisse* aus *praxisgerechten Prüfungen* und der verschiedenen Anwendungen
- das Berücksichtigen von *Erkenntnissen aus angrenzenden Bereichen* als Mosaiksteine in einem geschlossenen Gesamtsystem
- das *Übereinstimmen mit* Vorgaben der *Rechtsordnung*
- eine allgemeine Zugänglichkeit und *uneingeschränkte Anwendbarkeit* der Ergebnisse.

Beispielhaft sind die Regelungen der DIN 820 „Normungsarbeit", an denen auch Verfahren und Inhalte anderer Regelsetzer gemessen werden, wenn und soweit deren Arbeitsergebnisse als anerkannte Regeln der Technik gelten sollen.

Mit Mitteln des Bundeswirtschaftsministeriums wurde ab 1975 als zentrale Datenbank das

▶ *Deutsche Informationszentrum Technischer Regelwerke GmbH (DITR)*

als Tochter des DIN aufgebaut, das alle Dokumente speichert, die anerkannte Regeln der Technik sein können – aber nicht müssen. Bild 2.1 zeigt den Inhalt dieser Datenbank, zum 1. 1. 1994. Es gibt keine organisatorischen oder technischen Schwierigkeiten, alle möglicherweise zutreffenden anerkannten Regeln der Technik der einzelnen Bereiche jederzeit kurzfristig zu beschaffen und auszuwerten.

Nicht alle dort aufgeführten *Dokumente* sind *anerkannte Regeln der Technik*. Im Einzelfall ist das Erfüllen der *Voraussetzungen* bei ihrem *Erstellen* ebenso zu prüfen, wie ihre *inhaltliche Angemessenheit*, die Anwendbarkeit u. a. aufgrund des sich ändernden Standes der Technik seit ihrer letzten Ausgabe.

DIN 820 Teil 4 hat dafür allgemein anwendbare Maßstäbe gesetzt. Die Ausschüsse des Deutschen Instituts für Normung e.V. (DIN) sind verpflichtet, die Inhalte aller von ihnen betreuten Normen regelmäßig zu überprüfen und zu ändern, wenn sich der Stand der Technik gegenüber der letzten Ausgabe der Norm geändert hat. Diese Prüfung soll unabhängig von der Entwicklung des Standes der Technik regelmäßig mindestens *alle 5 Jahre* durchgeführt werden. Diese 5-Jahres-Regel wurde auch von anderen Organisationen, z. B. in der Richtlinie VDI 1000 für die Überwachung von VDI Richtlinien, übernommen. Der in Veröffentlichungen über Normen z. B. in allen DIN Taschenbüchern abgedruckte *Hinweis für Normenbenutzer* enthält die notwendigen Hinweise für das sachgerechte Anwenden der Normen:

Bild 2.1 DITR-Datenbank 1994

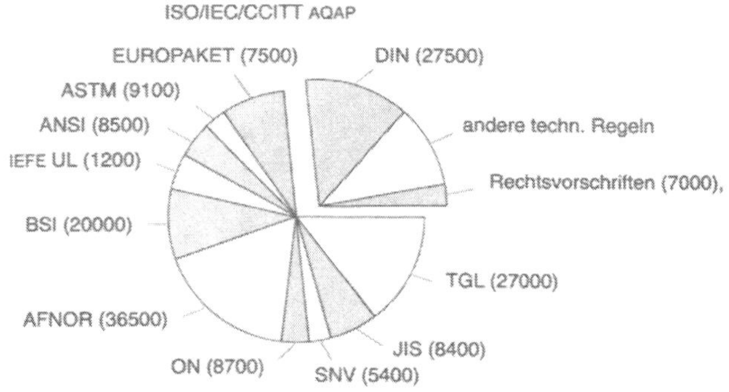

> DIN Normen sind nicht die einzige, sondern *eine Erkenntnisquelle* für technisch *ordnungsgemäßes Verhalten* im *Regelfall*.
> DIN-Normen können nur den zum Zeitpunkt der jeweiligen Ausgabe herrschenden Stand der Technik berücksichtigen. Durch das *Anwenden* von *DIN Normen* entzieht sich *niemand* der *Verantwortung* für *eigenes Handeln*, *jeder* handelt insoweit auf *eigene Gefahr*.
> Jeder, der beim Anwenden einer DIN-Norm auf eine *Unrichtigkeit* oder die Möglichkeit einer *unrichtigen Auslegung* stößt, wird gebeten, dies dem *DIN unverzüglich mitzuteilen*, damit etwaige *Mängel beseitigt* werden können.

Die laufende Aktualisierung, der Änderungsdienst für anerkannte Regeln der Technik, ihre Organisation und sorgfältige Durchführung ist wesentlicher Teil der Qualitätsorganisation und nach denselben Verfahren durchzuführen, wie sie sich für die Organisation des Zeichnungswesens seit Jahrzehnten bewährt haben.

Arbeiten nach *überholten*, nicht mehr gültigen Ausgaben von *Normen* oder anderen anerkannten Regeln der Technik ist ein *schwerwiegendes Organisationsverschulden* des Unternehmens und ein *Verletzen* der *individuellen Sorgfaltspflicht* der dafür verantwortlichen Führungskräfte mit allen sich daraus ableitenden zivil- und strafrechtlichen Folgen.

Das regelmäßige unaufgeforderte zur Verfügung-Stellen aktueller Ausgaben anerkannter Regeln der Technik den damit arbeitenden Mitabeitern gegenüber ist als *primäre Bringschuld* des *Unternehmens* Teil seiner *allgemeinen Organisationsverantwortung*. Geschieht dies nicht und bemerkt ein Mitarbeiter dies, ist er als Teil seiner *sekundären Holschuld* verpflichtet, die in der Unternehmensorganisation hierfür Verantwortlichen unverzüglich darauf aufmerksam zu machen – als Teil seiner persönlichen *Sorgfaltspflicht*. Die Möglichkeit zum Abonnieren der Normen einzelner Sachnummern nach dem DIN Katalog Technischer Regelwerke erleichtert die kaufmännische und organisatorische Abwicklung. Das Verfolgen der Hinweise auf neue Normen und Normentwürfe im Anzeiger der DIN Mitteilungen ist das davon unabhängige Mittel die rechtlichen Anforderungen an das Erfassen anerkannter Regeln der Technik einfach, regelmäßig und vollständig zu erfüllen. *55 örtliche Auslegestellen* im gesamten Bundesgebiet sichern die kurzfristige *örtliche Verfügbarkeit* des deutschen Normenwerkes und anderer anerkannter Regeln der Technik im Bundesgebiet zwischen Aachen und Zittau – siehe Bild 2.2.

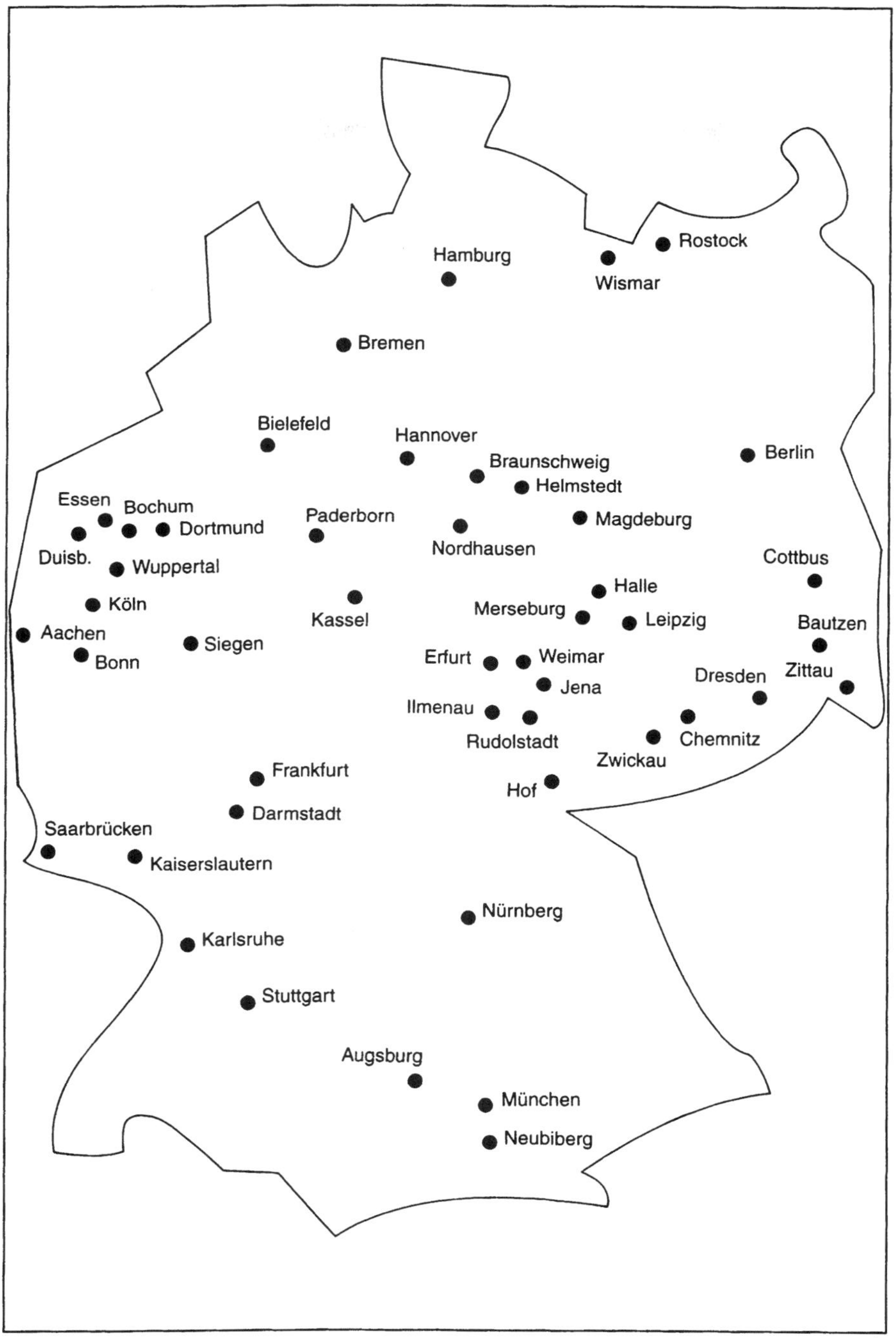

Bild 2.2 Öffentliche Auslegestellen des deutschen Normenwerkes in Deutschland

Besondere *Probleme* bereitet das Arbeiten mit *DIN Taschenbüchern*. Sie enthalten keine Erläuterungen der abgedruckten Normen und keine Normentwürfe. Für den Benutzer ist deshalb nicht erkennbar, ob und wann voraussichtlich mit Änderungen der abgedruckten Normausgaben zu rechnen ist. In den Vorworten wird deshalb empfohlen, *DIN Taschenbücher maximal drei Jahre* zu *benutzen*, weil danach Teile ihres Inhaltes überholt sind.

DIN Taschenbücher sollten in den Unternehmen *vollständig* in die *laufende Überwachung* und Aktualisierung der anerkannten Regeln der Technik *einbezogen* werden, vor allem, wenn Abteilungen sie verwenden, in denen sich die Auswirkungen fehlerhafter, überholter Angaben vervielfältigen können, wie Einkauf, Magazine oder Konstruktion. Eine vollständige *Liste aller* im Unternehmen vorhandenen *DIN Taschenbücher* gehört zu den *organisatorischen Mindestbedingungen*. Für Verfahren und Hilfsmittel der weiteren Organisation des Normwesens wird auf die *3teilige Lehrgangsserie* des *DIN* zum Normwesen verwiesen, die jährlich mehrfach an unterschiedlichen Orten im Bundesgebiet durchgeführt wird. *Magnetbanddienste* und *Normverzeichnisse* auf *CD ROM* vervollständigen die *modernen Hilfsmittel* zum schnellen und kostengünstigen Umsetzen der Informationen des DITR in den Unternehmen. Für kleine und mittlere Unternehmen stellen öffentlich finanzierte Stellen Hilfsprogramme für das Einrichten von Informationssystemen wie für Recherchen in Datenbanken mit nicht unbeträchtlichen Zuschüssen zur Verfügung. Diese Vielfalt *aktueller Informationsangebote* kann den notwendigen Bedarf der unterschiedlichen Bereiche gut erfüllen, das Angebot muß nur genutzt und ausgewertet werden.

2.3
Rechtliche Bedeutung anerkannter Regeln der Technik

Durch den Verweis in allgemeinen Rechtsnormen auf anerkannte Regeln der Technik erhalten diese *nicht* den Rang oder die *Verbindlichkeit* von *Rechtsnormen*; sie sind oder werden nicht rechtlich verbindlich, sondern bleiben *Empfehlungen* zum vorteilhaften *technischen Handeln* mit der *widerleglichen Vermutung* des Erfüllens der allgemeinen *Anforderungen* der *Rechtsnormen* durch ihr Anwenden im *Regelfall.*

Das Gerätesicherheitsgesetz hat dies in seinem § 3 Abs. 1 beispielhaft formuliert – siehe Kasten Abschn. 2.1, S. 219. Es hat als technische Öffnungsklausel gleichzeitig den Weg für andere technische Lösungen gewiesen für den, der anerkannte Regeln der Technik nicht einhält. Er hat im Streitfall durch Sachverständige nachprüfbar zu beweisen, daß die von ihm erreichte Sicherheit *mindestens* der *gleichwertig* ist, die durch anerkannte Regeln der Technik erreicht worden wäre, mit dem *vollen Risiko* einer freien richterlichen *Beweiswürdigung* im Schieds-/Streitfall.

Der Bundesgerichtshof hat die *rechtliche Bedeutung* anerkannter Regeln der Technik mehrfach *gewertet* und für einzelne Auslegungen *spezifiziert*. Für die Qualitätsorganisation wichtige Auswertungen sind:

Bei Schadensfällen gelten *DIN-Normen als widerlegliche Sachverständigen-Gutachten.*

Die DIN-Normen des Deutschen Institutes für Normen e.V. stellen anerkannte Regeln der Technik dar.
Werden sie bei der Aushebung und Sicherung von *Baugruben* nicht eingehalten, ... so spricht eine – *widerlegliche* – *Vermutung* dafür, daß ... *auf dem Nachbargrundstück* entstandene *Schäden* bei *Beachtung der DIN-Normen vermieden* worden wären und auf die Verletzung der DIN-Normen zurückzuführen sind.
BGH 19. 04. 1991 NJW 1991 S. 2021

Enthalten DIN-Normen *sicherheitsrelevante Vorgaben* zum Vermeiden von Unfallrisiken, sind sie *unverzüglich* mit *Erscheinen verbindliche Handlungsanweisungen* ohne Karenzfristen oder andere formale Erfordernisse.

DIN 32 615 wurde als *Sicherheitsnorm* unter Beteiligung der betroffenen Fachkreise erarbeitet, um ein *erkanntes Unfallrisiko auszuschließen.*
Eine solche Norm ist regelmäßig *mit ihrem Inkrafttreten* als eine *verbindliche, allgemein anerkannte Regel der Technik* im Sinne des § 3 Abs. 1 GerSiG anzusehen, wenn ihre Befolgung dem Hersteller aufgrund ihrer *Vorveröffentlichung* und des vorgegebenen *Standes der Technik* keine Schwierigkeiten bereitet.
Für die rechtliche Qualifikation ist es *nicht erforderlich*, daß die DIN-Norm in der *Anlage A* der Allgemeinen Verwaltungsvorchrift zum Gesetz über technische Arbeitsmittel vom 27.10.1970 bereits *aufgenommen* ist.
BGH I ZR 234/89, 06. 06. 1991 BB, Heft 26, 1991

Neue Ausgaben sonstiger (nicht Sicherheits-) DIN Normen gelten spätestens 4–6 Monate nach ihrem Erscheinen als anerkannte Regeln der Technik, soweit ihre Anwendung nach dem Stand der Technik keine Schwierigkeiten bereitet, und sie als Entwürfe ordnungsgemäß und für ausreichend lange Zeit vorher bekanntgemacht wurden.

Das *europäische Recht der Technik* hat mit dem 1985 eingeführten „neuen Konzept" diese *rechtliche Struktur übernommen*, wofür die EG-Maschinenrichtlinie beispielhaft ist. Unter ihren einleitenden Erwägungen heißt es bereits:

Um den Herstellern den *Nachweis* über die *Übereinstimmung* mit diesen grundlegenden Anforderungen *zu erleichtern*, und um die *Übereinstimmung überprüfen* zu können, sind *harmonisierte Normen* auf *europäischer Ebene* über die Verhütung von Gefahren, die durch die Entwicklung und den Bau von Maschinen entstehen können, wünschenswert.
Diese auf europäischer Ebene harmonisierten Normen werden von privatrechtlichen Institutionen entwickelt und *müssen unverbindliche Bestimmungen bleiben.*
EG-Maschinenrichtlinie, Erwägungen zu Artikel 5

Die EG-Maschinenrichtlinie bestimmt im Art. 5 Abs. 2 eindeutig:

> Entspricht eine *nationale Norm* in Umsetzung einer *harmonisierten Norm*, deren Fundstelle im Amtsblatt der Europäischen Gemeinschaft veröffentlicht worden ist, einer oder mehreren *grundlegenden Sicherheitsanforderungen*, wird bei entsprechend dieser Norm hergestellten Maschinen oder Sicherheitsbauteilen davon ausgegangen, daß sie den betreffenden *grundlegenden Anforderungen* genügt.
> Die Mitgliedsstaaten veröffentlichen die Fundstellen der nationalen Normen, die harmonisierte Normen umsetzen.

Die EG-Maschinenrichtlinie ist als 9. Verordnung zum GerSiG in deutsches Recht umgesetzt worden. Die Überwachung von Anwendung und Auslegung unterliegt wie die aller nationalen Rechtsnormen deutschen Gerichten. Aufgrund der Rechtsprechung des BGH – siehe Kasten zu DIN 32 615, vorige Seite – ist es höchst zweifelhaft, daß der BGH bei harmonisierten europäischen Sicherheitsnormen eine Veröffentlichung der Fundstelle im Amtsblatt der Europäischen Gemeinschaft als notwendige rechtliche Voraussetzung für ihre Wirksamkeit anerkennen wird, wie dies Artikel 5 Abs. 2 der EG-Maschinenrichtlinie verlangt. Damit würden eurokratische Verwaltungsbehörden durch verzögerte oder verspätete Veröffentlichung der Fundstelle im Amtsblatt der europäischen Gemeinschaften wichtigen, zeitlich die Wirksamkeit verzögernden Einfluß auf die rechtliche Verbindlichkeit von technisch eindeutigen und von den beteiligten Kreisen in freier Selbstverwaltung geschaffenen anerkannten Regeln der Technik zur vorbeugenden Unfallvermeidung nehmen können. Der Widerspruch zur rechtlichen Qualifikation nationaler deutscher Sicherheitsnormen, wie sie der BGH eindeutig bestimmt hat, ist unübersehbar. Die Unternehmen sind gut beraten, diese der EG-Maschinenrichtlinie zu entnehmende einschränkende und zeitlich verzögernde Verbindlichkeitsvoraussetzung nicht ihren internen Maßnahmen zugrundezulegen, sondern die im Urteil des BGH statuierte unverzügliche Anwendung zu praktizieren.

2.4 Auswerten durch die Qualitätsorganisation

Um die Anforderungen aus Rechtsnormen nach vollständigem Erfassen, Auswerten und unverzüglichem Umsetzen anerkannter Regeln zu erfüllen, sind in den Unternehmen dafür die *erforderlichen* organisatorischen und technischen *Voraussetzungen* zu schaffen und *regelmäßig einzuhalten*. Ohne Anspruch auf Vollständigkeit zählen dazu folgende regelungsbedürftige in die Organisation und regelmäßige Überwachung durch die Unternehmensleitung einzubeziehende Einrichtungen und Vorgänge:

- Regeln der *Verantwortung* einer Zentralstelle oder mehrerer in ihren Arbeitsbereichen sorgfältig aufeinander abgestimmter dezentraler Abteilungen zum *Erfassen, Beschaffen, Überwachen* und *Auswerten* aller Informationen, die anerkannte Regeln der Technik sein können.

- Umfassende *Verteilungsregeln* für die *Weitergabe* produktspezifischer, verfahrensbezogener, anwendungsrelevanter anerkannte Regeln der Technik in den einzelnen Bereichen des Unternehmens
- Regeln für die *Verantwortung* des *Umsetzens* anerkannter Regeln der Technik in den einzelnen (Teil-)Bereichen, einschließlich der sich daraus ergebenden technischen, organisatorischen und wirtschaftlichen Auswirkungen für deren *unverzügliche Integration* in Produktions- und Verteilungsabläufe.
- Regeln für die *Verantwortung* zum *Auswerten* und *Umsetzen* neuer oder geänderter anerkannten Regeln der Technik, beim Erscheinen von Entwürfen, auch vor deren formaler Gültigkeit in den einzelnen Bereichen, für deren Verfahren, Produkte oder Anwendungen.
- *Auswerten* anerkannter Regeln der Technik beim *Beraten* von *Kunden*, der Integration ihrer – geänderten – Inhalte bei der Abgabe von *Angeboten* und in sonstigen *Benutzerinformationen.*
- Auswerten und Kontrolle anerkannter Regeln der Technik beim Prüfen von Aufträgen und Verträgen vor der Vertragsunterzeichnung/Auftragsbestätigung.
- Verfahren zum Integrieren geänderter anerkannter Regeln der Technik nach der *Auftragsannahme während* der *Auftragsausführung*, sowohl in Konstruktion und Produktion als mit dadurch erforderliche werdenden zu *ändernden Vereinbarungen* mit Kunden, soweit Vertragsinhalte durch die geänderten anerkannten Regeln der Technik berührt oder die Anwendungen beeinflußt werden können.
- Verantwortung für das *laufende Überwachen* des *Einhaltens* sämtlicher vorgegebener Positionen in den einzelnen Bereichen des Unternehmens.

Ohne eine für das Unternehmen verbindliche und regelmäßig überwachte Organisation aller dieser Teilbereiche kann ein Unternehmen die rechtlichen Anforderungen sowohl aufgrund öffentlichen Rechtes als auch nach den allgemeinen Rechtsnormen des Zivil- und Strafrechtes nicht angemessen erfüllen. Die Organisationsverantwortung hierfür liegt aufgrund der *Generalvollmacht* und *Allzuständigkeit* allein bei den *Organen des Unternehmens* (*Vorstand, Geschäftsführer, Inhaber*), gleichartig der Verantwortung für die Ordnungsmäßigkeit der Buchführung. Eine (Teil-) Delegation für einzelne (Teil-)Bereiche ist möglich, soweit *Kompetenz* und *Verantwortung* im *Gleichgewicht* das sachgerechte Erfüllen der dem Unternehmen insgesamt zufallenden Verantwortung erreicht.

2.5 Der Stand der Technik

Die Definition:

Fachleuten verfügbares Fachwissen
- wissenschaftlich begründet
- praktisch erprobt
- ausreichend bewährt.

Das Einhalten anerkannter Regeln der Technik ist Mindestbedingung, jedoch nicht ausreichend, um allgemeine Sorgfaltspflichten des Zivil- und Strafrechts zu erfüllen. Anerkannte Regeln der Technik können sich nur an den zum Zeitpunkt ihrer

Verabschiedung bekannten konsensfähigen Stand der Technik halten – siehe Hinweis für Normenanwender Abschn. 2.2, S. 222 –; für die rechtliche Bewertung aktueller Handlungen oder Unterlassungen ist der zum Zeitpunkt des Ereignisses geltende Stand der Technik maßgebend.

Dieser Stand der Technik wird u. a. bestimmt durch:

- die *Kenntnisse* der Handelnden
- deren *Erfahrungen* um die *Anwendungen* im Einzelfall
- Erschließen und Auswerten ihnen *zugänglicher öffentlicher Informationen* wie Datenbanken, Fachzeitschriften, Mitteilungen auf Fachtagungen, Kongressen usw.
- den *Informationsaustausch* mit anderen Fachleuten
- die Ergebnisse der *Produktbeobachtung* und deren Auswerten.

Dies ist nicht auf die einzelnen Fachbereiche begrenzt, sondern gilt darüber hinaus. Mit dem Zusammenwachsen der europäischen und weltweiten Märkte *genügt nicht* mehr allein der *nationale Stand der Technik*, soweit er überhaupt abgegrenzt bestanden hat. Die Internationalität der Technik verlangt das Erfassen fachspezifischer Informationen über das eigene Land oder das eigene Sprachgebiet hinaus, weltweit. Die Grenzen sind regional und inhaltlich fließend, ohne daß dafür bisher gesicherte rechtliche Regeln geschaffen wurden.

Die Art der Produkte und ihre unterschiedlichen sektoralen und regionalen Anwendungen, die Art, Größe und Reichweite der unternehmensindividuellen Vertriebsorganisation wie Struktur und Größe des Unternehmens sind für das Auslegen der erforderlichen Maßnahmen wichtige Anhaltspunkte, sie können detailliert nicht abschließend aufgezählt werden.

Nach diesen allgemeinen Kriterien sind die auszuwertenden *Kenntnisse* und Erkenntnisse *in den Unternehmen* nach ihrer Art und Größe *unterschiedlich*. Der Stand der Technik ist nicht ein geschlossenes einheitliches Niveau, sondern ein *breites Band*, dessen Grenzen und Inhalte von zahlreichen unterschiedlichen, auch unternehmensindividuellen Einzelheiten beeinflußt werden.

Für die Verantwortung der Unternehmen, deren Organe und Handelnde gilt:

▶ *Wer mehr weiß, muß mehr tun.*

Das Auftreten am Markt, der Anspruch, Marktführer oder Fachunternehmen zu sein, erhöht die Anforderungen an das Unternehmen und seine Organisation, deren Informationsumfang mit nachfolgendem gezieltem Auswerten des für das einzelne Unternehmen erreichbaren Standes der Technik für seine Produkte/Verfahren und deren Anwendungen.

Die Organisation des unternehmensindividuellen Informationssystems, der Produktbeobachtung wie das Erfassen und Sammeln anderer externer Informationen und deren gezieltes unverzügliches bereichsspezifisches Auswerten sind Teil der allgemeinen Organisationsverantwortung als nicht delegierbare Verantwortung der Unternehmensführung – siehe Abschn. 5.1, ab S. 314.

2.6 Der Stand von Wissenschaft und Technik

Die Definition:

Der neueste Stand wissenschaftlicher und technischer Erkenntnisse
- wissenschaftlich nachprüfbar begründet
- technisch als durchführbar erwiesen
- auch ohne praktische Bewährung
- allgemein zugänglich
- ohne räumliche Grenzen (weltweit).

Diese Definition entspricht nicht der Rechtsprechung des Bundesverfassungsgerichtes, sondern ist aus der EG-Richtlinie Produkthaftung und ihrem Entstehen abgeleitet. Der Unterschied dieser Definition zu der des Bundesverfassungsgerichtes ist für die praktische Arbeit in den Unternehmen unerheblich.

Das Einhalten des Standes von Wissenschaft und Technik wird nur in zwei allgemeinen Rechtsnormen gefordert:

- dem Bundesatomgesetz und
- der Strahlenschutzverordnung.

Die Grenzen zum Stand der Technik sind für die Entwicklung *neuer Verfahren, Produkte* und *Anwendungen* von besonderer Bedeutung.

Entwicklungsfehler sind *Fehler, die nach dem Stand von Wissenschaft und Technik* zu dem Zeitpunkt, zu dem ein Erzeugnis in den Verkehr gebracht wurde, *nicht erkennbar waren.* Entwicklungsfehler stellen *kein Verschulden* dar, was nicht erkennbar ist, kann nicht schuldhaft falsch gemacht werden. So die deutsche *Rechtsprechung* zur *verschuldensabhängigen Produkthaftung* nach § 823 BGB. Das *Produkthaftungsgesetz* hat diese Rechtsprechung übernommen:

„(2) Die *Ersatzpflicht* des Herstellers ist *ausgeschlossen*, wenn ....

1. .....
2. .....
5. der *Fehler* nach dem Stand von Wissenschaft und Technik in dem Zeitpunkt, an dem der Hersteller das Produkt in den Verkehr brachte, *nicht erkannt werden konnte.*"

(§ 1,2 (5) ProdHaftG)

Ein solcher Nachweis, daß ein Fehler zum Zeitpunkt des In-Verkehr-Bringens nicht erkannt werden konnte, ist schwer zu erbringen und gelingt nicht häufig. Zwei spektakuläre Fälle haben dies bewiesen, der

- Monza- Hochgeschwindigkeits-Stahlgürtel
- Contergan

Im ersten Fall handelte es sich um ein *Fertigungsverfahren,* bei dem Stahldrähte in Reifen einvulkanisiert wurden, die für Dauerfahrten bei hohen Geschwindigkeiten (bis 260 km/h) geeignet sein sollten. Zum Zeitpunkt des In-Verkehr-Bringens dieser Reifen wurde dieses Verfahren nur von der Firma Michelin beherrscht, die verständlicherweise darüber nichts veröffentlichte. Das von einem deutschen Unternehmen entwickelte Verfahren führte nicht zu einem befriedigenden Ergebnis, es ereigneten sich Unfälle mit Personenschäden und Toten, gerade bei Dauerfahrten mit hohen Geschwindigkeiten.

Im Schlafmittel Contergan war Thaliodomid ein *neuer Wirkstoff*, ein bisher unbekanntes chemisches Produkt. Er war nach allen Regeln der Medizintechnik ohne jede Beanstandung ausreichend getestet. Seine verheerende Wirkung bei Einnahme im Frühstadium der Schwangerschaft war nicht bekannt und konnte auch durch Prüfungen mit Primaten nicht erkannt werden.

Die wichtigsten unbestimmten Rechtsbegriffe zu technischen Sachverhalten, ihre Inhalte und Bedeutung enthält Tabelle 2.1.

An den Nachweis der Nicht-Erkennbarkeit nach dem Stand von Wissenschaft und Technik werden im Schadensfall hohe Anforderungen gestellt. Die rechtlichen Grenzen der Verantwortung durch den unbestimmten Rechtbegriff stellen auf die Grenze der Erkennbarkeit bei neuen Entwicklungen und deren Auswirkungen auf neue Produkte, Verfahren und Anwendungen ab. Praktische Bedeutung werden diese Grenzen

Tabelle 2.1 Rechtsbegriffe und technisches Auswirken

Begriffe	Inhalt	Bedeutung
Stand von Wissenschaft und Technik	neuester Stand wissenschaftlicher und technischer Erkenntnisse - wissenschaftlich nachprüfbar begründet - technisch als durchführbar erwiesen - ohne praktische Bewährung - allgemein öffentlich zugänglich - ohne räumliche Begrenzung, weltweit	Grenzt den Entwicklungsfehler ein, haftungsfrei nach EG-Richtlinie Art. 7e § 1,2 (5) ProHaftG und Rechtsprechung zur Produkthaftung
Stand der Technik	Fachleuten verfügbares Fachwissen - wissenschaftlich begründet - praktisch erprobt - ausreichend bewährt	Zielvorgabe zum Erfüllen zivil- und strafrechtlicher Sorgfaltspflichten. Durch Einhalten nur öffentlich-rechtlicher Vorgaben nicht immer erreichbar. Anhang I Vorbemerkungen, Abs. 2 EG MR
Harmonisierte europäische (EN)Normen	- von der EG-Kommission gefördert (mandatiert)	Art. 5 (2) EG-MR Erfüllungsvermutung der Sicherheitsanforderungen
	- ohne Mandat erstellt	Rechtliche Bedeutung nicht geklärt, je nach Inhalt und Lösung wie oben oder nachfolgend
Nationale Normen anerkannte Regeln der Technik	Von der Mehrheit der Fachleute anerkannte - wissenschaftlich begründete - praktisch erprobte - ausreichend bewährte Regeln zum Lösen technischer Aufgaben	Erfüllungsvermutung für öffentlich-rechtliche europäische oder nationale Anforderungen, Einhalten nach § 3,1 GSG notwendig Soweit harmonisierte (EN)Normen nicht vorhanden ergänzend anwenden, laut BGH-Rechtsprechung Ersatz für Sachverständigengutachten
Sonstige nationale überbetriebliche-Verfahren, Vorgaben	Je nach Inhalt und Zustandekommen möglicherweise anerkannte Regeln der Technik. Anwenden empfehlenswert, soweit Inhalt nach Kenntnis und Prüfung durch den Anwender vertretbare Lösungen darstellt.	

nur gewinnen in hoch innovativen Unternehmen an der Spitze der technischen Entwicklung ihres Bereiches. Verfahren der Dokumentation der einzelnen Entwicklungsschritte und deren Begründungen erhalten dabei eine überragende und im Schadensfall entscheidende Bedeutung.

2.7 Das „neue" europäische Konzept des Rechtes der Technik

Als „neues europäisches Konzept des Rechtes der Technik" übernahm die europäische Rechtssetzung mit EG-Richtlinien durch Erlaß des Ministerrates vom 7. 5. 1985 das im deutschen Sprachraum bewährte Prinzip der Trennung zwischen Zielvorgaben in und durch allgemeine Rechtsnormen und dem Verweisen auf anerkannte Regeln der Technik zum technischen Ausfüllen.

An die Stelle nationaler technischer Normen zum Ausfüllen der Vorgaben nationaler Rechtsnormen treten bei den Vorgaben des europäischen Rechtes der Technik harmonisierte europäische (EN) Normen. Ihre Zahl ist gegenüber den seit Jahrzehnten gewachsenen nationalen anerkannten Regeln der Technik – siehe Bild 2.1, S. 222 – viel zu klein, um die ihnen zukommenden Aufgaben vollständig oder auch nur ausreichend zu erfüllen. Hierdurch entstehen Lücken und Unklarheiten in den Unternehmen über anwendbare und auswertbare technische Regeln. In EG-Richtlinien wird deshalb auf *nationale Normen verwiesen* als Ersatz für (noch) nicht bestehende harmonisierte (EN) Normen, *ohne* daß eine *eindeutige Rangordnung* vorgegeben wird:

> In Ermangelung einer spezifischen Vorschrift ... wird die *Übereinstimmung* eines *Produktes* mit der *allgemeinen Sicherheitsanforderung* unter Berücksichtigung der innerstaatlichen *unverbindlichen Normen*, die eine *Europäische Norm umsetzen*, ...
> *oder* der Normen des Mitgliedsstaates ... *oder* anhand des *Standes der Kenntnisse und Technik sowie* der *Sicherheit*, welche der Verbraucher *billigerweise erwarten* durfte, bewertet.
> EG-Richtlinie allgemeine Produktsicherheit Art. 4 (2)

Das bisherige System der Verweisung in deutschen Rechtsnormen auf anerkannte Regeln der Technik ist als Ausfüllen von Rechtsnormen zum europäischen Recht der Technik voll aufgenommen und sollte ebenso ausgewertet werden, bis gleichwertige harmonisierte europäische (EN) Normen ausreichend verfügbar sind.

Für die *unternehmerische Praxis* ergibt sich daraus eine besonders *bedeutungsvolle Folgerung*:

Die aktive und qualifizierte Mitarbeit in Normen-Ausschüssen zum Erstellen harmonisierter (EN) Normen ist eine *besonders wichtige Arbeit* an der *Gestaltung* zukunftsträchtiger *technischer Regeln* mit *Maßstäben*, an denen Leistung, Zuverlässigkeit und Sicherheit der eigenen Produkte *in Zukunft gemessen werden*. Die qualifiziertesten *Führungskräfte* und Mitarbeiter, möglichst mit *Fremdsprachenkenntnissen* (englisch, französisch), sind dafür zu delegieren, damit später Inhalte und Formulierungen in harmonisierten (EN) Normen nicht eigene Produkte, Verfahren oder Arbeiten behindern. *Qualifizierte Mitarbeit* an harmonisierten (EN) Normen ist jenseits aller Tagesarbeit *wichtige technische Zukunftssicherung* durch Mitgestalten *europäischer Rahmenbedingungen* für eigene Produkte und Verfahren.

Literatur

1. Marburger P (1979) Die Regeln der Technik im Recht. Carl Heymanns Verlag, Köln
2. Bauer CO (1987) Rechtsbegriffe technischer Sachverhalte. Werkstatt und Betrieb 120/11: 904–907
3. Bauer CO (1987) Voraussetzungen zum Erstellen anerkannter Regeln der Technik. Werkstatt und Betrieb 120/12: 980–983
4. Bauer CO (1990) Aufgaben der Normenstelle, Organisationsverantwortung - Zukunftssicherung. DIN Mitteilungen 69/8: 399–403
5. DIN-Katalog Technischer Regelwerke (1995) Ausg jährl. Beuth Verlag GmbH, Berlin
6. Lehrgänge zum Normenwesen I–III. DIN Deutsches Institut für Normung e.V., Berlin
7. Wolfensberger H (1978) Die anerkannten Regeln der Technik („Baukunst") als Rechtsbegriffe im öffentlichen Recht. DIN Normenkunde 11. Beuth Verlag GmbH, Berlin
8. DIN Technische Normung und Recht (1979) Normungskunde Heft 14
9. DIN Verweisung auf technische Normen in Rechtsvorschriften (1982) DIN Normungskunde Bd 17. Beuth Verlag GmbH, Berlin
10. Brinkmann W (1984) Rechtliche Aspekte der Bedeutung von technischen Normen für den Verbraucherschutz. DIN Normungskunde Bd 20. Beuth Verlag GmbH, Berlin
11. DIN Europäische Normung in CEN und CENELEC (1976) Normungskunde H 8. Beuth Verlag GmbH, Berlin
12. DIN Harmonisierung technischer Regeln in Europa (1980) DIN Normungskunde H 15. Beuth Verlag GmbH, Berlin

3
Anforderungen an die Organisation des Qualitätswesens

Die Rechtsprechung des BGH hat als einen eigenen, jedoch unselbständigen (Teil-) Bereich der Produkthaftung Anforderungen an die Organisation der Unternehmen postuliert. Anhand von Einzelfällen wurden allgemeine, jedoch übertragbare Anforderungen formuliert, die unter Berücksichtigen der produktspezifischen und anwendungsbezogenen Eigenarten der von den Unternehmen erzeugten Produkte, ihren unterschiedlichen Anwendungen die Meßlatte unternehmerischer Sorgfaltspflichten bilden.

Aus den zur unternehmerischen Organisationsverantwortung ergangenen Urteilen werden Anforderungen aufgeführt und ihre Auswirkungen auf die unternehmerische Praxis dargestellt, die sich mit der Organisation des Qualitätswesens befassen. Andere BGH-Entscheidungen betreffen Anforderungen an andere Bereiche, z. B. Konstruktion, Verantwortungen von Importeuren, Händlern, usw., die in diesem Zusammenhang unausgewertet bleiben müssen.

3.1
Unternehmensfreiheit – Organisationsverantwortung

Die mit der *Gewerbefreiheit* begründete *Freiheit* der *Unternehmen*, ihre Ziele, Verfahren, Produkte und Aktivitäten selbst zu bestimmen und *in eigener Verantwortung zu organisieren*, verbietet Standardlösungen der Unternehmensorganisation. Der Versuch einer nicht nur bereichsweisen Normung der Unternehmensorganisation in den Kombinaten der untergegangenen DDR ist ein instruktives, lehrreiches, leider kaum analysiertes und ausgewertetes Beispiel für die technische Unzweckmäßigkeit, organisatorische Wirkungslosigkeit und wirtschaftlich unverantwortlichen Folgen solcher Versuche.

Die *Organisationsfreiheit der Unternehmen* findet ihre Grenze in der *Verantwortung der Unternehmensleitung*, die für ihre Produkte und deren unterschiedliche, vorhersehbare Anwendungen technisch zweckmäßigen und wirtschaftlich wirksamen Organisationseinheiten so zu schaffen, daß sie die *rechtlichen Anforderungen an sichere Produkte* angemessen *erfüllen*. Die *betriebswirtschaftliche Organisationslehre* ist nur teilweise in anerkannten Regeln der Technik dokumentiert, jedoch ein wichtiger Teil des *Standes der Technik*, der bei unternehmensinternen Organisations-Vorhaben angemessen berücksichtigt und gezielt ausgewertet werden sollte. Mit einfachen Worten hat der BGH diesen Zusammenhang zwischen Unternehmensfreiheit und Organisationsverantwortung formuliert:

Es ist *allein* Sache des *Unternehmers*, wie er seinen *Betrieb organisiert*.
Der Unternehmer *muß fehlerfrei leisten*.
Er muß die *organisatorischen Voraussetzungen* schaffen, um *sachgerecht beurteilen zu können*, ob das fertiggestellte Werk bei *Ablieferung keinen Fehler aufweist*.
Der *Unternehmer* hat jedoch dann *einzustehen*, wenn er die *Überwachung und Prüfung des Werkes* nicht oder *nicht richtig organisiert* hat und der Mangel bei *richtiger Organisation entdeckt* worden wäre.
Der Besteller ist dann so zu stellen, als wäre der *Mangel dem Unternehmer bei Ablieferung des Werkes bekannt gewesen*.
In diesem Fall *verjähren* seine *Gewährleistungsansprüche* erst nach *30 Jahren*.
BGH VI ZR 5/91, 12. 03. 92, NJW 92, Seite 1754

Die so begründete lange Gewährleistungsfrist auch bei kürzerer vertraglich vereinbarter Verjährung folgt aus der Bewertung der *fehlerhaften Organisation* als *arglistiges Verschweigen* erkennbarer Mängel, das mit einem *eindeutigen Verschulden* gleichgesetzt wird und deshalb die lange Verjährung der verschuldensabhängigen deliktischen Produkthaftung rechtfertigt. Diese harte Konsequenz sollte bei allen unternehmensinternen Diskussionen über organisatorische Maßnahmen stets angemessen berücksichtigt und als nicht kalkulierbares Risiko so weit wie eben möglich ausgeschaltet werden.

Nur wenn diese Grundsätze in der Unternehmensorganisation in allen Teilbereichen systematisch aufeinander abgestimmt verwirklicht sind, haben Einzelmaßnahmen Aussicht auf Erfolg. Die Wirksamkeit wird durch die Einordnung in ein sachlich zweckmäßiges System erreicht und dessen technische, produkt- und anwendungsbezogene Ausrichtung. Eine Unternehmensorganisation ist stets mehr als nur die Summe ihrer Einzelmaßnahmen. Noch so zahlreiche Einzelmaßnahmen ergeben noch kein System, erst recht können sie nicht dessen Wirksamkeit erreichen. Schon aus diesem Grunde ist jeder Versuch, mit einer wie immer begrenzten Menge von z. B. nur 20 allgemeinen Einzelelementen ein unternehmensindividuelles, wirksames Organisationssystem zu beschreiben und produkt*un*spezifisch und anwendungs*un*abhängig als angemessen zu installieren *fehlgeplant* und erst recht *fehlkonstruiert*.

Einzelne Maßnahmen und Elemente erhalten ihren Wert und ihre Bedeutung erst aus ihrer Stellung und Funktion in einem Gesamtsystem nicht aus ihrer isolierten Betrachtung zum Regeln einer Einzelaufgabe, so wichtig diese auch sein mag. Deshalb vermögen Aussagen über noch so viele *Prüfungen einzelner Elemente* und Abläufe als reine Addition allein *kein sachgerechtes Urteil* über die *Wirksamkeit* und *Zuverlässigkeit einer Gesamtorganisation* zu ergeben. Die für eine wirksame Gesamtorganisation oft entscheidenden *Schnittstellen-* und *wechselseitigen Kommunikationsprobleme* und ihre Lösungen lassen sich dabei kaum angemessen erfassen, ihre Lösungen prüfen und sachbezogen angemessen bewerten.

3.2
Die Verflechtung der Unternehmen

Unternehmen sind keine isolierten Einheiten, sondern Glieder einer unterschiedlich langen Hersteller- und Vertriebskette, die vom Rohstoffhersteller, verschiedenen Verarbeitern als Zulieferern bis zum Hersteller des Endproduktes und danach in einer ebenso vielfältigen Vertriebs-/Verteilerkette bis zum Anwender reicht. Jedes Unternehmen, seine Zulieferer und Abnehmer haben allgemeine Rechtsnormen zu beachten, die ihre Rechtsbeziehungen untereinander regeln, ordnen und nach denen im Streitfall ihre Handlungen und Unterlassungen bewertet werden. Die Zusammenarbeit selbständiger und selbstverantwortlicher Unternehmen begründet Schnittstellen unterschiedlicher Art auf allen Seiten. *Schnittstellen enthalten* stets *regelungsbedürftige Vorgänge*, um den naht- und möglichst reibungslosen *Übergang* von der einen in die *andere Verantwortung sachgerecht* abzugrenzen. Dies ist nur möglich, wenn Inhalte und Grenzen der jeweiligen (Teil-) Verantwortungen an den Schnittstellen von allen Beteiligten inhaltlich gleich erkannt, definiert, eindeutig und vollständig geregelt und vor allem *regelmäßig sorgfältig eingehalten* werden.

Eingriffe in *originäre Verantwortungen* anderer Unternehmen lösen *schwerwiegende*, wenn auch meist nicht erkannte und deshalb unbeachtete *Rechtsfolgen* aus, die von ihrer *rechtlichen Unwirksamkeit* als Folge zugrundliegender *rechtlicher Unzulässigkeit* bis zur *Übernahme* der *Verantwortung* in unterschiedlichem Umfang einschließlich daraus resultierender *Haftungen* bei daraus folgenden Schäden reichen können. Nur sachgerechte *Kenntnis, Definition* und *Abgrenzung* der einzelnen (Teil-) Verantwortungen können die *angemessene Grundlage* für technisch sachgerechte, organisatorisch zweckmäßige und *rechtlich wirksame Arbeiten* an Schnittstellen liefern. Dies verlangt regelmäßig mehr als nur einfache Bewertungen allein der technischen Zweckmäßigkeit oder gar meist nur einseitiger kurzfristiger wirtschaftlicher Auswirkungen.

Der BGH hat anhand von Schäden aus der Produkthaftung Regeln und Forderungen definiert und formuliert, die rechtliche Maßstäbe für die Regelung an Schnittstellen zwischen selbständigen Unternehmen enthalten. Diese Maßstäbe wurden an Beispielen von Zulieferungen entwickelt und formuliert und gelten in erster Linie für die Organisation dieses Bereiches. Sie enthalten jedoch so allgemeine Anforderungen, daß sie ohne große Schwierigkeiten auch für die Organisation in der Vertriebskette gelten. Bei der Organisation z. B. von Entsorgung, Kundendiensten und Serviceaktivitäten haben zahlreiche Unternehmen diese Richtlinien mit viel Erfolg produktspezifisch und anwendungsbezogen ausgefüllt, so daß sie unabhängig von zu diskutierenden Rechtsgrundlagen im Streitfall als bewährter Stand der Technik einen ebenso wirksamen Maßstab darstellen. Auf der Grundlage der BGH-Entscheidungen werden diese Anforderungen erläutert.

3.2.1
Drittunternehmer-Auswahl

Es gibt für Unternehmen keinen Kontrahierungszwang, die Unternehmen sind in der Wahl ihrer Partner frei, sowohl der Zulieferer als auch unter Berücksichtigung der Leitsätze der Nichtdiskriminierung im Vertrieb. Diese Freiheit begründet die volle

Verantwortung für eine an den *Funktionen* und *Gefahren beim Versagen* der Erzeugnisse oder Leistungen *unter vorhersehbaren Einsatzbedingungen* auszurichtende *sachgerechte Auswahl* der *Zulieferer* wie im Vertrieb, als Vertreiber oder Kundendienstorganisation.

Der BGH hat die Pflicht zur sachgerechten Auswahl der (Zuliefer-)Drittunternehmer definiert und detailliert als

Pflicht des Unternehmers, Zulieferer *auszuwählen nach* ihren

- technischen
- organisatorischen
- persönlichen

Qualifikationen, entsprechend den produktspezifischen Anforderungen an die zu liefernden Teile, Materialien oder zu erbringenden Leistungen.

Maßstab: Beanspruchungen, Wirkungen und *Risiken* aus den zu liefernden Teilen oder den zu erbringenden Leistungen auf Funktion, Zuverlässigkeit und *Sicherheit* der gesamten Anlage unter *vorhersehbaren Einsatzbedingungen*.

Diese allgemeine Verantwortung ist stets *produktspezifisch, leistungsgerecht* und *anwendungsbezogen* auszurichten auf und bestimmt durch die *Folgen*, die bei einem *Versagen* der zu liefernden Teile oder zu erbringenden Dienstleistungen bei den *vorhersehbaren Anwendungen* als Folge falscher Auswahl entstehen können.

Diese individuell auszufüllende Auswahl *verbietet jedes* nur allgemeine, unspezifische oder *standardisierte Vorgehen*, das nicht auf die *individuellen Anforderungen* gezielt ausgerichtet ist. Produktspezifisch, leistungsgerecht und anwendungsbezogen aufzugliedernde (Teil-)Anforderungen sind:

Technische Ausrüstung mit
- Verfahren
- Maschinen
- Verfahrenssteuerungen
- Prüfeinrichtungen
- ...

Organisation
- Unternehmensumfassende Qualitäts- und wirksame Ablauforganisation
- Prüfverfahren mit aufgabenbezogener nachweisbarer Aussagefähigkeit
- zuverlässige Kontroll-/Rückmeldesysteme
- anwendungsbezogen vollständige und aussagefähige Dokumentation
- Einbinden qualifizierter Dienstleistungen Dritter
- betriebsverfassungsrechtlich angemessenes QS-System und wesentlicher Einzelmaßnahmen
- ...

Persönliche Qualifikationen
- Kenntnisse, Erfahrungen und Zuverlässigkeit von Führungskräften und qualifizierten Mitabeitern
- angemessenes regelmäßiges Weiterbilden von
  - Führungskräften
  - Mitarbeitern mit Überwachungs- und Prüfaufgaben in Schlüsselfunktionen
- Nachweise für notwendige und angemessene persönliche Qualifikationen
- ....

Sonstiges
- ausreichende Betriebs- und Produkthaftpflichtversicherung
- Umfang und Inhalt der Deckung
- Summen für Sach- und Personenschäden
- Versicherer
- bisherige Inanspruchnahme
- ...

An zahlreichen Stellen wurden unterschiedliche Schemata entwickelt, um diese Aufgabe zu vereinfachen, zu systematisieren z.T. auch rechenbar darzustellen. Solange diese schematisierten Verfahren nicht ihre produktspezifische, leistungsgerechte und anwendungsbezogene *individuelle Aussagefähigkeit* für die einzelnen Produkte oder Dienstleistungen *nachweisen* können – was einheitliche Verfahren nach ihrer Struktur nicht können – dürfte ihre rechtlich Relevanz nicht nur strittig, sondern im Zweifel nicht gegeben sein.

3.2.2 Drittunternehmer-Bindung

Die Integration selbständiger Unternehmen zum aufeinander abgestimmten, gemeinsamen Lösen von Produktions- wie Vertriebsaufgaben verlangt eine den jeweiligen Funktionen angemessene rechtliche Bindung der Partner nach den von ihnen zu übernehmenden Aufgaben im *Gesamtkonzept.* Einzelheiten und Inhalte der notwendigen und erforderlichen *gegenseitigen Bindung* ergeben sich aus dem *unterschiedlichen Sachzusammenhang* der zu übernehmenden Aufgaben oder der zu erbringenden Leistungen. Die Drittunternehmer-Bindung und die *wechselseitigen Pflichten* der beteiligten Unternehmen sind nach der BGH-Rechtsprechung:

Pflicht des *Bestellers*, Zulieferer/Dienstleister *rechtzeitig* und *vollständig* zu *informieren* über *alle* ihm bekannten, von ihm übernommenen und festgelegten *Anforderungen* an die zu liefernden Einzelteile/zu erbringenden Leistungen als seine *originäre* nicht abdingbare *„Bringschuld"*.
Pflicht der Zulieferer/Dienstleister zum *sorgfältigen Prüfen* dieser *Angaben* auf ihre *technische Sachgerechtigkeit*, für sie erkennbare Widersprüche zu oder Abweichungen von anerkannten Regeln der Technik und dem *Stand der Technik.*

Die VOB als Rechtsnorm und anerkannte Regel der Technik hat diese *wechselseitigen Pflichten* ausführlich beschrieben. Sie gelten über den Geltungsbereich der VOB hinaus als allgemeine Leitlinien für das sachgemäße Abgrenzen von Rechten und Pflichten im Zusammenwirken mehrerer selbständiger Unternehmen zum gemeinsamen Lösen größerer Aufgaben.

> Hält der Auftragnehmer die *Anordungen* des *Auftraggebers* für *unberechtigt* oder *unzweckmäßig*, so hat er seine *Bedenken geltendzumachen*, die Anordnungen jedoch „auf Verlangen auszuführen", wenn nicht *gesetzliche oder behördliche Bestimmungen entgegenstehen.*
> Wenn dadurch eine *ungerechtfertigte Erschwerung* verursacht wird, hat der *Auftraggeber* die *Mehrkosten zu tragen.*
> Hat der Auftragenehmer Bedenken gegen die vorgesehene Art der Ausführung (auch wegen der Sicherung gegen Unfallgefahren), gegen die Güte der vom Auftraggeber gelieferten Stoffe oder Bauteile oder gegen die Leistungen anderer Unternehmen, so hat er sie dem *Auftraggeber unverzüglich*, möglichst schon vor Beginn der Arbeiten *schriftlich mitzuteilen*; der *Auftraggeber bleibt* jedoch für seine Angaben, Anordnungen oder Lieferungen *verantwortlich.*
> DIN 1961, § 4 I VOB Teil B

Hieraus folgen dezidierte Pflichten zum *Prüfen* der Anforderungen in *Anfragen* wie in Vertrags- und Auftragsunterlagen, durch die Wissen, Kenntnisse und Erfahrungen der Auftragnehmer in Inhalte und Ausführungen der seinen eigenen Arbeiten voraufgehenden wie anschliessenden anderen (Teil-)Arbeiten eingehen sollen.

3.2.3
Drittunternehmer-Überwachung

Die technisch vollständige und organisatorisch angemessene gegenseitige Bindung qualifizierter Unternehmen in rechtlich zulässigem und erforderlichem Umfang ist notwendig, aber genügt allein nicht zum Erfüllen der Sorgfaltspflichten des Auftraggebers. Die Unternehmen haben sich vom *sachgerechten Erfüllen* der von Zulieferern wie den Partnern auf der Vertriebsseite *übernommenen Pflichten regelmäßig* zu *überzeugen* und dabei gewonnene Erkenntnisse kurzfristig gezielt zum Verbessern der Arbeiten und Leistungen aller Beteiligten *auszuwerten.*

Für Zulieferungen sind dies sowohl konventionelle Wareneingangsprüfungen, wie sie die §§ 377/378 HGB und § 640 BGB für Werkverträge als allgemeine Rechtsgrundsätze bestimmen, als auch deren produktspezifische Ausgestaltung.

Die *Pflicht* zum *Überwachen* des *Einhaltens übernommener Pflichten* auch durch Vertriebs- und *Kundendienstpartner* ist über gelegentliche übliche Besuche hinaus den technischen Verfahren, der Art der Dienstleistungen und ihren Ergebnissen anzupassen und *kann weder grundsätzlich noch vollständig abbedungen werden.* Blindes, unkontrolliertes Vertrauen ohne angemessene sachliche Prüfung ist genau so wenig rechtlich ausreichend wie *unzulängliche Versuche* einer *Verantwortungsverlagerung* für *Prüfungen allein* beim und *durch* den *Zulieferer* (siehe Abschn. 3.6).

Technisch angemessen und erforderlich sind produktspezifische, leistungsgerechte und anwendungsbezogen *aussagefähige Prüfverfahren,* wirksame Ablauf-, Verfahrensüberwachungen, regelmäßiges Auswerten der Ergebnise, zufällige Stichproben und vor allem kurzfristiges Auswerten von Beanstandungen/Schadensanalysen.

Überhebliche Floskeln mit unzulänglichen Begründungen eines Verzichtes auf eine Wareneingangsprüfung als „verstaubte Rechtsformel, die der heutigen Technik und der fortschrittlichen modernen Industrieorganisation nicht mehr entsprechen", verkennen die *Bedeutung wesentlicher unverändert gültiger Rechtsgrundsätze* und sind nicht geeignet, sachgerechte Beiträge zur zweckmäßigen Organisation und vorbeugenden Schadensverhinderung zu liefern.

Die *Pflicht* zur *Drittunternehmer-Überwachung* ist definiert als

> Pflicht des *Bestellers*, Lieferungen und Leistungen der Zulieferer auf das *sichere Einhalten* der von diesen zu liefernden Teile oder zu erbringenden Leistungen und/oder Merkmale/Eigenschaften *zu überwachen.*
> *Maßstab: Inhalt* und *Umfang* der Überwachungen haben sich *zu orientieren* an Funktion, Aufgabe und Bedeutung der einzelnen Teile/Dienstleistungen für Funktion, Zuverlässigkeit und *Sicherheit* der *gesamten Anlage* unter den *vorhersehbaren Einsatzbedingungen.*

Dieser Maßstab ist mit dem der Drittunternehmer-Auswahl keineswegs zufällig gleich.

Die unverändert geltende Rechtslage zur Funktion und Wirkung der Wareneingangsprüfung hat der BGH eindeutig formuliert – siehe Abschn. 3.6.3 ab S. 273.

3.3
Wert und Wirkungen von Audits

Audits unterschiedlicher Art und Bezeichnung haben sich zu häufig verwendeten Werkzeugen der Qualitätsorganisation entwickelt, ohne daß ihre rechtlichen Voraussetzungen und Wirkungen bei den meisten Veröffentlichungen auch nur andeutungsweise erwähnt oder sachgerecht erörtert werden. In Schadens-/Streitfällen hat dies für die Beteiligten/Betroffenen vielfach überraschende und keineswegs vorteilhafte rechtliche Folgen ausgelöst. In dem hier zu erörternden Zusammenhang sind *nur externe Audits* durch Kunden oder beauftragte (Zertifizierungs-) Organisationen von Bedeutung, keine unternehmensinternen Audits als Mittel zum Überwachen des Einhaltens und der Wirksamkeit unternehmensinterner Vorgaben und Anordnungen durch die Unternehmen selbst (interne Revision).

Wie jedes andere Mitel der Organisation bestimmen sich auch beim Audit Inhalte, Ablauf und Anforderungen an die Durchführenden aus dem *Ziel*, der *Aufgabe* und dem *Zweck* des Audits. Für das Qualitätswesen ist zu unterscheiden zwischen

- Lieferanten- und
- Zertifizierungsaudit.

3.3.1
Der Lieferantenaudit

Rechtsgrundlage für das Verlangen, einen externen Audit durch eigene Mitarbeiter oder von ihnen beauftragte Organisationen bei Zulieferern durchzuführen, ist die

Pflicht zur *angemessenen Drittunternehmer-Auswahl* (siehe Abschn. 3.2.1, S. 236). Ein Lieferantenaudit dient dem sachlich *nachvollziehbaren Prüfen* der *ausreichenden* Ausrüstung, Organisation und *Qualifikation* von *Zulieferern*, ob und wieweit sie aufgrund

- ihrer technischen Ausrüstung
- ihrer Organisation
- der Qualifikation ihrer Führungskräfte und Mitarbeiter

die von ihnen zu übernehmenden Aufgaben als Lieferer von Produkten oder zum Ausführen von Dienstleistungen bezogen auf deren Aufgaben und Anwendungen in den Maschinen und Anlagen des auditierenden Unternehmens erfüllen können.

Auf *dieses technische* und organisatorische *Ziel* hat sich *jeder Lieferantenaudit*, wie immer er im einzelnen auch bezeichnet wird, ob als System-, Produkt- oder Verfahrensaudit, *zu konzentrieren* auf die vorgesehenen Produkte oder geforderten Dienstleistungen, die sie beeinflussenden Verfahren und Abläufe. Dies gilt *auch* für *Audits* von *Qualitätssicherungs-Systemen*, nicht nur für Verfahrens- oder Produktaudits. Jedes *Ausdehnen* über die zur Lieferung vorgesehenen Produkte, die nur dafür erforderlichen Verfahren und Abläufe hinaus, *ist rechtlich unzulässig*, weil *sachlich nicht zu begründen.*

Allgemeine Anforderungen in produkt*un*spezifischen Normen liefern hierfür *keine* zulässige oder gar *wirksame Grundlage.* Sie können als *technische Normen keine rechtliche Bindung* entfalten, sondern nur Mittel und Wege aufzeigen, deren Ziele, Inhalte und Umfänge *vorher* zwischen den *Beteiligten rechtlich wirksam vereinbart werden müssen.* Als *Forderung* erhoben begründen sie durch ihre vorgesehene Auswertung und oft folgenden Auflagen - oder verkleidet als später nachzuprüfende „Empfehlungen" - einen *Eingriff* in die *Organisationsverantwortung* des *zu auditierenden Unternehmens*, für den weder technische noch rechtlich bindende Ansprüche geltendgemacht werden können. Aus dem *Ergebnis* des Audits *abgeleitete Forderungen* an die auditierten Unternehmen begründen stets und unabdingbar *(Mit-)Verantwortung* und *(Mit-)Haftung* im *Umfang* der *Summe* der *einzelnen Forderungen* als Teil der sonst allein dem auditierten Unternehmen zufallenden Organisationsverantwortung für technisch wirksame und organisatorisch zweckmäßige sachgerechte Einzellösungen. Die *gleiche Wirkung* haben nach dem Stande der Technik *unzweckmäßige* oder *unzureichende Verfahren*, Anlagen und Abläufe, die *nicht beanstandet* wurden, wenn sie sich später als Ursache für Schäden erweisen – s. Abschn. 2.3.4, S. 245.

Normen auch internationaler Organisationen oder *Checklisten* von Verbänden oder Prüforganisationen allein sind für diese Aufgabe *ungeeignet* und unzureichend, *weil* sie *nicht* den *erforderlichen* produkt- und leistungsbezogenen *Zielbezug enthalten* können. Die Kritiken zahlreicher Fachverbände an der vom VDA entwickelten allgemeinen Checkliste nach DIN EN ISO 9004 sind dafür ein eindrucksvoller Beweis (siehe VDA Bd. 6). Zusätzlich muß ihnen die Ausrichtung auf die anwendungsbezogen ausgelösten Risiken fehlen, die den *notwendigen Maßstab* für eine sachgerechte Bewertung und Auswahl des Drittunternehmens bilden (siehe Kasten Abschn. 3.2.1, S. 236).

Lieferantenaudits jeder Art und Bezeichnung sollten den *gesamten Stand der Technik* erfassen, der beim Zulieferer für die vorgesehenen Produkte oder zu erbringenden Leistungen verwirklicht ist, der durch solche Checklisten nicht erfaßbar sein kann.

3.3.2
Der Zertifizierungsaudit

Ein besonderer Audit ist der Zertifizierungsaudit. (Zur Bewertung der Zertifizierung und ihre Bedeutung siehe Abschn. 3.4.6, S. 260.)

Zertifizierungsaudits mit *unterschiedlichen Inhalten* wurden unabhängig voneinander und *ohne gegenseitige Abstimmung* von allen akkreditierten *Zertifizierungsorganisationen entwickelt*, um bei den Unternehmen zu prüfen, ob und wieweit die Voraussetzungen für eine Zertifizierung nach den Anforderungen der DIN EN ISO 9001-9003 vorhanden sind. Aufgrund der Erkenntnisse aus und der Ergebnisse der Zertifizierungsaudits hat die Zertifizierungsorganisation zu prüfen, ob die Voraussetzungen für ein Zertifikat gegeben sind oder nicht.

Da die Grundlage von Zertifikaten eine Norm der internationalen Organisation für Standardisierung (ISO) ist und damit das *Ziel* aller Zertifizierungsaudits *gleich* sein sollte, das Überprüfen des Einhaltens der Mindestvoraussetzungen einer dieser internationalen Normen, wäre eine Einheitlichkeit und ein Abstimmen über Umfang und Inhalt der Zertifizierungsaudits naheliegend, wenn nicht gar erforderlich.

Das Eigenleben der Zertifizierungsorganisationen und ihr Wettbewerb untereinander hat diese wünschenswerte, wenn nicht gar erforderliche Einheitlichkeit verhindert. Jede Zertifizierungsorganisation verwendet eigene Checklisten und Fragebögen, nach denen sie die Qualitätsorganisation der zu auditierenden Unternehmen prüft mit vorhersehbaren und nicht selten unterschiedlichen Ergebnissen.

Es hat mehrere Jahre gedauert, bis einzelne der Zertifizierungsorganisationen die Fragen ihrer Zertifizierungsaudits veröffentlichten, um Hinweise zu geben über die von ihnen erwarteten Organisationsformen und Abläufe, von denen sie ein Bestehen des Zertifizierungsaudits abhängig machen. Die *meisten* Zertifizierungsorganisationen haben ihre Zertifizierungsaudits bis heute *nicht veröffentlicht*. Es kann deshalb von *Interessenneutralen* und *Unabhängigen nicht* oder nur selten *geprüft werden*, ob und wieweit die Checklisten und Fragebögen der Zertifizierungsaudits mit dem *Ziel* des Audits und den *Anforderungen* der Normen *übereinstimmen. Zahlreiche Fragen* der veröffentlichten Liste der DQS wurden als im Widerspruch zu den Mindestanforderungen der Normen und als *unzulässige Erweiterungen* des durch die Norm einheitlich vorgegebenen Rahmens nachgewiesen.

Ziel und Aufgabe eines Zertifizierungsaudits sollte es ausschließlich sein, das unternehmensspezifische und deshalb produktbezogene Einhalten der allgemein formulierten Mindestbedingungen der DIN EN ISO 9001-9003 zu prüfen und sich von ihrer Wirksamkeit zu überzeugen. Um die *Angemessenheit* der organisatorischen Lösungen der einzelnen Unternehmen bezogen auf die allgemeinen Formulierungen der Norm festzustellen, und inhaltlich wie in ihren Auswirkungen bewerten zu können, sollten technische *Sachkenntnisse* über die Verfahren, Produkte und deren Anforderungen aus dem Einsatz bekannt sein, weil sich nur von diesen Vorgaben aus die Angemessenheit und Wirksamkeit des Audits und des sich darauf aufbauenden gesamten Zertifizierungsverfahrens sachlich bewerten läßt.

Diese Voraussetzung ist selten erfüllt. Nach organisationsinternen Fragen wird unabhängig von Produkten, Verfahren und deren Aufgaben formal nach frei gewählten Kriterien – arrogant – bewertet, ob die Mindestvoraussetzungen der internationalen Normen als erfüllt gelten können oder nicht. Für diese Bewertungen gibt es weder einheitliche Anhalte noch eindeutige Vorgaben einer fachlich angemessen qualifizierten Prüfinstanz.

Da diese Grundlagen von den meisten Zertifizierern nicht veröffentlicht werden, deshalb auch nicht miteinander verglichen und ihr sachlicher Gehalt von neutraler Stelle nicht überprüft werden kann, entwickelt sich die Zertifizierung oft zu einem formalen – seltener geistigen – Ringkampf zwischen Auditor und zu auditierendem Unternehmen. Mit der unausgesprochenen – selten verbal wiederholten – Drohung, im Falle eines Nicht-Eingehens auf die Vorschläge des Auditors das Vorhandensein der Voraussetzungen zum Erteilen eines Zertifikates zu verneinen, werden so in zahlreichen Unternehmen bürokratische Abläufe mit Dokumentationen gefordert und durchgesetzt, deren produktspezifische und anwendungsbezogene Wirksamkeit nicht nachgewiesen werden kann.

Hierbei werden vielfach Forderungen gestellt, die in den Normen nicht enthalten und durch sie nicht begründet sind. Anhand der wenigen veröffentlichten Fragelisten ist nachgewiesen, daß bis weit *über die Hälfte* der zu einzelnen Elementen gestellen *Fragen* in der Norm *keine Begründung* finden und für einzelne Unternehmen sachlich nicht zu rechtfertigen sind. Trotzdem gehört die dadurch zu begründende Ablehnung eines Auditors – leider – zu den Seltenheiten des Verfahrens.

Die als Leitlinie für die Organisation eines Qualitätswesens geltende DIN EN ISO 9004-1 stellt – durchaus in Übereinstimmung mit der Rechtsprechung des BGH – fest:

> „Um ihre *Ziele zu erreichen*, sollte eine Organisation sicherstellen, daß die technischen, organisatorischen und menschlichen *Faktoren beherrscht* werden, welche die *Qualität ihrer Produkte beeinflussen*, seien es Hardware, Software, verfahrenstechnische Produkte oder Dienstleistungen. Alle diese Lenkungsmaßnahmen sollten auf das Vermindern, Eliminieren und, was am wichtigsten ist, auf das *Verhüten von Fehlern* abzielen.
>
> Die *Bedeutung jedes Elements* (oder jeder Forderung) in einem QM-System unterscheidet sich nach *Art* der *Tätigkeit und* des *Produktes.*
>
> Um eine *optimale Wirksamkeit* zu erzielen und die Erwartungen des Kunden zu erfüllen, ist es wesentlich, daß das *QM-System an die Art der Tätigkeit* der Organisation und das Angebotsprodukt *angepaßt* wird."
> DIN EN ISO 9004-1 Abschn. 2

Daraus folgt *notwendig*, daß für das Erfüllen der einzelnen Normforderungen durch die unterschiedlichen Produkte und Verfahren *unterschiedliche Gewichtungen* und Bewertungen abzuleiten sind, je nach der *Bedeutung* des *Verfahrens* oder des Elementes, für die *Leistung, Zuverlässigkeit* und *Sicherheit* der individuellen Produkte unter den *unterschiedlichen Einsatzbedingungen.* Diese selbstverständliche Folgerung mißachten allgemeine Checklisten, für deren Auswerten zum Beispiel festgestellt wird: „Bei der zusammenfassenden *Bewertung* eines QS-Elements wird *jeder Frage* das *gleiche Gewicht* zugeordnet" (VDA Bd. 6).

Eine sachbezogene differenzierte Bewertung setzt *Qualifikationen* der *Auditoren* voraus, die *weit über* die genormten Anforderungen an Auditoren nach *DIN ISO 10 011 Teil 2 hinausgehen.*

3.3.3 Auswertung

Die Verantwortung für den Inhalt und das Auswerten von Audits trägt uneingeschränkt das diese Audits durchführende oder sie in Auftrag gebende Unternehmen. Es hat die volle Verantwortung für die inhaltlich sachgerechte technische Vorgabe – *Zielgerechtigkeit* – und die angemessene *Aussagefähigkeit* der *Kriterien* für die *Bewertung* der individuellen Produkte/Dienstleistungen unter deren Einsatzbedingungen.

QM/QS-System-Zertifikate zur Lieferantenauswahl zu verwenden, *genügt in keinem Fall* den *Anforderungen* der allein produktspezifisch und leistungsgerecht zu erstellenden rechtlich notwendigen *Drittunternehmer-Auswahl*, weil der *Inhalt* der auf Normen aufbauenden Zertifizierungsaudits mit den *notwendigen technischen* und organisatorisch *produktspezifischen Vorgaben* für eine sachgerechte Lieferantenauswahl *nicht übereinstimmen kann.* Ein *Verwenden* von produktunabhängigen *QM/QS-System-Zertifikaten* über das Einhalten genormter Mindestbedingungen einer Qualitätsorganisation und ihrer formalen Abläufe als *Ersatz* für eine produktspezifische Lieferantenauswahl ist *grob fahrlässig*, weil auch bei einfacher Sorgfalt das *ungenügende Erfüllen* der *spezifischen Auswahlkriterien* durch ein System-Zertifikat *offensichtlich* ist und darüber vielfach aufklärende Veröffentlichungen vorliegen.

Das von Zulieferern oft beabsichtigte oder erhoffte Eindämmen des sie belastenden Audittourismus – richtiger als Audit*terrorismus* bezeichnet – durch QM/QS-System-Zertifikate kann vom Ansatz her nicht wirksam werden; wird dies trotzdem erreicht, so sind dies eindeutige Beweise für ein ungenügendes Ausfüllen der Drittunternehmer-Auswahl durch die Unternehmen, die Zertifikate zweck- und zielwidrig so verwenden und auswerten.

Lieferantenaudits sollen angemessenes Vertrauen in die technischen und organisatorischen Fähigkeiten der Unternehmen schaffen, die ihnen übertragenen Arbeiten, Leistungen und Aufgaben in eigener Verantwortung dem Stande der Technik entsprechend angemessen und bezogen auf die Anforderungen und Risiken ihrer Produkte oder Leistungen auszuführen. Sie sind *ein Mittel* der *allgemeinen Angemessenheitsprüfung*, nicht eine unspezifische, deshalb stets willkürliche Detailprüfung nach nicht zielbezogen aussagefähigen und aufgaben*un*spezifischen Normvorgaben.

Lieferantenaudits sollen den verwirklichten Stand der Technik und dessen Anwendung beim Zulieferer ermitteln. Sie entwickeln nach dieser zielbezogenen Vorgabe für die auditierenden Unternehmen *höchst brisante rechtliche Rückwirkungen*:

Alle technischen und organisatorischen *Verfahren*, Abläufe und *Einzelheiten*, die Mitarbeitern oder beauftragten Dritten (Auditoren) eines auditierenden Unternehmens durch Audits oder sonstige Informationen, z. B. durch Betriebsbesichtigungen bei Zulieferern, *bekannt* werden und von ihnen oder dem Unternehmen *nicht* bei oder kurzfristig nach Kenntnisnahme als unzulänglich, oder verbesserungsbedürftig *beanstandet werden*, *gelten als* vom auditierenden Unternehmen dem Stande der Technik entsprechend *angemessen* und wirksam *gebilligt* und als für die vorgesehene Fertigung der speziellen Produkte oder zu erbringenden Dienstleistungen *geeignet anerkannt* mit der daraus resultierenden *rechtlichen Bindung* einer dadurch übernommenen *(Teil-)Verantwortung*. Lieferantenaudits als alleiniger oder wesentlicher Teil der Drittunternehmer-Auswahl sollten deshalb stets von besser ausgebildeten, vor allem technisch wie organisatorisch qualifizierten, erfahrenen Auditoren durchgeführt werden als sie zum formalen Überprüfen unspezifischer Normvorgaben erforderlich sind.

Die Billigung und Anerkennung bekanntgewordener Verfahren, Maßnahmen, Maschinen und Werkzeuge des Zulieferers durch einen Lieferantenaudit begründen eine *nicht abdingbare Mitverantwortung* für die technische Ausführung der damit gefertigten Produkte oder erhaltenen Leistungen, falls sich diese im Einzelfall bei den vorhersehbaren Einsatz-/Nutzungsbedingungen als fehlerhaft oder unzureichend erweisen sollten. Wie weit dies der Fall ist, muß in jedem *Einzelfall* analysiert werden und richtet sich sowohl nach den technisch wirksamen Ursachen der *Fehlerhaftigkeit* der Erzeugnisse oder Leistungen als auch nach der *Erkennbarkeit* dieser Ursachen bei und durch Audits, Betriebsbegehungen oder sonstige Informationen. Je offensichtlicher die Ungeeignetheit der Verfahren, Abläufe auch von Prüfungen für *Fachleute* ist, und je besser dies von *angemessen qualifizierten* und *erfahrenen Fachkräften hätte erkannt werden können*, umso höher ist der *Grad der Mitverantwortung* des auditierenden Unternehmens für diese (vermeidbaren) Fehlerursachen im Schadensfalle.

Von dieser sachbezogenen *Mitverantwortung* kann sich ein auditierendes Unternehmen mit wie immer formulierten Vereinbarungen für das Durchführen von Audits *nicht entlasten*. Eine solche oft versuchte *Freizeichnung* ist *rechtlich unzulässig* und damit im Streitfall *unwirksam*, weil sie ein Abbedingen unabdingbarer Kardinalpflichten bedeuten würde. Ein Berufen auf eine solche Freizeichnung ist eine unzulässige und unwirksame Rechtsausübung, vor allem wenn eine solche Freizeichnung in Audit-Vereinbarungen nur unter dem Druck marktstarker Abnehmer zustandegekommen ist (z. B. durch Drohen mit Entzug von Aufträgen). Solche Versuche zur Freizeichnung von dieser (Mit-)Verantwortung hat der BGH eindeutig bewertet:

> „Eine Klausel in allgemeinen Geschäftsbedingungen, durch die sich der Verwender von wesentlichen Vertragspflichten freizeichnet, ist auch im kaufmännischen Verkehr unwirksam"
> (BGH VIII ZR 238/91 v. 11. 11. 1991, BB 1992 S. 2460)

Versuche solcher Freizeichnungen werden regelmäßig nicht in Individualvereinbarungen zu finden sein. Schon eine *drei- oder mehrfache Verwendung* macht sie nach der BGH-Rechtprechung zur *allgemeinen Geschäftsbedingung*, auf die die Generalklausel des § 9 AGB-Gesetz anzuwenden ist. Damit ist diese BGH-Entscheidung auch für solche Audit-Vereinbarungen zutreffend und zum Beurteilen ihrer Rechtswirksamkeit anwendbar.

Ziel und Aussagen eines Lieferantenaudits können mit ihren Wirkungen nicht abbedungen werden, weil sonst die rechtliche Grundlage für den Audit entfiele. Sachgerechte Drittunternehmer-Auswahl als Kardinalpflicht des Bestellers ist ebenso wenig abdingbar wie die Wirkungen der zu ihrem Erfüllen notwendigen Verfahren und Mittel.

Die in Schadensfällen sich als höchst bedeutsam erweisenden Rechtswirkungen entsprechen Empfehlungen an die zu auditierenden Unternehmen, eigene ausführliche Protokolle über Umfang und Inhalt der bei Audits vorgeführten Verfahren und Maschinen wie der dabei weitergegebenen Informationen zu führen, um im Schadens-/Streitfall über eine angemessen aussagefähige Dokumentation zu diesen beim

Audit noch nicht erkennbaren, später jedoch entscheidend werdenden Sachverhalten zu verfügen.

3.3.4 Zertifizierungs- versus Lieferantenaudit

Die Unterschiede zwischen Zielen, Aufgaben, Inhalten, Anforderungen und Wirkungen von Zertifizierungs- und Lieferantenaudits stellt Tabelle 3.1 systematisiert einander gegenüber.

Zertifizierungsaudits sollen ausschließlich das Übereinstimmen einer zu auditierenden Organisation und deren einzelne Abläufe mit genormten allgemeinen Anforderungen der zugrundegelegten Normen feststellen. Für Unternehmen, sowohl selbst zertifizierte, als auch die, welche *Zertifikate* von ihren Zulieferern oder Vertriebspartnern fordern, sind Zertifikate als Nachweis zum Erfüllen ihrer Sorgfaltspflichten oder des Einhaltens des Standes der Technik *rechtlich unerheblich,* weil *technisch nicht aussagefähig.* Eine Zertifizierung ist freiwillig. Als freiwillige Maßnahme bedarf sie keiner allgemeinen oder gar verbindlichen Rechtsgrundlage, sie ist Teil der Organisationsfreiheit des Unternehmens. Zertifizierungsaudit und daraus folgendes Zertifikat entfalten *keine Rechtswirkungen* zwischen der Zertifizierungsorganisation und dem zu zertifizierenden Unternehmen, beide sind *keine Geschäftspartner* im *täglichen*

Tabelle 3.1 Audit-Arten, Ziele, Anforderungen und Wirkungen

Merkmale	Lieferantenaudit	Zertifizierungsaudit
Inhalt/Aufgabe	Prüfen des *Standes der Technik* bei Lieferanten nach *produktspezifischen* und *anwendungsbezogenen Risiken* der zu fertigenden Teile/zu erbringenden Dienstleistungen	Prüfen unternehmensinterner Organisation und Abläufe nach genormten *allgemeinen produktunspezifischen Anforderungen* der DIN EN ISO 9001/3
Anforderungen an die Durchführung	nicht teilespezifische und nicht anwendungsbezogene allgemeine Kriterien nach *Checklisten,* z. B. VDA Bd. 6, *nicht* aufgaben-/*zielgerecht,* deshalb unzureichend	erweiternde Auslegungen über den Wortlaut der Norm hinaus, z.B. DGQ 100-11 *unzulässig.*
Wirkungen	alles Bekannte und *Gesehene bindet* auditierendes Unternehmen als von ihm nach dem Stand der Technik als *aufgabenkonform angemessen anerkannt*	allgemeine *Systemaussage ohne Produktbezug*
Grenzen	Vertraglich zu *begrenzender Verteiler,* Vertraulichkeit und Geheimhaltung einzelner Informationen zu vereinbaren	Wortlaut der Norm als Ermittlungsgrenze, *individuelle* Ergänzungen oder *zusätzliche Auslegungen unzulässig*
Qualifikation der Auditoren	*notwendig* teile-, verfahrens- und anwendungsspezifische *technische Sachkenntnisse,* allgemeine formale oder nur organisatorische Erfahrungen unzureichend	siehe *DIN ISO 10 011 Teil 2* (für *sachlich qualifizierte Aussagen* völlig unzureichend)

Bild 3.1 Beispiel für Fehlinformationen von Kunden über Wirkungen und Zertifizierungen

Auszug aus einer Kundeninformation:

Es mag vorbildlich sein, daß ... etwa 400 verschiedene ... Typen bevorratet. So kann ... im Bereich Steigtechnik

ALLE ANFORDERUNGEN AN SICHERHEIT und Qualität schnell und gut gerecht werden.

... ist das erste deutsche ... Unternehmen, daß die Zertifizierung nach DIN ISO 9001 erhalten hat.

Damit erfüllen ... Geräte höchste Qualitätsansprüche ... ist Europas „Nr. 1" im Bereich Steigtechnik.

Bild 3.2 Nach Inhalt und Aussagen unrichtige Auslegung des Zertifikates nach DIN EN ISO 9001

DIN ISO 9001 –
So definiert
man Qualität.

Die internationale Norm für
Qualität heißt DIN ISO 9001.
Sie beschreibt Qualität umfassend:
Produktleistung, Entwicklung,
Vertrieb, Service und Beratung.
Nur wer in allen fünf Punkten
gleichermaßen Erstklassiges leistet,
bekommt die begehrte Auszeichnung.
Der TÜV hat es ... bestätigt:
DIN ISO 9001 für das Geschäftsgebiet
Kommunikationsendgeräte.
Was das für Sie bringt,
können Sie jeden Tag auf's Neue erleben.

Handelsgeschäft. Die Grundlage von QM/QS-System-Zertifikaten ist eine allgemeine, produkt*un*spezifische Norm, sie bestimmt die *nicht anwendungsbezogenen produktunspezifischen Aussagen* des System-Zertifikats. Ob und welche Bedeutung oder welchen Wert ein drittes Unternehmen einem solchen Zertifikat beimißt, ist allein in sein Ermessen gestellt, nicht in das der Zertifizierungsorganisation. Wegen der großen Unterschiede beim Ermitteln der einem Zertifikat zugrundeliegenden unternehmensinternen Abläufe werden nicht alle Zertifikate jeder Zertifizierungsorganisation trotz gleicher Normgrundlage von allen Unternehmen in gleicher Weise anerkannt.

Unrichtige oder *unzutreffende Aussagen* über *Wert* oder Inhalt eines *Zertifikates* hat nach den *Rechtsnormen* des *Wettbewerbsrechtes* allein der zu verantworten, der sie als *Mittel des Wettbewerbs* oder im Geschäftsverkehr *werbend einsetzt*. Falsche Bewertungen und *unzutreffende Interpretationen* von Zertifikaten sind inzwischen *leider häufig*. Die Bilder 3.1 bis 3.3 zeigen Beispiele offensichtlicher Fehlauslegungen, die der *bewußten Irreführung* der *Verbraucher* nahekommen und damit auch *strafrechtlich relevante Tatbestände* erfüllen (können). Urteile zu solchen Mißbräuchen sind bisher (leider) nicht bekanntgeworden, ebenso wenig Abmahnungen der Zertifizierer, von Verbraucherorganisationen oder Wettbewerbern, die allein dazu rechtlich legitimiert sind.

3.4 Rechtsgrundlagen für Zertifikate und Konformitätserklärungen

3.4.1 Rechtliche Grundlagen von DIN EN ISO 9000 ff

Normen der Reihe DIN EN ISO 9000ff haben keine andere rechtliche Grundlage als alle internationalen und regionalen in das nationale (DIN) Normenwerk übernommenen anderen technischen Normen. Sie sind *unverbindliche Empfehlungen* zum technischen Handeln, soweit sie inhaltlich *zum Zeitpunkt ihrer Anwendung* den *Stand der Technik vollständig und sachgerecht* wiedergeben. Dies gilt uneingeschränkt für die gesamte DIN EN ISO-Familie mit allen ihren heute kaum noch zu übersehenden Teilen – siehe Bild 3.4.

Sollen diese Normen als anerkannte Regeln der Technik *rechtliche Wirkungen entfalten*, ist zu prüfen, ob und wieweit bei ihrem Zustandekommen ebenso bei Neuausgaben die Mindestregeln eingehalten wurden, die die Rechtsprechung als Voraussetzung einer Anerkennung als anerkannte Regeln der Technik entwickelt hat – siehe Abschn. 2.3, S. 221. Dies kann für internationale (ISO) und regionale (EN) Normen nicht anders als für nationale (DIN) Normen gelten, weil die rechtliche Wirkung nicht vom Ursprung, dem Zustandekommen solcher Normen abhängig ist und davon nicht beeinflußt wird.

Die *ersten Ausgaben* von *DIN ISO 9000 ff* 1987 und ihre deutschen Übersetzungen vom Mai 1990 *erfüllten* mit *Sicherheit* diese *Voraussetzungen nicht*. Ob und wieweit beim Überarbeiten zu den Ausgaben August 1994 diese Voraussetzungen erfüllt wurden, wäre sowohl vom Inhalt als auch vom Ablauf der Verfahren zu prüfen, wenn diese Normen als anerkannte Regeln der Technik und damit als *widerlegbar vermutetes Erfüllen von Anforderungen aus Rechtsnormen* behauptet werden sollte. Eine solche Behauptung ist ernsthaft – ausgenommen unzulässige Werbeaussagen von

Bild 3.3 ISO 9001 zum gesteigerten Wohlbefinden

Beratern und Zertifizierungsorganisationen – bisher nicht aufgestellt worden, noch wurden dafür nachprüfbare Tatsachen vorgetragen.

Kritische Auseinandersetzungen mit Umfang, Inhalt und Formulierungen der DIN EN ISO 9000–9004 im deutschen wie im englischsprachigen Schrifttum lassen erhebliche vielfach begründete Zweifel am Erfüllen dieser notwendigen organisatorischen Voraussetzungen auch durch die Ausgabe 1994 aufkommen. Ihre Verbreitung und die Propagandierung der darauf aufbauenden Zertifikate mit vielfach unzutreffenden

Überblick über die 25 Teile der DIN ISO 9000-Familie		Anzahl Seiten*	
		1985	1993
Normen zum Qualitätsmanagement und zur Darlegung von QM-Systemen; ... DIN ISO 9000 ...		*22*	*192*
Teil 1	(bisher DIN ISO 9000): Leitfaden zur Auswahl und Anwendung	22	74
Teil 2	Allg. Leitfaden z. Anwendung von ISO 9001, ISO 9002 und ISO 9003	–	73
Teil 3	Leitfaden für die Anwendung von ISO 9001 auf die Entwicklung, Lieferung und Wartung von Software (gemeint: Rechnersoftware)	–	34
Teil 4	Anwendung auf das Zuverlässigkeitsmanagement	–	11
QM-Systeme; Modelle zur Darlegung des QM-Systems ... DIN ISO ...		*71*	*110*
9001	... in Design/Entwicklung, Produktion, Montage und Kundendienst	31	42
9002	... in Produktion, Montage und Kundendienst	27	38
9003	... bei der Endprüfung	13	30
Qualitätsmanagement und Elemente eines QM-Systems; ... DIN ISO 9004 ...		*73*	*446*
Teil 1	(bisher ISO 9004): Leitfaden	73	90
Teil 2	Leitfaden für Dienstleistungen	–	43
Teil 3	Leitfaden für Verfahrenstechnische Produkte	–	80
Teil 4	Leitfaden zum Management von Qualitätsverbesserungen	–	92
Teil 5	Leitfaden für Qualitätsmanagementpläne	–	41
Teil 6	Leitfaden für Qualitätsmanagement im Projektmanagement	–	30+
Teil 7	Leitfaden für Konfigurationsmanagement	–	30+
Teil 9	Qualitätsbezogene Grundsätze – Anwendung in Managementpraxis	–	30+
Leitfaden für das Audit von Qualitätssicherungssystemen DIN ISO 10 011 ...		–	*73*
Teil 1	Auditdurchführung	–	28
Teil 2	Qualifikationskriterien für Qualitätsauditoren	–	17
Teil 3	Management von Auditprogrammen	–	28
Forderungen an die Qualitätssicherung von Meßmitteln, DIN ISO 10 012 ...		–	*76*
Teil 1	Bestätigungssystem für Meßmittel	–	33◆
Teil 2	Qualitätssicherung von Messungen	–	43
Leitfaden zur Erstellung von QM-Handbüchern, DIN ISO 10 013		–	*16*
Wirtschaftliche Auswirkungen des TQM, DIN ISO 10 014		–	*12*
Ständige Schulung und Fortbildung, DIN ISO 10 015		–	*40+*
Aufzeichnungen über Qualitätsprüfungen an Produkten; Leitfaden für die Darstellung der Ergebnisse und der Erfüllung der Qualitätsforderung DIN ISO 10 016		–	*30+*
Qualitätsmanagement und Qualitätssicherung; Begriffe; DIN ISO 8402		–	*42*
• auf der Basis vergleichbarer zweisprachiger Entwurfsfassungen; + geschätzt; ◆ gedruckt, dreisprachig		*166 (total)*	*1037 (total)*

Anmerkung: Die Nummern der Teile von 9004 können sich evtl. noch ändern

Bild 3.4 Die DIN ISO 9000-Familie, quantifizierte Übersicht, Stand Nov. 1993 (NASZ)

Behauptungen durch an den Verfahren wirtschaftlich besonders interessierte Personen, Unternehmen und Organisationen hat einen beachtlichen Umfang erreicht. Die Bekanntheit der Normen und ihre Propagierung allein sind für ein rechtliches Bewerten und eine daraus ableitbare rechtliche Qualifikation *nicht ausreichend,* noch dafür überhaupt von Bedeutung.

Aus zahlreichen hier im einzelnen nicht aufzuzählenden Gründen ist bis zu einer umfassenden ebenso sachlichen wie neutralen Prüfung sowohl der Inhalte am Stand der Technik (siehe Abschn. 2.5) als auch der Verfahren ihres Zustandekommens davon auszugehen, daß DIN EN ISO 9000 - 9004 ihm Gegensatz zu anderen technischen und in's DIN Normenwerk aufgenommenen internationalen (ISO) und regionalen (EN) Normen *keine anerkannten Regeln der Technik* im Sinne des Zivil- und Strafrechtes sind und sein können - siehe Tabelle 3.2.

3.4.2 Inhalte von Zertifikaten nach DIN EN ISO 9001

Aus der meist ungenau allgemein bezeichneten Reihe DIN EN ISO 9000 ff enthalten nur DIN EN ISO 9001 - 9003 Grundlagen für das Ausstellen von Zertifikaten. Diese Zertifikate bestätigen nur - siehe Bild 3.5, S. 252 - daß die unternehmensinterne Qualitätsorganisation und ihre Abläufe nach den Feststellungen einer unabhängigen, von einer nationalen Institution akkreditierten Organisation, dem Deutschen Akkreditierungs-Rat (DAR) die *Mindestbedingungen* der Norm zum Zeitpunkt des Zertifizierungsaudits *erfüllt* hat - so viel (oder wenig), mehr nicht. Für den gesetzlich nicht geregelten Bereich akkreditiert die Trägergemeinschaft für Akkreditierung GmbH (TGA) sowohl Zertifizieren für QS-Systeme als auch für Personal für Prüflaboratorien.

Die Formulierungen der genormten Anforderungen - hier wird ihres umfassenderen Geltungsbereiches wegen nur DIN EN ISO 9001 betrachtet - sind so allgemein, daß sie der Auslegung ebenso bedürfen wie der Konkretisierung für unterschiedliche Erzeugnisse und Verfahren. Dem entspricht der Titel von DIN EN ISO 9001:

> „Qualitätsmanagement-Systeme,
> *MODELL* zur Qualitätssicherung/QM-Darlegung in Design,
> Entwicklung, Produktion, Montage und Wartung"

Für die rechtliche Bewertung dieser Norm ist das für die Normen DIN EN ISO 9000-9004 einheitliche deutsche *nationale Vorwort* wichtig, dessen wesentliche Festlegungen lauten:

> „ Die Normen DIN EN ISO 9001, DIN EN ISo 9002 und DIN EN ISO 9003 enthalten jeweils *ein Modell zur Qualitätssicherung/QM-Darlegung.* Nur diese drei Normen der DIN EN ISO 9000-Familie sind für Darlegungszwecke" - für das Ausstellen von Zertifikaten - „vorgesehen".
>
> „Das Qualitätsmanagement einer Organisation wird durch *zahlreiche interne und externe Einflüsse geprägt.* Hier sind *beispielsweise* zu nennen: die *Ziele* der Organisation, die erzeugten *Produkte,* die *Anspruchsklasse* für die Angebotsprodukte, die eingesetzte Technologie, die *Größe* der Organisation, das *Arbeitsumfeld* der Organisation, die *Mitarbeiter.*

Tabelle 3.2 Vergleich rechtlicher Anforderungen mit dem Inhalt der Normen DIN EN ISO 9001 und 9004-1

Kriterium/Merkmal	DIN EN ISO 9004-1 1994	DIN EN ISO 9001 1994	Anforderungen aus der Produkthaftung
1. Produktsicherheit, Produkthaftung	19[1)]	--	***
2. Organisations-verantwortung	(4.4)[2)]	--	***
3. Produktbeobachtung	(7.3; 16.5)[3)] (16.6)	--	***
4. Konstruktionsverantwortung	(8)[4)]	(4.4)[4)]	***
5. Informationssystem (extern, intern)	--[5)]	--	***
6. Einbeziehen des Standes der Technik, anerkannte Regeln der Technik	--[6)]	--	***
7. Instruktionsverantwortung	--[7)]	--	***
8. Risiko-/Gefahrenanalyse	(0.4 c)[8)]	--	***
9. Lasten-/Pflichtenheft – Vollständigkeitsprüfung	--[9)]	--	***
10. Abgrenzen von Entwicklung und Konstruktion	--[10)]	--	***
11. Schadensanalyse	(15.5)[11)]	(4.14.2)[11)]	***
12. Auswahl der Fertigungsverfahren	(10.2)[12)]	(4.9)[12)]	***
13. Beschaffung	(9; 9.3)[13)]	(4.6.2; 4.6.3)[13)]	***
14. Wareneingangsprüfung	(9.7; 12.1)[14)]	(4.6.9)[14)]	
15. Vertrieb/Marketing	(7.1; 7.2)[15)]	(4.3.)[15)]	***
16. Qualifikation von Mitarbeitern	(18)[16)]	(4.18)[16)]	***
17. Wirtschaftlich zumutbar (Nutzen/Kostenvergleich/ Qualitätskosten)	(0.4 b; 6)[17)]	(4.1.2.2)[17)]	***
18. Merkmalsklassifikation	--[18)]	--	***
19. Aussagesicherheit von Prüfverfahren	(8.3; 12.3)[19)]	--	***
20. Dokumentation aussagefähiger Qualitätsaufzeichnungen	(17.2)[20)]	(4.16)[20)]	***
21. Grenzen der Anwendbarkeit von Einzelelementen, Hinweise auf Ergänzungs-bedürftigkeit	1[21)]	(1)[21)]	**
22. Kundendienst/Wartung	16.4[22)]	4.19[22)]	**
23. Unternehmensstruktur	--[23)]	--	*
24. Geheimhaltung	--[24)]	--	--

*** = besonders wichtig, ** = wichtig, * = notwendig
( ) = Abschnitte, die zum Erfüllen der rechtlichen Anforderungen der Konkretisierung und/oder Ergänzung bedürfen
-- = Regelungen nach rechtlichen Anforderungen notwendig, aber nicht enthalten
1) = getrennte Erläuterungen zum Inhalt und zur Bewertung

VDE PRÜF- UND ZERTIFIZIERUNGSINSTITUT

Verband Deutscher Elektrotechniker (VDE) e. V.

ZERTIFIKAT

Register-Nummer: 0000/QM/00.93

Hiermit wird bescheinigt, daß das Unternehmen

Mustermann GmbH
mit dem Standort
Beispielstraße 10, 00000 Musterstadt

ein **Q**ualitäts-**M**anagementsystem für die Bereiche
Elektromagnetische Relais (Printrelais)
NF-Steckverbinder
Steckverbinder-Gehäuse
eingeführt hat und anwendet.

Dieses QM-System erfüllt die Forderungen der folgenden Norm:

DIN ISO 9001/05.90 (EN 29001)
Qualitätssicherungssysteme
Modell zur Darlegung der Qualitätssicherung in Design/Entwicklung,
Produktion, Montage und Kundendienst

Dieses Zertifikat ist gültig bis (3 Jahre)

VDE Prüf- und Zertifizierungsinstitut
Abteilung Zertifizierung

Bild 3.5 Beispiel eines Zertifikates durch das VDE Prüf- und Zertifizierungsinstitut

Ein universell geeignetes Qualitätsmanagement-System kann es demnach nicht geben; folglich kann man ein *solches System* auch *nicht normen.* DIN EN ISO 9004-1 ist daher *keine Norm für Qualitätsmanagement-Systeme,* sondern ein *Leitfaden zur Errichtung solcher Systeme. ...*

In den *Normen zum Qualitätsmanagement* sind *keine Forderungen an Produkte festgelegt.* Die Erfüllung der Forderungen zur Qualitätssicherung/QM-Darlegung mit den Normen DIN EN ISO 9001, DIN EN ISO 9002 und DIN EN ISO 9003 soll Vertrauen in die Fähigkeit der Organisation bzw. des Lieferanten bilden. Die Einhaltung der Normen zum Qualitätsmanagement ist deshalb *kein direkter Nachweis* für die *Erfüllung der Qualitätsforderung* durch das Angebotsprodukt."

Diese Beschreibung der Inhalte, der Aufgabe und des Zwecks sollte bei allen Diskussionen über Wirkungen der darauf aufbauenden Zertifikate angemessen berücksichtigt werden. Dies geschieht leider meist ebenso wenig wie beim Auswerten der Zertifikate in der Werbung und als Selbstdarstellung zertifizierter Unternehmen.

3.4.3 Die Bedeutung von DIN EN ISO 9004-1

Zur Aufgabe dieser Norm wird in ihrer Einleitung festgestellt:

Die internationalen Normen der ISO 9000-Familie beschreiben, *was Elemente* eines Qualitätsmanagement-Systems *bewirken sollen, nicht* aber, *wie* eine spezielle *Organisation* diese Elemente ausgestalten sollte. Weil sich die *Erfordernisse* von Organisationen *unterscheiden,* ist es *nicht* der *Zweck* dieser internationalen Normen, für *Einheitlichkeit* von Qualitätsmanagement-Systemen zu sorgen. Die *Gestaltung* und die Verwirklichung eines QM-Systems werden durch die *besonderen Ziele,* Produkte, Prozesse und individuellen Verfahrensweisen der Organisationen *beeinflußt* sein. (0.1)

.....

Um ihre *Ziele* zu *erreichen,* sollte eine Organisation sicherstellen, daß die *technischen, organisatorischen* und *menschlichen Faktoren beherrscht* werden, welche die *Qualität* ihrer *Produkte beeinflussen,* seien es Hardware, Software, verfahrenstechnische Produkte oder Dienstleistungen. *Alle* diese *Lenkungsmaßnahmen* sollten auf das Vermindern, Eliminieren und, was am wichtigsten ist, auf das *Verhüten von Fehlern abzielen.*

Die *Bedeutung jedes Elements* (oder jeder Forderung) in einem *QM-System* unterscheidet sich nach der *Art* der *Tätigkeit* und des *Produkts.*

Um eine *optimale Wirkamkeit* zu erzielen und die Erwartungen des Kunden zu erfüllen, ist es wesentlich, daß das *QM-System* an die *Art der Tätigkeit* der Organisation und an das *Angebotsprodukt angepaßt wird.* (0.2)

Dieser Teil von ISO 9004 ist *nicht vorgesehen* für den Gebrauch in vertraglichen, gesetzlichen oder *Zertifizierungs-Situationen* und demzufolge auch keine Richtlinie zum Vollzug von ISO 9001, ISO 9002 und ISO 9003. (1)

Für die Bewertung der *rechtlichen Bedeutung* der unterschiedlichen DIN EN ISO 9000ff Normen ist es *entscheidend*, ob und wieweit die einzelnen Normen *den Stand der Technik* der Unternehmensorganisation sachgerecht wiedergeben und die *Anforderungen sachgerecht erfüllen*, die *Gesetz* und *Rechtsprechung* an das Einhalten des Standes der Technik *von der Unternehmensorganisation fordern*.

Dies erfordert

- ein umfassendes Ermitteln des Standes der Technik für die Unternehmensorganisation nach den individuellen Bedingungen des Unternehmens – siehe nationales Vorwort Abschn. 3.4.2, S. 251.
- die Aussagefähigkeit dieses Standes der Technik für die einzelnen Produkte, Verfahren oder Dienstleistungen
- die unterschiedlichen Anwendungen der Produkte, Verfahren und Dienstleistungen nach ihren unterschiedlichen Einsatzbedingungen
- die Wirksamkeit aller einzelnen Elemente und Verfahren als Folge der wissenschaftlichen Erkenntnisse und praktischen Erfahrungen mit den Produkten unter den unterschiedlichen Einsatzbedingungen (Produktbeobachtung)
- das vollständige Erfassen der im einzelnen spezifizierten Anforderungen aus Gesetz und Rechtsprechung an die jeweiligen Produkte und Verfahren, die *produktspezifisch und anwendungsbezogen* abgeleitet wurden.

Eine solche umfassende Analyse kann nur *unternehmensindividuell* vollständig und sachbezogen durchgeführt werden.

Hier ist nur zu prüfen, ob und wie weit die einzelnen Normen *produktunspezifisch* und *nicht anwendungsbezogen* diese Voraussetzungen erfüllen können.

Für den *deutschen Rechtsbereich* ist dabei auszugehen von der *Organisationsfreiheit der Unternehmen – siehe Abschn. 3.1, S. 233.*

Die Organisation der Unternehmen hat sich zu orientieren an der Rechtsprechung des Zivil- und Strafrechts zu ihren einzelnen Funktionen (Elementen) und *zur Produkthaftung*. Auf die Notwendigkeit des produktspezifischen und anwendungsbezogenen Ergänzens im Einzelfall wird noch einmal hingewiesen.

Eine erste Analyse der rechtlichen Anforderungen aus der Produkthaftung an die Unternehmensorganisation und an deren einzelne Elemente in DIN EN ISO 9004 und der Formulierungen zu den einzelnen Elementen in der zertifizierbaren DIN EN ISO 9001 wurde von einem Industrieversicherer bereits 1987 veröffentlicht. Tabelle 3.2 enthält die aktualisierte Darstellung nach der Ausgabe der Normen August 1994. Die Richtigkeit und Sachgerechtigkeit dieser Gegenüberstellung wurde bisher von keiner Stelle bezweifelt, in Frage gestellt oder als ergänzungs-/verbesserungsbedürftig nachgewiesen.

Die im wesentlichen redaktionelle Revision der DIN EN ISO Normen 1994 sollte dem Verlangen von Anwendern nachkommen, Bedingungen der verfahrenstechnischen und dienstleistenden Unternehmen besser zu erfassen. Zusätzlich waren einige neue allgemeine Konzepte einzuführen, z. B. können jetzt alle *Tätigkeiten* als *Prozesse* mit eingearbeiteten Ergebnissen betrachtet werden (Vorwort DIN EN 9004). Dies ändert nichts an den grundsätzlichen Erkenntnissen zu *unternehmensinternen Ursachen von Schäden.*

Seit Jahrzehnten ist durch Schadensanalysen unbestritten nachgewiesen: im Bereich „Entwicklung und Konstruktion" werden mehr Ursachen für das Versagen industrieller Erzeugnisse gesetzt, als in allen anderen Bereichen der Unternehmen zusammen – siehe Bild 3.6.

Diese Erkenntnis wurde durch zahlreiche unternehmensinterne und Untersuchungen von Versicherungen vielfach bestätigt.

Diesen Schwerpunkt erfassen sowohl DIN EN ISO 9004 als auch DIN EN ISO 9001 völlig unzureichend. Kennzeichnend dafür sind allein die Bezeichnungen: „Design-Lenkung" (DIN EN ISO 9001), „Qualität bei Auslegung und Design" (DIN EN ISO 9004-1).

Begriffe wie „Entwicklung" oder „Konstruktion", wie sie dem Stand der Technik entsprechen und im deutschen Sprachraum seit Jahrzehnten allgemein üblich sind, werden nicht benutzt oder für verwendungsfähig gehalten. Eine Fußnote (!) definiert nur in der deutschen Übersetzung nicht im englischen Original:

„*„Design"* kann *„Entwicklung"*, *„Berechnung"*, *„Konstruktion"* *bzw.* deren *Ergebnis*, *„Entwurf"*, *„Gestaltung"* oder *„Konzept"* *usw.* einschließen und so benannt werden."

Mit diesem ebenso vieldeutigen, schwammigen wie höchst unklaren begrifflichen Ansatz kann der entscheidende Bereich für das Entstehen der Ursachen für ein Versagen industrieller Erzeugnisse weder angemessen bezeichnet, erfaßt, noch mit seinen entscheidenden Abläufen nach den durch zahlreiche nationale Normen, VDI-Richtlinien und andere anerkannte Regeln detaillierten Stand der Technik wirksam organisiert werden, wie dies die rechtlichen Anforderungen an die Produktsicherheit und verbindliche Regelungen des öffentlichen Rechtes, z. B. in EG-Richtlinien (EG-Richtlinie Maschinen, allgemeine Produktsicherheit), von den Unternehmen verlangen.

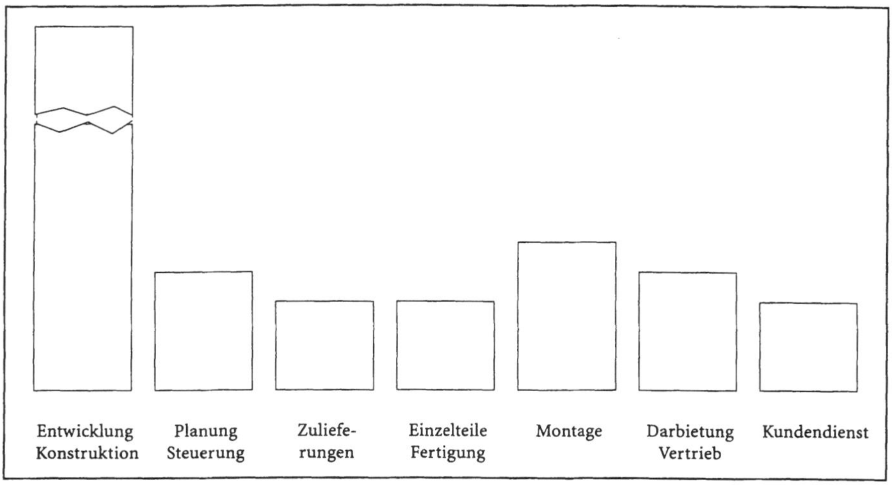

Bild 3.6 Ursachen von Fehlern – Qualitätsverantwortung in unterschiedlichen Unternehmensbereichen

3.4.4 Ergebnis

In DIN EN ISO 9001 sind nur inhaltlich völlig unzureichend 11 Hinweise zum Erfüllen der 23 Anforderungskriterien aus dem Recht der Produkthaftung aufgeführt. Der Leitfaden DIN EN ISO 9004 enthält - auch vielfach ungenügend detailliert - 16 Hinweise auf rechtliche Anforderungen, ohne für eines der über DIN EN ISO 9001 hinausgehenden Elemente auf dem Stand der Technik entsprechende lange bewährte Regelungen in anderen Unterlagen hinzuweisen. Zu den *nicht erwähnten rechtlich geforderten Anforderungen* an die Unternehmensorganisation, für die angemessene und bewährte Beispiele verfügbar sind, gehören so grundlegende Anforderungen wie die an

- eine *systematische Produktbeobachtung*
- den *Nachweis* der *technischen Aussagefähigkeit* von *Prüfverfahren* für voraussehbare Einsatzbedingungen
- ein wirksames unternehmensindividuelles *Informationssystem* zum Erfassen aller relevanten *anerkannten Regeln der Technik* und des *Standes der Technik* mit deren gezieltem *innerbetrieblichem Auswerten*
- den Umfang von und Elemente zum Ausfüllen des *unternehmensinternen Informationssystems*
- *aussagefähige Schadensanalysen* zum vorbeugenden Verhindern der Wiederholung von Schäden durch gleiche Ursachen
- eine unternehmensumfassende, wirksame und *vollständige Ablauforganisation*
- Grundsätze und *Inhalte der Organisationsverantwortung*
- funktionsbezogene *Merkmalsklassifikation nach DIN ISO 2859 Teil 1*
- das wirksame Nutzen anerkannter Regeln der *Konstruktionsmethodik*
- usw. usw.

Gegenüber der Ausgabe 1987 wurde in DIN EN ISO 9004 Ausgabe August 1994 jeder Hinweis auf *Anforderungen* aus der „*Produkthaftung*" (bisher im Abschn. 19) gestrichen, weil für entbehrlich gehalten. Eine größere Unkenntnis und Mißachtung übergeordneter rechtlicher Anforderungen ist kaum vorstellbar!

Diese Übersicht kann weiter vervollständigt zahlreiche zusätzliche Details auflisten, ohne dadurch zu anderen allgemeinen Schlußfolgerungen zu führen, wie sie schon 1989 ein bekannter deutscher Industrieversicherer formulierte:

> „Zur Organisationsverantwortung der Unternehmen gehören Aufbau und regelmäßiges Nutzen eines
>
> **unternehmensumfassenden**
> **bereichsübergreifenden**
> **unternehmensindividuell**
> **wirksamen**
> **Qualitätssystems.**
>
> Es ist den *Funktionen* und *Risiken* der *Produkte*/Verfahren/Leistungen bei deren *unterschiedlichen Anwendungen* im Auswerten des Standes der Technik *anzupassen.*

Überbetriebliche Normen sind dafür wichtige, gezielt und sorgfältig auszuwertende allgemeine Wissensspeicher; sie *können* jedoch *weder* die unternehmensindividuellen *Aufgaben*/Anforderungen angemessen *erfassen, noch weniger* sie *wirksam erfüllen.*

Zertifikate über das Erfüllen der Anforderungen von *Modellen* aus *überbetrieblichen Normen* der Qualitätssicherungs-/Qualitätsmanagement-Systeme sind deshalb nur – *sehr eingeschränkt zu bewertende – Werbeaussagen ohne technisch angemessene* oder gar *rechtlich relevante Bedeutung.*"

Kein Wunder, wenn danach eine Stellungnahmen zur Bedeutung und Wirkung von Zertifikaten nach DIN EN ISO in einer Management-Zeitschrift mit der reißerischen Überschrift „Der große Bluff" erschien.

3.4.5
Die Konformitätserklärung im Recht der Technik

Das europäische Recht der Technik hat für den *harmonisierten Bereich* – siehe S. 214 – des öffentlichen Rechtes gestützt auf Art. 100 a der römischen Verträge Vorgaben in EG-Richtlinien gesetzt. Zur Zeit (1995) gelten 23 dieser EG-Richtlinien für einzelne Produktgruppen und/oder Anwendungsbereiche.

Zum Nachweis des Einhaltens dieser öffentlich-rechtlichen Anforderungen aus EG-Richtlinien sind die darunter fallenden Produkte mit dem CE-Zeichen zu versehen. Das *CE-Zeichen* ist ein *„Freipaß"* für den nationalen und regionalen, europäischen *Vertrieb* und die *Nutzung* dieser Produkte, *kein Gütezeichen.* Es bestätigt allein die *Übereinstimmung* der so gekennzeichneten Produkte *mit* den *allgemeinen Sicherheits-* und *Gesundheitsanforderungen* aller zutreffenden *Richtlinien*, mehr nicht.

Das Anbringen dieses CE-Zeichens liegt *allein in der Verantwortung der* herstellenden, einführenden oder vertreibenden *Unternehmen.* Bevor das CE-Zeichen angebracht werden darf, hat das Unternehmen eine *Konformitätserklärung* auszustellen und mitzuliefern, in der die zutreffenden Richtlinien aufzuführen sind, die für dieses Produkt gelten, und die harmonisierten (EN) und nationalen (DIN)Normen zu bezeichnen, die bei Entwurf, Konstruktion, Produktion und Prüfung der Produkte berücksichtigt wurden, um die *Übereinstimmung der Produkte mit den grundlegenden Sicherheits- und Gesundheitsanforderungen der EG-Richtlinien* zu erreichen – siehe Bild 3.7, nächste Seite. Soweit (noch) keine harmonisierten Normen bestehen, sind ersatzweise nationale Normen oder andere überbetriebliche Regeln aufzuführen, nach denen der Hersteller dieses Produkt entwickelt, gefertigt und geprüft hat.

Diese *Konformitätserklärung* ist eine durch die nationalen Behörden *nachprüfbare Übersicht* der vom Hersteller angewandten anerkannten Regeln der Technik unterschiedlichen Ursprungs. Soweit es sich um Produkte handelt, sind Art und Inhalt der Konformitätserklärung in der harmonisierten Norm DIN EN 45 014 geregelt – siehe Bild 3.8, S. 259. Sie sind ein *neues Element* in der europäischen Praxis der Unternehmen, das sich erst durch die Entwicklung der europäischen Union als notwendig erwiesen hat und das für lange Zeit und eine wachsende Zahl von Produkten und Anlagen ständige Praxis werden und bleiben wird.

Wie alle anderen öffentlich rechtlich geforderten oder im Zivilrecht üblichen Herstellererklärungen, z. B. Angebote oder Auftragsbestätigungen, sind Konformitäts-

Briefkopf der Firma

EG-Konformitätserklärung
im Sinne der EG-Maschinenrichtlinie 89/392/EWG, Anhang II A

Hiermit erklären wir, daß die nachfolgend bezeichnete Maschine aufgrund ihrer Konzipierung und Bauart sowie in der von uns in Verkehr gebrachten Ausführung den einschlägigen grundlegenden Sicherheits- und Gesundheitsanforderungen der EG-Richtlinie entspricht.
Bei einer nicht mit uns abgestimmten Änderung der Maschine verliert diese Erklärung ihre Gültigkeit.

Bezeichnung der Maschine: ____________________

Maschinentyp: ____________________

Maschinen-Nr.: ____________________

Einschlägige
EG-Richtlinien: EG-Maschinenrichtlinie (89/392/EWG) i.d.F. 91/368/EWG
EG-Niederspannungsrichtlinie (73/23/EWG)
EG-Richtlinie Elektromagnetische Verträglichkeit (89/336/EWG) i.d.F. 93/31/EWG

Angewandte harmonisierte Normen[1], insbesondere: (z. B. EN 292-1 und EN 292-2; EN 60 204-1)
____
____

Angewandte nationale Normen und technische Spezifikationen[2] insbesondere: (bis zum 31.12.1992 in Deutschland gültige Regeln, z. B. VDI 2854, VBG1, VBG5)
____
____

Datum/Hersteller-Unterschrift: ____________________

Angaben zum Unterzeichner: ____________________

Formerfordernisse[3]
- Ausfüllung in Druck- oder Maschinenschrift
- Amtsprache des Verwenderlandes
- rechtsverbindliche Hersteller-Unterschift(en) mind. „L.V."

- Original für -Archiv
- Kopie an Kunden

Archivierung

CE-____________
Masch.-Nr. – lfd.-Nr.

Quelle: DIN Mitteilungen 72. 1993, Nr. 5, S. 292

Bild 3.7 EG-Konformitätserklärung nach EG-Maschinenrichtlinie, Anhang II A

KONFORMITÄTSERKLÄRUNG

Wir ______________________________

(Name des Anbieters)

____

(Anschrift)

erklären in alleiniger Verantwortung, daß das Produkt

____

____

(Bezeichnung, Typ oder Modell, Los-, Chargen- oder Seriennummer, möglichst Herkunft und Stückzahl)

auf das sich diese Erklärung bezieht, mit der/den folgenden Norm(en) oder normativen Dokument(en) übereinstimmt.

____

(Titel und/oder Nummer sowie Ausgabedatum der Norm(en) oder der anderen normativen Dokumente)

(falls zutreffend)

Gemäß den Bestimmungen der Richtlinie ______________

____

______________________	______________________
(Ort und Datum der Ausstellung)	(Name und Unterschrift oder oder gleichwertige Kennzeichnung des Befugten)

Bild 3.8 Empfohlenes Beispiel einer Konformitätserklärung DIN EN 45 014 Anhang A

erklärungen *handels-* wie *vertragsrechtlich verbindlich* und zu unterzeichnen von Organen des Unternehmens oder dafür *authorisierten Führungskräften*. Sie entwickeln ebensolche rechtliche Bindungen wie andere handels- und vertragsrechtlichen Erklärungen für das Unternehmen und gegenüber allen die aufgrund solcher Erklärungen mit dem Unternehmen zusammenarbeiten.

Konformitätserklärungen aller Art verpflichten die Unternehmen je nach ihrer Grundlage, z. B. in dem in EG-Richtlinien vorgegebenen Umfang, und sind notwendige Voraussetzungen, um im harmonisierten Bereich bestimmte Verfahren oder Produkte in den Verkehr bringen oder benutzen zu dürfen. Sie fallen allein in die ungeteilte Verantwortung der einzelnen Unternehmen, die in eigener Verantwortung bestätigen, die allgemeinen Sicherheits- und Gesundheitsanforderungen des öffentlichen europäischen Rechtes bei Konstruktion, Herstellung und Prüfung der so gekennzeichneten Produkte erfüllt zu haben. Sie entfalten damit umfassende rechtliche *Bindungswirkungen für das ausstellende Unternehmen* ebenso wie *allen Personen und Unternehmen*, denen gegenüber sie abgegeben wurden und die danach eigene Maßnahmen ausrichten. Sie unterliegen dem Überwachen durch die nationalen Behörden der einzelnen Staaten in deren Bereich das Unternehmen als Hersteller, Importeur oder Vertreiber tätig ist.

Sie sind technisch aussagefähige, rechtlich bindende Erklärungen und können von den nationalen Überwachungsbehörden nachgeprüft werden, falls dies bei begründetem Anlaß, z. B. der Vemutung des Nichteinhaltens der grundlegenden Sicherheits- und Gesundheitsanforderungen, oder im Schadens-/Streitfall erforderlich werden sollte, mit allen sich daraus ableitenden rechtlichen Folgen, falls sie unrichtige Angaben enthalten oder im Widerspruch zum Handeln der Unternehmen stehen sollten.

Mit DIN 66 066 Teil 3 wurden *Konformitätserklärungen für Qualitätssicherungs-Systeme* genormt – siehe Bild 3.9, nächste Seite. Diese Erklärung wird wie alle anderen Konformitätserklärungen in *alleiniger Verantwortung* der *Unternehmen* abgegeben und kann von ihnen *mit ihrem Inhalt frei bestimmt werden*. Damit kann sie auch für die Übereinstimmung eines QM/QS-Systems mit DIN EN ISO 9004-1 abgegeben werden, wenn alle deren Hinweise in der Qualitätsorganisation verwirklicht sind, deren Inhalte über das zertifizierbare Modell nach DIN EN ISO 9001 erheblich hinausgehen. Diese Erklärungen können zusätzlich andere, bereichsspezifische, verfahrenskonforme regionale, überregionale oder internationale Regeln der Technik, die im unternehmensindividuellen QS-System verwirklicht sind, aufführen. Von besonderer Bedeutung ist dies für harmonisierte (EN) Normen, durch die substitutive Anforderungen des europäischen Rechts der Technik zu erfüllen sind, z. B. DIN EN 292, DIN EN 287 und 288 für die Schweißtechnik oder DIN EN 473 für zerstörungsfreie Prüfungen.

3.4.6
Zertifikate und Konformitätserklärungen im Vergleich

Werden Aufgaben, Inhalte und Aussagen von QM/QS-System-Zertifikaten nach DIN EN ISO 9001 und Konformitätserklärungen zur unternehmensindividuellen Qualitätsorganisation miteinander verglichen, so sind die *Grundlagen* für ihr Ausstellen und ihre *Wirkungen* entscheidend:

Zertifikate können nur auf der Grundlage der Modelle von DIN EN ISO 9001-3 ausgestellt werden, Vorgaben für den Inhalt unternehmenseigener Konformitätser-

Konformitätserklärung zum Qualitätssicherungssystem

Wir ______________________________
(Name des Anbieters)

____
(Anschrift)

erklären in alleiniger Verantwortung, daß das Qualitätssicherungssystem für

____

____
(Identifizierung der Organisationseinheit(en) einschließlich Ortsangabe)

auf das sich diese Erklärung bezieht, mit der/den folgenden Norm(en) oder normativen Dokument(en) übereinstimmt:

____
(Titel und/oder Nummer sowie Ausgabedatum der Norm(en) oder der anderen normativen Dokumente)

____
(falls zutreffend, ergänzende Informationen)

______________________________ ______________________________
(Ort und Datum der Ausstellung) (Name(n), Unterschrift(en) oder gleichwertige Kennzeichnung(en) der/des Befugten)

Bild 3.9 Konformitätserklärung zum Qualitätssicherungs-System DIN 66 066 Teil 3

klärungen sind nicht genormt und der freien Verantwortung der Unternehmen überlassen. Tabelle 3.3, nächste Seite, zeigt den System-Vergleich zwischen QM/QS-Zertifikaten und unternehmensindividuellen Konformitätserklärungen mit einer Bewertung aus der Sicht der Empfänger/Kunden dieser Mitteilungen.

Der *höhere Wert* der *Konformitätserklärung* ist so eindeutig und für alle beteiligten Unternehmen erkenn- und auswertbar, daß Konformitätserklärungen *nicht nur* eine *echte Alternative*, sondern eine *höhere, aussagefähigere* wie rechtliche bindende *wei-*

Tabelle 3.3 Zertifikate und Konformitätserklärungen im Vergleich

Merkmale	Zertifikate	Konformitätserklärung	Bewertung
Grundlage	DIN EN ISO 9001–9003	DIN EN ISO 9001 (3), auch DIN EN ISO 9004-1 und *alle produktspedzifisch* und *verfahrensbezogen zutreffenden* regionalen (EN) und nationalen *Normen*, z. B. DIN EN 292, DIN EN 287 usw.	* * *
Nachweise	Audit durch Betriebsfremde, produktspezifische *Sachkenntnisse nicht erforderlich*	unternehmensinterne *Aufzeichnungen* und Nachweise in der *Verantwortung sachkundiger* mit der Ausführung und Überwachung beauftragter *Führungskräfte*	* * *
Rechtliche Verbindlichkeiten	*keine*	handels- und vertragsrechtlich *bindende* nachprüfbare *Erklärung des Unternehmens*	* * *
Gültigkeit	*max. 3 Jahre* mit jährlichen Wiederholungsaudits	*Zeitlich nicht begrenzt*, widerruflich	* *
Aussagekraft	*allgemeine Systemaussage* ohne produktspezifische Inhalte	*produktspezifische* und verfahrenskonforme, *technisch aussagefähige* nachprüfbare *Erklärung*	* * *
Kosten	*einmalige* und *laufende externe Kosten* nach Anforderungen der Zertifizierungsorganisation	*keine zusätzlichen externen Kosten* über die notwendige innerbetriebliche Organisation, deren Ausführung und Überwachung hinaus	* *
Erfüllen rechtlicher Anforderungen	*nur begrenzt* teilweise *aussagefähig* für einzelne Merkmale	*vollständig, aussagefähig* und nachprüfbar	* * *
Verwenden zur Lieferantenauswahl	*keine Bedeutung*, da nicht produktspezifisch aussagefähig, *lückenhaft* gegenüber dem *Stand der Technik*	*weitgehend verwendbar, je* nach technischem Inhalt und dessen *produktspezifischer* und *anwendungsbezogener Aussagefähigkeit*	* * *

terführende Entwicklung als Zertifikate sind. Sie haben nur einen Nachteil, sie *gefährden* das bisher so *lukrative Geschäft* von Beratern, *Auditoren* und *Zertifizierungsorganisationen*. Die Unternehmen können die dadurch gesparten Mittel besser und wirkungsvoller zum Stärken der Wirksamkeit und zum Ausbau ihrer Qualitätsorganisation einsetzen als für *formalistische*, oft *technisch wirkungslose Bürokratie!*

3.4.7 Zertifikate, CE-Zeichen und Produkthaftung

Zu den nicht gerade wenigen *unzutreffenden Behauptungen*, die von Beratern und Zertifizierungsorganisationen verbreitet werden, die gemeinsam an der Zertifizierungswelle verdienen, gehören Behauptungen wie:

- Das EG-Recht fordere mit seinen einzelnen Modulen die Zertifizierung von QM/QS-Systemen als Voraussetzung für die Verwendung des CE-Zeichens.

- Zertifikate verringern das Risiko und die Haftung bei Schäden und deren Bewertung nach der Produkthaftung.

Beide Aussagen versuchen, weitgehende Unkenntnisse in den Unternehmen über die Grenzen der zugrundliegenden Verfahren und spezifischen rechtlichen Anforderungen zum eigenen Vorteil auszuwerten.

Die 8 *Module* des *EG-Konformitäts-Bewertungsverfahrens* - siehe Bild 3.10, nächste Seite - sind von den Unternehmen *nicht frei wählbar*, sie haben auch *keinen unterschiedlichen rechtlichen Wert* gegenüber den Empfängern. Ob und welche Module der EG-Konformitätsbewertungs-Verfahren angewendet werden, ist nicht in das Belieben der CE-Zeichen anbringenden Unternehmen gestellt oder in das Ermessen der sie vielleicht fordernden Unternehmen als Abnehmer. Sämtliche Konformitätserklärungen *aller Module* sind *rechtlich gleichwertig* und dienen ausschließlich der nachprüfbaren Bestätigung, daß die „allgemeinen Gesundheits- und Sicherheitsanforderungen“ durch die damit gekennzeichneten Produkte nach den einheitlichen rechtlichen Anforderungen aus allen für diese Produkte zutreffenden EG-Richtlinien erfüllt sind. Diese Module gelten *nur* für den nach Produkten und Verfahren begrenzten *harmonisierten Bereich* des öffentlichen Rechts, sie *dürfen nicht darüber hinaus angewendet werden, das Produktsicherheitsgesetz § 13 bedroht dies mit Strafe.*

Welche *Module* der Konformitätsbewertungen für die einzelnen Produkte erforderlich sind, *bestimmt allein* die zugrundeliegende *EG-Richtlinie* - und die sie umsetzende nationale Rechtsnorm. Ist schon dieses Argument der Anwendbarkeit nach beschränkt nur auf wenige *Produkte des harmonisierten Bereiches*, so zeigt der Arbeitsbereich einer notifizierten Stelle - Bild 3.11, S. 265 -, wie eng begrenzt Konformitätserklärungen mit Zertifikaten über QM/QS-Systeme als Grundlage nach der EG-Richtlinie sind (Module D, E und H). Nur Medizinprodukte, aktive, implantierbare medizinische Geräte und nicht selbständige Waagen sind betroffen, ein verschwindend kleiner Produktbereich gegenüber dem freien wie den Erzeugnissen des über diese Produkte hinausgehenden harmonisierten Bereiches.

Zum Bewerten von QM/QS-Zertifikaten im europäischen Recht der Technik die offizielle Stellungnahme des zuständigen Referatsleiters im Bundeswirtschaftsministerium:

> „Für den *Umfang*, den *Inhalt* und die *Qualität* von *Zertifikaten für Produkte* hat das deutsche Gerätesicherheitsgesetz das *GS-Zeichen* geschaffen. Sein Inhalt und das Verfahren seiner Überwachung wurden mit der *Revision* des *Gerätesicherheitsgesetzes am 1.1.1993* geändert und *verstärkt*. Soweit bisherige Ausführungen des GS-Zeichens jetzt inhaltlich mit dem CE-Zeichen übereintimmen, werden keine GS-Zeichen mehr verliehen. Wo CE-Zeichen nicht oder nicht mit entsprechendem Inhalt gefordert werden, sind *GS-Zeichen mit* wesentlich *überschießenden Inhalten* üblich und *möglich.*“ - Siehe Bild 3.12.

Und an anderer Stelle:

> „*Kein* europäischer *Hersteller* ist allerdings bisher *gezwungen*, wegen des Gemeinschaftsrechts *Qualitätssicherungs-Systeme einzuführen.* Es besteht nämlich für den Hersteller regelmäßig immer die *Alternative*, sein Erzeugnis einer *Produktprüfung* zu unterziehen. Dies liest sich in *Werbebroschüren derjenigen, die an der Qualitätssicherungs-Zertifizierung und -überwachung verdienen, mitunter*

	A. (Interne Fertigungskontrolle)	B. (Baumusterprüfung)				G. (Einzelprüfung)	H. (umfassende QS.)
ENTWURF	Hersteller - hält technische Unterlagen zur Verfügung der einzelstaatlichen Behörden A. a Einschaltung der benannten Stelle	Hersteller unterbreitet der benannten Stelle - technische Unterlagen - Baumuster Benannte Stelle - prüft Konformität mit grundlegenden Anforderungen - führt ggf. Prüfungen durch - stellt Baumusterprüfbescheinigungen aus				Hersteller - legt technische Unterlagen vor	EN 29001 Hersteller - unterhält zugelassenes QS-System für Produktentwürfe Benannte Stelle - kontrolliert QS-System - prüft Konformität der Entwürfe[1] - stellt Entwurfsprüfbescheinigungen aus[1]
		C. (Konformität mit Bauart)	D. (QS-Produktion)	E. (QS-Produkte)	F. (Prfüfung bei Produkten)		
PRODUKTION	A. Hersteller - erklärt Konformität mit grundlegenden Anforderungen - bringt CE-Zeichen an	Hersteller - erklärt Konformität mit zugelassener Bauart - bringt CE-Zeichen an	EN 29002 Hersteller - unterhält zugelassenes QS-System für Produktion und Prüfung - erklärt Konformität mit zugelassener Bauart - bringt CE-Zeichen an	EN 29003 Hersteller - unterhält zugelassenes QS-System für Produktion und Prüfung - erklärt Konformität mit zugelassener Bauart bzw. grundlegenden Anforderungen - bringt CE-Zeichen an	Hersteller - erklärt Konformität mit zugelassener Bauart bzw. grundlegenden Anforderungen - bringt CE-Zeichen an	Hersteller - führt Produkt vor - erklärt Konformität - bringt CE-Zeichen an	Hersteller - unterhält zugelassenes QS-System für Produktion und Prüfung - erklärt Konformität - bringt CE-Zeichen an
	A. a Benannte Stelle - prüft bestimmte Aspekte des Produkts[1] - führt Stichproben durch[1]	Benannte Stelle - prüft bestimmte Aspekte des Produkts[1] - führt Stichproben durch[1]	Benannte Stelle - erkennt QS-System an - überwacht QS-System	Benannte Stelle - erkennt QS-System an - überwacht QS-System	Benannte Stelle - prüft Konformität - stellt Konformitätsbescheinigung aus	Benannte Stelle - prüft Konformität mit grundlegenden Anforderungen - stellt Konformitätsbescheinigung aus	Benannte Stelle - überwacht QS-System

[1] Weitere Bestimmungen können in Einzelrichtlinien festgelegt werden.

Bild 3.10 EG Konformitäts-Bewertungsverfahren, Richtlinie vom 13. 12. 1990

DEKRA Certification Service
Produkt-Zertifizierungen (M 51)
(Notified Body)

EG-Richtlinie		mögliche Modul-kombina-tionen	Beginn der EG-Kenn-zeichnungs-möglichkeiten	Ende der Über-gangs-frist
☐ EG-Richtlinie für Maschinen	(89/392/EWG)	A / B	01.01.1993	01.01.1995
1. Änderung	(91/368/EWG)			
2. Änderung	(93/44/EWG)			
3. Änderung	(93/68/EWG)			
☐ EG-Richtlinie für elektrische Betriebsmittel zur Verwendung innerhalb bestimmter Spannungsgrenzen (Niederspannungs-Richtlinie)	(73/23/EWG)	A	01.01.1995	01.01.1997
1. Änderung	(93/68/EWG)			
☐ EG-Richtlinie über elektromagnetische Veträglichkeit	(89/336/EWG)	A / B	01.01.1995	01.01.1997
1. Änderung	(93/68/EWG)			
☐ EG-Richtlinie für kraftbetriebene Flurförderzeuge	(89/663/EWG)	A / B	01.01.1989	01.01.1989
1. Änderung	(89/240/EWG)			
☐ EG-Richtlinie für einfache Druckbehälter	(87/404/EWG)	B / F	01.07.1995	01.01.1997
1. Änderung	(93/68/EWG)			
☐ *EG-Richtlinie für Medizinprodukte*	(93/42/EWG)	A, H, B+C B+D, B+F	01.01.1995	01.07.1998
☐ EG-Richtlinie für aktive, implantierbare medizinische Geräte	(90/385/EWG)	H, B+D B+F	01.01.1993	01.01.1995
1. Änderung	(93/68/EWG)			
☐ EG-Richtlinie für nichtselbsttätgige Waagen	(90/384/EWG)	H, B+D B+F	01.01.1995	01.01.1997
1. Änderung	(93/68/EWG)			
☐ EG-Richtlinie für Spielzeuge	(88/378/EWG)	A	01.01.1990	01.01.1990
1. Änderung	(93/68/EWG)			

weitere Anerkennungen	Akkreditierung	Notifizierung
☐ Gerätesicherheitsgesetz „GSG“	BMA ZLS	– –
☐ Medizingeräte-Verordnung „MedGV“	BMG ZLS	– –
☐ Fremdüberwachug nach TRV 001, *TRV 003*	BAM	– –
☐ Getränkeschankanlagen-Verordnung „SchankV“	BWI ZLS	BWI
☐ 8. BImSchV	BMU	BMU

Bild 3.11 Notifizierte Stellen mit Autorisierung, Modulkombinationen und Fristen

anders. Die Behörden können auf die Berücksichtigung *produktspezifischer Aspekte* bei der QS-Bewertung durch den Zertifizierer im Rahmen von *EG-Richtlinien nicht verzichten,* da mit dem QS-Verfahren die *Einhaltung* der *rechtlich vorgeschriebenen Anforderungen* an die von der jeweiligen Richtlinie erfaßten Produkte *gewährleistet* werden soll."

Diese Stellungnahmen dürften an Deutlichkeit wie an Verständlichkeit nichts zu wünschen übriglassen.

§ 3 Abs. 4 GSG – Zertifizierungsverfahren	GS-Zeichen nach freiwilliger Zertifizierung durch zugelassene Stelle	CE-Zeichen vorgeschriebener Zertifizierung durch notifizierte Stelle
im harmonisierten Bereich (GSG-Verordnungen) für:		
Maschinen (9. GSGV)		
– Maschinen Anhang IV, keine harmonisierten Normen	Bauartprüfung und Produktions-überwachung	Baumusterprüfung
– alle übrigen Maschinen	Bauartprüfung und Produktions-überwachung	–*)
Elektrische Betriebsmittel (1. GSGV)	Bauartprüfung und Produktions-überwachung	–*)
Spielzeug (SpielzV)		
– nicht entsprechend harmonisierten Normen	Bauartprüfung und Produktions-überwachung	Baumusterprüfung
– entsprechend harmonisierten Normen	Bauartprüfung und Produktions-überwachung	–*)
persönliche Schutzausrüstungen (8. GSGV)		
– komplexe PSA	**)	Baumusterprüfung und Qualitäts-sicherungssystem
– alle PSA außer komplexe und einfache PSA	Bauartprüfung und Produktions-überwachung	Baumusterprüfung
– einfache PSA	Bauartprüfung und Produktions-überwachung	–*)
Gasverbrauchseinrichtungen (7. GSGV)	–**)	Baumusterprüfung und Qualitäts-sicherungssystem, Stichproben- oder Stückprüfung

(1) Zusammenfassender Überblick zum Erlaß des BMA vom 7. September 1993
*) CE-Zeichen, jedoch ohne vorgeschriebene Zertifizierung
**) Kein GS-Zeichen, Zertifizierung sachidentisch mit CE-Zeichen

Bild 3.12 Verwenden von CE- und GS-Zeichen im harmonisierten Bereich

DIN EN ISO 9001 erfaßt nur einen (sehr) kleinen Teil der rechtlichen Anforderungen an die unternehmensinterne Qualitätsorganisation nach den Kriterien der Produkthaftung – siehe Tabelle 3.2, S. 251. Nur soweit einzelne Elemente in der Organisation des Unternehmens alle Anforderungen an ihre Inhalte und Abläufe nach den Kriterien der Produkthaftung verwirklichen, leisten diese Elemente einen Beitrag zum Erfüllen der rechtlichen Anforderungen aus der Produkthaftung – nicht aber Zertifikate! Dies ist im Streitfalle nachzuweisen – aufwendig gedruckte Zertifikate genügen dafür nicht!

Die Kommission der Europäischen Gemeinschaft hat bei der Verabschiedung des Systems der EG-Konformitätsbewertungsverfahren 1989 diese Wirkung in ihrem Memorandum so formuliert:

> „Prüfung, *Zertifizierung* und Überwachung *können* zwar die *Risiken* und damit die *Wahrscheinlichkeit* eines *Schadens mindern,* (und somit die Versicherungskosten senken) *berühren jedoch nicht die Haftung des Herstellers*".
>
> Amtsblatt der Europäischen Gemeinschaften vom 19.10.1989 Nr. C 269/9 Memorandum über das globale Konzept von Zertifizierungen und Organisation des Prüfwesens.

3.5
Prüfverfahren und Prüfbescheinigungen

3.5.1
Grundlagen

Prüfungen sind ein unverzichtbarer Baustein aller technischen, vor allem Qualitäts-Systeme, um vorbeugend Erzeugnisse und ihre Leistungen unter vorhersehbaren Anwendungsbedingungen auf ihre zu erwartende Leistung, Zuverlässigkeit und Sicherheit zu testen. Ein sachgerechtes Erfüllen dieser Aufgabe setzt voraus, daß die Ergebnisse der Prüfverfahren *produktspezifisch* und nach den vorhersehbaren, möglichst vollständig erfaßten Einsatzbedingungen *anwendungsbezogen* angemessen *technisch aussagefähig* sind, um ohne intellektuelle Purzelbäume zuverlässige Schlußfolgerungen für das voraussichtliche Langzeitverhalten zu erlauben. Dies begründet detaillierte Aussagen über die technisch zutreffende *Aussagefähigkeit* der *Prüfverfahren.* Entscheidend ist, wie realitätsnah die Ergebnisse des Prüfverfahres für ein technisch zuverlässiges Urteil über das zu erwartende Verhalten der geprüften Teile unter vorhersehbaren Einsatzbedingungen sind und ob und wie weit dies durch Vergleich mit dokumentierten Langzeiterfahrungen nachweisbar ist.

Was technisch für die einzelnen Erzeugnisse – *produktspezifisch* – und deren vorhersehbare Anwendungen – *anwendungsbezogen* – nicht langfristig angemessen *aussagefähig* ist – kann rechtlich keine Bedeutung erhalten – siehe Bild 1.2 Abschn. 1.3, S. 217. Die *technisch angemessene* und *beweisbare Aussagefähigkeit* ist die notwendige *Voraussetzung* für den *rechtlichen Wert* aller *Prüfergebnisse* und ihre *Dokumentation.*

3.5.2
Klassifikation der Prüfverfahren

Übliche *Werkstoffprüfungen* genügen diesen zielbezogenen Anforderungen an die Aussagefähigkeit ihrer Ergebnisse im Regelfall nicht. Werkstoffprüfungen ermitteln

Werkstoffkennwerte, deren Bezug zum Verhalten der *Bauteile* unter *variierenden Einsatzbedingungen* selten direkt nachweisbar aussagefähig ist. Ihre Ergebnisse können deshalb meist weder als Beweis für das Erfüllen allgemeiner Sorgfaltspflichten dienen, noch als angemessenes Verwirklichen des Standes der Technik, selbst wenn diese Prüfungen in öffentlich-rechtlichen Vorgaben oder in gerade deshalb nicht mehr als anerkannte Regeln der Technik geltenden Dokumenten vorgesehen sind oder vertraglich vereinbart wurden. Vertraglich vereinbarte Prüfungen sind zum Erfüllen vertraglicher Pflichten stets durchzuführen; zum Nachweis des Erfüllens der Sorgfaltspflichten nach den Anforderungen der Produkthaftung und den von der Rechtsprechung dazu entwickelten Grundsätzen des Zivil- wie des Strafrechts, allein weder aussagefähig noch ausreichend, solange der Nachweis ihrer *spezifischen Aussagefähigkeit* im Einzelfall nicht erbracht ist.

Nach der unterschiedlichen technischen Aussagefähigkeit der Prüfverfahren für vorgegebene Einsatzbedingungen wurde bereits 1941 die in Tabelle 3.4 wiedergegebene *Klassifikation der Prüfverfahren* entwickelt. Die Aussagefähigkeit steigt von nicht oder kaum aussagefähigen Werkstoffprüfungen über einsatzgerechte Bauteilprüfungen zu den meist schwierig durchzuführenden und teuren Betriebsfestigkeitsprüfungen. Technisch schwierig ist stets das möglichst *vollständige Erfassen* und die *Reproduktion* der *Einsatzbedingungen* nach Art und sich ändernden *Betriebslasten* und der *zusätzlichen Einsatzbedingungen*, z. B. Korrosion. Temperaturschwankungen.

3.5.3 Rechtlicher Wert von Prüfbescheinigungen

Der *rechtliche Wert* von *Bescheinigungen* über Prüfungen zum Nachweis des Erfüllens allgemeiner Sorgfaltspflichten nach den Anforderungen aus der Produkthaftung bemißt sich *allein* nach der *technischen Aussagefähigkeit* der mit diesen Bescheinigungen dokumentierten Werte, *produktspezifisch* und *anwendungsbezogen* für den jeweiligen Einzelfall.

Tabelle 3.4 Klassifizierung der Prüfverfahren (nach Gassner)

Prüfverfahren	Prüfgegenstand	Ergebnisse	Beispiele
Betriebs-festigkeit	(Teil-)Aggregate Funktionspaare Maschinen	Zusammengefaßtes Verhalten unter wechselnden Betriebslasten und – unterschiedlichen – Einsatzbedingungen	Prüfstände mit allen (?) Einsatzbedingungen nachgebildeten Beanspruchungsarten, Achsen-, Bremsen-, Reifen-, Motorenprüfstände
Bauteil	Fertig bearbeitete einsatzbereite Bauteile	Bauteilverhalten bei – den Einsatzbedingnungen nachgebildeten – nach Art, Höhe und Angriffpunkten wechselnden Betriebslasten	Dauerhaltbarkeits-, Schwingungsprüfungen
Werkstoff	Genormte und ungenormte einheitliche Prüfmuster	Werkstoffspezifische Kennzahlen und abmessungsunabhängige Kennziffern	Zugversuch, Härteprüfung, elektrische Kennwerte, E-Module, Dichte, I. K. Beständigkeit

Was durch die Art der Ergebnisse oder die Zahl der zugrundeliegenden Prüfungen technisch wie statistisch nicht angemessen aussagefähig ist, kann auch durch eine Dokumentation der dabei ermittelten Prüfwerte keine rechtliche Bedeutung gewinnen.

Die *Aussagefähigkeit zerstörender Prüfungen* ist *besonders gering*, weil die weitgehende Identität zerstörend geprüfter und der gelieferten nicht geprüften Bauteile nur mit großen Hypothesen in unterschiedlichem Umfang *vermutet*, selten, vor allem mit ihrer *Schwankungsbreite*, bewiesen werden kann. *Nicht spezifische*, nicht an Mustern aus dem Lieferlos ermittelte *Werte* sind im Regelfall *ohne jeden technischen* wie *rechtlichen Wert*, weil Art und Größe der Unterschiede der Prüfstücke zu den Teilen des Lieferloses nicht nachzuweisen sein werden.

Die *Verantwortung* für die *unzureichende Aussagefähigkeit* von Bescheinigungen über Prüfungen und die in ihnen festgehaltenen Werte trägt allein der, der diese Prüfverfahren und die Bescheinigung ihrer Ergebnisse verlangte und an den Einsatzbedingungen messen konnte – im Regelfall der *Besteller*. Er allein kennt die vorhersehbaren Einsatzbedingungen und kann danach die mögliche oder unzureichende Aussagefähigkeit der Ergebnisse der einzelnen Prüfverfahren beurteilen. Erkennt das ausführende Unternehmen die *unzureichende Aussagefähigkeit* verlangter Prüfungen, so hat es den Besteller hierauf als Teil seiner *Instruktionspflicht aufmerksam* zu machen. Die Verantwortung für Auswahl und Anwendung der einzelnen Prüfverfahren bleibt voll beim Besteller. Die Regeln der wechselseitigen Verantwortungen an Schnittstellen gelten auch für diese Festlegungen – siehe Abschn. 3.2.2, S. 237.

Neben der technischen Aussagefähigkeit von Prüfverfahren zum Beurteilen des voraussichtlichen Verhaltens der Prüfteile unter den vorhersehbaren Einsatzbedingungen ist die *statistische Relevanz* der in Prüfbescheinigungen wiedergegebenen Ergebnisse *wichtig. Maßstab* ist der *LQ_{10}-Wert* – das *statistische Abnehmerrisiko* – und seine Angemessenheit für die *Risiken* aus dem *Lieferlos*, wie sie die Operationscharakteristiken für die verschiedenen Stichproben ausweisen (siehe DIN ISO 2859 Teil 1).

Auch die Verantwortung für eine unzureichende statistische Relevanz, z. B. aufgrund zu kleiner Stichproben im Verhältnis zum Lieferlos, und das dadurch bestimmende *Abnehmerrisiko* trägt *allein* der *Besteller*. Besonders *kleine Prüfzahlen* enthalten *erhebliche Gefahren*, weil sie statistisch unzureichend aussagefähig sind, um ein angemessenes Urteil über das gesamte Lieferlos zu begründen. Allein Annahmezahlen von C = 0 sind kein statistisch aussagefähiger Beweis für angebliche Fehlerfreiheit des Lieferloses, sondern ein unbestreitbarer Beweis für unzureichende Kenntnisse der mathematischen Statistik und ihrer Anwendung beim Besteller.

Das OLG Hamm hat rechtskräftig 1986 den rechtlichen Wert von Prüfbescheinigungen abgegrenzt:

> „Daher besagt die Annahme der Bestellung unter Wiederholung der WAZ 3.1 B auch *nicht*, daß die Beklagte eine *Garantie* für die *Richtigkeit des Prüfzeugnisses übernommen* hat. Die Beklagte hat sich verpflichtet, die *Ware mit Prüfzeugnis zu liefern*, m e h r n i c h t.
> Nur beiläufig sei bemerkt, daß auch das Vorliegen eines Prüfzeugnisses oder eine Zusicherung des Verkäufers *nicht* unbedingt *eine Untersuchung* der Ware durch den Käufer *überflüssig macht*.

> Wenn ein *hoher Mangelfolgeschaden* bei Verwendung des Materials ohne hinreichende Untersuchung *droht* und die *Untersuchung mit* verhältnismäßig *geringen Mitteln* durchgeführt werden kann, *ist sie geboten.*"
> OLG Hamm 19 U 35/86 vom 28.10.1986
> BB 1987 H. 6 S. 363/4

Es gehört zur undelegierbaren Abnehmerverantwortung, die bei einem Versagen der einzelnen Erzeugnisse unter Einsatzbedingungen möglichen Risiken sorgfältig zu bewerten, danach die für den Einzelfall technisch aussagefähigen und wirtschaftlich zumutbaren Prüfverfahren auszuwählen und ihr Anwenden vertraglich zu vereinbaren. Prüfbescheinigungen allein ohne angemessenes technisches Prüfen der Aussagefähigkeit ihres Inhaltes sind technisch wie rechtlich unzureichend.

Prüfbescheinigungen gleich welcher Art allein *ersetzen keine* nach den Risiken des Einzelfalles erforderliche *technisch angemessene Wareneingangsprüfung* und können auch nicht als angemessenes Ausführen notwendiger Drittunternehmer-Überwachungen rechtliche Wirkungen entfalten.

Zur Aussagefähigkeit von Stichproben gelten die vom Kammergericht Berlin bereits 1973 formulierten Grundsätze:

> Der *Umfang* der Stichproben muß sich nach den *Produktionseinheiten*, die eine *einheitliche Beschaffenheit* gewährleisten, und nach den *Gefahrenquellen* für *Mängel* richten. *Weder Rationalisierungsmaßnahmen* noch *Arbeitskräftemangel* oder *Kostenbelastungen* des Untersuchungspflichtigen *dürfen* dabei *maßgebend sein.*
> Ein *Stichprobenverfahren* muß *ausreichen, Mängel* mit *genügender Sicherheit auszuschließen.*
> Kammergericht Ss 177/2 vom 18.10.73 (2)

3.6 Die Wareneingangsprüfung

3.6.1 Vertragsrecht

Wareneingangsprüfungen sind im *Vertragsrecht* ein *wichtiges Mittel*, an der Schnittstelle des Überganges der Verantwortung vom Zulieferer auf den Besteller aussagefähig zu prüfen, ob, wieweit und daß der *Zulieferer* die in der *Bestellung vereinbarten Leistungen* angemessen *erfüllt* hat. Der Zulieferer ist durch keine Rechtsnorm zu einer Warenausgangsprüfung verpflichtet, allein der Käufer zur Wareneingangsprüfung.

Für den *Kaufvertrag* regelt *§ 377* des Handelsgesetzbuches *(HGB)* Umfang und Wirkungen der Wareneingangsprüfung, der Untersuchungs- und Rügepflicht; für den *Werkvertrag* gelten im *§ 640 BGB* inhaltlich fast identische Regeln.

Eine Wareneingangsprüfung ist so zu organisieren, daß eine angemessene Aussage über den Zustand des gesamten Lieferloses und die zu erwartenden Leistungen seiner einzelnen Teile möglich ist. Stichproben sind zulässig, wenn und soweit ihre Zahl und die Art ihrer Zusammensetzung ein statistisch gesichertes Urteil über das gesamte Los erlauben – siehe S. 270.

„1. Ist der Kauf für beide Teile ein *Handelsgeschäft*, so hat der *Käufer* die *Ware unverzüglich* nach der Ablieferung durch den Verkäufer, soweit dies nach *ordnungsmäßigem Geschäftsgange* tunlich ist, zu *untersuchen* und, wenn sich ein *Mangel* zeigt, dem *Verkäufer unverzüglich Anzeige* zu machen.
2. *Unterläßt* der Käufer die *Anzeige*, so gilt die *Ware als genehmigt*, es sei denn, daß es sich um einen *Mangel* handelt, der bei der Untersuchung *nicht erkennbar war*.
3. Zeigt sich *später* ein solcher *Mangel*, so *muß* die *Anzeige unverzüglich nach der Entdeckung* gemacht werden; *anderenfalls* gilt die Ware auch in Ansehung dieses Mangels als *genehmigt*."

§ 377 HGB

Strenge Anforderungen werden an die technische Aussagefähigkeit einer Wareneingangsprüfung gestellt, um nachzuweisen, daß die gelieferten Teile den Anforderungen der Bestellung entsprechen. Die Wareneingangsprüfung soll *nach dem Stand der Technik verläßliche technische Aussagen* über die zu erwartenden Leistungen erlauben. Was nach dem Stand der Technik ungenügend aussagefähig ist, sei es aufgrund unzureichend aussagefähiger Prüfverfahren – siehe Abschn. 3.5.2, S. 267 – oder aufgrund unzureichender, zu kleiner, statistisch nicht aussagefähiger Stichproben, gehört zur Verantwortung des Bestellers. Er übernimmt eine (Teil-)Verantwortung auch für vom Zulieferer fehlerhaft hergestellte Teile in dem Umfang, in dem bei einer ordnungsgemäßen Wareneingangsprüfung diese Fehler hätten erkannt und Weitergabe oder Verarbeitung der Teile dadurch hätten verhindert werden können.

Eine anwendungsbezogen *aussagefähige Wareneingangsprüfung* ist im Vertragsrecht notwendige *Voraussetzung*, um *Ansprüche* auf *Gewährleistung* geltendmachen zu können.

Gleiche Regeln gelten für *Werkverträge*, für die eine aussagefähige *Abnahme* des erstellten Werkes in § 640 BGB vorgeschrieben ist. Werkverträge sind Lieferverträge über – nicht vertretbare – Teile, die nur für einen Anwender bestimmt sind und nicht – wie z. B. Normteile – ohne Schwierigkeiten für andere Anwendungen eingesetzt werden können.

Mit der Abnahme/Annahme beginnt die Gewährleistungsfrist, unabhängig davon, ob die Teile unmittelbar danach verarbeitet, genutzt oder auf Lager gelegt werden. Auch während Lagerzeiten laufen Gewährleistungsfristen unverändert, sie können abgelaufen sein, ohne daß ein Teil weiterverarbeitet oder genutzt wird.

Der BGH hat in zahlreichen Urteilen Umfang, Bedeutung und Wirkung von Wareneingangsprüfungen bewertet. Wesentliche Aussagen sind:

„... Eine *sorgfältige* und *alsbaldige Untersuchung* der Ware durch den Käufer sei zumal dann *geboten*, wenn bei bestimmungsgemäßer *Weiterverarbeitung* der Ware im Falle des Vorhandenseins von Mängeln *hohe Folgeschäden* zu befürchten seien. ...

Auf die *Üblichkeit* der Untersuchung und auf das Vorliegen eines entsprechenden Handelsbrauches kann es schon deshalb *nicht entscheidend* ankommen,

weil bei Anwendung dieser Maßstäbe Nachlässigkeiten und Mißstände, die bei Abwicklung von Geschäften des kaufmännischen Verkehrs eingerissen sein mögen, als rechtens hingenommen würden, obwohl die genannten Verhaltensweisen sachlich nicht zu billigen sind und auch rechtlich keine Schutz verdienen".
(BGH-Urteil VIII ZR 237/74 vom 3.12.1975, Kleiderstoff)
„... auch bei *Teil-* und Sukzessiv*lieferungen* muß grundsätzlich *jede* einzelne *Lieferung gerügt* werden ...
Die Rügeobliegenheit setzt mit dem *Vorliegen* eines *Mangels* der Sache und dessen *Erkennbarkeit* ein und erfordert nicht, daß der Käufer die Gefahr eines Mangelfolgeschadens erkannte oder erkennen konnte."
(BGH-Urteil VIII ZR 33/86 vom 16.09.1987)

Die vertragsrechtlichen Wirkungen des Unterlassens einer angemessen aussagefähigen Wareneingangsprüfung sind nach Ablauf der – gewöhnlich kurzen – Gewährleistungsfrist – nach § 477 BGB für bewegliche Sachen 6 Monate, durch Vertrag unter einschränkenden Bedingungen nach der Rechtsprechung des BGH bis höchstens 24 Monate verlängerbar – nicht mehr von rechtlicher Bedeutung, weil danach Ansprüche auf Gewährleistung nicht mehr wirksam geltend gemacht werden können, ihnen steht die Einrede der Verjährung entgegen.

Die vertragsrechtliche Wirkung von wie immer durchgeführten oder nicht durchgeführten Wareneingangsprüfungen endet auch für dabei nicht erkennbare, verdeckte Mängel mit dem Ende, dem Ablauf der Gewährleistungsfrist.

3.6.2
Recht der Produkthaftung

Das Verschuldens- (Delikts-)Recht der Produkthaftung verlangt ein Anwenden und Einhalten der üblichen und zumutbaren Sorgfaltspflichten. Enthalten zugelieferte Teile Fehler, die später Schäden auslösen und die bei einer ordnungsgemäßen, dem Stand der Technik entsprechenden Wareneingangsprüfung hätten erkannt werden können, so entsteht durch eine nicht ordnungsgemäße, weil die Risiken der Anwendung nicht berücksichtigende, dem *Stande der Technik nicht entsprechende Wareneingangsprüfung* ein *Verstoß gegen Sorgfaltspflichten* des Empfängers und eine *(Mit-) Verantwortung für fehlerhaft gelieferte Zulieferteile* in dem Umfange, in dem bei ordnungsgemäßer, anwendungsbezogener und dem Stande der Technik entsprechender Durchführung diese fehlerhaften Teile *hätten erkannt* und daraus folgende *Schäden* hätten *vermieden werden können.* Dies verlangt besonders sorgfältige Ermittlung der technischen Bedingungen des Einzelfalles.

Maßstab für Art, Inhalt und Umfang üblicher Sorgfaltspflichten entsprechende Wareneingangsprüfungen sind Kenntnisse der

- Fertigungsverfahren und der
- Qualitätssicherungs-Maßnahmen beim Zulieferer
- deren Angemessenheit
  - in Bezug auf erforderliche Zuverlässigkeit und Sicherheit der
  - von ihm gefertigten oder bearbeiteten Teile,

- nach den – meist nur dem Anwender/Abnehmer bekannten Risiken und Folgen beim Versagen der zugelieferten Teile im Funktionspaar
- unter den – meist wieder nur ihm bekannten – Einsatzbedingungen und Betriebslasten
- in Festlegungen von Art, Inhalt und Umfang der einzelnen Prüfungen sollten Erfahrungen des Anwenders, z. B. aus Beanstandungen und Schäden bei gleichen oder ähnlichen Teilen unter den Einsatzbedingungen ähnlicher Anwendungen gezielt ausgewertet werden.
- Zu berücksichtigen sind Vereinbarungen mit dem Zulieferer über dort z. B. im Fertigungsablauf durchzuführende, aussagefähige, in der Wareneingangsprüfung – auch aus technischen Gründen – nicht zu wiederholende Prüfungen.

Prüfungen in der *Produktion* des *Anwenders* und in einsatzbereiten Funktionspaaren nach dem Einbau sind vielfach *aussagefähiger* für Leistung, Zuverlässigkeit und Sicherheit des gesamten Produktes, einschließlich der Zulieferteile, als – einfache – Bauteilprüfungen im Wareneingang. Sie können die wirksamen Einflüsse von Betriebslasten und sonstigen Einsatzbedingungen meist nicht ausreichend erfassen und nachvollziehen. Sind sie technisch möglich und wirtschaftlich bei der Be- oder Verarbeitung zumutbar, so sind sie – zusätzlich zur Wareneingangsprüfung – als Erfüllen der Sorgfaltspflicht rechtlich geboten.

Delikts-(verschuldens-)rechtlich *erlöschen* die *Wirkungen* einer unzureichenden und/oder ganz oder teilweise unterlassenen Wareneingangsprüfung mit dem *Ablauf* der *deliktsrechtlichen Haftung*:

- für den Geltungsbereich des *Produkthaftungsgesetzes 10 Jahre* nach dem In-Verkehr-Bringen der Erzeugnisse,
- für die *verschuldensabhängige Produkthaftung* nach § 823 BGB mit dem Ende dieser Haftung *nach 30 Jahren.*

3.6.3
Abbedingen der Wareneingangsprüfung

Als angebliche überflüssige Doppelarbeit wird oft versucht, Wareneingangsprüfungen durch vertragliche Vereinbarungen z. B. in Qualitätssicherungs-Vereinbarungen abzubedingen. Diese Bemühungen verkennen den grundsätzlichen Charakter der Wareneingangsprüfung.

Die Wareneingangsprüfung ist *undelegierbarer Teil* der *Sorgfaltspflichten* des *Bestellers* zur Drittunternehmer-Überwachung, um sich *aussagefähig* davon zu *überzeugen*, daß der Zulieferer technisch angemessen und nach den mit ihm vereinbarten Vorgaben *zuverlässig geliefert* hat. Diese *Prüfpflicht kann nicht* auf den Zulieferer *übertragen* werden, da dies eine *Selbstkontraktierung* bedeuten würde, die bei dem stets immanenten *Interessengegensatz* zwischen Käufer und Verkäufer keine sachlich angemessene Schnittstellenregelung sein kann.

Verringert ein Besteller seine Wareneingangsprüfung oder stellt er sie ganz ein, teilt dies dem Lieferanten mit, ohne damit andere Forderungen zu verbinden als den – moralischen – Appell zum weiteren Liefern unverändert einwandfreier Ware, so ergeben sich daraus für den Zulieferer keine weiteren Folgen, weil es sich um eine *Ermessensentscheidung* allein in der *Verantwortung* des *Bestellers* handelt.

Für Zulieferer ist es empfehlenswert, nach einer solchen Information den Besteller darauf hinzuweisen, daß sich für ihn aus dem teilweisen oder vollständigen Verzicht auf eine Wareneingangsprüfung keine anderen oder zusätzliche Pflichten ergeben als bisher.

Verzichtet der Besteller ganz oder zu wesentlichen Teilen auf die regelmäßige und als Teil seiner Sorgfaltspflicht gebotene Wareneingangsprüfung, teilt dies dem Zulieferer mit und *fordert* ihn auf oder erwartet von ihm dazu *seine Zustimmung*, um die – nicht erforderliche – Ausgangsprüfung beim Zulieferer – oder vorherige andere Prüfungen des Zulieferers im Fertigungsablauf – zur Grundlage seiner Annahme zu machen, ohne eigenes laufendes Überprüfen jeder einzelnen Lieferung auf die ordnungsmäßige technische Ausführung – dies ist die Regel, um die beabsichtigte wirtschaftliche Wirkung zu erreichen (Kostenersparnis) – so ist ein solches Verhalten der *Versuch* des *Abbedingens* einer *Kardinalpflicht des Bestellers.*

Ein Verzicht auf die Wareneingangsprüfung und ein Abwälzen der damit verbundenen Sorgfaltspflichten auf den Zulieferer würde ein unzulässiges Übertragen ureigener Verantwortungen des Bestellers auf die Zulieferer bedeuten. Kenntnisse und Erfahrungen des Zulieferers können nicht denen des Bestellers für Aufgaben, Zuverlässigkeit und Sicherheit dieser Teile in den vom Besteller konstruierten und gefertigten Maschinen und Anlagen entsprechen, noch weniger den nur dem Besteller bekannten Betriebslasten und sonstigen Einsatzbedingungen, die in einer sachgerechten Wareneingangsprüfung teilespezifisch auszuwerten sind. Im Umfange der über die Kenntnisse des Zulieferers hinausgehenden Erfahrungen des Bestellers bedeutete der Verzicht auf eine Wareneingangsprüfung eine – nicht delegierbare – (Teil-)Verantwortung und daraus folgende (Teil-)Haftung des Bestellers, auch für fehlerhafte Zulieferteile. Sie ist ein Verletzen seiner Sorgfaltspflicht, deren rechtliche Bedeutung davon abhängt, wie weit durch eine sachgemäße Wareneingangsprüfung nach dem Stande der Technik Schäden durch dabei entdeckte Fehler der Zulieferteile hätten verhindert werden können.

Ein Abbedingen von Wareneingangsprüfungen kann nur dann die vom Besteller gewünschte Wirkung eines verringerten technischen Aufwandes und seiner Kosten ergeben, wenn sie gleichzeitig für zahlreiche Zulieferer vereinbart wird. Individualvereinbarungen können dieses Ziel nicht erreichen.

Werden solche Vereinbarungen mit mehr als 2 Zulieferern mit gleichem oder ähnlichem Inhalt abgeschlossen, so bewertet die Rechtsprechung solche Vereinbarungen unabhängig von ihre jeweiligen Formulierungen als *allgemeine Geschäftsbedingung*, die unter die Geltung und die Rechtsprechung zum Gesetz über die Regelung des Rechtes der Allgemeinen Geschäftsbedingungen (AGB-Gesetz) fällt. Der BGH hat dazu 1991 eindeutig und mit ausführlicher rechtlicher Würdigung Stellung genommen:

> Geschäftsbedingungen ..., nach welcher die §§ 377 und 378 HGB ... ausgeschlossen werden, ... sind nach § 9 Abs. 2. Nr. 1 ABGB unwirksam.
> Durch den uneingeschränkten formularmäßigen Ausschluß der §§ 377, 378 HGB würde dem Käufer die *unverzügliche Untersuchungs-* und *Rügepflicht* auch dann abgenommen, wenn die Mängel offen zutage liegen, der Käufer sie bei der gebotenen unverzüglichen Untersuchung festgestellt hat oder *hätte feststellen können.*

Der *Gesetzgeber* aber hat mit §§ 377, 378 HGB eine *eindeutige Risikoverteilung* für den kaufmännsichen Verkehr getroffen. Im Handelsverkehr soll möglichst schnell Klarheit darüber geschaffen werden, ob das Geschäft ordnungsgemäß abgewickelt worden ist; der *Verkäufer*, dessen *Interessen* nach der vom Gesetz getroffenen *Wertentscheidung*, der *Vorrang zu geben* ist, soll durch die den Käufer treffende Obliegenheit zur unverzüglichen Mängelrüge in die Lage versetzt werden, entsprechende Feststellungen und notwendige Dispositionen zu treffen, insbesondere einen möglichen Schaden abwenden zu können.
Das formularmäßige Abbedingen der unverzüglichen Untersuchungs- und Rügepflicht (§ 377 HGB) auch bei offenen Mängeln ist mit wesentlilchen Grundgedanken der gesetzlichen Regelung unvereinbar und damit *unwirksam.*

BGH-Urteil VIII ZR 149/90 v. 19. 6. 91
BB 1991 H. 25, S. 1734

3.6.4 Versicherungsrechtliche Bedeutung

Nach § 4 I,1 der allgemeinen Versicherungsbedingungen für die Haftpflichtversicherung (AHB) sind Haftungen aus von den gesetzlichen Verpflichtungen abweichenden und durch Vertrag übernommenen zusätzlichen Pflichten ausdrücklich vom Versicherungsschutz (Deckung) ausgenommen. Für *Risiken* und Folgen aus *vom Gesetz abweichenden Pflichten* besteht nach den vom Bundesaufsichtsamt für das Versicherungswesen genehmigten Versicherungsbedingungen *grundsätzlich kein Versicherungsschutz.*

Eine Ausnahme gilt nur, wenn der Versicherer vor Abschluß solcher Vereinbarungen informiert wurde und schriftlich ausdrücklich dem Einschluß dieser zusätzlichen Haftung in die Deckung des Versicherungsvertrages zugestimmt hat. Dazu sind regelmäßig umfangreiche Informationen erforderlich, um die sich daraus ergebenden *einzelfallbezogenen Risiken sachgerecht ermitteln*, bewerten und in den erforderlichen *(höheren) Prämien* berücksichtigen zu können.

Für den Wortlaut der allgemeinen Versicherungsbedingungen für die Haftpflichtversicherung § 4.I.1 siehe Abschn. 3.7.2.3, S. 282.

Der Mithaftungseinwand bei Schäden durch Unterlassen der Wareneingangsprüfung kann nach einer Zustimmung des Zulieferers zum Verzicht auf die Wareneingangsprüfung von seinem Versicherer nicht mehr vorgebracht werden. Empfehlenswert ist deshalb, bei einer – möglichst zu vermeidenden – Zustimmung *nur für Gewährleistungsansprüche* ein Aufrechterhalten des Anspruches auf *Mithaftung in der Produkthaftung* schriftlich dem Kunden gegenüber mit einer solche Zusage zu verbinden.

Versucht ein industrieller Anwender mit mehreren Zulieferern die Wareneingangsprüfung für an ihn zu liefernde Einzelteile oder Funktionspaare abzubedingen und seine darin bestehenden Sorgfaltspflichten auf die Zulieferer zu übertragen, so begründet dies die *persönliche Verantwortung der für diese Vereinbarungen Entscheidenden und sie Durchführenden* sowohl nach dem *Zivil-* als auch dem *Strafrecht.*

3.6.5
Wareneingangsprüfung bei Just-in-Time-Lieferungen

Die Organisation von Just-in-Time Lieferungen unmittelbar vom Zulieferer an die Be- oder Verarbeitungsstellen des Bestellers ist eine freiwillige Entscheidung des Bestellers, *keine* gesetzliche oder wirtschaftlich *unabwendbare Notwendigkeit.* Hat der Besteller sich für eine solche Lieferart entschieden, so hat er die damit verbundenen Risiken zu berücksichtigen und angemessene Vorsorge zu treffen, daß die Zuverlässigkeit und Sicherheit seiner Erzeugnisse dadurch nicht beeinträchtigt werden. Dies ist *allein seine Verantwortung*, die Ausgestaltung *Teil seiner Sorgfaltspflicht.*

Rechtlich erforderliche Wareneingangsprüfungen sind nicht auf die konventionelle Durchführung beim Wareneingang beschränkt, sie können auch durch inhalts- oder *wesensgleiche Äquivalente* ersetzt werden, solange diese der *Verantwortungszuordnung*, der *technischen Aussagefähigkeit* und den *kurzen Fristen* für eine Wareneingangsprüfung entsprechen.

Dies kann erreicht werden z. B. durch:

- geschlossenes, *loskonformes Verarbeiten* der Einzellose und getrenntes Ermitteln der in den Einzellosen festgestellten Teile mit *Hauptmerkmalen* außerhalb der vereinbarten Toleranzen, die dadurch zu *Fehlfunktionen* oder Montagebeeinträchtigungen *führen* können,
- überprüfbare *Nachweise* der *Behinderung* der Be- oder Verarbeitung durch Einzelteile mit unzulässigen Toleranzabweichungen für *Hauptmerkmale* im Arbeits- oder Montageablauf und nicht oder zusätzlich beeinflußt durch andere Teile aus Eigenfertigung oder anderen Lieferquellen,
- Vereinbaren der höchstzulässigen Zahl von berechtigt zu beanstandenden Teilen mit Abweichungen von *Hauptmerkmalen* je Lieferlos mit *unverzüglicher Rüge* nach deren Feststellen, unter *Beifügen* von *Belegen*, die dem Zulieferer erlauben, sich von der Stichhaltigkeit dieser Beanstandungen und der Zuordnung zu einem bestimmten Lieferlos kurzfristig zu überzeugen,
- Vereinbaren einer *längsten Be- und Verarbeitungsfrist* nach Eingang der einzelnen Lieferlose, die den Anforderungen an die Unverzüglichkeit der Wareneingangsprüfung nach § 377 HGB *zeitlich entspricht*, z. B. von maximal 10 Arbeitstagen nach Eingang der Lieferung; andernfalls gilt Annahme des Loses als bestellgerecht.

Nur Vereinbarungen mit diesen oder ähnlichen Inhalten haben Aussicht, bei einer Angemessenheitsprüfung als technisches Äquivalent zur Wareneingangsprüfung rechtlich anerkannt zu werden.

In den *meisten* bisher von *neutralen Dritten geprüften Fällen* von Just-in-Time-Lieferungen entsprachen Organisation und Handhabung z. B. der kurzfristig erforderlichen loseinheitlichen Verarbeitung von Zulieferteilen und dem Ausscheiden zu beanstandender Einzelteile einschließlich der Nachweise der Zuordnung zu den einzelnen Lieferlosen nicht diesen rechtlich notwendigen Anforderungen. Solange aussagefähige, technisch mögliche und wirtschaftlich vertretbare Verfahren nicht verwirklicht werden, hat der Anwender von Just-in-Time Verfahren bei den allein von ihm dadurch wahrgenommenen Chancen auch für die dadurch *ausgelösten Risiken* allein einzustehen. Er kann nicht diese Risiken ursachen- und verantwortungswidrig – weil dort nicht beherrschbar – auf Zulieferer übertragen, die von Just-in-Time Lieferungen nicht begünstigt, sondern zusätzlich durch sie nur belastet werden. Das Ergebnis einer ausführlichen juristischen Prüfung dieses Verfahrens und seiner Wirkungen lautet:

> Soweit Hersteller im Rahmen des „Just-in-Time-Delivery" die *Wareneingangskontrollpflichten* – und damit auch die Rügeobliegenheiten gem. §§ 377, 378 HGB – *auf den Lieferanten* im Rahmen eines Qualitätssicherungssystems *abwälzen*, liegt ein *Verstoß gegen § 9* Abs. 1 *AGB-Gesetz* bzw. § 9 Abs. 2 Nr. I AGB-Gesetz vor. Denn das *Produkthaftungsrisiko* des *Lieferanten* wird dadurch *extrem* – bei gleichzeitiger Entlastung des Herstellers/„Assemblers" – *gesteigert, ohne* daß ausreichender *Versicherungsschutz* zur Verfügung steht. ...
> *Daß* der *Hersteller Kosten und Aufwand* bei dem System des „Just-in-Time-Delivery" *spart*, ist nicht von der Hand zu weisen; doch liegt hierin *keine hinreichende Rechtfertigung* für eine am dispositiven Recht gemessene abweichende, *den Lieferanten unangemessen benachteiligende Risikoverlagerung.*
> Graf von Westphalen „Qualitätssicherungsvereinbarungen"
> Festschrift 40 Jahre „Werkstatt und Betrieb"

3.6.6 Systemkonforme wirksame Wareneingangsprüfung

DIN ISO 2859 Teil 1 verlangt als anerkannte Regel der Technik zum Bewerten der unterschiedlichen Bedeutung und Wirkungen einzelner Merkmale/Eigenschaften eine durchgängige, *technisch anwendungsbezogene Merkmalsklassifikation.* Sie unterscheidet nach den Wirkungen der einzelnen Merkmale der Bauteile im eingebauten Zustand unter vorhersehbaren Einsatzbedingungen gestuft nach *kritischen, Haupt-* und *Nebenmerkmalen.*

Ein Versagen *kritischer Merkmale* kann zu katastrophalen Folgen mit *Personenschäden* führen. Versagen von *Hauptmerkmalen* kann Sachschäden auslösen oder *wesentliche Funktionen gefährden,* während beim Versagen von *Nebenmerkmalen keine Wirkungen* auf Funktion und Sicherheit der Maschinen ausgelöst werden.

Es gehört zu den nicht delegierbaren *Kardinalpflichten der Konstruktion,* diese *nur aus* den *Funktionen und Anwendungsbedingungen technisch begründbare Merkmalsklassifikation* in allen wichtigen Fertigungsunterlagen *vorzugeben,* damit sie Prioritäten für Steuerung und Überwachung der Fertigung und des Zusammenbaus begründen.

Nach zahlreichen Untersuchungen in verschiedenen Bereichen und Ländern haben *kritische Merkmale* einen *Anteil* zwischen *2% und 3%* aller Merkmale. Kritische Merkmale können meist durch andere konstruktive Lösungen, z. B. durch Redundanzen vermieden werden. *Hauptmerkmale* erreichen im Regelfall Anteile von *7% – 9%* und überschreiten auch in Extremfällen *selten 10%* aller Merkmale.

Nach diesem funktions- und risikobezogenen System der Merkmalsklassifikation ist es technisch sachgerecht, eine *Wareneingangsprüfung* oder wie immer geartete Äquivalente auf ein Überprüfen *nur* von *kritischen* und *Hauptmerkmalen* zu *beschränken* und die nicht funktionswesentlichen Nebenmerkmale nicht oder nur unter besonderen Bedingungen zu prüfen. Dies ist funktions- und risikobezogen sachgerecht, weil *Nebenmerkmale* beim Überschreiten ihrer Toleranzen nach ihrer Definition *keine Funktionsstörungen* auslösen können.

Beim Einführen von DIN 267 Teil 5 haben Untersuchungen in mehreren Unternehmen bereits 1968 nachgewiesen, daß mit dem *Beschränken* der *Wareneingangsprüfung* nur auf die dort genormten *Hauptmerkmale* die erforderlichen Zeiten für eine Wareneingangsprüfung auf weniger als 20% der bisherigen gesenkt werden konnten, ohne daß dadurch Sicherheit oder Funktionsfähigkeit bei der Verwendung vor allem beim Zusammenbau beeinträchtigt wurden.

Die international genormte *Definition* des *Hauptmerkmals* stimmt mit der *rechtlichen* des *Fehlers* in *§ 459,1 BGB* weitgehend überein (siehe Kasten). Nur funktionsgefährdende Abweichungen von Hauptmerkmalen sind rechtlich Fehler und berechtigen zum Beanstanden und Zurückweisen dieser Lieferung. Anforderungen der Technik und Definition des Fehlers im Recht decken sich und lassen ein technisch risikogerechtes und rechtlich zulässiges Verringern der Wareneingangsprüfung mit dem gewünschten wirtschaftlichen Effekt erreichen. Die Voraussetzung dafür kann *allein* der *Besteller* durch eine *durchgängige risikokonforme Merkmalsklassifikation* schaffen. Der Besteller verschafft sich dadurch den für ihn wirtschaftlich bedeutsamen Nutzen verringerter Wareneingangsprüfungen bei unveränderter technischer Funktionsfähigkeit der Zulieferteile, ohne dadurch für sich höhere rechtliche Risiken auszulösen.

Fehler	Der Verkäufer einer Sache haftet dem Käufer dafür, daß sie zu der Zeit, zu welcher die Gefahr auf den Käufer übergeht, nicht mit *Fehlern* behaftet ist, die den *Wert* oder die *Tauglickeit* zu dem *gewöhnlichen* oder dem nach dem *Vertrage vorausgesetzten Gebrauch aufheben* oder *mindern*. Eine *unerhebliche Minderung* des Wertes oder der Tauglichkeit *kommt nicht in Betracht*. § 459,1 BGB
Hauptmerkmal	Nicht kritisches Merkmal,das voraussichtlich zu einem *Ausfall führt* oder die *Brauchbarkeit* für den *vorgesehenen Verwendungszweck wesentlich herabsetzt* DIN 55 350 Teil 31

3.7 Probleme von und mit Qualitätssicherungs-Vereinbarungen

3.7.1 Allgemeines

Qualitätssicherungs-Vereinbarungen (QSV)haben die Aufgabe, *allgemeine Abläufe* für viele Teile, gefertigt von zahlreichen Zulieferern zu regeln. Sie enthalten neben organisatorischen auch Festlegungen, die in allgemeine Rechte und Pflichten der beteiligten selbständigen Unternehmen eingreifen, meist sie zu ändern versuchen.

Ihr Abfassen darf nicht allein Aufgabe der QS-Leitung sein, weil hier ausreichende Kenntnisse für alle dadurch berührten Bereiche im Regelfall nicht vorhanden sein können; Fachleute aller übrigen betroffenen Unternehmensbereiche haben beim Formulieren der Inhalte angemessen mitzuwirken. Qualitätssicherungs-Vereinbarungen (QSV) dokumentieren keine singulären Entscheidungen, sondern sind ein Mosaikstein im vielgestaltigen Geflecht der rechtlichen, technischen, organisatorischen und kaufmännischen Beziehungen zwischen selbständigen Unternehmen und sollten Interessen aller betroffenen Bereiche und Unternehmen angemessen berücksichtigen. Dies gilt vor allem für die Abstimmung mit den Inhalten der Einkaufsbedingungen und deren allgemeinen Rahmen von Gesetz und Rechtsprechung. Ohne angemessene Kenntnisse und Berücksichtigung dieser Ausgangsbedingungen können wirksame und im Schadens-/Streitfall rechtlich beständige Qualitätssicherungs-Vereinbarungen (QSV) nicht formuliert werden.

Die *meisten QSV* berücksichtigen diese notwendigen Voraussetzungen und Rahmenbedingungen nicht, sie sind im Regelfall *rechtlich unwirksam*, weil sie in unterschiedlichem Umfang Feststellungen enthalten, die *Gesetz* und *Rechtsprechung* so *krass widersprechen*, daß sie nach rechtlicher Prüfung z. B. im Schadens-/Streitfall außer Betracht bleiben müssen.

QSV wurden von *marktmächtigen Abnehmern* der Automobilindustrie geschaffen als Versuch zum *Umgehen* des *AGB-Gesetzes* und der darauf aufbauenden *Rechtsprechung*. Sie haben den entscheidenden Praxistest ihrer Wirksamkeit sowohl bei Versicherungsfällen als auch bei gerichtlichen Auseinandersetzungen nicht bestanden, weil sich ihre Festlegungen schon in vorgerichtlichen Prüfungen als unwirksam, weil *rechtlich unzulässig* erwiesen – siehe Abschn. 3.7.4, S. 287.

QSV können die ihnen zugedachte *Aufgabe als Schnittstellenregelungen* komplizierter technischer, organisatorischer und rechtlicher Probleme nur angemessen erfüllen, wenn sie sowohl Besteller als auch Zulieferer in die beteiligten Qualitätsorganisationen selbständiger Unternehmer sachgerecht integrieren und auf deren unterschiedliche Strukturen, organisatorischen wie technischen Bedingungen aufbauen. Allein mit einem Diktat der Marktmacht ist dies nicht zu erreichen.

Veröffentlichungen zu QSV sind nicht sehr zahlreich. Sie sind meist durch die *persönlichen Interessenbindungen* der *Verfasser* geprägt. Soweit Aussagen zu rechtlichen Zulässigkeiten als ganzes wie zu Teilregelungen erfolgen, sind sie im Regelfall *einseitige Begründungen wirtschaftlich motivierter Interessen*. Auf interessenunabhängiges Schrifttum wird an Ende dieses Kapitels verwiesen.

3.7.2 Rechtsgrundlagen

3.7.2.1 *Vertragsrecht*

Als Allgemeine Geschäftsbedingungen nach Ziel und Aufgabe (AGB) sind QSV Teile vertraglicher Vereinbarungen zwischen selbstständigen Unternehmen, ergänzen die allgemeinen Einkaufsbedingungen des Bestellers für den Teilbereich des Qualitätswesens. Sie sollten inhaltlich auf die allgemeinen vertragsrechtlichen Bestimmungen, insbesondere die *Einkaufsbedingungen* sorgfältig *abgestimmt* sein, weder deren Festlegungen wiederholen noch ihnen im einzelnen widersprechende Klauseln enthalten oder einfach als deren Zusatz deklariert werden ohne Widersprüche zwischen Einzelregelungen zu beseitigen oder die *Rangfolge* nebeneinander geltender Einzelregelungen festzulegen. Solche häufigen Verweisungen führen dazu, daß *Geltung* und *Vorrang* einzelner Bedingungen *unklar* sind und im betrieblichen Alltag den Handelnden nicht erkennbar ist, wonach sich die einzelnen Abteilungen richten sollten. Solche *vermeidbaren Unklarheiten* führen innerbetrieblich zu überflüssigen Auseinandersetzungen, sie können im Zweifelsfalle die rechtlliche Unwirksamkeit einzelner Klauseln zur Folge haben.

Als vertragliche Vereinbarung haben QSV den gesetzlichen Rahmen des AGB-Gesetzes mit seiner Generalklausel im § 9 genau zu beachten, wie die über 2.600 Gerichtsentscheidungen zum AGB-Gesetz, damit sich ihre Festlegungen im Streitfall nicht als rechtlich unwirksam weil nichtig erweisen. Die Übernahme der EG-Richtlinie über mißbräuchliche Klauseln in Verbraucherverträgen (93/13/EWG) führt zu schärferen Kriterien, deren rechtliche Ausgestaltung und Auswirkungen abzuwarten bleiben.

Der BDI als Dachverband der gesamten deutschen Industrie hat im Juni 1992 *interessenneutral Empfehlungen* zu Qualitätssicherungsvereinbarungen *formuliert*, die allen Beteiligten als Maßstab dienen sollten.

Faire QSV zwischen Hersteller und Zulieferer liegen vor, wenn sie
a) zwischen Spezifikationen einer Zulieferleistung (Qualitätsmerkmalen) und Qualitätssicherungsmethoden zur Sicherstellung der spezifizierten Qualitätsmerkmale klar unterscheiden;
b) einvernehmlich und eindeutig definierte Spezifikationen enthalten, *ohne* diesen den Rang *zugesicherter Eigenschaften* oder Garantien *beizulegen*;
c) wegen Regelungen, wie beispielsweise über
   - Prüfabläufe und Prüfinhalte
   - Dokumentation und Aufbewahrungsfristen
   - Einsichtnahme in Prüfaufzeichnungen
   - *gegenseitige Informationspflichten* bei Änderungen von Produkt oder Prozeß bzw. beim Auftreten von *Qualitätsproblemen* sofern sie für vorausgesetzte Produkteigenschaften überhaupt relevant sind,
   - Vorgehen bei Qualitätsabweichungen und -kontrollen

   keinem Beteiligten unangemessene Auflagen und *Kosten*, vor allem nicht nachträglich *auferlegen*.
d) sich *jeglicher Aussage* über *gewährleistungs-* oder *produkthaftungsrechtliche Ansprüche* bzw. über die *Verteilung* solcher im *Innenverhältnis* enthalten, da sich als erwarteter Regelungsort dafür der Liefervertrag oder Allgemeine Geschäftsbedingungen anbieten;
e) berechtigtem Verlagen nach Schutz gegen unentgeltlichen Know-how-Transfer durch ein *verbindliches Angebot* zum *Abschluß* von *Geheimhaltungsabkommen* für diese Fälle begegnen;
f) sich jeder Regelung *enthalten*, die den *Haftpflichtversicherungsschutz* eines Beteiligten nachteilig *beeinflussen*, z. B. durch die Abbedingung von Wareneingangskontrollen beim Abnehmer.

Hiermit sind *Leitlinien* formuliert, an denen sich alle Qualitätssicherungs-Vereinbarungen messen lassen müssen, wenn sie den Anspruch *rechtlich zulässig* und *fair*, die beiderseitigen Interessen der Beteiligten angemessen berücksichtigt zu haben und die *Vorgaben* des *AGB-Gesetzes* zu *erfüllen.*

3.7.2.2
Allgemeine Geschäftsbedingungen (AGB)

QSV als allgemeine Geschäftsbedingungen unterliegen dem Gesetz zur Regelung des Rechtes der allgemeinen Geschäftsbedingungen (AGB-Gesetz) vom 9.12.1976. Ihr Inhalt wird im Streitfall vom Richter auf rechtliche Zulässigkeit geprüft, vor allem auf das Einhalten des allgemeinen Benachteiligungsverbotes im § 9.

1) *Bestimmungen* in allgemeinen Geschäftsbedingungen sind *unwirksam,* wenn sie den *Vertragspartner* des *Verwenders* entgegen den Geboten von *Treu und Glauben unangemessen benachteiligen.*
2) Eine *unangemessene Benachteiligung ist* im *Zweifelsfalle anzunehmen,* wenn eine Bestimmung
   1. mit *wesentlichen Grundgedanken* der gesetzlichen Regelung, von der abgewichen wird, *nicht* zu *vereinbaren* ist, oder
   2. *wesentliche Rechte* oder *Pflichten,* die sich aus der Natur des Vertrages ergeben, so *einschränkt,* daß die Erreichung des *Vertragszwecks gefährdet* ist.

Hierzu besteht eine umfangreiche Rechtsprechung, für die auf das Schrifttum am Ende des Kapitels verwiesen wird. Ohne deren Kenntnis ist ein abschließendes Bewerten einzelner Festlegungen kaum möglich, soweit sie nicht auch für Laien offensichtlich die Empfehlungen des BDI und die Grundsätze des § 9 mißachten, wie dies die meisten QSV tun.

Zwei Beispiele aus der Rechtsprechung als Maßstab:

„Jeder *Versuch* des *Aushöhlens vertragswesentlicher Rechte* und *Pflichten* des Vertragspartners ist generell *unzulässig* und *verboten.*"

OLG München, 31. 2. 1955, BB 1955 S. 741

Zum häufigen Bezug des Bestellers allein auf Bedingungen seiner Fertigung und Qualitätsorganisation stellt der BGH fest:

„Nach der weiterhin aufrechterhaltenen ständigen Rechtsprechung des BGH ist eine *AGB-Klausel unangemessen* und *unwirksam,* wenn der Verwender mit der Formulierung der Klausel *nur seine eigenen Interessen* im Auge hat und *keine hinreichende Rücksicht auf diejenigen des anderen Vertragspartners* nimmt."

BGH v. 24. 9. 1980 NJW S. 1178

Eine vollständige Sammlung aller QSV gibt es nicht und kann es auch nicht geben, da sie die unterschiedlichen Markt-/Machtverhältnisse ebenso wiederspiegeln wie oft Einzelheiten der zu liefernden Teile enthalten. Sie sind nur selten veröffentlicht und werden regelmäßig nur im direkten Verkehr zwischen Besteller und Zulieferer verwendet. Für eine *Bewertung* von Inhalten der QSV bleibt nur die *Einzelprüfung* durch angemessen qualifizierte neutrale Fachleute der (Teil-) Bereiche und der – interessenunabhängigen – Gerichte.

3.7.2.3
Versicherungsrecht

Betriebshaftpflicht- und *Produkthaftungsversicherungen* sowohl der Besteller als auch der Zulieferer setzen allein *gesetzliche Haftungsverhältnisse* voraus – siehe Abschn. 3.6.4, S. 275 und Teil D. Die durch das Bundesaufsichtsamt für das Versicherungswesen einheitlich für alle Versicherungen genehmigten „Allgemeinen Bedingungen für die Haftpflichtversicherung (AHB)" schließen in ihrem § 4 I,1 alle Vereinbarungen und daraus folgenden Haftungen aus der Deckung der Haftpflichtversicherung aus, die von der gesetzlichen Haftung abweichen, soweit nicht im Einzelfall mit der Versicherung *vorher* eine *schriftliche Erweiterung* der *Deckung vereinbart* wurde:

> I. Falls im Versicherungsschein oder seinen Nachträgen nicht ausdrücklich etwas anderes bestimmt ist, bezieht sich der *Versicherungsschutz nicht auf:*
> 1. *Haftpflichtansprüche,* soweit sie aufgrund Vertrags oder besonderer Zusagen *über* den *Umfang der gesetzlichen Haftpflicht* des Versicherungsnehmers *hinausgehen.*
>
> Sind die *Voraussetzungen* der übrigen Ausschlüsse *in* der *Person* von Angestellten, Arbeitern, Bediensteten, Bevollmächtigten oder Beauftragten *des Versicherungsnehmers* gegeben, so *entfällt gleichfalls* der *Versicherungsschutz,* und zwar sowohl *für* den *Versicherungsnehmer* als auch für die durch den Versicherungsvertrag *etwa mit versicherten Personen.*
>
> AHB § 4 I 1

Allein die *allgemeine Unversicherbarkeit* von Haftungen aus vertraglichen, die *gesetzliche Haftung* verändernden Vereinbarungen erfüllt unzweifelhaft den *Tatbestand* der *unzulässigen Benachteiligung* nach *§ 9 AGB-Gesetz,* siehe Abschn. 3.6.4, S. 275.

Jede einzelne *QSV* sollte vom Verwender und vom Zulieferer auf ihre Vereinbarkeit mit der jeweiligen Betriebs- und Produkthaftpflichtversicherung *vom Versicherer überprüft* werden, damit ihre Einzelregelungen nicht den *Deckungsschutz gefährden.* Die mangelnde Abstimmung zwischen der Deckung durch die Versicherung und QSV hat oft zu bösen Überraschungen mit schwerwiegenden Folgen fehlender Deckung im Schadensfall geführt. Deshalb sehen weitsichtige QSV die uneingeschränkte *Gültigkeit* und der *Vorrang* der *Versicherungsdeckung* als Bedingung vor – siehe BDI-Empfehlung Abschn. 3.7.2.1, S. 280.

3.7.3
Der Test des Bundeskartellamtes (BKA)

Nach § 38 des Gesetzes gegen Wettbewerbsbeschränkungen (Kartellgesetz) vom 27. 7. 1957 bedürfen Empfehlungen von Wirtschaftsorganisationen an ihre Mitglieder

der vorherigen Prüfung durch das Bundeskartellamt (BKA), ehe sie als unverbindliche Konditionen – Empfehlungen – im Bundesanzeiger veröffentlicht werden können. Das Bundeskartellamt sammelt als Zentralstelle alle Gerichtsentscheidungen zum AGB-Gesetz und ist deshalb für eine solche Prüfung besonders qualifiziert.

Nur vier Wirtschaftsverbände haben ihre Empfehlungen zu Qualitätssicherungs-Vereinbarungen beim BKA angemeldet und danach im Bundesanzeiger veröffentlicht:

- Der Gesamtverband der Kunststoffverarbeitenden Industrie e.V. (GKV) Frankfurt 1984
- Der Verband der Deutschen Leiterplattenindustrie e.V. Solingen 1993
- Die Gütegemeinschaft Pharma Verpackung 1994
- Der Zentralverband der elektrischen und elektronischen Industrie Frankfurt 1995.

Der inhaltliche Unterschied zwischen einzelnen Formulierungen dieser Empfehlungen ist nicht groß. Ihre *Texte* können als *praktischer Maßstab* zum Bewerten unternehmensindividueller QSV auch durch Nicht-Juristen dienen. Die „Qualitätssicherungs-Bedingungen für Teile aus Kunststoff" lauten:

1. Der Lieferer ist durch *vollständige technische Unterlagen* über das herzustellende Produkt *rechtzeitig*, spätestens *bis zur Auftragsbestätigung* zu informieren …
2. Der Lieferer *verantwortet* die *Qualität* der von ihm gelieferten Muster und Serienerzeugnisse *entsprechend der* in den *technischen Unterlagen* angegebenen *Qualitätsmerkmale.* Er sorgt durch ein wirksames Qualitätssicherungssystem oder durch geeignete Qualitätssicherungsmaßnahmen dafür, daß die vereinbarte Qualität erreicht wird. Diese Verpflichtung *entbindet* den *Besteller nicht* von seiner *Pflicht* zur *Eingangs- bzw. Gegenprüfung.* Der Lieferer *gewährleistet nicht* die *Funktionsfähigkeit* des gelieferten Erzeugnisses *als Teil eines Gesamtproduktes.*
3. Lieferer und Besteller werden *Prüfmethoden und Prüfmittel* miteinander abstimmen und diese Abstimung *schriftlich festlegen.* …
4. Vor der Lieferung muß der Lieferer die aus dem Fertigungsmittel stammende vereinbarte Mustermenge mit Prüfberichten unter Angabe der verwendeten Prüfmittel dem Besteller vorlegen. Der Besteller muß schriftlich zur Mustervorlage Stellungnehmen und ggf. Freigabe erteilen. Mit der *Freigabe akzeptiert* der Besteller den *Qualitätszustand* der ihm *vorgelegten Teile* als für ihn *verbindlich.* …
5. Sollten die mit dem Auftrag und seinen Anlagen festgelegten Produkt- bzw. Qualitätsmerkmale oder Prüfmethoden geändert werden, so ist dies durch Vereinbarungen zwischen Besteller und Lieferer *schriftlich festzulegen. Änderungsbedingte Qualitätsminderungen* unterliegen der *Verantwortung* desjenigen, der die *Änderung verlangt.* …
6. Abweichungen und Ergänzungen der vorstehenden Bedingungen sind in schriftlichen Sondervereinbarungen zu regeln.

Qualitätssicherungsbedingungen des GKV, Bekanntmachung Nr. 86/84 Bundesanzeiger Jahrg. 36 Nr. 195 S. 11681 vom 13. 10. 84

Die unverbindliche Konditionsempfehlung des Zentralverbandes Elektrotechnik- und Elektronikindustie (ZVEI) e.V. vom Januar 1995 siehe Kasten. Zur Erläuterung ihrer Einzelheiten wird auf den zu dieser QSV herausgegebenen Leitfaden verwiesen.

Unverbindliche Konditionenempfehlung des Zentralverbandes Elektrotechnik- und Elektronikindustrie (ZVEI) e. V. – Stand: Januar 1995 –

Qualitätssicherungsvereinbarung

zwischen

____

(Besteller)

____

(Werk, Bereich oder sonstige Organisationseinheit des Bestellers, für die diese Vereinbarung auschließlich gelten soll)

____

(Lieferer)

____

(Werk, Bereich oder sonstige Organisationseinheit des Lieferers, für die diese Vereinbarung ausschließlich gelten soll)

I. Geltungsbereich

1. Diese Vereinbarung gilt ausschließlich für die in der *Anlage 1* zu dieser Vereinbarung aufgeführten Produkte, die der Lieferer aufgrund der Bestellungen liefert, die er während der Dauer dieser Vereinbarung vom Besteller erhält und annimmt.
2. Die Produkte müssen der vereinbarten Beschreibung (z. B. Spezifikationen, Datenblättern, Zeichnungen) und/oder den vereinbarten *Mustern* entsprechen. Mit der Beschreibung der Produkte und mit der Vorlage von Mustern *sichert* der Lieferer *keine Eigenschaften zu*, sofern nichts anderes vereinbart ist. Der Lieferer wird jeweils unverzüglich prüfen, ob eine vom Besteller vorgelegte Beschreibung offensichtlich fehlerhaft, unklar, unvollständig oder offensichtlich abweichend vom Muster ist. Erkennt der Lieferer, daß dies der Fall ist, wird er den Besteller unverzüglich schriftlich verständigen.

II. Qualitätssicherung

1. Der Lieferer unterhält ein Qualitätsmanagementsystem, das die in der *Anlage 2* zu dieser Vereinbarung aufgeführten Anforderungen erfüllt, und wird die Produkte entsprechend den Regeln dieses Qualitätsmanagementsystems herstellen und prüfen. Darüber hinausgehende Anforderungen sind in der *Anlage 3* zu dieser Vereinbarung festgelegt. Der Lieferer wird sich unverzüglich vergewissern, daß diese Anforderungen mit seinem Qualitätsmanagementsystem vereinbar sind.
2. Bezieht der Lieferer für die Herstellung oder Qualitätssicherung der Produkte Produktions- oder Prüfmittel, Software, Dienstleistungen, Material oder sonstige Vorlieferungen von Vorlieferen, so wird er diese vertraglich in sein Qualitätsmanagementsystem einbeziehen oder selbst die Qualität der Vorlieferungen sichern.

3. Der Lieferer wird für die Durchführung vorgenannter Qualitätssicherungsmaßnahmen, insbesondere über *Meßwerte* und *Prüfergebnisse Aufzeichnungen* führen und diese Aufzeichnungen sowie etwaige *Muster* der Produkte übersichtlich geordnet verwahren. Er wird dem Besteller *im nötigen Umfang Einsicht gewähren* und Kopien der Aufzeichnungen sowie etwaige Muster *aushändigen*. Art, Umfang und Aufbewahrungsfristen dieser Aufzeichnungen und Muster sind in der *Anlage* 2 zu dieser Vereinbarung beschrieben.

III. Nachweis- und Informationspflichten des Lieferers

1. Der Lieferer wird es dem Besteller in angemessenen Zeitabständen ermöglichen, sich von der *Durchführung* der in Abschnitt II. genannten Qualitätssicherungsmaßnahmen zu *überzeugen*. Der Lieferer wird dem Besteller zu diesem Zweck *in angemessenem Umfang* und nach *vorheriger Vereinbarung* eines Termins einen *fachlich qualifizierten Mitarbeiter* zur Unterstützung zur Verfügung stellen. Einblicke in *geheimhaltungsbedürftige* Fertigungsverfahren und *sonstige Betriebsgeheimnisse können verweigert werden*.
2. Vor Änderungen von Fertigungsverfahren, Materialien oder Zulieferteilen für die Produkte, Verlagerungen von Fertigungsstandorten, ferner vor Änderungen von Verfahren oder Einrichtungen zur Prüfung der Produkte oder von sonstigen Qualitätssicherungsmaßnahmen wird der Lieferer den Besteller so *rechtzeitig benachrichtigen*, daß dieser prüfen kann, ob sich die *Änderungen nachteilig* auswirken können. Die Benachrichtigungspflicht *entfällt*, wenn der Lieferer nach sorgfältiger Prüfung solche Auswirkungen für *ausgeschlossen* halten kann.
3. Stellt der Lieferer eine *Zunahme* der *Abweichungen* der *Ist-Beschaffenheit* von der *Soll-Beschaffenheit* der Produkte fest (Qualitätseinbrüche), wird er den Besteller hierüber und über geplante Abhilfemaßnahmen unverzüglich benachrichtigen.
4. Der Lieferer wird durch Kennzeichnung der Produkte oder, falls sie unmöglich oder unzweckmäßig ist, durch andere geeignete Maßnahmen dafür sorgen, daß er bei Auftreten eines Fehlers an Produkten unverzüglich feststellen kann, welche weiteren Produkte *betroffen sein könnten*. Einzelheiten sind in der *Anlage 3* zu dieser Vereinbarung festzulegen. Der Lieferer wird über sein Kennzeichnungssystem oder seine sonstigen Maßnahmen den Besteller so unterrichten, daß dieser im nötigen Umfang eigene Feststellungen treffen kann.

IV. Eingangsprüfungen durch den Besteller*

1. Der Besteller wird unverzüglich nach Eingang von Produkten *prüfen*, ob sie der bestellten Menge und dem bestellten Typ entsprechen, ob äußerlich erkennbare Transportschäden oder, *äußerlich erkennbare Fehler* vorliegen. Soweit die Partner weitere Prüfungen durch den Besteller *für tunlich halten*, ergeben sich diese aus der *Anlage 4* zu dieser Vereinbarung.
2. Entdeckt der Besteller bei den vorgenannten Prüfungen einen Schaden oder einen Fehler, wird er diesen dem Lieferer *unverzüglich anzeigen*. Entdeckt der Besteller später einen Schaden oder Fehler, wird er dies ebenfalls *unverzüglich* anzeigen.

3. Dem Besteller obliegen gegenüber dem Lieferer *keine weitergehenden* als die vorstehend genannten Prüfungen und Anzeigen.

V. Vertraulichkeit

1. Jeder Partner wird alle Unterlagen und Kenntnisse, die er im Zusammenhang mit dieser Vereinbarung erhält, nur für die Zwecke dieser Vereinbarung verwenden und mit der gleichen Sorgfalt wie entsprechende eigene Unterlagen und Kenntnisse gegenüber Dritten *geheimhalten*, wenn der andere Partner sie als *vertraulich bezeichnet* oder an ihrer *Geheimhaltung ein offenkundiges Interesse* hat. Diese Verpflichtung beginnt ab *erstmaligem Erhalt der Unterlagen* oder Kenntnisse und endet *36 Monate* nach *Ende der Vereinbarung.*
2. Die Verpflichtung gilt nicht für Unterlagen und Kenntnisse, die allgemein bekannt sind oder die bei Erhalt dem Partner bereits bekannt waren, ohne daß er zur Geheimhaltung verpflichtet war, oder die danach von einem zur Weitergabe berechtigten Dritten übermittelt werden oder die von dem empfangenden Partner ohne Verwertung geheimzuhaltender Unterlagen oder Kenntnisse des anderen Partners entwickelt werden.

VI. Qualitätssicherungsbeauftragter

Jeder Partner benennt dem anderen in schriftlicher Form einen Qualitätssicherungsbeauftragten, der die Durchführung dieser Vereinbarung zu koordinieren und damit zusammenhängende Entscheidungen zu treffen oder herbeizuführen hat. Ein Wechsel des Beauftragten ist unverzüglich schriftlich anzuzeigen.

VII. Dauer der Vereinbarung

Diese Vereinbarung kann von jedem Partner mit einer Frist von *drei Monten* jeweils zum *Ende eines Kalenderjahres* gekündigt werden.

____

(Besteller)

____

Ort, Datum Unterschrift

____

(Lieferer)

____

Ort, Datum Unterschrift

* Wenn nach Art der Produkte denkbar ist, daß ein Fehler zu Haftpflichtfällen führt, dann ist anzuraten, die Qualitätssicherungsvereinbarung einschließlich der ausgefüllten Anlagen zwecks Deckungsbestätigung dem *Betriebshaftpflichtversicherer vorzulegen.*

3.7.4 Der Praxistest

Die Bewährung einer QSV steht an, wenn ihr Inhalt bei der Abwicklung von Schäden in der Produkthaftung als Verantwortungsverteilung auf dem Prüftisch der Versicherungen landet. Aussagefähige Statistiken über Schäden industrieller Produkte sind nicht bekanntgeworden, sie dürften auch in Unternehmen selten über Einzelauswertungen hinaus bestehen. Ein deutscher Industrie-Haftpflichtversicherer hat 1993 systematisch Informationen über das Vorbringen von QSV bei Schadensregulierungen während des letzten Jahrzehntes gesammelt. Die *Kernfrage* war:

> Haben Qualitätssicherungs-Vereinbarungen gleich welchen Inhaltes bei der verbindlichen *Verantwortungszuordnung* für die *Ursachen* von *Schäden* eine entscheidungsbeeinflussende oder gar entscheidungswesentliche Rolle gespielt?

Das ernüchternde Ergebnis lautet:
In keinem Fall haben QSV als Ganzes oder nur einzelne ihrer verantwortungsverlagernden Klauseln eine entscheidungsbeeinflussende oder gar entscheidende Rolle gespielt. Dies gilt für alle Fälle, in denen bei Schäden und daraus folgenden Auseinandersetzungen überhaupt Inhalte und Grenzen von Verantwortungen zwischen Abnehmer und Zulieferer diskutiert wurden. Dies galt auch für Fälle, in denen das *Bestehen von QSV* zwischen den Parteien *bekannt* war, sie aber von *keiner Seite vorgelegt* oder ins Gespräch gebracht wurden. Noch deutlicher und überzeugender das Ergebnis der Rückfrage bei einer auf Schadensersatzprozesse für Industrieerzeugnisse spezialisierten *überörtlich* tätigen großen *Anwaltskanzlei*:

> Nicht in einem Fall über mehr als 1 1/2 Jahrzehnte wurden Qualitätssicherungs-Vereinbarungen in einen Schadensersatzprozeß eingeführt, von einer Partei herangezogen oder nur erwähnt!

Nicht auf den Inhalt juristisch zweifelhafter Klauseln in QSV kommt es an, sondern auf Sorgfalt, Vollständigkeit und Zuverlässigkeit organisatorischer Regelungen an vorhersehbaren Schnittstellen. Technisch angemessene, sorgfältige Ingenieurarbeit und deren laufende zuverlässige anwendungsbezogene Ausführung zur vorbeugenden Schadensverhinderung sind das einzige brauchbare Konzept, das stets strittiger QSV nicht bedarf.

3.7.5 Schnittstellenorganisation mit Zulieferern

Die Vielfalt der an Schnittstellen zwischen Zulieferern und Bestellern zu lösenden technischen, organisatorischen, kaufmännischen und rechtlichen Fragen verlangt stets teilespezifische, anwendungsbezogene Regelungen. Wirksamkeit und Nutzen allgemeiner produktunspezifischer und nicht anwendungsbezogener Regelungen über gesetzliche Vorgaben und höchstrichterliche Rechtsprechung hinaus sind umstritten.

Tabelle 3.5 enthält einen allgemeinen Ablauf üblicher Schnittstellen und Verantwortungsgrenzen von der Anfrage bis zur Annahme von Lieferungen. Sie weist die unternehmensindividuell notwendige Integration der einzelnen regelungsbedürftigen

Tabelle 3.5 Schnittstellen und Verantwortungen von der Anfrage bis zur Lieferung

Ausführung	Ablaufelement	Verantwortung
Anfrager (Bedarf)	*Anfrage:* Alle bekannten erforderlichen Angaben über Funktionen, Betriebslasten, sonstige Einsatzbedingungen, Lastenheft **A**	*Bringschuld* Vollständigkeit des Anfrageinhalts, Auswertbarkeit (Vorgaben für Konstruktion) Informationspflicht
Anbieter	*Erstellen des Angebotes* Analysieren und Auswerten der Anfrageforderungen nach anerkannten Regeln der Technik, Stand der Technik, spezifischem Wissen im Unternehmen, Entwurf Pflichtenheft **a**	sachgerechte, vollständige Wissenauswertung zum Angebotserstellen. *Holschuld* bei erkennbaren Lücken, erforderlichen Zusatzinformationen Beratungspflicht, Informationsverantwortung
Anfrager	Auswerten aller Angebote, Vervollständigen der Einzelanforderungen, Koordinieren der Einzelelemente, Vollständigkeits- und Funktionsprüfung, Prüfen Pflichtenheftentwurf **B**	*Organisation der Auswertung* Koordination, Informationsauswertung, -ergänzung *Drittunternehmer-Auswahl* produktspezifisch, anwendungsbezogen, risikogerecht
Anbieter	Ergänzen des Angebotes, Abstimmen mit Anbietern anderer Teile, Vollständigkeitsprüfung, Definition der Schnittstellen, Erstellen vertragsreifer Unterlagen mit Pflichtenheft **b**	*Sorgfaltspflicht,* Vollständigkeit, Vorschläge für Schnittstellen und Verantwortungsgrenzen, notwendige Abstimmungen. *Instruktions-, Beratungsverantwortung*
Auftraggeber	Vertragsunterlagen erstellen, Vollständigkeitsprüfung, Schnittstellenvereinbarung, Verantwortungsgrenzen, Abstimmen von Prüfverfahren, Auftragserteilung mit Pflichtenheft **C**	*Organisationsverantwortung* Koordination, Schnittstellenbestimmung, Vertragsinhalte *Drittunternehmer-Bindung* technisch vollständig, rechtlich wirksam
Auftragnehmer	Prüfen Vertragsunterlagen, Vollständigkeit, Kontrolle Schnittstellenorganisation, Auftragsbestätigung nach Ergänzen des Pflichtenheftes **c**	*Organisationsverantwortung* Vertragsprüfung, -ergänzung, interne Auswertung
Auftragnehmer	Beginn der Ausführung **d**	Fabrikationsverantwortung
Auftraggeber		Drittunternehmer-Überwachung an Schnittstellen in vereinbarten Verantwortungsgrenzen
Auftragnehmer	Erstmuster mit Prüfbericht vereinbarte Fertigungs- und Prüfverfahren **e**	Nachweis der Fähigkeit zur vereinbarungsgemäßen Vertragsausführung
Auftraggeber	Prüfen Erstmuster nach Vereinbarung, anwendungsbezogen, risikogerecht **D** Freigabe	Sorgfaltspflicht, anwendungsgerechte Prüfpflicht, Billigung der vorgelegten Ausführung als vertragsgemäß
Auftragnehmer	Herstellen nach vereinbarten Verfahren mit spezifikationsgerechten, sachgerechten Überwachungen, Prüfungen, vereinbarte Dokumentationen, Lieferung **f**	(Teil-)Fabrikationsverantwortung (Herstellung)
Auftraggeber	Wareneingangsprüfung mit vereinbarten Verfahren, anwendungsbezogen, risikogerecht Zusammenbau, Funktionsprüfungen, Endprüfungen **E**	Drittunternehmer-Überwachung Prüf- und Rügepflicht (Teil-)Fabrikationsverantwortung (Zusammenbau)

A–E notwendige Ablauforganisation beim Auftraggeber – Q-Elemente
a–f notwendige Ablauforganisation beim Auftragnehmer – Q-Elemente

Vorgänge in die Qualitätsorganisationen beim Anfrager/Besteller und Anbieter/Zulieferer aus. Stichworte bezeichnen unterschiedliche Einzelverantwortungen und die dafür geltenden Grundlagen. Sie sollten an den einzelnen Stellen stets *produktspezifisch, leistungsgerecht* und *anwendungsbezogen,* dabei *rechtskonform detailliert* in die Organisation nicht nur der Qualitätsorganisation von Besteller und Zulieferer wirksam eingebaut werden.

Solche nach Produktarten und ihren Einzelheiten weiter zu detaillierenden Modelle verdeutlichen, warum allgemeine QSV zur sachgerechten technischen, organisatorischen und rechtlichen Regelung an Schnittstellen zwischen selbständigen Unternehmen im allgemeinen nicht geeignet sein können.

Literatur

Bauer C O (1994) Gefahren und Schwierigkeiten bei Qualitätssicherungs-Vereinbarungen. Gießerei 81/13: 442–448

Ernstthaler J (1994) Haftungsrechtliche Bedeutung von Qualitätssicherungs-Vereinbarungen. NJW 13: 817–823

Ernstthaler J (1995) Wissen ist oft lückenhaft, Juristische Aspekte beim Verwirklichen von Qualitätsmanagement-System. QZ 40/6: 734 ff.

Henseler P (1986) Möglichkeiten der Begrenzung von Produkthaftungsrisiken durch AGB, Handbuch Produkt- und Produzentenhaftung. Rudolf Hauffe Verlag, Freiburg. Gruppe 11: 221–253

HUK-Verband Haftpflichtversicherungsschutz für Qualitätssicherungs-Vereinbarungen. Internes Verbandsrundschreiben, 26. 3. 1992, unveröffentlicht

Kreifels Th (1990) Qualitätssicherungs-Vereinbarungen – Einfluß und Auswirkungen auf die Gewährleistung und Produkthaftung von Hersteller und Zulieferer. Zeitschrift für Wirtschaftsrecht (ZIP) 498ff

Kreifels Th (1992) Qualitätssicherungs-Vereinbarungen. QZ 37: 77 ff

Kullmann H J Verantwortlichkeit von Zulieferern, Endproduktenherstellern gegenüber dem Produkt Geschädigten beim Abschluß von Qualitätssicherungs-Vereinbarungen, Seminarunterlagen, Euroforum 19. 1. 1995

Loewe, von Westphalen, Trinker (1985) AGB-Kommentar, 2. Aufl.

Merz A (1992) Qualitätssicherungsvereinbarungen. Verlag Dr. Otto Schmidt KG, Köln

Popp K (1992) Die Qualitätssicherungs-Vereinbarung. Carl Hanser Verlag, München

Qualitätssicherungs-Vereinbarungen Gütegemeinschaft Pharmaverpackung 1994

Schmidt D (1989) Rechtmäßigkeit und Grenzen von Qualitätssicherungs-Vereinbarungen. Seminarunterlagen. Institute for International Research, Frankfurt/Düsseldorf/München

Schmidt-Salzer J (1992) Freizeichnungsklauseln, 2. Aufl. Recht und Wirtschaft, Heidelberg

Vertragliche Qualitätsvereinbarungen (1993) Bundesanzeiger S. 3258. Verband der Deutschen Leiterplattenindustrie eV, Solingen

Westphalen F. Graf von (1993) Qualitätssicherungs-Vereinbarungen, Prüfstein für AGB-Klauseln und Versicherungsschutz. CR S 65 ff

Westphalen F. Graf von Bauer C O (1993) Just-in-Time-Lieferungen und Qualtätssicherungs-Vereinbarungen. RWS-Skript 264. Verlag Kommunikationsforum GmbH, Köln

3.8 Die tatsächliche innerbetriebliche Verantwortung

3.8.1 Bestandteile der tatsächlichen innerbetrieblichen Verantwortung

Der *unbestimmte Rechtsbegriff* der *„tatsächlichen innerbetrieblichen Verantwortung“* umreißt theoretisch abstrakt die jeweilige betriebsindividuelle Verantwortung von Führungskräften und Mitarbeitern. Sie ist die Grundlage für die Ermittlung und

Bewertung der Anteile der Führungskräfte und Mitarbeiter an der Gesamtverantwortung für einzelne Bereiche.

Die tatsächliche innerbetriebliche Verantwortung ist eine im Einzelfall zu ermittelnde Aufgabe. Sie orientiert sich an *organisatorischen Grundlagen*:

- dem unternehmensindividuellen *Organigramm* als Dokumentation der innerbetrieblichen funktionalen Zu-, Unter- und Nebenordnung
- deren *Differenzierung* durch eine *Ablauforganisation* für regelungsbedürftige Vorgänge
- den *Stellenbeschreibungen* – soweit vorhanden
- der tatsächlichen *praktischen Wirksamkeit* dieser Organisation *im Alltag*
- den Inhalten der Arbeitsverträge.

Diese Aufzählung organisatorischer Teile zur tatsächlichen innerbetrieblichen Verantwortung setzt Regelungen und deren Dokumentationen voraus, die in vielen Unternehmen nicht vorhanden sind und vielfach als nicht notwendig und erforderlich betrachtet werden. Dies beginnt bei einem vollständigen und in der Praxis gelebten Organigramm und der sie ergänzenden Ablauforganisation, die nicht nur theoretische Aufteilungen enthält, sondern deren Wirksamkeit im Alltag durch alle Beteiligten erwiesen werden sollte.

Das Organigramm der Aufbauorganisation ist in regelmäßigen Abständen zu aktualisieren, den sich ändernden innerbetrieblichen Verhältnissen und den sie ausführenden Führungskräften anzupassen.

Eine wichtige, sowohl organisatorisch als auch rechtlich bedeutungsvolle Aufgabe ist die eindeutige Regelung der Stellvertretung. Wer vertritt wen, für welche Aufgaben, wie weit?

Die Regelungsbedürftigkeit der Stellvertretung, für alle wesentlichen technischen Funktionen, vor allem wichtige Prüfungen, hat der BGH schon 1967 im Schubstrebenfall eindeutig vorgegeben:

> Die Beklagte hat die gegen sie sprechende Vermutung eines *Organisationsverschuldens* jedenfalls nicht entkräftet.
> Sie hat insbesondere nicht dargetan, daß sie *ausreichende konkrete Aufsichtsanweisungen* für den Fall getroffen hat, daß der allein für die Ausführung ... ausgebildete Angestellte S. ausfiel.
> Bei der besonders hohen Gefährdungsmöglichkeit hätten sich *Anweisungen der Unternehmensleitung* darauf erstrecken müssen, *wer* von den Betriebsangehörigen als Ersatzmann *geeignet war* und eingesetzt werden sollte, sowie *welche zusätzlichen Sicherungs-* und *Überwachungsmaßnahmen* vorzunehmen waren.
> BGH VI ZR 70/66 vom 17. 10. 67

Die Ablauforganisation verlangt einen top-down-Aufbau, da *bereichsübergreifende* notwendig *regelungsbedürftige Vorgänge* umso *bedeutungsvoller* für das Unternehmen und die praktische Arbeit sind, je mehr Abteilungen sie betreffen. Bild 3.13, nächste Seite zeigt eine solche Regelung.

Besonders wichtig ist das angemessene Einbinden unterschiedlicher Hierarchiestufen in regelungsbedürftige Vorgänge. Welche Aufgaben hat der Leiter zu erfüllen? Welches sind typisch ausführende Sachbearbeiterfunktionen? Mindestens diese Zu-

Arbeitsvorgänge	Beteiligte	Konstruktion L	Konstruktion S	Fertigung L	Fertigung Abt.	Qualitätswesen L	Qualitätswesen S	Materialwirtschaft L	Materialwirtschaft S	Vertrieb L	Vertrieb S	Kundendienst L	Kundendienst S	Finanzwesen	…	Geschäftsleitung
Investitionen		M		M		M		M		I				M		(V)
Organisations-änderung	Vertrieb	I		I		I		I		M		M		M		(V)
	Q-Wesen	M		M		M		I		I		I		I		(V)
Anforderungsliste		M		M		M				M		I				(V)
Schadensmeldung		I		I		M		I		(V)		M		I		I
Schadensanalyse		M		M		M		I		M		M		I		(V)
Reklamationen		I		I		M		I		(V)		M		I		I
Angebotsabgabe		I	M				I			I	(V)	I	M	I		I
Auftragsannahme		M		M		M		I		(V)		M		M		I
Lieferantenanfragen			M					I	(V)							
Lieferantenauswahl		M		M		M		(V)		I				M		I
Auftragserteilung		I		I		I		(V)						I		I
Qualitäts-	planung	M	I	M	I	(V)	I	I		I						M
	prüfung		I	I	I	(V)	M		I							
	analyse		M	I	M	(V)	M	I	I	I						I
…																

L = Leiter S = Sachbearbeiter
V = Verantwortlich M = Notw. Mitwirkung I = Information

Bild 3.13 Zuordnung der Verantwortlichkeit für Arbeitsvorgänge

ordnung zu den Hierarchien ist notwendiger Teil einer unternehmensindividuellen Ablauforganisation. Erst auf der Grundlage der bereichsübergreifenden Ablauforganisation können abteilungsinterne Abläufe sinnvoll geregelt werden. Bild 3.14 zeigt Regelungen für Produktdarstellung, -beobachtung und -auswertung mit wechselnden Verantwortungen und Mitwirkungen bei aufeinander folgenden Vorgängen, die nur in diesem Gesamtzusammenhang vollständig und sachgerecht geregelt werden können.

Aufgaben \ Beteiligte	Konstruktion L	Konstruktion S	Fertigung L	Fertigung Abt.	Qualitätswesen L	Qualitätswesen S	Materialwirtschaft L	Materialwirtschaft S	Vertrieb/Marketing L	Vertrieb/Marketing S	Kundendienst L	Kundendienst S	Händl./selbst. Vertriebsorg.	...	Geschäftsleitung
Produktdarstellung															
– Werbung	M				I				(V)		M		I		M
– Produktinformation	(V)								M		M		M		M
– Katalog		M				I			(V)			M	I		I
– Datenblatt		(V)				I				M		M	I		I
– Kundeninformation	M						I		(V)		M		M		M
– Anwendungstechn. Beratung	M				M				(V)		M		M		I
Produktverwendung															
– Verpackung		M	M		M		M		(V)		M		M		I
– Kennzeichnung		(V)	M		M			I	M		I		I		I
– Betriebs-/ Gebrauchsanleitung		M	I		I					M	(V)		M		I
– Kundenschulung		M				I			M		(V)		M		I
– Kundendienst * Wartung * Instandhaltung * Reparatur		I				I			I		(V)		M		I
– Entsorgung	M		I		I					M	(V)		M		M
Produktbeobachtung															
– Sammeln von Felderfahrungen	M				I				M		(V)		M		I
– Reklamations- bearbeitung	M		M		M				(V)		M		I		I
– Schadensanalyse	M		M		M				M		M		I		(V)
– Auswertung/Umsetzung * Kundeninformation * Einsatzbeschränkung * Austausch/ Nachbesserung * Rückruf	M		M		M				M		M		M		(V)

L = Leiter S = Sachbearbeiter

V = Verantwortlich M = Notw. Mitwirkung I = Information

Bild 3.14 Verantwortung und Zuständigkeiten für Produktdarstellung, -verwendung und -beobachtung

Regelmäßig sind in die Ablauforganisation für die Produktion Zulieferer und im Vertrieb selbständige Unternehmen als Vertreiber und Kundendienstleister einzubinden. Dies verlangt wechselseitig eindeutige Festlegungen und daraus abzuleitende Vereinbarungen der Schnittstellen und die Aufgliederung für einzelne Funktionen auf die beteiligten Unternehmen.

3.8.2
Praktische Nachweise

„Der richtige Mann am richtigen Platz" ist ein uraltes Schlagwort, das trotzdem in den meisten Unternehmen seine Brisanz und seine Unvollständigkeit täglich ausweist. Mindesterfordernisse an die unternehmensindividuelle Organisation sind vollständige Aufbau- und angemessene Ablauforganisation.

Die regelungsbedürftigen Vorgänge hinter diesen organisatorischen Anforderungen lassen sich für unterschiedliche Ebenen und ebenso verschiedene Unternehmensgrößen durch einfachen Fragen erfassen:

Wer muß, (sollte) unter
Mitwirkung (Beteiligung, Zustimmung) von *wem*
nach *welchen Richtlinien*, Maßstäben, Vorgaben
was entscheiden
wen danach darüber *informieren*
wie dies *dokumentieren*,
wer dies ausführen/*umsetzen*,

eingeordnet in vorausgehende und nachfolgende, ebenso regelungsbedürftige und geregelte Vorgänge?

Notwendig zum erfolgreichen Arbeiten eines Unternehmens wie zum Erfüllen der rechtlichen Anforderungen an die Unternehmensorganisation sind Nachweise der angemessenen Qualifikation von Führungskräften und Mitarbeitern, ihre jeweiligen Aufgaben, vor allem für Prüf- und Überwachungsaufgaben mit Auswirkungen auf die Sicherheit der Produkte und Verfahren. Dies ist lange bekannt und unbestritten, trotzdem selten nach Umfang und Inhalt angemessen geregelt und dokumentiert. Ein Mittel praktischer Nachweise sind Stellenbeschreibungen. Notwendige im Einzelfall nachweisbedürftige Inhalte von Stellenbeschreibungen:

Funktion mit Linien-, Stabs-, Dienstleistungsverantwortung
- Einordnen in die allgemeine Unternehmensorganisation (Aufbauorganisation)
- Wem unterstellt?
- Wer ist sachlich, personell unterstellt?
- Stellvertretung durch wen? (evtl. mit sachlich/persönlich begründeten Einschränkungen)
- Eigene Stellvertreteraufgaben für wen? Wie weit? (evtl. eingeschränkt)
- Umfang und Inhalt eigener Verantwortungen, Befugnisse intern, extern
- Mitwirkungen in der Ablauforganisation

- Informationsverantwortung, Berichtspflichten, worüber, wem gegenüber, regelmäßig, aus besonderen Anlässen
- Persönliche Mindestqualifikation, Ausbildung, Kenntnisse, Befähigungsnachweise, Erfahrungen
- Wünschenswerte Zusatzqualifikationen, welche? Nachweise?
- Voraufgehende Mindesttätigkeiten.

Stellenbeschreibungen sollten funktions- und aufgabenbezogen unabhängig vom jeweiligen Stelleninhaber erstellt werden. Der Nachweis für die augenblicklichen Stelleninhaber sind aus den stets *vertraulichen Personalunterlagen* zu führen. Beim Aufstellen und Auswerten von Stellenbeschreibungen sind *Mitbestimmungsrechte* des *Betriebsrates* zu beachten, siehe Teil A, S. 44.

Organigramm, Ablauforganisation und Stellenbeschreibungen sind *organisatorische Mindesterfordernisse*, sie geben jedoch noch *keine Auskunft* über die *praktische Ausführung* und Bewährung im unternehmerischen *Alltag*. Dies ist Teil der unternehmensindividuellen Tätigkeiten, für die unterschiedliche Mittel verfügbar sind oder geschaffen werden sollten. Bild 3.15, S. 296/7 zeigt eine Checkliste für die Bearbeitung von Anfragen und Auftragsbestätigungen in einer Gießerei. Für das notwendige Erfassen der Anforderungen im Einsatz mit anschließender Beratung beim Vertrieb von Hebezeugen enthält Bild 3.16, S. 298 ff. ein erprobtes Beispiel. Für das Eingliedern dieser Einzelmaßnahmen in die Ablauforganisation gehören unternehmensindividuelle Ablaufpläne – mit genormten Symbolen nach DIN 66 001 – zum erprobten Stand der Technik. Bild 3.17, S. 302 zeigt ein Beispiel, Bild 3.18, S. 303 genormte Symbole für ihren Aufbau.

In der täglichen Arbeit ist die Sprache das wichtigste Verständigungsmittel. Trotz einer Überfülle genormter Definitionen für die Qualitätsorganisation sind wichtige Bezeichnungen für Art, Inhalte und Adressaten von Mitteilungen im Ablauf weder national noch international genormt. Die folgende Regelung wurde mehrfach erfolgreich eingeführt:

Bezeichnung	Adressaten, Inhalt, Auswertung
Vorschrift	*Inhalte* aus Gesetzen oder anderen *Rechtsnormen*, von den Unternehmen nicht zu ändern, jedoch *verbindlich* einzuhalten
Leitlinie	*Allgemeine Zielvorgabe* und Handlungsanleitung, *bedarf* der erzeugnisspezifischen, anwendungsbezogenen, bereichsgegliederten Ergänzung und ablaufkonformen *Detaillierung* als Teil der Organisationsverantwortung der Unternehmensleitung (QS Norm, QS Handbuch)
Richtlinie	Für verantwortliche *Führungskräfte*; Umsetzen in produktspezifische, anwendungsbezogene Anleitungen und Anweisungen für ihnen unterstellte Mitarbeiter mit unterschiedlichen Qualifikationen, als Teil ihrer Führungsverantwortung
Anleitung	Für erfahrene, qualifizierte *Fachkräfte*. Lücken oder notwendige Ergänzungen können aufgrund eigener Kenntnisse und Erfahrungen selbstverantwortlich sachgerecht ausgefüllt werden.
Anweisung	an *weisungsgebundene angeleitete Mitarbeiter*, unverzügliche Rückmeldung an Vorgesetzte bei Abweichungen, nicht geregelten Einzelheiten oder neuen Rand-/Einsatzbedingungen

Mißverständnisse und Fehlinterpretationen der Inhalte von Mitteilungen nach Verbindlichkeit und Geltung lassen sich so ausschließen. Solange überbetriebliche Regelungen nicht bestehen, sollten Unternehmen diese oder ähnliche Regelungen als eigenständige Lösungen entwickeln, einführen und ihre Bewährung sorgfältig beobachten.

Diese Aufgaben können stets nur produktspezifisch, anwendungsbezogen und deshalb unternehmensindividuell wirksam gelöst werden, allgemeine, abstrakte Regeln kann es dafür nicht geben.

3.8.3 Verantwortung im Kollegialorgan

Gruppenarbeit, die Arbeit im Team und ähnliche Einrichtungen der gemeinschaftlichen, konventionelle Abteilungsgrenzen überwindenden Zusammenarbeit füllen laufend die Spalten technischer und betriebswirtschaftlicher Zeitschriften. Problematisch und selten angemessen geregelt jedoch sind die Verantwortung des Einzelnen für seine Arbeit in einem Kollegialorgan, vor allem wenn dieses Organ auf derselben Ebene agiert. Dies gilt für Gruppen in der Fertigung ebenso wie bei gleichberechtigten Vorständen für Entscheidungen des Gesamtorgans.

Das Strafrecht hat eindeutige und für die Organisation im Unternehmen wichtige Eckpunkte gesetzt, deren Einhalten im Streit-/Schadensfall nachzuweisen ist (siehe Teil E, S. 373):

Mitarbeit im Kollegialorgan verringert nicht, sondern erhöht die Zahl der strafrechtlich Verantwortlichen. Kollektiv handelnde Organe oder Gruppen führen zu einer Multiplikation der Verantwortungen ohne Verringern der Verantwortungsart oder -höhe des Einzelnen.

Jeder einzelne ist für seinen Teil verantwortlich ohne Rücksicht darauf, ob andere (Teil-)Verantwortungen bestehen. Dies gilt, wenn ein Organ – Geschäftsleitung – als solches zum Handeln verpflichtet ist, auch für Organmitglieder, deren eigener Verantwortungbereich nicht direkt betroffen ist.

Der BGH hat im Lederspray-Urteil dazu festgestellt:

> Im Prinzip bleibt eine *Aufteilung* der Geschäftsbereiche unter mehreren Geschäftsführern einer GmbH *ohne Einfluß* auf die *Verantwortung jedes einzelnen für* die *Geschäftsführung insgesamt*. ... Zwar knüpft die Pflichtenstellung des Geschäftsführers im allgemeinen an den von ihm betreuten Geschäfts- und Verantwortungsbereich an. Doch greift der Grundsatz der Generalverantwortung und Allzuständigkeit der Geschäftsleitung ein, wo – wie etwa in Krisen- und *Ausnahmesituationen* – aus besonderem Anlaß das *Unternehmen als Ganzes* betroffen ist; dann ist die Geschäftsführung insgesamt zum Handeln berufen. So verhält es sich gerade auch bei einer Häufung von Verbraucherbeschwerden über Schadensfälle durch Benutzung eines vom Unternehmen massenweise hergestellten und vertriebenen Serienprodukts, wenn zu entscheiden ist, welche Maßnahmen zu ergreifen sind und ob insbesondere ein Vertriebsstopp, eine Warn- oder eine Rückrufaktion stattfinden muß. Es handelte sich um die Bewältigung eines „ressortüberschreitenden" Problems, das in unterschiedlicher Weise alle vier Geschäftsbereiche der Muttergesellschaft wie auch die Vertriebsgesellschaften anging.
> BGH-Urteil vom 6.7.1990, NJW 1990 S. 2560 ff

CHECKLISTE AUFTRAGSBEARBEITUNG
QUALITÄTSRELEVANTE ANGABEN

Laufweg	Vertrieb ☐	Qualitätssicherung ☐	Arbeitsvorbereitung ☐	Gießereileitung ☐	Vertrieb ☐
Eingang	____	____	____	____	____
Rückgabetermin	____	____	____	____	____
Ausgang	____	____	____	____	____

Kunde ______________________

Kunde ist — neu ☐ unbekannt ☐ risikofreudig ☐ Aufgeschlossen für Änderungen ☐ wichtig ☐

Produktbezeichnung ______________________

Einsatzzweck ______________________

Zeichnungs-Nr. ____________ Modell-Nr. ____________

Auftragsgröße ____________ Stück Liefereinheit ____________

Stückbezogene Normen, Techn. Spezifikationen ______________________

Werkstoffnormen, Techn. Spezifikationen ______________________

Vorgegebene Abweichungen von Normen und Spezifikationen ______________________

Maßtoleranzen ____________ ausreichend ☐ zu erhöhen ☐ vorzuschlagen ☐

Bearbeitungszugaben ____________ ausreichend ☐ zu erhöhen ☐ vorzuschlagen ☐

Sonderanforderungen — Oberflächengüte ☐ Putzgüte ☐ Lunkerfrei ☐ Blasenfrei ☐ Rißfrei ☐ Druckdicht ☐ frei von Mikroporen ☐ ____________

geforderte Prüfungen	Härte ☐	Zugversuch ☐	Ultraschall ☐	Fluxen ☐	____
notwendige Zusatzprüfungen	____	____	____	____	____
Häufigkeit	____	____	____	____	____

Fertigungstechnische Besonderheiten ______________________

Abnahme durch — QS ☐ Kunden ☐ TÜV ☐ ____________

Qualitätsbeschreibung unvollständig				
Nicht quantifizierte Qualitätsanforderungen				
Unklare Definitionen in Anfrage, Zeichnung				
Differenzen zwischen Anfrage und Zeichnung				
Erforderliche Rückfragen beim Kunden, Änderungswünsche				
Dokumentation	Je Stück ☐	Je Los ☐	Sicherheitsteil ☐	nicht erforderlich ☐
Dokumentation, Merkmale				
Dokumentation, Art	intern ☐	extern ☐		

Risikoabschätzung	QS	AV	GL	Bemerkung
Kunde Einsatzzweck				
Metallurgie				
Anschnitt- und Speisertechnik				
Kerntechnik				
Formtechnik				
Putztechnik				
Bearbeitung				
Stückeigenschaften				
Werkstoffeigenschaften				
Prüftechnik				
Risiko	unbekannt 0	gering 1	mittel 2	hoch 3

Empfehlung	Annehmen ☐	Ablehnen ☐	Änderung erforderlich ☐

DATUM: ____________________ UNTERSCHRIFT: ____________________

Bild 3.15 Checkliste Anfrage-/Auftragsbearbeitung, Gießerei nach VDG Bericht 042

Checkliste
Beratung und Verkauf
JDN-Druckluft-Hebezeuge und Laufkatzen

Vertretung/Eigenhändler: Besuch/Gespräch vom:

1.0 Angaben zum Kunden/Anfrager

Kunden-Nr.: JDN-Auftrags-Nr.: *Best.-Nr. des Kunden:*

Firma: *Branche:*

Straße: *Ort:* *Land:*

Gesprächspartner: Telefon:

Der Kunde/Anfrager ist

☐ *Endverbraucher* ☐ *Erstausrüster* (z. B. Anlagen-, Kran-, Schiffbauer) ☐ *Sonstige:*

Projekt:

Sind bereits JDN-Produkte im Einsatz? ☐ ja ☐ nein

Wenn ja, welche?

2.0 Angaben zum Einsatzort

☐ geschlossener Raum ☐ im Freien ☐ Untertage
☐ feucht ☐ naß ☐ unter Wasser
☐ trocken ☐ staubig ☐ aggressive Umgebung

2.1 Besonderheiten des Einsatzortes, zusätzliche Anforderungen, besondere Gefahrenmomente ☐ ja ☐ nein

☐ Ex-Schutz erforderlich ☐ *erhöhter Funkenschutz* ☐ Umgang mit explosiven Lasten

Explosionsgruppe: *Temperaturklasse:*

☐ hochempfindliche Lasten ☐ Nuklearbereich[1]* ☐ Militärischer Bereich[2]

☐ Sonstiges:

Umgebungstemperatur[3]: von °C bis °C

Besondere Schalldämpfung? ☐ ja ☐ nein

2.2 Vorhandener Netzdruck: bar

2.3 Angaben zur Last

Art der Last?

Gewicht max. t durchschnittlich t

Kann sich die Last festsetzen, verklemmen oder verhaken? ☐ ja ☐ nein
Überlastsicherung erforderlich? ☐ ja ☐ nein
Kann sich das Hebezeug unter Last frei ausrichten? ☐ ja ☐ nein
Wird das Hebezeug auch schräg und/oder horizontal betrieben? ☐ ja ☐ nein
Äußere Krafteinwirkung zusätzlich zur Last? ☐ ja ☐ nein

Erforderliche Hubhöhe: m

Überwiegend zu fahrende Hubhöhe: m

Ist eine bestimmte Hubgeschwindigkeit gefordert? ☐ ja ☐ nein

Wenn ja, welche? m/min

Anzahl der Hübe pro Tag[4]: Einschaltzeit/Tag[4]: h

* Siehe Anmerkungen Seite 4

J.D. NEUHAUS HEBEZEUGE GMBH & CO · D-5810 WITTEN-HEVEN

Bild 3.16/1 Checkliste Beratung und Verkauf von Drucklufthebezeugen

3.0 Steuerung

Steuerschlauch-, Steuerseillänge: m

Einhandbedienung? ☐ ja ☐ nein

NOT AUS? ☐ ja ☐ nein *Feinfühligkeit?* ☐ ja ☐ nein

(nur bei F-Steuerung)

4.0 Kette

Korrosionsschutz erforderlich? ☐ ja ☐ nein

Trockenlauf erforderlich? ☐ ja ☐ nein

Steht das Hebezeug längere Zeit unter Last? ☐ ja ☐ nein

5.0 Wartungseinheit? ☐ ja ☐ nein

☐ *nur Öler* ☐ *nur Filter* ☐ *nur Druckregler*

6.0 Zubehör/Einrichtungen

☐ *Kettenspeicher* ☐ *Hakenlagerung oben* ☐ *Filterschalldämpfer*

☐ *Sonstiges:*

7.0 Hebezeug in Laufkatze ☐ ja ☐ nein

☐ *eingebaut* ☐ *eingehängt* ☐ *waagerecht eingebaut*

7.1 Laufkatze

☐ *Nachlaufkatze* ☐ *Haspellaufkatze* ☐ *Motorlaufkatze*

☐ *Standard* ☐ Zahnstange ☐ Feststellvorrichtung

☐ 2-Stufen-Fahrgeschwindigkeit (nur bei F-Steuerung) ☐ *erhöhter Funkenschutz*

7.2 Steuerung der Laufkatze

☐ *Seilsteuerung* ☐ *E-Steuerung* ☐ *F-Steuerung*

☐ *Ausleger für Steuerschlauch*

7.3 Ist eine bestimmte Fahrgeschwindigkeit erforderlich? ☐ ja ☐ nein

Wenn ja, welche? m/min

7.4 Angaben zum Laufbahnträger

Katzbahnlänge: m Kleinster Kurvenradius: m

Trägerprofil: *Flanschbreite:* mm

7.5 Luftzuführung über ☐ *Spiralschlauch* ☐ *Schlauchwagen*

jeweils mit Zubehör? ☐ ja ☐ nein

8.0 Besondere Modifikationen? ☐ ja ☐ nein

(z. B. Aufhängeblech, Lastöse, Anschlaggeschirr)

Wenn ja, welche?

9.0 Besonderer Anstrich? ☐ ja ☐ nein

Wenn ja, welcher?

10.0 Sonderforderung nach

☐ *Dokumentation* ☐ *Lieferzeit* ☐ *Verpackung*

Wenn ja, welche?

J. D. NEUHAUS HEBEZEUGE GMBH & CO · D-5810 WITTEN-HEVEN

Bild 3.16/2 Checkliste Beratung und Verkauf von Drucklufthebezeugen

11.0 Besondere Vertrags- oder Finanzierungsbedingungen? ☐ ja ☐ nein
Wenn ja, welche?

12.0 Abnahme durch Kunden? ☐ ja ☐ nein
Wenn ja, wo?
Nach welchen Bedingungen?
Mit welchem Verfahren?

13.0 Wartungsvertrag? ☐ ja ☐ nein

14.0 Angebot für Verschleißteile? ☐ ja ☐ nein

15.0 Probeeinsatz?[5] ☐ ja ☐ nein

16.0 Anwenderschulung?[5] ☐ ja ☐ nein

17.0 Auswertung der Checkliste mit Angabe der Bestell-/Angebotsdaten

17.1 ☐ **Bestellung** ☐ **Angebot**
Best.-Nr.:
Versandanschrift:
Rechnungsanschrift:
Angebot an folgende Anschrift:

☐ per Brief ☐ Telex ☐ Telefax ☐ Telefon
Anzahl: Typ: Tragfähigkeit:
Luftdruck: bar Hub: m
Steuerungsart:
Steuerschlauch-, Steuerseillänge: m
Besonderheiten (z. B. Anschlaggeschirr, Aufhängeöse):

Zubehör:
☐ Überlastsicherung ☐ Kettenkasten ☐ Kettenbeutel
☐ Wartungseinheit ☐ nur Filter ☐ nur Druckregler
☐ nur Öler
☐ Filterschalldämpfer ☐ Verstärkereinheit
Mit Laufkatze? ☐ ja ☐ nein
Wenn ja, ☐ eingehängt ☐ eingebaut ☐ waagerecht eingebaut
☐ Nachlaufkatze ☐ Haspellaufkatze ☐ Motorlaufkatze
☐ Zahnstangenantrieb 30 x 30, Modul 3,5
Trägerprofil: Flanschbreite: mm

J. D. NEUHAUS HEBEZEUGE GMBH & CO · D-5810 WITTEN-HEVEN

Bild 3.16/3 Checkliste Beratung und Verkauf von Drucklufthebezeugen

Zubehör:

☐ Filterschalldämpfer ☐ Feststellvorrichtung ☐ Ausleger für Steuerschlauch

☐ Besonderheiten:

☐ Luftzuführschlauch:

☐ Zubehör für Luftzufuhr:

☐ Hebezeug in funkensicherer Ausführung

☐ Besondere Modifikationen:

☐ Besonderer Anstrich:

Liefertermin:

☐ Abnahme durch Kunden:

☐ Dokumentation:

18.0 Begründung (Warum wurde das unter Punkt 17 angebotene Hebezeug ausgewählt?)

19.0 Sonstiges

20.0 Statistik

Woher kennt Interessent JDN?

Besitzt er die neuesten Unterlagen? ☐ ja ☐ nein

Sind Konkurrenzhebezeuge im Einsatz? ☐ ja ☐ nein

Wenn ja, welche? Wieviele?

Zukünftige Projekte?

Bereich/Land?

Ort, Datum Unterschrift

Anmerkungen

1. In der Bundesrepublik Deutschland dürfen JDN-Hebezeuge im Nuklearbereich nur im Geltungsbereich der UVV, VBG 8, eingesetzt werden. In Exportländern sind die entsprechenden nationalen Vorschriften zu beachten.
2. JDN behält sich vor, Belieferung militärischer Bereiche vor Auftragsannahme zu prüfen.
3. JDN-Hebezeuge in Standardausführung sind für Temperaturen von -25° C bis +90° C zugelassen.
4. Je nach täglicher Einschaltzeit darf die Nenntragfähigkeit u. U. nicht ausgenutzt werden. Bei hohen Einschaltzeiten ist daher ein Hebezeug mit höherer Tragfähigkeit erforderlich.
5. Nur in Ausnahmefällen; Entscheidung durch JDN.

J. D. NEUHAUS HEBEZEUGE GMBH & CO · D-5810 WITTEN-HEVEN

Bild 3.16/4 Checkliste Beratung und Verkauf von Drucklufthebezeugen

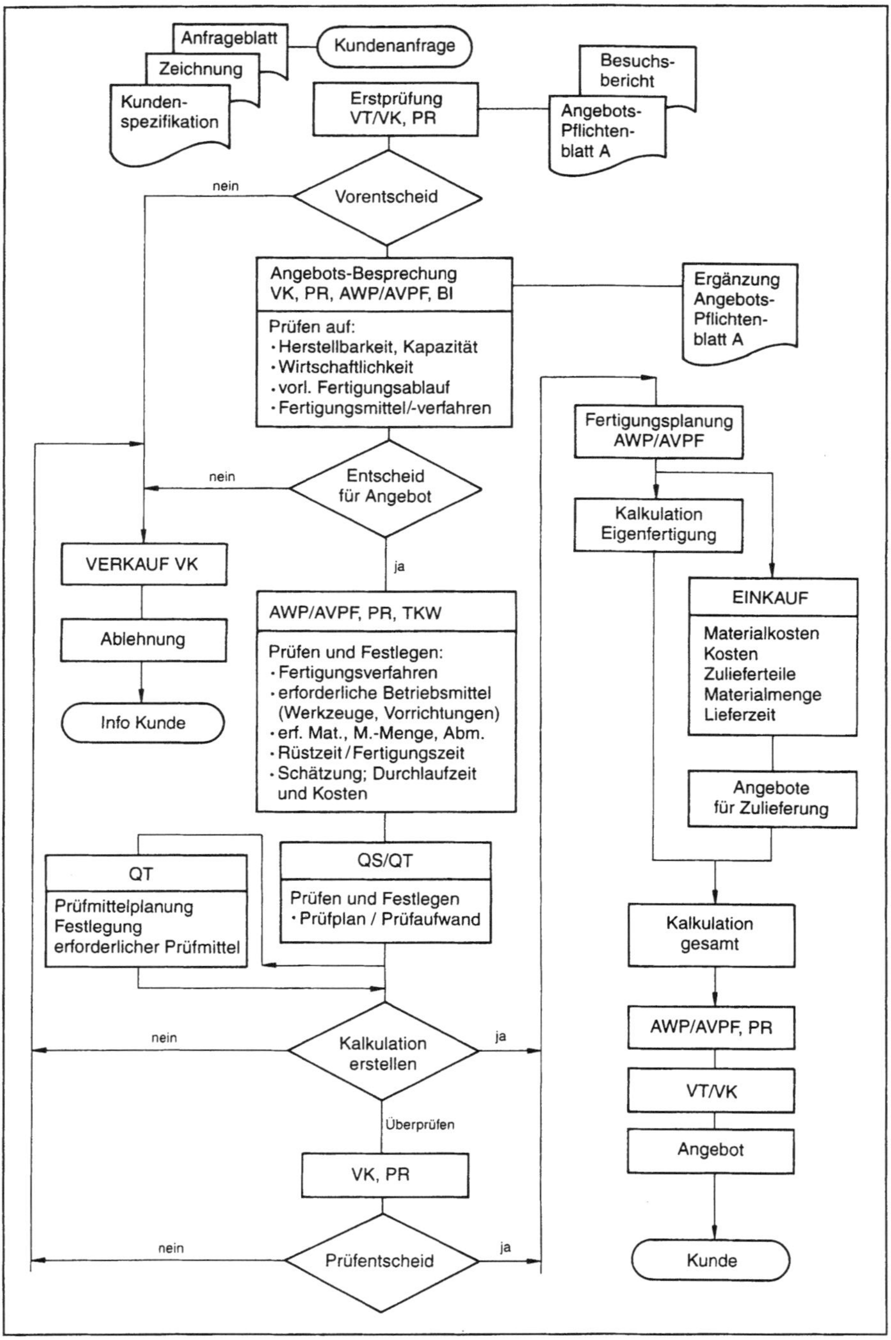

Bild 3.17 Ablaufplan von der Kundenanfrage bis zum Angebot und bei technischen Änderungen

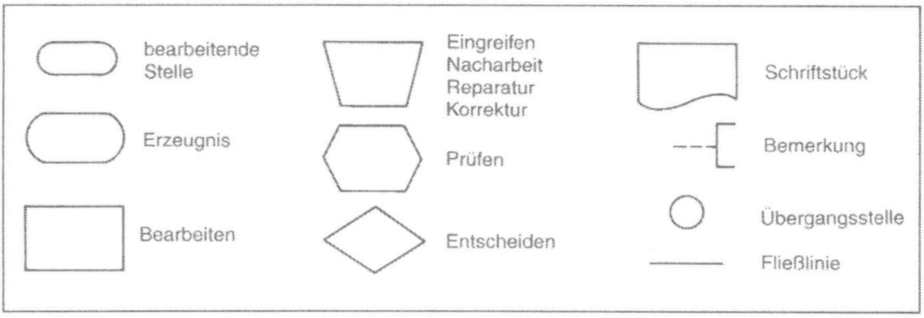

Bild 3.18 Sinnbilder in Arbeitsplänen nach DIN 66 001

Der Umfang der Mithaftung für Entscheidungen eines Kollegialorgans wird durch folgende Kommentierung deutlich:

> Für das einzelne Geschäftsleitungsmitglied bedeutet dies *bei Kollegialentscheidungen*, daß bei Zustimmung oder Unterwerfung unter die *Mehrheitsentscheidung* eine *Entlassung* aus der *strafrechtlichen Mithaftung nicht* möglich ist, da die Rechtsprechung *alle* Stimmen als *kausal* für eine *Entscheidung*, z. B. zum Nachteil für die Umwelt, annimmt. Eine solche Mithaftungsentlassung ist nur dann möglich, wenn der einzelne bei Enthaltung oder gar Ablehnung während der Abstimmung die Rechtsgutverletzung *nicht verhindern konnte*, und er *alles ihm Mögliche* und *Zumutbare unternommen* hat.
> *Selbst* die *Nichtteilnahme* an einer Sitzung der Geschäftsleitung *entbindet nicht* automatisch von der Verantwortung. Vielmehr *setzt* jeder Geschäftsführer eine *Ursache* für eine unterbliebene Entscheidung, wenn er *nicht teilnimmt* und es trotz seiner Mitwirkungskompetenz unterläßt, *einen Beitrag* zum Zustandekommen der erforderlichn Entscheidung zu leisten.
> Eidam, G. Die strafrechtliche Verantwortung des Unternehmens und seiner Mitarbeiter, PHJ 6/91 S. 238

3.8.4
Strafrecht übernimmt zivilrechtliche Vorgaben

Im Zivilrecht mit der Verpflichtung zum (geldlichen) Schadensersatz hat die theoretische Haftung des Einzelnen, sowohl von Organen, Führungskräften wie einzelnen Mitarbeitern für ihre betriebliche Tätigkeit keine persönlichen Folgen – die Betriebs-/Produkthaftpflichtversicherung deckt die Folgen persönlicher Pflichten zum Schadensersatz vollständig ab:

> 1.2 Versichert ist die gesetzliche Haftpflicht des Versicherungsnehmers für Personen- und Sachschäden
> 1.3 Mitversichert ist die persönliche gesetzliche Haftpflicht

> 1.3.1 der gesetzlichen Vertreter des Versicherungsnehmers und solcher Personen, die er zur Leitung oder Beaufsichtigung des versicherten Betriebes oder eines Teils desselben angestellt hat, in dieser Eigenschaft
> 1.3.2 sämtlicher übrigen Betriebsangehörigen für Schäden, die sie in Ausführung ihrer dienstlichen Verrichtungen verursachen.
> AHB Bedingungen, Versicherungsumfang

Strafrechtliche Tatbestände – Körperverletzung, schwere Körperverletzung, Körperverletzung mit Todesfolge – als Folge fehlerhaften Verhaltens im Unternehmen *sind nicht versicherbar*, sie unterliegen der Kontrolle und Bewertung durch den Staatsanwalt und den *endgültigen Entscheidungen* durch die *Gerichte* (siehe ausführlich Teil E ab S. 361). Bedeutungsvoll ist für die betriebliche Praxis: Umfang und Inhalt der strafrechtlichen Sorgfaltspflicht orientieren sich an den Grundsätzen der höchstrichterlichen Rechtsprechung des Zivilrechts:

> Die – *strafrechtlich* relevante – *Schadenabwendungspflicht* leitet sich aus der – *zivilrechtlichen* – *Verkehrssicherungspflicht*, namentlich der *Pflicht zur Produktbeobachtung* ab und stützt sich dabei unmittelbar auf die *Grundsätze*, die von der höchstrichterlichen Rechtsprechung für den *Bereich der zivilrechtlichen Produkthaftung* entwickelt worden sind.
> Manches spricht dafür, daß *dieselben Pflichten*, die für die *zivilrechtliche Produkthaftung* maßgeblich sind, auch die *Grundlage strafrechtlicher Verantwortlichkeit* bilden, zumal die Verpflichtung zum Ersatz produktfehlerbedingter Schäden als ein Fall *deliktischer Haftung* (§ 823 ff BGB) begriffen wird.
> BGH 2 StR 549/89 v. 6. 7. 1990

Dies gilt auch für die strafrechtliche Verantwortung im Kollegialorgan. Der BGH hat im Lederspray-Fall entschieden:

> Die strafrechtliche Verantwortlichkeit der Angeklagten für die durch den Gebrauch des Ledersprays eingetretenen Körperschäden ergibt sich aus ihrer *Stellung als Geschäftsführer*. … Produktion und Vertrieb von Erzeugnissen durch eine im Rahmen ihres Gesellschaftszwecks tätige GmbH *sind* ihren *Geschäftsführern als eigenes Handeln – auch strafrechtlich – zuzurechnen.*
> BGH 2 StR 549/89 v. 6. 7. 1990, NJW 1990, S. 2560 ff

Bedeutsam sind vor allem Informationspflichten, insbesondere bei der Produktbeobachtung und daraus folgenden Verpflichtungen des Unternehmens – seiner Organe – Warnaktionen unterschiedlicher Art bis zum Rückruf unverzüglich zu planen und durchzuführen. Die Arbeits- und *Verantwortungsteilung* nach *tatsächlicher innerbetrieblicher Verantwortung* ist für die strafrechtliche Bewertung *entscheidend.* Zu erfüllende Pflichten und daraus folgende Pflichtverletzungen sind:

> Informationspflichten bei Arbeits- und Verantwortungsteilung:
> – Vollständige Unterrichtung der Geschäftsleitung über alle wesentlichen Tatsachen und deren zielbezogene technisch sachgerechte Bewertung der positiven und negativen Auswirkungen, Gefahren o. ä.

Im weiteren Zeitablauf:
- Unverzügliche Information der Geschäftsleitung über alle neuen, wesentlichen Tatsachen und/oder Erkenntnisse, die bisherige Bewertungen absichern, in Frage stellen oder erneute oder andersartige Prüfungen nahelegen.
- Bewerten des – oft nur beschränkten – Aussagewertes bisheriger Untersuchungen und/oder Prüfungen für die jeweiligen Einsatzbedingungen; ggf. Hinweise auf erforderliche oder zumindest zweckmäßige zusätzliche Untersuchungen.

Pflichtenverletzung und deshalb fehlerhaft:
- Sachlich *unvollständige* oder inhaltlich *unzutreffende Angaben* einschließlich der nicht sachgerechten Bewertung oder Gewichtung der positiven und negativen Schlußfolgerungen
- *Verschweigen* wesentlicher Umstände und Einzelheiten.

Im weiteren Zeitablauf:
- *Unterlassen* von Hinweisen auf inzwischen gewonnene, *neue*, wesentliche *Erkenntnisse*, zusätzliche einsatzbezogen relevante *Wertungen*.
- *Unvollständige*, selektive Darstellung von neuen Tatsachen und deren sachgerechte Bewertung.

Nach NJW H. 40, 1990 S. 2560 ff

Beachtenswert: Im Lederspray-Fall hatte der nur naturwissenschaftlich ausgebildete Chefchemiker nach vollständiger sachgerechter Analyse der naturwissenschaftlich unklaren und unvollständigen Zusammenhänge der Geschäftsleitung seine persönliche Empfehlung gegeben, dieser unklaren Ursachen wegen keinen Rückruf zu veranlassen. Dies wertete das Landgericht als Beihilfe zur Körperverletzung und ahndete sie mit 6 Monaten Freiheitsstrafe (auf Bewährung). Der Bundesgerichtshof hob diese Entscheidung auf und sprach den Chefchemiker wegen erwiesener Unschuld frei.

Begründung: Für die Entscheidung zum (Nicht-)*Rückruf* des schadenauslösenden Ledersprays sei unzweifelhaft *allein die Geschäftsleitung zuständig*, der Chefchemiker sei dazu nicht befugt oder daran zu beteiligen gewesen. Seine Informationspflicht habe er der Geschäftsleitung gegenüber vollständig und wahrheitsgemäß ausgefüllt. Seine *zusätzliche Empfehlung*, (noch) keinen Rückruf zu beschließen, ehe die naturwissenschaftlichen Zusammenhänge nicht vollständig geklärt seien, war ein *Überschreiten* seiner tatsächlichen innerbetrieblichen Verantwortung, sie sei als Empfehlung ohne höhere Sachkenntnis nicht strafbar.

3.8.5
Auswerten für die unternehmensinterne Organisation

Ein Unternehmen ist keine Behörde, deshalb sind behördenbürokratische Abläufe und Regelungen ein Schreckgespenst, kein Vorbild.

Das *Mindestmaß* an innerbetrieblicher Organisation sollte im *Erfassen* möglichst aller *regelungsbedürftigen Vorgänge* bestehen, die von mehr als einer(m) Führungskraft/Mitarbeiter in wechselseitiger Abstimmung mit anderen zu erledigen sind. Für die Delegation der Verantwortung gilt der Grundsatz, daß Kompetenz und Fähigkeit gleichwertig verteilt sein sollten. Fehlende persönliche Kompetenz gefährdet ein sachgerechtes Ausführen ebenso wie unzureichende Verantwortung im Unternehmensgefüge ein Durchsetzen auch vernünftiger Vorschläge verhindert oder mindestens unnötig verzögert.

Der notwendige allgemeine unternehmensinterne Rahmen sollte geregelt und eindeutig dokumentiert werden, dabei Führungskräften und Mitarbeitern die Freiheit lassen, nicht vorgesehene, einmalige Vorgänge nach eigenem Wissen und Können unmittelbar auszuführen, ohne dafür lange organisatorische „Zuständigkeitsdebatten" auszulösen.

Alle modernen Bemühungen um weniger Hierarchieebenen, Lean Management u. a. m. versuchen, eine zu aufgefächerte Unternehmensorganisation zurückzuführen auf wesentliche Funktionen und in mittleren und kleinen Unternehmen lange bewährte Mehrfunktionen einzelner Führungskräfte, mit eindeutiger notwendiger Abstimmung mit möglichst nicht zu zahlreichen anderen betroffenen Verantwortungsbereichen.

Mittel und Wege sind im Stand der Technik vielfach beschrieben und teilweise in anerkannten Regeln der Technik festgehalten. Sie bedürfen der unternehmensbezogenen Auswahl und Anpassung als Teil der Organisationsverantwortung der Unternehmensführung. Die Bilder 3.19–3.21, S. 307–309 geben Beispiele aus anerkannten Regeln der Technik wieder, mit deren unternehmensindividuellem Anpassen Anforderungen der Rechtsprechung ebenso erfüllt sind wie vielfache Erfahrungen auswertbar werden.

Besondere Bedeutung bekommen regelungsbedürftige (Teil-)Vorgänge an Schnittstellen zwischen selbständigen Unternehmen, aus denen im Schadens-/Streitfall rechtliche Konsequenzen erwachsen (können). Für Klärungen im Zivilrecht – Schadensersatzforderungen – werden dadurch Abläufe und Verantwortungen transparent und erleichtern sachgerechte Lösungen, für Untersuchungen im Strafrecht verringern sie die Zahl der Betroffenen und damit den Umfang der Belastungen für das Unternehmen erheblich – siehe Tabelle 3.5, S. 288.

Funktionsmatrix

Aufgabe	Verantwortung: Arbeitsblattergebnis – Formblatt – Zulassung – Zeugnis	Qualitätswesen ZQ	Qualitätsbeauftragte	Qualitätsstelle	Beauftragtenwesen	Fach-/Sachkundige	Schweißtechnik	Akkreditiertes Prüflabor ZQ	Prüftechnik	Leitung
Qualitätspolitik	Zielformulierung	○	○	▮	▮	▮	▮	▮	▮	●
Organisation (Verantwortung und Befugnisse, Mittel und Personal, Beauftragte)	Stellenbeschreibung Organigramm	○	○	▮	▮	▮	▮	▮	▮	●
Pflege von Richtlinien und Anleitungen	Arbeitsanleitungen	○	●	▮	▮	▮	▮	▮	▮	○
Übersicht für QS-Personalqualifikation	Liste	●	▮	○						▮
Übersicht d. Firmenqualifikation	Liste	●	○	○		○	○	○	○	▮
Verantwortliche Schweißaufsicht DIN 18800 Baustelle	Zulassung	▮	▮	○			●			▮
Verantwortliche Schweißaufsicht DIN 18800/DIN 8563 Fertigungsbetrieb	Zulassung	●	▮	○						▮
Verantwortliche Schweißaufsicht DVGW; HPO; DIN 8563	Zulassung	▮	▮	▮			●			▮
Sachkundiger DVGW	Zulassung	▮	▮	○		●	○			▮
Verantwortliche Schweißüberwachung KTA 1401	Zulassung	▮	▮	●			○			▮
Verantwortliche Prüfaufsicht HPO	Zulassung	●	▮	○			▮		○	▮
Stellvertreter der Prüfaufsicht HPO	Zulassung	○	▮							
Sachkundiger nach Druckbehälter-Verordnung (TRB, TRR)	Zulassung	▮	▮	▮		●	▮		▮	▮
Fachbetriebswesen § 19 I WHG	Zulassung	●	▮	▮	○	○	▮		▮	▮
Laborleiter und Stellvertreter DIN 45001 (ZfP)	Zulassung	○	▮	▮			▮	●	○	▮
Schweißerprüfung	Zeugnis					○	●			▮
Verwaltung personenbezogener Schweißerstempel	Liste	▮	▮	▮			●			
Verfahrensprüfung	Berichte, Listen	▮	▮	▮		○	●		○	▮
Überprüfung d. Schweißtechnik	Protokolle			○		▮	●			
Prüfmittelüberwachung	Kartei	▮	▮	○				▮	●	
Prüfplanerstellung	Anweisung	▮		○			▮	▮	●	
Prüfungen ausführen	Protokolle	○		▮			▮	▮	●	
Prüferschulungen	Schulungsunterl.	○	▮	○		●	▮	▮	▮	○

● = Durchführungsverantwortung
○ = Mitwirkung
▮ = Informationsempfänger

Bild 3.19 Funktions-/Verantwortungsmatrix, Tabelle 9.1 aus DVS 3006

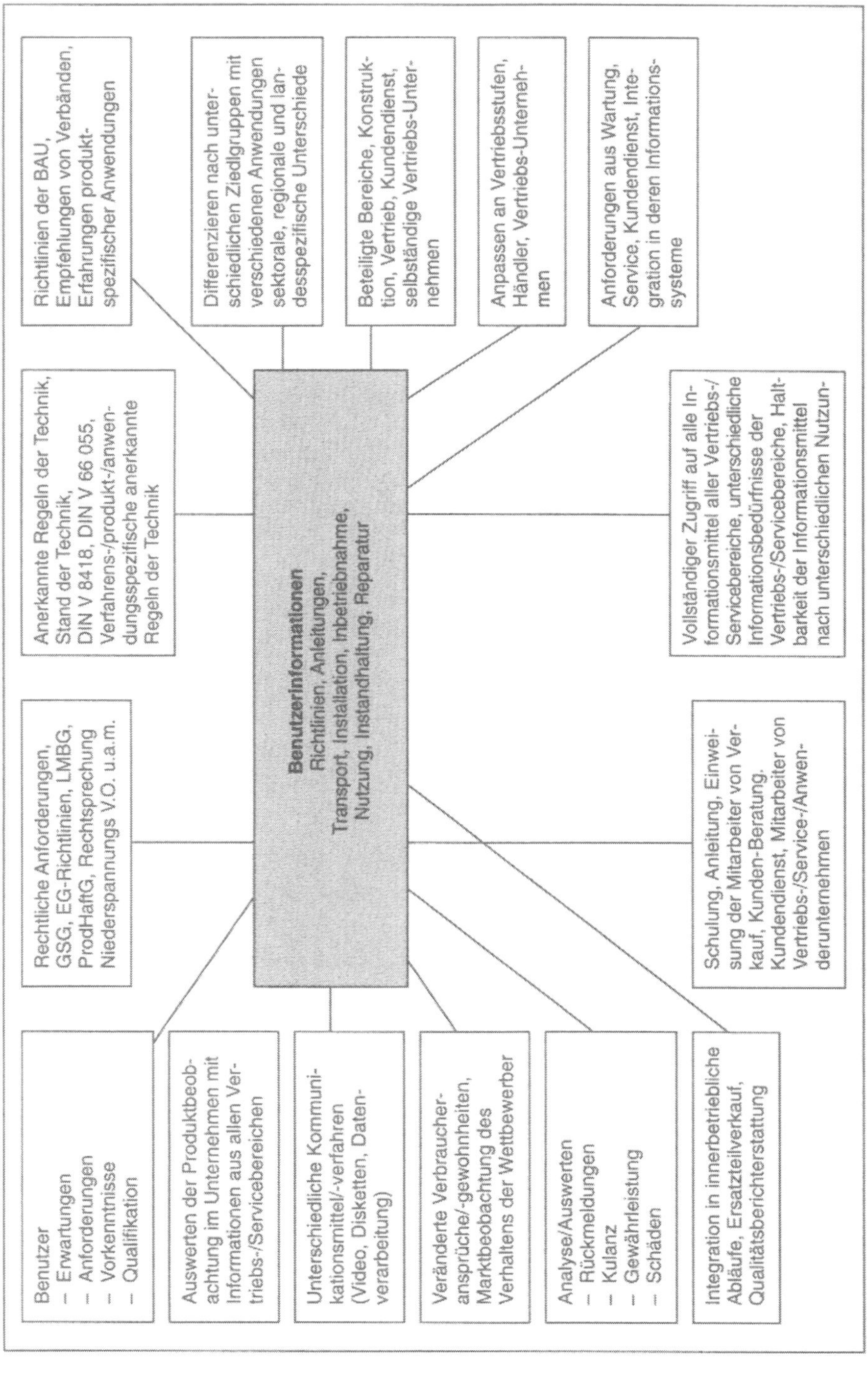

Bild 3.20 Benutzerinformationen als notwendige und wichtige Regelung an Schnittstellen (VDI 4500)

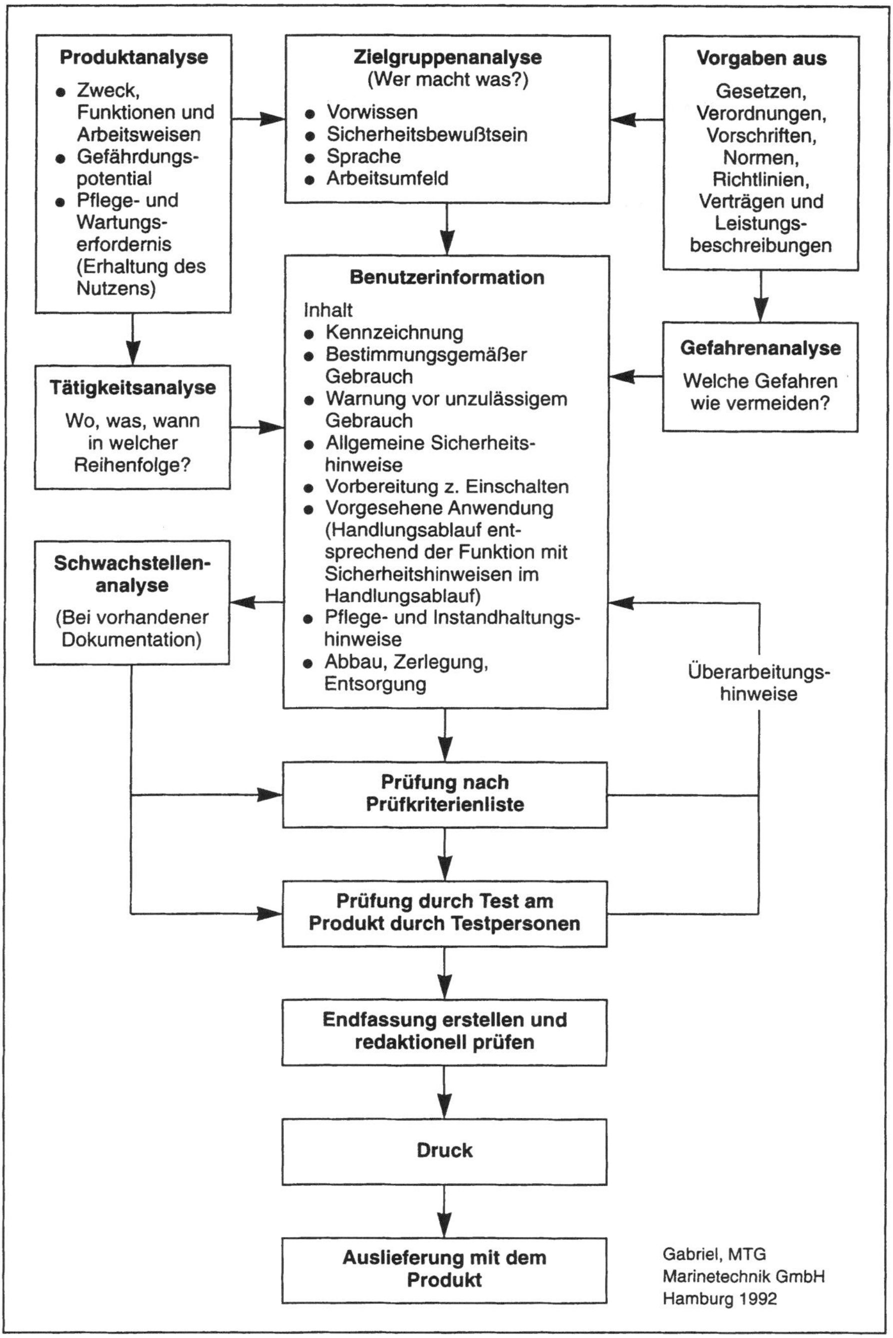

Bild 3.21 Ablaufplan zum Erstellen von Benutzerinformationen, VDI 4500

4
Abweichung und Fehler

4.1
Definition

Klare Definitionen, Begriffe und Bezeichnungen sind die Voraussetzung für ebenso klares Denken und möglichst kurze, eindeutige, von Mißverständnissen freie Verständigung.

Im technischen Sprachgebrauch bezeichnet *Abweichung* einen Ist-Zustand, in dem das Ist-Maß oder die Ist-Eigenschaften eines Merkmals nicht mit den Vorgaben aus Zeichnungen oder Spezifikationen übereinstimmen. Dabei ist stets offen, wie weit und wie groß die Abweichung und in welcher Richtung sie vorliegt. *Abweichung* ist die funktionsneutrale Feststellung einer *Tatsache*, die der *getrennten Bewertung* ihrer möglichen *Auswirkungen* für Leistung, Funktion, Zuverlässigkeit und Sicherheit *im Zusammenwirken mit* anderen *anschließenden Bauteilen* bedarf. *Abweichung* ist *kein rechtlich definierter Begriff*; er ist für Vertrags- und ausservertragliches *Recht neutral.*

Der *Fehler* ist im § 459,1 BGB seit Beginn dieses Jahrhunderts festgelegt:

> § 459 Haftung für Sachmängel
> (1) Der Verkäufer einer Sache haftet dem Käufer dafür, daß sie ...
> – nicht mit *Fehlern* behaftet ist, die
>   – den *Wert* oder
>   – die *Tauglichkeit* zu
>   – dem *gewöhnlichen* oder
>   – nach dem Vertrage *vorausgesetzten Gebrauch*
>
> *aufheben oder mindern.*
> Eine *unerhebliche Minderung* des Wertes oder der Tauglicheit kommt *nicht in Betracht.*

Die Schlußfolgerung:

Die Feststellung eines Fehlers ist keine wertneutrale Angabe einer Tatsache, sondern stets eine

▶ *FUNKTIONS- UND ANWENDUNGSBEZOGENE BEWERTUNG*

einer vorhersehbaren Folge, daß die spezielle *Gebrauchstauglichkeit* unter den voraussehbaren Einsatzbedingungen „mehr als unerheblich beeinträchtigt" ist.

Wer das Vorliegen eines *Fehlers behauptet*, ist dafür *beweispflichtig*, daß die im § 459 BGB aufgezählten Folgen *aufgrund der technischen Voraussetzungen* vorliegen oder mit hoher Wahrscheinlichkeit zu erwarten sind. Die Feststellung einer Abweichung allein ist dafür nicht ausreichend.

4.2
Die Meßunsicherheit

Alle Messungen und *Meßverfahren* sind mit *Unsicherheiten* behaftet. Nach Carl Friedrich Gauss wurden sie als Meßfehler bezeichnet, eine Bezeichnung die im August 1983 mit der Neufassung von DIN 1319 Teil 3 als Grundnorm der Meßtechnik durch die eindeutigere und von Mißverständnissen freie Bezeichnung „Meßunsicherheit" ersetzt wurde.

Meßunsicherheit bezeichnet die *unbekannte Abweichung* eines *angezeigten* vom *tatsächlichen Wert.* Sie gibt einen Bereich, eine Spanne an, in der der tatsächliche Wert liegen *kann, ohne* daß seine tatsächliche Lage *eindeutig zu bestimmen ist.*

Die Schlußfolgerung aus der stets vorhandenen Meßunsicherheit:
Sowohl technisch als auch mit den daraus abzuleitenden rechtlichen Folgen gilt jedes Teil mit Meßwerten (Ist-Werten), die nur um die Meßunsicherheit des angewandten Meßverfahrens von Soll-Werten oder Toleranzgrenzen abweichen, als technisch funktionsfähig und rechtlich bestimmungsgemäß geliefert. Die Größe der *unvermeidlichen Meßunsicherheit* ist bei der Festlegung von Soll-Werten oder Toleranzen angemessen zu berücksichtigen. *Meßunsicherheiten verkleinern nicht die Fertigungstoleranzen,* auch Fertigungstoleranzen haben die jeweiligen Meßunsicherheiten beim Ermitteln der zu erreichenden Soll-Werte zu berücksichtigen. Was nur um die Meßunsicherheit von Toleranz- und Grenzwerten abweicht, ist weder technisch eine Abweichung noch rechtlich ein Fehler.

4.3
Abhängigkeiten und Beweise

Im Gegensatz zu diesen eindeutigen, seit Jahrzehnten bewährten Festlegungen, auch bekannt als „Grundgesetz der Fertigungsmeßtechnik", hat DIN 55 350 Teil 11 abweichend genormt:

Fehler – Nichterfüllen einer Forderung

Anmerkung 1:
Eine ... Einzelforderung an ein quantitatives Merkmal ist z. B. ein Toleranzbereich, der durch Grenzwerte definiert ist. Liegt ein *Merkmalswert außerhalb* des *Toleranzbereichs*, handelt es sich um einen *Fehler.* ... Die *Verwendbarkeit* ist durch einen Fehler *nicht notwendigerweise beeinträchtigt.*

Anmerkung 2:
Vom *Fehler* ist der *Mangel* zu *unterscheiden*, der stets eine Beeinträchtigung der Verwendbarkeit bedeutet ...

Diese Festlegung enthält *drei bedeutsame sachliche Unrichtigkeiten*:

1. Sie *berücksichtigt keine Meßunsicherheit* und daraus *abzuleitende* technische *Folgen.*
2. *Jede Abweichung wird* unabhängig von ihrer Größe, Richtung und Wirkung *zum Fehler erklärt*, im eklatanten Widerspruch zur notwendigen Voraussetzung einer

Beeinflussung der technischen Auswirkung eines Fehlers nach der übergeordneten Definition im BGB (siehe Anmerkung 1).

3. Im Recht gelten *Mangel und Fehler* als *Synonima*. Die Norm eines technischen Teilbereiches kann nicht , dazu noch *sachwidrig*, seit Jahrzehnten eingeführte juristische Synonima auflösen und ihnen unterschiedliche Bedeutungen unterschieben. Hierfür fehlen den Urhebern Autorisierung und Sachkompetenz.

Die internationale Normung hat den notwendigen Unterschied zwischen Abweichung und Fehler in DIN ISO 8402 *sachgerecht festgehalten:*

> *3.20 Nichtkonformität (nonconformity)*
> Die Nichterfüllung festgelegter Forderungen.
>
> Anmerkungen:
> 1. Die Definition deckt das Fehlen eines oder mehrerer Qualitätsmerkmale oder von Elementen des Qualitätssicherungssystems oder die Nichterfüllung von festgelegten Forderungen ab.
> 2. Der grundlegende Unterschied zwischen Nichtkonformität und Fehler ist der, daß festgelegte Forderungen von den Forderungen für den beabsichtigten Gebrauch abweichen können.
>
> *3.21 Fehler*
>
> Die Nichterfüllung von Forderungen im Hinblick auf den beabsichtigten Gebrauch.
> Anmerkungen:
> 1. Die Definition deckt das Fehlen eines oder mehrerer Qualitätsmerkmale oder die Nichterfüllung von Forderungen für den beabsichtigten Gebrauch ab.
> 2. Siehe Anmerkung 2 in 3.20

Der Zusammenhang zwischen Abweichung und Fehler ist in ISO/CD 10 205, Anhang B Seite 3 verständlich erläutert:

> In ISO/DISC 3534/2 ist Fehler definiert als die „Nichterfüllung vorhersehbarer Gebrauchsanforderungen" mit den folgenden Fußnoten:
> 1. Die Bezeichnung „Fehler" ist angemessen für Verwendungen, bei denen Qualitätsmerkmale eines Produktes, Prozesses oder einer Leistung in Form von Gebrauchstauglichkeit festgelegt worden sind (im Gegensatz zur Übereinstimmung mit Spezifikationen).
> 2. Weil die Bezeichnung „Fehler" eine eindeutige juristische Bedeutung hat, sollte sie nicht als ein allgemeiner Begriff verwendet werden.
>
> Abweichung, Nichtkonformität sollte nicht mit Fehler gleichgesetzt werden. Um eine Abweichung/Nichtkonformität als Fehler zu definieren, sind besondere Kenntnisse über die Größe der Abweichungen von den Grenzwerten und die spezifischen Konsequenzen erforderlich. Die *Wirklichkeit* besteht darin, daß *zahlreiche Abweichungen keine Fehler* sind. Dies ist besonders bedeutungsvoll für die daraus abzuleitenden rechtlichen Schlußfolgerungen. Dies stimmt über-

ein mit der Definition der verschiedenen Fehlerklassen in ISO 3534. Zusätzlich beachtlich ist, daß ein *Produkt*, das *mit allen Grenzwerten*, Spezifikationen *übereinstimmt*, *trotzdem fehlerhaft* sein *kann*.

4.4 Rechtliche Auswertung

Für die rechtliche Bewertung und daraus abzuleitende Folgerungen gilt:

- *Abweichung* ist die korrekte Bezeichnung für eine Tatsachenfeststellung - gleich durch welches Verfahren, daß vorgegebene Grenz-, Soll- oder Toleranzwerte nicht eingehalten sind und Ist-Werte davon abweichen.
- Zum sachgerechten *Feststellen* von Abweichungen sind stets die spezifischen *Meßunsicherheiten* der Meßzeuge, Meß- oder Prüfverfahren zu *berücksichtigen*, mit denen diese Ist-Werte festgestellt wurden. Ist-Werte, die nur um die Meßunsicherheit von vorgegebenen Grenzwerten abweichen, gelten wegen der unbekannten *tatsächlichen Lage* dieser Werte als *sachgerecht* und sind *keine Abweichungen*.
- *Fehler* und *Mangel* sollten in Übereinstimmung mit dem übergreifenden und hierarchie-höheren juristischen Sprachgebrauch als *Synonima* betrachtet und anerkannt werden.
- Die Verwendung der Bezeichnung *Fehler/Mangel setzt* eine *technisch* sachgerechte *Funktionsbewertung* der *Auswirkungen* von *Abweichungen* auf die *notwendigen Funktionen*, Zuverlässigkeiten der Funktionspaare, Maschinen bei der jeweiligen Anwendung voraus. Sie *verlangt technisch angemessene Sachkenntnis* und kann *nicht allein aus* formalen *Zahlenunterschieden* abgeleitet werden. Gleiche Abweichungen, die bei einer Anwendung, weil funktionsgefährlich oder mindestens -behindernd und deshalb Fehler sind, können bei anderen Anwendungen ohne technische Auswirkungen bleiben und deshalb technisch und rechtlich keine Fehler sein.
- Die Verwendung der Bezeichnung *Fehler/Mangel* setzt stets eine „mehr als unerhebliche Minderung des Wertes oder der Tauglickeit für die übliche oder nach dem Vertrag vorgesehene Verwendung“ voraus.
- Wer die *Existenz* eines *Fehlers behauptet*, ist *verpflichtet*, den *Nachweis der Funktionsgefährdung* oder -behinderung bei dieser Anwendung nachprüfbar *zu führen*.
- Der Nachweis der *technischen Funktionsbeeinflussung* und deshalb *rechtlichen Fehlerhaftigkeit* ist die *notwendige Voraussetzung* für *berechtigte* Rückweisung oder *Annahmeverweigerung* im *Vertragsrecht*.

Das Feststellen allein von Abweichungen ist keine Ermittlung von Ursachen für Fehlfunktionen oder gar Schäden. Wirksame technische *Ursachenanalyse* verlangt technisch wie rechtlich den *Nachweis* der *Ursächlichkeit*/Kausalität, die nur durch eine Reproduzierbarkeits-/Wiederholungsprüfung mit gleichem oder ähnlich schlechtem Ergebnis geführt werden kann.

5
Bereichsübergreifende Anforderungen

5.1
Das Informationswesen

Zur Qualitätsverantwortung gehören nicht nur Vorgaben und Überwachungen der konventionellen Unternehmensorganisation zum Erfüllen der technischen Anforderungen an sichere Produkte, Verfahren/Dienstleistungen. Wesentlicher Teil der unternehmensinternen *Qualitätsverantwortung* ist das Organisieren *bereichsübergreifender Anforderungen* aus Recht und Rechtsprechung.

Diese neuen Anforderungen aus dem Recht der Produkthaftung sind wichtige Teile der Gesamt-Organisationsverantwortung des Unternehmens. Die Verantwortung für Aufbau, Ablauf und Überwachen dieser Vorgänge und Anforderungen trägt die *Unternehmensleitung* als Teil ihrer *Allzuständigkeit* und *Generalverantwortung.*

Zahlreiche Einzelanforderungen an die Qualität und Sicherheit der Produkte, Verfahren, Dienstleistungen sind nicht zu erfüllen ohne ein sachgerechtes Organisieren und laufendes Einhalten/Überwachen der Bereiche:

- Informationswesen
- Produktbeobachtung
- Kundendienst und Instandhaltung
- Benutzerinformationen

und das Auswerten der daraus zu gewinnenden Erkenntnisse in innerbetriebliche Vorgaben von Arbeiten, Leistungen oder Verfahren in den konventionellen Arbeitsbereichen von Konstruktion, Fertigung, Prüfwesen bis zum Vertrieb, dem Kundendienst und der Werbung.

5.1.1
Anforderungen

Zum Erfüllen rechtlicher Anforderungen ist eine umfassende

▶ Organisation des unternehmensindividuellen Informationswesens

unverzichtbar.

Was Führungskräften und Mitarbeitern nicht bekannt ist, kann von ihnen nicht ausgewertet und umgesetzt werden. Deshalb ist eine unternehmensumfassende Organisation des Erfassens, Bewertens, Auswertens und Verteilens externer und interner Informationen eine der grundlegenden Anforderungen an die Unternehmen.

Zu den *externen Informationen* zählen:

- Erfassen aller Informationen, die als *anerkannte Regeln der Technik* gelten, aus unterschiedlichen Quellen
- Systematisches laufendes Erfassen und Sichten zusätzlicher Informationen zum *Stand der Technik* aus
  - Fachzeitschriften
  - Fachkongressen und Veranstaltungen
  - Kontakten mit Forschungs- und Erprobungsstätten
  - usw.
- *Systematisches* regelmäßiges Erfassen, Sammeln und *Auswerten* von Informationen und -anforderungen aus den *verschiedenen Kundengruppen* für unterschiedliche Produktgruppen und deren Anwendungen
- Systematisches Erfassen, Sammeln und Auswerten von Informationen aus *Zulieferbereichen*
- Systematisches Beobachten von *Wettbewerbs-*
  - produkten
  - angeboten
  - Vertriebsaktivitäten
- usw.

Unternehmen als juristische Personen werden von der Rechtsprechung als Einheit betrachtet, wie natürliche Personen. Was einem Mitarbeiter des Unternehmens bekannt ist, gilt *dem Unternehmen* als bekannt und zuzurechnen. Hierzu gehören insbesondere alle Kenntnisse und Erkenntnisse *aller Mitarbeiter mit Kundenkontakten*, seien dies der Kundendienst, Vertreter, Qualitätswesen, Projektabteilungen oder Mitarbeiter aus Vertrieb, Außendienst, Instandhaltung oder Werbung. Es ist unverzichtbarer Teil der Organisationsverantwortung, dafür zu sorgen, daß *alle* durch solche Kontakte *gewonnen Kenntnisse* und Erkenntnisse den Führungskräften und Mitarbeitern *unverzüglich zukommen*, für deren Planungen und Arbeiten sie *auswertbar* sein können.

Informationen leben nicht von ihrer Existenz allein, sondern Richtlinien zu ihrem gezielten unverzüglichen Auswerten sind notwendiger Teil der Unternehmensorganisation.

5.1.2 Externe Informationen

Bei dem vielfach propagierten Marsch in die Informationsgesellschaft und den Arbeiten an „Datenautobahnen“ gehört die Organisation des laufenden systematischen Erfassens, Sammelns und Auswertens erreichbarer externer Informationen zur wichtigsten organisatorischen Voraussetzung. Galt im vergangenen Jahrhundert „Wissen ist Macht“, so gilt gleiches heute für verwertbare Informationen.

Bild 5.1 zeigt die organisatorischen Vorbereitungen zum Aufbau einer systematischen Informationsverarbeitung externer Informationen. Sie ist von Anbeginn an mit einer Gewichtung, zielgebundenen Bewertung zu verbinden, da sonst leicht aus der oft beklagten Informationsflut eine Verweigerung zur Aufnahme resultieren kann.

Bedarf Bereiche	**Bedarf Inhalte**	**Bedarf gewichtet**	**Informations-quellen**	**Informations-erfassung**	**Informations-aufbereitung**	**Informations-verteilung**
Entwicklung Konstruktion	Erzeugnisse	**notwendig**	Kunden Zulieferer	Auswahl und Bewertung der Informationsquellen nach gewichtetem Bedarf	**Stichworte**	nach Inhalt und Bereichen gegliedert
	Verfahren	**wünschenswert**	Gesetze, Verordnungen, öffentlich-rechtliche Anforderungen (UVV)		**Zusammenfassung**	
Versuch	Anwendungen					differenzierte abteilungs-bezogene Empfänger mit verschiedenen Aufbereitungs-stufen
Einkauf	Querschnitts-aufgaben	**interessant**	technische Regelwerke, Normen u.v.v.		**Kurzfassung**	
			Schutzrechts-schriften			
Zulieferungen			Kammern, Wirtschaftsverbände	Organisation der Anlaufstellen		
Fertigung	Marktsektoren		technisch-wissen-schaftliche Vereinigungen	Überwachen regel-mäßigen Eingangs	**Vollbericht**	
Vertrieb	Vertriebs-formen		Fachzeitschriften, Veranstaltungen			
Kunden-dienst	Service		Datenbanken Forschungs-institute			
	Organisation					
	Anwendungen		......			
	Wettbewerbs-erzeugnisse					

Bild 5.1 Unternehmensexterne Informationen, Organisation zum Erfassen und Aufbereiten

Verantwortungsbereiche / Informationsquellen	Entwicklung	Konstruktion		Fertigung	Qual.Wesen	Material-wirtschaft					
	Erzeugnisse Verfahren	Erzeug-niss-gruppe 1 2 3	Tribologie Verb.technik	Einzelteile Behandl.vert. Zusammenbau	Meß- u. Prüfw. Sp.Prüfverfahren	Rohmaterial Teilaggregate Dienstleistung	Vertrieb	Finanzwesen	Geschäftsleitung		Ablage/ Dokumentation
1. Kundenberichte											
2. Marktberichte											
3. ...											
4. Beanstandungen											
5. Schäden											
6. ...											
7. Gesetze und Verordnungen											
8. Normen											
9. sonst. öffentl.-rechtl. Vorschr. Urteile											
10. ...											
11. VDI-Z											
12. DIN-Mitteilungen											
13. Konstruktion											
14. Werkstatt und Betrieb Werkstatttechnik											
15. VDI-N											
16. ...											
17. Schutzrechtsanmeldung											
18. Erteilte Schutzrechte											
19. ...											
20. QZ											
21. TÜ											
22. Galvanotechnik											
23. DGO											
24. Forschungsberichte											
25. ...											
26. IHK Mitteilungen											
27. Wirtschaftsverbände											
28. ...											
29. Tagungsberichte											
30. ...											
31. Datenbanken											
32. ...											

S = Stichworte Z = Zusammenfassung K = Kurzberichte V = Vollberichte

Bild 5.2 Auswerten unternehmensexterner Informationen

Informationen sollten Führungskräfte und Mitarbeiter möglichst in konzentrierter Form erreichen, die – bereichs- und aufgabenbezogen – direkt ausgewertet werden kann, ohne an unterschiedlichen Stellen oftmals wiederholt die Spreu vom Weizen trennen zu müssen. Dies dient nicht nur der schnellen und wirksamen Informationsaufnahme und -verarbeitung, sondern verringert vermeidbare Belastungen durch Auswahl der verwertbaren Informationsteile.

Das Ergebnis einer wirkungsvollen Organisation zeigt Bild 5.2 mit einem unternehmensspezifischen System gezielten Auswertens für die unterschiedlichen Bereiche.

Die oft überbordende Informationsflut kann angemessen kanalisiert und kurzzeitig bewältigt werden, wenn sie den Anforderungen der Empfänger entsprechend mit ihren Inhalten aufbereitet wird:

Stufe 1	Titel mit Stichworten, (Deskriptoren)	S
Stufe 2	Stufe 1 mit Zusammenfassung des Inhalts	Z
Stufe 3	Stufe 1 und Kurzfassung (Einleitung +Zusammenfassung)	K
Stufe 4	Vollbericht	V

Für die meisten Informationsempfänger genügt eine der Stufen 1–3. Ein *Vollbericht* sollte *nur auf schriftliche Anforderung* weitergegeben werden, wenn die Kenntnis nur der anderen Stufen für den Empfänger begründbar unzureichend ist. Ob und wieweit angeforderte Vollberichte über den Inhalt der voraufgehenden Stufen praktisch ausgewertet werden, sollte – wenn nicht regelmäßig, so doch stichprobenweise – überprüft werden, um ein sachlich unbegründetes „Informationshorten" zu verhindern.

Den Ausschnitt einer gezielten unternehmensindividuellen Informationsauswertung zeigt beispielhaft Bild 5.3.

Verantwortungsbereiche / Informationsquellen	Entwicklung: Erzeugnisse Verfahren	Konstruktion: Erzeugniss-gruppe 1 2 3	Tribologie Verb.technik	Fertigung: Einzelteile Behandl.verf. Zusammenbau	Qual.Wesen: Meß- u. Prüfw. Sp.Prüfverfahren	Material-wirtschaft: Rohmaterial Teilaggregate Dienstleistung	Vertrieb	Finanzwesen	Geschäftsleitung		Ablage/ Dokumentation
...											
7. Gesetze und Verordnungen	Z	K		Z	Z	Z	Z	K	K		GL
8. Normen	K	K	Z	Z	Z	Z	Z		S		KO
9. Sonst. öffentlich-rechtliche Vorschriften	Z	Z		Z	Z	Z	Z		S		KO
(Gerichts-)Entscheidungen	S	S					S	S	S		GL
S = Stichworte	Z = Zusammenfassung	K = Kurzberichte	V = Vollberichte								

Bild 5.3 Auswerten unternehmensexterner Informationen, Auszug und Beispiel aus Bild 5.2

5.1.3
Unternehmensinterne Informationen

Aufgrund der Wertung eines Unternehmens als juristische (einheitliche) Person gelten im Unternehmen sich *wechselseitig ergänzende Hol-* und *Bringschulden* für Informationen zwischen allen Bereichen. Mitarbeiter, die Entscheidungen zu treffen haben oder Arbeiten ausführen, bei denen sie erkennen oder erkennen können, daß sie dafür über unzureichende Informationen verfügen, die an anderer Stelle im Unternehmen vorhanden sein können, sind verpflichtet, sich um diese Informationen aus eigenem Antrieb zu bemühen – es ist ihre *persönliche Holschuld.*

Angesprochene sind verpflichtet, nicht nur ihnen gestellte Fragen zu beantworten und Bitten um gezielte Informationen *vollständig* und *unverzüglich* zu erfüllen, sie haben auch alle über die angeforderten Informationen *hinausgehenden Kenntnisse* und Hinweise *unaufgefordert, vollständig, verständlich und auswertbar* weiterzugeben, die aus ihren Erfahrungen für die für sie erkennbaren Probleme der Anfragenden wichtig sein können. Da nach Unbekanntem nicht gefragt werden kann, besteht darin ihre – ergänzende – *persönliche zusätzliche Bringschuld.*

Übliche innerbetriebliche Grabenkämpfe durch *Zurückhalten* von oder Weitergabe nur von unter eigenen *beschränkten* (Abteilungs-)*Interessen gezielt ausgewählten* (Teil-)Informationen sind ein *sanktionswürdiges Fehlverhalten*, dazu ein grober *Verstoß* gegen die *persönlichen arbeitsrechtlichen Pflichten* des *Einzelnen* und *sollten* so unverzüglich nach Erkennen eines solchen Fehlverhaltens entsprechend *geahndet werden.* Die zivil- wie strafrechtliche Relevanz eines solchen Fehlverhaltens hat der BGH im Lederspray-Urteil – siehe Abschn. 3.8.4, S. 303 – ausführlich gewürdigt.

Für Unternehmen aller Betriebsgrößen sollten neben den notwendigen und erforderlichen schriftlichen Informationen zusätzlich bei allen wesentlichen Problemen Anweisungen zum ergänzenden mündlichen Austausch selbstverständlich sein. Hierdurch können Mißverständnisse vermieden oder kurzfristig aufgeklärt werden. Der stets beschränkte schriftliche Austausch von Informationen wird dadurch angemessen erweitert und in vielen Fällen durch persönliche Anregungen deutlich verbessert.

Über diese allgemeinen Grundsätze hinaus sind unternehmensspezifische Regelungen empfehlenswert, die für im einzelnen aufzuzählende wichtige Vorgänge, Umfang und Inhalte der Informationsformen und -wege vorgeben und für gebende wie empfangende Beteiligte eindeutig festlegen. Solche Regelungen sind auf Struktur und Aufgaben im Unternehmen individuell gezielt auszurichten.

Bei den meist zu vielen in unterschiedlichem Umfang bedeutsamen Informationen sind alle Möglichkeiten zum Rationalisieren und zum Abstufen der Informationstiefe auszunutzen. Grundlage jedes unternehmensinternen Informationsaustausches ist, wie für externe Informationen, ein gezieltes Erfassen und Konkretisieren der notwendigen, wünschenswerten und interessanten auszutauschenden Informationen; danach sind die Beteiligten festzulegen und Art und Tiefe der auszutauschenden Informationen zu benennen.

Bild 5.4 zeigt einen so gegliederten innerbetrieblichen Informationsaustausch. Gegenüber oft üblichem ungegliedertem Wildwuchs, bei dem regelmäßig zu viele und zu umfangreiche Informationen zu weit verteilt werden, wurde durch diese Organisation der Informationsfluß kanalisiert und von nicht auswertbarem Beiwerk

Vorgänge / Beteiligte	Konstruktion	Arb.Vorbereitung	Fertigung	Qualitätswesen	Materialwirtschaft	Vertrieb	Kundendienst	Finanzwesen	Geschäftsleitung	Zeitplan, Regelmäßigkeit Auswerte-/ Besprechungs-rhythmus
Wichtige Angebote			x	x		x		x	x	monatliche Verkaufs-besprechung
Schwierige Aufträge		x	x	x	x		x			
Markt-/Vertreterberichte	o					x	x		o	
Wettbewerbsinformationen	o			o		x	x		o	
Kundendienstberichte	o		o	o		o	x		o	
Messebeteiligung	/		/	/		/	/	/	/	
Vertriebsänderungen	/					/	/	/	/	
Information an Kunden	o		/	o	/	x	x	/	o	
Mitteilungen an Außendienst	o		o	o	/	x	x	/	o	
Beanstandungsmeldungen	x		x	x		x	x		x	monatliche Qualitäts-besprechung
Schadensanalyse	/	o	o	/	o	/		/	/	
Zulassung/Prüfung	x	/	o	x		o	o	/	/	
Produkt-Änderung/Planung	x		/	/	/	/	/	/	/	Quartals-Produkt-Fertigungsplanung
Fertigungsänderungen	/	o	o	/	o	/		/	/	
Investitionen	o	x	x	x	x	/	/	/	/	
Personalbedarf Mitarbeiterschulung (Termine, Programme)	/	/	/	/	/	/	/	/	/	Quartals-Mitarbeiter-besprechung

x = unverzüglich, sofort o = monatlich geschlossen / = quartalsweise geschlossen

Bild 5.4 Auswerten unternehmensinterner Informationen

befreit. Informationen werden selektiert und zeitlich zusammengefaßt nur in dem Umfange weitergegeben, wie sie für den Empfänger wichtig und von ihm mit dem erforderlichen Zeitaufwand ausgewertet werden können.

Informationen wirken nicht allein durch ihren Inhalt, sie bedürfen der Auslegung und des Umsetzens durch gezielte Maßnahmen in den verschiedenen Bereichen. Dies darf nicht der Einsicht, der Fähigkeit oder der freien Auslegung durch die Empfänger überlassen werden, sondern ist gezielt notwendig zu koordinieren und zu steuern als eine wichtige Führungsaufgabe. Die rechte Spalte von Bild 5.4 zeigt bewährte innerbetriebliche Instrumente. Alle *Beteiligten werden* - trotz unterschiedlicher Informationstiefe - auf die verschiedenen für das gesamte Unternehmen wesentlichen Ziele und ihre bereichsspezifischen Beiträge dazu *koordiniert;* mit einem Mindestaufwand wird so hohe Wirksamkeit erreicht.

Die produktspezifische, anwendungsbezogene Ergänzung, Aufgliederung und Spezifizierung solcher dem Stande der Technik entsprechenden allgemeinen Schemata bleibt als Teil der Organisationsverantwortung der Unternehmensleitung undelegierbar zugeordnet.

5.1.4
Organisation der Auswertung

Bild 5.5 zeigt die Zusammenfassung der verschiedenen Informationsaktivitäten eines Unternehmens als gegliedertes unternehmensspezifisches Informationssystem.

Datenbanken und kaum noch zählbare Technologie-Transfer-Institutionen bieten heute Leistungen an, die ein Erfüllen der rechtlichen Anforderungen an angemessenes Erfassen und Auswerten des Standes der Technik organisatorisch *leichter* werden lassen als zu jedem früheren Zeitpunkt. Dies *erhöht* die *Anforderungen* an die Unternehmen zur *sachgerechten Auswahl* aus dem (oft zu) vielfältigen Informationsangebot, die *Sorgfalt* beim *Erfassen*, die *sachgerechte Weitergabe* und das *gezielte Auswerten* für Produkte/Verfahren/Dienstleistungen des Unternehmens. Das Angebot ist vielfältig, reichhaltig und leichter zugänglich, die Anforderungen an Auswahl, Aufnahme, Auswerten und Umsetzen dadurch erheblich gestiegen.

5.1.5
Verantwortungszuordnung

Das *sachgerechte Auswerten* externer wie interner Informationen ist Teil der *persönlichen Verantwortung* jedes *Einzelnen* nach seinem *Aufgabenbereich.* Trotzdem werden Techniker/Ingenieure für das Arbeiten mit, den Wert von und für die Notwendigkeit der Informationsauswertung selten angemessen in üblichen Ausbildungswegen geschult. Dies nachzuholen ist Teil der Führungsaufgabe nicht nur der Unternehmensleitung, sondern auch der Führungskräfte der verschiedenen Ebenen. Die Informationswege und ihr *tägliches Nutzen* sollten ebenso durch die Führungskräfte *überwacht* werden, wie die Häufigkeit und *Wirksamkeit* des *Auswertens.* Eine Information an sich hat keinen Wert, so kostspielig ihre Beschaffung auch gewesen sein mag. Sie erhält ihren Wert erst und allein durch ihre unternehmensinterne Auswertung, unabhängig davon, ob sie positiv oder negativ ausfällt. Das Vermeiden kostspieliger Irr- und Umwege ist ebenso ein kaum zu hoch zu bewertender Erfolg rechtzeitiger und

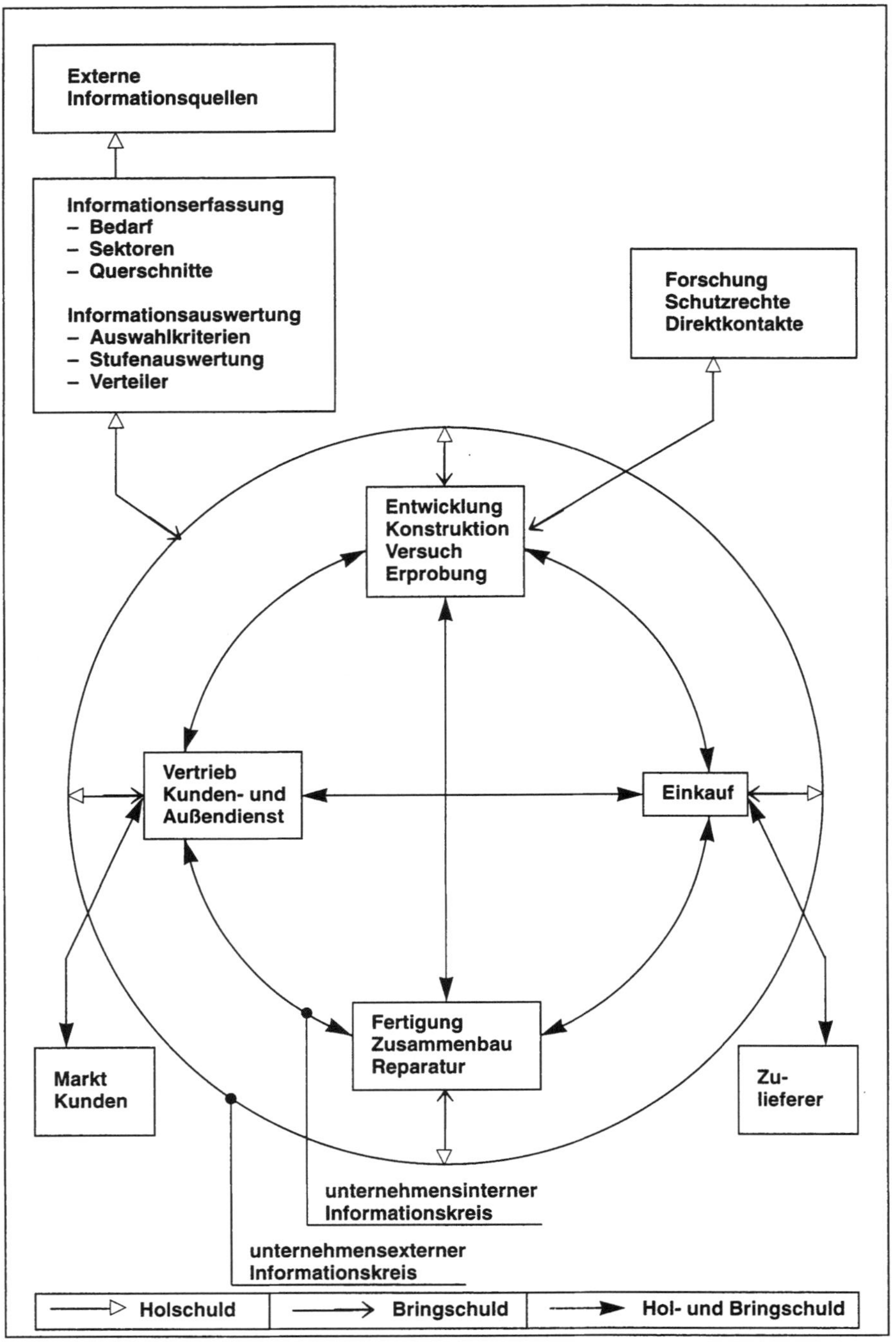

Bild 5.5 Gegliedertes, unternehmensspezifisches Informationssystem

angemessener Informationen wie die Initialzündung für neue fruchtbare Produktideen.

Das regelmäßige Überwachen der Informationsauswertung fördert das Bewußtsein von Führungskräften und Mitarbeitern um Wert und Beitrag von Informationen unterschiedlicher Art für eigene Arbeiten, Leistungen und zum besseren und zeitigeren Erfüllen eigener Aufgaben. Nur so können gegenüber dem leider noch weit verbreiteten NHI-Effekt (Not Here Invented) Informationen in die betrieblichen Arbeiten wirksam integriert werden.

Für Unternehmen aller Bereiche und Größen hat *Nutzen* und *Wert* eines *unternehmensindividuellen Informationssystems* der damalige Vorstandsvorsitzende der Siemens AG knapp und zutreffend formuliert:

> „Wenn Siemens wüßte, was Siemens alles weiß, wäre Siemens unschlagbar"
> (Dr. Karl-Heinz Kaske, Spiegel 21.3.1990)

5.2 Produktbeobachtung

5.2.1 Rechtliche Anforderungen

Die Rechtsprechung des BGH verlangt das

- systematische regelmäßige Beobachten der *Bewährung* der einzelnen Produkte
- bei ihren *unterschiedlichen Anwendungen*
- vollständiges kurzfristiges Erfassen daraus abzuleitender neuer Erkenntnisse
- deren gezieltes Auswerten
- um danach erkennbare notwendige, gestufte und unterschiedliche Maßnahmen unverzüglich in praktisches Handeln umzusetzen.

Inhaltlich unzureichende Produktbeobachtung oder verzögertes Auswerten und Umsetzen der daraus zu gewinnenden Kenntnisse wertet der BGH zivilrechtlich als Schadensersatz-begründend, bei dadurch nicht rechtzeitig verhinderten Personenschäden zusätzlich als schuldhaften Verstoß gegen Strafrechtsnormen, z. B. Körperverletzung (siehe Conterganfall, Lederspray-Urteil).

5.2.2 Organisation

Produktbeobachtung ist nicht die Aufgabe nur einer einzelnen Abteilung oder eines einzelnen Bereiches, sondern Teil der Verantwortung *jedes Mitarbeiters mit Kundenkontakt*:

- Außendienst/Vertreter
- Projektabteilung
- Qualitätswesen
- Service - Kundendienst
- selbständige Vertriebsunternehmen
- usw.

die bei ihrer Arbeit Zugang zu Informationen über das Verhalten der eigenen oder gleichartiger Wettbewerbsprodukte erhalten. Alle Mitarbeiter dieser Bereiche sind produkt- und anwendungsbezogen gezielt

- zu schulen
- ausreichend anzuleiten
- laufend zu überwachen,

um alle Erkenntnisse aus der Bewährung der einzelnen Produkte sachgerecht und so differenziert wie möglich technisch auswertbar aufzunehmen und gezielt unverzüglich schriftlich festzuhalten. Die organisatorischen Voraussetzungen sind den jeweiligen Marktsegmenten anzupassen und nach Produkten zu unterteilen. Ungenügende Produktbeobachtung und deren systematisches regelmäßiges gezieltes Auswerten bildete den Kern des Contergan-Prozesses.

Bild 5.6 zeigt den schematischen Ansatz einer systematischen Produktbeobachtung. Im Vertrieb übliche Produktstatistiken sind dafür soweit aufzugliedern, daß aus den einzelnen Beobachtungen gezielte Schlußfolgerungen für alle gleichartigen Produkte und/oder Anwendungen abgeleitet werden können. Übliche Verkaufsübersichten sind auf solche Auswertungen selten ausgerichtet und ausreichend technisch produktbezogen unterteilt. Eine aussagefähige produktspezifische Unterteilung ist jedoch meist ohne große Schwierigkeiten erreichbar.

Der weitere Aufbau einer systematischen Produktbeobachtung entspricht dem eines unternehmensindividuellen Informationssystems - siehe Abschn. 5.1.4, Bild 5.1, S. 316.

- systematisches Erfassen aller erreichbaren Quellen für auswertbare Produkterfahrungen,
- unverzügliche systematische, möglichst vollständige Aufnahme aller erreichbaren Einzelheiten und deren Dokumentation,
- unverzügliches Weiterleiten an eine Zentralstelle oder aufeinander abgestimmte Auswertebereiche,
- gezieltes, bereichsbezogenes und produktspezifisches Auswerten mit
- kurzfristigem Umsetzen in bessere, sicherere Erzeugnisse, ihre Darbietung und wirksame Benutzerinformationen - siehe Abschn. 5.4, S. 334.

Das Arzneimittelgesetz (AMG) hat für Unternehmen mit pharmazeutischen Produkten in seinem § 63 a den Stufenplanbeauftragten als dafür *persönlich Verantwortlichen* rechtlich etabliert. Diese nur für die Herstellung von Arzneimitteln verbindliche Organisation hat als *organisationsbezogener Stand der Technik Leitfunktion* für die *wirksame* Organisation der *Produktbeobachtung* auch in anderen Wirtschaftsbereichen. Die daraus *ableitbaren Schlußfolgerungen*:

- Das systematische Aufnehmen aller erkennbaren und erreichbaren Erfahrungen mit den einzelnen Produkten bei ihren unterschiedlichen Anwendungen ist allen davon betroffenen Mitarbeitern nahezubringen, sie sind dafür angemessen zu schulen, und ihr Ausführen ist regelmäßig zu überwachen.
- Eine zentrale systematische Erfassung und Auswertung ist im Unternehmen hierarchisch angemessen hoch verantwortlich zu installieren,

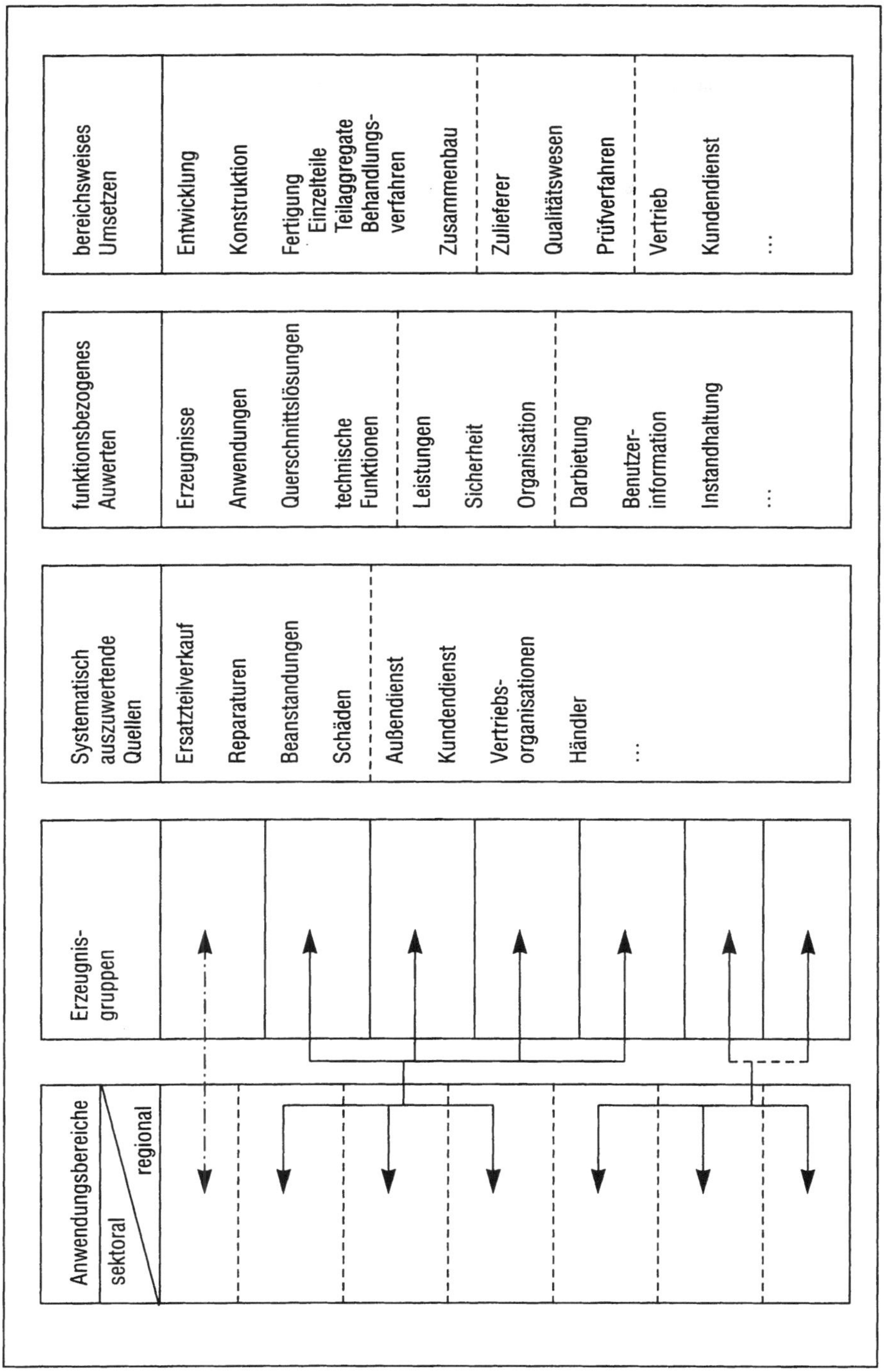

Bild 5.6 Organisation der Produktbeobachtung

- durch eine Führungskraft mit angemessener persönlicher Qualifikation zu besetzen, die alle notwendigen oder wünschenswerten Änderungen in den betroffenen Teilbereichen einleiten und deren Durchführung in angemessenen Fristen überwachen kann.

In die systematische Produktbeobachtung sind alle *Wettbewerbsprodukte einzubeziehen*, soweit daraus *auswertbare Erkenntnisse* für eigene Produkte und deren Anwendungen zu *gewinnen* sind.

Aus dem *unzureichenden Beobachten* von Wettbewerbsprodukten und deren Konstruktion hat der BGH eine *volle Schadensersatzpflicht* abgeleitet, wenn daraus Verbesserungen für eigene Produkte zu gewinnen waren und damit *Schäden* durch eigene Produkte *hätten verhindert werden können*:

> Aufgrund ihrer Produkbeobachtungspflicht war die Beklagte nicht nur gehalten, die Bewährung ihrer Produkte in der Praxis zu beobachten und ... zu prüfen, ob etwa in Fachzeitschriften bzw. sonstiger Literatur ... über diese Gefahr diskutiert wurde. Sie hatte auch die Pflicht, ... organisatorische Vorkehrungen dafür zu treffen, daß in ihrem Unternehmen laufend die Entwicklung der Technik auf ihrem Arbeitsbereich verfolgt wird.
> Aufgrund der *Produktbeobachtungspflicht* ist ein Warenhersteller auch gehalten, die *Produktentwicklung* der *wichtigsten Mitbewerber zu beobachten.* Hersteller mit längeren Erfahrungen hatten die von der Beklagten noch verwendete Konstruktion aufgegeben. Sie hätte ... den *Grund* für diese Änderung ... *erkennen* und dann ihre *eigene Konstruktion ändern müssen.*
> Pferdeboxen-Urteil
> BGH VI ZR 258/88 vom 17.10.1989, NJW 1990, H. 14 S. 906 ff

Wenn Institute für Markttechnik in einer überregionalen Wirtschaftszeitung die uneingeschränkte und undifferenzierte Empfehlung veröffentlichen „Mitteilungen über Wettbewerber aus dem Aufgabenkatalog der Außendienstler konsequent zu streichen", so ist dies ein grob fahrlässiges Mißachten der durch den BGH konstituierten Verantwortung zur Produktbeobachtung (Blick durch die Wirtschaft 9. 10. 1995).

Der BGH hat über die Beobachtung von Wettbewerbsprodukten hinaus ein eigenständiges (Teil-)Element, die Haftung auch für Schäden durch fremdbezogenes Zubehör konstituiert, wenn vor dadurch ausgelösten Schäden nicht angemessen gewarnt wurde.

Diese *Zubehörhaftung* betrifft die Verantwortung des Unternehmens, gezielt zu beobachten, ob und welche nicht von ihm selbst gelieferten Teile, Anbauten oder sonstigen Hilfsmittel usw. mit den von ihm gelieferten Maschinen, Geräten oder Anlagen verbunden oder im Verbund eingesetzt werden. Geschieht dies in *mehr als unerheblichem Umfange*, so ist das Unternehmen verpflichtet, die Auswirkungen dieses Zubehörs auf Funktion und Sicherheit der eigenen Anlagen zu prüfen und – wenn dadurch die Sicherheit der eigenen Produkte beeinträchtigt oder gefährdet wird – gezielt die Benutzer vor dem Verwenden solchen gefahrenträchtigen Zubehörs zu warnen.

Eine solche Pflicht (zur Produktbeobachtung) kann ... den Hersteller aber auch treffen, um rechtzeitig Gefahren, die aus der Kombinierung seines Produkts mit Produkten anderer Hersteller entstehen können, aufzudecken und ihnen entgegenzusteuern.

Der Hersteller eines Motorrades (oder eines anderen maschinell betriebenen Gerätes) hat ... eine Sicherungspflicht bezüglich allen *notwendigen* Zubehörs, ... Dasselbe gilt für solches Zubehör, dessen Verwendung er durch Anbringen von Bohrlöchern, Ösen, Halterungen, Aufhängevorrichtungen usw. ermöglicht hat. In diesen Fällen ist der Motorradhersteller auch *ohne konkreten Anlaß verpflichtet*, den *Zubehörmarkt* zu *überprüfen* und gegebenenfalls *nur bestimmte*, von ihm getestete und für sicher beurteilte *Zubehörteile* ... zu *empfehlen* oder ... vor einer mißbräuchlichen Verwendung dieser Vorrichtungen zu *warnen*. BGH VI ZR 65/86, NJW 1987 S. 1009 ff

5.2.3
Innerbetriebliche Auswertung

Das gezielte Auswerten von Erkenntnissen aus der Produktbeobachtung in den einzelnen Unternehmensbereichen ist Teil der Verantwortung der Unternehmensleitung. Es ist von ihr nach den aus der Produktbeobachtung zu gewinnenden Erkenntnissen zu organisieren und die Ausführung wie die anderer Vorgaben im Unternehmen zu überwachen.

Erkenntnisse aus der Produktbeobachtung und ihr Auswerten und Umsetzen für eigene Produkte/Verfahren wie deren Anwendungen sind zu dokumentierende Vorgänge. Sie gewinnen erhebliche Bedeutung als Nachweis des angemessenen Erfüllens der rechtlichen Anforderungen an die Sorgfaltspflicht des Unternehmens durch die verantwortlichen Führungskräfte und als Entlastungsbeweis bei Schäden.

5.2.4
Verantwortungszuordnung

Die *Verantwortung* für eine sachgerechte Produktbeobachtung als bereichsübergreifende Aufgabe gehört zur undelegierbaren Organisationsverantwortung der *Unternehmensleitung. Teile* dieser Verantwortung können nicht nur, sondern sollten *angemessen delegiert* werden auf die Führungskräfte, in deren Bereich die praktischen Möglichkeiten zum Ausführen der Produktbeobachtung gesetzt werden. Die *sachgerechte Durchführungsverantwortung* für eine aussagefähige Produktbeobachtung gehört in den *Aufgabenkatalog* und die Stellenbeschreibung der bereichsweise *zuständigen Führungskräfte.*

Die Geschäftsleitung hat sich davon zu *überzeugen*, daß die Delegation sachgerecht ausgeführt wird und die Ergebnisse regelmäßig systematisch erfaßt und ausgewertet werden. Berichte über *Ergebnisse* und *Konsequenzen* der Produktbeobachtung gehören zur *regelmäßigen Berichtspflicht* an die Geschäftsleitung, mit deren verantwortlicher Durchsicht und daraus folgenden Vorgaben für die *Auswertung*, nicht erst, wenn es zu spektakulären und rufschädigenden Rückrufaktionen Anlaß geben sollte.

5.3 Kundendienst

5.3.1 Einbinden selbständiger Unternehmen

Eine der wichtigen Informationsquellen für die Unternehmen als Teil der Produktbeobachtung - siehe Abschn. 5.2 - und für das Erfüllen der Leistungs- und Zuverlässigkeitserwartungen der Kunden ist der Kundendienst. Er wird von den Unternehmen in unterschiedlicher, den Produkten, ihren Anwendungen und den Zielgruppen der Benutzer entsprechender Weise organisiert, wobei in den meisten Fällen selbständige Unternehmen einzubinden sind.

Für das Eingliedern von Tätigkeiten selbständiger Unternehmen in die Aufgaben des Kundendienstes gelten die *gleichen Grundsätze*, wie sie in Abschn. 3.2 ab S. 235 nach der Rechtsprechung des BGH für die *Zusammenarbeit* mit *Zulieferern* dargestellt sind. Dies verlangt insbesondere ein genaues Bestimmen der *Schnittstellen* und der wechselseitig sich *ergänzenden Verantwortungen*, z. B.

- Umfang und Inhalt der *Berichtspflicht* an den Hersteller über
  - Ursachen und Umfang des Verkaufs von Ersatzteilen
  - Art und Dauer von Service-Tätigkeiten
  - Art und Ursache von Beanstandungen
  - besondere, neue oder geänderte Anwendungen
- sorgfältiges Beobachten der Service- und Instandhaltungs-/Reparaturfreundlichkeit der einzelnen Erzeugnisse
- Beobachten von *Fehlhandlungen* durch Mitarbeiter der verschiedenen Anwender
- Überschreiten des bestimmungsgemäßen und *offensichtlicher Fehlgebrauch*
- Möglichkeiten zum Verbessern der Sicherheit
- Körperliche und geistige *Beanspruchungen* der *Benutzer*, Möglichkeiten zu deren Verringern
- Möglichkeiten zum Verbessern technischer Leistungen, von Zuverlässigkeit und Sicherheit
- *Kombinationen* mit anderen Geräten oder Zubehör.

Die meisten dieser Anforderungen gelten für unternehmenseigene Mitarbeiter im Kundendienst in gleicher Weise wie für Mitarbeiter selbständiger, Kundendienst leistender Unternehmen.

Die Vorgaben der Automobilindustrie für „autorisierte Kundendienstwerkstätten“ mit ihren Berichtspflichten, der Notwendigkeit, im Herstellunternehmen geschulte Fachkräfte und Aufsichtspersonen zu beschäftigen beschreibt den seit langem üblichen Stand der Technik.

Sinken die Zahlen von Mitarbeitern mit werksseitiger Schulung im Kundendienst oder ist kein im Werk geschultes Aufsichtspersonal (Meister) mehr beschäftigt, so sollten *vertragliche Bindungen* mit angemessenen Fristen *erlöschen*, bis diese *Mindestbedingungen* qualifizierter Personalausstattung wieder erreicht sind. Eine vertragliche Verpflichtung zur *Information über* jeden *Personalwechsel* schafft dafür die Grundlage. Die übliche Bindung von Vertretungsverträgen an die aktive Tätigkeit qualifizierter namentlich benannter Personen ist dafür ein gutes Beispiel.

Der „Drittunternehmer-Bindung" durch vertragliche Vereinbarungen entsprechen notwendige Schulungen, Einweisungen und Auffrischungs-/Wiederholungskurse im Herstellerwerk. Arbeitsanleitungen und für besonders wichtige Maßnahmen auch Arbeits- und Prüfanweisungen sollten für werkseigenen und Kundendienst durch Drittunternehmen identisch sein. Notwendig ist ein unangemeldetes *Inspektionsrecht* in den Werkstätten wie für einzelne Arbeiten durch qualifiziertes Überwachungspersonal. Ein angemessenes, vertraglich gesichertes Zutritts- und Informationsrecht zu den Werkstätten und anderen Räumen des mit Kundendienst beauftragten Unternehmens ist dafür Voraussetzung.

Zum notwendigen und erforderlichen Einbinden von Mitarbeitern selbständiger, Kundendienst durchführender Unternehmen gehören regelmäßige Berichte und die *Verpflichtung* zur *Teilnahme* an *Schulungen* für unterschiedlich qualifizierte Führungskräfte und Mitarbeiter. Soweit das Dritt-Unternehmen aus eigener Initiative Mitarbeiter angemessen anleitet und schult, sollten sich die autorisierenden Unternehmen das Recht vorbehalten, *Kenntnisse* und *Fähigkeiten* solcher Mitarbeiter *zu überprüfen*.

Verträge über die Autorisierung zum Kundendienst verlangen ein sorgfältiges Beachten der *Grenzen* und Inhalte des *Vertragsrechtes*, insbesondere der AGBs und der Verantwortungen aus der Produkthaftung. Der Abschluß einer nach Deckungsumfang und Versicherungssummen angemessenen Betriebs-/Produkthaftpflichtversicherung gehört zur notwendigen Vorsicht des ordentlichen Kaufmannes, um auch Restrisiken des Kundendienstes angemessen zu decken. Eine Auskunftspflicht dazu sollte zum Vertragsinhalt gehören.

Aus dem Qualitätskreis Kundendienst - siehe Bild 5.7 - sind alle Tätigkeiten herauszulösen, die Kundendienst leistenden Unternehmen übertragen werden. Dies gilt auch für Zeit- und notwendige Bindungen an Kosten-/Preisvorgaben, damit gleiche Tätigkeiten von unterschiedlichen Kundendienst leistenden Unternehmen den Nutzern gegenüber nicht zu unangemessenen Kosten-/Preisunterschieden führen.

5.3.2 Beobachtungs- und Eingriffspflichten

Eine der wichtigsten Funktionen des Kundendienstes - gleich von wem er durchgeführt wird - besteht im sorgfältigen Beobachten der Anwendungs-/Einsatzbedingungen der verschiedenen Produkte bei den unterschiedlichen Anwendungen. Der Kundendienst sollte mit *systematisch aufgebauten Unterlagen* ausgerüstet sein, die möglichst viele der für die von ihm betreuten Erzeugnisse wesentlichen Einsatz- und Randbedingungen aufzählen, damit er sie „vor Ort" möglichst vollständig erfassen kann. Neben allgemeinen Betriebsbedingungen sind *produktspezifische Angaben*, wie über das Einhalten vorgegebener Überwachungs- und Wartungsintervalle zu kontrollierende Vorgaben. Das Verketten von Maschinen oder der Ein-, Anbau von Teilaggregaten fremder Hersteller - bei der Bestellung oft nicht angegeben - sind als Teil der Zubehörüberwachung verpflichtend.

Entscheidenden Einfluß auf Leistung und Sicherheit von Maschinen haben die durch Bedienelemente vorgegebenen oder beeinflußten Handlungsabläufe der Benutzer. Übersichtlichkeit von Anzeigen, Zugängigkeit von Bedienelementen, der

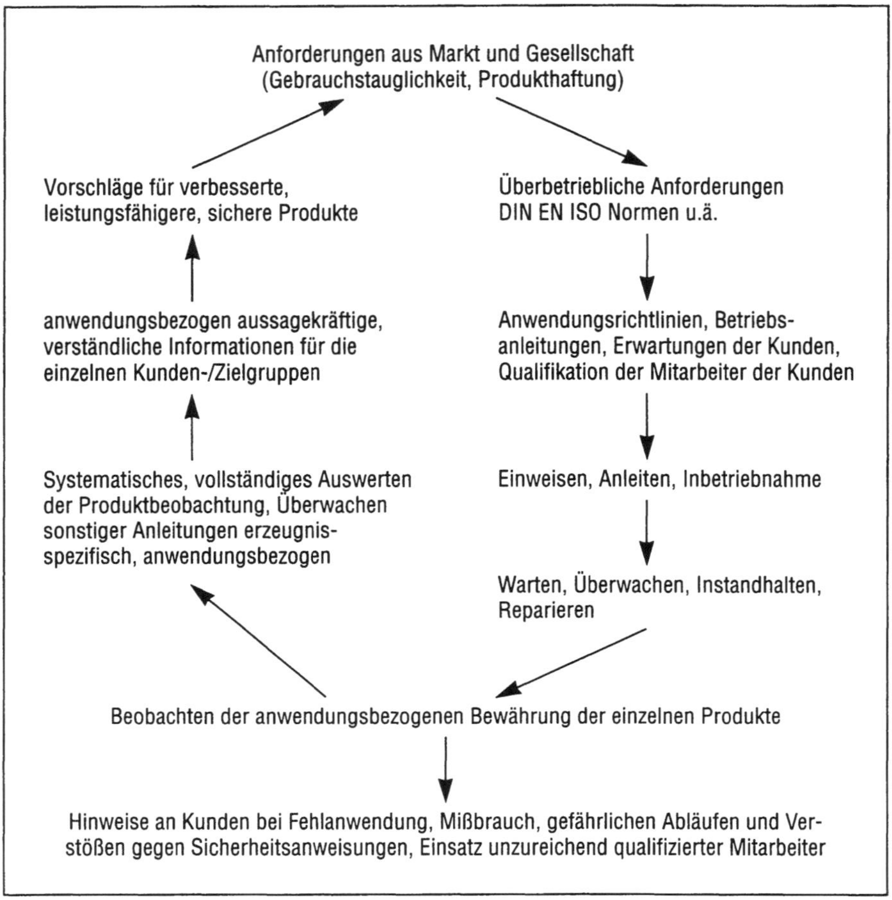

Bild 5.7 Qualitätskreis Kundendienst

organische Ablauf verschiedener Nutzungshandlungen mit geringster körperlicher Beanspruchung und Vermeiden einseitiger geistiger oder körperlicher Belastungen beschreiben *arbeitsergonomisch wünschenswerte Benutzergerechtigkeit* als wichtige Anforderung. Wie sind diese Bedingungen für unterschiedliche Anwendungen zu erfassen und zu verbessern? Welche besseren Lösungen anderer Hersteller sind erkennbar und wie sinnvoll in verbesserte eigene Erzeugnisse zu integrieren? Wie weit können erforderliche *persönliche Qualifikation* und anlagenspezifische Ausbildung des *Benutzerpersonals* durch geeignete Anzeige- und Steuersysteme verringert werden? Das vom Maschinenkörper getrennte, den örtlichen Bedingungen anzupassende, beliebig aufstellbare Steuerpult ist ein gutes Beispiel für Benutzerfreundlichkeit und Entkoppeln von Maschinenbewegungen und deren Steuern durch die Mitarbeiter.

Für die Produkthaftung ist der „billigerweise zu erwartende Gebrauch“ entscheidend, wie er in der Definition des Fehlers in § 3 Produktshaftungsgesetz aufgezählt wird. Dieser Gebrauch umfaßt nicht nur den bestimmungsgemäßen, sondern auch den abweichenden Gebrauch, sogar einen Mißbrauch, wenn er nicht fernliegt. Mit jedem Wiederholen eines bestimmungswidrigen Gebrauchs oder *Mißbrauchs* ist zu rechnen, wenn er nicht völlig unvernünftig ist oder durch technische oder organisatorische Maßnahmen *wirksam verhindert* wird. Dies kann meist nur durch Beobachten vor Ort festgestellt werden.

Sieht oder erkennt ein Mitarbeiter des Kundendienstes Änderungen, Ergänzungen, Arbeits- oder Handlungsweisen – oder hätte sie sehen oder erkennen können/müssen –, die gegen Unfallverhütungsvorschriften, behördliche oder sonstige Sicherheitsanweisungen und Vorgaben in Bedienungsanleitungen verstoßen, oder aus anderen Gründen die Sicherheit von Maschinen oder Geräten für Benutzer oder Dritte gefährden, *ist er zum unverzüglichen Eingreifen verpflichtet.* Ein „Übersehen“ unzulässiger, gefährdender Änderungen oder das „Hinwegsehen“ über unzulässige, gefährliche Handlungen oder Arbeitsweisen schafft für ihn eine *persönliche (Mit-)Verantwortung* für dadurch ausgelöste oder in ihrer Wirkung verstärkte *Folgen/Schäden.* Aufgrund seiner Sachkenntnis und seiner Aus- und Weiterbildung ist jeder *Mitarbeiter* des Kundendienstes *verpflichtet,* nach den für ihn *erkennbaren Risiken,* gemessen an den *voraussehbaren Folgen, einzugreifen,* um unzulässige Handlungen wirksam zu *verhindern.*

Unverzügliche und *gezielte Informationen* an den Benutzer oder die im Unternehmen verantwortlichen Führungs- und Sicherheitsfachkräfte ist die erste unmittelbare Pflicht. Wird darauf nicht in kürzestmöglicher Frist ausreichend reagiert, ist die *nächsthöhere Ebene* der Führungs- und Sicherheitsfachkräfte gezielt über den Anlaß und die bisher vergeblichen Bemühungen zu informieren und zur unverzüglichen *wirksamen Abhilfe* aufzufordern.

Über jeden dieser Vorgänge ist unverzüglich mündlich und schriftlich der Leiter des Kundendienstes zu informieren, um schriftlich auf Änderungen zu dringen. Auf die durch dieses Handeln *mißachtete Benutzerverantwortung* ist angemessen hinzuweisen. Der Kundendienst hat eine eigene *Überwachungspflicht,* sich bei seinen Tätigkeiten nachträglich davon zu überzeugen, ob, wie weit und wann seinen Hinweisen zum *Einhalten von Sicherheitsanweisungen* vor Ort entsprochen wurde. Geschah dies nicht oder nicht ausreichend, ist er zum Wiederholen seiner Aktivitäten mit größerem Nachdruck verpflichtete.

Maßstab für diese *Sorgfaltspflicht* als Teil der allgemeinen Verkehrssicherungspflicht sind die *erkennbaren Risiken* und *Gefahren* und das *vorhersehbare* Ausmaß möglicher *Schäden.* Je größer die Gefahr, desto höher die Verantwortung und dringender der Anlaß zum Handeln. Diese Verantwortung geht bis zum eigenmächtigen Stillsetzen von Anlagen oder dem Verhindern weiteren Nutzens von Geräten, wenn mit anderen Mitteln erhebliche, wahrscheinlich kurzfristig wirksame Gefahren für Leib und Leben von Benutzern oder Dritten nicht abgewendet werden können. An den Anlaß und das vorhersehbare Ausmaß von Gefährdungen ist bei Eingriffen in fremdes Eigentum ein besonders hoher Maßstab anzulegen.

5.3.3 Wirksame Hilfsmittel

Wichtiger Teil des Kundendienstes ist die vollständige und wirksame Organisation vom letzten Kundendienstmitarbeiter vor Ort bis zur zentralen Auswertung im Unternehmen. Je nach Art der Erkenntnisse sind *moderne Informationsmittel* in wirtschaftlichem Umfange einzusetzen. In diese Rückinformationskette sind möglichst *vollständige technische Informationen der Einsatzbedingungen* aufzunehmen, die ein technisch eindeutiges und auswertbares Bild der Vorgänge, Folgen und möglichen Wirkungen erlauben. Sie sind die Grundlage für darauf aufbauende Maßnahmen, um Leistung, Zuverlässigkeit und Sicherheit der einzelnen Produkte zu verbessern.

Alle Erfahrungen und Kenntnisse des Kundendienstes werden dem Unternehmen und seinen Verantwortlichen, z. B. in der Konstruktion, als ihnen in vollem Umfange bekannt zugerechnet. Die unternehmensindividuelle Organisation hat dafür zu sorgen, daß Erfahrungen des Kundendienstes in allen anderen Bereichen die für die Auswertung Verantwortlichen möglichst schnell - unverzüglich - und vollständig erreichen. Dies setzt vollständige Aufzeichnungen in auswertbarer Form voraus.

Alle technischen und organisatorisch wirksamen Vorkehrungen sollten geschaffen werden, um die *Informationsaufnahme* zu *systematisieren* und für ihr unverzügliches Weiterleiten und Auswerten zu sorgen.

Ein Sensibilisieren der Mitarbeiter des Kundendienstes für Bedeutung und Wert dieser weiterführenden Aufgaben und Verantwortungen ist die notwendige geistige Grundlage. Sie reicht allein nicht aus. Die unterschiedlichen Anforderungen und Randbedingungen des Einsatzes der einzelnen Produkte sind kaum angemessen oder gar vollständig regelmäßig zu erfassen, ohne *systematische Hilfsmittel*, die auf die Leistungen, Eigenschaften und Anwendungen der Produkte möglichst genau abgestimmt sein sollten, um ein zielgerechtes Erfassen und Auswerten zu erleichtern. Anwenderfreundlich für die Mitarbeiter des Kundendienstes sollten sie so aufgebaut sein, daß sich „vor Ort" *alle gewünschten Angaben* und Informationen *vollständig* und *zuverlässig erfassen* lassen. Beispielhaft dafür sind Checklisten und Fragebögen, die nach den Erfahrungen mit den einzelnen Produkten und ihren Anwendungen sachgerecht zu entwickeln sind. Die Checkliste für Beratung und Verkauf - siehe Bild 3.16, S. 298 - wird so in Doppelfunktion genutzt.

Für diese Berichterstattung gibt es übertragbare *Beispiele* als gesicherten Stand der Technik. Eines der am weitesten bekannten ist der *Fahrzeuguntersuchungsbericht* des *TÜV* bei der regelmäßigen Kraftfahrzeuguntersuchung. Im oberen Drittel einer DIN A 4-Seite wird das Fahrzeug nach Typ, Alter, Region, Fahrleistung usw. eindeutig erfaßt, die unteren zwei Drittel stellen *168 Einzelfragen* nach Mängeln an Teilsystemen und deren Elementen. Ein „Übersehen" oder „Vergessen" durch den Prüfer wird dadurch weitgehend verhindert. Die gleiche Systematik enthält der Prüfbericht für Tanks mit wassergefährdenden Flüssigkeiten - Bild 5.8.

An solchen Beispielen müssen sich die Hilfsmittel messen lassen, die von den Unternehmen den Mitarbeitern des Kundendienstes zum Unterstützen der Produktbeobachtung an die Hand gegeben werden. Sie sind als Stand der Technik der entscheidende Maßstab, um zu beurteilen, ob und wieweit die rechtliche Anforderungen an eine *aktive Produktbeobachtung produktspezifisch* und *anwendungsbezogen* erfüllt sind.

Technischer Überwachungs-Verein
Hannover e. V.
Vereinsgebiet in Niedersachsen – Nordrhein-Westfalen

TÜV HANNOVER

☐ 3000 Hannover 81, Postfach 81 05 51, Am TÜV 1, Telefon (05 11) 83 39-0, Telex 9 23 941, Telefax (05 11) 83 39-237
☐ 4800 Bielefeld 1, Postfach 33 20, Böttcherstraße 11, Telefon (05 21) 7 86-0, Telefax (05 21) 7 86-2 44
☐ 3300 Braunschweig, Porschestraße 2, Telefon (05 31) 39 04-0, Telefax (05 31) 39 04-288
☐ 3400 Göttingen-Weende, Postfach 36 41, Rudolf-Diesel-Straße 5, Telefon (05 51) 38 55-0, Telefax (05 51) 38 55-69
☐ 4500 Osnabrück, Postfach 41 40, Mindener Straße 108, Telefon (05 41) [illegible], Telefax (05 41) [illegible]
☐ 4790 Paderborn, Postfach 26 28, An der Talle 7, Telefon (0 52 51) 4 03-0, Telefax (0 52 51) 4 03 20

Akte: ______________

Prüfbericht

über den Zustand einer Anlage zum Lagern wassergefährdender Flüssigkeiten - VAwS -

Die auf dem – nebenstehend bezeichneten – Grundstück

____

____

befindliche Behälteranlage wurde heute geprüft.

☐ Prüfung vor Inbetriebnahme
☐ Wiederkehrende Prüfung
☐ Prüfung nach wesentlicher Änderung
☐ Erstmalige Prüfung einer bestehenden Anlage

Hersteller des Behälters	Herst.-Nr.	Baujahr	Inh. (m³)	Bauart	Lagerfl.	Einbaudat.

Art der Lagerung: ☐ unterirdisch ☐ oberirdisch im Freien ☐ oberirdisch im Lagerraum

Baugenehmigung vom ______________

ausgestellt am ______________ A. Z. ______________ ☐ wurde vorgelegt ☐ lag bereits vor

Prüfungszeugnis des Lagerbehälters ☐ wurde vorgelegt ☐ lag bereits vor

Bescheinigung über die ordnungsgemäße Einlagerung ☐ wurde vorgelegt ☐ lag bereits vor

Bescheinigung über die ordnungsgemäße Ausführung der flüssigkeitsführenden Rohrleitungen ☐ wurde vorgelegt ☐ lag bereits vor

Ausführung: ☐ unterirdisch ☐ Kupfer ☐ Stahl ☐ Aluminium
☐ oberirdisch ☐ Schutzrohr ☐ Saugleitung ☐ Kunststoffmantel ☐ Trennstücke

☐ Auffangraum: ☐ Mauerwerk ☐ Schutzanstrich ☐ Beton ☐ Stahl

☐ Eignung und Dichtheit des Auffangraumes können von mir beurteilt werden
☐ Besondere Prüfung des Auffangraumes durch Bausachverständigen erforderlich
☐ Innere Prüfung/Dichtheitsprüfung – gesonderte Bescheinigung
☐ Leckanzeiger
☐ Leckschutzauskleidung
☐ Tanks besonderer Bauart
☐ Grenzwertgeber bzw. Überfüllsicherung

Typ/	PTB III B/S
Typ/	PTB III B/S
Typ/	
Typ/	PTB III B/S

☐ Kathodischer Korrosionsschutz
☐ Das Merkblatt über Betriebs- u. Verhaltensvorschriften
☐ Die Anlage entspricht der VAwS
☐ Mängel an der Anlage:

____

____

____

☐ Siehe Mängelbericht (Pos.) ______________
☐ Die Mängelbeseitigung ist schriftlich zu bestätigen.
☐ Erneute Prüfung nach Mängelbeseitigung durch den Sachverständigen erforderlich

Die aufgeführten Mängel sind in einer von der zuständigen Aufsichtsbehörde zu bestimmenden Frist zu beseitigen.

Spätester Termin der nächsten wiederkehrenden Prüfung ______________

Der amtlich anerkannte Sachverständige

______ ______________ den ______________ 19 ____

______ Anlage

TK 04 12 89 4x20000

Bild 5.8 TÜV Prüfbericht für Tanks mit wassergefährdenden Flüssigkeiten

Mitarbeiter des Kundendienstes haben meist als Einzige direkten Zugang zu den Anwendungen industrieller Erzeugnisse; sie sehen ihren Einsatz, sei er gewerblich oder privat. Dabei erfahren sie zwangsläufig auch (Rand-)Bedingungen und ungewöhnliche Arbeitsweisen, die nicht mit Produktbeschreibung, Benutzungs- und Wartungsanleitung übereinstimmen. Nur zu oft werden Maschinen und Anlagen geändert, Zusatzaggregate ein- oder angebaut, Schutzausrüstungen geändert oder entfernt und was sonst Benutzern einfällt, um die Erzeugnisse ihren speziellen Bedingungen und Arbeitsweisen möglichst gut anzupassen. Auch diese *Änderungen sind zu berichten* als Teil der Produktbeobachtung, um vom herstellenden Unternehmen angemessen berücksichtigt zu werden.

5.3.4 Innerbetriebliche Auswertung

Eine wichtige Funktion des Kundendienstes ist die *Prüfung* von Inhalt, Aussagefähigkeit und Aufmachung aller *Benutzerinformationen* – siehe folgenden Abschn. 5.4. Das Unternehmen hat alle Maßnahmen zu treffen, um die Informationen des Kundendienstes und die dadurch erkennbaren Auswirkungen sachgerecht zu verwerten.

Eine wichtige Auswertung betrifft alle produktspezifischen und anwendungsbezogenen Angaben in Werbung und Benutzerinformationen. Sie sind an den Erkenntnissen des Kundendienstes zu messen, übertriebene oder unzulässige Aussagen sind zu streichen.

Aus diesem Grunde gehören Form, Inhalt, Darstellung und Aussagen aller Benutzerinformationen zur notwendigen regelmäßigen Diskussion und kritischen Stellunnahme bei Schulungen und Auswertungsgesprächen des Kundendienstes. Was als mißverständlich, ganz oder teilweise unzutreffend erkannt wird, sollte unverzüglich angemessen geändert werden.

Literatur

HDI-Information (1991) Aufgaben des Kundendienstes in der Produkthaftung H III 9/91 Haftpflichtverband d. Deutschen Industrie V. a. G., Hannover

5.4 Benutzerinformationen

5.4.1 Rechtliche Anforderungen

Benutzerinformationen sollen die Schnittstelle zwischen Hersteller und Benutzer so verständlich überbrücken, daß die *Benutzer alle notwendigen* und *erforderlichen Informationen* erhalten, um die Maschinen, Anlagen und Geräte bestimmungsgemäß und sicher *ohne* zusätzliche *Gefahren* und Risiken für Benutzer oder unbeteiligte Dritte *verwenden* zu können.

Ungenügende, unvollständige, falsche oder zu Fehlgebrauch verleitende Benutzerinformationen sind

▶ *Instruktionsfehler*

mit der gleichen rechtlichen Wirkung wie Konstruktions- oder Fabrikationsfehler mit der nicht abdingbaren Verpflichtung zu vollem Ersatz der Sach- und/oder Personenschäden, die dadurch ausgelöst oder nicht verhindert wurden. Auch für Instruktionsfehler gilt die Umkehr der Beweislast; ein Benutzer hat nur zu beweisen, daß eine Information an ihn erforderlich war, um einen Fehl- oder Mißbrauch und damit die Ursache für einen Schaden zu vermeiden, und daß diese Information ihm nicht gegeben wurde. Ist dies bewiesen, so haftet der für die Herausgabe der Benutzerinformationen Verantwortliche, es sei denn, trotz Produktbeobachtung war diese Notwendigkeit für ihn nicht erkennbar – was er wiederum zu beweisen hat.

Die volle Verantwortung für Art, Inhalt, Umfang und Wirksamkeit der Benutzerinformationen trägt der Hersteller oder sein verantwortlicher Vertreter in der EU.

Zielgruppe sind die *durchschnittlichen voraussichtlichen Benutzer* mit ihrem üblichen Wissen und ihren anwendungsbezogenen Kenntnissen. Problematisch ist stets die Ausrichtung jeder Benutzerinformation und ihrer einzelnen Arten untereinander nach Aussage, Darstellungsart und -inhalt auf die voraussichtlichen Benutzer. Gibt es mehrere Zielgruppen oder Benutzerkreise, so sind die Benutzerinformationen auf die am wenigsten informierten und am geringsten ausgebildeten Benutzer auszurichten.

Zum Erfüllen dieser Anforderungen ist eine bereichsübergreifende Organisation notwendig, die sowohl Konstruktion und Vertrieb, als auch Kundendienst und alle Stufen und Formen der Verteilerkette einschließt. Mit der VDI-Richtlinie VDI 4500 „Benutzerinformationen" ist eine anerkannte Regel der Technik verfügbar, die den Unternehmen bei der Problemlösung hilft und Maßstab für die Angemessenheit und Brauchbarkeit der Ergebnisse liefert.

5.4.2 Das Dokumentations-System

Benutzerinformationen – als Oberbegriff – umfassen vom Fernsehspot über Produktbeschreibungen, Katalogangaben bis zu Benutzeranleitungen alle Informationen, die auf die Benutzer ausgerichtet sind, um ihnen Leistung, Zuverlässigkeit, Sicherheit und Nutzen der Produkte nahezubringen.

Diese betriebsexternen Informationen sind durch eine umfasende betriebsinterne Dokumentation zu ergänzen, die alle Angaben, Zahlen und Aussagen der betriebsexternen Informationen als auf Versuchen, Berechnungen oder sonstigen technisch nachprüfbaren Grundlagen aufbauend nachweist. Alle betriebsexternen Aussagen sind durch aussagefähige betriebsinterne Unterlagen zu belegen.

Bild 5.9 zeigt das unternehmensumfassende Dokumentations-System. Die Organisation im Unternehmen hat diesen Anforderungen zu entsprechen – was systematisch vollständig und wechselseitig deckungsgleich nur in Ausnahmen der Fall ist, weil die verschiedenen Arten und Teile der technischer Dokumentation in den verschiedenen Bereichen selten systematisch aufeinander abgestimmt oder nach einheitlichen Grundsätzen entwickelt wurden. Dieser Nachholbedarf sollte kurzfristig befriedigt werden, ehe ein Schaden solche Nachweise erfordern könnte.

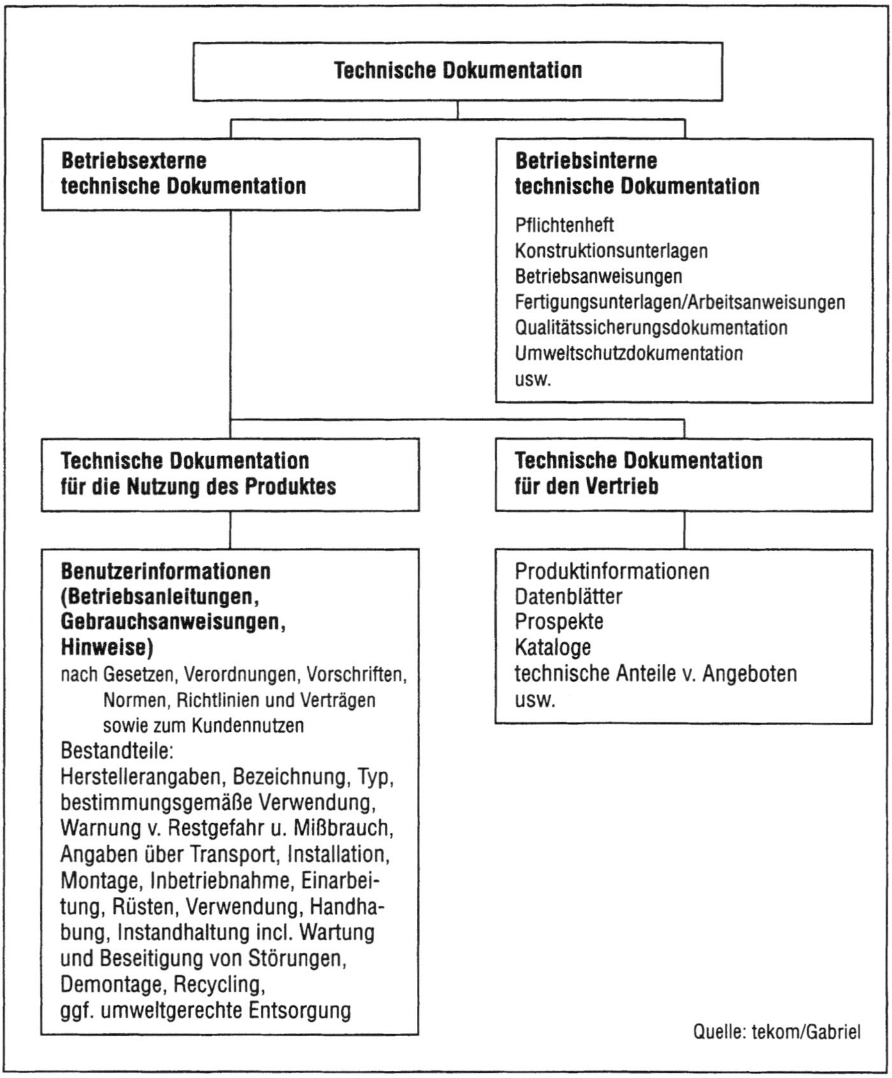

Bild 5.9 Gesamtumfang der technischen Dokumentation, VDI 4500

5.4.3 Anforderungen an den Inhalt

Anforderungen an den Inhalt und die Aussagen von Benutzerinformationen betreffen zahlreiche unterschiedliche Aspekte. Sie alle den rechtlichen Anforderungen entsprechend zu erfüllen, verlangt ein System, das nicht nur rechtliche Anforderungen, sondern auch organisatorische und kaufmännische Notwendigkeiten einschließt.

Bild 3.19, S. 308 listet die unterschiedlichen Forderungen an das Erstellen von Benutzerinformationen auf, soweit sie produktunspezifisch und anwendungsneutral sind. Diese Stichworte sind produktspezifisch, anwendungsbezogen und bei verschiedenen Benutzergruppen auch auf deren Wissen unterschiedlich ausgerichtet aufzugliedern und zu ergänzen.

Ein Erfüllen dieser Anforderungen setzt eine innerbetriebliche Organisation voraus, die Verantwortungen und Mitwirkungen an den Aufgaben der technischen Dokumentation umfassend regelt.

Bild 3.14 – Abschn. 3.8.2, S. 292 – gibt dafür ein Beispiel, das die unterschiedlichen Hierarchien und Mitwirkungen im Ablauf des Erstellens von Benutzerinformationen ausweist.

Besonders schwierig ist das Anpassen des Inhaltes an die Erwartungen und an die Fähigkeiten der Benutzer. Dies verlangt eine ausgefeilte Organisation, wie sie in einem Ablaufplan zum Erstellen von Benutzerinformationen festzuhalten ist. Benutzerinformationen können nicht im herstellenden Unternehmen allein erstellt werden, da dort die Prüfung auf Wissen und Verständlichkeit aus der Sicht der Benutzer kaum angemessen durchzuführen ist. Bild 3.20, S. 308 zeigt das Schema eines solchen Ablaufplanes, das ebenfalls produktspezifisch und anwendungsbezogen zu ergänzen ist.

In der Regel sind unterschiedliche Benutzerinformationen für die verschiedenen Zielgruppen zu verfassen. Anleitungen für Fachkräfte sind deutlich zu kennzeichnen und zu trennen, um ein Ausführen durch unzureichend ausgebildete Laien zu verhindern. Unterschiedliche Zielgruppen sind durch ihre erforderlichen Mindestqualifikationen deutlich zu kennzeichnen.

VDI 4500 enthält 11 Prüflisten, die Anforderungen aus anerkannten Regeln der Technik über Sprache, Layout und Bilder bis zur Umweltverträglichkeit, Richtigkeits- und Vollständigkeitsprüfung erlauben. Das Einhalten dieser Mindestvoraussetzungen ist zu dokumentieren, und im Schadensfall ist nachzuweisen, daß auch beim Erstellen der Benutzerinformationen die erforderliche Sorgfalt eingehalten wurde und anerkannte Regeln der Technik angemessen angewendet wurden.

6
Schlußfolgerungen

Diese Darstellung der *Qualitätsorganisation* nur nach dem angemessenen Erfüllen *rechtlicher Grundlagen* kann *keinen Anspruch* auf *Vollständigkeit* erheben, weil die unternehmensindividuellen Anforderungen der Unternehmensstrukturen nicht erfaßbar sind. Sie zielte auf produzierende Unternehmen. Anforderungen in Dienstleistungsunternehmen oder des Vertriebes unterscheiden sich erheblich von denen der Produktion. Der Versuch, die *Qualitätsorganisation* der Unternehmen *unabhängig* von ihren *Produkten*, deren *Größe* und *Strukturen* in *einheitliche* nur *20 Elemente* zu pressen und diese auch dienstleistenden und Vertriebsunternehmen überzustülpen, ist *sachwidriger* als das *Bett des Prokrustes*. Die rechtlichen Anforderungen der Produkthaftung sind so kaum sachgerecht zu erfüllen.

Recht und Rechtsprechung der Bundesrepublik sind die allein ausgewertete Grundlage. Nationale Anforderungen in den übrigen Mitgliedsstaaten der EU würden den Rahmen sprengen. Die hier dargestellten Grundlagen und ihre Auswertungen gelten *im großen und ganzen* auch für außereuropäische Verhältnisse, wobei in den USA häufig produkt- oder anwendungsspezifische Zusatzforderungen gestellt werden.

Rechtsgrundlagen angemessen zu erfassen, in unternehmensindividuelle Organisationsformen umzusetzen, ist eine der *wichtigsten Aufgaben* der *Unternehmensführung*. Die *Allzuständigkeit* und *Generalverantwortung* der Rechtsprechung des BGH zur Organisationsverantwortung gilt uneingeschränkt. Erst aus der Kenntnis deutscher Anforderungen und ihnen entsprechender rechtskonformer Lösungen können wirksame Maßnahmen und Organisationsformen entwickelt werden, die auch in anderen Ländern zweckmäßig sein können.

Dafür genügen Kenntnisse der Normen oder theoretischen Modelle nur in Ausnahmen. Sie sind nur soweit anwendbar, wie sie die Prüfung auf ihre bereichsspezifische Wirksamkeit und auf ihre Rechtskonformität bestanden haben. Die Rechtskonformität wird erst im Schieds-/Streitfall und dann häufig mit überraschenden Erkenntnissen und wirtschaftlich schwerwiegenden Ergebnissen erkennbar.

Dieses Buch enthält notwendige Mindestkenntnisse von Rechtsgrundlagen und Rechtsprechung für Führungskräfte im Qualitätswesen. Ihre Berücksichtigung im unternehmerischen Alltag kann nicht auf juristische Stabsabteilungen delegiert werden, weil dort die organisatorischen und Kenntnisse der technischen Prozesse nicht in ausreichendem Umfange als notwendige Bewertungsgrundlage verfügbar sein können. Verantwortlich Handelnde müssen über diese Kenntnisse selbst verfügen und sie bei ihrem täglichen Handeln angemessen berücksichtigen.

Teil D
Versicherungsrecht

Gerhard Otto

1 Bedeutung und Funktion der Betriebshaftpflichtversicherung

Die Betriebshaftpflichtversicherung hat für die Unternehmen ständig an Bedeutung gewonnen. Bis weit in die siebziger Jahre hinein stand die Versicherung der Sachwerte gegen Feuer- und andere Beschädigungsrisiken im Mittelpunkt des Interesses der Unternehmen. Durch die Stärkung des Verbraucherschutzes und dem damit verbundenen Wachsen der Wahrscheinlichkeit, durch Dritte infolge eines Produkt- oder Beratungsfehlers in Anspruch genommen zu werden, hat sich diese Risikoeinschätzung grundlegend geändert. Die Verschärfung der Haftungsnormen und die immer extensivere Auslegung der Gesetze durch die Gerichte zuungunsten der Unternehmen wurde die Grundlage für eine explosionsartige Entwicklung des Haftpflichtrisikos. Hinzu kommt die steigende Anspruchsmentalität der Geschädigten. Immer häufiger wird ein Schaden nicht mehr als allgemeines Lebensrisiko hingenommen, sondern nachgeforscht, wer für den Schaden verantwortlich sein könnte. Verbesserte technische Schadenursachennachweismöglichkeiten und die Aufarbeitung von spektakulären Produktschäden durch die Medien verschärfen die Situation.

Dieser Trend wird sich als Folge des neuen Produkthaftungsgesetzes fortsetzen. War es früher erforderlich, daß der Geschädigte dem Unternehmen ein konkretes Verschulden nachwies, wird diese Schwelle für die Anspruchsgeltendmachung durch die verschuldensunabhängige Haftungsgrundlage des Produkthaftungsgesetzes abgebaut.

Das Produktrisiko ist ferner ein Großschadenrisiko. Fehler eines Produktes treten häufig in einer Serie auf. Wäre die Forderung eines einzelnen Geschädigten verkraftbar, kann die Durchsetzung einer Vielzahl von Ansprüchen ernsthafte Lücken in die Bilanz eines Unternehmens reißen. Eine adäquate Absicherung des Haftpflichtrisikos wird für die Unternehmen daher immer wichtiger.

Allerdings darf die Haftpflichtversicherung immer nur als ein Baustein des Risk-Managements verstanden werden. Zunächst ist das Qualitätssicherungswesen zu optimieren, um Drittschäden möglichst auszuschließen. Eine Betriebshaftpflichtversicherung kann nicht gegen alle Risiken schützen (z. B. Imageverlust etc.). Auch wird die Höhe der Prämie vom Schadenverlauf des Unternehmens wesentlich mitbestimmt und der Schaden könnte die vereinbarte Deckungssumme übersteigen.

1.1 Rechtsverteidigungspflicht des Haftpflichtversicherers

Werden gegen den Unternehmer Haftpflichtansprüche geltend gemacht, prüft der Versicherer, ob die Ansprüche unter den Deckungsumfang des Haftpflichtvertrages fallen und danach, ob der Versicherungsnehmer haftet. Sind die Ansprüche berechtigt, muß der Versicherer an den Anspruchsteller entsprechende Zahlungen leisten. Kommt der Versicherer demgegenüber zu dem Ergebnis, daß die Ansprüche des Dritten unberechtigt sind, hat er die Verpflichtung, die geltend gemachten Ansprüche abzuwehren. Die Rechtsverteidigungskosten hat der Versicherer zu tragen.

Die Rechtsverteidigungskosten werden nicht auf die Deckungssumme des Versicherungsvertrages angerechnet. Abweichend hiervon kann vereinbart werden, daß die Rechtsverteidigungskosten auf die Deckungssumme angerechnet werden. Üblicherweise wird diese Vereinbarung bei USA/Kanada-Risiken getroffen. Die

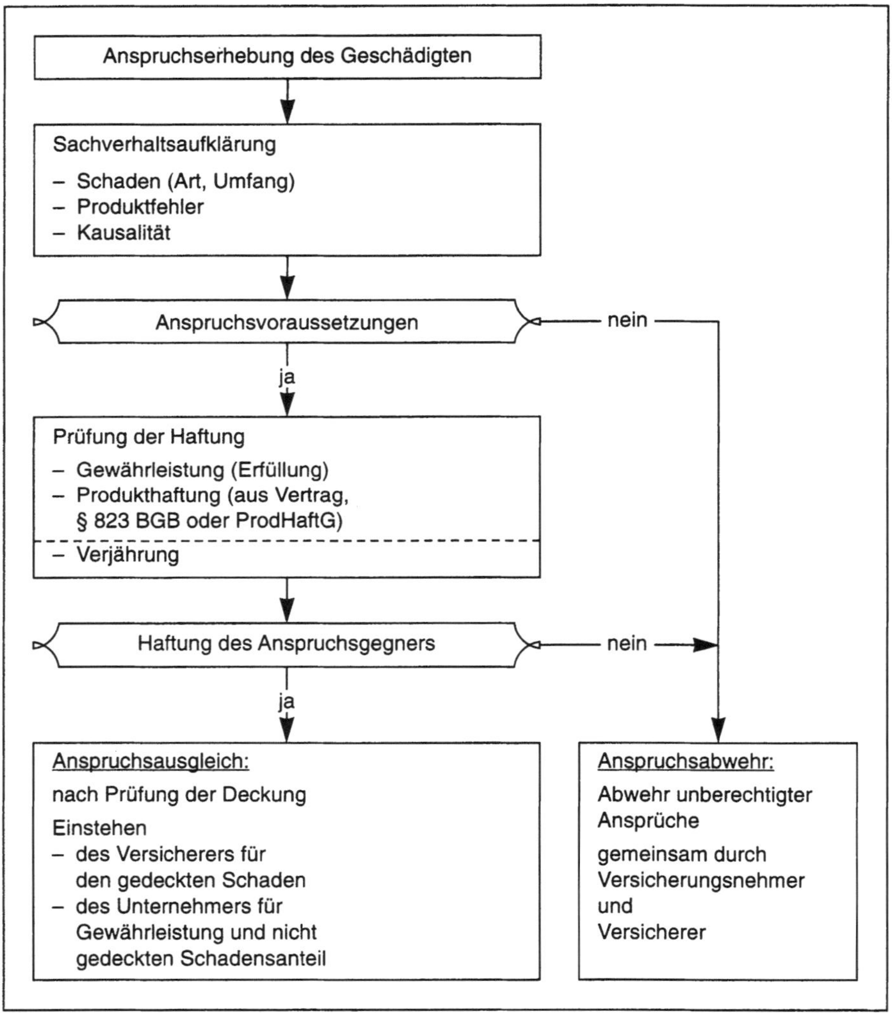

Bild 1. Abwicklung von Produkthaftpflichtschäden

Rechtsverteidigungskosten können hier weit über DM 1 Mio liegen. Dieser Umstand sollte bei der Wahl der Deckungssummenhöhe berücksichtigt werden.

Die Bedeutung der Rechtsverteidigungspflicht wird oft unterschätzt. Während bei der Feuerversicherung Versicherungsnehmer und Geschädigter eine Person sind und der Versicherer mit diesem über den Umfang der Ersatzleistung u. U. auch streitet, ist die Interessenlage bei der Haftpflichtversicherung anders. Es ist die Funktion der Schadenabteilungen der Haftpflichtversicherer für den Versicherungsnehmer mit dem Schadenersatz begehrenden Dritten zu verhandeln, notfalls zu prozessieren. Die Rechtsschutzversicherung tritt grundsätzlich nur bei der Geltendmachung von Haftpflichtansprüchen ein. Für die Abwehr unberechtigter Haftpflichtansprüche ist der Haftpflichtversicherer zuständig.

Bei der Wahl des Haftpflichtversicherers sollte auf die Professionalität der Schadenbearbeitung geachtet werden. Wird das Unternehmen nicht im Inland, sondern im Ausland verklagt, kann es von existentieller Bedeutung sein, daß der Versicherer die rechtliche Situation des Landes kennt und über gute Kontakte zu ausländischen Rechtsanwälten verfügt. Werden Haftpflichtverträge mit ausländischen Versicherern abgeschlossen, sollte geprüft werden, ob der Haftpflichtvertrag auch die Rechtsverteidigungspflicht und die Übernahme der Rechtsverteidigungskosten umfaßt. Prämienunterschiede können darauf zurückzuführen sein, daß Rechtsverteidigung und Rechtsverteidigungskosten nicht Gegenstand der Versicherung sind.

1.2 Mitversicherung der persönlichen Haftpflicht der Mitarbeiter

Der Produkthaftung unterliegt nicht nur das Unternehmen, sondern auch der einzelne Mitarbeiter. Er wird nicht im „rechtsfreien Raum" tätig. Unterlaufen ihm bei der beruflichen Tätigkeit Fehler, durch die Dritte einen Schaden erleiden, können diese auch gegen ihn einen Anspruch haben. Die Privathaftpflichtversicherung umfaßt nur die Risiken des Mitarbeiters aus seinem Privatleben. Diese Versicherungslücke wird in der Betriebshaftpflichtversicherung durch den Einschluß der persönlichen Haftpflicht der einzelnen Mitarbeiter geschlossen.

2 Bedingungsumfang einer Betriebshaftpflichtversicherung

Den Haftpflichtversicherungsverträgen liegen regelmäßig die Allgemeinen Versicherungsbedingungen für die Haftpflichtversicherung (AHB) zugrunde. In § 1 Nr. 1 der AHB wird als Gegenstand der Versicherung definiert, daß der

> „Versicherer ... dem Versicherungsnehmer Versicherungsschutz für den Fall (gewährt), daß er wegen eines während der Wirksamkeit der Versicherung eingetretenen Schadenereignisses, das den Tod, die Verletzung oder Gesundheitsschädigung von Menschen (Personenschaden) oder die Beschädigung oder Vernichtung von Sachen (Sachschaden) zur Folge hatte, für diese Folgen *aufgrund gesetzlicher Haftpflichtbestimmungen privatrechtlichen Inhalts* von einem Dritten auf Schadenersatz *in Anspruch genommen wird.*"

Anders als in der Feuerversicherung bezieht sich der Anwendungsbereich einer Haftpflichtversicherung nicht auf ein konkretes Objekt, sondern auf eine nicht bis ins letzte kalkulierbare Materie, das *Haftpflichtrisiko einschließlich der Rechtsprechungs-* und *Gesetzgebungsveränderungen.* Dieser Besonderheit tragen die AHB Rechnung, indem sie keinen Ausschluß für die Fälle enthalten, in denen ein Haftpflichtanspruch auf der Grundlage einer Haftungsnorm geltend gemacht wird, die bei Abschluß des Haftpflichtversicherungsvertrages noch nicht bestand. Beispielsweise war es nach Inkrafttreten des Produkthaftungsgesetzes nicht erforderlich, die bestehenden Verträge auf die erweiterte Haftung auszudehnen.

2.1 Personen- und Sachschäden

Nach dem Wortlaut des § 1 Nr. 1 AHB sind *nur Personen- und Sachschäden* Gegenstand des Versicherungsvertrages. Bei einem Personenschaden werden in der Regel Schmerzensgeld und weitere Kosten geltend gemacht, die erforderlich sind, um den ursprünglichen Gesundheitszustand wiederherzustellen. Wird Schadenersatz wegen eines Sachschadens beansprucht hat der Schädiger – und damit der Versicherer – den Geschädigten grundsätzlich so zu stellen, wie er vor der Schädigung gestanden hat. Die beschädigte Sache ist wieder in den ursprünglichen Zustand zu bringen. Ist dies unmöglich, hat der Schädiger Geldersatz zu leisten.

2.2 Vermögensschäden

Probleme können Vermögensschäden bereiten, also Schäden, bei denen kein Personen- oder Sachschaden eintritt, sondern nur das Vermögen des Geschädigten vermindert wird. Bei den Vermögensschäden ist zu unterscheiden, ob sie als direkte Folge eines Personen- oder Sachschadens oder unmittelbar ohne einen vorangehenden Personen- oder Sachschaden eintreten. Die *mittelbaren Vermögensschäden* werden als Teil eines versicherten Personen- oder Sachschadens *ersetzt.*

Beispiel: Das Unternehmen liefert eine Turbine. Nach der Abnahme schaltet diese aufgrund eines Konstruktionsfehlers in einer Überlastsituation nicht ab. Die Turbine beschädigt die angeschlossenen weiteren Maschinen des Abnehmers. Es kommt zu einem Betriebsunterbrechungsschaden.

Der Betriebsunterbrechungsschaden ist ein Vermögensschaden. In unserem Beispiel tritt er als Folge des Sachschadens ein (Beschädigung der fremden Maschinen) und ist als Folge des Sachschadens gedeckt. Treten beim Geschädigten demgegenüber Vermögensschäden ein, denen kein Personen- oder Sachschaden vorangegangen ist, hat das Unternehmen im Rahmen einer AHB-Deckung keinen Deckungsschutz.

Beispiel: Die gelieferte Turbine bleibt aufgrund eines Konstruktionsfehlers, ohne daß es außerhalb der Turbine zu einem Sachschaden gekommen ist, stehen und es tritt ein Betriebsunterbrechungsschaden ein.

In modernen Betriebshaftpflichtversicherungen können jedoch bestimmte, einzeln aufgezählte Vermögensschäden, in den Deckungsschutz einbezogen werden.

2.3 Zeitlich anwendbare Police

Versicherungsschutz besteht für die Folgen von während der Wirksamkeit der Versicherung eingetretenen Schadenereignissen, die einen Personen- oder Sachschaden zur Folge haben. Unter Schadenereignis wird das äußere Ereignis verstanden, das den Personen- oder Sachschaden hervorgerufen hat. Nicht entscheidend ist der Zeitpunkt, zu dem der Fehler begangen oder der Zeitpunkt, zu dem der Schaden festgestellt wird. Vielmehr ist darauf abzustellen, *wann* sich der *Produktfehler* durch den äußeren Vorgang (z. B. Explosion) *in einem Schadenereignis verwirklichte* und hierdurch den Personen- oder Sachschaden verursachte.

Beispiel: Der Unternehmer erhöhte zum 1. 1. 1990 die Deckungssumme des Haftpflichtvertrages von DM 2 Mio auf DM 5 Mio und den Selbstbehalt für Produktrisiken von DM 10.000 auf DM 50.000. Bei einem Produktschaden in Höhe von DM 40.000 würde sich der Versicherungsnehmer besser stehen, wenn das Schadenereignis vor dem 1. 1. 1990 (Selbstbehalt nur DM 10.000), bei einem Schaden in Höhe von DM 4 Mio dagegen, wenn das Schadenereignis nach dem 1. 1. 1990 eingetreten ist (höhere Deckungssumme).

Die Bestimmung des Schadenereigniszeitpunkts ist bei plötzlich eintretenden Schadenereignissen einfach. Demgegenüber kann diese Feststellung bei schleichenden, verdeckten Vorgängen sehr problematisch sein, da auch hier ein bestimmter Zeitpunkt und kein Zeitraum für die Frage entscheidend ist, welche Police anwendbar ist.

Beispiel: Der Ingenieur beachtete 1985 bei der Konstruktion einer Anlage nicht die für die Materialauswahl maßgeblichen DIN-Werkstoff-Normen. 1992 wird festgestellt, daß Gebäude und Grundstück des Abnehmers durch austretende Flüssigkeiten kontaminiert sind, da es durch die fehlerhafte Materialauswahl zu einer Materialzersetzung gekommen ist. Die Gutachter können den vermutlichen Schadenereigniszeitpunkt (Materialzersetzung mit erstmaligem Austritt der Flüssigkeit) nur auf den Zeitraum zwischen 87 und 91 festlegen.

Unser Beispiel zeigt, welche Probleme entstehen können, wenn das Unternehmen zum 1. 1. 1988 seinen Haftpflichtversicherer wechselte. Alt- und Neuversicherer werden konkrete Anhaltspunkte verlangen, aus denen folgt, daß das Schadenereignis während der Laufzeit ihrer Police eingetreten ist. Ein Umstand, der bei einem Wechsel des Versicherers bedacht werden sollte.

In einigen Berufshaftpflichtversicherungen (z. B. Architekten) wird nicht auf das Schadenereignis, sondern auf den Verstoß abgestellt, der später zum Schadenereignis führt. Bei Spätschäden ist folglich eine „noch ältere" Police mit einer noch älteren Deckungssumme betroffen. Der Unternehmer kann das Risiko zwar durch Vereinbarung von kurzen Verjährungsfristen minimieren. Auf außerhalb des Vertragsbereiches eintretene Drittschäden finden jedoch die gesetzlichen Verjährungsfristen Anwendung.

2.4 Betriebsbeschreibung

Um das Risiko, das der Versicherer durch die Betriebshaftpflichtversicherung übernimmt, begrenzen und damit kalkulieren zu können, enthält der Versicherungsvertrag eine Beschreibung des versicherten Betriebsgeschehens, mit der die versicherten Tätigkeiten des Unternehmens festgelegt werden. Im Interesse des Versicherers ist es, die Betriebsbeschreibung möglichst eng zu fassen („Konstruktion und Herstellung von Armaturen zur Drucküberprüfung aus Chrom-Nickel-Stahl und Montage, Reparatur sowie Wartung der hergestellten Geräte") während eine möglichst weite Formulierung im Interesse des Unternehmens ist („Konstruktion, Herstellung und Vertrieb inkl. Wartung von Industriearmaturen etc."). Der Unternehmer sollte darauf achten, daß alle unternehmerischen Tätigkeiten von der Betriebsbeschreibung erfaßt werden und ein ausreichender Spielraum für eine Ausdehnung dieser Tätigkeiten vorhanden ist.

Damit der Unternehmer nicht schutzlos ist, wenn er nach Vertragsabschluß mit einer in der Betriebsbeschreibung nicht aufgeführten Tätigkeit beginnt, wird die „Vorsorgeversicherung" vereinbart. Allerdings ist die Deckungssumme bei der Vorsorgeversicherung auf DM 500.000 für Personen- und auf DM 150.000 für Sachschäden beschränkt. Es können jedoch auch höhere Unterlimits vereinbart werden.

2.5 Ausschlüsse

Die AHB sind als „Allgefahrendeckung“ konzipiert. In dem durch § 1 festgelegten Rahmen sind alle von der Betriebsbeschreibung umfaßten Risiken mitversichert, soweit die AHB oder der Versicherungsvertrag keinen konkreten Ausschluß enthält.

2.5.1 Erfüllung von Verträgen – kaufmännisches Risiko

Der in der Produkthaftung wohl wichtigste und im Einzelfall häufig auch problematischste Ausschlußtatbestand ist der des Erfüllungsrisikos. „Die Erfüllung von Verträgen und die an die Stelle der Erfüllungsleistung tretende Ersatzleistung ist nicht Gegenstand der Haftpflichtversicherung ... “ (§ 4 I 6 Abs. 3 AHB).

Mit dem „Erfüllungsrisiko“ sind die Rechte und Pflichten gemeint, die das Unternehmen zur vertragsgemäßen Herstellung oder Dienstleistung übernimmt. *Ausgeschlossen sind vertragliche Gewährleistungsansprüche.* Versichert sind demgegenüber die aufgrund des Produktfehlers eintretenden Folgeschäden. Wird aufgrund eines Produktfehlers das Produkt selbst zerstört oder beschädigt und hierdurch ein Dritter geschädigt, umfaßt der Deckungsumfang des Versicherungsvertrages die Ansprüche des geschädigten Dritten. Nicht gedeckt sind die Ansprüche zur vertragsgemäßen Neuherstellung des vom Versicherungsnehmer gelieferten Produktes.

2.5.2 Vertragliche Haftungserweiterungen

Eine Weiterentwicklung des Ausschlusses von Erfüllungsrisiken ist der Ausschluß von Haftpflichtansprüchen, „soweit sie aufgrund Vertrages oder besonderer Zusagen über den Umfang der gesetzlichen Haftpflicht des Versicherungsnehmers hinausgehen“ (§ 4 I 1 AHB). Der Deckungsumfang der Haftpflichtversicherung richtet sich nach der „gesetzlichen Normallage“. Für den Haftpflichtversicherer nicht kalkulierbar ist das Risiko, daß das Unternehmen durch eine vertragliche Vereinbarung dieses gesetzliche „Normalmaß“ zu seinen Ungunsten erweitert. Könnte der Dritte aufgrund der gesetzlichen Bestimmungen keinen Anspruch gegen das Unternehmen geltend machen, besteht aber aufgrund der vertraglichen Vereinbarung eine weitergehende Eintrittspflicht, bleibt dieser Haftungsanspruch von der Deckung ausgeschlossen.

Beispiel: Das Unternehmen vereinbart mit einem Abnehmer anstatt der gesetzlichen sechsmonatigen eine Verjährungsfrist von zwei Jahren. Macht der Abnehmer nach einem Jahr einen Haftpflichtanspruch geltend, wäre dieser nach dem Gesetz verjährt. Nur aufgrund der vertraglichen Absprache kann der Abnehmer den Anspruch gegen den Versicherungsnehmer durchsetzen.

Regelmäßig werden Haftungserweiterungen durch Allgemeine Geschäftsbedingungen (AGB) vereinbart. Der Unternehmer sollte die von ihm und seinen Vertragspartnern regelmäßig verwendeten AGB und sonstige Vertragsvereinbarungen auf Haftungserweiterungen untersuchen. In größeren Unternehmen muß durch eine entsprechende *Organisation* gewährleistet sein, daß derartige *Vereinbarungen* den für *Versicherungsfragen Verantwortlichen zugeleitet werden.*

Dem Versicherungsnehmer ist anzuraten, diese Vereinbarungen dem *Versicherer* mit der Frage zur Verfügung zu stellen, ob die daraus folgende *Haftung vom Versicherungsvertrag umfaßt wird.* Bejaht der Versicherer diese Frage, sollte diese Bestätigung zu den Versicherungsunterlagen genommen werden. Kommt der Versicherer zu dem Ergebnis, daß vertragliche, nicht gedeckte Haftungserweiterungen vorliegen, sollte darüber verhandelt werden, ob diese Haftungserweiterungen in den Deckungsumfang des Vertrages einbezogen werden können.

Problematisch sind Erklärungen in *Qualitätssicherungsvereinbarungen* (z. B. Verzicht auf Wareneingangskontrolle) oder *vertragliche Haftungsfreistellungen,* die bei Verträgen mit Abnehmern in den USA häufig verlangt werden. Haftungsfreistellungen sind eingehend zu prüfen. Dabei muß mindestens sichergestellt sein, daß das Unternehmen keine Risiken des Abnehmers übernimmt. So sollte der Hersteller nicht pauschal den Vertriebsunternehmer freistellen. Führt das Vertriebsunternehmen Wartungs- und Beratungstätigkeiten aus, sollten daraus resultierende Risiken nicht vom Hersteller übernommen werden, sondern das Vertriebsunternehmen sollte hierfür einstehen, da es die Risiken verursacht, sie beherrschen und versichern kann. Auch der Einwand des Mitverschuldens sollte nicht ausgeschlossen werden.

2.5.3 Tätigkeitsschäden

Vom Versicherungsschutz ausgeschlossen sind Sachschäden, „die an fremden Sachen durch eine gewerbliche oder berufliche Tätigkeit des Versicherungsnehmers an oder mit diesen Sachen (z. B. Bearbeitung, Reparatur, Beförderung, Prüfung und dergleichen) entstanden sind" (§ 4 I 6 b AHB). Mit dieser „Tätigkeitsschadenklausel" werden Schäden an fremden Sachen ausgeschlossen, auf die der Unternehmer bei der Bearbeitung quasi zwangsläufig einwirkt und die sich im unmittelbaren Gefahrenbereich des Unternehmers befinden. Besonders häufig wird dieser Ausschlußtatbestand in der Bauindustrie und bei Reparaturtätigkeiten im Betrieb eines Vertragspartners relevant oder wenn Sachen eines Vertragspartners im eigenen Betrieb bearbeitet werden.

Beispiel: Das Unternehmen erhält einen Dieselmotor zur Generalüberholung. Um einen anderen Arbeitsvorgang erledigen zu können, wird der Dieselmotor von einem Gabelstapler an die Seite gefahren. Dabei fällt der Dieselmotor von der Gabel und wird beschädigt.

Die Mitarbeiter mußten im Rahmen ihrer Tätigkeit auf den Dieselmotor zielgerecht einwirken. Es liegt ein Tätigkeitsschaden vor. Dabei ist die Unterscheidung zwischen Erfüllungs- und Tätigkeitsschaden wichtig, weil Tätigkeitsschäden mit einem Unterlimit (z. B. DM 50.000) versicherbar sind. Davon sollte das Unternehmen zumindest dann Gebrauch machen, wenn die Mitarbeiter bei der Ausübung ihrer Tätigkeit mit Sachen Dritter in Berührung kommen. Allerdings sollte mit dem Versicherer geklärt werden, ob die denkbaren Schäden tatsächlich Tätigkeitsschäden sind oder unter den obligatorischen Ausschluß für das Erfüllungsrisiko fallen. In unserem Beispiel gehörte das Umsetzen des Dieselmotors nicht zur vertraglichen Erfüllung.

Anders wäre der Fall zu beurteilen, wenn der Dieselmotor auf dem Weg zum Prüfstand beschädigt wird. Das Transportieren würde zur Erfüllung des Vertrages „Generalüberholung“ erfolgen.

2.5.4 Mietsachschäden

Kein Versicherungsschutz besteht für „Haftpflichtansprüche wegen Schäden an fremden Sachen, die der Versicherungsnehmer gemietet, gepachtet, geliehen oder durch verbotene Eigenmacht erlangt hat, oder die Gegenstand eines besonderen Verwahrungsvertrages sind“ (§ 4 I 6 a AHB).

Mietet oder pachtet das Unternehmen Gebäude oder Räumlichkeiten, sollte der Ausschluß teilweise abbedungen und Mietsachschäden durch Brand und Explosion sowie durch Leitungs- und Abwasserschäden an den gemieteten, gepachteten Gebäuden und/oder Räumlichkeiten in den Versicherungsschutz einbezogen werden. Ebenfalls sollte dieser Ausschluß hinsichtlich Schäden an Räumlichkeiten und deren Ausstattung abbedungen werden, soweit diese anläßlich von Dienst- und Geschäftsreisen gemietet werden. Der Versicherungsschutz für Mietsachschäden wird regelmäßig mit einem Unterlimit (z. B. DM 100.000) geboten.

2.5.5 Schäden durch Radioaktivität

Vom Versicherungsschutz ausgeschlossen sind auch Haftpflichtansprüche wegen Schäden, „die im unmittelbaren oder mittelbaren Zusammenhang stehen mit energiereichen ionisierenden Strahlen ... sowie mit Laser- und Maserstrahlen.“

Soweit das Unternehmen mit *radioaktiven Substanzen* umgeht, ist zu prüfen, ob der genehmigte Betrieb dieser Anlagen eine deckungsvorsorgepflichtige Haftpflichtversicherung vorschreibt. Ist dies nicht der Fall, sollte der Versicherungsnehmer bei Vorliegen solcher Risiken eine Abbedingung des Ausschlusses vereinbaren, wobei bestimmte Risiken (z. B. Genschäden) nicht versichert werden.

2.5.6 Luftfahrtrisiken

Luftfahrtrisiken werden in den Betriebshaftpflichtversicherungen weitgehend ausgeschlossen. Wird das Unternehmen für die Luftfahrtindustrie tätig, sollte in jedem Falle eine Versicherung für das Luftfahrtproduktrisiko abgeschlossen werden. Die Versicherung dieser Risiken erfordert außerordentlich hohe Deckungssummen.

3
Besondere Risikobereiche

3.1
Konventionelles Produktrisiko

Die AHB enthalten neben den bereits angesprochenen Ausschlüssen keine besonderen Regelungen zum Produktrisiko. Aufgrund des Allgefahrenprinzips wird daher für das Folgeschadenrisiko aus der Produktlieferung und -herstellung, mit Ausnahme des Luftfahrtproduktrisikos, für Personen- und/oder Sachschäden Versicherungsschutz geboten. Dieser Versicherungsschutz für das „konventionelle Produktrisiko" umfaßt neben den Herstellungs- und Vertriebstätigkeiten auch Personen- und/oder Sachschäden, die die Folge eines Beratungs-, Planungs- oder Wartungsfehlers etc. sind, soweit diese Tätigkeiten von der Betriebsbeschreibung umfaßt werden.

3.2
Produktvermögensschäden

Problematisch sind die Fälle, in denen es über den Erfüllungsbereich hinaus zu Folgeschäden kommt und es sich um nicht gedeckte reine Vermögensschäden handelt.

Beispiel: Ein EDV-Spezialist liefert elektronische Bauteile an den Hersteller einer Wurstabpackmaschine. Nach dem Einbau stellt sich heraus, daß eine Charge der Bauteile mangelhaft ist. Der Maschinenhersteller baut die elektronischen Bauteile aus den Maschinen aus und verlangt von dem Bauteilhersteller aufgrund seiner Gewährleistungsansprüche die Beseitigung der Fehler. Darüber hinaus verlangt er Ersatz für die angefallenen Austauschkosten.

Der Hersteller der elektronischen Bauteile ist zwei Ansprüchen ausgesetzt: Einerseits wird verlangt, daß er aufgrund des Vertrages einwandfreie elektronische Bauteile zu liefern hat (kaufmännisches Risiko). Andererseits ist aufgrund der fehlerhaften Teile beim Abnehmer ein Folgeschaden eingetreten, nämlich die Aufwendungen für den Ausbau der fehlerhaften und den Einbau der nachgelieferten fehlerfreien Teile. Für diese „Produktvermögensschäden" kann das „Produkthaftpflicht-Modell" vereinbart werden. Bei der Wahl der Deckungssummen sollte berücksichtigt werden, daß es sich bei diesen Risiken um Großschadenpotentiale handelt.

Das Produkthaftpflicht-Modell enthält gegenüber den AHB eine Deckungseinschränkung. Häufig erhält das Unternehmen erst nach längerer Zeit Kenntnis davon, daß ein Schadenereignis eingetreten ist. Ist in der Zwischenzeit der Versicherungsvertrag beendet worden und das Schadenereignis noch während der Laufzeit der Versicherung eingetreten, kann das Unternehmen den Schaden nur bis zu drei Jahre nach Beendigung der Police dem Versicherer melden. Nach diesem Zeitraum besteht kein Versicherungsschutz mehr. Wechselt der Unternehmer seinen Versicherer, muß ihm bewußt sein, daß sein Versicherungsschutz unter Umständen eine Deckungslücke aufweist, wenn das Schadenereignis in der Laufzeit der alten Police eingetreten

Ansprüche auf Vertragserfüllung:

Gewährleistung wegen Mängel der Sache
- Wandlung
- Minderung
- Nachbesserung

NICHT VERSICHERBAR!
Unternehmensrisiko!

Schadenersatz:

Beseitigen von Folgeschäden an
- Leben oder Gesundheit (Personenschäden)
  und/oder
- anderen Sachen als dem gelieferten Produkt (Sachschäden)

Kosten durch Beseitigen von Schäden wegen
- Verbindung und Vermischung (4.2)
- Weiterverarbeitung oder Weiterbearbeitung (4.3)
- Aus- und Einbau (4.4)
- Einsatz einer fehlerhaften Maschine (4.5) (Vermögensschäden)
- Lieferung eines fehlerhaften Produktes

Beseitigen anderer Vermögensschäden, z. B.:
- Rückrufkosten aus Lieferungen an die Automobilindustrie
- u. a. m.

Betriebshaftpflichtversicherung

erweitertes Produkthaftpflicht-Modell
(die Ziffern bezeichnen deren Unterabschnitte)

Sondervereinbarungen

Bild 2. Produkthaftpflichtversicherung

ist und somit weder der alte noch der neue Versicherungsvertrag Versicherungsschutz bietet.

3.2.1
Enumerationsprinzip

Die versicherbaren Vermögensschäden werden in Bausteinen beschrieben und der Unternehmer kann wählen, welche er in den Vertrag einbeziehen will. Welcher Baustein im Schadenfall anzuwenden ist, entscheidet sich nach der Art der Schadensverursachung und des eintretenden Schadens, was u. a. von der weiteren Verwendung oder Verarbeitung der Produkte abhängig sein kann. Deshalb sollten im Zweifel alle Bausteine des Produkthaftpflicht-Modells in den Vertrag einbezogen werden.

3.2.2
Verbindungs-, Vermischungs- und Verarbeitungskosten

Liefert der Unternehmer ein fehlerhaftes Produkt und wird dieses von einem Dritten mit einem anderen Produkt zu einer neuen Sache verbunden, vermischt oder anderweitig fest verarbeitet, entsteht aufgrund des fehlerhaften Zulieferteils ein mangelhaftes Produkt. Da eine neue Sache entsteht, die von Anfang an fehlerhaft ist, liegt haftungsrechtlich ein Vermögensschaden vor. Für diese „Schäden Dritter infolge Mangelhaftigkeit von Sachen, die erst durch Verbindung, Vermischung oder Verarbeitung der gelieferten Erzeugnisse mit anderen Produkten entstehen" bietet Nr. 4.2 der ProdHB Versicherungsschutz für die Beschädigung oder Vernichtung der anderen Produkte und die erforderlichen Aufwendungen für eine zusätzliche Nachbesserung des Endproduktes. Auch gedeckt ist der Mindererlös für das mangelhafte Endprodukt und die von dem Dritten umsonst aufgewendeten Kosten (z. B. Herstellungs-, Energie- oder Gemeinkosten). *Ausgeschlossen* vom Versicherungsschutz bleibt jedoch der *Erfüllungsbereich.* Nicht ersetzt werden beispielsweise die Herstellungskosten für die vom Versicherungsnehmer gelieferten fehlerhaften Produkte.

Beispiel: Der Unternehmer liefert fehlerhaften Lack. Der Abnehmer lackiert damit Rohre zur Herstellung von Billig-Stühlen. Nach kurzer Zeit platzt der Lack ab. Ein Abschleifen und Neulackieren der Stühle ist aus wirtschaftlichen Gründen nicht sachgerecht, da diese Arbeiten teurer wären als die Neuherstellung.

3.2.3
Weiterver- und Weiterbearbeitungskosten

Häufig werden die gelieferten Teile nicht mit anderen Produkten zu einer neuen Sache verbunden, sondern weiterver- oder weiterbearbeitet. Ist das Produkt nach der Bearbeitung aufgrund eines Fehlers des angelieferten Produktes unveräußerlich, werden die umsonst aufgewendeten Herstellungskosten des Weiterverarbeiters ersetzt (Nr. 4.3 ProdHB).

Beispiel: Der Unternehmer liefert Kunststoffrohmasse an einen Automobilzulieferer zur Herstellung von Innenraumteilen. Aufgrund fehlerhafter Zusammensetzung der Kunststoffmasse weisen die Fertigprodukte nach kurzer Zeit Farbschattierungen auf. Die Endprodukte werden vom Automobilhersteller nicht abgenommen.

Kein Deckungsschutz besteht für die Material- und Herstellungskosten des zugelieferten fehlerhaften Ausgangsproduktes. Ersetzt werden jedoch über die umsonst aufgewendeten Lohnkosten des Weiterverarbeiters hinaus auch die von diesem geltend gemachten Kosten für Betriebs- und Verbrauchsstoffe. Kann das Endprodukt nur mit einem Preisnachlaß veräußert werden, ersetzt der Versicherer den Mindererlös.

3.2.4
Aus- und Einbaukosten

Wird ein fehlerhaftes Produkt mit anderen Produkten verbunden und kann das fehlerhafte Produkt mit wirtschaftlich vertretbarem Aufwand wieder ausgebaut und ein fehlerfreies dafür eingebaut werden, ersetzt der Versicherer im Rahmen des Bausteins Nr. 4.4 ProdHB die erforderlichen Austauschkosten.

Beispiel: Nach Änderungen in der Verfahrenstechnik halten die ausgelieferten hydraulischen Schläuche nur kurze Zeit den auftretenden Belastungen stand und werden spröde. Die Schläuche müssen gegen neue ausgetauscht werden.

Versicherungsschutz besteht nur, wenn das gesamte gelieferte Produkt ausgebaut werden muß. Kein Versicherungsschutz besteht, wenn das gelieferte Produkt aus mehreren Einzelprodukten zusammengesetzt ist und ein Einzelteil des Gesamtproduktes ausgetauscht wird. Diese für eine *Austauschaktion* innerhalb des gelieferten Gesamtproduktes anfallenden Kosten sind als *Nachbesserungsmaßnahme Teil des kaufmännischen Risikos* und *werden nicht ersetzt.* Ebenso besteht kein Versicherungsschutz, wenn der Versicherungsnehmer die mangelhaften Erzeugnisse selbst einbaut, montiert oder in seinem Auftrag oder für seine Rechnung einbauen oder montieren läßt. Aufgrund der besonderen Risikoexponierung besteht ferner kein Versicherungsschutz für Produkte, die in Kraft-, Luft- oder Wasserfahrzeuge eingebaut werden. Für das Rückrufkostenrisiko von Kfz-Zulieferern wird ein separat zu versicherndes Kfz-Rückrufmodell angeboten (3.3). Für Produktlieferungen an die Luftfahrtindustrie wurde ein Luftfahrtversicherungspool aufgebaut.

3.2.5
Maschinenklausel

Werden in der Produktion eines Abnehmers durch eine vom Unternehmer gelieferte Maschine Sachen be- oder verarbeitet und ist das gefertigte neue Produkt aufgrund eines Fehlers der Maschine mangelhaft, entsteht eine Sache, die von Anfang an fehlerhaft ist. Da nicht in die Sachsubstanz einer bestehenden Sache eingegriffen wird liegt kein Sach-, sondern ein Vermögensschaden vor.

Beispiel: Das Unternehmen liefert eine Maschine zur Herstellung von Dominosteinen. Aufgrund eines Konstruktionsfehlers wird die erforderliche Wärme nicht erreicht. Das Gelee zerfließt. Die gesamte Weihnachtsproduktion ist unverkäuflich.

Mit der Maschinenklausel kann der Unternehmer Versicherungsschutz für die Beschädigung oder Vernichtung der eingesetzten Erzeugnisse und für die umsonst aufgewendeten Kosten erhalten. Deckungsschutz besteht auch für den Fall, daß das Endprodukt nur mit einem Preisnachlaß veräußert werden kann oder zusätzlich eine Nachbesserung der hergestellten Erzeugnisse erforderlich ist.

3.2.6
Steuerungselemente-Klausel

Liefert der Unternehmer keine komplette Maschine sondern ein Steuerungselement, mit dem der Herstellungsvorgang gesteuert, kontrolliert oder auf andere Weise beeinflußt wird, kann durch die Vereinbarung der „Steuerungselemente-Klausel" ein inhaltlich identischer Versicherungsschutz zur Maschinenklausel vereinbart werden.

3.3
Kfz-Rückrufkosten-Modell

Durch die hohen Stückzahlen, die von der Kfz-Zulieferindustrie geliefert werden und das Zusammenwirken vieler Einzelteile in einem Gesamtsystem, hat sich das Kfz-Rückrufrisiko zu einem Großschadenrisiko entwickelt. Im Zuge von „just in time" etc. wurden zudem Produktentwicklungszeiten und damit auch Erprobungszeiträume abgekürzt, mit der Folge, daß die Rückruffrequenz weiter zunimmt.

Mit Vereinbarung des Kfz-Rückrufkostenmodells kann das Kfz-Zulieferunternehmen Versicherungsschutz erhalten für notwendige Benachrichtigungskosten der Kfz-Halter, Händler etc., für Überführungskosten der betroffenen Kraftfahrzeuge in eine Werkstätte oder in das Herstellerwerk, für Überprüfungskosten, die erforderlich sind um festzustellen, ob ein Austausch im Einzelfall erforderlich ist und für die Austauschkosten. Diese *Kosten* werden *nur ersetzt,* wenn der Rückruf *zur Vermeidung von Personen- oder Sachschäden* erforderlich ist. Der Rückruf muß nicht über die Medien bekanntgegeben werden. Es reicht aus, wenn eine Benachrichtigung der Händler und Werkstätten erfolgt und die Kraftfahrzeuge bei der Inspektion mit fehlerfreien Produkten ausgestattet werden.

Kein Versicherungsschutz besteht z.B. wenn der Unternehmer die mangelhaften Erzeugnisse selbst eingebaut oder montiert hat oder in seinem Auftrag und für seine Rechnung hat einbauen oder montieren lassen sowie für weitere Vermögensfolgeschäden wie beispielsweise Betriebsunterbrechungsschäden oder entgangenen Gewinn.

Das Kfz-Rückrufkostenmodell wird nur nach eingehender Risikobeurteilung durch den Versicherer angeboten. Üblicherweise werden hohe Selbstbeteiligungen des Versicherungsnehmers vereinbart (z. B. DM 500.000).

3.4
Planungsrisiko

Zu wenig Aufmerksamkeit wird den Risiken gewidmet, die sich aus reinen Planungstätigkeiten ergeben. Die Schadenerfahrungen der Industrieversicherer belegen jedoch, daß ein *erheblicher Teil* der geltend gemachten *Ansprüche* auf *Planungsfehler* zurückzuführen ist.

Führt das Unternehmen neben der Planung und/oder Konstruktion auch die Fertigung des Produktes durch, fallen die eintretenden Drittschäden grundsätzlich in den Anwendungsbereich der Betriebshaftpflichtversicherung. Erfolgt eine reine Planungs- oder Konstruktionstätigkeit für Dritte wird diese Tätigkeit vom Anwendungsbereich der Betriebshaftpflichtversicherung erfaßt, soweit eine entsprechende Betriebsbeschreibung vereinbart wurde. Deckungsschutz besteht in diesen Fällen für Personen- und Sachschäden, die als Folge des Planungsfehlers eingetreten sind.

Übernimmt das Unternehmen lediglich die Planung und wird ein in der Planung enthaltener Fehler von den Bauausführenden umgesetzt, manifestiert sich der Mangel des Planes als ein Mangel des Bauwerkes. Aufgrund der zwangsläufigen Verwirklichung des Planungsfehlers im Bauwerk wird dieser Mangel dem Erfüllungsbereich des Planers zugerechnet, der vom Versicherungsschutz grundsätzlich ausgeschlossen ist.

In Einzelfällen bieten die Versicherer Versicherungsschutz für ein Ausschnittsrisiko der Planungstätigkeiten. Gegenstand derartiger „Planungsobjekt-Deckungen" ist der Ersatz der Kosten für die Beseitigung der an der Anlage oder an den Anlagenteilen unmittelbar eingetretenen Schäden. Dabei kann der Schaden auch darin bestehen, daß die Anlage oder das Bauwerk ganz oder teilweise nicht den vertraglich vereinbarten oder vorausgesetzten Dimensionierungen, Stärken oder anderen vertraglich geforderten Eigenschaften entspricht und infolgedessen geändert werden muß.

Kein Versicherungsschutz besteht für die Kosten, die als Mehrkosten für eine mangelfreie Errichtung der Anlage „sowieso" angefallen wären. Der Deckungsschutz bezieht sich auf die Beseitigungskosten für die eingetretenen Schäden. Daraus folgt auch, daß kein Versicherungsschutz für weitergehende Folgeschäden (z. B. entgangener Gewinn, Betriebsunterbrechung, Mietausfall etc.) besteht. Übernimmt das Unternehmen neben der Planung auch die Ausführung der Arbeiten, besteht ebenfalls kein Deckungsschutz.

3.5 Vermögensschaden-Versicherung für die Unternehmensleitung (D&O)

Die D&O-Versicherung (directors & officers) bietet Versicherungsschutz für die persönliche gesetzliche Haftpflicht der gesetzlichen Vertreter wegen Vermögensschäden, die sie aufgrund von Pflichtverletzungen im Rahmen ihrer Tätigkeit verursacht haben. Ist ein Mitglied der Unternehmensleitung wegen einer vertraglichen Vereinbarung, nicht aber aufgrund gesetzlicher Bestimmungen zum Ersatz eines Vermögensschadens verpflichtet, besteht kein Versicherungsschutz durch die D&O. Die bloße unternehmerische Fehlentscheidung wird ebenfalls nicht versichert.

Es werden auf dem Versicherungsmarkt keine einheitlichen Bedingungwortlaute angeboten. Regelmäßig enthalten die Versicherungsverträge jedoch eine Vielzahl von Ausschlüssen, die im Einzelfall genau zu prüfen sind.

Aufgrund der relativ hohen Prämien für die Versicherung des D&O-Risikos kommen viele Unternehmer zu dem Ergebnis, daß der Abschluß einer D&O-Versicherung nicht wirtschaftlich ist. Eine völlig neue Einschätzung kann sich aber ergeben, wenn deutsche Unternehmer z. B. durch eine Fusion mit einem US-Unternehmen in die Leitung des US-Unternehmens berufen werden. Dort wird die Unternehmensleitung aufgrund der Gesetzeslage und der Anspruchsmentalität wesentlich häufiger auf Ersatz von Vermögensschäden in Anspruch genommen.

4 Deckungssummen

Die *zivilrechtlichen Haftungsnormen* enthalten fast ausnahmslos *keine Haftungshöchstgrenzen,* an denen sich das Unternehmen orientieren kann. Auch das theoretische Durchspielen von Schadenszenarien stößt schnell an Grenzen.

Beispiel: Ein Risikoszenario für einen Kranhersteller ist, daß die von ihm produzierten Kräne zusammenbrechen. Die Höhe der denkbaren Ansprüche, die gegen den Produzenten geltend gemacht werden könnten, hängt von vielen, letztlich nicht abschließend kalkulierbaren Faktoren ab:

1. Was befindet sich zum Zeitpunkt des Zusammenbruches unter dem Kran? Ein Fußgänger oder ein vollbesetzter Bus? Ein Rechenzentrum?
2. Wie ist die Gesetzgebung in dem betreffenden Land ausgestaltet? Gefährdungshaftung oder Verschuldenshaftung (hier könnte der Versicherungsnehmer den Nachweis erbringen, daß ihn kein Verschulden trifft).
3. Wie ist die Anspruchsmentalität in dem Land ausgebildet? USA oder Entwicklungsland?

Der nach diesen Fragen gewonnene „Unsicherheitsfaktor" ist zu multiplizieren mit dem Faktor der möglicherweise fehlerhaften im Markt befindlichen Kräne. Ist der Grund des Zusammenbruches beispielsweise ein Konstruktionsfehler könnten im Extremfall alle im Markt befindlichen Kräne zusammenbrechen. Dieses Beispiel zeigt, daß die Wahl der Deckungssumme letztlich das Ergebnis einer Abwägung sein sollte: 1. Welche Schäden sind in meinem Betriebszweig wahrscheinlich? 2. Welche Prämien kann/will ich finanzieren?

Zu berücksichtigen ist, daß sich die Prämie bei höheren Deckungssummen stark degressiv entwickelt. Der Unternehmer sollte sich in jedem Fall ein Angebot für eine höhere Deckungssumme einholen. Marktüblich sind für mittelständige Unternehmen Deckungssummen von DM 5 Mio; DM 20 Mio sind nicht selten. Bis zu DM 2 Mio werden häufig getrennte Deckungssummen für Personen- und für Sachschäden angeboten. Bei höheren Deckungssummen wird aus Kostengründen eine Pauschaldeckungssumme für Personen- und Sachschäden gewählt.

Regelmäßig wird vereinbart, daß die Deckungssumme pro Jahr zweimal zur Verfügung steht. Da die zweite Maximierung der Deckungssumme prämienmäßig bewertet wird, sollte der Unternehmer überlegen, ob er nicht eine einfache Maximierung wählt und dafür die Deckungssumme gegen eine relativ geringe Mehrprämie verdoppelt (z. B. DM 10 Mio einfach maximiert anstatt DM 5 Mio zweifach maximiert). Bei gleicher Kapazität (DM 10 Mio) stände dann für den einzelnen Schaden eine höhere Deckungssumme zur Verfügung.

Literatur

Schmidt-Salzer (1989) Produkthaftung, Band IV/1: Produkthaftungsversicherung, 2. Aufl. Heidelberg
Schmidt-Salzer Entscheidungssammlung Produkthaftung, Zivilrecht, Strafrecht. Loseblattsammlung. Frankfurt
Späte (1993) Haftpflichtversicherung. München
Wussow (1964) AHB, Kommentar, 4. Aufl.

Teil E
Strafrecht und Qualitätssicherung

Günter Heine
unter Mitarbeit von Christoph Ringelmann

1 Einführung

Der Beitrag des Strafrechts zur Sicherung von Qualität beschränkte sich ursprünglich auf Randbereiche wirtschaftlicher Tätigkeit. Es ging um die Einhaltung von staatlichen Vorschriften zur Sicherung der Güte von Produkten. Sie waren gelegentlich in verstreuten Gesetzen festgelegt. Ihre Sanktionierung war meist den Verwaltungsbehörden mittels Bußgeld aufgegeben. Mittlerweile geht es in vielfältiger Hinsicht um mehr: Zum einen werden die mit der Herstellung von Produkten Befaßten durch eine ständig wachsende Flut von Vorschriften und Regeln der EU, des nationalen Staates, der Branchen und der Gremien von Sachverständigen fast überrollt. Zum anderen weisen spektakuläre Strafverfahren gegen Leitungspersonen von Unternehmen auf eine veränderte Rolle des Strafrechts hin. Es begnügt sich nicht mit der Sanktionierung von Verstößen gegen Pflichten, die in bestimmten Gesetzen und Richtlinien zur Qualitätssicherung festgelegt sind, sondern sucht Verantwortliche für risikoträchtiges Produzieren, wenn es zu schädlichen Folgen oder Gefährdungen gekommen ist. Bei der Frage nach dem entscheidenden Fehlverhalten, das mit Strafe zu belegen ist, hält es sich nicht mehr an der Fassade oder in der unteren Etage eines Unternehmens auf, vielmehr greift es mehr und mehr auf die Spitze des Betriebes zu. Selbst wenn es nicht gelingt, die nach öffentlichem Vorverständnis „eigentlich Schuldigen" dingfest zu machen, ergeben sich schon durch die Tatsache eines Ermittlungsverfahrens negative Effekte für ein Unternehmen, die von interessierter Seite verstärkt werden können, durch Weitergabe von Informationen an die Medien.

Diese Aufwertung des Strafrechts bei der Sicherung von Qualität beruht auf einer Vielzahl von Gründen. Praktisch betrachtet, spielt eine Rolle, daß der Einstieg in ein zivilrechtliches Verfahren über die Ermittlungsergebnisse der Staatsanwaltschaft gesucht wird. Rechtspolitisch ist bedeutsam, daß die Flut von Sicherheitsregeln nicht überspielen kann, daß der Staat in den modernen Risikogesellschaften immer weniger in der Lage ist, Sicherheit zu garantieren, und dementsprechend Verantwortung zu übernehmen. Bei der Suche nach neuer Verantwortung liegt es im Trend der aktuellen Kriminalpolitik, auf das Strafrecht zu setzen. Dabei geht es verstärkt darum, zur Sicherung von Qualität auf Organisationsstrukturen Einfluß zu nehmen.

Strafrechtliche Verantwortung bedeutet immer ein persönliches Einstehenmüssen für eigenes Fehlverhalten, das einen sozial-ethischen Tadel verdient. Insoweit besteht ein gravierender Unterschied zum Zivilrecht, weil es dort um die Haftung des Unternehmens und allenfalls nachrangig um eine Schadensersatzpflicht desjenigen geht, der die Schädigung letztlich verursacht hat. Die Rechtsprechung ist freilich im Zuge dieser Ausweitung des Strafrechts dabei, beide Rechtsgebiete zu vermischen.

Nach einem Überblick über wichtige Rechtsquellen und jüngste Entwicklungen (Abschn. 2) wird auf der *Grundlage der Rechtsprechung* der Kreis der Verantwortlichen abgesteckt (Abschn. 3), um im Anschluß die Reichweite der strafrechtlichen Verantwortung aufzuzeigen (Abschn. 4).

2
Überblick über strafrechtliche Rechtsquellen und Entwicklungen

2.1
Strafrechtliche Rechtsquellen

Das Strafrecht stellt für Qualitätssicherung einen mehrfach gestuften Schutz zur Verfügung: Soweit es um Leben und Gesundheit geht, sind im Strafgesetzbuch (StGB) die Körperverletzungs- und Tötungsdelikte (insbesondere § 212 Totschlag, § 222 Fahrlässige Tötung, §§ 223, 230 vorsätzliche und fahrlässige Körperverletzung, § 223 a gefährliche Körperverletzung) einschlägig. Strafbarkeit liegt vor, wenn *Schädigungen* bestimmten Personen aufgrund deren Fehlverhalten persönlich zurechenbar sind. Demgegenüber genügt für bestimmte Bereiche bereits eine *Gefährdung* von Personen: So sanktioniert § 323 als „Baugefährdung" bestimmte Bautätigkeiten, die gegen die allgemein anerkannten Regeln der Technik verstoßen. Muß es hier zu einer konkreten Gefährdung einer Person gekommen sein, so reicht für „gemeingefährliche Vergiftung" (§§ 319 f) das *Inverkehrbringen* von gefährlichen Produkten aus, von denen dem Hersteller bekannt ist, daß sie geeignet sind, die menschliche Gesundheit zu zerstören, und er dies verschweigt. Auch bei den Umweltdelikten findet sich häufig dieses Erfordernis einer Eignung zur Gesundheitsschädigung (§ 324 a Bodenverunreinigung, § 325 Luftverunreinigung, § 325 a Verursachen von Lärm, Erschütterungen und nichtionisierenden Strahlen, § 328 unerlaubter Umgang mit radioaktiven Stoffen und anderen gefährlichen Stoffen und Gütern). Teilweise wird selbst darauf verzichtet und schon die *Verunreinigung* als solche oder die Beseitigung von Stoffen unter Strafe gestellt (§ 324 Gewässerverunreinigung, § 326 umweltgefährdende Abfallbeseitigung). Eine gewisse Orientierungssicherheit bietet der Bezug zum Verwaltungsrecht: Strafbar ist grundsätzlich nur „unbefugtes" Handeln (z. B. ohne Genehmigung) oder solches „unter Verstoß gegen verwaltungsrechtliche Pflichten". Ungeachtet solcher durch Verwaltungsrecht festgelegter Zulassungen macht sich strafbar, wer Giftstoffe (zumindest leichtfertig) freisetzt und dadurch (zumindest fahrlässig) die Gefahr einer Gesundheitsschädigung einer großen Zahl von Menschen verursacht (§ 330 a). Der Straftatbestand der Sachbeschädigung (§ 303) schließlich erfaßt nur vorsätzliches, nicht dagegen fahrlässiges Handeln.

Der Gesetzgeber hat für weite Bereiche von Produktion, Entwicklung und Vertrieb ein dichtes Netz von Verwaltungsgesetzen, -verordnungen und Richtlinien geknüpft. Zu nennen sind das Lebensmittel- und Bedarfsgegenständegesetz (LMBG), das Arzneimittelgesetz (AMG), das Chemikaliengesetz, das Gentechnikgesetz und das Gesetz über die Beförderung gefährlicher Güter[1]. Zum Schutz der

[1] Vgl. im einzelnen *Pfohl*, in Müller-Gugenberger (Hrsg.), Wirtschaftsstrafrecht, 2. Auflage 1992, § 44 Rdnr. 56; § 58, Rdnr. 27 ff.; § 59 Rdnr. 1 ff.; 33 ff.

Verbraucher, aber auch zur Sicherung seiner verwaltungsrechtlichen Ordnung hat der Gesetzgeber für gravierende Verstöße Strafnormen vorgesehen. Beispielsweise sieht § 51 LMBG Strafe vor für Zuwiderhandlungen gegen Vorschriften, die zum Schutz der Gesundheit ergangen sind, wie etwa zur Fleischhygiene. § 95 AMG bedroht mit Strafe Verstöße gegen im einzelnen aufgeführte Vorschriften, bei denen ein besonders hohes Gesundheitsrisiko besteht, wie etwa das Inverkehrbringen von Arzneimitteln, bei denen der begründete Verdacht auf schädliche Wirkung besteht.

Unterhalb dieser Ebenen werden Verstöße als *Ordnungswidrigkeiten* behandelt, die mittels *Geldbußen* vor allem die Aufgabe haben, staatliche Lenkung der Wirtschaft und staatliche Sicherheitsentscheidungen zu ermöglichen und zu unterstützen. Es geht um Duldungs-, Mitwirkungs- und Informationspflichten, teilweise um fahrlässige Verstöße gegen strafbewehrte Normen. Zuständig für die Festsetzung von Geldbußen sind Verwaltungsbehörden.

Als *Sanktionen* für *Straftaten* stehen Freiheitsstrafen oder Geldstrafen zur Verfügung. Beispielsweise bedroht das Strafgesetzbuch fahrlässige Tötung ebenso wie vorsätzliche Körperverletzung oder Baugefährdung mit Freiheitsstrafe bis zu fünf Jahren oder mit Geldstrafe. Für „schwere Gefährdung durch Freisetzen von Giften" ist Freiheitsstrafe von sechs Monaten bis zu zehn Jahren vorgesehen, für „gemeingefährliche Vergiftung mit Todesfolge" sogar lebenslange Freiheitsstrafe. Möglich sind daneben gewinnabschöpfende Maßnahmen, die Einziehung von Gegenständen, die der Verwirklichung der Straftat dienten, oder ein Berufsverbot. Die Strafsanktionen können nur Menschen auferlegt werden. Dies ergibt sich aus dem strafrechtlichen Schuldprinzip, das auf die Verhängung eines sozial-ethischen Tadels aufbaut. Freilich sind Sanktionen auch gegen *Unternehmen* als solche möglich: Neben Gewinnabschöpfung und Einziehung nach dem StGB (§§ 73, 75) kennt das *Gesetz über Ordnungswidrigkeiten* die Unternehmensgeldbuße (§ 30 OWiG). Sie kann verhängt werden, wenn ein Organ oder ein Vertreter einer juristischen Person oder einer Personenhandelsgesellschaft (OHG, KG) eine Straftat oder Ordnungswidrigkeit begangen hat, und dabei entweder betriebsbezogene Pflichten verletzte oder der Personenverband bereichert werden sollte. Die wichtigste betriebsbezogene Pflicht ist die Aufsichtspflicht (§ 130 OWiG). Sie ermöglicht eine Zurechnung von Verantwortung, wenn die Straftat, z. B. ein grober Fertigungsfehler, der zu einer Verbraucherschädigung führte, unterhalb der Vorstandsetage begangen wurde, der Vorstand aber seine Aufsichtspflicht verletzt hat. Im Falle einer vorsätzlichen Straftat kann die Unternehmensgeldbuße bis zu einer Million DM betragen. Bei Ordnungswidrigkeiten richtet sich das Höchstmaß nach der für die Ordnungswidrigkeit angedrohten Geldbuße. Dies kann eine Ahndung bis zur dreifachen Höhe des erlangten Mehrerlöses bedeuten.

2.2 Praktische Bedeutung und Entwicklung

Noch bis in die 70er Jahre beschränkte sich der Beitrag des Strafrechts auf gelegentliche Sanktionierung von Zuwiderhandlungen in einzelnen Verwaltungsgesetzen. Mit dem *Contergan*-Verfahren rückte das Strafrecht zur Sicherung von Qualität Ende der

Fahrlässigkeitsdelikte	*Vorsatzdelikte*
Tötung eines Menschen ● § 222 StGB ● Geld- oder Freiheitsstrafe bis zu fünf Jahren	Mord, Totschlag ● §§ 211, 212 StGB ● Freiheitsstrafe von fünf Jahren bis lebenslang
Körperverletzung ● § 230 StGB ● Geld- oder Freiheitsstrafe bis zu drei Jahren	Körperverletzung ● § 223 StGB ● Geld- oder Freiheitsstrafe bis zu drei Jahren
	gefährliche Körperverletzung ● § 223 a StGB ● Geld- oder Freiheitsstrafe von drei Monaten bis zu fünf Jahren
	schwere Körperverletzung ● § 224 StGB ● Geld- oder Freiheitsstrafe von einem bis zu fünf Jahren
	Körperverletzung mit Todesfolge ● § 226 StGB ● Freiheitsstrafe nicht unter drei Jahren
	Sachbeschädigung ● 303 StGB ● Geld- oder Freiheitsstrafe bis zu zwei Jahren
Baugefährdung ● § 323 III StGB (fahrlässige Verursachung einer Gefahr) ● Geld- oder Freiheitsstrafe bis zu drei Jahren	Baugefährdung ● § 323 StGB (vorsätzliche Herbeiführung einer Gefahr) ● Geld- oder Freiheitsstrafe bis zu fünf Jahren
fahrlässige Gemeingefährdung ● § 320 StGB ● Geld- oder Freiheitsstrafe bis zu fünf Jahren	gemeingefährliche Vergiftung ● § 319 StGB ● Freiheitsstrafe von einem bis zu zehn Jahren
Bodenverunreinigung ● § 324 a Abs. III StGB ● Geld- oder Freiheitsstrafe bis zu drei Jahren	Bodenverunreinigung ● § 324 a StGB ● Geld- oder Freiheitsstrafe bis zu fünf Jahren
Gewässerverunreinigung ● § 324 Abs. III StGB ● Geld- oder Freiheitsstrafe bis zu drei Jahren	Gewässerverunreinigung ● § 324 StGB ● Geld- oder Freiheitsstrafe bis zu fünf Jahren
Luftverunreinigung ● § 325 Abs. III StGB ● Geld- oder Freiheitsstrafe bis zu drei Jahren	Luftverunreinigung ● § 325 StGB ● Geld- oder Freiheitsstrafe bis zu fünf Jahren
Verursachen von Lärm, Erschütterungen und nichtionisierenden Strahlen ● § 325 a Abs. III StGB ● Geld- oder Freiheitsstrafe bis zu zwei Jahren	Verursachen von Lärm, Erschütterungen und nichtionisierenden Strahlen ● § 325 a StGB ● Geld- oder Freiheitsstrafe bis zu drei Jahren

Bild 1. Überblick über die Strafvorschriften

umweltgefährdende Abfallbeseitigung ● § 326 Abs. V StGB ● Geld- oder Freiheitsstrafe bis zu drei Jahren	umweltgefährdende Abfallbeseitigung ● § 326 StGB ● Geld- oder Freiheitsstrafe bis zu fünf Jahren
unerlaubter Umgang mit radioaktiven Stoffen und anderen gefährlichen Stoffen und Gütern ● § 328 Abs. V StGB ● Geld- oder Freiheitsstrafe bis zu drei Jahren	unerlaubter Umgang mit radioaktiven Stoffen und anderen gefährlichen Stoffen und Gütern ● § 328 StGB ● Geld- oder Freiheitsstrafe bis zu fünf Jahren
schwere Gefährdung durch Freisetzen von Giften ● § 330 a III StGB (fahrlässige Herbeiführung einer Gemeingefahr) ● Geld- oder Freiheitsstrafe bis zu fünf Jahren	schwere Gefährdung durch Freisetzen von Giften ● § 330 a StGB ● Freiheitsstrafe von sechs Monaten bis zu zehn Jahren
Verstöße gegen das Lebensmittelbedarfgesetz ● § 51 Abs. IV LMBG ● Geld- oder Freiheitsstrafe bis zu einem Jahr	Verstöße gegen das Lebensmittelbedarfgesetz ● § 51 LMBG ● Geld- oder Freiheitsstrafe bis zu drei Jahren
Verstöße gegen das Arzneimittelgesetz ● § 95 Abs. IV AMG ● Geld- oder Freiheitsstrafe bis zu einem Jahr	Verstöße gegen das Arzneimittelgesetz ● § 95 AMG ● Geld- oder Freiheitsstrafe bis zu drei Jahren

Bild 1. Fortsetzung

60er Jahre erstmals in den Blickpunkt der Öffentlichkeit[2]. Es ging um die strafrechtliche Verantwortung von Mitgliedern des Herstellerunternehmens für Thalidomidpräparate. Bei Neugeborenen, deren Mütter während der Schwangerschaft diese Medikamente eingenommen hatten, traten schwere Mißbildungen auf. Den wegen Körperverletzung und wegen fahrlässiger Tötung Angeklagten wurden Instruktions- und Produktbeobachtungsfehler vorgeworfen. Das Landgericht war von einem Kausalzusammenhang zwischen der Einnahme des Präparats und den Mißbildungen überzeugt. Gleichwohl wurde das Strafverfahren eingestellt. Grund der Einstellung war, daß auch nach sechseinhalb Jahre dauerndem Ermittlungsverfahren und zweieinhalbjähriger Hauptverhandlung den Angeklagten nicht ein Verschulden nachgewiesen werden konnte. Bei der Niederschlagung des Strafverfahrens wegen „geringer Schuld" wurde das Geschehen nach der Tat berücksichtigt. Dabei spielten vor allem freiwillige Zahlungen der Angeklagten an die Geschädigten sowie Ansehensverluste in der Öffentlichkeit eine Rolle.

Im *Monza-Steel*-Verfahren kam es 1978 zur Verurteilung eines Abteilungsleiters wegen fahrlässiger Tötung und Körperverletzung zu einem Jahr Freiheitsstrafe auf Bewährung. Ein Unternehmen hatte Autoreifen in den Verkehr gebracht, bei denen sich bei hoher Geschwindigkeit die Laufflächen lösten. Es kam zu schweren Unfällen mit Toten und Verletzten. Dem Abteilungsleiter wurde vorgeworfen, die Serienfertigung der Reifen freigegeben zu haben, obwohl keine Dauer-Hochgeschwindigkeits-

[2] Siehe LG Aachen, JZ 1971, S. 507; siehe dazu *Bauer/Hinsch* (Hrsg.), Produkthaftung, 1994, S. 133 f; *Armin, Kaufmann*, Juristische Zeitung (JZ) 1971, S. 569.

tests durchgeführt worden waren[3]. Das *Mandelbienenstich*-Verfahren endete 1988 mit der Verurteilung von zwei Geschäftsführern zu Geldstrafe wegen vorsätzlicher Körperverletzung und vorsätzlichem Inverkehrbringen von verdorbenen Lebensmitteln[4], weil sie es unterlassen hatten, vor dem Genuß von Mandelbienenstichkuchen, der mit Staphylokokken belastet war, zu warnen. Dies führte zu Gesundheitsbeeinträchtigungen der Konsumenten. Als „Markstein" in der Entwicklung des Qualitätssicherungsrechts gilt die *Erdal-Lederspray-Entscheidung* (1990)[5]. Die Geschäftsführer einer Herstellerfirma und von Vertriebsfirmen wurden wegen (vorsätzlicher) gefährlicher Körperverletzung und wegen fahrlässiger Körperverletzung zu Freiheitsstrafen von 18 oder 12 Monaten mit Bewährung oder zu hohen Geldstrafen verurteilt, weil sie es teils unterlassen hatten, in Verkehr gebrachte Lederspray-Dosen rechtzeitig zurückzurufen, teils Produktion und Vertrieb fortsetzen ließen. Dadurch wurden erhebliche gesundheitliche Beeinträchtigungen bei den Verbrauchern hervorgerufen. Bis heute ist es wissenschaftlich ungeklärt, welche Substanz dafür ursächlich ist, daß die Benutzung des Ledersprays zu Schäden führen kann. In Fortführung dieser Rechtsprechung verurteilte das LG Frankfurt 1993 den technischen und den kaufmännischen Geschäftsführer einer Firma, die *Holzschutzmittel* herstellte und vertrieb, zu Freiheitsstrafen von einem Jahr mit Bewährung wegen fahrlässiger Körperverletzung und fahrlässigem Freisetzen von Giften[6]. Der Bundesgerichtshof (BGH) hob dieses Urteil zwar auf, bestätigte aber die Grundlinie einer umfassenden strafrechtlichen Verantwortung der Geschäftsleitung, auch bei betrieblichen Entscheidungen unter zahlreichen Unsicherheitsfaktoren.[7]

Diese Pilotentscheidungen dürfen – neben anderen Urteilen[8] – nicht den Eindruck erwecken, als erfolge strafrechtliche Qualitätssicherung ausschließlich im Wege der beeindruckenden Verurteilung von Leitungspersonen in Unternehmen. Das Strafrecht hat seinen Einfluß im Bereich von unternehmerischer Tätigkeit in den letzten Jahren erheblich ausgeweitet. Vor allem bei spektakulären betrieblichen Vorfällen sind seine Anstrengungen enorm, Verantwortliche in leitenden Positionen, sei es im technischen, sei es im organisatorischen Bereich, ausfindig zu machen, und sie in einer Hauptverhandlung zur Rechenschaft zu ziehen. Dies gelingt ihm zusehends selbst in Großunternehmen mit komplexen Verantwortungs- und Entscheidungsprozessen, sofern sich der Schädigungsverlauf auf eine lineare, punktuell veranlaßte Ursachenkette zurückführen läßt. Auch ansonsten hat dieses umfassendere Strafrecht

---

3 LG München II, Urteil vom 21. 4. 1978, siehe Schmidt-Salzer, Entscheidungssammlung zur Produkthaftung Band IV, Loseblattsammlung, S. 300; Bauer/Hinsch (Anm. 3), S. 134.

4 BGH, Urteil vom 4. 5. 1988, Neue Entscheidungssammlung für Strafrecht (NStE), Nr. 5 zu § 223.

5 BGHSt 37, S. 106 ff. Siehe *Schmidt-Salzer*, Neue Juristische Wochenschrift (NJW) 1990, S. 2968. Vgl. *Kuhlen*, Neue Zeitschrift für das Strafrecht (NStZ) 1990, S. 566 ff.; *derselbe*, Wirtschaftverwaltungsrecht (WiVerw) 1991, S. 231 ff., kritisch *Heine*, Die strafrechtliche Verantwortlichkeit von Unternehmen, Baden-Baden 1995, S. 156 ff.; *Hassemer*, Produktverantwortung im modernen Strafrecht, Heidelberg 1994, S. 32 f; 53 ff.; *Schünemann*, in: Umweltschutz und Technische Sicherheit in Unternehmen, 9. Trierer Kolloquium zum Umwelt- und Technikrecht, Heidelberg 1994, S. 144 ff.

6 Dazu *Schulz*, Zeitschrift für Umweltrecht (ZUR) 1994, S. 26 ff.

7 BGH, Urteil vom 2. 8. 1995, 2 StR 221/94, NJW 1995, S. 2930 ff. Ausschlaggebend waren neben verfahrensrechtlichen Gründen (Befangenheit eines Sachverständigen) vor allem die unzureichende Auseinandersetzung des instanzgerichtlichen Urteils mit anderen wissenschaftlichen Meinungen bezüglich der Kausalität des Holzschutzmittels für Gesundheitsschädigungen der Verbraucher.

8 Siehe vor allem *Schmidt-Salzer*, ES Produkthaftung (Anm. 3); *Schmid*, in Müller-Gugenberger (Hrsg.), Wirtschaftsstrafrecht (Anm. 1), § 25 Rdnr. 117 ff.

Konsequenzen: Es ermöglicht der Staatsanwaltschaft, im Ermittlungsverfahren anläßlich eines betrieblichen Vorkommnisses mit dem Unternehmen in „Verhandlungen“ einzutreten. Dem Unternehmen geht es darum, Einbußen an Reputation am Markt und eine Hauptverhandlung zu vermeiden. Die Staatsanwaltschaft erklärt ihre Bereitschaft, unter entsprechenden Bedingungen und Voraussetzungen das Strafverfahren niederzuschlagen[9]. Das allgemein erhöhte Strafbarkeitsrisiko innerhalb eines Betriebes hat die Position der Staatsanwaltschaft gestärkt. Ihr kann es gelingen, im Wege eines „Deals“ den Betrieb zu risikoreduzierenden Investitionen zu veranlassen, Schadensersatzleistungen zu erbringen oder betriebsinterne Umstrukturierungen bei der Organisation vorzunehmen. Als „Gegenleistung“ werden die Strafverfahren eingestellt.

[9] Unter pragmatischer Erweiterung der §§ 153 ff. StPO, die eine Einstellung des Strafverfahrens unter engen Voraussetzungen zulassen, vgl. *Schmidt-Salzer*, VersR 1990, S. 126; *Franzheim*, Umweltstrafrecht, Köln 1991, S. 5; *Heine*, ZUR 1995, S. 69 f.; *derselbe*, JZ 1995, S. 654; zum Problem vgl. *Schünemann*, Absprachen im Strafverfahren? Gutachten B zum 58. Deutschen Juristentag 1990, S. B 17 ff.

3
Kreis der Verantwortlichen – Grundsätze

Der Kreis der Verantwortlichen erfaßt die Personen, die in einem Unternehmen für Qualitätssicherung und daraus resultierende Verstöße strafrechtlich haftbar gemacht werden können.

3.1
StGB

3.1.1
Überblick

Strafrechtlich zur Verantwortung gezogen werden kann in Deutschland nur eine natürliche Person, nicht aber ein Unternehmen als solches. Diese natürliche Person kann als Täter (§ 25 StGB) haften. Ebenso kann eine Verurteilung erfolgen, wenn der Betroffene als Teilnehmer zu der Tat eines anderen Hilfe geleistet (§ 26 StGB) oder zu einer solchen Tat angestiftet (§ 27 StGB) hat.

Teilweise finden sich Strafvorschriften, die sich nur an bestimmte Personen wenden. So ist bspw. nach § 325 StGB nur der Anlagenbetreiber wegen Luftverunreinigung strafbar. Man spricht von sog. *Sonderdelikten.* Diese finden sich häufig im Nebenstrafrecht[10]. Hier würden sich ohne die Norm des § 14 StGB (Handeln für einen Anderen) Strafbarkeitslücken ergeben. § 14 StGB ist für die Fälle geschaffen, in denen statt des Normadressaten, z. B. des Inhabers eines Unternehmens, ein von diesem Beauftragter, z. B. ein Techniker als Leiter einer Abteilung, gehandelt hat. Diesen Beauftragten treffen dann die an den Inhaber gerichteten Pflichten. Keine Bedeutung hat § 14 StGB für den Betriebsinhaber selbst. Ihm werden weder die Handlungen des Beauftragten zugerechnet, noch wird er durch das Vorliegen besonderer persönlicher Merkmale beim Beauftragten belastet, wenn sie bei ihm selbst fehlen[11].

Ausgangspunkt für die strafrechtliche Verantwortung ist jedes für den Erfolg im weitesten Sinne kausal gewordenes Verhalten. Dieses Verhalten kann in einem *aktiven Tun* – z. B. Anweisung, bestimmte Sicherheitsstandards außer acht zu lassen – wie auch in einem Untätigbleiben – in der Terminologie des Strafrechts in einem *Unter-*

---

[10] Vgl. *Erbs/Kohlhaas*, Strafrechtliche Nebengesetze, Loseblattsammlung.

[11] *Samson,* § 14 Rn. 13, in: Systematischer Kommentar zum StGB, hrg. von H. J. Rudolphi u. a.; Loseblattsammlung.

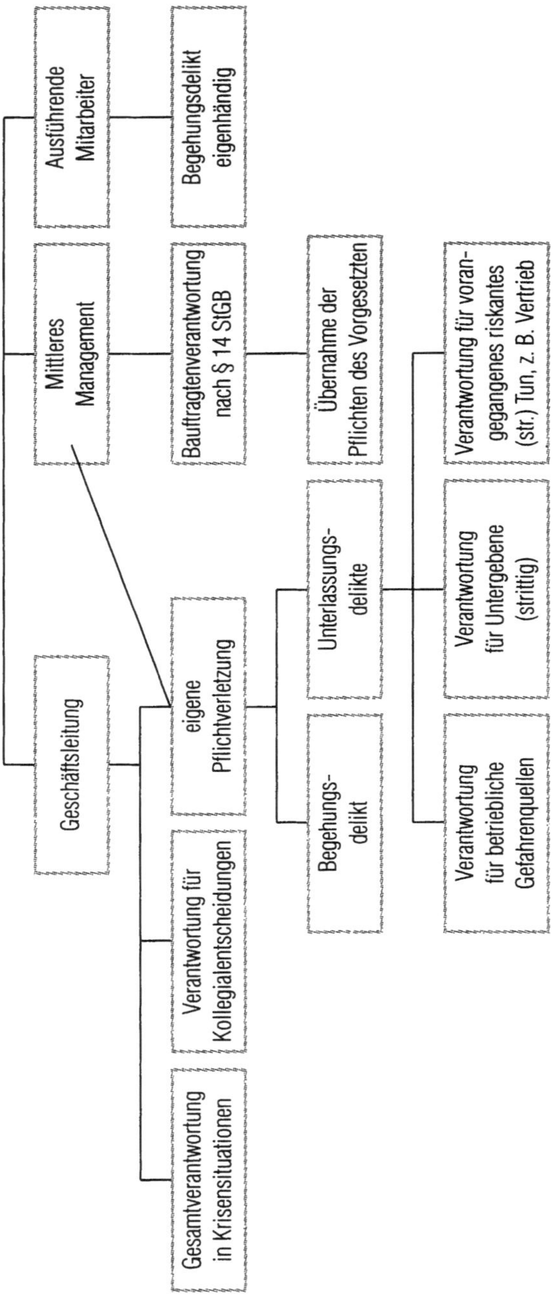

Bild 2. Kreis der strafrechtlich verantwortlichen Personen

lassen bestehen – wie z. B. dem Unterlassen einer Rückrufaktion beim Auftauchen von Schädigungen durch Produkte (siehe Abschn. 3.1.3).

3.1.2 Täterschaft und aktives Tun

Das Strafrecht unterscheidet zwei Formen der vorsätzlichen Tatbegehung durch aktives Tun. Die erste Form betrifft den Fall, daß der Täter selbst handelt, d. h. er verwirklicht in eigener Person die Voraussetzungen einer Strafvorschrift. Man spricht von unmittelbarer Täterschaft. Bei der zweiten Form „handelt" zwar nicht der Täter in eigener Person, sondern ein anderer („sein Werkzeug") verwirklicht die Tatbestandsvoraussetzungen. Jedoch wird dieses Handeln als eigenes (mittelbares) des Täters angesehen (§ 25 StGB).

In der Erdal-Lederspray-Entscheidung[12] hat der BGH den Grundsatz aufgestellt, daß den Geschäftsführern die im Rahmen des Geschäftszweckes erfolgende Produktion, der Vertrieb u. a. als eigenes aktives Handeln zurechenbar sei[13] (unmittelbare Täterschaft). Der BGH nimmt dabei eine Krisensitzung der Geschäftsleitung, die wegen sich häufender Meldungen über Schädigungen von Verbrauchern anberaumt wurde, zum Anlaß für eine Differenzierung der Erzeugnisse danach, ob sie schon vor der Sitzung oder erst danach ausgeliefert wurden. Nur hinsichtlich der Produkte, die nach der Sitzung weiterhin vertrieben wurden, haften die Geschäftsführer wegen aktiven Handelns. Hinsichtlich der Produkte, die vorher in den Handel, aber noch nicht an den Endverbraucher gelangt waren, kommt nur eine Haftung wegen *unterlassenem* Rückruf in Betracht (siehe unten).

Die Rechtsprechung orientiert sich bei der Festlegung der Verantwortung von Einzelnen in Unternehmen an den *verantwortlich betreuten Bereichen* und damit an der tatsächlichen innerbetrieblichen Zuständigkeit. Dementsprechend ist Voraussetzung für strafrechtliche Verantwortung, daß bestimmte Aufgaben verantwortlich wahrgenommen werden und Entscheidungsbefugnisse bestehen[14]. Der BGH hat den Laborleiter, der die Geschäftsführung in der Krisensitzung des Unternehmens beraten hatte, freigesprochen. Er habe weder unrichtige noch unvollständige Angaben über die Wirkungen des Produkts im Erdal-Lederspray-Fall gemacht. Nur im Falle besserer Informationen des Laborleiters wäre ihm strafrechtliches Fehlverhalten zuzurechnen[15].

Von diesem *Grundsatz der Ressortverantwortlichkeit* gibt es wichtige Ausnahmen: Diese Einzelzuständigkeit endet dort, wo besondere, ressortübergreifende Maßnahmen erforderlich sind. Dies ist vor allem in Krisensituationen des Unternehmens der Fall. Eine solche Krisensituation liegt vor, wenn sich Beschwerden von Verbrauchern über Beeinträchtigungen durch Produkte häufen oder (ganz allgemein) sich betriebliche Fehlentwicklungen ergeben, die nicht mehr von einem Bereich allein in

---

[12] BGH, Urteil vom 6. 7. 1990 2 StR 549/89 in: BGH, Amtliche Sammlung in Strafsachen (BGHSt) Band 37, S. 106 ff; NJW 1990, 2065 ff.

[13] BGH, NJW 90, 2065 unter Leitsatz 2 und III.1b); vgl. *Puppe*, Juristische Rundschau (JR) 1992, 30 f: „kühner Schritt".

[14] BGHSt 37, S. 123; *Schünemann*, Unternehmenskriminalität und Strafrecht, 1979, S. 107 f; *Schmidt-Salzer*, NJW 1988, S. 1937 f.

[15] BGHSt 37, S. 111.

den Griff zu bekommen sind. In diesem Fall muß die *gesamte Geschäftsleitung* tätig werden. Dabei kann eine unternehmensinterne Organisationsstruktur, die auf der Ebene der Geschäftsleitung gesellschaftsübergreifende Vorgesetzten-Untergebenen-Verhältnisse schafft (vgl. z. B. § 37 GmbHG), an der mit der Leitungsrolle verbundenen besonderen Verantwortung nichts ändern. Ebenso wenig kann sich ein einzelner Geschäftsführer, etwa mit Kompetenz für die Technik, entlastend darauf berufen, daß ein anderes Leitungsorgan innerhalb des Leitungskreises eine dominierende Stellung besitzt[16].

Eine *mittelbare Täterschaft* kommt dann in Frage, wenn ein Hintermann, also z. B. ein leitender Ingenieur, eine andere Person, z. B. einen technischen Angestellten, zur Durchführung einer Straftat benutzt. Bis vor kurzem kam dies unter anderem nur in Frage, wenn etwa eine Führungskraft eine Anweisung an einen Mitarbeiter gab, diesem aber Informationen vorenthielt und dessen Irrtum zu einer Straftat ausnutzte. Im Zusammenhang mit einem Urteil gegen Mitglieder des Nationalen Verteidigungsrates der früheren DDR hat der BGH die täterschaftliche Verantwortlichkeit von Leitungspersonen für den Bereich der Wirtschaft ausgeweitet: mittelbare Täterschaft aufgrund Organisationsherrschaft sei die Ausnutzung von Organisationsstrukturen, innerhalb derer der Tatbeitrag einer Leitungsperson „regelhafte Abläufe" auslöse und „nahezu automatisch" zur Verwirklichung eines Tatbestandes führe. Unter diesen Voraussetzungen kann sich im Unternehmen eine ganze Kette von Tätern bilden, von der Unternehmensleitung über verschiedene technische Geschäftsbereiche bis hin zum Mitarbeiter vor Ort. Es steht zu befürchten, daß sich diese Figur der *Organisationsherrschaft* zu einer *Generalklausel* für täterschaftliche Verantwortung in Unternehmen entwickeln wird, die hierarchisch-linear organisiert sind. Ob und wieweit die Rechtsprechung diese Figur auf neue Organisationsformen, wie z. B. Lean Management, ausweiten wird, in denen operative und strategische Tätigkeiten getrennt sind, darf mit größter Skepsis beobachtet werden[17].

3.1.3
Verantwortung für Unterlassen

Bei der Unterlassungshaftung geht es darum, ob und wieweit eine Führungskraft für Schädigungen der Öffentlichkeit durch ein fehlerhaftes Erzeugnis oder für Straftaten von anderen Betriebsangehörigen verantwortlich ist, die sie zwar nicht aktiv veranlaßt, aber auch nicht verhindert hat. Im Ergebnis ist eine gesteigerte Verantwortlichkeit und damit eine strafbewehrte Unterlassungspflicht für diesen Personenkreis weithin anerkannt[18]. Diese besondere Pflicht geht jedenfalls dahin, aus der Eigenart bestimmter Betriebe und Produktionsprozesse herrührende, betriebstypische Gefahren unter Kontrolle zu halten. Beispielsweise ist im Bereich der chemischen Industrie dafür zu sorgen, daß die Produktionsprozesse nicht außer Kontrolle geraten. Weitergehende Einstandspflichten hat in den letzten Jahren die Rechtsprechung statuiert: Vor allem im Zusammenhang mit der Produktverantwortung ist auf der Ebene der Oberlandesgerichte eine Entwicklung eingeleitet worden, die der Geschäftsführung

[16] BGHSt 37, S. 123.
[17] Ablehnend *Roxin*, JZ 1994, S. 49–52.
[18] Nachweise bei *Heine*, Verantwortung von Unternehmen, Freiburg 1995, S. 108 f.

einen umfassenden Katalog betrieblicher Sorgfaltspflichten auferlegt. Schon 1972 hat das OLG Karlsruhe Vorgesetzte für verpflichtet gehalten, unterstellte Mitarbeiter an der Begehung betriebsbezogener Straftaten zu hindern[19]. Diese Entwicklung kulminierte in der Erdal-Lederspray-Entscheidung des BGH, der im Schrifttum „der Sache nach" die Anerkennung einer Garantenstellung der Unternehmensspitze, Straftaten Unternehmensangehöriger entgegenzutreten, entnommen wird[20].

Jedenfalls hat die Rechtsprechung bislang bekannte Kriterien für eine Unterlassungsverantwortung ausgeweitet und eine allgemeine Pflicht der Geschäftsführer festgeschrieben, die Öffentlichkeit vor Schäden zu bewahren, die sie infolge bestimmungsgemäßen Gebrauchs der betrieblichen Erzeugnisse erleidet. Bisher war Voraussetzung für eine Unterlassungshaftung aus vorangegangenem Tun, daß dieses Verhalten pflichtwidrig war. Nunmehr genügt, daß jemand, ohne gegen ein Gesetz zu verstoßen, gefährliche Produkte herstellt, in den Verkehr bringt und damit Risiken für die Öffentlichkeit erhöht[21]. In der Konsequenz wird praktisch für Produktion und Vertrieb eine *kontinuierliche Beobachtungspflicht* begründet. Welche Pflichten im einzelnen eine Unterlassungsverantwortung auslösen können, wird unter Abschn. 4.3 (ab S. 378) erläutert.

3.1.4 Kollegialentscheidungen

Häufig steht das Direktionsrecht mehreren Personen zu. In diesem Fall kommt *Mittäterschaft* (§ 25 Abs. 2 StGB) in Frage. Verlangt wird ein bewußtes und gewolltes Zusammenwirken. Dann kann das Ergebnis der Gesamtentscheidung jedem Beteiligtem als eigenes Fehlverhalten strafrechtlich zugerechnet werden. Besondere Schwierigkeiten ergeben sich bei Kollegialentscheidungen, zumal sich aktives Tun, Unterlassen, Kausalitätsprobleme und Fahrlässigkeit verknüpfen. Solche Kollegialentscheidungen sind geboten, wenn in betrieblichen Ausnahmesituationen die Geschäftsführung als Gesamte zu einer unternehmerischen Aktion berufen ist. Eine Rückrufpflicht besteht nach gefestigter Rechtsprechung immer dann, wenn der Geschäftsleitung Informationen bekannt sind, daß Benutzern des Erzeugnisses eine ernstzunehmende Gefahr droht. Dabei darf ein Rückruf nicht schon deshalb unterbleiben, weil eine solche Aktion eventuell das Image der Firma beeinträchtigt oder zu einem Absatzrückgang mit Gewinneinbußen führen könnte. Ebensowenig spielt eine Rolle, ob staatliche *Behörden andere* Vorkehrungen für *ausreichend* halten. Die Aufgabe, in wirksamer Weise dafür zu sorgen ist, damit die Verbraucher vor Schädigungen durch betriebliche Produkte geschützt werden, obliegt allein der Geschäftsleitung. Unterläßt die Geschäftsführung als Kollegialorgan einen solchen Entschluß, so stellen sich schwierige Fragen: Denn jeder einzelne Geschäftsführer könnte sich (unter Berücksichtigung des Grundsatzes in dubio pro reo) immer darauf berufen, ohne seine Einzelstimme wäre der Gesamtbeschluß zustande gekommen. Das dies „nicht rechtens"

---

[19] OLG Karlsruhe, Goltdammers Archiv für Strafrecht (GA), 1978, S. 283.

[20] BGHSt 37, S. 106; *Sch-Sch-Stree* § 13 Rn. 52, Kommentar zum StGB, 24. Aufl., München 1991, begründet *von A. Schönke*, hrg. von *Th. Lenckner u. a.* (Sch-Sch-Bearbeiter).

[21] *Amelung*, in Rechtsgestaltende Wirkung des Revisionsrechts, Bd. 10 der Schriftenreihe des Deutschen Anwaltvereins, 1993, S. 74.

sein kann, liegt nach BGH[22] auf der Hand. Es wäre ein seltsames Ergebnis, wenn sich derjenige, der keine Initiative zur Schadensvermeidung, also eine Warnung an die Verbraucher oder andere organisatorische Maßnahmen, entwickelte, wegen der Untätigkeit der Gesamtleitung freikäme. Aber wie sieht es bei dem Geschäftsführer aus, der sich zwar in der Sitzung energisch für die gebotene Entscheidung ausgesprochen hat, aber am Ende sich nicht durchsetzen kann und aus dieser Erkenntnis heraus mit der Mehrheit stimmt? Macht sich selbst jener Beteiligte strafbar, der gegen die Entscheidung stimmt, der Mehrheit aber unterliegt? Allgemein soll bei kollegialer Mehrheitsentscheidung gelten, daß der Einzelne sich gerade der Möglichkeit begibt, daß seine Stimme allein etwas bewirkt: Er will zwar mitentscheiden, sich jedoch der Mehrheitsentscheidung unterwerfen. Für diese Entscheidung habe er aber dann auch einzustehen[23]. Teilweise wird vertreten, daß eine Pflicht zum nachträglichen Widerspruch bestehe. So könne derjenige, der zwar nicht an der fraglichen Sitzung teilgenommen habe, aber im folgenden an der Umsetzung der dort getroffenen Entscheidung mitwirke, verpflichtet sein, die Entscheidung noch einmal auf die Tagesordnung zu bringen[24]. Wann eine solche nachträgliche Widerspruchspflicht entstehe, ist eine Frage des Einzelfalles, wobei der Nähe zu seinem eigentlichen Zuständigkeitsbereich erhöhte Bedeutung zukommt. Nach neuester Rechtsprechung wird der Einzelne von seiner strafrechtlichen Verantwortung frei, wenn er „alles Zumutbare und Mögliche" getan hat, um auf den gebotenen Kollegialentschluß hinzuwirken, und zwar „unter vollem Einsatz seiner Mitwirkungsrechte"[25]. Strafbar macht sich dementsprechend, wer einem fehlerhaftem Entschluß „zumindest stillschweigend zugestimmt hat und diese Zustimmung allein dadurch zu erkennen gab, daß er den Vorschlägen des anderen Geschäftsführers nicht widersprach"[26].

3.2 Sonderregelung im Ordnungswidrigkeitenrecht

§ 130 OWiG bestimmt – in Abweichung von den Grundsätzen des StGB – eine *verschärfte Aufsichtspflicht* des Inhabers eines Unternehmens oder von Personen, die für den Inhaber handeln, z. B. Ingenieure als Leiter einer Fachabteilung. Diese Vorschrift beruht auf der Erwägung, daß der Betriebsinhaber verpflichtet ist, die erforderlichen Aufsichtsmaßnahmen zu treffen, damit in dem Unternehmen die ihn betreffenden Gebote und Verbote eingehalten werden, deren Verletzung mit Strafe oder Geldbuße bedroht ist. Der Kreis der Täter umfaßt neben dem Inhaber eines Unternehmens dessen gesetzliche Vertreter und Betriebsleiter, die beauftragt sind, den Betrieb zu leiten sowie speziell aufsichtspflichtige Personen, z. B. Meister und Sicherheitsbeauftragte. Bei der Zusammenfassung selbständiger Unternehmen oder Betriebe in einem Konzern beschränkt sich die Aufsichtspflicht auf den Konzernbereich, weil das Direk-

---

[22] BGHSt 37, S. 132.

[23] OLG Stuttgart, JZ 1980, S. 776; vgl. auch *Goll*, Produkthaftungshandbuch, München 1989, hrg. von von Westphalen u. a., § 46 Rn. 23.

[24] *Schmidt-Salzer*, Produkthaftung, Band I Strafrecht, 2. Aufl., Heidelberg 1988, Rn. 1.276; ihm folgend *Goll*, Produkthaftung (Anm. 23) § 46 Rn. 23 a. E.

[25] BGHSt 37, S. 131 f.

[26] BGH, 2. Strafsenat, NStE 5, § 223 StGB.

tionsrecht wegen der Selbständigkeit der Unternehmen oder Betriebe nicht in deren innere Organisation hineinreicht[27].

Die Aufsichtspflichten werden von der Rechtsprechung umfassend verstanden. Zunächst ist festzuhalten, daß ein *Katalog* der einschlägigen Pflichten *nicht besteht.* Dementsprechend orientiert sich die Rechtsprechung am Einzelfall. Sie legt nicht im einzelnen fest, welche Maßnahmen erforderlich sind, um der Aufsichtspflicht zu genügen, sondern bewertet, daß die tatsächlich ergriffenen Maßnahmen jedenfalls nicht ausreichend waren. Sie richten sich nach der „Erforderlichkeit" im konkreten Unternehmen, hängen von der Größe und Organisation des Betriebes und den verschiedenen Überwachungsmöglichkeiten ab. Grundsätzlich bestehen Kontrollpflichten durch gelegentliche Stichproben, zur Aufsicht gehören immer Leitungs-, Koordinations- und Überwachungspflichten[28]. Sogar ein allgemeiner Organisationsmangel, etwa wenn die Verteilung der Verantwortung nicht ermittelt werden kann[29], kann eine Geldbuße auslösen. Eine Pflicht zu gesteigerten Aufsichtsmaßnahmen besteht dann, wenn in dem Betrieb bereits Unregelmäßigkeiten vorgekommen sind oder es um besonders wichtige Vorschriften zur Qualitätssicherung geht[30].

Weitere Voraussetzung ist, daß die Aufsichtspflichtverletzung zu einer wesentlichen Gefahrenerhöhung hinsichtlich der später begangenen Zuwiderhandlung geführt hat. Diese Zuwiderhandlung muß jemand in Wahrnehmung betrieblicher Angelegenheiten vorgenommen haben. In Frage kommen etwa Verkehrssicherungspflichten, Verstöße gegen Genehmigungen, aber auch Straftatbestände des StGB, wie etwa Körperverletzungs- und Tötungsdelikte[31]. Da diese Zuwiderhandlung nur als sog. objektive Bedingung der Ahndung gilt, muß dem Aufsichtspflichtigem, etwa dem technischem Leiter einer Abteilung nicht einmal nachgewiesen werden, er hätte voraussehen können, daß als Folge der Aufsichtspflichtverletzung eine bestimmte Zuwiderhandlung begangen wird. Ebensowenig ist die Feststellung eines bestimmten Täters erforderlich, der die Zuwiderhandlung begangen hat[32].

Diese überaus scharfe Verantwortung nach § 130 OWiG ist als Auffangtatbestand anzusehen. Er schließt Lücken in den Fällen, in denen die Handlung des Aufsichtspflichtigen nicht nach den Grundsätzen des StGB als Täterschaft etc. angesehen werden kann[33].

---

27 *Göhler*, Kommentar zum Gesetz über Ordnungswidrigkeiten (OWiG), 11. Aufl., München 1995, § 130 Rn. 5.

28 BGH, Zeitschrift für Wirtschaft, Steuer und Strafrecht (wistra) 1985, S. 228; OLG Koblenz, Sammlung lebenmittelrechtlicher Entscheidungen (LRE) Bd. 15 (1984), S. 345.

29 OLG Hamm, JR 1971, S. 383.

30 Vgl. OLG Koblenz, Verkehrsrechtssammlung (VRS) Band 65, S. 457; KG VRS 70, 29.

31 *Göhler*, OWiG (Anm. 27), § 130, Rn. 18. *Cramer*, in: Karlsruher Kommentar zum Gesetz über Ordnungswidrigkeiten (KK-OWiG), hrg. von Pfeiffer, 3. Aufl., München 1993, § 130, Rn. 84 ff, 92 ff; enger *Schünemann*, wistra 1982, S. 48.

32 AG Darmstadt, VkBl 1981, 261.

33 KG JR 1972, S. 121. OLG Düsseldorf, wistra 1992, S. 355. *Rogall*, Zeitschrift für die gesamte Strafrechtswissenschaft (ZStW) Band 98 (1986), S. 62.

4
Grund und Reichweite der Verantwortung

4.1
Vorsatztaten

Strafrechtliche Sicherung von Qualität ist häufig eine Frage fahrlässigen Verhaltens. Fahrlässiges Verhalten wird nur dann bestraft, wenn es vom Gesetz ausdrücklich mit Strafe bedroht ist (§ 15 StGB). Der Gesetzgeber hat bei den eingangs aufgezählten Strafvorschriften (siehe Abschn. 2.1) auch fahrlässige Begehungsweise unter Strafe gestellt (im einzelnen unter Abschn. 4.3).

Vorsätzliches Handeln hat bei der strafrechtlichen Qualitätssicherung nur vereinzelt eine Rolle gespielt, so etwa im Erdal-Lederspray-Verfahren. Diese geringe Bedeutung hängt damit zusammen, daß nur schwer der Beweis zu erbringen ist, daß der für den Schaden Verantwortliche mit der schwächsten Vorsatzform, dem bedingten Vorsatz, gehandelt hat, zum anderen damit, daß der Übergang zur Fahrlässigkeitshaftung recht vage ist. Die Gerichte neigen deshalb zur Annahme einer Fahrlässigkeitsverantwortung, um die Urteile rechtsmittelfest zu machen[34].

Nach der Rechtsprechung ist Voraussetzung für bedingten Vorsatz, daß der Täter den Eintritt des schädlichen Erfolges als möglich und nicht ganz fernliegend erkennt und billigt oder sich um des erstrebten Zieles Willen wenigstens mit ihm abfindet, mag ihm der Erfolgseintritt an sich auch unerwünscht sein[35]. Häufig findet sich in den einschlägigen Fällen die Einlassung eines betrieblich Verantwortlichen, daß er zwar von der Gefährlichkeit seines Verhaltens gewußt, jedoch darauf vertraut habe, daß schon alles gut gehen und der Erfolg ausbleiben werde. Für solche Fälle gilt allgemein, daß nur begründetes Vertrauen, nicht aber bloßes Hoffen auf Ausbleiben des Erfolges den bedingten Vorsatz ausschließt[36]. Als Leitlinie für die Qualitätssicherung gilt damit: *was einem die Vernunft sagt, kann nicht durch Gottvertrauen verdrängt werden.* Demgemäß handelt der mit bedingtem Vorsatz, der den Vertrieb gesundheitsgefährdender Konsumgüter nicht stoppt, obwohl ihm mehrere Schäden bekannt sind, er aber auf ein Ausbleiben weiterer Schäden hofft. Er kann sich bei Eintritt von Schäden bei den Verbrauchern nicht mehr glaubhaft darauf berufen, diese nicht gewollt zu haben[37].

---

34 *Goll*, Produkthaftungshandbuch (Anm. 23), § 44, Rn. 13 ff; *Sch-Sch-Cramer* (Anm. 20), § 15 Rn. 87 ff.
35 BGH, NJW 1989, S. 781.
36 *Hillenkamp*, Juristische Schulung (JuS) 1994, S. 773.
37 vgl. BGHSt 37, S. 107 ff; *Goll*, Produkthaftungshandbuch (Anm. 23), § 44, Rn. 17.

4.2 Fragen der Kausalität

Fragen der Kausalität (ursächlicher Zusammenhang) spielen in unterschiedlichem Gewande eine Rolle bei der Festlegung strafrechtlicher Verantwortung. Die praktisch bedeutsamsten Bereiche sind die Zurechnung des Erfolges im Bereich aktiven Tuns, sodann die sog. „Quasi-Kausalität" bei Unterlassungsdelikten und schließlich der Pflichtwidrigkeitszusammenhang bei der Fahrlässigkeitsverantwortung. Allgemein legt die Rechtsprechung ein überaus weites Kausalitätsverständnis zugrunde. Auch soweit ein exakter naturwissenschaftlicher Kausalnachweis nicht gelingt, kann der Strafrichter „Kausalität" bejahen.

Soweit es im Strafrecht, wie bei Körperverletzung und Tötung, um die Zurechnung eines schädlichen Erfolges geht, stellt sich im Bereich *aktiven Tuns* die Frage, ob das Handeln des Täters ursächlich für die Folgen war. Die Rechtsprechung geht davon aus, daß es nicht Aufgabe des Strafrichters ist, mit den Untersuchungsmethoden der Naturwissenschaften eine absolute, von niemanden anzweifelbare Gewißheit zu erlangen. Ein Gerichtssaal ist kein Forschungslabor. Es geht in ihm nicht um die Aufklärung naturwissenschaftlicher Prozesse, sondern ob einem Angeklagten ein Erfolg zuzurechnen ist. Dementsprechend bemißt sich der Nachweis von „Kausalzusammenhängen" danach, ob nach der Lebenserfahrung ein ausreichendes Maß an Sicherheit gewonnen wird, das keine vernünftigen Zweifel bestehen läßt[38]. Nach diesen Prämissen gelingt es der Rechtsprechung, selbst bei naturwissenschaftlich höchst umstrittenen Nachweisproblemen bei komplexen Schädigungsverläufen, Kausalität zu bejahen. Der BGH hat im Erdal-Lederspray-Verfahren entschieden, daß „der Ursachenzusammenhang zwischen der Beschaffenheit eines Produkts und Gesundheitsbeeinträchtigungen seiner Verbraucher [...] auch dann rechtsfehlerfrei festgestellt (ist), wenn offenbleibt, welche Substanz den Schaden ausgelöst hat, aber andere in Betracht kommende Schadensursachen auszuschließen sind"[39]. Es ist nicht erforderlich festzustellen, warum und auf welche Weise ein Produkt schadensursächlich war, wenn alle anderen in Betracht kommenden Schadensursachen ausgeschlossen werden können. Noch schwieriger war die Feststellung einer gesetzmäßigen Beziehung zwischen Handlung und Erfolg im Holzschutzmittelverfahren. In den Naturwissenschaften besteht keine Einigkeit darüber, ob und auf welche Weise Gifte in den Holzschutzmitteln, denen die Geschädigten ausgesetzt waren, eine Gesundheitsschädigung verursachen. Gleichwohl gelangte das LG Frankfurt zu einer Verurteilung, wobei es verschiedene Indizien heranzog. Zum einen traten die Erkrankungen nur bei Verbrauchern auf, die das Holzschutzmittel in ihren Wohnungen verwendet hatten. Nach Wohnungswechsel hörten die Beschwerden schlagartig auf. Zum anderen stützte das LG seine Feststellungen zu der gesundheitsschädigenden Wirkung der Inhaltsstoffe des Holzschutzmittels auf einen Sachverständigen, dessen Gutachten jedoch vielfältiger wissenschaftlicher Kritik ausgesetzt war[40]. Der BGH bestätigte in seinem Revisionsurteil die bisherige Linie. Der Strafrichter könne auch zu Ergebnissen gelangen, die Vertreter der maßgeblichen naturwissenschaftlichen Fachrichtun-

[38] BGH, 2 StR 212/94, Urteil vom 2. 8. 1995, NJW 1995, S. 2930; *Amelung* (Anm. 21), S. 66.
[39] BGHSt 37, S. 106 (Leitsatz 1) und S. 111 ff.
[40] LG Frankfurt, Urteil vom 25. 5. 1993, dazu *Schulz*, ZUR 1994, S. 26 ff.

gen mit ihren Methoden allein nicht belegen können. Entscheidend ist die tatrichterliche Überzeugung und deren Belegung (!) im Urteil. Bei dieser Begründung darf der Strafrichter den Gesetzen der Logik und dem gesicherten wissenschaftlichen Erfahrungswissen nicht widersprechen. Wenn die überwiegende Meinung der einschlägigen Fachwissenschaft Zweifel hat, oder sogar Kausalität verneint, sich aber gleichzeitig eine ernstzunehmende wissenschaftlich fundierte Mindermeinung findet, die eine hohe Wahrscheinlichkeit für die fraglichen Zusammenhänge liefert, dann bleibt Raum für eine richterliche Überzeugungsbildung, und der Angeklagte kann verurteilt werden. Freilich muß sich der Strafrichter eingehend mit dem wissenschaftlichen Streitstand auseinandersetzen[41].

Bei *Unterlassungsdelikten* ist der Nachweis fällig, daß bei der unterlassenen Handlung, also etwa bei gehöriger Organisation des Unternehmens, der schädliche Erfolg mit „an Sicherheit grenzender Wahrscheinlichkeit" nicht eingetreten wäre[42]. Bei dieser Frage nach der Quasi-Kausalität würde der in dubio pro reo-Grundsatz regelmäßig eine Erfolgszurechnung blockieren. Auch hier lockert die Rechtsprechung die Kausalitätserfordernisse mehr und mehr. So wird dem Erdal-Lederspray-Urteil des BGH eine Haftung der Geschäftsführung für riskantes Unterlassen ohne Kausalitätsnachweis entnommen[43]. Es etabliert sich eine Haftung der Unternehmensvorstände für Unterlassen, das zwar riskant ist, aber nicht gegen ein spezielles Gesetz verstößt[44].

Beim *Pflichtwidrigkeitszusammenhang* geht es darum, ob der Erfolg seinen Grund gerade in einer Sorgfaltspflichtverletzung (beim Fahrlässigkeitsdelikt, siehe nachfolgend) hatte. Dabei stellt sich etwa die Frage, ob der Hersteller auch dann haftet, wenn der Verbraucher Warnhinweise des Produzenten in den Wind schlägt, oder das Produkt in Kenntnis einer Rückrufaktion weiter benutzt. Kommt es hier zu Schäden, so hat dies der Hersteller nicht zu verantworten, weil die Schädigung durch das eigenverantwortliche Verhalten des Verbrauchers entstanden ist. Die für Warnhinweise und Rückrufe verantwortlichen Personen dürfen grundsätzlich darauf vertrauen, daß diese Maßnahmen auch befolgt werden[45]. Die verantwortlichen Personen sind von einer Haftung freigestellt, wenn Produkte vorsätzlich bestimmungswidrig benutzt werden. Der BGH stellte im sog. *Sniffing*-Urteil klar, daß eine Hinweis- und Warnpflicht dort endet, wo die Verwendung des Erzeugnisses, die zum Schaden führen kann, mit dem Produktzweck überhaupt nichts mehr zu tun hat[46].

4.3 Fahrlässigkeit

Häufiger als eine Bestrafung wegen einer vorsätzlichen Tat kommt bei wirtschaftlicher Tätigkeit eine Bestrafung wegen fahrlässigen Handelns in Betracht. Fahrlässig handelt ein Täter, der die im Verkehr erforderliche Sorgfalt außer acht läßt

[41] BGH, 2 StR 221/94 Urteil vom 2. 8. 1995; vgl. auch *Amelung* (Anm. 21), S. 66 f; aber *auch Armin Kaufmann*, JZ 1971, S. 569 ff (574).
[42] h. M.: vgl. z. B. BGH, wistra 1982, S. 34; BGH, Strafverteidiger (StV) 1985, S. 229; sowie z. B. *Lackner/Kühl*, Kommentar zum StGB, München 1995, Vorbem. 12 zu § 13.
[43] *Amelung* (Anm. 21), S. 70 ff (75).
[44] vgl. LG Frankfurt, Urteil vom 25. 5. 1993, bei *Schulz*, ZUR 1994, S. 26 ff. vgl. auch *Beulke/Bachmann*, JuS 1992, S. 742 ff.
[45] OLG Stuttgart, NStE, Nr. 11 zu § 222 StGB. *Goll*, Produkthaftungshandbuch (Anm. 23), § 45, Rn. 45 ff.
[46] BGH, NJW 1981, S. 2514.

Geschäftsleitung	Mittleres Management
• Grundsatz der Allzuständigkeit und Gesamtverantwortung, zumindest bei Unternehmenskrisen • Verantwortung für allgemeines Sicherheitsniveau und Gesamtorganisation • u. U. operative Tätigkeit, aber Delegation	• Auswahlpflichten • Überwachungspflichten • Instruktionspflichten
Zurechenbarer Zusammenhang mit einer Straftat	

Bild 3. Verantwortung für die Qualität der Organisation

und ihm ein Vorwurf gemacht werden kann, weil er den Schaden hätte vermeiden können.

Die genaue Bestimmung einer solchen Sorgfaltspflichtverletzung erfolgt durch die Rechtsprechung im Einzelfall. Eine Orientierung ergibt sich durch die Erläuterung von Grundsätzen.

4.3.1
Verantwortung für die Qualität der Organisation

In einer arbeitsteiligen und von Delegation geprägten Wirtschaft ist für den Unternehmer bedeutsam, unter welchen Voraussetzungen er pflichtgemäß eigene Aufgaben an andere delegieren kann. Grundsätzlich ist von der Zulässigkeit einer Delegation auszugehen[47]. Trotzdem wird der Beauftragende nicht ohne weiteres und auch nicht für alle Fälle frei.

4.3.1.1
Verantwortung in der Leitung

Verantwortung in der Leitungsetage besteht immer dann, wenn ein besonderer Anlaß vorhanden ist[48]. So hat der BGH[49] verlangt, daß in Krisensituationen der Unternehmer es nicht bei der grundsätzlich zulässigen Delegation in einzelne Abteilungen belassen darf, sondern besondere Maßnahmen zu treffen habe (Grundsatz der Allzuständigkeit und Generalverantwortung). Allgemein gilt: Je mehr es um strategische Aufgaben der Unternehmensleitung geht, desto weniger können sie verlagert werden. Zuständigkeiten für das allgemeine Sicherheitsniveau, für notwen-

---

[47] *Schmidt-Salzer*, Produkthaftung (Anm. 24), Rn. 1.212 bezeichnet dies als „Selbstverständlichkeit".

[48] OLG Koblenz Urt. V. 16. 2. 84, OLGSt OWiG § 30 NR. 1; ausführlich *Schmidt-Salzer*, Produkthaftung (Anm. 24), Rn. 1.226.

[49] BGHSt 37, S. 124.

dige Investitionen, für Standortfragen wie für die Gesamtorganisation der Betriebsaktivitäten lassen sich nicht einfach delegieren. Sie sind ureigene Sache der Unternehmensleitung[50].

4.3.1.2
Auswahlpflichten

Selbstverständlich darf die Geschäftsleitung nur solche Mitarbeiter beauftragen, die zu der Erfüllung der übertragenen Pflichten auf Grund ihrer Ausbildung und ihrer Stellung in der unternehmensinternen Hierarchie in der Lage sind[51]. Bei der Auswahl des Mitarbeiters müssen notwendige Erfahrung und persönliche Zuverlässigkeit eine entscheidende Rolle spielen.

Diese Auswahlpflichten gelten auch, wenn ein Subunternehmer eingeschaltet wird. So muß der Beauftragende sich vergewissern, daß der Beauftragte tatsächlich und rechtlich in der Lage ist, die Pflicht ordnungsgemäß zu erfüllen. Besonders scharfe Anforderungen gelten, wenn es um die Weitergabe gefährlicher Produkte geht. Speziell bei der Abfallentsorgung kann sich der Entsorgungspflichtige nicht darauf berufen, Abfälle an Dritte zur ordnungsgemäßen Entsorgung veräußert zu haben. Vielmehr treffen ihn Auswahl- und besondere Erkundigungspflichten über die Zuverlässigkeit des Abnehmers[52]. Für den Fall einer nochmaligen Weitergabe der gefährlichen Stoffe bestehen parallele Pflichten der Subdelegierten, den Abfallbeseitiger treffen hinsichtlich aller Kettenglieder Auswahl- und Erkundigungspflichten. Verdeutlicht man sich den internationalen „Abfalltourismus“, so ist der Entsorgungspflichtige globusumspannend[53] strafrechtlich verantwortlich „from the cradle to the grave“[54] für von ihm produzierte Abfälle.

In dem vom BGH entschiedenen Fall hatte der Unternehmer sich auf eine Empfehlung eines technischen Sachverständigen verlassen. Er konnte sich im Prozeß darauf berufen, daß der beauftragte Abfallentsorger Mitglied im Bundesverband der deutschen Entsorgungswirtschaft e. V. sei. Beiden Verteidigungen erkannte der BGH keine strafbarkeitsausschließende Bedeutung zu. Von Bedeutung sei eine Mitgliedschaft in einem Berufsverband nur dann, wenn dieser Verband die Mitgliedschaft von der Beachtung gewisser Qualitätsstandards abhängig mache und unzuverlässige Mitglieder ausschließe. Auch die Empfehlung eines Sachverständigen könne dem Angeklagten allenfalls zugute kommen, wenn dieser nachgewiesenermaßen neutral und fachlich ausgewiesen sei[55].

---

50 *Heine*, Verantwortlichkeit (Anm. 5), S. 122 f.

51 Vgl. OLG Koblenz, Urt. V. 3. 10. 1983, ES (Anm. 3) IV.2.26 (Tierklassifizierung); BGH, Urt. v. 1. 7. 54 ES (Anm. 3) IV.2; BGH, Monatsschrift für deutsches Recht (MDR) 1964, S. 341; *Schmidt-Salzer*, Produkthaftung (Anm. 24), Rn. 1.216.

52 BGHSt 40, S. 86 = NStZ 94, S. 341 ff = NJW 94, S. 1745; *Dreher/Tröndle*, Kommentar zum StGB, 47. Aufl., München 1995, § 326 Rn. 15; vgl. hierzu auch *Schünemann*, Technische Sicherheit (Anm. 5), S. 151.

53 Vgl. zur Anwendbarkeit des dt. Strafrechts bei Taten im Ausland BGHSt 40, S. 79 = BGH, NJW 94, S. 1744.

54 Vgl. *Heine*, Triffterer-FS 1996, im Druck.

55 BGH, NJW 94, 1748.

4.3.1.3
Überwachungspflichten

Parallel zu den Auswahlpflichten bestehen Überwachungspflichten. Die Delegation muß so gestaltet sein, daß eine wirksame Überwachung der Beauftragten gesichert wird[56]. Das schließt gelegentliche Stichproben ein[57]. Ergeben diese Stichproben die dauernde Zuverlässigkeit des Beauftragten, so ist das Vertrauen des Beauftragenden schützenswert. Anderenfalls muß er entweder den Auftrag wieder an sich ziehen[58], einen anderen beauftragen oder zumindest für ordnungsgemäße Erledigung in der Zukunft sorgen. Nicht notwendig sind Nachkontrollen[59] oder die dauernde Überwachung[60], sofern keine besonderen Anhaltspunkte bestehen. Der zunächst bestehende Vertrauensschutz gegenüber dem Beauftragenden greift dann nicht mehr, wenn sich konkrete Anhalte ergeben, die eine besondere Überprüfung nahelegen und dies auch zumutbar erscheint[61].

Durch die Rechtsprechung noch nicht entschieden ist die Frage, ob in großen, arbeitsteilig organisierten Unternehmen die Einrichtung einer selbständigen Kontrollinstanz (Vorstandsressort: „Controlling von strafrechtlichen Pflichten")[62] erforderlich ist. In der Literatur[63] ist dies umstritten. Schünemann[64] spricht von einem „organisatorischen Overkill". Andere Autoren halten solche Organisationsstrukturen für geboten[65]. Vieles spricht dafür, daß der BGH solche organisatorischen Grundfragen, die auch die verfassungsrechtlich gesicherte Freiheit, sich zu organisieren, berühren, nicht entscheiden wird. Vielmehr wird er die ordnungsgemäße Überwachung im Einzelfall fordern, wobei es den Unternehmen obliegt, sie effektiv zu organisieren.

Zu den Überwachungspflichten gehören auch die Fälle, in denen der Hersteller Zubehörprodukte bezieht oder insgesamt einen Subunternehmer einschaltet. Wieweit der Produzent für nicht von ihm produzierte Erzeugnisse strafrechtlich zur Verantwortung gezogen werden kann, ist für das Strafrecht noch nicht entschieden. Im Zivilrecht gilt, daß sich der Produzent nicht damit entlasten kann, daß er auf die Fehlerfreiheit der Lieferungen vertraut[66]. Die eigene Haftung des Zulieferers, wie des

---

[56] *Rudolphi*, Lackner-Festschrift, 1987; *Heine*, Verantwortlichkeit (Anm. 5), S. 122.
[57] OLG Koblenz, Entscheidungen der Oberlandesgerichte zum Straf- und Strafverfahrensrecht (OLGSt), Nr. 1 zu OWiG § 30.
[58] Vgl. BGH, MDR 1959, S. 675 f: Aufsichtspflichtiger darf sich nicht auf Angaben verlassen.
[59] Für das Zivilrecht BGH, Zeitschrift für Versicherungsrecht (VersR) 1983, S. 152 (153).
[60] *Schmidt-Salzer*, Produkthaftung (Anm. 3), Rn. 1.222, der darauf hinweist, daß anderenfalls von Delegation eigentlich nicht mehr gesprochen werden könne; auch würden sich bei einer solchen dauernden Überwachungspflicht schwierige arbeitsrechtliche und betriebsverfassungsrechtliche Fragen stellen.
[61] OLG Celle, Zeitschrift für Wasserrecht 1990, S. 303–305; OLG Hamm (Zivilsenat), Urt. v. 20. 9. 1994 (Bezug von verseuchten Lebensmittel).
[62] *Goll*, Produkthaftung (Anm. 23), § 46 Rn. 21 spricht von einem „Feuerwehrkreis", sieht aber zu seiner ständigen Institutionalisierung keine Notwendigkeit.
[63] Dagegen wenden sich *Kuhlen*, Fragen einer strafrechtlichen Produkthaftung, Heidelberg 1989, S. 82 ff und 149 ff allgemein zum Verhältnis zwischen strafrechtlicher und zivilrechtlicher Fahrlässigkeit und S. 144 speziell zu Überwachungspflichten ohne besonderen Anlaß; *Heine*, Verantwortlichkeit (Anm. 5), S. 122.
[64] *Schünemann*, Technische Sicherheit (Anm. 5), S. 154.
[65] *Ebenroth/Willburg*, Der Betriebsberater (BB) 1991, S. 1941 (1943) auf der Grundlage zivilrechtlicher Erfahrung.
[66] BGH, amtliche Sammlung in Zivilsachen (BGHZ) Band 99, S. 167–181.

Beauftragten, bleibt hiervon unberührt[67]. Zu dieser Zuständigkeit für das eigene Endprodukt gehört nach der zivilrechtlichen Rechtsprechung, daß den Hersteller hinsichtlich der zugelieferten Teile und möglicher Kombinationsprodukte eine Pflicht zur systematischen Produktbeobachtung trifft. Wieweit diese zivilrechtlichen Verkehrssicherungspflichten auf das Strafrecht zu übertragen sind, ist noch nicht entschieden. Entgegen manchen Autoren[68] und Tendenzen in der Rechtsprechung[69] sind Bedenken anzumelden. Zu Recht mehren sich im Strafrecht die Stimmen[70], die sich gegen eine als Anhang zur zivilrechtlichen Haftung verstandene strafrechtliche Verantwortung wenden. Sie weisen auf eine andere Funktion der zivilrechtlichen Haftung hin. Diese hat sich zu einer Art „Volksversicherung gegen Unglück"[71] entwickelt, bei der Schäden und Risiken unter Kosten-Nutzen-Gesichtspunkten verteilt werden. Sie richtet sich nicht an Verhaltenspflichten, sondern an einer Gefährdungshaftung, also einer Verantwortlichkeit ohne Verschulden, aus. Es wäre fatal, würde sich das Strafrecht unbesehen an diese Standards anhängen. Gleichwohl orientieren sich die Strafgerichte mehr und mehr an diesen Prämissen[72].

Nur im Arzneimittelrecht findet sich eine gesetzliche Aufzählung von Verantwortungsbereichen in den §§ 14, 63a AMG (Herstellungsleiter, Kontrolleiter, Vertriebsleiter und Stufenplanbeauftragter). Allerdings kann der Verstoß gegen die spezifizierten Verantwortungen nicht automatisch zur Strafbarkeit führen, sondern nur dann, wenn nachgewiesen werden kann, daß sich der in einer Strafvorschrift beschriebene Erfolg, z. B. eine Körperverletzung, auf die Pflichtverletzung zurückführen läßt[73].

4.3.1.4
Instruktionspflichten

Als letzte Voraussetzung für eine Führungskräfte von strafrechtlicher Verantwortung freistellende Delegation ist eine ausreichende Instruktion des Beauftragten. Wer andere mit der Erledigung ihn treffender Pflichten betraut, muß präzisieren, welche Maßnahmen zu ergreifen sind[74]. Wie diese Einweisung zu geschehen hat, bestimmt sich zum einen nach der Qualifikation des Untergebenen. Zum anderem spielt die Art der Aufgabe, insbesondere ihre Gefährlichkeit, eine entscheidende Rolle. Die in der oberen Unternehmensetage verbliebene Zuständigkeit verlangt eine schlüssige und inhaltlich richtige Vorgabe der organisatorischen Maßnahmen[75]. Eine ordnungsgemäße Instruktion kann im Einzelfall nicht unabhängig von einer umfassenden organisatorischen Struktur des Unternehmens gesehen werden. Diese ist als grund-

[67] *Schmidt-Salzer*, Produkthaftung (Anm. 24), Rn. 1.354 f.

[68] Vgl. *Schmidt-Salzer*, Produkthaftung (Anm. 24), 1.358-1.362, der dies auf der Grundlage des Contergan- und des Monza-Steel-Verfahrens tut. Diese Verfahren hatten allerdings die Beobachtung *eigener* Produkte zum Gegenstand.

[69] Vgl. BGHSt 19, S. 286 ff (289).

[70] Vgl. *Kuhlen*, Produkthaftung S. 144; *Heine*, Verantwortlichkeit S. 123 f.

[71] *Schünemann*, Technische Sicherheit (Anm. 5), S. 153.

[72] A. A. zwar *Schünemann*, Technische Sicherheit (Anm. 5), S. 151; aber die oben erläuterte Rspr. zum Abfallrecht hat schon die strafrechtliche Verantwortung für Subunternehmer in Anlehnung an zivilrechtliche Grundsätze ausgeweitet. Vgl. auch BGHSt 37, S. 115.

[73] *Goll*, Produkthaftungshandbuch (Anm. 23), § 46 Rn. 11 ff (13).

[74] *Schmidt-Salzer*, Produkthaftung (Anm. 24), Rn. 1.219.

[75] Vgl. *Goll*, Produkthaftung (Anm. 23), § 46 Rn. 14.

In der Konstruktion	Vor der Auslieferung des Produktes	Nach der Auslieferung des Produktes
● „allgemein anerkannte Regeln der Technik" ● „Stand der Technik" für besondere Bereiche: ● Stand von Wissenschaft und Technik ● Stand der Wissenschaft als qualitative Variationen des strafrechtlichen Maßstabes „Einhaltung der im Umgang mit der Technik erforderlichen Sorgfalt"	Pflicht, den Verbraucher zu instruieren, ausgerichtet ● am Kreis und Wissen der Verbraucher und ● an der Gefährlichkeit des Produktes	Pflicht, das Produkt zu beobachten, ● systematische Erfassung, ● betriebliche Bewertung und ● Umsetzung der Erkenntnisse Warnhinweise und Rückrufpflichten ● Rückrufpflicht bereits bei Gefahrenverdacht
Zurechenbarer Zusammenhang mit einer Straftat		

Bild 4. Pflichten in der Konstruktion, vor und nach der Auslieferung

legende Leitungsentscheidung ureigene und nicht delegierbare Aufgabe der Geschäftsleitung.

4.3.2 Verantwortung für die Qualität des Produkts

Welchen Anforderungen hat das Erzeugnis zu genügen, um als „Qualitätsprodukt" seinen Hersteller von strafrechtlicher Verantwortung freizustellen?

4.3.2.1 *Pflichten bei der Konstruktion*

Aus dem Zivilrecht bekannt sind Konstruktions- und Fabrikationsfehler sowie „Ausreißer". Sie bezeichnen verschiedene Gründe, aus denen ein Produkt vernünftigen Verbrauchererwartungen an Qualität nicht entspricht. Für das Strafrecht sind diese Kategorien nur bedingt tauglich, weil sie an objektive Fehler eines Produktes anknüpfen. Strafrecht verlangt demgegenüber ein subjektiv vorwerfbares Fehlverhalten. Ein Produktfehler mag hierfür ein Anhalt sein oder als Anfangsverdacht zur Einleitung eines strafrechtlichen Ermittlungsverfahrens führen. Die Rechtsprechung orientiert die strafrechtlichen Verhaltensanforderungen am Verhalten eines gewissenhaften und besonnenen Menschen des Verkehrskreises, dem der Handelnde angehört[76], z. B. der Konstruktion in der chemischen Industrie. Das Abstellen auf

[76] BGHSt 16, S. 145 ff (151); *Sch-Sch-Cramer* (Anm. 20), § 15 Rn. 119.

den Verkehrskreis führt aber nicht dazu, daß der Einzelne sich entschuldigen kann[77], wenn die gesamte Branche „schlampt", z. B. über Jahre hinweg Qualitätssicherung in der Produktion vernachlässigt. Entscheidend ist, daß die *erforderliche* Sorgfalt normativ festgelegt wird und sich nach den Fähigkeiten und Möglichkeiten des Einzelnen richtet. Entsprechend schwierig erweisen sich genaue Vorgaben für den Einzelfall. Als Minimum gehört zu sorgfältigem Verhalten die Einhaltung der für die jeweilige Branche bestehenden Regeln.

Bei der Konstruktion sind vor allem die „allgemein anerkannten Regeln der Technik" und der „Stand der Technik" einzuhalten. Der nach dem zivilrechtlichen Produkthaftungsgesetz zu beachtende „Stand von Wissenschaft und Technik" (vgl. § 1 II Nr. 5 ProdHG) wird umschrieben als der „Inbegriff der Sachkunde, die im wissenschaftlichen und technischen Bereich vorhanden ist, die Summe an Wissen und Technik, die allgemein anerkannt ist und allgemein zur Verfügung steht"[78]. Diese gesetzliche Vorgabe erhöht für technische Konstruktionen und das Inverkehrbringen die Sorgfaltsanforderungen, will der Hersteller bei Entwicklungsfehlern eine zivilrechtliche Gefährdungshaftung nach dem Produkthaftungsgesetz vermeiden. Die Weiterentwicklung von „Wissenschaft und Technik" nach dem Inverkehrbringen kann nicht für sich allein genommen zu einer Haftung des Produzenten führen. Sie kann aber eine Rolle im Rahmen seiner Produktbeobachtungspflicht spielen.

Im Gentechnikgesetz und im Atomgesetz, in Gebieten mit enormen Risiken, sind die Anforderungen auf höherem Niveau verankert. Das Atomgesetz verlangt die nach dem Stand von Wissenschaft und Technik erforderliche Vorsorge gegen Schäden (§ 7 Abs. 2 Nr. 3), das Gentechnikgesetz nach dem Stand der Wissenschaft (im Verhältnis zum Zweck der Produktion) vertretbare Auswirkungen (§ 15).

Bei diesen Umschreibungen handelt es sich, *strafrechtlich* gesehen, um qualitative Variationen der „Einhaltung der im Umgang mit der Technik erforderlichen Sorgfalt"[79]. Sie dürfen nicht unbesehen zum Bestimmen strafrechtlicher Verantwortung benutzt werden, sind aber wichtige Indikatoren für die von der jeweiligen Branche und in dem jeweiligen betrieblichen Prozeß strafrechtlich erforderliche Sorgfalt. Auch verliert ein Branchenstandard, der den Stand der Technik repräsentiert, strafrechtlich seine Orientierungsaufgabe, wenn die Branchenmitglieder ihre Produktionsweise selbst als problematisch, weil zu risikoträchtig, erkennen. In diesem Fall ist eine Sorgfaltspflichtverletzung zu bejahen, obwohl der Stand der Technik bei der Konstruktion eingehalten wurde.

4.3.2.2
Pflichten vor der Auslieferung des Produkts: Instruktionspflichten

Instruktionspflichten dienen dazu, die Risiken aufzufangen, die noch bestehen, wenn der Hersteller seine Sorgfaltspflichten im Konstruktions-, Herstellungs- und Vertriebsbereich ordnungsgemäß erfüllt hat.

---

[77] *Kuhlen*, Produkthaftung (Anm. 63), S. 162 beschreibt dieses Problem: „Je mehr man diesen Figuren den wirklichen Akteuren eines bestimmten Verkehrskreises angleicht, desto gehaltvoller ist ihre argumentative Verwendung, desto stärker gleicht sich aber auch die Bestimmung der im Verkehr erforderlichen Sorgfalt der Deskription der im Verkehr tatsächlich geübten Sorgfalt an."

[78] Begründung des Regierungsentwurfes zu § 1 II Nr. 5 Produkthaftungsgesetz, BT-Drucksache 11/2447 S. 15; vgl. auch *Michalski*, JURA 1995, S. 505 f.

[79] *Schünemann*, Lackner-Festschrift, 1987, S. 395.

Zur Qualitätssicherung ist es erforderlich, den Verbraucher über den bestimmungsgemäßen Gebrauch des ihm nicht bekannten Produktes aufzuklären. Er muß in die Lage versetzt werden, das Produkt schadensfrei zu benutzen. Demgemäß muß der Verwender zunächst positiv über Schwierigkeiten im Umgang mit dem Erzeugnis aufgeklärt werden. Was an Vorwissen beim Verbraucher berechtigterweise erwartet werden darf, richtet sich danach, an welche Zielgruppe das Produkt sich wendet[80] und wie allgemeinüblich seine Verwendung ist. Ist davon auszugehen, daß es in die Hände von Kindern und Jugendlichen kommt, sind strengere Maßstäbe an eine sachgerechte Instruktion zu stellen. Wenn nicht auszuschließen ist, daß der deutschen Sprache nicht mächtige Personen unter den Benutzern sind, muß ein Beipackzettel entweder in verschiedenen Sprachen oder in Form von Piktogrammen hinsichtlich gravierender Risiken warnen[81].

Ferner ist auf die Gefahren hinzuweisen, die bei bestimmungsgemäßem Gebrauch weiter bestehen. Hier ist nicht auf alle erdenklichen Risiken hinzuweisen, sondern auf solche, die erfahrungsgemäß beim bestimmungsgemäßen Gebrauch des Produktes eintreten[82]. Eine spezialgesetzliche Normung des Inhalts solcher „Beipackzettel" findet sich in den §§ 10–12 Arzneimittelgesetz.

Wieweit der Verbraucher vor Gefahren zu warnen ist, die sich aus der *unsachgemäßen* Verwendung ergeben, ist noch wenig geklärt[83]. Eine strafrechtliche Instruktionspflicht, die den Verbraucher vor eigenem bewußten Leichtsinn schützt, könnte ins Uferlose gehen und würde den Hersteller zum allumfassenden Hüter des Verbrauchers erklären. Ausgang der Instruktionspflicht in diesen Fällen ist, welches Fehlverhalten nicht nur von besonders leichtsinnig handelnden Verbrauchern, sondern auch von einem normalerweise „besonnen" handelndem Benutzer zu befürchten ist[84]. So muß die Instruktion dem Verbraucher die Möglichkeit geben, die – auch mit einer unsachgemäßen Verwendung verbundenen – Risiken des Produkts einzuschätzen. Wendet er in Kenntnis dieses Risikos das Produkt unsachgemäß an[85], kann dem Hersteller hierfür kein (strafrechtlicher) Vorwurf gemacht werden. Der Hersteller hat auch vor solchen Gefahren zu warnen, die zwar auf unsachgemäßen, aber für einen besonnenen Verbraucher[86] nicht unüblichen Gebrauch zurückzuführen sind[87]. So wurde vom OLG Stuttgart[88] die Unternehmensleitung vom Vorwurf der fahrlässigen Tötung freigesprochen, weil sie sich bei ihren Hinweisen für die Benutzung und den Umgang mit einem Hobby-Experimentierkasten auf das umfassende Studium der zur Verfügung stehenden deutschsprachigen Literatur gestützt hatte. Wenn trotz der Warnung, Chemikalien dürften nicht eingenommen werden und seien von Klein-

---

80 Goll, Produkthaftung (Anm. 23), § 45 Rn. 51.

81 *Goll*, Produkthaftung (Anm. 23), § 46 Rn. 31; zu Instruktionspflichten im Lebensmittelbereich: v. *Westphalen*, BB 1994, Beilage 18, S. 1.

82 BGH, NJW 1981, S. 2515.

83 Vgl. *Schmidt-Salzer*, Produkthaftung (Anm. 24), Rn. 1.380.

84 *Kuhlen*, Produkthaftung (Anm. 63), S. 144 f.

85 Allgemein zu der bewußten und eigenverantwortlichen Selbstgefährdung *Roxin*, Lehrbuch des Strafrechts, Allgemeiner Teil, Bd. I, 2. Aufl., München 1994, § 11 Rn. 86 ff.

86 Vgl. hierzu auf zivilrechtlicher Grundlage BGH, NJW 1987, 372.

87 *Kuhlen*, Produkthaftung (Anm. 63), S. 145; so auch *Schmidt-Salzer*, Produkthaftung (Anm. 24), Rn. 1.375 ff: keine Begrenzung der Herstellerpflichten auf den bestimmungsgemäßen Gebrauch; vgl. auch BGH (Zivilsachen) NJW 1981, 2514; OLG Frankfurt, NJW-Rechtsprechungsreport 1991, S. 476; LG Hamburg, MDR 1990, S. 447.

88 Urteil vom 19. 10. 1988, NSTE, NR. 11 zu § 222 StGB.

kindern fernzuhalten, ein zur Familie gehörendes Kleinkind stirbt, weil es aus dem Hobbykasten hergestellte Kristalle verschluckt, so sind dafür die Vertreiber nicht verantwortlich.

Auch in der zivilrechtlichen Rechtsprechung[89] ist anerkannt, daß ein Fehlgebrauch, mit dem der Hersteller weder rechnen mußte noch konnte, keine Haftung wegen Verletzung der Instruktionspflicht nach sich zieht.

Auf der Grundlage dieser Grundsätze ist es selbstverständlich, daß der bewußte, zweckentfremdete Mißbrauch keine strafrechtliche Verantwortlichkeit zu begründen vermag. So brauchte der Hersteller eines Lösungsmittels nicht darauf hinweisen, daß der Gebrauch als Rauschmittel (sog. „Sniffing") zu vermeiden sei[90].

Die Gefahr, daß eine Flut von Informationen zur Überforderung des Adressaten und dadurch zum Verzicht auf Lesen oder Beachten der Information führen kann, hat die Rechtsprechung erkannt. Sie sieht die Instruktionspflichten als verletzt an, wenn der Verwender vor „zuviel" warnt. Dennoch verweigert sie dem Verwender die Berufung darauf, daß er eine in den Augen der Rechtsprechung erforderliche Warnung nur deshalb nicht mit aufgenommen habe, um den Beipackzettel nicht zu überfrachten[91].

Bei der Erfüllung der Instruktionspflichten spielt das Zusammenwirken der verschiedenen am Produktionsprozeß beteiligten Personen und Abteilungen eine besondere Rolle, da der für die Gestaltung des „Beipackzettels" Verantwortliche oft nicht über das erforderliche Konstruktionswissen und über die spezifischen Gefahren Bescheid weiß. Es ist die Pflicht der Unternehmensleitung, die organisatorischen Voraussetzungen für einen ausreichenden Informationsfluß zwischen den verschiedenen Abteilungen zu schaffen[92].

4.3.2.3
Pflichten nach der Auslieferung: Produktbeobachtungs- und Rückrufpflichten

Auch nach Auslieferung wird der Hersteller oder Importeur[93] nicht frei von strafrechtlicher Verantwortung. Vielmehr hat er dafür zu sorgen, daß der Verbraucher vor Schäden bewahrt bleibt[94]. Dazu verlangen die Gerichte eine Beobachtung des Produktes, es ist beim Auftauchen von Schäden zurückzurufen.

Diese Beobachtungs-, Warn- und Rückrufpflichten treffen zunächst den Hersteller, sie wenden sich auch an die in der Rechtsprechung als „Quasi-Hersteller" bezeichneten Gruppen. Dazu gehören Unternehmen, die zwar nicht selber produzieren, aber im Handel das Produkt als ihr eigenes Erzeugnis vertreiben. Das ist dann der Fall, wenn das Produkt im eigenen Namen, auf eigenen Vertriebskanälen in den Handel gegeben wird[95]. Demgemäß hat die Rechtsprechung den Importeur als verantwortlich angesehen, die Einhaltung nationaler Sicherheitsstandards für von ihm eingeführte Waren

---

89 BGHZ 99, 167 ff (Honda-Fall); BGH, VersR 1972, 1075 ausführlich zur Abgrenzung von vorhersehbarem und nicht mehr vorhersehbarem Mißbrauch.
90 BGH, JZ 1981, S. 668.
91 BGH, NJW 1987, S. 372; LG Aachen, JZ 1971, S. 516.
92 Vgl. BGH, NJW 1988, S. 372.
93 BGHZ 99, S. 167 ff (Honda-Fall); BGH, NJW 1987, S. 1009; OLG Düsseldorf, Zeitschrift für Baurecht 1990, S. 110.
94 Vgl. oben IV. A. 3. (Seite 14); BGHSt 37, S. 106 ff (111 ff).
95 *Schmidt-Salzer* Produkthaftung (Anm. 24), Rn. 1.417, vgl. auch die Anm. 93 genannten Entscheidungen.

zu sichern[96]. Bei der Bestimmung der Beobachtungspflichten ist zu berücksichtigen, ob der Importeur systematisch und im Wege eines Alleinvertriebsrechts den Binnenmarkt beliefert oder ob die Situation mehr der bei der Abnahme von einem inländischen Hersteller gleicht mit der Ausnahme, daß der Hersteller eben nicht im Inland, sondern im Ausland produziert. Nur im ersteren Fall wird man den Importeur wie den Hersteller als Garanten für die Sicherheit der Produkte ansehen können.

Inhaltlich zwingt die Produktbeobachtungspflicht, alle Gewährleistungs- und Schadensfälle systematisch zu erfassen, u. U. sogar zur Durchführung eigener Versuchsreihen. Die auf diese Weise gesammelten Erkenntnisse müssen ausgewertet werden, um Konstruktions- und Produktionsfehler zu finden. Die Geschäftsleitung muß (zumindest organisatorisch) sicherstellen, daß die notwendigen Konsequenzen gezogen werden. Diese Konsequenzen können in eine kontinuierliche Verbesserung der Produktion einfließen. Die Erkenntnisse können darüber hinaus zu einer Beendigung der bisherigen betrieblichen Praxis zwingen. Die abrupte Kursänderung kann außergewöhnliche Änderungen der Fertigungsverfahren, weitere Typenprüfungen bis zur Vernichtung hergestellter, aber noch nicht ausgelieferter und den Rückruf schon im Handel befindlicher Produkte beinhalten[97].

Kriterien für die Frage, wann welche Maßnahme *notwendig* ist, sind die Wahrscheinlichkeit eines Schadenseintrittes und Art und Ausmaß des zu befürchtenden Schadens. So kann der bloße Verdacht radikale Maßnahmen erfordern, wenn Schäden an der menschlichen Gesundheit zu befürchten sind[98]. Als Faustregel bietet sich die Formel an: Je größer die Wahrscheinlichkeit des Schadenseintrittes oder der befürchtete Schaden ist, desto eher sind drastische Maßnahmen zu ergreifen. Im Erdal-Lederspray-Urteil hat der BGH eine Rückrufpflicht und eine Pflicht zum Produktionsstopp schon wegen mehrerer Beschwerden über Kopfschmerzen und Unwohlsein, also trotz keiner bleibenden Schäden, angenommen. Darin zeigt sich die Tendenz der Rechtsprechung, für die menschliche Gesundheit eine umfassende Schutzpflicht zu bejahen. Diese umfassende Schutzpflicht ist im Zusammenhang mit dem spezifisch strafrechtlichen Verständnis der Ursächlichkeit zu sehen[99]. So kann ein, auf naturwissenschaftlicher Basis nicht gesicherter Gefahrenverdacht genügen, um eine strafrechtliche Pflicht zum Rückruf zu begründen mit dem Ziel, den Verbraucher zu schützen.

4.3.3 Verantwortung und Detailregelungen im Recht

4.3.3.1 *Verwaltungsrechtliche Pflichten*

Produktionsprozesse wie der Umgang mit gefährlichen Stoffen[100] sind heute in vielen Gesetzen geregelt oder im Einzelfall durch behördliche Anordnungen (Auflagen und Nebenbestimmungen zu Genehmigungen etc.) konkretisiert.

96 OLG Düsseldorf, Urt. vom 19. 9. 1978; weitere Nachweise bei *Schmidt-Salzer*, Produkthaftung (Anm. 24), Rn. 1.419.
97 *Schmidt-Salzer*, Produkthaftung (Anm. 24), Rn. 1.370.
98 Contergan-Fall LG Aachen, JZ 1971, S. 507.
99 Dazu oben V.B. (Seite 19) und BGH, NJW 1995, S. 2930 ff.
100 Ausgangspunkt dieser Entwicklung zu einer gesetzlichen Durchnormierung war die Kalkar-Entscheidung des Bundesverfassungsgerichts, Amtliche Sammlung der Entscheidungen des Bundesverfassungsgerichtes (BVerfGE), Band 49, S. 89 ff.

Pflichtenmaßstab: Standard der Branche unter Berücksichtigung von besonderem Wissen und Können des Einzelnen	
Konkretisierung durch:	
● Verwaltungsrechtliche Pflichten – Vertrauen des Produzenten prinzipiell schutzwürdig – Ausnahmen ⇒ Überlegenes Risikowissen des Produzenten ⇒ Illegal erlangte Genehmigung etc. ⇒ Gravierende, nicht erlaubnisfähige Folgen	● technische Regelwerke – Keine abschließende Regelung, indiziert allein den Sorgfaltsmaßstab. – Beachtung schützt nicht vor Strafe. – Bei Verstoß in der Regel Pflichtverletzung

Bild 5. Verantwortung und Konkretisierung der Pflichten

Bei der Frage, wieweit die Beachtung dieser vom Staat gesetzten Regeln die strafrechtliche Verantwortung der Betriebseigentümer ausschließt, sind zwei Gesichtspunkte zu beachten: Manche dieser Vorschriften dienen allein der Information des Staates und der Kontrolle des Unternehmens. Aus ihrer Beachtung folgt keine Freistellung von strafrechtlicher Verantwortung, weil mit der Kontrollmöglichkeit allein (noch) kein Kontrollmaßstab festgelegt ist. Erst die Festlegung eines inhaltlichen Maßstabes hat zur Folge, daß der Staat den Einzelnen von Verantwortung freistellt[101]. Wenn in Genehmigungen im Wege von Nebenbestimmungen oder Auflagen exakte Anweisungen für die betrieblich geforderte Qualität vorgegeben werden, kann der Betriebsinhaber grundsätzlich darauf vertrauen, daß er bei Einhalten dieser behördlichen Vorgaben von strafrechtlicher Verantwortung freigestellt ist. Freilich wird dieses Vertrauen in mehrfacher Hinsicht nicht geschützt: nur die Behörde kann über ihr bekannte Risiken abschließend entscheiden. Für neu hinzugekommene Gefahren trägt der Hersteller die Verantwortung, sofern er nicht die Behörde instruiert und diese eine positive Entscheidung gefällt hat. Demgemäß droht Strafrecht, wenn der Produzent mehr über Risiken weiß, als die Behörde[102]. Das Vertrauen ist nicht schutzwürdig, wenn eine Genehmigung mit illegalen Mitteln erlangt wurde[103]. Für das Umweltstrafrecht hat der Gesetzgeber eine Spezialregelung getroffen: Nach § 330 d, Ziff. 5 StGB gilt eine Genehmigung strafrechtlich als wirkungslos, wenn sie „durch Drohung, Bestechung oder Kollusion erschlichen oder durch unrichtige oder unvollständige Angaben" erlangt wurde. Schließlich „erlaubt" eine Genehmigung

---

101 *Heine*, Verantwortlichkeit (Anm. 8), S. 125.
102 *Heine*, Verantwortlichkeit (Anm. 8), S. 273 ff.
103 *Lenckner*, Pfeiffer-FS, S. 27 ff; *Heine*, NJW 1990, S. 2432.

niemals eine Tötung von Menschen. Wenn sich trotz Beachten behördlicher Anweisungen ein Todesfall ereignet, etwa durch einen betrieblichen Störfall, schützt den Unternehmer die Genehmigung nicht vor Strafe. Es wird freilich schwierig sein, ihm ein Fehlverhalten vorzuwerfen.

Umgekehrt zieht die Nicht-Beachtung staatlicher Regelungen nicht automatisch Strafbarkeit nach sich. Zur Verletzung einer staatlichen Regelung muß hinzukommen, daß ohne diese Pflichtverletzung der Schaden nicht eingetreten wäre[104]. Von diesem Grundsatz ausgenommen sind Tatbestände, welche die Zuwiderhandlung gegen eine verwaltungsrechtliche Pflicht oder das Handeln ohne Genehmigung als solches unter Strafe stellen[105]. Hier handelt es sich in der Regel um Vorschriften des Umwelt- oder Nebenstrafrechts. In Betracht kommt eine nachträgliche Aufhebung der Strafe, sofern die Genehmigung nachträglich mit Rückwirkung erteilt wurde[106].

4.3.3.2
Technische Regelwerke u. ä.

Eine Fülle technischer Normen bestimmt die Produktionsprozesse. Angesichts ihrer Vielzahl, ihrer Detailliertheit und der Tatsache, daß sie oft aufeinander aufbauen und aufeinander abgestimmt sind, wird von Qualtätssicherungssystemen[107] gesprochen. Die bekannteste unter ihnen ist die Normenreihe ISO 9000 bis 9004[108].

Technische Normen sind keine Rechtsnormen (formelle Gesetze), auch dann nicht, wenn auf sie in Gesetzen verwiesen wird. Gesetzesqualität können sie schon deshalb nicht besitzen, weil sie von privaten Vereinen ohne Gesetzgebungskompetenz und nicht in einem gesetzlich festgelegten Verfahren erstellt werden. Wegen der dem technischen Fortschritt folgenden dauernden Veränderung ihres Inhaltes ist eine gewohnheitsrechtliche Geltung ausgeschlossen. Sie beinhalten keine abschließende Regelung technischer Qualitätsstandards. Zwar enthalten sie Kriterien zur Sicherheit von Produktionsprozessen und Produkten, sie sind aber allemal Kompromisse zwischen dem technisch Möglichem und wirtschaftlich-sozialen Rücksichtnahmen. Deshalb binden sie den Richter nicht.

Sie liefern aber Indizien, was im Einzelfall an Sorgfalt objektiv erforderlich ist[109]. Auch begrenzen sie in der Regel den Umfang dessen, was der Hersteller voraussehen mußte[110]. Ihre Beachtung schützt nicht vor Strafe[111]. Sie legen nicht abschließend fest, was der Einzelne zu beachten hat[112]. Bei ihrer Auslegung ist zu berücksichtigen, wieweit sie thematisch reichen. Allenfalls innerhalb dieses Geltungsbereiches können sie eingrenzen, was der Hersteller vorhersehen mußte.

---

104 *Roxin* (Anm. 85) AT I, § 24 Rn. 15 f:
105 Vgl. *Sch-Sch-Cramer* (Anm. 20), Vorbem §§ 324 Rn. 19 und § 331 Rn. 51 f; *Rogall*, Uni-Köln FS, S. 505 ff (525).
106 So die herrschende Lehre; vgl. die in der vorigen Fußnote Genannten.
107 *Hess/Werk*, Qualitätssicherung und Produktehaftung, Zürich 1994, S. 134; *Malorny/Kassebohm*, Brennpunkt Total Quality Management, Stuttgart 1994, S. 161 ff.
108 Näher *Hess/Werk*, Qualitätssicherung (Anm. 107), S. 138 f.
109 *Sch-Sch-Cramer* (Anm. 20), § 15 Rn. 184; *Hess/Werk*, Qualitätssicherung (Anm. 107), S. 123.
110 BGH, NJW 87, 372.
111 Vgl. ausführlich hierzu *Lenckner*, Engisch-FS S. 490 ff.
112 Vgl. BGH, Urteil v. 7. 10. 1986 – VI ZR 187/85.

Verstößt der Hersteller gegen sie, so wird ihm in aller Regel der Vorwurf fahrlässigen Verhaltens zu machen sein[113]. So wurde in den sog. Zwischensteckerfällen[114] der Sorgfaltsverstoß schon mit der Verletzung der VDI-Richtlinien hinreichend begründet.

Auch wenn das konkrete Produkt durch den TÜV freigegeben wurde, kann nichts anderes gelten.

[113] Vgl. *Goll*, Produkthaftung (Anm. 23), § 45 Rn. 32 f.
[114] Abgedruckt bei *Schmidt-Salzer*, ES (Anm. 3) IV, S. 170 ff und S. 357 ff.

5
Ausblick

Die Rechtspolitik ist beim Umgang mit technischem Fortschritt und der Sicherung von Qualität in Bewegung. Als zentrales Problem erscheint, daß sich die einzelnen Rechtszweige (Zivil-, Verwaltungs-, und Strafrecht) unabgestimmt auf den Weg gemacht haben, Qualität von den Herstellern einzufordern. Das Zivilrecht setzt in den letzten Jahren stärker auf Gefährdungshaftung, also eine Ersatzpflicht für Schädigungen, ohne daß es auf ein rechtswidriges Verhalten oder ein Verschulden ankommt. Das Verwaltungsrecht reagiert mit einer Flut von Vorschriften, deren Einhalten den Hersteller immer weniger entlastet. Das Strafrecht baut Verantwortung nicht für pflichtwidriges, sondern für risikoträchtiges Prozedieren der Führungskräfte von Betrieben aus und bestimmt Einstandspflichten ohne strikte Bindung an naturwissenschaftliche Erkenntnisse oder Bewertungen von Sachverständigengremien. Es bekommt dadurch eine zunehmende Bedeutung neben dem Zivilrecht. Immer stärker greift es in die klassische Freiheitsdomäne des Unternehmens ein, die Organisationsstrukturen. Die aktuelle Kriminalpolitik geht in zwei Richtungen: Einerseits ist der Gesetzgeber dabei, den von der Rechtsprechung vorgezeichneten Weg in gesetzliche Formen zu gießen. Diskutiert wird, die bislang im OWiG sanktionierten Aufsichtspflichtverletzungen als echtes Kriminalunrecht auszuweisen. Parallel hat, angestoßen von Empfehlungen und Konventionen der EU, eine eingehende Diskussion begonnen, ob eine Strafbarkeit von Unternehmen als solche in das Strafrecht eingeführt werden sollte, den Nachbarländern Frankreich und Niederlande sowie einem weltweiten Trend folgend. Es bleibt zu hoffen, daß es dem Gesetzgeber gelingt, den bisherigen policy mix von Zivil-, Verwaltungs- und Strafrecht besser abzustimmen, um dem Unternehmen genügend Spielraum für kreative Eigenverantwortung zu belassen: zum Wohle technischer Entwicklung in der Gesellschaft und zur bestmöglichen Sicherung der Qualität von Erzeugnissen.

Sachverzeichnis

Springer-Verlag und Umwelt

Als internationaler wissenschaftlicher Verlag sind wir uns unserer besonderen Verpflichtung der Umwelt gegenüber bewußt und beziehen umweltorientierte Grundsätze in Unternehmensentscheidungen mit ein.

Von unseren Geschäftspartnern (Druckereien, Papierfabriken, Verpackungsherstellern usw.) verlangen wir, daß sie sowohl beim Herstellungsprozeß selbst als auch beim Einsatz der zur Verwendung kommenden Materialien ökologische Gesichtspunkte berücksichtigen.

Das für dieses Buch verwendete Papier ist aus chlorfrei bzw. chlorarm hergestelltem Zellstoff gefertigt und im pH-Wert neutral.

Printed by Publishers' Graphics LLC